Dieses Buch enthält Beiträge zu

Walther von der Vogelweide
Oswald von Wolkenstein
Martin Luther
Hans Jakob Christoffel von Grimmelshausen
Johann Christian Günther
Friedrich Gottlieb Klopstock
Gotthold Ephraim Lessing
Ulrich Bräker
Karl Philipp Moritz
Johann Heinrich Jung-Stilling
Johann Wolfgang von Goethe
Friedrich Schiller
Christoph Martin Wieland
Jean Paul
Friedrich Hölderlin
E. T. A. Hoffmann
Ludwig Tieck
Heinrich Heine
Friedrich Hebbel
Gottfried Keller
Hermann Fürst von Pückler-Muskau
Sigmund Freud
Gerhart Hauptmann
Rainer Maria Rilke
Ludwig Wittgenstein
Robert Walser
Bertolt Brecht
Franziska zu Reventlow
Else Lasker-Schüler
Franz Kafka
Thomas Mann
Robert Musil
Hans Henny Jahnn
Arno Schmidt

GENIE *und* GELD

Vom Auskommen deutscher Schriftsteller

Herausgegeben von Karl Corino

Mit 34 Portraitzeichnungen
von Peter Anders

rororo

Rowohlt

Veröffentlicht im Rowohlt Taschenbuch Verlag GmbH,
Reinbek bei Hamburg, Januar 1991
Die Originalausgabe erschien 1987 im Greno Verlag,
Nördlingen

Umschlaggestaltung Nina Rothfos
Gesamtherstellung Clausen & Bosse, Leck
Printed in Germany
1980-ISBN 3 499 18835 X

Karl Corino VORBEMERKUNG

Aretino war ein literarischer Erpresser, Balzac ein Projektenmacher, Dostojewskij ein Spieler. Bietet die deutsche Literatur, so fragte sich der Herausgeber dieses Buches, ähnlich aufregende Beispiele für das Verhältnis der Schriftsteller zum Geld? Er wollte die Probe aufs Exempel machen und nahm sich vor, ein paar Dutzend Fälle untersuchen zu lassen — von Walther von der Vogelweide bis zu Arno Schmidt.

Es ergab sich vieles Interessante, das so bislang noch nicht versammelt war. Wußten Sie, daß mit den fünf Solidi für Walthers Pelzrock, gegeben zu Zeiselmauer bei Wien an Martini 1203, das einzige konkrete historisch-ökonomische Datum der mittelhochdeutschen Lyrik gegeben ist? Wußten Sie, daß Oswald von Wolkenstein, einer der großen »Liedermacher« nach Walther, mehrmals wegen Eigentumsdelikten inhaftiert war? Daß Luther nach heutigem Urheberrecht Millionär geworden wäre? Daß die Drucker bis zu Klopstocks und Wielands Zeiten häufig Piraten waren und die Schriftsteller oft nicht einmal mit einem Zwiebelfisch abspeisten? Daß Goethe vom Vermögen seines Großvaters zehrte? Daß Karl Philipp Moritz sich eine Zeitlang von Perückenteig ernährte? Daß Jung-Stilling bei Geldnot mit Gott rang und auf ein Wunder hoffte? Daß Tieck ein genialer Poet *und* Schnorrer war? Daß Fürst Pückler sich zum Schein von seiner Frau trennen und eine reiche englische Erbin heiraten wollte? Daß Jean Paul klagte, er versaufe mehr, als er erschreibe? Daß Kafka Teilhaber einer Asbestfabrik war, Musil sich wegen Geldmangel erschießen wollte, Arno Schmidt in der Nachkriegszeit mit Tandem und Zelt unterwegs war?

Das alles mag nach Kuriositätenkabinett klingen, und kurios ist gewiß auch manches. Aber, richtig gelesen, könnte dieses Buch auch ein Beitrag zur Sozialgeschichte der deutschen Literatur sein. Einfache Gesetzmäßigkeiten darf freilich niemand erwarten. Es herrscht eine phantastische und vielleicht unheimliche Anarchie — das Geld zeugt Literatur durch Mangel wie durch Überfluß. Wir verdanken die großen Werke unserer Sprache gleichermaßen Großbürgersöhnen und Hätschelhänsen wie armen Schlukkern, und es wäre ein eigenes spekulatives Kapitel, wie bestimmte Bücher ausgefallen wären, wenn ihre Verfasser in anderen materiellen Umständen gelebt hätten.

In seiner *Philosophie des Geldes* schrieb Georg Simmel: »Daß ... die verschiedenen Persönlichkeiten gerade zum Gelde die verschiedensten inneren Beziehungen haben, beweist gerade seine Jenseitigkeit von jeder subjektiven Einzelheit; es teilt diese mit den anderen großen historischen Potenzen, die weiten Seen gleichen, aus denen man von jeder Seite her und alles das schöpfen kann, was das mitgebrachte Gefäß nach Form und Umfang gestattet.« Es ist das Ziel dieses Sammelbandes, der auf eine Serie des Hessischen Rundfunks, Frankfurt, zurückgeht, zu untersuchen, unter welchen finanziellen Vorzeichen das Oeuvre des jeweiligen Autors stand, auf welcher materiellen Basis er zu schreiben begann, welche Bedingungen er vorfand und sich schuf, wie sich das Verhältnis zum Geld und zu Phänomenen wie Verschwendung, Geiz, Habsucht in seinen Texten spiegelt. Die Ergebnisse sind, wie zu erwarten, ganz unterschiedlich: etliches davon mag bekannt sein, vieles wohl nicht. In einer Reihe von Fällen war Pionierarbeit zu leisten — der geneigte Leser wird es selbst bemerken, so wie ihm auch Lücken nicht verborgen bleiben werden. Mancher ›scriptor honoraris causa‹ harrt noch der Bearbeitung. Vom Material her steht einer zweiten *vermehrten* Auflage nichts im Wege.

Uwe Pörksen WALTHER VON DER VOGELWEIDE

»Ich saz ûf eime steine
und dahte bein mit beine
dar ûf sazt ich den ellenbogen.
ich hete in mîne hant gesmogen
daz kinne und ein mîn wange.
dô dâhte ich mir vil ange,
wie man zer werlte solte leben.
deheinen rât kond ich gegeben,
wie man driu dinc erwurbe,
der keinez niht verdurbe.

diu zwei sint êre und varnde guot,
daz dicke ein ander schaden tuot:
daz dritte ist gotes hulde,
der zweier übergulde.
diu wolte ich gerne in einen schrîn:«[1]
...

Die klangvollste Poesie in deutscher Sprache, die ritterliche Dichtung des Hohen Mittelalters, ist in ihren äußeren Lebensumständen fast unbekannt. Wir wissen nur ungenau, wann Heinrich von Veldeke und Hartmann von Aue, Gottfried von Straßburg, Walther von der Vogelweide und Wolfram von Eschenbach geboren sind und wann sie das Zeitliche gesegnet haben. Woher kamen sie? Wo lernten sie ihr genaues und offenbar uraltes Handwerk? Was bedeutete es um 1200, ein vom Lohn abhängiger Berufsdichter zu sein? Wir haben kaum mehr als ihre Namen. Um die Ehre, der Geburtsort Walthers von der Vogelweide zu sein, streiten sich einstige Vogelweiderhöfe in Franken, Österreich, Südtirol und selbst in der Schweiz. Auch an Frankfurt und die Gegend von Marburg hat man denken wollen. Es war viel gelehrter Scharfsinn nötig — seit Uhlands Biographie[2] stapeln sich Aufsätze und Bücher —, um die Reihenfolge der politischen und lyrischen Lieder Walthers herauszufinden, die Orte seines Wirkens und also die Berührungspunkte mit der kruden Geschichte seiner Zeit. Es gibt für ihn ja eigentlich nur ein Auskunftsmittel: die Gedichte selbst. Die Poeten des Mittelalters kommen im Hinblick auf die niedere Wirklichkeit daher wie die Elefantenprozession Salvador Dalís — auf Spinnenbeinen nämlich.

Für das Leben Walthers von der Vogelweide aber gibt es ein Zeugnis außerhalb der Dichtung. Eine Urkunde. Darin geht es um Geld. 1874 wurden im Stiftsarchiv von Cividale (Friaul) sieben Pergamentblätter gefunden, auf denen der Bischof Wolfger von Passau seine Reiseausgaben hatte festhalten lassen. In diesen Reiseabrechnungen fand sich folgender Eintrag, zunächst im Konzept:

»Walthero de Vogelweide pro pellicio v. sol. longos«
»Walther von der Vogelweide für einen Pelzrock fünf lange Solidi«.

Und dann in Reinschrift:

»sequenti die (sc. post sanct Martinum) apud Zei [ze murum]
Walthero cantori de Vogelweide pro pellicio. v. sol. longos.«

»Am folgenden Tag (d.h. nach St. Martin) bei Zeizemurum dem Sänger Walther von der Vogelweide für einen Pelzrock fünf lange Solidi.«

Dies einzigartige ›harte‹ Datum der mittelhochdeutschen Literatur ist, wie sich denken läßt, viel hin und her gewendet worden. Zuletzt hat die österreichische Forscherin Hedwig Heger[3] die Mosaiksteine liebevoll zusammenzusetzen gesucht; manches bleibt wohl unsicher.

Man hat das Datum ermittelt. Es war der 12. November des Jahres 1203, der Tag nach dem Martinstag, als Wolfger das Geschenk machte. Zeizemurum gibt es noch, es ist Zeiselmauer, ein kleiner Ort an der Donau, nahe bei Wien. Der Bischof von Passau hatte an einem Fest in Wien teilgenommen, an der Vermählung Herzog Leopold VI. mit der byzantinischen Prinzessin Theodora. Vielleicht hat er das hohe Paar getraut. Es war ein Fest, wie diese Zeit es kannte, vierzehn Tage lang feierte man ›magnifice‹ und ›pomposissime‹ — Wien war übervölkert. Der Bischof mußte sein Gefolge auswärts unterbringen. Seine Reiserechnungen verraten, daß er für Prachtkleidung und Falknerei Sinn hatte und für ›vinum bonum‹, für guten Wein.

Walther verließ die Residenz in seinem Gefolge am 10. November. St. Martin verbrachte man in Klosterneuburg. Die nächste Station war jener 12. November in Zeiselmauer an der Donau.

Wofür erhielt der *cantor* Walther de Vogelweide hier die 5 Solidi? Waren 5 Solidi ein anständiges Geschenk? Wieso gab der Bischof ihm Geld mit der Bestimmung: ›für einen Pelzrock‹? Hat der Termin — St. Martin — etwas zu sagen?

Lassen wir diese Fragen einen Augenblick liegen! — Die Versuchung ist zu groß, sich Walthers Auftritt in Wien vorzustellen. Er war kein Unbekannter mehr, sondern fast schon eine Instanz. Man hörte ihm zu. Also wird er doch wohl am höchsten Festtag nach Wien gebeten worden seyn? Ein Novembertag: man hat gegessen und getrunken, die Tafeln an den Wänden hochgeklappt oder aufgehoben und aus dem Saal getragen. Nun tritt *her* Walther ans Feuer, er steht neben dem Kamin. Was trägt er vor? — Wir glauben es in diesem Fall zu wissen:

»Ir sult sprechen willekomen:
der iu maere bringet, daz bin ich.
Allez daz ir habt vernomen,
daz ist gar ein wint: nû frâget mich.
Ich wil aber miete:

wirt mîn lôn iht guot,
ich gesage iu lîhte daz iu sanfte tuot.
seht waz man mir êren biete.«

Das klang nicht sehr bescheiden. Der Sänger tritt als weitgereister Bote auf:

»Ihr dürft mich ruhig willkommen heißen.
Der euch Neues bringt, das bin ich.
Alles, was ihr bisher gehört habt,
ist nur Wind: jetzt hört ihr mich!
Ich verlange aber Lohn, wie ihn ein
Bote fordern kann:
wird der in etwa gut,
dann sage ich euch vielleicht etwas,
das euch nicht aufstört.
Seht zu, wie weit man mir entgegen kommt.«

Sehr selbstbewußt klang das. War es ganz ernst gemeint? Der Form nach schien es ein Minnelied, man kannte diese Kanzone, zweimal der Aufgesang und dann ein Abgesang. Aber dem Inhalt nach war es ein Bettellied, ein ›Heischellied‹.

»Ich wil tiuschen frouwen sagen
solhiu maere daz si deste baz
Al der werlte suln behagen:
âne grôze miete tuon ich daz.
Waz wold ich ze lône?
si sint mir ze hêr.
sô bin ich gefüege und bite si nihtes mêr
wan daz si mich grüezen schône.«

Jetzt wendet er sich doch an die Damen, aber nicht an eine, wie es sich für ein Minnelied gehört, sondern an alle *tiuschen* — an alle deutsch redenden — Frauen und verspricht, sie so zu rühmen, daß die Welt sie von nun an anders sehen wird. Hier nun erwartet man eine Bitte um Lohn, die Bitte um Erhörung gehört zur Gattung des Minneliedes — manchmal, besonders bei den französischen Vorbildern, den Troubadours, ist diese Bitte um Lohn ein wenig schielend gesprochen, der fahrende Sänger meint eigentlich den Landesherren und die Gabe, die er von *ihm* erhält, wenn er die Dame um Erhörung anfleht — Walther verzichtet:

»Was wollte ich zum Lohn?
Die Damen sind mir zu hoch und unerreichbar.
So bin ich brav und bitte sie um nicht mehr,
als mich schön zu grüßen.«

Es war wohl nicht ganz ernst zu nehmen. Zuerst verkehrte er ein Liebeslied in einen Bettelspruch, dann schien er doch ein Liebeslied intonieren zu wollen, verzichtete aber auf die Bitte um den gehörigen Lohn mit der Begründung, die Damen stünden zu hoch, und pochte auf seine Artigkeit. Das war pure Ironie und eine alte schmerzliche Geschichte. Ein echter Walther. Er lief ständig aus der Schule. Und dann, nach diesem Eingangsgeplänkel, wird er auf einmal ernst und fällt sozusagen in die Tiefe:

»Ich hân lande vil gesehen
unde nam der besten gerne war:
Übel müeze mir geschehen,
kunde ich ie mîn herze bringen dar
Daz im wol gevallen
wolde fremder site.[4]

Es war eine Rückkehr. Er war weit herumgekommen, seit er den Wiener Hof vor fünf Jahren hatte verlassen müssen. Von hier war er ausgegangen, in Österreich hatte er ›singen und sagen‹ gelernt, hatte das Komponieren und Dichten seinem Lehrer Reinmar dem Alten abgemerkt. Zuerst hatte er wohl auch ganz im Ton dieses Meisters gesungen. Er war ein Proteus, begabt zur Nachahmung wie nicht leicht ein anderer.

Was hieß es, Reinmar zu folgen, jenem Mann, der nicht nur am Wiener Hof seit langem als der erste galt, sondern in den Augen und Ohren seiner Zeitgenossen die erste Stimme aller Minnenachtigallen war?

Es hieß, den Namen der Frau in den Himmel zu setzen und von der Erfahrung unerfüllter Liebe zu sprechen, vom Hin und Her in einem Frauenherzen, vom Seiltanz zwischen Nein und Ja, und gelegentlich von erwiderter Liebe.

Reinmar war anmutig und sublim, aber der junge Mann neben ihm verstand sich bald auf alle seine Töne, beherrschte sie und begann, die Flügel zu regen. Er tat es durch Widerspruch und wählte damit die Form, die das Element seines poetischen Lebens wurde. Er opponierte:

Reinmar war im Superlativ erstarrt.

»— meine Dame setzt alle anderen matt
— sie ist mein Ostern, meine Auferstehung«.[5]

So hoch durfte einer doch nicht ständig greifen. Der junge Walther parodierte ihn und plänkelte liedweise mit ihm.

Und dann geschah ein Unglück. Herzog Friedrich, der die beiden Rivalen nebeneinander geduldet hatte, starb auf einem Kreuzzug. Vielleicht war es wirklich das Geplänkel, das ihn so teuer zu stehen kam, jedenfalls brachte Friedrichs Tod Walthers Sturz. Der Nachfolger Leopold VI. entschied sich ausschließlich für Reinmar von Hagenau. Das war im Frühjahr 1198.

»Dô Friderich ûz Osterrîch alsô gewarp,
daz er an der sêle genas und im der lîp erstarp,
dô fuort er mînen krenechen trit in d' erde.
Do gieng ich slîchent als ein pfâwe swar ich gie,
daz houbet hanht ich nider unz ûf mîniu knie:[6]

»Als es mit Friedrich von Österreich dahin kam,
daß seine Seele geheilt und sein Leib zerstört wurde,
da bog er meinen Kranichtritt erdwärts.
Da ging ich schleichend wie ein Pfau, wohin ich ging,
und ließ den Kopf auf die Knie herunter hängen:«

Dies Gedicht hat ein spätes Echo bei einem Lyriker des 20. Jahrhunderts gefunden. Oskar Loerke schrieb in den dreißiger Jahren das Gedicht ›Winterliches Vogelfüttern‹[7], er läßt die pickenden Vögel von alten Zeiten fabeln, von der Zeit der Minnenachtigallen, und hört sie sagen:

»Aber Walther sehn wir nie.
Wie er sang, ging er zur Ruhe:
›Er ging schleichend wie ein Pfau,
Drückte ein die Kranichschuhe,
Und sein Haupt hing ihm aufs Knie.‹
Er versank im Himmelsblau.«

Die letzte Zeile ist wirklich schön, aber sie stimmt nicht. Walther versank keineswegs im Himmelsblau, sondern er heftete sich an den Boden. Sein Wanderleben begann, die Abhängigkeit von wechselnden Gönnern. Er wurde zum *homo politicus* und fing an, sich in den Streit der Welt zu mischen. Er nahm Partei und eignete sich eine neue Gattung an, den ›Spruch‹, in dem es ihm möglich wurde, zu lehren, Stellung zu nehmen, zu schelten und Lohn einzufordern. Er prägte diese Gattung erst.

Aus diesen Jahren stammt das eingangs zitierte ›Ich saz ûf eime steine.‹ Man hat es oft — im Geist einer späteren Epoche — so verstanden, als habe sich Walther hier in der Pose des einsamen Sehers, Denkers und Künders dargestellt: als Genie. Aber die Haltung, die er schildert — einsam auf einem Stein sitzend, die Wange in die Hand gelegt — hat im Mittelalter eine andere Bedeutung. Es ist eine Klagegebärde. Maria unterm Kreuz hat die Wange zum Zeichen der Trauer in die Hand gelegt. — Walthers Gedicht ist eine Klage über die Zeit. Er denkt mit geängstigtem Herzen über die uralte Frage nach, wie es möglich sei, drei Dinge, Ehre, Besitz und die Gnade Gottes, zu vereinigen, um zu sagen: es ist leider nicht die Zeit für solche Fragen.

»jâ leider desn mac niht gesîn,
daz guot und weltlich êre
und gotes hulde mêre
zesamene in ein herze komen.
stîg unde wege sint in benomen:
untriuwe ist in der sâze,
gewalt vert ûf der strâze,
fride und reht sint sêre wunt.
diu driu enhabent geleites niht, diu zwei enwerden ê gesunt.«[8]

»Die Wege für ein richtiges Leben sind verlegt.
Verrat lauert im Hinterhalt,
die Gewalt reist auf der Straße,
Friede und Recht sind zu Tode verwundet.
Wenn diese beiden Dinge sich nicht erholen, fehlt es den Dreien am Schutz.«

Kein abgehobenes Genie stellt sich hier vor, sondern ein Mensch, der sich einläßt. Es sind die kaiserlosen Jahre, die Jahre des sog. Interregnums und Doppelkönigtums. Kaiser Heinrich VI. ist gestorben, die Partei der Staufer hat Philipp von Schwaben aufgestellt, die der Welfen hält sich zu Otto IV. Das Reich ist gespalten. Und Walther rührt die Saiten für Philipp. Er beschwört die Ordnung der Natur und scheut vor keinem Pathos zurück:

»Sô wê dir tiuschiu Zunge,
wie stêt dîn ordenunge!«

Selbst die Fliege hat ihren König, und das Ansehen des Reichs geht im Chaos unter. Setzt Philipp die Krone auf![9] Die Krone ist älter als der König Philipp, ist es nicht ein Wunder, wie gut sie zusammenpassen? Sie leuchten einander an: die Edelsteine in der Krone und das Antlitz des ›jungen süezen man‹.[10]

Der ›junge süeze man‹ nahm ihn auf in sein Gefolge. Walther kam an den Tisch des Reiches. Aus dem schleichenden Pfau wurde wieder ein stolzer Kranich, der das Haupt erhob:

»nû riht ich ez ûf nâch vollem werde.
Ich bin wol ze fiure komen,
mich hât daz rîche und ouch diu krône an sich genomen.
wol ûf, swer tanzen welle nâch der gîgen!«[11]

»Nun richte ich es auf nach Wert und Würde.
Ich habe ein gastliches Feuer gefunden.
Der Kaiser und das Reich haben mich an sich gezogen.
Wohlan, wer Lust hat nach der Geige zu tanzen!«

Der Mann, der im November 1203 vor der Wiener Hofgesellschaft stand, hatte also schon am Tisch des Reichs gesessen. Aber er suchte jetzt hier ein Plätzchen am Feuer. Er hatte sich dem Kaiser, für dessen Inthronisation er einiges getan hatte, wieder entfremdet. Der junge Kaiser verstand sich nicht auf jene Erztugend, die einen Herrscher vor allen anderen auszeichnet und durch die er seine Leute bindet: er verstand nicht zu schenken. Philipp war knausrig, seine Hände waren undurchlässig:

»Philippes künec, die nâhe spehenden zîhent dich,
dun sîst niht dankes milte: des bedunket mich
wie dû dâ mit verliesest michels mêre.
Dû möhtest gerner dankes geben tûsent pfunt,
dan drîzec tûsent âne danc. dir ist niht kunt
wie man mit gâbe erwirbet prîs und êre.
Denk an den milten Salatîn:
der jach daz küneges hende dürkel solten sîn:
sô wurden sie erforht und ouch geminnet.«[12]

»König Philipp, die dich aus der Nähe beobachten
werfen dir vor,
du seist nicht aus freien Stücken zum Geben bereit;
mir scheint,
dadurch verschenkst du um so mehr.
Du solltest lieber freiwillig 1000 Pfund geben,
als 30000 Pfund widerwillig. Du weißt noch nicht,
wie man durch Geben zu Ansehen gelangt.
Denk doch an den schenkenden Saladin:

der sagte, Königshände sollten löchrig sein:
dann würden sie gefürchtet und geliebt.«

In einem späteren Lied wird Walthers Schelte dann maßlos. Er spricht im Namen der Fürsten, rät den Köchen seines Herrn, den Braten für die Fürsten doch etwas dicker als daumesdick zu schneiden — es gebe am Ende auch die Möglichkeit einer Abwahl. Er droht dem Kaiser.[13]

Der berüchtigte Spießbratenspruch. — War der Autor, der hier in Wien ein Plätzchen am Feuer suchte, ein »Genie«? Die erlauchte Gesellschaft, die in der Residenz ums Feuer saß, hätte diese Frage wohl kaum verstanden. — Das Genie wurde erst sehr viel später erfunden; im 18. Jahrhundert ahnte ein junger Autor, daß er das Kainsmal auf der Stirn trüge, daß er gezeichnet sei, geboren, um mit Siebenmeilenstiefeln über den Erdball zu wandern, eine Welt in sich zu ziehen und sie neu aus sich herauszustellen. Ein Schöpfer. Erhoben über die Mitwelt. »Größe ist, was *wir nicht* sind«, sagte Jacob Burckhardt.[14]

Das lag in weiter geschichtlicher Ferne. Gott ist, was wir nicht sind, hätte die Wiener Hofgesellschaft sagen können. Er ist der Baumeister der Welt, der *artifex,* er hat sie gemeistert von Anbeginn zu Anbeginn.

Jener *cantor* ein Schöpfer? Ein armer Hund ist der und noch längst nicht einmal, was *wir* sind. Ihm hängt nichts an den Füßen, kein Klumpen Erde; es ist ein Habenichts, der da harft und singt. Er nennt ein Pferd sein eigen und einen Schnappsack. Man sieht ihn neuerdings im Gefolge Wolfgers von Passau.

Kunst ist ein Handwerk, man kann es in der Schule lernen oder bei einem Meister, dem man die Kunstgriffe ablauscht. Walther beherrscht sein Handwerk vollkommen, keine Frage. Ein Proteus und Spötter von hohen Graden war er schon damals, als er im Schatten Reinmars stand, aber inzwischen hat er in seinen Wanderjahren ein hinreißendes Talent entfaltet. Er hat sein Repertoire erweitert. Er war ja keineswegs nur in Gesellschaft Philipps, sondern ist in Europa herumgekommen, hat aufgeschnappt und umgemünzt, was ihm so in den Weg kam: die Lieder lateinisch singender Scholaren und die Szenen ländlicher Liebe, Vagantenpoesie und Pastourellen. Seine Kunst war inzwischen von einer raffinierten Naivität, unstreitig — innig, herzinnig —, aber als Liebeslyriker schien er doch arg herabgestiegen und auf eine schockierende Weise unmittelbar. Paßte dergleichen hierher, auf den Babenberger Hof?

»Herzelieb frouwelîn,
got gebe dir hiute und iemer guot!

Kund ich baz gedenken dîn,
des hete ich willeclîchen muot.
Waz mac ich dir sagen mê,
wan daz dir nieman holder ist? owê, dâ von
ist mir vil wê.
Sie verwîzent mir daz ich
ze nidere wende mînen sanc.
Daz si niht versinnen sich
waz liebe sî, des haben undanc!
Sie getraf diu liebe nie,
die nâch dem guote und nâch der schoene
minnent, wê wie minnent die?

Ich vertrage als ich vertruoc
und als ich iemer wil vertragen.
Dû bist schoene und hâst genuoc:
waz mugen si mir dâ von sagen?
Swaz si sagen, ich bin dir holt,
und nim dîn glesîn vingerlîn für einer küneginne golt.«[15]

»Du liebe kleine Herrin,
Gott behüte dich heute und immerdar!
Könnte ich dein inniger gedenken,
den Willen hätte ich dazu.
Was kann ich dir mehr sagen,
als daß Dich keiner lieber hat? — Ach,
das tut mir oft weh.

Man wirft mir vor, daß ich
mein Lied an ein einfaches Mädchen richte.
Daß sie nicht einsehen,
was Liebe ist: zum Kuckuck mit ihnen!
Sie traf die Liebe nie,
die nur um Reichtum und um Schönheit
lieben, ach, wie lieben die!

Ich ertrage den Vorwurf, wie ich ihn ertrug
und wie ich ihn immer ertragen werde.
Du bist schön und besitzt genug:
Was können sie da schon mitreden?

Was sie auch sagen — ich hab' Dich lieb
und nehme Dein gläsernes Ringlein, als wär
es das Gold einer Königin.«

Der Hof nahm ihn nicht auf. Aber in Zeiselmauer erhielt er dann, zwei Tage nach dem Aufbruch und einen nach St. Martin, jene berühmten 5 *solidi longi* für einen Pelzrock. Es war ein schönes Stück Geld, das Walther aus der Hand des Bischofs empfing. Man hat mit anderen Rechnungen verglichen. Für 5 Solidi oder 150 Denare konnte er sich einen Pelzrock beschaffen, der dem eines Bruders des adligen Bischofs in nichts nachstand: außen mit Fuchspelz besetzt und innen mit kostbarem Feh gefüttert. Wenn man sich vor Augen hält, daß in der Kleiderordnung sich eine Ständeordnung spiegelte, daß Kleidung soziale Zugehörigkeit bedeutete, dann war diese Summe eine hohe Auszeichnung. Herr Walther im Pelzrock war eben nicht einer von den Possenreißern und Tänzern, Schwertschluckern, Bärenführern und Pfeifern, die den Bischof wie Motten das Licht umschwirrten. Daß ihm ein Mantel geschenkt wurde, dem Gast, dem Sänger, wir hören Ähnliches auch sonst! Vielleicht stand ein wenig der allbekannte Heilige, der seinen Mantel mit einem Bettler geteilt hatte, helfend Pate bei dieser großen Gabe. St. Martin war im übrigen ein *Termin,* an diesem Tag endete das Bauernjahr, wurden Zins und Abgaben fällig, wechselte manchmal das Gesinde und war ein Geschenk der Brauch. Man schenkte sehr gerne Pelzwerk. War es in diesem Falle der Lohn für Geleistetes oder trat Walther erst in Wolfgers Dienste? Der Winter stand bevor mit seinem Frost.

Wenn er in Wolfgers Dienste eintrat, so ist er nicht lange geblieben. Aus seinen Sprüchen wissen wir von seinem ruhelosen Wanderleben. Wir finden ihn an kleinen Höfen. Bei Bernhard von Kärnten. Im Kloster Tegernsee. Beim Meißner. Am Hof Hermanns von Thüringen, dessen ohrenbetäubende Gelage er beschrieben hat. Beim Reichsverweser Engelbrecht von Köln und in Aquileja, wo sein großer Freund Wolfger zum Patriarchen aufgestiegen war.

Die Stellung eines solchen fahrenden Berufsdichters war in jedem Fall schwierig — wie die des armen Hauslehrers Hölderlin am Tisch des Adels. Man gehörte nicht zur Küche und zum Stall, natürlich nicht, aber auch nicht so ganz an die oberen Plätze der Herrschaft. Man hing dazwischen und war um so empfindlicher.

Herr Walther war reizbar. Takt war nicht seine stärkste Seite. Er war ›ungefüege‹, nur schwer eingepaßt, zugleich von bezaubernder Courtoisie. Er übertrieb. Er komponierte antwortend, erwidernd, aus dem Widerspruch — die Kontrafaktur, die Spannung zum Überlieferten war sein

Lebenselement. Und er setzte sein Wort, eingesenkt in den geschichtlichen Augenblick, ihm verbrüdert; er hatte den Mut, sich im Augenblick zu beschränken. Das hat ihn so lebendig erhalten. Nicht loyal, aber wo es um das Beste ging, war er treu. Als 1210 sein Rivale Reinmar starb, widmete er ihm eine spannungsreiche, aufrichtige Totenklage:

»Dêswâr, Reimâr, dû riuwes mich
michels harter danne ich dich,
ob dû lebtes und ich waer erstorben.
Ich wilz bî mînen triuwen sagen,
dich selben wolt ich lützel klagen:
ich klage dîn edelen kunst, daz sist verdorben.
Dû kundest al der werlte fröide mêren ...
daz dû nicht eine wîle mohtest bîten!«[16]

»Es ist wahr, Reinmar, ich traure um dich
sehr viel mehr als du um mich,
wenn du lebtest und ich wäre gestorben.
Bei meiner Treue, laß es mich sagen,
um dich selbst klage ich am wenigsten:
ich beklage die edle Kunst, die mit dir dahin ist.
Du verstandest es, die Freude in der Welt zu vermehren ...
Daß du nicht eine Weile ausharren konntest!«

Walther hat auch nach dem Tod Reinmars wiederholt am Wiener Hof angeklopft, am ›wünneclîchen hof ze Wien‹. Ohne Erfolg. ›Herberge und Gast‹ waren die Leitmotive dieses Lebens, ›heute nacht hier, morgen da‹.[17] Es blieb, wie er es vor Jahren beschrieben hatte. Der Hof nahm ihn nicht auf.

»Mir ist verspart der saelden tor:
dâ stên ich als ein weise vor:
mich hilfet nicht swaz ich dar an geklopfe.
Wie möht ein wunder groezer sîn:
es regent bêdenthalben mîn,
daz mir des alles niht enwirt ein tropfe.«[18]

»Das Tor zum Paradies ist mir verschlossen:
wie eine Waise stehe ich davor
und es hilft mir nichts, wieviel ich auch klopfe
Wie kann ein Wunder größer sein:
links und rechts neben mir regnet es,
daß ich nicht einen Tropfen abbekomme.«

Und das Reich? Das Reich hat ihn am Ende aufgenommen. Nach dem Tod des Staufers Philipp, dem er sich längst entfremdet hatte, wechselt Walther langsam in das Lager des einstigen Gegenspielers, schreibt Lieder im Dienst Ottos IV., des Welfen. Agitiert für ihn gegen den Papst. Aber auch von Otto scheint er den erwarteten Lohn nicht erhalten zu haben. Er schilt den Kaiser öffentlich einen Betrüger[19]: da befindet sich Walther schon auf der Seite des neuen Gegenspielers, Friedrichs II., des Staufers.

Man darf seine Bettelsprüche und Scheltlieder nicht als private Angelegenheit mißverstehen. Sie spiegeln eine rechtliche Beziehung. Die ›milte‹, die Freigebigkeit, ist eine Pflicht des Herrschers, der seinen Dienst angenommen hat, und ein Recht dessen, der ihm diente. Wo es verweigert wird, wird es eingefordert. Wir befinden uns vor dem Zeitalter der bedauernswerten Lohnempfänger — oder im frühesten Übergang zu ihm. Noch ist das Geschenk die Form, in der entlohnt wird. Es ist ein Recht, und es bedeutet nicht nur, daß einer abhängig ist: es macht ein Verhältnis auf Gegenseitigkeit auch beweglich, es stiftet einen Freiheitsspielraum.

Der großherzige Friedrich II. schenkte Walther ein Lehen, einen Besitz, jenes ›heim‹[20], nach dem er sich sehnte. Nicht sofort. Walther hat es erbeten, hat dem Kaiser das elende Beispiel Ottos vor Augen gestellt und, seines Wertes bewußt, um Erbarmen gefleht:

»... lât iuch erbarmen
daz man mich bî sô rîcher kunst lât alsus armen.
gerne wolde ich, möhte ez sîn, bî eigenem fiure erwarmen.
Zâhiu wiech danne sunge von den vogellînen,
von der heide und von den bluomen, als ich wîlent sanc!«

»Bei eigenem Feuer — ach, wie ich dann
singen wollte von Vögeln, von der Heide und
den Blumen, wie ich einmal sang!«

Und dann kam er zum eigenen Feuer, erhielt, wohl bei Würzburg, einen Besitz. Wir hören einen Jubel und einen Dank, der, obwohl, wie gesagt, eingesenkt in den geschichtlichen Augenblick, herüberklingt, als gäbe es keine Zeit, die uns trennt:

Jetzt fürchte ich nicht mehr den Frost an den Zehen, sagt er, und werde nicht mehr knausrige Herrschaften anbetteln. Der edle, der freigiebige König hat mich versorgt. Meinen Nachbarn scheine ich nun viel besser gestellt. Sie sehen nicht mehr das Schreckgespenst — den ›butzen‹ — in mir wie einst. Ich bin zu lange arm gewesen ohne meine Schuld und war so voller Scheltens, daß mein Atem stank.

»Ich hân mîn lêhen, al die werlt, ich hân mîn lêhen.
nû fürcht ich niht den hornunc an die Zêhen,
und wil alle boese hêrren dester minre flêhen.
Der edel künec, der milte künec hât mich berâten,
daz ich den sumer luft und in dem winter hitze hân.
mîn nâhgebûren dunke ich verre baz getân:
sie sehent mich niht mêr an in butzen wîs als sî wîlent tâten.
Ich bin ze lange arm gewesen ân mînen danc.
ich was sô voller scheltens, daz mîn âtem stanc:
daz hât der künec gemachet reine, und dar zuo mînen sanc.«[21]

---

[1] Zitiert nach Peter Wapnewski, *Walter von der Vogelweide. Gedichte. Mittelhochdeutscher Text und Übertragung,* Frankfurt: Fischer 1962 (36). Vgl. die Editionen von Lachmann-Kraus (8, 4) und Friedrich Maurer, Altdeutsche Textbibliothek (7, 1).

[2] Ludwig Uhland, *Walther von der Vogelweide: ein altdeutscher Dichter,* Stuttgart, Tübingen: Cotta 1822.

[3] Hedwig Heger, *Das Lebenszeugnis Walthers von der Vogelweide. Die Reiserechnungen des Passauer Bischofs Wolfger von Erla.* Mit 4 Tafeln und 3 Beilagen, Wien: Schendl 1970.

[4] Wapnewski (7), Lachmann-Kraus (56, 14), Maurer (49).

[5] Wapnewski (4), Lachmann-Kraus (111, 22), Maurer (38).

[6] Wapnewski (40), Lachmann-Kraus (19, 29), Maurer (8, 1).

[7] Oskar Loerke, *Gedichte und Prosa,* hrsg. von Peter Suhrkamp, Bd. 1–2, Frankfurt a.M.: Suhrkamp, Bd. 1, S. 520 f.

[8] Wapnweski (36), Lachmann-Kraus (8, 4), Maurer (7, 1). Vgl. Anmerkung 1.

[9] Wapnweski (35), Lachmann-Kraus (8, 28), Maurer (7, 2).

[10] Wapnewski (38), Lachmann-Kraus (18, 29), Maurer (8, 2).

[11] Wapnewski (40), Lachmann-Kraus (19, 29), Maurer (8, 1). Vgl. Anmerkung 6.

[12] Wapnewski (43), Lachmann-Kraus (19, 17), Maurer (8, 4).

[13] Wapnewski (45), Lachmann-Kraus (17, 11), Maurer (11, 4).

[14] Jacob Burckhardt, *Weltgeschichtliche Betrachtungen,* V. Kapitel: »Das Individuum und das Allgemeine. (Die historische Größe)«. Siehe die Einleitungssätze.

[15] Wapnewski (21), Lachmann-Kraus (49, 25), Maurer (62).

[16] Wapnewski (8), Lachmann-Kraus (83, 1), Maurer (12, 2).

[17] Wapnewski (54), Lachmann-Kraus (31, 23), Maurer (15, 4).

[18] Wapnewski (61), Lachmann-Kraus (20, 31), Maurer (9, 7).

[19] Wapnewski (56), Lachmann-Kraus (26, 23), Maurer (16, 6).

[20] Vgl. Anmerkung 17.

[21] Wapnewski (59), Lachmann-Kraus (28, 31), Maurer (16, 11).

Walter Röll OSWALD VON WOLKENSTEIN

»Es fuegt sich, do ich was von zehen jaren alt,
ich wolt besehen, wie die werlt wer gestalt.
mit ellend, armuet mangen winkel haiß und kalt
hab ich gebawt bei cristen, Kriechen, haiden.

Drei pfenning in dem peutel und ain stücklin brot,
das was von haim mein zerung, do ich loff in not.
von fremden, freunden so hab ich manchen tropfen rot
gelassen seider, das ich wand verschaiden.

Ich loff ze fueß   mit swerer bueß,   bis das mir starb
mein vatter, zwar   wol vierzen jar   nie roß erwarb,

wann ains roupt, stal ich halbs, zumal mit valber farb,
und des geleich schied ich da von mit laide.

Zwar renner, koch so was ich doch und marstaller,
auch an dem rue - der zoch ich zue mir, das was swer,
in Kandia und anderswa, ouch widerher,
vil manchen kittel, was mein bestes klaide.«[1]

Ob man zum Dichter geboren sein muß oder ob dies doch eine Frage der Sozialisation ist, also eine Frage der Bedingungen, unter denen man aufwächst — wir werden es wohl nie erfahren. Oswald von Wolkenstein jedenfalls, von dem hier die Rede sein soll, hatte eine bewegte und harte Jugend, härter noch, als das damals sowieso üblich war. Schon im Alter von zehn Jahren, so betont er musikalisch im Eingangsvers, den wir soeben gehört haben, schon im Alter von zehn Jahren ist er von zu Hause, von der Burg in Südtirol, fort, vermutlich im Gefolge eines Ritters, und hat die Fremde, die Armut, Hitze und Kälte als Junge kennengelernt, im katholischen Westen, bei den orthodoxen Griechen und in der islamischen Welt. Die drei Pfennig und das Stück Brot, von denen er spricht, dürfen wir nicht wörtlich nehmen: es sind traditionelle Abschiedsgaben — aber sie besagen doch zugleich: Jung-Oswald war zwar Adliger, aber er zog nicht gut ausgestattet mit einem dicken Portemonnaie und mit einem Erzieher an den großen Hof, nein, er lief sich durch aller Herrn Länder die Füße wund, vierzehn Jahre lang, und mußte schwer arbeiten, als Läufer, Koch, Pferdeknecht. Auch zum Rudern war er auf Kreta und sonst bei Fahrten im östlichen Mittelmeer gezwungen.

So stellen wir uns die Jugend eines Adligen im späten Mittelalter im allgemeinen nicht vor, und doch war sie bei den meisten kleineren Adligen zwar nicht so spektakulär, aber doch ähnlich unerfreulich. Auch Oswalds weiteres Leben war alles andere als ereignisarm. Oswald wurde wohl 1376 geboren, als zweiter Sohn eines Südtiroler Landadligen, und damit waren die Voraussetzungen für einen gesellschaftlichen Aufstieg denkbar schlecht. Mit Beharrlichkeit, ja mit Starrheit hat er trotz vieler Rückschläge das Lebensziel verfolgt, trotzdem zum Landherrn, zur geachteten, begüterten Standespersönlichkeit aufzusteigen, und dabei war er in der Wahl seiner Mittel alles andere als zimperlich.[2] Kein Wunder, daß er dabei mehrfach an Gegner geriet, die ihm ihren Willen aufzwingen konnten. So ist es kein Zufall, daß er mindestens dreimal gefangengenommen worden ist und daß in allen drei Fällen Besitz eine entscheidende Rolle spielte. Das hat aber nicht verhindert, daß Oswald sein Ziel, wenn auch anders als gedacht, erreicht hat. Königlicher Rat ist er geworden, hat als solcher eine Gesandtschaft nach Spanien und Frankreich begleitet, am Konstanzer Konzil teilgenommen, ist schließlich in der tirolischen Landespolitik tätig geworden und bei einem solchen Geschäft 1445 im sommerheißen Meran plötzlich gestorben.

Eine wesentliche Seite an diesem Oswald war für seine Zeitgenossen seine Kunst, und für uns heute ist sie es erst recht. Zu den Dingen, mit denen ein junger Adliger damals seine Qualitäten zeigen konnte, gehörte neben der Fertigkeit im Gebrauch der Waffen durchaus die Fähigkeit zur höfischen Konversation und die Fähigkeit, Lieder vorzutragen. Das mußten nicht eigene sein — aber eigene hatten natürlich einen besonderen Reiz. Zumeist dürfte sich solches Dilettantentum auf einem bescheidenen Niveau bewegt haben; Oswald jedenfalls überragt seine Standesgenossen weit. Er erfüllte nicht nur die Erwartungen durch Lieder in gewohnter Machart, sondern überschritt die üblichen Grenzen künstlerisch in vielen Richtungen, wie er es geographisch auf seinen zahlreichen weiten Reisen tat. Aber wenden wir uns einem Beispiel zu, das uns zugleich zum lieben Geld kommen läßt.

Oswald von Wolkenstein gehörte einer gesellschaftlichen Gruppe an, deren Interessen sich von denen der Städte stark unterschieden. Auf der einen Seite entwickelten sich Adelsbünde wie der St.-Jörgen-Schild, auf der andern Seite verbanden sich auch Städte, z.B. im schwäbischen Städtebund. Für den deutschen König war es wichtig, nicht zwischen diese beiden Gruppen zu geraten, und so versuchte König Sigmund 1430 auf einer Reise, durch Verhandlungen im Südwesten Deutschlands eine Einigung zwischen Städten und Ritterschaft herbeizuführen. Oswald von Wolkenstein war auf dieser Reise im Gefolge des Königs, der sich zu diesem Zweck kurz vor dem 25. November 1430 auch in Überlingen zu Beratungen aufhielt. Bei dieser Gelegenheit entstand ein Lied, von dem ein Teil in einer formgetreuen Übersetzung zitiert sei, also in einer Übersetzung, die nicht nur vom Wortlaut, sondern auch von der Strophenform — aber leider nicht von der Musik als dem A und O der Aufführung — einen Eindruck vermittelt:

»Wer sich sein Bares wünscht gering
und will, daß dies ihm gut geling',
der frag' sich durch nach Überling'.
da kosten 14 Pfifferling'
15 Schilling,
wie sie sie in Konstanz schlagen.

Für 16 Heller gibts ein Ei,
für 32 sogar zwei,
ein bißchen Fleisch, viel Kraut dabei,
aus einem Näpfchen nach der Reih'
ißt mancher Lai',
den Hunger zwickt im Magen.

Ein Wasserbreichen in der Pfann',
die Braten klein gemessen,
›Wildbret un Fisch, die sin im Bann,
des derft Ihr do nit esse!
domit isch gnueg, hebt Euch dervan,
Ihr sitt mer z'lang scho gsesse!
Zwai Grosche zahlt mer jedermaa,
dann solt Ihr nit vergesse,
'nan zu hesse!
Wil i net länger warte maa,
zieht fescht die Rieme, Gselle!
Do güts fei überhaupt ko Froog,
kurz gib i uus die Elle,
lang nimm i sie de ander Dag.
Das Geld laßt rüberschnelle!
Un jetz wird zahlt, wenn i des sag!
Wenn Ihrs nit anderscht welle,
gohts mit der Kelle!‹

Ein Wein, so süß wie Schlehentrank,
macht mir die Kehle rauh und krank,
es kratzt unschön mein heller Gesang
(oft nach Tramin steht mein Gedank!),
er schabt ihn blank
und setzt den Schlund in Flammen.

Er gibt mir Freud' und hohen Mut,
wie es der Sack dem Esel tut;
die Säure stockt mir schier das Blut!
Mir wird ganz flau, mir ist nicht gut!
Die wilde Flut
zieht mir das Maul zusammen.

...

Mein Wirt ein wahrer Künstler war:
er trennte Geld von Leder.
Das wurde ich am Bett gewahr —
zwölf Pfennige pro Feder!
Und käm ein alter Karren gar,
er ließ ihm keine Räder.
Ich bringe ihm kein Loblied dar
Wie einer graden Zeder,
diesem Fleder.«[3]

So sehr Oswald Geld oft nötig hatte, so sehr huldigte er der adligen Verachtung für alle Jagd nach dem Gelde. Der Pfennigfuchser, der kleinliche Krämer, der geldgierige Wirt — alles das, was für ihn unter die Überschrift ›Bürger‹ gehörte: er verachtete es. In den eben zitierten köstlichen Versen ist die ganze krude Logik des geldgierigen Einmaleins eingefangen, die zwei Eier doppelt so viel kosten läßt wie eins. Pfifferlinge verkauft man gewöhnlich nach Gewicht oder portionsweise, man zählt sie nicht, aber täte man es, wären vierzehn ein unsinniges Maß — nicht ein Dutzend, nicht anderthalb —, von der Winzigkeit der Portion ganz zu schweigen, die uns an heutige Preise für Pfifferlinge denken läßt. Und diese 14 Pilze sind wiederum in einer widersinnigen Logik in die Zahlenfolge 14 Pfifferlinge — 15 Schilling — 16 Heller ohne jede inhaltliche Steigerung eingespannt. Natürlich ist es dabei ziemlich gleichgültig, wieviel die einzelnen Geldsorten wert waren. Heller waren die kleinste Münze, und 24 von ihnen kamen auf einen Schilling, 20 Schillinge normalerweise auf eine Mark Pfennige. Übrigens sind es die Konstanzer Schillinge, die die Datierung des Liedes sichern, über die man uneinig war: es lag nahe, an 1415, an die Zeit des Konstanzer Konzils, zu denken. Aber erst »seit dem schwäbischen Münzvertrag von 1423 wurden auch Schillinge (in Konstanz) geprägt«.[4] Es handelt sich bei ›fünfzen Schillinge der Costnitzer geslagen‹ also nicht um eine belanglose Bemerkung — die normalen Münzen, die Pfennige, werden von Oswald gar nicht genannt —, sondern um einen gezielten Hinweis auf die ungewohnten, neumodischen Dinger, bei denen man sich vorsehen mußte, daß man sie nicht aus Versehen verwechselte. Oswald hat in einem Erzähllied für die Gasthausrunde mit anderen Worten in einer sehr durchdachten Form wohl ziemlich genau das ausgedrückt, was alle Anwesenden bewegte.

Wie einseitig Oswalds adlige Sichtweise war, kommt in diesem Lied nicht heraus. Dies brachte er in einem Streitgespräch zwischen einem jungen Höfling und einem alten Bürger weit deutlicher als hier zum Ausdruck, in dem es um das alte Thema geht, wer das Blut junger Damen stärker in

Wallung bringen könne. Als Schiedsrichter fungiert natürlich eine einschlägig erfahrene Person, eine Kupplerin. Der Adlige weist nach und nach auf alle höfischen Eigenschaften hin, der Bürger kontert stets mit dem Hinweis auf sein volles Portemonnaie, aus dem sich junge Damen gern bedienen — und die Kupplerin stimmt dem jedesmal zu. Die richtige Schlußwendung aus seiner Perspektive bekommt Oswald dadurch zustande, daß er zwei Redensarten einführt:

»wer alte Weiber hauset,
hat zweifellos gern Gäst';
wann alte Weib und Enten
gehören in ein See.
was gibts da einzuwenden?
kein Viehzeug schnattert meh.« (Kl 25)

Nicht nur den reichen Bürger trifft Oswalds ganze Verachtung, sondern auch die arme alte Frau, die hinter dem Gelde her ist. Die nicht gerade menschenfreundliche Schlußwendung ist wiederum alles andere als Oswalds Privatmeinung: der Dichter und Sänger fungierte vielmehr als Sprachrohr adliger Kreise, an die er sich mit diesem Lied natürlich auch gewendet hat.

Die Stadt und die Bürger waren nun aber nicht die alltägliche Umgebung Oswalds und der meisten seiner Standesgenossen in Südtirol wie anderswo, die auf ihren Burgen in einer ländlichen Welt und von der Landbevölkerung lebten. So ist es folgerichtig, daß Oswald in Dialogliedern das Verhältnis zwischen Angehörigen verschiedener Schichten der Landbevölkerung aufs Korn nahm. Ein Werbelied sei kurz gestreift. Hier kommt der Spaß dadurch zustande, daß ein Knecht mit dem schönen Namen Heinzel Trittdenbrei Wendungen der feinen höfischen Literatursprache mit charakteristischen Verdrehungen im Munde führt. Einen weiteren Kontrast schafft in diesem Lied die Mehrstimmigkeit. Bis zu dieser Zeit waren weltliche Lieder im deutschen Sprachgebiet stets einstimmig gewesen. Der uns namentlich nicht bekannte ›Mönch von Salzburg‹ dürfte der erste gewesen sein, der diese Neuerung aufgriff. Oswald wird von ihm angeregt sein; er übernahm eine ganze Reihe zwei- und dreistimmiger Sätze von französischen und italienischen Komponisten, schrieb wohl auch selbst neue. Hier kontrastiert also nicht nur die Sprache des Knechts mit seinem Stand, sondern auch die Musik ist überaus vornehm-höfisch und paßt nicht zu ihm. Heinzel will seiner Herrin, einer verheirateten adligen Dame, einen Antrag machen. Die Dame wehrt sich zunächst mit Ironie, die der gutmütige Tölpel aber nicht versteht:

»Fröhlich will wiederum ich singen
der edlen Dame süß.«

»Heinz, Heinerich, nichts würde mir gelingen,
hört' ich nicht Deinen Gruß.«

»Oh Herrin, sagt Ihr das zum Spott?«
»Bewahre, Heinrich, das walt' Gott.« (Kl 4)

Die zweite Strophe beginnt Heinrich ganz höfisch und doch unangemessen mit dem Preis der Schönheit der Dame:

»Mich freut Euer Leib«, heute würde es vielleicht heißen: »Ich bewundere Ihre Figur«. Dann aber fällt der brave Knecht aus der Rolle, denn nicht die schneeweißen Arme preist er, wie es dem Schönheitsideal entsprach, sondern er singt:

»Mich freut Euer Leib, dazu die goldnen Spangen
unten an den Armen zart.«

Auch hier wieder kommt Oswalds Adelsperspektive zur Geltung: dem Tölpel fällt der wertvolle Schmuck besonders ins Auge — er entlarvt sich dadurch, wie im folgenden, durch die Wendung, er gäbe zwei Ochsen für einen Kuß der Dame: Andere Werte als Gold und Vieh kennt er in Oswalds Augen nicht.

Es ist das die Haltung, der solche Leute, seien es Stadtbürger, seien es Bauern oder Gesinde, nur so viel wert waren, wie sie Arbeit zu leisten vermochten. Sie entbehrten jeder Delikatesse, wie man das später nannte, und huldigten angeblich einem stupiden Materialismus — wie man das noch später nannte oder gar noch nennt. Geld war Oswald der Inbegriff dessen, was die nichtadligen Niemande auszeichnet, die keine höheren Werte kennen, denen der Sinn nicht nach höheren Idealen steht, die nur der Befriedigung ihrer niederen Instinkte leben: Fressen, Saufen und noch etwas. So öde dieses Klischee schon damals stadtbürgerlichen Kreisen im Ohr geklungen haben muß — es wurde durch Jahrhunderte unermüdlich wiederholt.

Was sich in den bisher zitierten Liedern an Einstellung zum Geld spiegelte, ist aber nur die eine Seite der Medaille. Oswalds Verhältnisse waren für adlige Begriffe der damaligen Zeit beschränkt, und er konnte es sich auf Grund dessen zumeist gar nicht leisten, Geld schlicht zu verachten — dazu fehlte es oft zu sehr. Den Schlüssel zur Erklärung dieser anderen Seite liefern die Gefangenschaften, von denen bereits die Rede war.[5]

Das erste Mal, 1405, lag der Gefangennahme ein Familienstreit zugrunde. Zu dieser Zeit war Oswald schon knapp dreißig und trotzdem ein Irgendwer, während sein älterer Bruder Michael schon als »edel fest Ritter« und als »Herr« zu titulieren war. Michael verwaltete für die Familie den Besitz und die Einkünfte — die jüngeren Brüder Oswald und Leonhard kamen ohne seine Einwilligung nicht ans Geld heran. Das dürfte mehr als einmal zu Auseinandersetzungen geführt haben. Überliefert ist uns die folgende. Oswald und Leonhard befahlen einem jungen Mann, aus Michaels Wohnung eine Schatulle mit Schmuck und Geld zu stehlen. Der Diebstahl flog auf, Michael unternahm gleichwohl nichts Aktenkundiges gegen seine Brüder. Aber als Oswald in seiner Abwesenheit Einkünfte kassierte — und das gelegentlich mit Gewalt —, da gerieten Oswald und Michael so aneinander, daß »Herr Michael den Oswald wundete auf den Tod«, wie eine eidlich beglaubigte Zeugenaussage zu berichten weiß. Er nahm ihn gefangen und ließ den Kleinodienraub offiziell vom Landesherrn untersuchen. Was wir hier sehen, gilt für Herrn Oswald auch sonst: er setzte sich recht souverän über Besitzrechte anderer hinweg, wenn es darum ging, seiner Meinung nach Notwendiges zu tun. Dies wird in der zweiten Gefangenschaft noch deutlicher sichtbar.

Die zweite Gefangenschaft begann Ende 1421, als der Dichter 45 Jahre alt war. Oswald hatte 1407 ein Drittel der Burg Hauenstein am Schlern samt Einkünften als sein Erbteil bekommen. Mit dem Besitzer der andern zwei Drittel hatte es mehr als ein Jahrzehnt lang einen Rechtsstreit gegeben, der aber inzwischen beigelegt war. Oswald überschritt seine Rechte nun offenbar fortgesetzt, trieb vor allem Einkünfte ein, die ihm nicht zustanden — wir kennen das ja schon! —, und Martin Jäger, sein Kontrahent, lief vergeblich von Pontius zu Pilatus. Da riß Jäger im Herbst 1421 der Geduldsfaden; daß dies gerade zu diesem Zeitpunkt geschah, lag vermutlich daran, daß er Bundesgenossen gefunden hatte und daß er Oswalds Stern im Sinken sah. Die Hausmannin, der Oswald lange Zeit den Hof gemacht hatte, lockte ihn in eine Falle, Jäger nahm Oswald gefangen und ließ in foltern. In einem Gespräch mit Abgesandten, die ihn besuchen durften, sagte er völlig richtig, daß »er nicht um Ehre gefangen sei, sondern nur um Gut«, eine Äußerung, die schön seine adligen Maßstäbe erkennen läßt. Nach einigem Hinundher übernahm Herzog Friedrich den Gefangenen, denn er sah eine willkommene Gelegenheit, die Wolkensteiner mattzusetzen. Diese gehörten nämlich zur Front der Adligen Tirols, die ihre Reichsunmittelbarkeit gegen den Herzog und Landesherrn verteidigen wollten — ein geradezu anachronistisches Bemühen, das der deutsche König allerdings gern sah, schwächte es doch die Stellung Friedrichs: Politik war damals wie heute eine komplizierte Angelegenheit. Der Herzog übernahm also den gefangenen Oswald, um ihn nach einiger Zeit gegen eine riesige Bürgschaft der Familie freizulassen: 6000 Gulden. Um die Summe aufzubringen, mußte Oswald einigen Verwandten seinen gesamten Besitz überschreiben: er schien dadurch für die Zukunft zu Wohlverhalten gegenüber dem Landesherrn verurteilt und als Gegner des Herzogs ohne Bedeutung.

Erfahren wir nun von dem Dichter etwas über diese Vorkommnisse? Wir erfahren des öfteren etwas — aber es klingt doch recht anders. Seine Geliebte, der er immer treu gewesen sei, habe ihn gefangen und lasse ihn foltern, heißt es in einem geistlichen Liede, und wir müssen wohl annehmen, daß Oswald zunächst tatsächlich so etwas gedacht hat. Die Geliebte führte angeblich den Befehl gegen ihn, sie habe ihm das Geld abgenommen: »fürwahr, meinen Schatz, den hat sie bald dahin« (Kl 2,48). Nichts ist schlimmer, sagte Oswald in einer Bearbeitung einer Passage aus dem apokryphen Buch Jesus Sirach im Alten Testament, als eine schöne, böse Frau; wie so viele große Männer sei auch er »gefangen durch eins Weibes List« (Kl 3,47)[6] Und auch folgende Aussage findet sich:

»Ich hoff', mein Sach' möcht werden gut,
ließ' Herzog Friedrich seinen Strauß;
wenn er aber das nicht tut,
schlägt das dem Spaß den Boden aus.
Sechstausend Gulden will er haben,
die Buhlschaft wäre mir sauer.« (Kl 55, 34ff.)

Oswalds adliges Publikum in Tirol dürfte die Hintergründe in der Regel im groben gekannt haben. Trotzdem versuchte der Dichter, bewußt oder unbewußt, für sich Meinung zu machen. Stets stellte er sich als Opfer hin, und stets war sein Liebesverhältnis oder die ehemalige Geliebte schuld. Die Gefährdung durch eine übergroße Kaution wird verständlich und akzeptabel durch die Umschmiedung in die uralten Gefahren der Liebe. In der politischen Verhandlung hatte er Wert darauf gelegt, daß es um Gut und nicht um Ehre ging; in der Dichtung wurde aus dem Gut dann ein Liebesverhältnis.

Daß Oswald diesem Herzog nicht grün war, braucht nicht eigens betont zu werden. Durch viele Jahre war er für den Dichter der Inbegriff des politischen Gegners. Eine militärische Konfrontation ergab sich, als ein Heer des Herzogs vermutlich im Frühjahr 1424[7] die Burg Greifenstein oberhalb von Bozen belagerte, um den Widerstand der Adelspartei um die mächtigen Stackenberger zu brechen. Wer die heutige Ruine gesehen hat, wird sie für uneinnehmbar halten: sie liegt auf einem Felsvorsprung hoch über dem Tal. Auch eine sehr kleine Besatzung konnte hier schon einige Zeit einer großen Übermacht trotzen. Aus welchen Gründen auch immer beschlossen die hier eingeschlossenen Wolkensteiner schließlich einen Ausfall, und er gelang — mitten durch das Heerlager des Gegners hindurch. Oswald machte darauf das folgende Lied:

»›Nu huß!‹ sprach her Michel von Wolkenstain,
›so hetzen wir!‹ sprach Oswalt von Wolkenstain,
›za hürs!‹ sprach her Lienhart von Wolkenstain.
›si muessen alle fliehen von Greiffenstain geleich.‹
Do hueb sich ein gestöber auß der gluet
all nider in die köfel, das es alles bluet.
banzer und armbrost, darzu die eisenhuet,
die liessens uns zu letze; do wurd wir freudenreich.

Die handwerch und hütten und ander ir gezelt,
das ward zu einer aschen in dem obern veld.
ich hör, wer übel leihe, das sei ein böser gelt:
also well wir bezalen herzog Fridereich.«[8]

Wie man in den Wald hineinruft, so schallt es heraus, meinte Oswald, aber er kleidete dies in eine für seine Situation bezeichnende Form: wer sich beim Ausleihen niederträchtig verhält, bekommt dafür die Quittung: so wollen wir es Herzog Friedrich heimzahlen. Ja, es dem Herzog heimgezahlt zu haben, war eine solche Freude, daß darüber ganz ausgeblendet bleiben konnte, daß der Ausfall doch nur eine Flucht und keine gewonnene Schlacht, geschweige denn ein für die Wolkensteiner positives Ende der Auseinandersetzungen mit dem Herzog insgesamt darstellte. Mag sein, daß Oswald aus propagandistischen Gründen und wider besseres Wissen so an der Wirklichkeit vorbei formuliert hat, aber er traf dennoch den Nagel auf den Kopf: es ging für ihn auch ums Geld, ja um die Grundlage seiner wirtschaftlichen Existenz — nur blieb es dabei, daß man's dem Herzog heimzahlen *wollte:* man konnte es nicht.

Drei Jahre später, 1427, spitzte sich die Lage für Oswald sogar noch einmal zu, denn es gelang Häschern des Herzogs, den heimlich aus Tirol Fliehenden aufzugreifen. Er wurde erneut eingekerkert und kam erst nach Wochen wieder frei, als er sich dem Herzog unterwarf und Urfehde schwor, d.h. beschwor, nicht wieder gegen den Herzog die Waffen zu erheben. Aber Friedrich war ein Schlitzohr und bewies es auch dieses Mal: er ließ Oswald den nötigen Spielraum, ohne den eine dauerhafte Aussöhnung unmöglich gewesen wäre. Zugleich mit der Urfehde wurde nämlich die Auseinandersetzung mit Martin Jäger wegen der Burg Hauenstein auf die für Oswald vorteilhafteste Weise vertraglich beendet: er behielt sein Drittel ohne Entschädigung für die Familie Jäger. Oswalds Existenz war gerettet, die Grundlage für einen erneuten Aufstieg des nun Fünfzigjährigen war gelegt. Gut drei Jahre später war er wieder im Gefolge König Siegmunds unterwegs und erlebte den glanzvollen Reichstag in Nürnberg mit. Im Januar 1432 bekam Oswald dann gleich vielen anderen den folgenden Brief Siegmunds:

»Edeler und Lieber getreuer, Wann wir deiner Gegenwertigkeit in disen Landen zu etlichen unsern sunderlichen gescheffften wol bedürffen, Dorumb ist unser ernste begerung, das du dich so du eeste magest her zu uns fügest.«[9]

Siegmund saß in der Lombardei in der kleinen Stadt Piacenza krank, bei klirrender Kälte und in Zahlungsschwierigkeiten fest. Die deutschen Reichsstände hatten ihn im Stich gelassen: So mühte man sich brieflich um einzelne Räte. Oswald kam. Er traf in der Kanzlei dieselbe Runde an, mit der er vor Jahresfrist in Deutschland bessere Tage erlebt hatt. In dieser Situation, die ein wenig an die während des Konstanzer Konzils erinnerte, entstand ein zweistimmiges, musikalisch damals sehr ungewohnt klingendes Reiselied, in dem der Autor die schlechte Gegenwart den schönen gemeinsamen Tagen in der Vergangenheit entgegenstellte.

»Wer die ougen wil verschüren mit den brenden,
sein leben enden,
mit gueten zenden übel essen, ligen in dem stro,
der fueg sich in die Lumpardie, da vil manger wirt unfro.
tieff ist das kot, teuer das brot,
ungötlich reu mit falscher treu
sol man da vinden teglichen neu.
das ist ain speis, dor ich nicht keu.«[10]

Es ist dies kein gedankenschweres Kunstprodukt, es ist leicht und unbeschwert. Natürlich findet sich auch hier die Klage über das schlechte Essen, über die Preise und daß das Portemonnaie leer wird. In der zweiten Strophe treibt Oswald dann aber ein launiges Spiel mit der Situation:

»Freund, wenn du wenig wiegende Hechte kaufen willst, dann besorge dir, um nicht reinzufallen, einen mit einer zehn Kilo schweren Leber. Frag in der kaiserlichen Kanzlei nach, wo man solche Fische kriegt. Jülicher, sag, was kostet das Pfund? ›Fünf Soldi und drei Zechinen kostete die kleine Leber dieses süßen Hechtchens.‹«

Wenn die Übersetzung dunkel klingt, so liegt das im wesentlichen nicht daran, daß uns der Text unverständlich wäre, sondern daran, daß er doppelbödig ist. Dazu muß man wissen, daß zu dieser Runde in Piacenza Hermann Hecht, der Sekretär des Königs, und der Schreiber Peter Kalde aus dem Herzogtum Jülich gehörte, der natürlich von Haus aus niederrheinisch sprach. In dieser Strophe wird Kaldes Sprache parodiert: er mischte offenbar Italienisches und Niederrheinisches unter und Oswald ließ ihn hier antworten:

»pro zingk soldin e tre zesin,
also galt sich das leberlin vin
von disem sütten hechtigin«.

Die Leber dieses Hechtes ist offenbar so groß, weil Hermann Hecht, ein anscheinend dünner Mann, ein sehr trinkfester Bursche war: nicht von ungefähr sollte man in der Kanzlei nach solchen Fischen fragen:

»Wer nach der wage ringe hechten kouffen welle,
für ungevelle
so fail, geselle, ainen, der ain staine leber trag:
forsch in des kaisers canzelie, wo man solche fisch erjag.
Gülcher, mach kund, was galt ain pfund?
pro zingk soldin e tre zesin,
also galt sich das leberlin vin
von disem sütten hechtigin.«

Auch hier wieder sagt Oswalds Lied mehr aus, als dies zunächst scheint. Oswald trieb sein Spiel mit hochgestellten Freunden; die Teuerung, überhaupt der Gedanke an Geld war lästig, aber nicht mehr — ja im Lied sogar weniger: es ließ sich sozusagen Unterhaltungskapital daraus schlagen. Oswald hatte keinen Grund mehr, ein Lied mit bitteren Klagen oder wilden Anklagen über Geld, Schulden, Gläubiger zu bestreiten, um für seine Lage zu werben; so wenig erquicklich die Lage in der Lombardei sein mochte, von Siegmund gerufen worden zu sein und sich als geachteter Mann in dessen Umgebung aufzuhalten, ja im folgenden Jahr vermutlich dessen Kaiserkrönung in Rom beizuwohnen, war sehr geeignet, Hochstimmung in ihm aufkommen zu lassen. In Oberitalien ließ er sich auch gleich dem König und anderen hohen Herren porträtieren; das Brustbild schmückt heute eine der Handschriften seiner Lieder, die in eben diesem Jahr 1432 für ihn angelegt wurde. Oswald ist hier als hochdekorierter Adliger zu sehen, massig, entschlossen und ganz und gar nicht feinsinnig dreinblickend. Den wir den Dichter nennen, er war für seine Umwelt und auch nach seinem Selbstverständnis zu allererst einmal ein Herr, ein Landherr, der zu dieser Zeit aus dem gröbsten heraus war, für den wirtschaftliche Not mehr eine Frage der Erinnerungen als der Gegenwart war.

»Herman, Marquart: Costnitz, Ulmen wer das leben
uns freud zu geben
von mündlin eben, und mein öheim hinder dem ofen wer,
das wer ain besser stampanie, wan das uns der peutel ler
wirt zu Placenz. mein conscienz
wirt offt so swach, wie wol ich lach,
so das mein schreiber dick gefach
klagt seinen grossen ungemach.

Sebastian, werst dus ain oxs zu Florenzola
oder ain caniola
und zugst cum dola teglich misst auff ainem wagen groß,
des nem ich für ain suessen breie. für war, ich geb dir auch ain stoß
zu deiner brust, als du mir tuest
mit valscher gier, grob als ain stier;
zwar desgleichen videlt ich dir,
und wurd dir mer, das stuend zu mir.«[11]

---

[1] *Die Lieder Oswalds von Wolkenstein,* hrsg. v. Karl Kurt Klein, 2., neubearb. und erweiterte Auflage von Hans Moser u.a., Tübingen 1975 (Altdeutsche Textbibliothek 55, im folgenden abgekürzt: Kl). Die Lieder Oswalds werden nach der Anordnung in dieser Ausgabe benannt. Meine Textbeispiele weichen in Einzelheiten von dieser Ausgabe ab. Eine anspruchsvolle Übersetzung aller Lieder Oswalds hat Klaus J. Schönmetzler vorgelegt: *Oswald von Wolkenstein, Die Lieder mittelhochdeutsch-deutsch,* München 1979. Die hier angeführten Übersetzungen habe ich angefertigt. Das hier zitierte Lied bei Klein: Nr. 18. Dieses Lied wurde mehrfach eingespielt, s. Röll, Erträge (s. Anm. 2), S. 15.

[2] Hier wie auch sonst beziehe ich mich auf meine Darstellung: *Oswald von Wolkenstein,* Darmstadt 1981 (Erträge der Forschung 160), hier S. 87 f.

[3] Kl 45. Beim Alemannischen hat mir Rolf Jauch, Bad Dürrheim, kompetent geholfen.

[4] So Erich Keyser, *Badisches Städtebuch,* Stuttgart 1959, S. 281.

[5] Zu den Gefangenschaften und zum Leben Oswalds insgesamt s. Anton Schwob, *Oswald von Wolkenstein, Eine Biographie,* Bozen 1977. Schwob griff die Gefangenschaften wieder auf in seinem Buch *Historische Realität und literarische Umsetzung. Beobachtungen zur Stilisierung der Gefangenschaft in den Liedern Oswalds von*

Wolkenstein, Innsbruck 1979 (Innsbrucker Beiträge zur Kulturwissenschaft. Germanistische Reihe 9).

[6] Diesen Zusammenhang habe ich ausführlich dargelegt in einem Vortrag »Oswald von Wolkenstein und andere ›Minnesklaven‹«, in: Hans-Dieter Mück und Ulrich Müller (Hrsg.), *Gesammelte Vorträge der 600-Jahrfeier Oswalds von Wolkenstein, Seis am Schlern 1977,* Göppingen 1978, S. 147–177.

[7] Dazu s. Norbert Mayr, »Die Belagerung von Greifenstein fand nicht statt — Das Greifensteinlied Oswalds von Wolkenstein in neuer Sicht«, in: *Vorträge Seis* (s. Anm. 6), S. 411–419. Zum Frühjahr 1424 s. Schwob, *Wolkenstein* (s. Anm. 5), S. 180f.

[8] Kl 85. Mehrfach eingespielt, s. Röll, *Wolkenstein* (s. Anm. 2), S. 15.

[9] Nach Schwob, *Wolkenstein* (s. Anm. 5), S. 236.

[10] Kl 103. Mehrfach eingespielt, s. Röll, *Wolkenstein* (s. Anm. 2), S. 15. Übersetzung: »Wer sich die Augen mit Qualm ruinieren will, sein Leben enden, trotz guter Zähne schlecht essen und auf Stroh liegen, der mach' sich in die Lombardei auf; dort wird mancher trübsinnig. Tief ist da der Dreck, teuer das Brot. Reue ohne Glauben und Perfidie findet man dort alle Tage. Das ist eine Mahlzeit, die mir nicht schmeckt.«

[11] Übersetzung: »Hermann, Marquart, in Konstanz und Ulm, zusammen mit manchem schönen Mund, würde uns da das Leben Spaß machen! Selbst der Alte hinter dem Ofen [Friedrich?] wäre eine bessere Gesellschaft als dies hier zu Piacenza, wo uns der Geldbeutel leer wird. Mein Portemonnaie wird oft sehr schwach, doch mache ich gute Miene dazu, so daß mein [die Ausgaben kontrollierender] Schreiber oft sehr über seine Probleme klagt.

Sebastian, wenn du in Florenzola ein Ochse wärst oder ein Köter und wenn du unter Mühen täglich Mist auf einem großen Wagen zögst, das würde mir noch besser schmecken als süßer Brei. Ich gäbe dir fürwahr auch gern einen Stoß vor die Brust, wie du es mir unehrlich und voll Inbrunst getan hast, grob wie ein Stier. Gern würde ich dir so aufspielen, und wenn du mehr abbekämst, gefiele mir das.«

Günter Barudio *MARTIN LUTHER*

Während des Luther-Gedenkjahres 1983 wurde im Hinblick auf die Ökumene viel Altes über die Gottes- und Gnadenlehre dieses »teutschen Mannes« ins Gespräch gebracht, den der junge Herder einmal unter die »Genies der Tat« gezählt sehen wollte. Auch manch Verschüttetes zu dessen gesellschaftlichem Stand und Bewußtsein als Augustiner-Mönch, Kirchen-Reformer und Familien-Vater fand erhöhtes Interesse und Verständnis. Jenes Bestreben jedoch, das in Luthers Denken und Handeln eine fundamentale Rolle gespielt hatte, nämlich dem Geheimnis der *Gerechtigkeit* und damit auch des *Geldes* auf die Spur zu kommen, blieb in der Regel während der Diskussion ausgeschlossen: Als ob es für heutige Gelehrte aller Konfessionen und Denkschulen eine ausgemachte Sache sei, daß die Frage nach dem Wesen und Wirken des »gerechten Geldes« nicht gestellt zu werden braucht. Schon gar nicht bei Luther, der angeblich nur aus dem *Herzen* lebte, wenn man Hegel, Ranke und anderen Interpreten folgt, tatsächlich aber aus der »sichtbaren Welt« schöpfte und sich mutig ihrer Realität stellte. Seine Sicht der zwei besonderen Obrigkeiten auf Erden verschafft sich in diesem Sinne unmißverständlich Gehör. Das geistliche Regiment wirkt

»durchs Wort und ohne Schwert, dadurch die Menschen sollen fromm und gerecht werden, also daß sie mit der selbigen Gerechtigkeit das ewige Leben erlangen. Und solche Gerechtigkeit handhabet (Gott) durchs Wort, welches er den Predigern befohlen hat. Das andere ist ein weltlich Regiment durch (das) Schwert, auf daß diejenigen, so durch (das) Wort nicht wollen fromm und gerecht werden zum ewigen Leben, dennoch durch solch weltlich Regiment gedrungen werden, fromm und gerecht zu sein für die Welt.«[1]

Und in dieser Welt des Alten Europa, das sich die Seewege nach Indien und in die Neue Welt erschloß, regierte bereits das *große Geld*. Dabei taten sich vor allem die Medici in Florenz hervor, indem sie nicht allein die Finanzmärkte in Italien und Frankreich kontrollierten, sondern auch mit ihren Krediten für die Päpste die Politik der Römischen Kirche mitbestimmten. Während sich Luther auf das geistliche Amt vorbereitete und als Augustiner-Mönch das *Gelübde der Armut* ablegte, bekam dieses Florentiner Geldhaus, das mit Alaun- und Salzgeschäften reich geworden war, von teutscher Seite gleich eine doppelte Konkurrenz. Die Handelshäuser Welser und Fugger mit ihren enormen Gewinnen aus dem Silberbergbau, der Schiffahrt und aus dem Fernhandel mit Indien liefen den Florentinern den Rang ab und mischten sich auch mit Erfolg in die *hohe Politik* des Heiligen Reiches ein. Hatten die Medici die Päpste und deren Bauwut finanziert, so konzentrierten sich die beiden Augsburger Handelshäuser auf die Geldbedürfnisse zweier Kaiser: Maximilians I. und besonders Karls V. Dessen Wahl im Jahre 1519 wäre ohne Beteiligung der Augsburger Kreditgeber kaum möglich gewesen. Mit Geld konnte demnach jedes Amt im geistlichen wie im weltlichen Regiment erworben werden. Luther selbst hatte sich dieser Bedingung und Bindung beugen müssen, als er das Doktorat der Universität Wittenberg erlangen wollte und dessen Erwerb einer Geldzuwendung seines kurfürstlichen Landesherrn verdankte. Dazu schrieb er eine formvollendete Quittung aus:

»Ich, Martinus, Bruder (des) Einsiedler-Ordens zu Wittenberg bekenne mit dieser meiner Handschrift, daß ich von wegen des Priors (Wenzelslaus Link) zu Wittenberg empfangen habe von dem gestrengen und festen Degenhart Pfeffinger und Johannes Dolzig, meines gnädigsten (Landes) Herrn Kämmerer fünfzig R(heinische) Gulden *auf Sonnabend nach (Michaelis) ... im Jahre des Herrn 1512.«*[2]

Bemerkenswert an dieser Auskunft ist nicht so sehr der Unterschied zwischen den realen Promotionskosten in Höhe von 27 Gulden, 20 Groschen und dem »Überschuß«, sondern der Umstand, daß es sich bei dieser Quittung um das älteste erhaltene Schriftstück Luthers handelt, das in teutscher Sprache ausgefertigt wurde und belegt, wie die Ausbildung des Geistes an Geld und Rechtsrituale gebunden sein konnte. Denn mit dem Hinweis auf *Michaelis* bestätigt er nicht nur seine Anwesenheit bei der jährlichen Leipziger Messe, sondern auch die Qualität dieses Termins als allgemeinen Zinstag, an dem Lastschriften getilgt und Gutschriften vorgenommen wurden. Wie genau sich Luther als Subprior des Wittenberger Augustinerklosters an die Rechtsregeln des damaligen *Zinskaufes* hielt, dessen Zahlungstermine den großen Kirchenfesten folgten, geht auch aus einem Leihgeschäft seines Klosters hervor. Dieses hatte sich von Kurfürst Friedrich dem Weisen im Jahre 1514 ein Kapital in Höhe von 150 Schock Silber geliehen und sich verpflichtet, die jährlichen Zinsen in Höhe von 8,5 Schock oder 5,4 Prozent zum Chor Unser Lieben Frauen in der Wittenberger Schloßkirche zu übereignen. Im Falle einer Säumigkeit hatte das Kloster die Jahresgefälle aus vier Dörfern heranzuziehen, die »neunzig Gulden Rheinisch« entrichten mußten. Dazu heißt es in diesem *Zinsverschreiben:*

»Darauf verpflichten wir uns bei unseres Ordens Gelübden und priesterlichen Würden, berührte achthalb silberne Schock jährlich auf die Heiligen Ostern oder (zu) Walpurgis (am 1. Mai) in rechtschaffener Art halb, die andere Hälfte (aber) Michaelis am 29. September nach dem Datum dieses Briefes angefangen, ohne allen Verzug und Schaden unseren Gläubigern und ihren Nachkommen treulich in der Stadt Wittenberg zu überreichen und zu bezahlen ... und dementsprechend unserem Geldgeber den Willen gotan, daß wir den Wiederkauf *der erwähnten achteinhalb Schock, wann es uns gefällig, mit obberührter Kaufsumme (von) hundertundfünfzig Schock ganz oder wenigstens mit zwanzig Schock auf einmal, nach Kündigung eines Vierteljahres zuvor, tun mögen ...«*[3]

Die Verschachtelung dieses Satzes aus dem Wittenberger Zinsgeschäft entspricht dem damaligen System fortwährender *Um*schreibungen im Tilgungsbereich aufgenommenen Kapitals, die mitunter sehr verwickelt sein konnten. Es brauchte nur ein Zinskäufer oder Bürge vorzeitig zu sterben, ohne daß die Erbfolgen und dabei auch die Geldansprüche geregelt waren, und schon setzten komplizierte Klagen vor Gericht oder andere Forderungsrituale ein. Waren die Beteiligten an solchen Geldgeschäften nicht so peinlich auf *Treu und Glauben* bedacht wie die Augustiner-Mönche unter dem Priorat von Link und Luther, dann steigerte sich der »gleisnerische« Handel mit dem lieben Geld in heftige Händel. Dabei war vor allem die Untugend im Spiel, mit allerlei Wortgewalt die Unkundigen zu übervorteilen und das eigene Kapital auf *ungerechte* Weise wuchern zu lassen. Arbeitete also eine bestimmte Geldmenge, ohne daß ihr Besitzer arbeitete und dennoch Gewinn aus seiner eigenen Untätigkeit zog, dann war damit für Luther das innere Gleichgewicht von Geben und Nehmen gestört. Vor allem dann, wenn die Zinssätze seiner Meinung nach ungebührlich bis in die Höhe von zehn Prozent und mehr stiegen, sah er den Teufel am Werk und sich veranlaßt, harte Belehrungen zu erteilen. So geschehen im *Kleinen Sermon von dem Wucher* aus dem Jahre 1519:

»So sprichst Du dann — ›ist es also getan um das Leihen und Borgen, so will ich niemand leihen, dann so verlöre ich mein Interesse‹. Antwort: Du magst tun, wie Du willst, so wirst Du das Gebot Christi nicht umstoßen, da Dir geboten ist, Du sollst leihen ohne Aufschlag Deinem Nächsten ... Tust Du es nicht, so bist Du auch kein Christenmensch, und wirst Deinen Himmel hier auf Erden empfangen haben. Denn nicht Dein Wille, sondern Gottes Gebot und das natürliche Recht *muß vorgehen, sollst Du selig werden ... Sprichst Du aber — ›tun doch die Priester, Gelehrten, Geistlichen und etliche Kirchen auch also, die nur auf Gewinn leihen, weil dasselbe zur Besserung der Kirchen und geistlichen Güter gelangt‹ —, (so wisse, daß) diese Entschuldigung würdig ist, daß sie dem bösen Geist zugeschrieben werde. Darum daß sie mit der Kirchen und geistlicher Güter Besserung rechtfertigt den Wucher, unrechtes Gut, des Nächsten Schaden und Unterdrückung und wollen auflösen Gottes Gebot, gerade als hätten die Kirchen und geistlichen Güter (die) Freiheit, Gottes Gebot (niederzu)reißen, den Nächsten (zu) berauben, Wucher (zu) treiben und Unrecht (zu) üben ...«*[4]

In dieser harten Kritik am gezielten Gewinnstreben kirchlicher Kreise, die ihrem Wesen nach von Luther immer wieder aufgegriffen wurde, besonders bei der Ablehnung des *Ablaßhandels* der Römischen Kirche, beruft sich der Reformator gerne auf die Bergpredigt. Ihr Gebot der Nächstenliebe, das auf himmlischen und nicht auf irdischen Gewinn gerichtet wurde, steht ihm Modell für die Einforderung christlicher Gegenseitigkeit und für die Überwindung materieller Not. Aus der Furcht des Lebenskampfes durfte kein

Christ auf Kosten eines anderen die Frucht des Geldes in Gestalt des Zinses ziehen. An dieser Position hat Luther in seinem ethischen Empfinden nicht rütteln lassen. Aber er war dennoch lebenspraktisch genug, diesen absoluten Anspruch nicht auf Gedeih und Verderb erzwingen zu wollen. Erfahren mit dem Zinskauf seines eigenen Klosters erläutert er denn auch:

»Derselbe Zinskauf geschieht etwan, daß man denen abkauft, die wohl bedürften, daß man ihnen leihete oder gebe; doch er taugt im Grunde gar nichts, denn Gottes Gebot steht im Weg und will, daß den Bedürftigen mit Leihen und Geben geholfen wird. Zum anderen geschieht (der Zinskauf), daß Käufer und Verkäufer auf jeder Seite des Ihren bedürfen, deshalb (auch) weder leihen noch geben können, sondern sich mit dem Kauf-Wechsel behelfen müssen. Wann nun das an Übertretung des geistlichen Gesetzes geschieht, daß man auf das Hundert 4, 5, 6 Gulden gibt, läßt es sich tragen, doch soll allezeit die Gottes-Furcht sorgfältig sein, daß sie mehr fürchte, sie nehme zuviel als zu wenig, damit der Geiz nicht neben der Sicherheit des ziemlichen Kaufes einreiße — je weniger aufs hundert, je göttlicher und christlicher der Kauf ist.«[5]

Diese vorsichtige Anerkennung des Zinses, dessen gerechte Höhe Luther bei etwa vier Prozent eingerichtet sehen möchte, hängt mit seinem Begriff von der *Substanz* zusammen, das heißt mit den materiellen und geistlichen Grundlagen des menschlichen Daseins, aus denen der Einzelmensch subsistiert. Und dazu gehörte der »Reichtum« in Gestalt von Eigentum an Grund und Boden, Haus und Hof, Gut und Geld. Das waren Bedingungen, die den Besitzenden darauf verpflichteten, auch an die Not des Nachbarn zu denken und die Bedürfnisse der Lebensgemeinschaft einzubeziehen. Ein Verhalten, das an die heutige Vier-Prozent-Gewinnspanne der gemeinnützigen Unternehmen ebenso erinnert wie an den Artikel 14 des *Grundgesetzes,* der die Sozialbindung des Privateigentums anmahnt und damit einen substantiellen Beitrag zum inneren Frieden als Ausdruck einer gerechten Symmetrie des Besitzes leisten will. Ein überaus aristotelischer und lutherischer Gedanke, der sich gerechte Politik als dauernde Schadensbegrenzung vorstellt und deshalb auch vor kurzsichtigen Verschwendern warnt:

»So soll es auch vorkommen, daß große Herren zuweilen ein ganzes Land verkriegen und große Summen mit den Kriegsleuten durchbringen um eines kleinen Nutzen oder Freiheit willen. Das (aber) heißt der Welt verkehrte Weisheit, die mit goldenen Netzen fischet, da die Kosten größer sind als der Gewinn ...«[6]

Mit zunehmender Verbitterung hatte Luther unter dieser ethischen Vorgabe des rechten Maßes und der billigen Gegenseitigkeit die zunehmende Umwertung und Geltungsverschiebung des Wirtschaftens in seiner Zeit beobachtet und heftig kritisiert. Das Prinzip von Geben und Nehmen, zureichendem Grund und rechter Wirkung sieht er aufs höchste gefährdet, weil das vorhandene Geld zum Zins hin umgeleitet wurde, statt es in den risikoreicheren Handel zu investieren. An den zahlreichen *Zinsjunkern* läßt Luther kein gutes Haar, weil sie mit ihrem Verhalten allen christlichen Handel und Wandel unterminieren, indem sie ihr Kapital arbeiten lassen ohne selbst etwas Substantielles zu leisten. Diese Art des Lebenswandels, aber mußte auf lange Sicht all das an Vertragskultur aushöhlen, was Treu und Glauben entsprach, und damit einem Arbeits-Ethos, dessen gerechter Lohn in gerechter Münze entrichtet werden sollte. Die wilde Jagd nach dem Zins aber zerstörte dieses System des Gleichgewichts und des rechten Maßes. Kein Wunder, daß Luther 1520 in seinem *Großen Sermon von dem Wucher* in eine beredte Klage ausbricht:

». . . im Zinskauf wird nur Sicherheit, Geiz und Wucher gesucht. O wie viele Städte, Land (und) Leute müssen zinsen, denen man längst schuldig gewesen wäre, Geld nachzugeben . . . Nun gehen sie daher und stiften Kirchen, Klöster, Altäre, dies und das, und ist des Zinskaufes weder Maß noch Ende; gleich, als wäre es möglich, daß alle Jahre . . . Person, Glück, Frucht (und) Arbeit gleich wären. Es gerät wie gleich oder ungleich, so müssen die Zinsen (doch) gleich für sich gehen. Sollten da nicht Land und Leute verderben? Mich wundert, daß bei solchem unermeßlichen Wucher die Welt noch steht . . .«[7]

Es fällt schwer, bei dieser Kritik und Zustandsschilderung des Geld- und Grundstückmarktes auf einem ersten Höhepunkt der Reformation und am Vorabend des Bauernkrieges nicht an die gegenwärtige Hochzins-Politik oder an die Zinsschulden vieler Länder der Dritten Welt zu denken. Das Gemeinsame der heutigen und der damaligen Krise besteht in der Schwierigkeit, den Geldwert stetig und stabil zu halten und jene *innere Qualität* des Geldes bei jedem neuen Geschäft zu bestätigen, ohne die es nicht subsistieren kann: War und ist es doch im Grunde nichts anderes als auf Gold, Silber und andere Materialien gemünztes Vertrauen in Treu und Glauben als Ausdruck redlicher Arbeit. Daher kommt auch die Mahnung Luthers an all jene, die wenig geben und viel nehmen wollen — ohne Rücksicht auf die eintretenden Verluste für Land und Leute:

». . . sie haben nicht so viel Vertrauen in Gott, daß er sie in diesem elenden Leben erneuern möge oder wolle. Drum sorgen sie (sich), (als) würden sie Hungers sterben und ganz verderben, so sie sollten nach Gottes Gebot jedermann geben, der sie bittet. Und wie mögen sie ihm trauen, daß er sie in Ewigkeit erneuere?«[8]

Wer sich am Anhäufen irdischer Reichtümer geradezu berauscht und darin dem »alten Menschen Adam« folgt, sich demnach der fortgesetzten Sünde hingibt, der wird in Geld und Gut seinen eigenen Gott erkennen und leicht dem Glauben anheimfallen, er könne sich mit diesen irdischen Gewinnen das *ewige Leben* erkaufen. Ein furchtbarer Irrtum, den Luther der Alten Kirche mit ihrer Lehre von den »guten Werken« in zahlreichen Schriften vorwarf. Dabei verwarf er die verbreitete Annahme, man könne mit Geld und blendenden Worten den Himmel erwerben. Mit dieser Kritik konnte er um so mutiger hervortreten und sogar den Kaiser herausfordern, als er selbst nach dem endgültigen Bruch in ziemlich bescheidenen Verhältnissen lebte, wenn man nur bedenkt, daß die Fugger allein aus dem Tiroler Silberbergbau das Tausendfache dessen an Gewinn pro Jahr zogen, was Luther als Höchstgehalt bezog. Von den Gewinnen der Welser gar nicht zu reden, die diese von 1528 an mit der Verschreibung von Venezuela durch Kaiser Karl V. scheffelten. Fünf Jahre zuvor konnte Luther als sein einziges Einkommen nur 8 Gulden und 12 Groschen jährlich für seine Predigertätigkeit an der Stadtkirche zu Wittenberg verbuchen. 1536 wurde das vom Kurfürsten gewährte Jahresgehalt von 200 auf 300 Gulden erhöht und wahrscheinlich 1540 noch einmal auf 400 Gulden aufgestockt. Dieses besondere *Jahrgeld auf Lebenslang* wurde durch allerlei kleinere Beträge ergänzt und in seinem Wert auch dadurch gesteigert, daß er zusammen mit seiner Frau Katharina von Bora das Wittenberger Augustinerkloster nebst einigen gekauften Äckern und Gärten bewirtschaften durfte. Soweit aus den überkommenen Quellen zu dieser Seite seines Lebens Aufschlüsse vorliegen, hat sich Luther stets bemüht, Geld und Gerechtigkeit in Übereinstimmung zu bringen und Ansprüchen zu genügen, wie er sie von allen anderen forderte. In einem Brief an Spalatin, den Bibliothekar und Geheimen Rat des Kurfürsten Friedrich des Weisen, entwickelte er seine Vorstellung von christlicher Gerechtigkeit, die dem Verständnis der Nikomachischen Ethik des Aristoteles widersprach und damit auch der Römischen Kirche:

»Die Gerechtigkeit des Gesetzes oder der Werke besteht keineswegs lediglich im Kirchendienst, sondern vielmehr auch in der Befolgung der zehn Gebote. Wenn wir diese ohne den Glauben an Christus einhalten werden . . ., so hat das nicht mehr mit Gerechtigkeit zu tun, als die Frucht des Sperlingbaums einer Feige gleicht. Denn nicht dadurch, daß wir recht tun, wie es die Meinung des Aristoteles ist, erlangen wir Gerechtigkeit — es sei denn die Gerechtigkeit der Heuchler — sondern erst dadurch, daß wir Gerechtigkeit erlangen und gerecht werden, sind wir fähig, recht zu handeln. Erst muß der Mensch sich ändern, dann erst können es seine Werke; erst sah der Herr Abel gnädig an und dann sein Opfer . . .«[9]

Diese Einstellung Luthers zur *Gerechtigkeit der Werke oder des Gesetzes* leitete sich aus dem Streit mit Erasmus von Rotterdam ab, in dem sich der Reformator der Lehre vom *»Freien Willen«* des Menschen widersetzte und von einer Gnadenwahl Gottes sprach, die man als Verursacherprinzip deuten könnte. Danach kann der Mensch nur wenig oder gar nicht auf Gott einwirken, dieser aber wirkt durch die Menschen auf die Welt. So wie seiner Meinung nach die Früchte nicht aus den Bäumen, sondern die Bäume aus den Früchten zu erkennen sind, so dürfe auch niemand das Geld aus den Zinsen verstehen, sondern die Zinsen aus dem Geld. Dieses und andere Lichter steckte Luther seinen Zeitgenossen, ohne jedoch grundlegend in die wuchernde Geldwirtschaft eingreifen zu können. Was ihm blieb, waren ernsthafte Ermahnungen und Empfehlungen an die eigenen Glaubensgenossen, bei Gut und Geld nicht die Sozialbindung zu vergessen, wie man dies heute ausdrückt. So heißt es denn auch in seinem Aufruf *An die Ratsherren deutscher Städte* von 1524:

»Auch soll sich ein jeglicher Bürger selbst das lassen bewegen: Hat er bisher so viel Geld und Gut an Ablaß, Messen, Vigilien, Stifter, Testamente, Jahrtage, Bettelmönche, Bruderschaften, Wallfahrten, und was des Geschwürms mehr ist, verlieren müssen, und ist nun hinfort von Gottes Gnaden *solches Raubens und Gebens los, wollte doch Gott zu Dank und zu Ehren hinfort desselben ein Teil zur Schule geben, die armen Kinder aufzuziehen, das so herzlich wohl angelegt ist, so er doch hätte müssen zehnmal so viel geben den obgenannten Räubern und noch mehr geben ewiglich, wo solches Licht des Evangeliums nicht gekommen wäre und ihn davon erlöst hätte . . .«*[10]

In einem anderen Licht gesehen, bedeutete diese Umpolung von den »guten Werken« und ihren kirchlichen Ritualen samt Institutionen auf das besondere Gnadenerwarten gleichzeitig eine radikale Umkehr zu einem anderen Arbeits-Ethos. Dieses leitete sich fortan nicht mehr aus einem *Recht* oder aus dem Gesetz ab, sondern verlagerte sich hin zu einer *Pflicht,* die den Erhalt und Bestand des Gemeinwesens mitdenken mußte; eingedenk jedoch, daß die Gnade Gottes zu wirken hatte, wenn ein Werk gelingen wollte. Damit aber kam in der sichtbaren, der irdischen Welt ein Zug des Fatalismus auf, auch ein ausgeprägter Hang zum Zögern sowie die Neigung, statt eigenes Risiko einzugehen, eher dem Gehorsam und vorgegebener Pflichterfüllung nach oben, zum Landesherrn hin, zu folgen. Befreite sich der Mensch von den *römischen Fesseln* und den *aristotelischen Ketten,* so lähmte er sich auf andere Weise wieder in *lutherischem Pflichtdenken,* das auf manch einen Auswuchs stieß, der nicht erklärbar war und dem »unsichtbaren Gott« anheimgestellt werden mußte. Die seltsame Geschichte eines besessenen Mädchens aus Frankfurt an der Oder ließ denn auch nicht wenige glaubensfeste und gnadenerprobte Lutheraner aufhorchen. Es heißt darüber in einem Bericht an Luther:

»Desgleichen hat (diese Magd) des Nachts im Bett, bei ihrer Wärterin liegend, vom Federbett, Laken, Bettenbrett und worauf sie gegriffen, Geld erwischt und damit gerauscht und das Maul vollgesteckt. Davon hat sie auch greulich geröchelt, daß sie hat wöllen ersticken ... (Es waren) allerlei ganghaftig Münz gewesen, als Märkische Groschen, Pfennige, Stettinische, Meisnische, Polnische und Böhmische Münz, auch preußische Groschen und darunter auch etlich böse kupferne Münz ... Man hat Licht anzünden müssen und ihr zu Hilfe kommen.«[11]

Luther hatte sich für diesen merkwürdigen Fall von *Geldrausch* und Besessenheit lebhaft interessiert, aber nur so viel Aufklärung mitteilen können, daß er sich in seiner Ansicht vom Satanswerk des Wuchers und der falschen Lehre vom Wesen des Geldes als Seligmacher auf unheimliche Weise bestätigt fand. In Predigten soll er aufgrund dieses Vorfalles im Jahre 1536 zornig wider die Wucherer und Geldanbeter gewettert haben, um sie und alle anderen wieder zum »Gottvertrauen« zu bringen. Zu einer materiellen und geistigen Lebenseinstellung, die nicht mit goldenen Schleppnetzen das Dasein zubringen wollte, sondern das Heil aus der Gnade erhoffte:

»Sieh da, das sind die Meisterstück, damit man ... unseres lieben Herrn Jesu Christi Lehre und Beispiel mit dem heiligen Evangelium ... umgekehrt, unbekannt gemacht und ganz unterdrückt hat; daß nun zur Zeit geistliche, weltliche Prälaten und Untertanen die besten Christen seien, die solchen Stücken folgen und wider Christus Leben, Lehre und Evangelium streben. Daher kommt es, daß Hader, Gezänk, Richter, Notarien, Officiale, Juristen und solch edles Gesinde *soviel sind als Fliegen im Sommer. Daher kommt soviel Krieg und Blutvergießen unter den Christen. Da muß man auch gen Rom hadern, denn dort ist des vielen Geldes wegen die allergrößte Not ...«*[12]

An der Berechtigung dieser Kritik Luthers gibt es keinen Zweifel, verlangte doch allein der Bau der Peterskirche in Rom ein Geldaufkommen, das durch die üblichen Abgaben in der Christenheit — wie etwa durch den berühmten »Peterspfennig« — nicht gedeckt werden konnte. Deshalb verfiel die Römische Kurie auf allerlei Einkünfte, um ihre Geldnot abzustellen. Ein Mittel unter vielen anderen war die Neufassung des *Ablaß*. Darunter verstand man zunächst nur den Erlaß zeitlicher Kirchenstrafen, die einem

Gläubigen auferlegt worden waren. Jetzt aber, unter dem wachsenden Druck des Geldmangels, wurde dieses kirchenrechtliche Ritual auf den Erlaß von Sünden aller Art ausgedehnt. Ein verheerendes Verfahren, dessen Gelderträge aber nicht nur für den Petersdom verwendet wurden, sondern auch für andere Interessen der Kirchenoberen. So gefiel es dem Erzbischof und Kurfürst von Mainz, Albrecht von Brandenburg, sich das Pallium zu erwerben, ein Majestätszeichen aus Lammfell, das sonst nur dem Papst vorbehalten war, aber nun von Erzbischöfen gegen erkleckliche Summen erworben werden konnte. Zur Bezahlung dieser Kostbarkeit schaltete der Mainzer Kirchenfürst nicht nur die Fugger-Bank mit ihren Beziehungen zu Rom ein, sondern verfügte auch, daß diese Bank die anstehenden Forderungen aus eingehenden Ablaßgeldern begleichen sollte. Zur Absicherung dieses unwürdigen Geschäftes wurde dem Ablaß-Prediger Tetzel ein Angehöriger der Fugger-Bank zur Seite gestellt, der die Gelder für den Pallium-Kauf abzuzweigen hatte. Verständlich, daß sich Luther erregte, ohne dieses Zusatzgeschäft zu kennen, und dem Mainzer Kardinal die Leviten las:

»Es wird im Lande umhergeführt der päpstliche Ablaß unter der Kurfürstlichen Gnaden Namen zum Bau von Sankt Peter. Ich will dabei gar nicht über der Ablaßprediger großes Geschrei Klage führen, das ich nicht gehört habe. Aber ich beklage die falsche Auffassung, die das arme, einfältige, grobe Volk daraus entnimmt und die jene Prediger allenthalben marktschreierisch rühmen. Denn die unglücklichen Seelen glauben infolgedessen, wenn sie nur Ablaßbriefe *lösen, seien sie ihrer Seligkeit sicher; weiter glauben sie, daß die Seelen ohne Verzug aus dem Fegefeuer fahren, sobald man für sie in den Kasten (Geld) einlege; diese Ablaßgnade sei ferner so kräftig, daß keine Sünde so groß sein könne, daß sie nicht erlassen und vergeben werden könnte — und hätte einer selbst, wie sie sagen, die Mutter Gottes geschändet. Endlich soll der Mensch durch diesen Ablaß frei und los werden von aller Pein und Schuld. Ach lieber Gott, so werden die Eurer Sorge anvertrauten Seelen, teurer Vater, zum Tode unterwiesen ...«*[13]

Wie sehr dieses Ablaß- und Ablösedenken durch Geld nicht nur einfache Naturen beeinflußt hat, sondern auch die größten Geldgeber der Zeit, geht aus den Bedingungen der *Fuggerei* in Augsburg hervor. Diese in mancherlei Hinsicht vorbildliche Siedlung für betagte und arme Mitbürger, die nur einen symbolischen Mietzins zu bezahlen haben, kann im Sinne des Lehens- und Treuhandwesens als Sozialbindung des Eigentums verstanden werden. Aber gleichzeitig war mit diesem Geschenk an die Armen auch eine Bindung an das Gebet verknüpft. Denn die Beschenkten hatten täglich eine bestimmte Anzahl Fürbitten zum Himmel zu schicken — den Fuggern zum Seelenheil, wie geglaubt wurde. Anders und irdisch ausgedrückt: Quantitäten sollten in Qualität umschlagen und den Himmel mit seinem »ewigen Leben« schon auf Erden erwerben helfen. Eine Begierde, die sich mit endlichen Mitteln aufbläht und dabei vergißt, daß die unendliche Gnade Gottes nicht mit sichtbaren weltlichen Dingen erkauft werden kann. In diesem Sinne rechtfertigte Luther seine *Kreuzestheologie* gegen den Fetisch Wachstum und die ausufernde Geldmanie: Weil verstockte Menschen

»das Kreuz nicht kennen und es hassen, müssen sie mit Notwendigkeit das Gegenteil lieben, das heißt Weisheit, Ruhm, Macht und ähnliches. So werden sie durch solche Liebe noch mehr verblendet und verhärtet. Es ist nämlich unmöglich, daß die Gier durch Erfüllung ihrer Wünsche gestillt werde; denn wie die Liebe zum Geld in gleichem Maße selbst wächst, so nimmt auch die Wassersucht der Seele zu, da man umso mehr Durst hat, je mehr man trinkt, wie ... der Prediger sagt: ›Das Auge sieht sich nicht mehr satt und das Ohr hört sich nicht mehr satt‹. So ist es aber bei allen Begierden.«

Der Widerstand gegen alles Quantitative und mechanisch Zählbare, wenn es zum Selbstzweck und Lebensinhalt wird, bricht bei Luther immer wieder durch. Er ist geradezu ein unverwechselbares Kennzeichen seiner religiösen Sehnsucht nach der ausschließlichen Heilsbedeutung des Glaubens, der nicht nach Geldgaben, »guten Werken« oder nach heidnischen Vorgaben wie der Proportionalitätslehre der Aristotelischen Ethik beurteilt werden durfte, sondern aus dem Bewußtsein der Gnadengaben Gottes gelebt sein wollte. Deshalb gibt er auch in seinem *Sermon von den Guten Werken* die Anweisung:

»Demnach müssen wir lernen, die guten Werke nach den Geboten Gottes zu unterscheiden und nicht nach dem guten Eindruck, der Größe und Menge der Werke als solcher, auch nicht nach dem Gutdünken der Menschen oder menschlicher Gesetze und Weisen, wie wir sehen, daß es geschehen ist und infolge unserer Blindheit unter grober Mißachtung Gottes noch immer geschieht ... Das erste, und höchste, alleredelste gute Werk ist der Glaube an Christus ... Denn alle anderen Werke kann ein Heide, Jude, Türke oder Sünder auch tun; aber fest vertrauen, daß er Gott wohl gefällt, das ist nur einem Christen möglich, der durch die Gnade erleuchtet und fest geworden ist ...«[14]

Das Geld oder der Mammon steht bei Luther für die Sünde dieser Welt und damit auch für den Tod oder das Ende des Sichtbaren, das wie ein »Madensack« verwest und bei seiner Auflösung nichts zurückläßt als eitlen

Staub. Aus diesem Grunde wird er auch nicht müde, in immer neuen Begriffen all das bloßzustellen, was die Römische Kirche aufbietet, um den Gläubigen von der unmittelbaren Erfahrung Gottes fernzuhalten. Bereits in seiner *Treuen Vermahnung* von 1522, die als Grundschrift seiner politischen Ethik angesehen werden kann, läßt er an den Vermittlungshilfen der Alten Kirche kein gutes Haar, weil diese den Zugang zu Gott erschweren oder ganz verstellen:

»Siehe nun, treibe und hilf treiben das heilige Evangelium. Lehre, rede, schreibe und predige, wie Menschengesetze nicht sind. Wehre und rate, daß niemand Pfaff, Mönch, Nonne werde und, wer drinnen ist, herausgehe. Gib nicht mehr Geld zu Bullen, Kerzen, Glocken, Tafeln, Kirchen, sondern sage, daß ein christliches Leben stehe im Glauben und Liebe. Und laß uns noch zwei Jahr treiben, so sollst du wohl sehen, wo Papst, Bischof, Kardinal, Pfaff, Mönch, Nonne, Glocken, Turm, Messe, Vigilien, Kutten, Kappen, Platten, Regeln, Statuten und das ganze Geschwürm und Gewürm päpstlichen Regiments bleibt: wie der Rauch soll es verschwinden ...«[15]

Dieser fromme Wunsch Luthers erfüllt sich aber nicht, wie sichtbar auch die Ungerechtigkeiten in Rom und dessen Bannkreis sein mochten, die manch nachdenklichen Gläubigen der neuen Lehre aus Wittenberg zuführten. Kartenhäuser mögen unter einem solchen Ansturm zusammenbrechen, aber eine Kirche, die in über tausend Jahren gewachsen war und schon mehrere Herausforderungen dieser Art im Willen zur eigenen Reform überstanden hatte, löste sich nicht so schnell in ein Nichts auf. Hätte man das Geld, dieses wichtige Mittel zur Regulierung vieler irdischer Ansprüche und Bedürfnisse, abschaffen können, wären Luther sicher die entsprechenden Worte dazu eingefallen. Aber auch er wußte bei allem Eifer für seinen Gnaden-Gott, daß eine Rückkehr zur ausschließlichen Naturalwirtschaft oder zum naturbedingten Tausch-Verkehr kaum noch möglich war. Sein eigenes Leben, so bescheiden er es auch führte, kam bei Grundstückskäufen und in anderen Bereichen ohne Geld nicht mehr aus; und viele seiner Mitbürger wie Anhänger konnten nicht mit solch hohen Naturallieferungen rechnen, wie sie Luther 1536 von Kurfürst Johann Friedrich verordnet wurden:

»Wir haben gnädiglich gewilligt, daß dem Ehrwürdigen und Hochgelehrten, Unserem lieben andächtigen Herrn Martin Luther Doctor nun künftighin Einhundert Scheffel Korn und zwei Malz zu zweien Gebräuden Bier alle Jahr sein Lebenlang aus Unserem Amte Wittenberg sollen gegeben werden ... Ingleichen (sollen dem) gedachten Doctor sechzig Klafter Holz jährlich« (überlassen bleiben).[16]

Buchhalterisch gesprochen bedeutete dieses Zugeständnis einen erheblichen Aktivposten im wachsenden Familienhaushalt Luthers, der ja nicht nur eine steigende Kinderzahl zu versorgen hatte, sondern auch eine Reihe von Schülern und manch einen Dauergast wie Melanchthon. Für dessen *Gehaltserhöhung* hatte er sich ebenso eingesetzt wie für den einen oder anderen Pastor der neuen Lehre, damit diese sich in Geldforderungen behelfen konnten. Nein, das Geld konnte und wollte auch er nicht aus der sündigen Welt schaffen, obgleich dieser Erfindung der Menschen etwas Todbringendes anhaftete. Was er zu leisten bereit war, um die Auswüchse und den Mißbrauch der klingenden Münzen einzudämmen, das hat er bis zu seinem Tode im Jahre 1546 in immer neuen Anläufen und mit seinem Gottvertrauen unternommen. Er wollte dort bessern, wo das Böse wucherte, und vor allem der Jugend ein Beispiel dafür geben, daß der Mensch vom Brot allein nicht recht leben kann. Deshalb auch seine Ermahnung an das weltliche Regiment:

»Darum, liebe Herren, laßt euch das Werk anliegen, das Gott so hoch von euch fordert, das euer Amt schuldig ist, das der Jugend so not ist, und das weder Welt noch Geist entbehren kann. Wir sind leider lange genug in Finsternis verfault und verdorben. Wir sind allzulange genug deutsche Bestien gewesen. Laßt uns einmal auch die Vernunft brauchen, daß Gott merke die Dankbarkeit für seine Güte, und andere Leute sehen, daß wir auch Menschen und Leute sind, die etwas Nützliches entweder von ihnen lernen oder sie lehren könnten, damit auch durch uns die Welt gebessert werde. Ich habe das Meine getan . . .«[17]

---

[1] *Luthers Werke* (LW), Bd. 11, Weimar 1900, S. 229–281.

[2] *LW (Briefwechsel)*, Bd. 12, 1967, S. 405; vgl. *LW (Tischreden)*, Bd. 5, 1919, S. 351 ff.

[3] Ebd., S. 407.

[4] *LW*, Bd. 6, 1888, S. 5 ff

[5] Ebd., S. 58 ff.

[6] Ebd., S. 40.

[7] Ebd., S. 57 ff.

[8] Ebd., S. 41.

[9] Vgl. *LW*, Bd. 1, 1883, S. 84 ff; vgl. *LW (Briefwechsel)*, Bd. 1, 1930, S. 70 ff.

[10] *LW*, Bd. 15, 1899, S. 30 ff.

[11] *LW (Briefwechsel)*, Bd. 7, 1937, S. 482–485.

[12] Vgl. *LW*, Bd. 51, 1914, S. 325–424.

[13] *LW*, Bd. 50, 1914, S. 423 ff.; *LW*, Bd. 47, 1912, S. 385 ff.; *LW*, Bd. 30: II, 1909, S. 476 ff.; *LW*, Bd. 38, 1912, S. 196 ff.; *LW*, Bd. 51, 1914, S. 18 ff.; *LW*, Bd. 59, 1983, S. 734.

[14] *LW*, Bd. 6, S. 202–276.

[15] *LW*, Bd. 8, 1889, S. 676–687.

[16] *LW (Briefwechsel)*, Bd. 7, 1937, S. 424 ff.

[17] *LW*, Bd. 15, 1899, S. 48 ff.

Herbert Heckmann HANS JAKOB CHRISTOFFEL VON GRIMMELSHAUSEN

Ob Hans Jakob Christoffel von Grimmelshausen von seinem Nürnberger Verleger Felßecker für seine Simplicianischen Schriften ein Honorar erhalten hat, wissen wir nicht. Wenigstens besitzen wir heute keine schriftliche Mitteilung, weder von ihm, noch von Felßecker, die darüber nähere Auskunft geben könnte. Tatsache ist jedoch, daß es in der Frühzeit des Büchermachens und Bücherverlegens noch keine Honorare als Vergütung für die Arbeit eines Verfassers gab. Luther, der mit den reformatorischen Schriften allenthalben in Europa einen überaus großen Erfolg hatte, wäre nie auf den Gedanken gekommen, von dem durch ihn geförderten Reichtum der Drucker und Verleger für sich etwas zu fordern. Walter Krieg, einer der sehr wenigen, die sich mit der Entwicklungsgeschichte der Bücherpreise und des Autorenhonorars beschäftigten, resümiert:

»Jene Zeit fand noch allgemein die Entlohnung der Verfasser eben unfein und entwürdigend. Darum wehrte sich auch Otto Braunfeld, Huttens Verteidiger, gegen die Beschuldigung des Erasmus, [...] der Ritter habe von seinem Drucker eine Bezahlung erhalten und sagt, er habe den Drucker gar nicht gekannt und dieser könne beschwören, ihm nichts für den Abdruck geschenkt *zu haben.«*

Der Ausdruck »geschenkt« entspricht dem lateinischen Zeitwort *honorare* — in der Bedeutung von belohnen. Das Substantiv *honor* wurde in dem Sinn von »Ehrengeschenk« benutzt. Eine bloße Bezahlung wie für eine geleistete Arbeit kam für die damaligen Autoren und Dichter nicht in Frage, das heißt jedoch nicht, daß sie mit geehrten, aber leeren Händen dagestanden wären. Das Honorar war nicht immer nur ein Ehrengeschenk, sondern in vielen Fällen auch schon im späten 16. Jahrhundert eine feste Geldsumme, die zwischen Verleger und Autor ausgemacht wurde. Bargeld war knapp, so daß die Verleger alles daran setzten, die Honorare niedrig zu halten. In der Zeit, als Grimmelshausen mit viel Geheimniskrämerei seinen *Simplicissimus* publizierte, gab es in Deutschland 52 Verlagsorte und 138 Verleger, von denen manche mehrere hundert Verlagstitel, nicht wenige sogar über 1000 Titel anzeigten, so daß der satirische Epigrammatiker Friedrich von Logau reimte:

»Des Bücherschreibens ist so viel, man schreibt sie in Haufen, / niemand wird Bücher schreiben mehr, so niemand sie wird kaufen.«

Den freien Schriftsteller, wie wir ihn heute kennen, der einzig und allein von seiner Schreiberei lebt, gab es in der Barockzeit so gut wie nicht. Lediglich ein paar Vielschreiber, wie zum Beispiel der galant-frivole Christian Friedrich Hunold, kamen auf ihre Kosten. Der Barockpoet besaß gewöhnlich ein akademisches Amt, war Beamter oder von aristokratischer Herkunft, so daß seine Bücher nicht den Grundstein zu einem Vermögen legen mußten. So ganz ohne Gewinn war für sie freilich das Bücherschreiben auch nicht. In panegyrischen Widmungen gingen sie einflußreiche Gönner an, die sich meist so geschmeichelt fühlten, daß sie mit einem Ehrengeschenk antworteten, das vielerlei sein konnte: eine Anstellung, eine Beförderung, ein Titel, ein Orden oder eine respektable Geldsumme. Vor allem außerhalb Deutschlands konnte sich ein Dichter mit seinem Werke ein einträgliches Hofamt oder eine Pfründe erschreiben. Der spanische Dramatiker Calderon schuf sich auf diese Weise ein ansehnliches Vermögen, das er bei seinem

Tod der Kongregation des Heiligen Petrus hinterließ. Diese dankt ihm mit einer überaus prächtigen Leichenfeier.

In Deutschland mußten sich zu Grimmelshausens Zeiten die Autoren gewöhnlich mit 100 oder mehr Freiexemplaren zufrieden geben, was in der Regel 10% der üblichen Auflage ausmachte. Bargeld zahlten die Verleger weniger gern aus, meist kamen nur die erfolgreichen Autoren in diesen Genuß. So erhielt der schlesische Dichter und Pastor Benjamin Schmolck von dem Buchhändler Liebig in Jauer für seinen *Lustigen Sabbath* ganze 12 Taler, während der Verleger Gleditsch in Leipzig einem Unbekannten für die Herausgeberschaft der *Colloquia* des Erasmus einen Taler pro Bogen in Büchern zahlte. Nun sagt das nicht sehr viel, wenn man nicht weiß, was man mit einem Taler alles anfangen konnte. Dafür erhielt man damals etwas über zwei Zentner Weizen, 5 bis 6 Kilo Butter, 3 Kilo Reis und circa 25 Pfund Rindfleisch. Ein Ries des einfachsten Papiers kostete einen Gulden, besseres Konzeptpapier einen halben. In der Regel gingen $^2/_3$ Taler auf einen Gulden.

Geldgeschäfte waren damals bei der Vielzahl der Währungen in Deutschland eine Wissenschaft für sich, jedoch galt auch, was der englische Philosoph Hume einmal feststellte:

»Und wer heutzutage Europa durchreist, kann an den Preisen der Waren sehen, daß trotz der ungereimten Eifersucht der Fürsten und Staaten das Geld sich nahe zu einem Richtstande gestellt hat, und daß der Unterschied zwischen einem Königreich und einem andern nicht größer in diesem Betracht ist, als er öfter zwischen verschiedenen Provinzen desselben Staates getroffen wird.«

Die Buchmessen, die zweimal im Jahr, zu Ostern und im Herbst sowohl in Leipzig als auch in Frankfurt am Main stattfanden, sorgten dafür, daß die Bücher unter die Leute kamen. Zu diesen Buchmessen erschienen Meßkataloge, die die Neuerscheinungen sowie geplante Publikationen ankündigten. In dem Meßkatalog der Leipziger Herbstmesse für das Jahr 1668 findet sich auch eine Ankündigung des *Simplizissimus:*

»Der Abentheuerliche Simplicissimus Teutsch | das ist: Die Beschreibung eines seltzamen Vaganten, genannt Melchior Sternfels von Fuchshaim | überaus lustig | und männiglich nützlich zu lesen. An Tag gegeben von German Schleiffheim von Sulfort. In duodez.«

Diese Buchmessen lockten Besucher von überall her. Sie dauerten nur eine Woche. In dieser Zeit mußten alle Geschäfte abgewickelt werden. Was wunder also, daß es turbulent zuging. In der Regel kamen die meisten auswärtigen Buchhändler schon eine Woche früher, nahmen ihren angestammten Platz ein und packten die Vorräte aus. Da wurden schnell Plakate gemalt oder noch gedruckt und aufgehängt, die Privilegien nicht zu vergessen, die nun einmal den Verkauf sicherten.

In Frankfurt wurde die Reichsfahne am Domturm gehißt, und die Meßglocken läuteten die Messe ein. Das Geschäft konnte beginnen. Zwischen den Ständen drängten sich Interessenten: Gelehrte und Bücherfreunde, meist betuchte Herrschaften, die ihre Bibliothek zu vergrößern und ihr Wissen zu vermehren suchten. Alle Gewerbe, die an der Fertigstellung eines Buches beteiligt waren, warben mit ihren Arbeiten: die Schriftgießer mit ihren Lettern, die Papierer mit Druck- und Einbandpapieren, die Goldschläger, Buchbinder, Holzschneider, Kupferstecher, Pergamenter und viele andere mehr. Es war jedoch keineswegs üblich, daß die Autoren selbst aufmarschierten, um Verleger und Käufer auf sich aufmerksam zu machen, wie das heute der Fall ist.

Die Buchhändler galten als eine sehr respektable Profession. Ihr Einfluß war bedeutend: mehr und mehr wurden sie mit ihren vielfältigen Druckerzeugnissen die Meinungsbildenden der Öffentlichkeit, besonders jedoch der akademischen Öffentlichkeit. In Fritschens *Tractatus de typographis*, Jena 1675, liest man:

»Die Profession der Buchhändler hat allezeit diese Reputation gehabt / daß sie Männiglich für Ehrlich und Löblich ist gehalten worden / wie solches mit vielen rationibus oder Gründen und mannigfältigen Autoritäten gelehrter und ansehnlichre Leuthe leichtlich kan bewiesen werden. Unter andern bringt Polydorus Virgilius in seinen Büchern ›de inventoribus rerum. Von den Erfindern der Dinge‹ eine denckwürdige Uhrsach ein / da er sagt / das durch die Bequämlichkeit der Bücher / die man durch sie hat / die Ingenia, der Verstand, geschärffet werden / dadurch der Weg bereitet zu allen Künsten und Wissenschaften / und die Gemüther sonderlich aufgemuntert zur Liebe der Studien / welche bey jedermänniglich aller Ehren und Lobs werth geachtet sind.«

Die ökonomische Wirklichkeit sah anders aus, wie es ein Gutachten verrät, das die Leipziger Buchhändler der sächsischen Regierung 1667 vorlegten. Darin kommen sie auch auf das leidige Problem der Autorenhonorare zu sprechen und klagen, daß diese von Tag zu Tag höher getrieben würden, und der Bogen bereits auf einen Dukaten gestiegen sei. Dazu kamen dann noch die Autorenfreiexemplare. War der Autor unbekannt, mußte der Verleger gar noch bangen, ob sich das Buch überhaupt verkaufen ließe oder zu Makulatur gemacht werden würde. Fritsch gibt wohl in seinem *Tractatus de typographis* an, daß um 1675 das Bogenhonorar durchschnittlich 12 bis 16 Groschen betrüge. Gemeinhin werden die meisten Autoren mit Freiexemplaren abgefunden worden sein. Es blieb ihnen die Ehre. Eine Passage aus dem *Curieusen Recreations-Jahr* von Johann Rist und Erasmus Franciscus aus dem Jahre 1644 verrät, daß sie auch damit zufrieden waren:

»Da hat man uns unsern Fleiß mit solchen Geschencken belohnet, welche uns weder Zeit noch Neid, weder Krieg noch andere Unfälle hinwegrauben können / ich will nicht sagen / was für Ehr und Gut uns allen noch ins Künfftige kann widerfahren.«

Es ist Manfred Koschlig zu verdanken, daß wir etwas mehr über Grimmelshausens Nürnberger Verleger Wolf Eberhard Felßecker wissen. Über das Verhältnis des Simplicissimus-Autors zu seinem Verleger wissen wir freilich so gut wie nichts. Wolf Eberhard Felßecker, der von 1626 bis 1680 lebte, war ein äußerst umtriebiger Verleger, der vor allem durch die Herausgabe von wöchentlich erscheinenden Zeitungen sein Geld machte. Aus den damaligen Nürnberger Ratsprotokollen ist zu entnehmen, daß Felßecker immer wieder die Zensurbehörde mißachtete und auch im geschwinden Nachdruck gängiger Titel aus anderen Verlagen sehr großzügig war, was ihn jedoch nicht daran hinderte, den Straßburger Kollegen Georg Andreas Dollhopf 1677 wegen des Nachdrucks zweier simplizianischen Schriften: nämlich des *Vogelnestes* und des *Stolzen Mecher* zu verklagen. Zu einem Prozeß ist es nicht gekommen. Offensichtlich stand damals Grimmelshausen, der ja nicht weit von Straßburg lebte, schon mit Dollhopf in Beziehung. Koschlig vermutet, »daß Felßecker seine Klage zurückgenommen hat, weil nicht Dollhopf, sondern er selbst der Nachdrucker war. Es spricht jedenfalls eine Reihe gewichtiger Argumente dafür, daß Felßecker durch seine Anzeige gegen Dollhopf als angeblichen Nachdrucker Grimmelshausenscher Schriften der Beschlagnahme — diese war ein oft geübtes und besonders gefürchtetes Recht der Zensurbehörde — der nicht von den Nürnbergern genehmigten Drucke Grimmelshausenscher Schriften aus seiner Offizin zuvorkommen wollte.«

Offensichtlich war es zu einer Entfremdung zwischen Felßecker und Grimmelshausen gekommen, so daß sich der in Renchen als Schultheiß seines Amtes waltende Simplicissimus-Autor nach einem andern Verleger umgesehen haben wird. Über die Gründe lassen sich nur Vermutungen anstellen. Zweifellos hat die unbekümmerte, ja mitunter skrupellose Art des Büchermachens, wie sie Felßecker an sich hatte, Grimmelshausen abgestoßen. Hinzu kam wohl auch die große Entfernung zwischen Renchen und Nürnberg. Da mußte es bei den Umständlichkeiten des brieflichen Verkehrs notgedrungen mancherlei Mißverständnisse gegeben haben. Auf jeden Fall wird der Autor wohl keine Korrektur gelesen haben. Er war der Verbesserungswillkür seines Verlegers preisgegeben — und nicht immer fand er im gedruckten Buch wieder, was er geschrieben hatte.

Hätte Felßecker nicht Grimmelshausen gedruckt und verlegt, er wäre ein Verleger von nur lokalem Interesse geblieben, der auf schlechtem Papier holterdiepolter ein Werkchen nach dem andern druckte. An die Wissenschaft hat er sich nicht gewagt: dafür verlegte er Kalender und Postillen im großen Stil, eben all das, was eine schnelle Kasse machte. Sein Sohn Johann Jonathan, der das Geschäft übernahm, entpuppte sich sehr bald als ein Tunichtgut, der trank und spielte und den Verlag ruiniert hätte, wenn ihn nicht seine resolute Frau durch den Rat der Stadt Nürnberg unter Kuratel hätte stellen lassen.

Zugegeben, man kann nicht einfach vom Sohn auf den Vater schließen: aber all das, was Koschlig über den Vater Felßecker mit Fleiß und Akribie zusammengetragen hat, gibt, wie man es auch immer dreht, kein sehr schmeichelhaftes Bild, und Grimmelshausen, den man aus seinen Schriften und von seinen Ämtern her als einen aufrechten Mann kennt, hatte wohl manchen Grund, über seinen Verleger verärgert zu sein. Ging es dabei auch um die Honorare?

Grimmelshausen offenbart in seinen simplizianischen Schriften ein großes Mißtrauen gegen das Geld, wie es in Zeiten des Krieges und der Not schon seit jeher der Fall gewesen ist. Einmal streicht er immer wieder heraus, daß es sehr, sehr schwer zu verdienen sei, und zum andern, daß es leicht seinen Wert verlöre. Die häufige Erwähnung dieser ökonomischen Misere verrät, daß er selbst böse Erfahrungen gemacht hatte. Grimmelshausen tröstete sich jedoch mit frommen Argumenten, wie im zweiten Kapitel des *Wunderbarlichen Vogelnestes:*

»Ach! ich großer Narr! was hab ich doch nur gedacht? Ich hatte ja noch wohl so viel im Vermögen, wenns gleich kein bar Geld, noch so viel Gold und Silber war, als ich verloren, benebens noch dazu bei jedermann einen guten Kredit; geschweige meiner ansehnlichen Freundschaft, die mich nicht verlassen, so daß ich mich besser, als noch viel nicht können, nicht allein mit Ehren ausbringen, sondern auch wiederum ein stattliches erringen und gewinnen mögen. Aber was half's? Meine Torheit mußte aufs höchste kommen, damit ich ja mit Schmerzen erführe, was mir die Leut ohnedies ansahen, nämlich, daß ich wider alle Vernunft und Billigkeit das Geld mehr als Gott geliebt.«

Als Grimmelshausen dies schrieb, waren die ökonomischen Zustände in Deutschland alles andere als rosig, so daß einem gar nichts anderes übrig blieb, als die himmlische Armut zu preisen. Grimmelshausen hatte seit seiner Gelnhäuser Kindheit viel erlebt, das Kriegswerk gelernt, war Schreiber in einer Regimentskanzlei, Wirt in Gaisberg und Schaffner auf der Ullenburg gewesen und war jetzt Schultheiß zu Renchen. Seine Lebenserfahrungen schlagen immer wieder in seinen Schriften durch: mal ironisch, mal mit aufrichtiger Nachdrücklichkeit. Er wußte, wie man Einsichten und Wahrheiten an den Mann bringt. Literarischen Umgang hatte er so gut wie nicht. Er war einer der wenigen Barockdichter, die sich nicht in der akademischen Welt ihre poetischen Sporen verdient hatten. Ein Originalgenie also?

Man hat viel herumgerätselt, wie Grimmelshausen überhaupt zu seinen literarischen Erfahrungen kommen konnte. Der *Simplicissimus* war keineswegs sein erstes Buch. Wie Cervantes, der zunächst der Mode folgte und einen Schäferroman schrieb, sozusagen für die Aussteiger seiner Zeit, so huldigte auch Grimmelshausen zu Beginn dem Zeitgeschmack: 1666 waren sein *Satirischer Pilgram* sowie der heroisch-galante Roman *Der keusche Joseph* erschienen. Das erste ein Traktat über gute Lebensführung, das letztere ein schwülstiger, biblischer Roman im Stil der Zeit, geschickt arrangiert, mit moralischen Nutzanwendungen, doch ohne die mitreißende Kraft des *Simplicissimus*. Immerhin verraten beide Bücher sehr deutlich, daß ihr Verfasser auf literarischen Ruhm aus war, zweifellos ein für seine Situation recht sonderbarer Ehrgeiz. War es nur dieser Ehrgeiz, es den ehrwürdigen Gelehrten und Poetastern gleichzutun? Wie auch immer: es schien ihm jedenfalls keineswegs genügt zu haben, als Wirt in Gaisbach seinen Gästen einzuschenken: er wird sie mit Anekdoten und Erlebnissen aus seinem abenteuerlichen Leben auch durstig gemacht haben. Das Wirtshaus war seit jeher der ideale Schauplatz der Geschichtenerzähler gewesen. Hat hier Grimmelshausen herausgefunden, daß sein eigenes Leben zum Roman taugte, wenn er den Durstigen von seinen Erfahrungen berichtete, wenn er ihnen erzählte, wie man in den schlimmen Zeiten am besten bestehen konnte?

Im Wirtshaus war ein guter und lustiger Erzähler — auch das ist eine große Kunst — seines Publikums stets sicher, was er auch zum Besten gab: Zoten wie Erbauliches, Denkwürdiges wie Wunderbares. Die Zuhörer tranken sich in beseligte Aufmerksamkeit. Es besteht kein Zweifel, daß Grimmelshausen eben diese Zuhörerschaft im Sinne hatte, als er seinen *Simplicissimus* niederschrieb, was nicht heißen soll, daß sein Ehrgeiz nicht höher ging. Er dachte jedoch zuallererst an die Bauern, Handwerker, Tagelöhner und kleinen Krämer, mit denen er täglich Umgang hatte, über deren Köpfe hinweg und auf deren Rücken, ob sie es wollten oder nicht, Geschichte ausgetragen wurde, die der Dreißigjährige Krieg herumgeschubst, ausgeplündert, verjagt und bis aufs Blut schikaniert hatte, die die Lektion nur zu gut kannten, daß nichts auf dieser Welt Bestand hat, daß alle Werte nur Anmaßungen sind und Mittel, einen übers Ohr zu hauen, kurzum ein Publikum, das keine Illusionen kannte, das das Krumme, wo es nur konnte, grad sein ließ, das zu lachen verstand, aus Schadenfreude, derb, sinnenfroh und auf jeden Augenblick erpicht, der ihnen etwas schenkte, sei es einen vollen Magen oder ein lustwarmes Bett, aber auch fromm und voller Sehnsucht nach dem Paradies, nach Frieden und nach Vergebung ihrer Sünden. Das waren keine gestelzten Leser à la mode, die dem Herrgott mit dickleibigen Büchern die Zeit stahlen. Für sie war es ein Luxus, Bücher überhaupt zu besitzen, mußte doch ein Tagelöhner um 1650 einen halben Tag für neun Eier, einen halben Tag für 2½ Pfund Roggenmehl, einen ganzen Tag für sieben Heringe, einen ganzen Tag für drei Pfund Weizenmehl und 135 Tage für einen einfachen Anzug aus Hemd, Hose, Wams, Mantel und Schuhen arbeiten.

Für einen Roman wie den *Simplicissimus* hätte er sich mehr als eine Woche plagen müssen. Eher lasen schon die armen Bürger in der Bibel, in Andachts- oder Hausväterbüchern. Äußerst beliebt waren die Kalender, die das Wetter voraussagten, Zukünftiges offenbarten, Hausmittel erklärten und erbauliche und unterhaltsame Geschichten erzählten. Für jeden etwas — gegen alle Unbilden des Lebens einen Trost.

Wir wissen heute, daß Grimmelshausen, als er ans Schreiben ging, eine respektable Bibliothek von rund 150 Büchern besaß, die ihn ein Vermögen gekostet haben muß. Wissen war eine teure Angelegenheit.

Im *Ewigwährenden Kalender* antwortet Simplicissimus der Mutter, die ihm vorgeworfen hatte, er gäbe zuviel Geld für Bücher aus: »Liebe Mutter, besser um Bücher als verspielt. Ich hab doch sonst kein Freud in der Welt als lesen.«

Ich muß wohl nicht eigens versichern, daß Grimmelshausen hier von sich selbst spricht. Jedoch darf man ihn keineswegs als einen ehrfürchtig-naiven, wissensfrommen Vielfraß von Büchern ansehen, der alles kritiklos in sich hineinstopfte, um es unverdaut, wie es gerade paßte, an seinen Simplicissimus weiter zugeben. Keineswegs war er ein bloßer Wissensprotz, der, wie es Hipolyt Guarinoni so anschaulich in seinem Buch vom *Greuel der Verwüstung menschlichen Geschlechts,* Ingolstadt 1616, faßt:

»mit starken und harten Lateinischen Brocken stets zuwirft / und für ein Lateiner und gelehrten Mann will angesehen werden, das sich oft so trefflich zur Sachen reimt als ein Taft zum Schuhfleck.«

Grimmelshausen besaß — und damit folgte er durchaus den Tendenzen seiner Zeit — einen geradezu polyhistorischen Ehrgeiz, die Ereignisse und Dinge der Welt in ihrem exemplarischen Sinn zu erfassen. Diese Wissensgläubigkeit, die selbst die unscheinbarste Einzelheit der Beachtung wert fand und zur Denkwürdigkeit erklärte, diese unerschöpfliche Neugier für das Alte wie das Neue, teilte, er mit vielen seiner Zeitgenossen. Aber bei aller Bücherlust war er auch ein Mann der Praxis, der nicht nur vom Hörensagen wußte, wie's in der Welt zugeht. Doch wollte er nicht nur das Zwerchfell kitzeln, wie es der Vers auf dem Titelblatt der Ausgabe von 1671 vermuten lassen könnte:

»Es hat mir wollen behagen,
Mit Lachen die Wahrheit zu sagen.«

Dies schienen jedoch seine Leser so sehr beherzigt zu haben, daß sie vor lauter Auf-die-Schenkel-Klopfen die ernsten Absichten des Erzählers gar nicht bemerkten. Fast etwas gereizt reagierte Grimmelshausen auf diese Gruppe der Leser und wettert im Einleitungskapitel seiner *Continuatio* des *Simplicissimus:*

»Wenn sich jemand einbildet, ich erzähle nur darum meinen Lebenslauf, damit ich einem und anderem die Zeit kürzen, oder wie die Schalksnarren und Possenreißer zu tun pflegen, die Leut zum Lachen bewegen möchte, so findet sich derselbe weit betrogen. Denn viel Lachen ist mir selbst ein Ekel, und wer die edle ohnwiederbringliche Zeit vergeblich hinstreichen läßt, der verschwendet diejenige göttliche Gab ohnnützlich, die uns verliehen wird, unserer Seelen Heil in und vermittelst derselbigen zu wirken; warum sollte ich denn zu solcher eitlen Torheit verhelfen und ohne Ursach vergebens anderer Leut kurzweiliger Rat sein? Gleichsam als ob ich nicht wüßte, daß ich mich hierdurch fremder Sünden teilhaftig machte. Mein lieber Leser, ich bedünke mich gleichwohl zu solcher Profession um etwas zu gut zu sein, wer derowegen einen Narren haben will, der kaufe sich zween, so hat er einen zum besten; daß ich aber zuzeiten etwas possierlich aufziehe, geschiehet der Zärtlichkeit halber, die keine heilsamen Pillulen können verschlucken, sie seien denn zuvor überzuckert und vergüldet; geschweige daß auch etwa die allergravitätischsten Männer, wenn sie lauter ernstliche Schriften lesen sollen, das Buch ehender hinwegzulegen pflegen, als ein anders, das bei ihnen bisweilen ein kleines Lächeln herauspresset.«

Was aber sind die »heilsamen Pillulen«, die Grimmelshausen dem Leser vorsetzt? Der Renchener Bürgermeister wußte sehr gut, wie man mit Menschen umgeht, und er wußte ebenso gut, wo ihnen der Schuh drückte. Er erzählt nicht aus gelehrter, kühler Distanz, die sowohl die Ereignisse als auch das Publikum etwas von oben herab behandelt. Er erzählt gleichsam aus der Froschperspektive des Beteiligten, dem die furchtbaren Begebenheiten des Krieges ganz einfach über den Kopf wuchsen. Dem martialischen Chaos tritt er in der Rolle des barmherzigen Narren gegenüber, der schlicht nicht weiß, was gespielt wird, der aber auch mit seinen simplen Erwartungen und Vorstellungen gar nicht auf die friedlose Welt vorbereitet ist.

Der ironisch naive Erzählgestus offenbart, daß Grimmelshausen nicht zu den Poeten zählte, die mit der Schmeichelwurst nach dem Pfründeschinken warfen. Immer wenn es in seinen Büchern um Ehrsucht, Honorität, Ehrgeschenke, Bezahlungen und dergleichen geht, hält er mit seiner spöttisch-skeptischen Meinung nicht hinterm Berg. Das läßt den Schluß zu, daß er auch selbst in Gelddingen nicht sehr ehrpingelig war. Er besaß den Stolz dessen, der tatsächlich etwas zu sagen hat. Daß er jedoch auch wußte, was eine gute Schreibarbeit wert ist, zeigt das erste Kapitel des *Seltzamen Springinsfeld*. Da ist von einer bösen Schreiberfahrung die Rede, die den Helden in Zorn bringt:

»›Wenn er mir einen jeden, mit Ehren zu melden, Arschwisch, dazu er meine Supplikation unweißlich brauchen möchte, ehe er sie gelesen, so teuer bezahlen wolle, so werde es ihm ehender an Geld als mir an Papier, Feder und Dinten mangeln.‹ Darauf trollte ich mich eine lange Gasse hinauf vor Zorn mehr unsinnig als ohnwillig. Ich wußte es denen, so mich in literis falsch geleitet hatten, so wenig dank, daß mich auch reute, daß ich meinen Präzeptoren mit dem Hintern nit ins Angesicht gesprungen, wenn sie mir etwa zu Zeit eine Tracht Prügel geben. ›Ach‹, sagte ich, ›warum haben dich doch deine Eltern nicht ein Handwerk oder Dreschen, Strohschneiden oder dergleichen so etwas lernen lassen, so hättest du ja jetzunder auch bei jedem Bauern Arbeit und därftest nicht vor großen Herren tun stehen, ihnen zu schmeicheln! Könntest doch nur das allerverächtlichste Handwerk, das sein mag, so fändest du gleichwohl Meister, die dich des Handwerks halber aufnehmen und dir das Geschenk gäben, wenn sie dir gleich keine Arbeit geben. In diesem deinem Stand nimmt sich aber kein Mensch deiner an und du bist der allerverachteste Bernhäuter der sein mag.‹

In diesem meinem Unwillen passierte ich einen weiten Weg; gleich wie mir aber der Zorn nach und nach verging, also empfand ich die damalige grausame Kälte je länger je mehr, deren ich bishero so hoch nit geachtet hatte. Ja sie quälte mich dergestalt, daß ich nach einer warmen Stub seufzte: und dennach eben eim Wirtshaus mir gegenüber stund, ging ich mehr der Wärme halber hinein, als den Durst zu löschen.«

Da sind wir, wie so oft bei Grimmelshausen, im Wirtshaus. Der Wein war damals wohlfeil und löste die Zunge. Es scheint gewiß: Grimmelshausen dürfte ein genialer Erzähler am runden Tisch gewesen sein. Da war ihm die Begeisterung der Zuhörer Lohn genug. Ob er sich bei seinen Verlegern Felßecker und Dollhopf damit zufriedengegeben hat, wissen wir nicht. Wir können jedoch davon ausgehen, daß der große Erfolg seiner Bücher sein Selbstbewußtsein gestärkt haben wird. Mit den üblichen Verlegerausflüchten hat er sich sicherlich nicht abgefunden. Er mußte nicht von seinen Büchern leben, wußte aber andrerseits nur zu gut, was eine gute Arbeit wert ist.

Herbert Heckmann

JOHANN CHRISTIAN GÜNTHER

Wenn auch das eigentliche Verfasserhonorar, das im zweiten Viertel des 16. Jahrhunderts aufkam, noch im 17. Jahrhundert von den Verlegern und Buchhändlern nur recht ungern gezahlt und oft durch Freiexemplare abgegolten wurde, so kann das doch nicht heißen, daß die Autoren mit ganz leeren Händen dagestanden hätten. Sie bedienten sich einer viel subtileren Erwerbsquelle: sie versuchten nämlich ihren Verdienst dadurch zu sichern, daß sie ihr Werk widmeten oder, um in der Sprache ihrer Zeit zu bleiben: dedizierten. Natürlich verband man mit einer solchen Dedikation die Erwartung, daß der Geehrte sich erkenntlich zeigen möge: in Form eines allergnädigsten Geschenks, einer Ehrengabe, einer Pfründe, eines Amtes, eines Ordens oder gar durch den Ankauf einer größeren Anzahl von Widmungsexemplaren. Letzteres führte nicht selten dazu, daß Verleger den Verfassern das Dedikationsrecht streitig zu machen suchten, vor allem dann, wenn der Autor mit viel Schmeichellist einem hohen Herrn oder einer hohen Institution, sei es dem Kaiser, einem Fürsten, Grafen, einem geistlichen Oberen oder dem Senat einer Stadt und dergleichen so gut um den Bart zu gehen verstand, daß diese auch noch den letzten Schmarren zu akzeptieren versucht waren, der im allgemeinen Buchhandel nicht die geringste Chance gehabt hätte. Und welcher Buchhändler will schon auf seinen Büchern sitzen bleiben!

Um diese Widmungen in die Bahn des Erfolgs zu lenken, schickte man gleich 200 oder mehr Widmungsexemplare an das Widmungsopfer — in der Hoffnung, allergnädigste Erhörung zu finden. Das war dann meist die Deckungsauflage, so daß weder Autor noch Verleger um ihr Geld bangen mußten. Die Widmungen waren gewöhnlich in einem vor Ehrfurcht ersterbenden Stil verfaßt, voller Lobhudeleien und Demutsformeln, die nachgerade zum rhetorischen Repertoire eines Poeten gehörten. So widmete der schlesische Dichter Benjamin Neukirch »des Herrn von Hoffmanswaldau und anderer Deutschen auserlesene und bißher ungedruckte Gedichte« — »seiner Excellentz dem Herrn von Bülau, seiner Hochfürstlichen Durchlaucht zu Sachsen-Coburg hochbetrauten geheimbden Rath und Hoff-Marschall« mit folgenden Worten:

»Nachdem ich in meinem Vermögen so viel nicht habe, als zu Ausbildung meines unterthänigsten Gemüths von nöthen ist, so habe ich es so lange von andern entlehnet. Ich überliefre Eurer Excellentz ein Buch, welches sein Wesen Fremden, sein Leben dem Verleger und mir nichts als die Ordnung zu dancken hat, in welcher Sie es allhier vor Augen sehen. Dennoch übergebe ich es als das meinige; nicht weil ich etliche Gedichte dabey habe, welche ich ohne eurer Excellentz Durchlesung unwürdig achte: sondern, weil ich alles zu dem Ende gesammelt, damit ich es Denenselben als ein Zeugniß meiner allerinnigsten Ergebenheit opfern möchte. Eure Excellentz können dies Geschencke nicht wohl verschmähen; weil Sie viel geringere mit Danck annehmen . . .«

Noch in der untertänigsten Demutshaltung weiß der Verfasser, daß er sein Licht nicht ganz unter den Scheffel stellen muß, gibt es doch noch andere, wie er vermerkt, die Schlechteres zu widmen wagen.

Im siebten Band dieser Gedichtanthologie, die von Gottlob Friedrich Wilhelm Juncker herausgegeben, 1727 in Frankfurt und Leipzig erschien, finden sich auch zwei Gelegenheitsgedichte des schlesischen Dichters

Johann Christian Günther, der wie kaum ein anderer deutscher Poet zeitlebens arg unter Geldmangel gelitten hat und in den armseligsten Verhältnissen gestorben ist. Eine Sammelausgabe seiner deutschen und lateinischen Gedichte kam erst ein Jahr nach seinem Tode 1724 heraus. Gottfried Fessel hatte sie zusammengestellt. Wie sehr das Publikum den Dichter schätzte, beweist die Tatsache, daß diese Sammlung bis zum Jahre 1733 fünf Auflagen erreichte. Zwei Jahre später machte sich Fessel an eine Gesamtausgabe, die auf sechs Auflagen kam. Für einen Lyriker auch schon damals bemerkenswerte Auflagenhöhen. Zu seinen Lebzeiten erschienen im Druck fast nur Gelegenheitsgedichte Günthers, der auf diese Weise seinen notorisch leeren Geldbeutel zu füllen versuchte. Insgesamt brachte er es auf 40 Veröffentlichungen: Leichengedichte, Schulabschiedsgedichte, Promotionsgedichte, Hochzeitsgedichte, überdies eine Neujahrskantate, nicht zu vergessen eine Friedenskantate, das Programm eines Dramas sowie eine Satire auf einen poetischen Schwätzer und Ehrabschneider.

Die Gedichte, auf die sich der Ruhm Günthers stützte, machten in Abschriften die Runde, kamen aber erst nach seinem Tode in Buchform heraus. Mit der Widmungstour hatte Günther nicht viel Erfolg. Wohl standen auch Gönner hinter ihm, die freilich nicht so prosper waren, um seine Werke schockweise aufkaufen zu können. Hinzu kommt, daß Günther nicht die damals sehr empfehlende Fähigkeit besaß, in Demutsformeln zu zerfließen. Er konnte aus seinem Herzen keine Mördergrube machen und schrieb das, was er dachte. In der höfischen Welt, die zu Günthers Zeiten das Leben bis in den letzten Winkel hinein prägte, nicht gerade die beste Voraussetzung, Karriere zu machen. Wie auch immer: wir haben zu wenig in den Händen, um mehr als Mutmaßungen äußern zu können. In einem Brief, den Max Kalbeck aus dem handschriftlichen Nachlaß des Dichters herausgab, liest man:

»Soviel ich Ihnen verbunden bin, so wenig unterstehe ich mich Ihnen mit weitläuftigen Lobsprüchen und gekünstelten Worten meine aufrichtige Dankbarkeit verdächtig zu machen. Der Ruhm von Ihrer Klugheit und Güte bestehet ohnedem in Ihrem eigenen Verdienste, so wie meine Ehre in der Begierde dieses letzteres mit einem verschwiegenen Gehorsam zu erkennen.«

Bei aller Gedrechseltheit des Ausdruck, wie sie im Schwange war, ist eine Ernüchterung spürbar, eine Scheu vor schamloser Lobhudelei. Andrerseits schrieb Günther an den Herrn Hanns Gottfried von Beuchel, der ihm einen Schreiber geschickt hatte, um eine Sammlung seiner Gedichte zu veranstalten:

»Meine ungezogenen Kinder verdienen in Warheit keinen solchen guten Pflege-Vater, als sie bißhero an Ihrer Person gefunden und die beschämte Muse weiß sich vor dero Liebe und Güte mit nichts besser als einem ehrfurchtsvollen Stillschweigen zu bedancken. Glauben Sie, allerliebster Herr von Beuchel, daß nächst der Güte des Himmels mich unter allen Verfolgungen nichts mehr zu den Wissenschaften anfeure, als Ihr redliches und kluges Gemüthe, und sind Sie versichert, daß auch mein Fleiß ins Künfftige nicht gar fruchtlos ablauffen soll, wenn nur einige geneigten Umstände mich in der Ruhe erhalten, um alle Verrichtungen und Gedanken zu meiner Besserung und dem Dienste der gelehrten Welt anzuwenden.«

Dieser Brief trägt das Datum 28. Februar 1722. Ein Jahr später, am 15. 3. 1723, starb Günther, ohne daß er seine medizinischen Studien in Jena hätte abschließen können. Nur 27 Jahre alt ist er geworden. Während andere elende Skribenten, die das Papier mit Überflüssigem schändeten, zu stattlichen Büchern und überdies zu Amt und Ehren kamen, blieb er arm und erfolglos.

Die Dedikation erwies sich noch das ganze 18. Jahrhundert hindurch als eine beliebte Form der Honorarerschleichung, wenn sie auch zuguterletzt in reine Bettelei ausartete. 1798 erließ der Hamburgische Senat ein Dekret, das den Überdruß an der Widmungsmanie offenbart:

»Der Senat der Reichsstadt sieht sich durch die Menge der Einsendungen und Dedikationen literarischer Produkte von sehr ungleichem Werte, womit er seither überhäuft worden, veranlaßt, hiermit bekannt zu machen, daß er künftig jede dergleichen ohne vorherige Anfrage an ihn gelangende Mitteilung oder Dedikation unbeantwortet lassen werde.«

Johann Christian Günther verdiente sein Geld schlecht und recht mit Gelegenheitsgedichten, und er war sicherlich einer der souveränsten Poeten in diesem elenden Geschäft, das Martin Opitz heftig angriff, ohne sich selbst jedoch von ihm völlig freizumachen.

»Es wird kein Buch, keine Hochzeit, kein Begräbniß ohn uns gemacht; und gleichsam als niemand könnte alleine sterben, gehen unsere Gedichte zugleich mit ihnen unter. Man will uns auf allen Schüsseln und Kannen haben, wir stehen an Wänden und Steinen — und wenn einer ein Haus ich weiß nicht wie an sich gebracht hat, so sollen wir es mit unsern Versen wieder redlich machen. Dieser begehrt ein Lied auf eines andern Weib, jenem hat von des Nachbarn Magd geträumet, einen andern hat die vermeinte Buhlschaft einmal freundlich angelacht oder wie dieser Leute Gebrauch ist, viel mehr ausgelacht; ja des närrischen Ansuchens ist kein Ende. Müssen wir also entweder durch Abschlagen ihre Feindschaft erwarten oder durch Willfahren

den Würden der Poesie einen merklichen Abbruch tun. Denn ein Poete kann nicht schreiben, wenn er will, sondern wenn er kann.«

Doch keiner war sich zu schade, nicht zuletzt auch deswegen, weil es einen sicheren Verdienst bot. Mitunter sorgten die Auftraggeber dafür, daß diese nach erhabenen Mustern gereimten Gedichte gedruckt wurden, gewöhnlich gingen sie jedoch in Abschriften von Hand zu Hand. Wie Gelegenheiten Diebe machen, so haben sie auch Dichter gemacht, wie Johann Christian Günther. Sein erstes gedrucktes Gelegenheitsgedicht schrieb er mit 17 Jahren,

»als der hochwürdige, in Gott andächtige, großachtbare und hochgelahrte Herr Gottfried Fuchsius, der evangelischen Kirche und Schulen Inspector, Pastor Primarius und Scholarcha, seinen jüngsten hertzlich geliebten Sohn Theobald Gottfried, den 5. September, anno 1712, in hochansehnlicher volckreicher Trauerversammlung beerdigen ließ: sollte sein schuldiges Mitleiden durch diesen einfälltigen Reim gehorsamst bezeigen des hochbetrübten vornehmen Priesterlichen Hauses unterthänigster Knecht, wie auch des Seeligstverstorbenen treugewesener Commilito Johann Christian Günther.«

So der Titel des Leichengedichtes, das ganz in der Tradition der Gattung steht, die im Humanismus aufgekommen ist. Es wurde während der Beerdigung vorgetragen und hinterher an die Trauernden verteilt. Diese Leichengedichte variierten mit allegorischen und mythologischen Anspielungen das große Thema der Vergänglichkeit am Beispiel des Verstorbenen. In den Gedichtsammlungen des 15. bis 18. Jahrhundert nimmt diese Gattung einen nicht geringen Raum ein. Günther hat sehr viele Leichengedichte geschrieben, denen man anmerkt, wie variationsfähig er war. Nicht selten greift er auf Geschriebenes zurück und fügt es geschickt in das konventionelle Schema. Die Häufigkeit seiner Gelegenheitsdichtungen, die in seinem Gesamtwerk immerhin zwei Bände von rund 450 Seiten ausmachen, verrät, daß Günther immer wieder auf diese Verdienstmöglichkeit angewiesen war. Der Vater hielt ihn kurz, und was er über das Glück sagte, ist mehr als nur ein poetischer Einfall:

»Da hast du deine schöne Titel:
Du Wetterhahn, du blindes Weib,
Du Blaustrumpf, du Verderbungsmittel,
Du Hure vor des Pöbels Leib,
Du Zauberbalg, du Torheitsschwester,

Du Wildfang, du Betriegerin —
Wer straft mich, daß ich im Geläster
An dir ein Atheiste bin.«

Als Günther am 8. April 1695 im schlesischen Striegau, einer Kreisstadt im Fürstentum Schweidnitz, geboren wurde, litt seine Heimat noch unter den sozialen und wirtschaftlichen Nachwirkungen des 30jährigen Krieges. In Schlesien waren die Zustände besonders arg. Infolge der von Habsburg streng verfügten Rekatholisierung wanderten viele Protestanten aus. Das führte vor allem in der Tuchmacherei zu einem erheblichen Rückgang. Hohe Steuern hemmten jeden wirtschaftlichen Aufschwung. Die Landbevölkerung geriet immer mehr in Abhängigkeit von den adligen Gutsherren.

Günthers Vater, Johann Günther, der aus Aschersleben stammte, kam nach dem Studium der Medizin in Leipzig 1688 als Landarzt nach Schlesien. Er heiratete Anna Eichbänder und eröffnete 1689 in Striegau eine Praxis, mit der er freilich keine Reichtümer erwerben konnte. Die Universität hatte er ohne Doktorwürde verlassen, weil er die Promotionsgebühren nicht bezahlen konnte. Was ihm an akademischer Bestätigung fehlte, ersetzte er durch einen eisernen Fleiß. Man schätzte sein Können und akzeptierte ihn. Von Natur aus streng, durch die Umstände noch strenger geworden und von unerbittlicher Rechtschaffenheit, kümmerte er sich mit patriarchalischer Nachdrücklichkeit um die Erziehung seines Sohnes, den er im Lateinischen und Griechischen unterrichtete.

Ein wohlhabender Berufskollege ermöglichte es ihm, den vierzehnjährigen Johann Christian auf das neue evangelische Gymnasium nach Schweidnitz zu schicken, das der umsichtige Rektor Leubscher leitete. Johann Christian Leubscher, ein erfahrener und begeisterungsfähiger Schulmann, der Dramen für Schüleraufführungen schrieb, fand Gefallen an dem aufgeweckten Knaben und bestärkte ihn in seinem dichterischen Ehrgeiz. Im September 1715 wurde Günthers Trauerspiel *Die von Theodosio bereute Eifersucht* im Schweidnitzer Gymnasium aufgeführt, eine Schülerarbeit, die jedoch eine zupackende Hand verrät. Günther hat Leubschner viel zu verdanken, und er blieb ihm sein Leben lang freundschaftlich verbunden. Er pflegte seine Freundschaften sehr ernst zu nehmen und hielt sie auch in Gefahren.

»Gleiche Brüder, gleiche Kappen,
Einerlei Gefahr und Mut!«

Wie *er* Freunden immer beigestanden hat, so haben sie auch ihm in der Not immer geholfen, soweit sie dazu überhaupt in der Lage waren. Er machte Freundschaften nicht von dem Einfluß abhängig, den er dadurch gewann, am allerwenigsten vom Geldbeutel.

Der Vater wollte nichts von den poetischen Bemühungen seines Sohnes wissen. Er hatte praktischere Pläne, doch ließ sich Johann Christian nicht vom eingeschlagenen Weg abbringen. Er hatte Erfolg, und dieser Erfolg rief die ersten Neider auf den Plan, die ihn sein ganzes Leben lang bedrängen sollten. Ein eifriger Schinkenträger, wie man die Opportunisten im Barock nannte, war Günther nicht. Er hatte einen stolzen Charakter, der einem Dummkopf nicht vorenthalten konnte, daß er ein Dummkopf war.

In Schweidnitz lernte er Magdalena Leonore Jachmann, die Tochter eines Arztes, kennen und verliebte sich sterblich in sie. Die Gedichte, die er ihr schrieb, zählen heute zum Schönsten der deutschen Liebeslyrik. Dem Dichter, dessen Gedichte in Handschriften die Runde machten und der sie wohl bei Gelegenheit vorlas, neidete man den Erfolg und zog über ihn her, der sich über alle Konventionen und Schranken hinwegzusetzen wagte. Liebesgedichte pflegten die galanten Allerweltspoeten nach festen Mustern herunterzuleiern.

Der Vater mißbilligte die Liebe seines Sohnes zu Leonore Jachmann, sah er ihn doch in dieser Beziehung zum brotlosen Dichter reifen. Im Herbst 1715 ging Günther nach Frankfurt an der Oder, um dort Medizin zu studieren, aber die dortige Universität wie die Stadt selbst behagten ihm derart wenig, daß er schon nach wenigen Wochen wieder aufbrach und nach Wittenberg ging, wo er am 25. November als Student der Medizin eingetragen wurde. Zunächst widmete sich Günther tatsächlich mit großem Eifer dem Medizinstudium, ohne jedoch die freien Künste ganz zu vernachlässigen. Die medizinische Fakultät in Wittenberg versammelte recht wenige herausragende Gelehrte. Die meisten Universitäten waren zu Beginn des 18. Jahrhunderts mit ihren jämmerlichen Mitteln und kläglichen Lehrkräften, meist eng konfessionell gebunden, alles andere als vorbildlich. Wohl nahm sich Günther den Rat seines Vaters zu Herzen, den Arztberuf anzustreben, aber er konnte das Dichten nicht lassen. Zweifellos war er auch ein umgänglicher Student, ein Bursche, wie damals der Studiosus hieß, der zu feiern verstand und beim Trinken kein Spielverderber war. Das Trinken war zu diesen Zeiten eine Art Initiationsritus in die akademische Welt, bei dem alle eifrigst mithielten, die Burschen wie die Professoren, letztere übertrafen dabei nicht selten noch den eigenen Wissensdurst.

So etwas kostete natürlich Geld, und die Summe, die ihm sein Vater gestattete, schmolz bei solchen Unternehmungen nur zu schnell dahin. Ein Landarzt verdiente damals rund 50 Gulden monatlich. Wenn man bedenkt, daß ein Eimer Wein — das sind 58 Liter — im Einkauf 120 Kreuzer, also zwei Gulden kostete, ebensoviel wie 135 Gramm Muskatblüten, vier Gänse oder ein geschlachtetes Schaf, dann versteht man auch, daß die finanzielle Hilfe des Vaters nur sehr gering sein konnte, und zur Großzügigkeit konnte er sich nicht entschließen.

Am 30. April 1716 wurde Günther, der sich mit Gelegenheitsgedichten aller Art über Wasser hielt, zum Dichter gekrönt. Aber die Ehre sowie die unentbehrliche trinkfröhliche Feier, die einer solchen Ehre folgen mußte, kosteten ihn einen derartigen Batzen Geld, daß er seiner Schulden wegen ins Gefängnis mußte. Selbst hier dichtete er fleißig für die unterschiedlichsten Auftraggeber.

»Ich bin nur ein Poet am Titel,
Den jeder Stümper kaufen kann.«

Einen festen Tarif für Gelegenheitspoemata gab es nicht. Günther wird für seine poetischen Anstrengungen um einen halben Gulden erhalten haben. Die Poesie war wohlfeil, und es gab viele, die das Reimgeschäft so gut beherrschten, daß sie sich ein Zubrot damit verdienen konnten. Aber für Günther reichte es nicht, um sich aus dem Schuldgefängnis freizukaufen. Befreundete Studenten standen für ihn ein. Freundschaft und eine lustige Geselligkeit galten sehr viel. Einer hat sich gar für Günther geschlagen und dabei sein Leben eingebüßt. Aber all die Trinkfröhlichkeit in verrauchten Kneipen, Gesang und Lautenspiel sowie ein poetischer Elan, der selbst noch aus den ödesten Gelegenheiten die schönsten Funken schlug, konnte nicht darüber hinwegtäuschen, daß das Studentenleben damals ohne eine sichere elterliche Hilfe ein elendes Unternehmen war, zumal wenn man so gar nicht mit den Wissenschaften anbändeln wollte. Günther hat dies in einem Gedicht auf das Absterben eines Studiosi mit naturalistischer Nachdrücklichkeit bezeigt:

»Ein Mensch, der mit Begier nach freyen Künsten strebt,
Trägt wohl, solange er noch auf hohen Schulen lebt,
Vor seinen Wechselbrief die allergrößten Sorgen;
Der Kummer, den er hat, ist seiner Eltern Geld,
Zumahl wenn ihm der Muth aus leeren Beutheln fällt
Und Koch und Schneider ihm die letzte Nothdurft borgen.

Hat er nunmehr verthan, was ihm der Mutter Hand,
Als sie den lieben Sohn mit Thränen fortgesandt,
Verstohlen auf der Flucht in alle Ficken steckte,

So geht die Noth an Mann, so stützt er Kopf und Arm.
Verriegelt Thür und Schloß, macht Stuhl und Sessel warm
Und sizt so finster da, als wenn er Grillen heckte.

Er läuft den Kutschen zu, die er beladen spürt,
Rennt täglich auf die Post und liest und buchstabiert
Fast vierundzwanzigmahl die Nahmen aller Charten.
Zwey Fest im Jahre sind, die ihn gewiß erfreun:
Er weiß, daß Michael und Ostern Tröster seyn;
Nur dieses tut ihm weh: Er soll so lange warten.

Hingegen schickt es sich, daß der verlangte Gast,
Den er so wie ein Bär den Bienenzucker haßt,
Von Hause wieder kommt und wilde Männer bringet,
Da wacht und lebt der Pursch, da zieht der Kummer aus,
Und es erfährt es oft des nächsten Nachbars Haus,
Wie seine Fröhligkeit durch alle Fenster singet.

Wir wissen, Seeligster, daß jezt die Tadelsucht
Dies ungereimte Blatt, wie sie es nennt, verflucht,
Weil es bey deiner Gruft, um die es weinen sollte,
Mit halbem Scherz erscheint. Doch wissen wir auch dies:
Du selber billigst es und straftest den gewiß,
Der deinen Vortheil nun mit Thränen stören wollte.

Denn jezt, nachdem dein Fuß, der hurtig Abschied nahm
und ohn Verhoffen nächst geschwächt zurücke kam,
Den Weg nach Halle nimmt, den Wechsel dort zu heben,
So zahlt des Himmels Gunst dir durch des Todes Hand
Noch einen reichern, als deine Reise fand,
Die dir Gelegenheit zur letzten Fahrt gegeben.

Dies ist der Gnadenlohn der Zeiten ohne Zeit,
Der Reichtum jener Welt, allwo die Eitelkeit
Nicht böse Waaren führt, noch falsche Münze präget.
Die Lage, so du giebst, ist wahrlich klein und schlecht,
Ein Leib voll Fäul und Stanck; und also heißts mit Recht,
Daß oft ein kleiner Zins den größten Wucher träget.

Wie nun ein wahrer Freund des andern Glück und Lust
Mit heitren Augen sieht, so darf aus unsrer Brust,

der Neid thu, was er will, kein Trauerlied erschallen.
Es ist bereits gemein, daß sich die Heucheley
Bey alle Bahren sezt; drum bleibt es wohl dabey:
Die meisten trauern nur der Mode zu Gefallen.

Zwar, was der Traurigkeit hier einen Schein erwirbt,
Ist, daß der Jugend Lenz dir jezt im Herbste stirbt
Und daß dein Alter nicht auf hohe Stufen kommen;
Jedoch der Spruch bleibt wahr: Wer viel gewinnen kann,
Säumt einen Augenblick. Dies hast auch du gethan
Und lieber früh als spät den Wechsel angenommen.«

Hals über Kopf mußte Günther Wittenberg verlassen. Mit dem Vorsatz der Besserung immatrikulierte er sich an der Universität Leipzig, aber gerade hier, im Pleißathen, angeregt durch eine Schar poesie- und trinkliebender Freunde, entfaltete er sein reiches dichterisches Talent. Leipzig war zu dieser Zeit eine der regsten deutschen Universitäten — in den Wissenschaften wie in den Künsten: vor allem stand die Musik in höchsten Ehren, die das studentische Leben von den ernsten akademischen Feierlichkeiten bis hin zu den ausgelassenen Festen der »Purschen« bestimmte. Gedichte, die ins Ohr — und ins Herz gingen, fanden da schnell einen Komponisten. Was wunder, daß Günther nur selten in den Hörsälen zu sehen war. Nicht, daß ihm die Medizin nicht gelegen hätte, er spricht mit Kenntnis und Liebe von ihr in seinen Gedichten: die Verlockungen der Poesie waren stärker. Daniel Wilhelm Triller, der mit ihm zusammen in Leipzig studierte, erinnerte sich später in dem Gedicht »Zufällige Gedanken über Johann Christian Günthers elendes Leben und herrliche Gedichte«:

»Ich gedenck noch oft und viel
An die angenehmen Stunden,
Die, bei Phöbus Saitenspiel,
Uns in Pleißathen verschwunden.
Damals mußt Anakreon
Teutsch von dir verstehen lernen,
Und du sangst vom Lauf der Sternen
Einen geisterfüllten.«

Natürlich waren das brotlose Künste, die den Freundeskreis beglückten und das Ansehen Günthers als Dichter hoben, die jedoch auch den Unterschied zum wirklichen Leben, in dem die Gläubiger zu drohenden Musen wurden, um so schmerzlicher empfinden ließen. Wie zuvor in Wittenberg, mußte Günther auch in Leipzig eifrig Gelegenheitsgedichte schreiben, um seinen Lebensunterhalt bestreiten zu können. Von seinem Vater erhielt er keinen Kreuzer. Aber selbst aus diesem öden Reimgeschäft zur Feier von Verlobungen, Hochzeiten, Kindtaufen, Promotionen, Geburtstagen und zum Trost bei Sterbefällen schlug er poetisches Kapital. Seine Gelegenheitsgedichte machen weit über die Hälfte seines Œuvres aus — und es sind noch nicht einmal alle auf uns gekommen. Sie waren seine Verdienstmöglichkeiten, aber immer wieder durchbricht er ihre konventionelle Struktur und lockert durch eigene poetische Einfälle das Schema. Er ließ sich nicht lumpen und verfiel auch nicht in die übliche Schmeichelei, mit der poetische Schranzen und Gecken die Geberlaune der Gefeierten anzustacheln suchten. Poeten waren da oft nichts anderes als gesellschaftliche Zeremonienmeister. Das höfische Vorbild verpflichtete. Für die dichterischen Gefälligkeiten, die zu den Festen gehörten wie Wein, Bier und eine reich gedeckte Tafel, gab es einen Lohn. Das wird das einzige gewesen sein, was Günther durch seine Poesie verdiente. Jedoch machte er keinen Hehl daraus, daß ihm diese leidige Verseschmiederei nicht behagte, die der Mode folgen mußte — und wehe, sie tat es nicht. Da konnte ihn mitten bei der Reimerei satirischer Witz zur Prosa ernüchtern:

»So wandelt die verkehrte Welt,
Der jetzt kein Carmen mehr gefällt,
Worin nicht grob- und geile Sachen
Dem Leser ein Gelächter machen;
Erfüllt der Dichter ihr Begehr,
So hält er dennoch immer her
Und muß sich allzeit tadeln lassen.
Pack ein, pack ein, du dumme Welt!
Ich schreibe, wie es mir gefällt,
Und achte nicht dein töricht Hassen;
Denn leb und schreib ich dir nicht nett,
So soll, so darf dir auch nichts taugen,
Du selbst bist in der Klugen Augen
Das lächerlichste Quodlibet.

Wiederum ein paar Zeilen mehr; der Bogen wird wohl endlich voll werden. Befürchte ich keinen Ekel, den schon so oft aufgewärmten Kohl in einer neuen Fricassée à la Mode dem zärtlichen Geschmacke unserer galanten Welt vorzusetzen, so sollte es mir leicht sein, aus den verliebten Delikatessen des Anakreon, des Ovid, Petrarca,

Johannes Secundus, des Marino und unsers ihm nachfolgenden Landsmannes, des Herrn von Hofmannswaldau, eine Brautsuppe zuzurichten.«

Die Auftraggeber zahlten bogenweis, müssen jedoch mitunter so tolerant gewesen sein, daß sie Günthers satirische Eskapaden gegen die leeren Konventionen mit in Kauf nahmen. Er behielt seinen Stolz. Bei aller Freundschaft: was ihm gegen den Strich ging, wies er zurück. Das war zweifellos keine Haltung, mit der man in der damaligen, auf Subordination erpichten Gesellschaft, die höfischen Vorbildern verpflichtet war, Erfolg haben konnte. Es ist keineswegs so, wie es Goethe hinstellte, daß Günther keinen Charakter gehabt habe. Im Gegenteil: die Gesellschaft rächt sich gerade an den Unbestechlichen.

Günther unternahm viele Anstrengungen, um die Welt auf sein Können aufmerksam zu machen. Er war nicht ohne Selbstbewußtsein. So schrieb er ein großangelegtes Gedicht auf den Frieden von Passarowitz, 1718, eines der bemerkenswertesten *politischen* Gedichte der deutschen Literatur, keineswegs eine lobtriefende Eloge auf Kaiser Karl VI. und den siegreichen Prinzen Eugen, sondern ein weitblickendes Resümee der Türkenkriege.

Das Gedicht, das als Einzelblattdruck erschien, wurde kaum beachtet und wird seinem Verfasser außer der Ehre, ein gutes Gedicht publiziert zu haben, kaum etwas eingebracht haben. Burkhard Mencke, Professor der Jurisprudenz, der auch Geschichte in Leipzig lehrte, unter dem Pseudonym Philander von der Linde schwulstfreie Gedichte herausbrachte und zwei Reden über die Scharlatanerie verfaßte — nicht nur damals eine Modekrankheit —, erkannte das Talent Günthers und setzte sich für ihn ein. Freilich hatte seine Empfehlung, Günther solle sich als Hofpoet in Dresden bewerben, nicht den geringsten Erfolg. Die Version, die Goethe von dem Vorfall gibt, entbehrt freilich jeder historischen Grundlage:

»Durch sein unfertiges Betragen hatte sich Günther das Glück verscherzt, an dem Hofe Augusts des Zweiten angestellt zu werden, wo man, zu allem übrigen Prunk, sich auch nach einem Hofpoeten umsah, der den Festlichkeiten Schwung und Zierde geben und eine vorübergehende Pracht verewigen könnte. Von König [ein anderer Bewerber] war gesitteter und glücklicher, er bekleidete diese Stelle mit Würde und Beifall.«

Günther wird die Prozedur so wenig gepaßt haben, daß er keinen Ehrgeiz aufbrachte, neben den gewandten Verseschmeichlern zu bestehen, so sehr er auch einer finanziellen Sicherheit bedurft hätte.

Bitter enttäuscht, mittellos und krank — höchstwahrscheinlich litt er an Tuberkulose — kehrte er in seine Heimatstadt zurück. Jedoch dachte sein

Vater nicht daran, den reumütigen Sohn aufzunehmen. Er wies ihm starrsinnig die Tür. Leonore hielt ihm auch in der äußersten Not die Treue, aber nichts wollte ihm mehr gelingen. Auch der Versuch, eine ärztliche Praxis in Lauban zu übernehmen, scheiterte. In seiner Verzweiflung, ihr nicht die übliche bürgerliche Sicherheit bieten zu können, trennte er sich von Leonore. Wieder packte er sein kärgliches Bündel. In Bischdorf verliebte sich der nach Ruhe Ruhelose in Johanna Barbara Littmann. Er wollte einen Hausstand gründen, Ordnung in sein Leben bringen. Aber der Vater des Mädchens, ein Pfarrer, mochte nur dann einwilligen, wenn Günther sich mit seinem Vater aussöhnte. Der jedoch blieb unerbittlich. Günther begab sich wieder auf die Wanderschaft, lief sich die Füße wund und logierte in kalten Buden. Freunde unterstützten den Verzweifelten, zu dem der Tod wie eine Erlösung kam.

Günther ist bettelarm gestorben — uns hat er reich gemacht.

Helmut Pape FRIEDRICH GOTTLIEB KLOPSTOCK

»Nun sollte aber eine Zeit kommen, wo das Dichtergenie sich selbst gewahr würde, sich seine eignen Verhältnisse selbst schüfe und den Grund zu seiner unabhängigen Würde zu legen verstünde. Alles traf in Klopstock *zusammen, um eine solche Epoche zu begründen.«*[1]

Mit diesen Worten wendet sich Goethe um 1800 in seiner Autobiographie einer Persönlichkeit zu, deren Bild in der Literaturgeschichte der letzten 200 Jahre hauptsächlich von dem Heiligenschein des »Messias«-Dichtertums verklärt wurde.

Der junge Friedrich Gottlieb Klopstock[2], 1724 als Sohn eines Quedlinburger Verwaltungsbeamten geboren, hatte bereits als Gymnasiast die

Grundlage zu diesem Mythos geliefert: Er faßte, noch nicht zwanzigjährig, den fast abenteuerlichen Entschluß, ein deutsches Heldenepos zu schaffen, in dem der Messias die Hauptrolle spielen sollte. Durchdrungen von einem tiefen Sendungsbewußtsein stilisiert Klopstock später in seiner Ode »Die Stunden der Weihe« den Moment der ersten Konzeption des Messias-Planes zu einem Akt mystisch-religiöser Inspiration: Ein gottgesandter Engel beauftragt den Dichter-Jüngling, das Lied des Messias zu singen. Die biblische Parallele ist unverkennbar.

Dieses nach fünfundzwanzigjähriger Schaffenszeit vollendete Epos mit zwanzig Gesängen und fast zwanzigtausend Verszeilen sprengte in seiner äußeren und inneren Form alle herkömmlichen ästhetischen Normen. Besonders die Sprache war dermaßen erfüllt, von neuen, dunklen, fremdartigen und zugleich mitreißenden Tönen, daß sie einer ganzen Autorengeneration, zu der sich auch der junge Goethe rechnete, neue, ungeahnte Perspektiven literarischen Schaffens eröffnete.

Wenn Goethe — wie eingangs zitiert — im Auftreten Klopstocks ein epochales Ereignis sieht, so ist damit nicht nur das Sichbewußtwerden eines dichterischen Genies angesprochen, sondern auch dessen ebenso epochale Selbstverwirklichung im Rahmen seiner gesellschaftlichen und materiellen Existenz.

Unerläßlich ist in diesem Zusammenhang ein Blick auf die soziale Herkunft Klopstocks: Die Familienverhältnisse, in die Friedrich Gottlieb 1724 hineingeboren wurde, waren zunächst in jeder Beziehung konsolidiert. Sein Vater spielte als höherer Verwaltungsbeamter im sächsisch-preußischen Quedlinburg eine gesellschaftlich bedeutende Rolle. Wenige Jahre später verlor er jedoch sein gesamtes Vermögen, weil er sich bei der Übernahme eines Pachtamtes verkalkuliert hatte.

Die wirtschaftliche Misere, in die das Elternhaus hineingeraten war — inzwischen waren zwölf Kinder geboren worden, von denen vier aber bald verstarben —, konnte nicht ohne Einfluß auf die Ausbildung des jungen Friedrich Gottlieb bleiben. Als Berufsziel hatte man die theologische oder pädagogische Laufbahn vorgesehen. Verwandte leisteten Hilfe bei der Finanzierung des Studiums und des Lebensunterhalts.

Als Student der Theologie *und* als Dichter des *Messias* ging Klopstock 1746 an die Leipziger Universität. Übereifrige Kommilitonen, die von seinem großen Vorhaben erfahren hatten, drängten ihn fast gewaltsam, den bereits in drei Gesängen vorliegenden Anfang seines Gedichts in der Schriftenreihe *Neue Beiträge zum Vergnügen des Verstandes und des Witzes* im Frühjahr 1748 zu publizieren.[3]

Damit geriet der junge Klopstock in den unmittelbaren Kontakt zum zeitgenössischen Literaturbetrieb, der im Zuge der Aufklärungsbewegung sich gerade anschickte, neue merkantile Formen anzunehmen, um dem gesteigerten Lesebedarf des Publikums gerecht zu werden. Die wachsende Kommerzialisierung des Buchhandels- und Verlagswesens mußte sich auch auf das Verhältnis des Autors zu seinem Verleger auswirken: Der Autorenstand begann, sich wirtschaftlich zu emanzipieren.[4]

Die ersten Schritte Klopstocks auf diesem neuen Terrain, dem sich langsam aufbauenden Spannungsfeld von Literatur und Kommerz, waren — wie bereits angedeutet — eher zaghaft, widerstrebend. Er glaubte gar, die vorzeitige Veröffentlichung seines Epos entschuldigen und damit dem Vorwurf eines überspannten Geltungsbedürfnisses und der Gewinnsucht entgegenwirken zu müssen: er habe lediglich das Urteil der literarischen Kritik erfahren wollen, lautete seine spätere Erklärung.

Dessen ungeachtet wird der Theologiestudent und selbsternannte *Messias*-Dichter sein erstes Honorar entgegengenommen haben, denn die Mitarbeiter der Schriftenreihe *Neue Beiträge,* in der der Anfang seines Gedichts erschienen war, erhielten von ihrem Verleger regelmäßig Vergütungen. Klopstock müßte demnach für die 136 Seiten umfassenden ersten drei Gesänge seines Gedichts ein Honorar von gut 4 Reichstalern erhalten haben.[5]

Als Klopstock nach zweieinhalbjährigem Aufenthalt Leipzig verließ — gewiß hat er nie systematisch Theologie studiert —, schien ihm die Sicherung seiner Existenz fragwürdiger als je zuvor. Seine Zurückhaltung in der Begründung eines eigenen Hausstandes, in der Wahl eines bürgerlichen Berufes, läßt den Eindruck aufkommen, als warte er, der von Gott geheiligte Dichter, auf eine adäquate Unterstützung seitens der deutschen Öffentlichkeit, auf eine Versorgung, die als nationale Tat seiner würdig wäre.

Dann führte jedoch eine von ihm als schicksalhaft empfundene Begegnung zu einer Modifizierung seines Lebensplanes: als Hauslehrer eines ferneren Verwandten in Langensalza hatte er dessen Tochter Maria Sophia Schmidt kennen und lieben gelernt. Die Absicht, sich mit ihr zu verbinden, bestimmte in den folgenden Jahren alle seine Pläne. Die von ihm herbeigesehnte Verbindung mußte jedoch illusorisch bleiben, solange es ihm nicht gelang, ein den Ansprüchen der Familie Schmidt gemäßes Auskommen zu finden. So waren also seit 1748 zwei Lebensziele für den jungen Dichter maßgebend: die ungestörte Weiterarbeit am *Messias* und die Schaffung der materiellen Voraussetzungen zur Heimführung »Fannys«, wie er das Mädchen in seinen von Leidenschaften erfüllten Oden nannte. Beide Ziele bezeichnete er auch kurz und vielsagend als seinen *»Endzweck«*.

Während ein großer Kreis von Klopstock-Freunden bemüht war, dem *Messias*-Dichter die gewünschte existenzielle Unabhängigkeit zu verschaffen, fand das Epos ganz unterwartet bei einem Verleger ein Unterkommen: ohne Klopstock zu informieren, publizierte der Hallesche Verleger Karl Hermann Hemmerde auf Veranlassung des Professors Georg Friedrich Meier, eines Klopstock-Verehrers, im Frühjahr 1749 die ersten drei Gesänge aufgrund des ein Jahr zuvor in den *Neuen Beiträgen* erschienenen Erstdrucks.

Bezeichnend für die Geringschätzung, die man damals jungen, noch wenig bekannten Autoren entgegenbrachte, ist die Tatsache, daß bei derartigen Verlagsaktionen der Verfasser selbst nicht berücksichtigt wurde. Der »Editor«, Professor Meier, galt dem Verleger gegenüber als Vertragspartner und wird eine seiner gesellschaftlichen Stellung angemessene Vergütung erhalten haben. Klopstock, der Autor, ging leer aus.

Die gleiche Vernachlässigung widerfuhr ihm, als bereits ein halbes Jahr später wegen reger Nachfrage eine Neuauflage der ersten drei Gesänge des Epos bei Hemmerde in Halle erschien, ebenfalls wieder ohne Beteiligung Klopstocks von Professor Meier besorgt.

Um an diesen geschäftlichen Erfolgen, die der *Messius* dem Buchhandel bescherte, zu partizipieren, gab nun auch der Verleger der *Neuen Beiträge,* in denen der Anfang des Gedichts 1748 erschienen war, einen Neudruck heraus, wobei der Autor Klopstock abermals übergangen wurde. So bahnte sich als Begleiterscheinung des ersten literarischen Erfolgs eine Entwicklung an, der Klopstock wegen seiner anfänglichen Unerfahrenheit in Verlagsangelegenheiten schonungslos ausgesetzt war: zwei Verleger veranstalteten bedenkenlos Nachdrucke seines Werkes, ohne sich um die Rechte des juristisch völlig ungeschützten Autors zu kümmern. Von den vier Veröffentlichungen seines Gedichts in den Jahren 1748 bis 1751 war nur die erste mit einem ganz gering angesetzten Zeitschriftenhonorar vergütet worden!

Rückblickend auf diese erste Begegnung mit dem literarischen Markt ist also festzustellen, daß Klopstock zwar Dichterruhm erworben, die materiellen Möglichkeiten, die dieser Markt bot, jedoch nicht wahrgenommen hatte, obwohl er erklärtermaßen darauf angewiesen war, sich finanziell besserzustellen. Seine Chance bestand nun darin, die um zwei Gesänge erweiterte Ausgabe seines Gedichts profitabler an die Öffentlichkeit gelangen zu lassen. Im Freundeskreis wird diskutiert, ob man den Subskriptions- und Selbstverlagsweg nach dem Vorbild des englischen Dichters Pope beschreiten soll. Die geradezu sagenhaften Erfolge des Engländers mit seiner Veröffentlichung der Homer-Übersetzung — die Einnahmen beliefen sich nach heutiger Währung grob geschätzt auf 1 Million DM und haben die wirtschaftliche Lage des Dichters bis zum Lebensabend gesichert — müssen eine faszinierende Wirkung auf Klopstock ausgeübt haben. Der Traum von finanzieller Unabhängigkeit, von der ungestörten Weiterarbeit am *Messias* und der ehelichen Verbindung mit seiner geliebten Fanny beherrschten ihn ganz.

Offenbar waren solche Höhenflüge den Leipziger Freunden suspekt: Sie distanzierten sich von Klopstocks Subskriptionsplänen, worauf dieser sich kurzentschlossen dem Halleschen Verleger Hemmerde zuwandte, mit dem er — die Honorarangebote anderer Verleger gegen ihn ausspielend — nach kurzem Briefwechsel ein Honorar von 5 Reichstaler pro Bogen (also 16 Seiten) für die Gesänge 1 bis 5 aushandelte, eine zusätzliche Vergütung von 2 Reichstaler pro Bogen für den Nachdruck aus den *Neuen Beiträgen* sowie 30 Freiexemplare —, im ganzen überdurchschnittlich gute Konditionen, wie der Vergleich mit zeitgenössischen Vergütungen zeigt.

Fassungslos beobachteten die Freunde Klopstocks überaus geschäftsmäßiges Vorgehen beim Abschluß seines ersten Verlagsvertrages. Der Verdacht kam auf, er habe den Verleger übervorteilt. Einer spottete:

»Der Messias wäre zweimal verkauft, einmal von Judas an die Hohenpriester und einmal von Klopstock an Hemmerde.«[6]

Die Freunde mußten sich damit abfinden, daß die ungewöhnliche und genialische Erscheinung des Dichters und Menschen Klopstock jeder Einfügung in ein bestimmtes Schema widerstrebte, daß der *Messias*-Dichter von nun an entschlossen war, nach eigenen Gesetzen seinen Lebensweg zu gehen, auch wenn dieser von den Normen abwich, zu denen er sich einst als Leipziger Student bekannt hatte.

Einen weiteren emanzipatorischen Schritt weg von früher gefaßten Plänen und Vorstellungen tat Klopstock, als er von seinem väterlichen Freund, dem international bekannten Schweizer Dichter und Literaturkritiker Johann Jakob Bodmer, zu einem Besuch in die Schweiz eingeladen wurde. Mit einem Reisegeldgeschenk von 300 Reichstalern ausgestattet, traf Klopstock Mitte 1750 in Zürich ein, um dort ein gutes halbes Jahr in literarischen Zirkeln und Kreisen der bürgerlichen Stadtgesellschaft als sehnlichst erwarteter und neugierig bestaunter *Messias*-Dichter neue Freunde *und* Freundinnen zu gewinnen. Mit deutlich provozierendem Unterton schreibt er, auf ein Erlebnis vor der Schweizer Reise anspielend, an Fanny, seine »ferne Geliebte«, die nach wie vor diesem mit irdischen Glücksgütern wenig gesegneten Dichter ihre Liebe verweigert:

»Ich will Ihnen nur sagen, daß es eine ungemein süße Sache ist, . . . wenn man von liebenswürdigen Leserinnen zugleich geliebkost und zugleich verehrt wird.«

In Zürich sei er überhaupt erst »in die Welt gekommen«, früher »nur auf Schulen« gewesen, kommentiert Klopstock später rückblickend diese glücklichen Schweizer Monate.

Es konnte nicht ausbleiben, daß sich Bodmer enttäuscht von dem undankbaren Dichter-Jüngling distanzierte. Seinem patriarchalischen Begriff von Literatur und Kunst war Klopstocks neuer genialischer Lebensstil zutiefst suspekt. Klopstock sei *»nicht heilig«*, heißt es in einem Schreiben Bodmers, und weiter:

»Als ich ihm erzählt, daß wir an dem Dichter des Messias einen heiligen, strengen Jüngling erwartet hätten, fragte er: ob wir geglaubt hätten, er äße Heuschrecken und wilden Honig?«[7]

Währenddessen läuft die Versorgungssuche der Klopstock-Freunde weiter. Erste Erfolge zeichnen sich ab. So ist von einem Hofmeisterposten, einer Professur, einer Pfarrstelle die Rede. Sogar eine Widmung des *Messias* an den Prinzen von Wales wird in Erwägung gezogen.

Alle diese Projekte erwiesen sich im ganzen gesehen doch als ungeeignet. Ausschlaggebend war wohl letztlich die verständliche Abneigung Klopstocks, irgendein festes Engagement einzugehen und seine hochgeschätzte Dichterfreiheit auf Spiel zu setzen.

Da traf jedoch im August 1750 ein Angebot ein, das alle vorherigen Projekte in den Schatten stellte und dem sich Klopstock schließlich doch zuwandte: der dänische König Friedrich V. bewilligte ihm eine Pension von 400 Reichstalern mit der einzigen Verpflichtung, in Kopenhagen zu leben und dort den *Messias* zu vollenden.

In zeitlich enger Nachbarschaft zum dänischen Pensionsangebot steht ein anderes Projekt, das als abenteuerlichster Ausflug Klopstocks in die Gefilde geschäftlicher Aktivitäten bezeichnet werden muß: der Züricher Kaufmann Hartmann Rahn bietet dem nach wie vor nach finanzieller Unabhängigkeit strebenden Dichter eine fünfzigprozentige Beteiligung an einer Textilfirma an. Klopstock soll dabei die Rolle eines beratenden Mitarbeiters spielen — und er greift zu!

Entsetzt nehmen die Züricher Freunde des Dichters »Sündenfall« zur Kenntnis. In grenzenloser Enttäuschung fordert Bodmer das 300-Reichstaler-Geschenk zurück, das er seinem Schützling gutgläubig vor Antritt der Schweizer Reise hatte zukommen lassen.

»Ein Poet und ein Fabrikant in einer Person«, entrüstet er sich in einem Brief an seine Freunde.[8] Der Bruch mit den Schweizern war damit perfekt. Als dann auch noch die dänische Regierung ihr Interesse an dem Rahn-Klopstockschen Fabrikprojekt erkennen ließ, verbreitete sich überall der

Eindruck, Klopstock ginge in erster Linie als Geschäftsmann nach Kopenhagen und nur nebenbei als Dichter des *Messias*.

Tatsächlich glaubte Klopstock zu dieser Zeit immer noch, mit geschäftlich-finanziellen Erfolgen seine geliebte Fanny und vor allem ihre Familie beeindrucken zu können. Erst nachdem sich alle Hoffnungen auf baldigen Wohlstand als trügerisch erwiesen und er in der Hamburgerin Meta Moller die ihm eigentlich gemäßere Lebensgefährtin kennengelernt hatte, sagte er sich innerlich von seiner Jugendliebe los, ohne allerdings die damit verbundene Enttäuschung je ganz verschmerzen zu können.

Literarisch, gesellschaftlich und wirtschaftlich konsolidiert trat Klopstock in Kopenhagen in eine neue Phase seines Lebens ein. Als Schützling und persönlicher Freund des dänischen Ministers von Bernstorff, der entscheidend an der Berufung nach Dänemark beteiligt gewesen war, hatte Klopstock Zugang zu höchsten Kopenhagener Gesellschaftskreisen.

Dem König Friedrich V. gegenüber war er stets auf Distanz bedacht. In einer der *Messias*-Ausgabe von 1751 vorangesetzten *Ode an seine Majestät Friedrich V. . . .*[9], dem einzigen Gedicht, in dem Klopstock seinen Gönner persönlich anspricht, stellt er, jede direkte Anspielung auf die erwiesene Hilfeleistung vermeidend, die Kunst- und Menschenfreundlichkeit des Dänenkönigs in den Mittelpunkt, also überpersönliche Werte, denen er das kulturelle Gut des *Messias*-Dichtertums als mindestens gleichrangiges Äquivalent entgegensetzt.

Klopstock wollte nicht in die Tradition des höfischen Patronats eingereiht werden, wollte sich nicht zum bezahlten fürstlichen Lobdichter degradieren lassen. Seine neu gewonnene wirtschaftliche Sicherstellung sollte nicht mit der Preisgabe seiner geistig-künstlerischen Freiheit erkauft werden: Die Mächtigen dieser Welt taten nur ihre Schuldigkeit, wenn sie ihn bei der Ausführung seines künstlerischen Auftrags unterstützten. Ideell hat Klopstock damit die Tradition des höfischen Mäzenatentums durchbrochen.

Nicht viel anders gestaltete sich Klopstocks Verhältnis zu seinem zweiten Gönner, dem Markgrafen Karl Friedrich von Baden-Durlach, der dem Dichter nach seinem Weggang aus Dänemark 1774 ein Jahresgeld von 550 Reichstalern und den Titel eines badischen Hofrats zusprach, woran keine weiteren Verpflichtungen geknüpft waren, als in Karlsruhe zu wohnen und damit dem badischen Hof einen höheren gesellschaftlich-kulturellen Rang zu verleihen.

Der badische Aufenthalt blieb nur Episode. Nach fünf Monaten verließ Klopstock fast fluchtartig das Land, weil er mit den dortigen Hofschranzen aneinandergeraten war: Die höfische Etikette erwies sich als unvereinbar mit seinem von künstlerischem Freiheitsbedürfnis geprägten Lebensstil.

Immerhin war die Ausstrahlung seiner Persönlichkeit so groß — seit Vollendung des *Messias* war er als *der* deutsche Dichter fast zu einer nationalen Institution geworden —, daß die badische Regierung die Extravaganzen des Poeten tolerierte. Klopstock durfte seine Pension künftig auch im Ausland verzehren.[10]

Nachdem die dänische Pension mehrmals erhöht worden war, hatte Klopstock gegen Ende seines Lebens zusammen mit der badischen Versorgung ein jährliches Pensionseinkommen von insgesamt 1350 Reichstalern. Dieser Betrag lag im Bereich der Gehälter, die damals an Professoren gezahlt wurden.

Man könnte nun zu dem Schluß gelangen, Klopstock sei im ganzen relativ gut versorgt gewesen. Doch darf nicht übersehen werden, daß die genannten Geldquellen — vor allem die dänische Pension — wiederholt gekürzt oder ganz in Frage gestellt wurden. Kriege, innenpolitische Krisen, Gesetzesänderungen, Intrigen eifersüchtiger Höflinge — all das waren Einwirkungen, die Klopstock immer wieder um den Fortbestand seiner Versorgungen fürchten ließen: Er war und blieb bis an sein Lebensende wirtschaftlich abhängig von der Gunst seiner Gönner und der jeweiligen gesellschaftspolitischen Verhältnisse.

Die Pensionen haben also dem Dichter keineswegs jenes ideale, von Existenzsorgen freie Poetendasein beschert, das er anfangs als die ihm einzig gemäße Lebensform angestrebt hatte.

Es entspricht dem selbstbewußten, kämpferischen Wesen Klopstocks, daß er mehrfach Anstrengungen unternommen hat, sich und auch andere Autoren aus diesen Abhängigkeitsverhältnissen zu befreien. So wollte er z. B. den deutschen Kaiser Joseph II. für ein großangelegtes Vorhaben gewinnen, das die Gründung eines staatlichen Instituts zur Förderung der deutschen Künste und Wissenschaften zum Ziele hatte. Diese mit großem Engagement verfolgten Pläne — Lessing sprach im Falle der Wiener Unternehmung sogar von Klopstocks *»zweite(r) Messiade«*[11] — blieben jedoch sämtlich Projekt.

Um so erfolgreicher war Klopstock in dem Bestreben, seine materielle Existenz mit Hilfe der Möglichkeiten sicherzustellen, die sich ihm aufgrund seines gesellschaftlichen Ansehens als weltweit bekannter Dichter des *Messias* boten, d. h. als Verfasser eines Epos, das zu den am meisten gelesenen literarischen Werken seiner Zeit gehörte.

Diese Publizität ließ sich Klopstock von den Verlegern mit klingender Münze bezahlen, und zwar mit der gleichen Selbstverständlichkeit, mit der er immer noch als »heiliger« Dichter akzeptiert zu werden beanspruchte. Ähnlich wie im Falle der Entgegennahme staatlicher Versorgungen, sieht er in den Honorarleistungen der Verleger eine Art Anerkennung in des Wortes primärer Bedeutung, eben ein »honorarium«, ein »Verehrung« für im Grunde unbezahlbare Dienste, die der literarische Markt, der Leser und damit die Öffentlichkeit ihm schuldet.

Nur unter diesen Voraussetzungen ist, für viele Zeitgenossen unbegreiflich, jene »Skrupellosigkeit« zu verstehen, mit der Klopstock hohe und höchste Honorare forderte und auch erhielt. Er selbst glaubte, diese betont merkantile Haltung seinem Lebenswerk schuldig zu sein. So müssen alle Einnahmen aus seiner literarischen Produktion als Begleiterscheinungen, Sekundäreffekte, keinesfalls aber als eigentliches Motiv seines dichterischen Schaffens gewertet werden.

In diesem Sinne setzte Klopstock 1754 seine vor fünf Jahren mit dem Halleschen Verleger Hemmerde begonnene Geschäftsverbindung konsequent fort:

»Ich bin gesonnen, Ihnen die Fortsetzung vom Meß.[ias] zu lassen . . . Sie können mir zugleich melden, was Sie mir für den Bogen zu geben gedenken.«

Der Vater Gottlieb Heinrich Klopstock, der an allen Verlagsverhandlungen regen Anteil nahm und manchmal als Vermittler auftrat, schrieb wenige Wochen später an Hemmerde:

»Finden nun Ew. HochwohlEdlen solche Veranstaltung zum Drucke genehm, . . . so acceptiret mein Sohn Dero Offerte der Zwölf Thaler vor jeden Bogen der neuen Arbeit, womit izt das Werck vermehret wird.«[12]

Nach zeitgenössischen Quellen muß ein Honorar von 12 Reichstalern pro Bogen für die Zeit um 1750 als eine absolute Spitzenvergütung gewertet werden, ein Indiz sowohl für die ideelle als auch materielle Einschätzung, die man Klopstocks Werk entgegenbrachte. Dieser Honorsatz hat dann bei der Herausgabe der weiteren Teile des *Messias* bis zu seiner Vollendung im Jahre 1773 zugrunde gelegen.

Insgesamt hat Klopstock für seinen *Messias* von Hemmerde rund 600 Reichstaler bezogen. Dieser Betrag entspricht einer Jahrespension, wie sie die dänische Regierung in den siebziger und achtziger Jahren ausbezahlt hat. Er kann nicht einmal als ausgesprochen hoch bezeichnet werden — gemessen an der literarischen Bedeutung des Werkes und der zwanzigjährigen Arbeit des Autors an der Abfassung des Textes, an seiner editorischen und typographischen Gestaltung, auf die er stets höchsten Wert legte. Es ist schließlich auch zu berücksichtigen, daß Klopstock die erste Hälfte seines Lebens ganz der selbstgesetzten Aufgabe seines *Messias*-Dichtertums untergeordnet und deswegen Widerwärtigkeiten und Demütigungen verschiedenster Art auf sich genommen hat, die ihm unter normalen Lebensbedingungen wahrscheinlich erspart geblieben wären.

Ein für Klopstock sehr ärgerlicher Begleitumstand seines literarischen Schaffens war vor allem das Nachdruckerwesen: Die Verleger stellten verschleierte Neuauflagen in Form von Doppeldrucken her, ohne dem urheberrechtlich ungeschützten Autor die entsprechende Vergütung zu entrichten. Im schlimmsten Falle produzierten anonyme Verleger unter gefälschter Verlagsangabe Raubdrucke, indem sie buchhändlerisch erfolgreiche Literatur abdruckten, in Billigaufmachung zu Tiefstpreisen verkauften und somit den teureren Originalausgaben die Absatzmöglichkeiten verdarben. Mit Sicherheit kann gesagt werden, daß viele Autoren aus den verschiedensten Literaturbereichen — also auch der Dichter der *Messiade* — ein Vielfaches der ihnen tatsächlich gezahlten Honorare eingenommen hätten, wären alle Auflagen ihrer Schriften nach heutigen Rechtsbegriffen korrekt honoriert worden. Manches traurige Poeten- und Gelehrtenschicksal hätte sich dann anders gestaltet.

Klopstock gehört zu den wenigen Autoren, die an den Ausgaben ihrer Werke die oft nur schwer feststellbaren Merkmale des Doppeldrucks erkannten und die sich mit entsprechenden Mitteln gegen diesen Betrug zur Wehr setzten. So hatte der Verleger Hemmerde von mehreren Ausgaben des *Messias* nicht honorierte Doppeldrucke veranstaltet und damit seinen Gewinn an diesem Epos, der ohnehin schon ein Mehrfaches der an Klopstock gezahlten Honorare ausmachte, abermals vervielfältigen können. Unerträglich war für Klopstock der Gedanke, diesem Freibeutersystem der Verleger und Nachdrucker wehrlos ausgeliefert zu sein — vor allem in Zeiten eigener wirtschaftlicher Bedrängnis.[13]

Nach dem Tode seiner ersten Frau Meta Moller hatte sich Klopstock freundschaftlich der Hamburger Kaufmannsfamilie von Winthem zugewandt und damit, wie sich später herausstellte, kaum tragbare finanzielle Belastungen übernommen. Rettung aus dieser Verlegenheit erhoffte man sich vom *Messias:* Klopstock wollte dem Verleger Hemmerde gegen Rückzahlung aller erhaltenen Honorare das Epos abkaufen, eine textlich und typographisch mustergültige und geschäftlich scharf kalkulierte »Ausgabe der letzten Hand« publizieren und damit den in der Textgestaltung meist sehr nachlässigen Editionen der Nachdrucker die Marktchancen verderben. Eine notarielle Erklärung gegen den vertragsbrüchigen Hemmerde, die in der Androhung eines Prozesses gipfelte, sollte der Rückkaufaktion einen gewissen offiziösen Anstrich verleihen.

Um Zeit zu gewinnen und weiteren Querelen auszuweichen, beschritt

Klopstock 1779 einen Weg, den er sechs Jahre zuvor mit einem anderen Werk schon einmal gegangen war: Er eröffnete die Subskription auf eine neue Ausgabe des *Messias* im Selbstverlag. Damit wandte er sich einem Publikationsverfahren zu, das wie eine Leitlinie seine editorischen Pläne und Aktivitäten jahrzehntelang durchzieht.

In dem Subskriptionsplan, den Klopstock 1773 für die Selbstverlagsausgabe seiner vielfach als kurios und unverständlich empfundenen Schrift *Die Deutsche Gelehrtenrepublik* entworfen hatte, verkündete er einleitend:

»... Meine Absicht ist, zu versuchen, ob es möglich sey, daß die Gelehrten durch so eingerichtete Subscriptionen Eigenthümer ihrer Schriften werden. Denn jetzt sind sie dies nur dem Scheine nach; die Buchhändler sind die wirklichen Eigenthümer.... Es wird sich bey diesem Anlasse zeigen, ob man darauf hoffen könne, daß das Publicum den Gelehrten, und diese sich untereinander ... dazu beförderlich seyn werden, daß sie zu dem wirklichen Besitze ihres Eigenthums gelangen. ...«[14]

Dieser bis vor einigen Jahren noch unbekannte Subskriptionsplan ist in literarsoziologischer Hinsicht ein einzigartiges Dokument. In ihm verbindet Klopstock wieder einmal private Interessen (seine eigene Emanzipation von der Abhängigkeit von Verlegern) mit überpersönlichen Zielsetzungen (eben die Begründung jener societas subscriptionum, die schon Leibniz gefordert hatte); — modern ausgedrückt: das privatkapitalistisch organisierte Buchhandels- und Verlagswesen sollte abgelöst werden durch eine neue Solidargemeinschaft von Autoren und Lesern — Zukunftsideen, die selbst heute noch revolutionär anmuten.

Darüber hinaus ist dieser Subskriptionsplan ein überraschender Beleg für Klopstocks kaufmännische und organisatorische Fähigkeiten: In einem über zwanzig Punkte umfassenden Reglement werden die Organisationsbedingungen für den Ablauf der Subskription festgelegt: Ein möglichst großer Mitarbeiterstab sollte für Unterschriftenwerbung, Inkasso, Auslieferung der Bücher etc. sorgen, und zwar »Collecteure« gegen Umsatzprovision, »Beförderer« als ehrenamtliche Mitarbeiter.

Das Ergebnis war überwältigend: Fast 150 Mitarbeiter vermittelten 3655 Exemplare der *Gelehrtenrepublik,* was für Klopstock zu einem Reingewinn von rund 2000 Reichstalern führte — also mehr als das Dreifache von dem, was der *Messias* dem Dichter eingetragen hatte.

Ungeachtet der großen Enttäuschung, die Klopstocks erstes Selbstverlagsbuch seines abstrakten Inhalts wegen in weitesten Kreisen des Publikums hervorrief[15], riskierte der Autor sechs Jahre später eine zweite Subskriptionsunternehmung, mit der er den geschäftlichen Erfolg der ersten noch übertraf. Es handelte sich dabei um jene *Messias*-Ausgabe, um deretwillen es mit dem Verleger Hemmerde beinahe zu einem Prozeß gekommen wäre.

Klopstock legte jetzt — 1779 bis 1780 — das gleiche Subskriptionsmodell zugrunde, das er sechs Jahre zuvor entwickelt hatte. Die frühere Enttäuschung der Leser brauchte er diesmal nicht zu befürchten, da sich der *Messias* während seiner Entstehungszeit und danach, also seit dreißig Jahren, in breitesten Publikumskreisen einen festen Verehrerstamm erworben hatte.

Klopstock konnte abermals triumphieren: seine Mitarbeiter verkauften 2415 Exemplare, und der Autor kassierte diesmal einen Reingewinn von über 3300 Reichstalern.[16]

Die letzte große Honorareinnahme verbuchte Klopstock als Herausgeber seiner *Sämtlichen Werke,* die 1798 bis 1817 in sieben bzw. zwölf Bänden unterschiedlich ausgestattet im Verlag von Georg Joachim Göschen erschienen. Bei einem Bogenhonorar von 20 Reichstalern, das zu den höchsten Vergütungen der Zeit gezählt werden muß, konnten Klopstock bzw. seine Erben einen Gesamtbetrag von 3500 Reichstalern in Empfang nehmen. Der Kommentar des Verlegers: *»... mehr als genug!«*[17]

Einen letzten Gewinn aus den Schriften Klopstocks zogen die Erben des Dichters: für seinen Nachlaß zahlte der Verleger Brockhaus bis 1821 270 Reichstaler.

Am Ende seines Lebens — er starb 1803 in Hamburg — hat sich Klopstock trotz aller Divergenzen also doch wieder mit dem Verlagsbuchhandel arrangiert. Dessen kapitalistisch-konservative Strukturen hatten sich als zuverlässiger, als kalkulierbarer erwiesen, als alle Alleingänge auf dem risikoreichen Pfad der Selbstverlags- und Subskriptionsunternehmungen.

Wollte man konsequenterweise nach den Einnahmen fragen, die Klopstock insgesamt mit seiner literarischen Produktion erzielt hat, so gelangt man zu einem Gesamterlös von rund elfeinhalbtausend Reichstalern. Von dieser Summe hat Klopstock zu seinen Lebzeiten etwa 10000 Reichstaler erhalten. Diesem Betrag steht ein nachweisbares Pensionseinkommen von ca. 47500 Reichstalern gegenüber. Addiert man alle überlieferten Beträge, die Klopstock zu Lebzeiten eingenommen hat — also Honorare, Subskriptionseinnahmen, Pensionen, sonstige Vergütungen verschiedener Herkunft —, so ergibt sich eine Summe von rund 58500 Reichstalern. Der Anteil aus der literarischen Produktion beträgt ca. 17 Prozent.[18]

Als fast paradox könnte man die Tatsache bezeichnen, daß Klopstocks freie dichterische Existenz in einer geradezu idealen Weise zu realisieren gewesen wäre, wenn nicht nur seine autorisierten Werkeditionen reell honoriert worden wären, sondern auch alle Doppel- und Nachdrucke, die ganz offenkundig auf einen großen Lesebedarf hin produziert wurden. Zweifellos hatte Lessing die literarische Wirklichkeit verfehlt, als er Jahre zuvor in seinem berühmten Sinngedicht orakelte:

»Wer wird nicht einen Klopstock loben?
Doch wird ihn jeder lesen? — Nein.
Wir wollen weniger erhoben
Und fleißiger gelesen sein.«[19]

Tatsächlich *ist* Klopstock im letzten Drittel des 18. Jahrhunderts überaus häufig gelesen — oft sogar als literarische Modeerscheinung geradezu konsumiert — worden, jedenfalls häufiger, als sein streitbarer Kritiker selbst gelesen wurde und als man bisher allgemein angenommen hat. Wenn dabei trotzdem die Rechnung für den Dichter nicht ganz aufging, so lag das vor allem an der Unzulänglichkeit der urheberrechtlichen Absicherung, d.h. an dem damals noch mangelhaften Schutz des geistig-künstlerischen Eigentums.

Klopstock — »heilig« und zugleich Honorare und Selbstverlagsgewinne kassierend —, das hat den Zeitgenossen und der Nachwelt Probleme aufgegeben. Über 200 Jahre hat man keine Mühe gescheut, das Bild vom »idealen« Dichter zu konstruieren, hat Dokumente gefälscht, ignoriert, vernichtet, die geeignet gewesen wären, dieses Idealbild zu trüben. Von der Lebenswirklichkeit über die Idealisierung zur Mumifizierung — so könnte man die Stationen dieser Klopstock-Rezeption bezeichnen: insgesamt also bestenfalls eine ehrenvolle Bestattung! Es müßte möglich sein, diesem Phänomen Klopstock auf eine komplexere Weise gerecht zu werden, vor allem die bisher eher verdrängte Tatsache zu würdigen, daß hier ein Dichter mit sichtlichem Erfolg bemüht war, ohne die Ausübung eines bürgerlichen Berufs sich gesellschaftlich und existenziell zu emanzipieren, um als Autor hochklassischer Literatur im Spannungsfeld des literarischen Marktes zukunftsweisende Positionen zu erkämpfen und zu behaupten, — angesichts der sozialen Verhältnisse im Deutschland des 18. Jahrhunderts ein fast abenteuerlich anmutendes Experiment!

---

[1] Goethe, *Dichtung und Wahrheit,* II/10.

[2] Der Beitrag beruht auf Ergebnissen zweier Arbeiten des Verfassers: *Die gesellschaftlich-wirtschaftliche Stellung Friedrich Gottlieb Klopstocks,* phil. diss. Bonn 1962 — sowie *Klopstocks Autorenhonorare und Selbstverlagsgewinne,* Frankfurt a.M. 1969.

Im folgenden sollen daher nur die wichtigsten Quellennachweise angeführt werden. Die seit 1974 (*Briefe,* 1979ff.) im Erscheinen begriffene historisch-kritische Ausgabe der sämtlichen Werke und Briefe Klopstocks (Hamburger Klopstock-Ausgabe) brachte bisher keine wesentlich neuen Aspekte zur vorliegenden Thematik.

[3] Muncker, Franz, *F. G. Klopstock, Geschichte seines Lebens und seiner Schriften,* Stuttgart 1888, S. 53 (immer noch die einzige umfassende, in vieler Hinsicht jedoch ergänzungs- und revisionsbedürftige Klopstock-Biographie).

[4] Goldfriedrich, Johann und Kapp, Friedrich, *Geschichte des deutschen Buchhandels,* Leipzig 1908f., Bd. III, S. 255f. u. 270ff.

[5] Pape, *Klopstocks Autorenhonorare* Sp. 18. Um eine ungefähre Vorstellung von der Kaufkraft der damaligen Reichstalerwährung im Vergleich zur heutigen Deutschen Mark zu gewinnen, müßte man die alten Geldbeträge etwa mit dem Faktor 20 bis 30 multiplizieren. Es versteht sich von selbst, daß derartige Umrechnungen äußerst problematisch sind.

[6] 31. Mai 1750, Klopstock und Freunde an K. W. Ramler; Wilhelm, Friedrich, »Briefe an K. W. Ramler«, *Vierteljahrschrift für Literaturgeschichte,* 1891, IV, S. 48f. (Hamburger Klopstock-Ausgabe, Briefe, I, Nr. 48).

[7] Zu den letzten Briefzitaten: 10. u. 11. Juli 1750, Klopstock an Maria Sophia Schmidt, Lappenberg, J. M., *Briefe von und an Klopstock,* Braunschweig 1867, S. 45 (Hamburger Klopstock-Ausgabe, *Briefe,* I, Nr. 71); 24. Februar 1751 u. 5. September 1750, Bodmer an Zellweger, Zehnder-Stadlin, Josephine, *Pestalozzi,* Gotha 1875, I, S, 359 u. 348.

[8] 5. September 1750, Bodmer an Zellweger, ebd., S. 349. Zum Klopstock-Bodmer-Streit, zum dänischen Pensionsangebot und dem Rahn-Klopstockschen Fabrikprojekt s. Pape, *Gesellschaftlich-wirtschaftliche Stellung Klopstocks,* S. 49–53.

[9] Munker, Franz, Pawel, Jaro, *F. G. Klopstocks Oden,* Stuttgart 1889, I, S. 86ff.

[10] Zur badischen Pension Klopstocks s. Pape, *Gesellschaftlich-wirtschaftliche Stellung Klopstocks,* S. 84–107.

[11] 21. Oktober 1768, Muncker, Franz, *Briefe von und an G. E. Lessing,* Leipzig 1904 bis 1907, I, S. 267; zu den kulturpolitischen Aktivitäten Klopstocks s. Pape, *Gesellschaftlich-wirtschaftliche Stellung Klopstocks,* S. 108–139, zum Wiener Plan speziell Hurlebusch, Rose-Maria, Schneider, Karl Ludwig, »Die Gelehrten und die Großen. Klopstocks Wiener Plan«, in: *Der Akademiegedanke im 17. u. 18. Jahrhundert,* Wolfenbütteler Forschungen III, Bremen, Wolfenbüttel 1977, S. 63–96.

[12] Zu den beiden letzten Briefzitaten: 12. Juli 1754 Klopstock an Hemmerde, Muncker, Franz, »Briefwechsel Klopstocks und seiner Eltern mit K. H. Hemmerde und G. F. Meier«, *Archiv für Literaturgeschichte,* Leipzig 1883, XII, S. 250; 24. Juli 1754, Klopstocks Vater an Hemmerde, ebd. S. 251; zur geschäftlichen Verbindung Klopstocks mit dem Halleschen Verleger Karl Hermann Hemmerde: Pape, *Klopstocks Autorenhonorare,* Sp. 34ff.

[13] Ebd., Sp. 151–154 und *Gesellschaftlich-wirtschaftliche Stellung Klopstocks,* S. 167–170.

[14] *Staats- und Gelehrte Zeitung des Hamburgischen unpartheyischen Correspondenten.* Anno 1773 ... den 11 Junii. Nr. 93 (Erstveröffentlichung am 8. Juni in: *Hamburgische Neue Zeitung,* 91. Stück); zum Ablauf der Subskription im einzelnen s. Pape, *Klopstocks Autorenhonorare,* Sp. 97ff.

[15] »... es möchte ihm mancher den Thaler, worum er ihn geprellt hätte, mit dem *Stock* wieder *ausklopfen*«, schrieb scherzhaft ein Freund; 17. November 1774, Voß, Abraham, *Briefe von J. H. Voß,* Halberstadt 1829, I, S. 180f.

[16] Zur Altonaer *Messias*-Subskriptionsausgabe s. Pape, *Klopstocks Autorenhonorare,* Sp. 140ff.

[17] Juni 1798 Göschen an Böttiger, Gerhardt, Luise, *K. A. Böttiger und J. G.*

Göschen im Briefwechsel, Leipzig 1911, S. 60; zur Geschäftsverbindung Klopstocks mit Göschen s. Pape, *Klopstocks Autorenhonorare,* Sp. 169 ff.

[18] Bei einer Zahlungszeit von 53 Jahren (1750–1803) betrug Klopstocks durchschnittliche Jahrespension ca. 900 Rth. Setzt man die literarischen Gesamteinnahmen von ca. 10000 Rth dazu in Beziehung, so läßt sich feststellen, daß die literarische Produktion etwas mehr als 10 Jahrespensionseinnahmen erbracht hat. Damit ist ein gewisser Vergleichsmaßstab gegeben, der auch Rückschlüsse auf heutige Verhältnisse erlaubt. Vgl. »Preise und Geldsorten im 18. Jahrhundert« sowie die tabellarischen Aufstellungen »Klopstocks Honorare und Selbstverlagsgewinne« und »Klopstocks wirtschaftliche Verhältnisse« bei Pape, *Klopstocks Autorenhonorare,* Sp. 246 ff.

[19] *Sinngedichte,* Lessings Werke, hrsg. v. G. Witkowski, Leipzig o. J., I, S. 5.

Ralph-Rainer Wuthenow

GOTTHOLD EPHRAIM LESSING

Bewunderer hat Lessing viele gefunden, Nachfolger eigentlich keinen. Es hängt dies auf das engste mit der Situation zusammen, in der er geschrieben hat. Man muß sich daran erinnern, daß er als Kritiker, der er doch vor allem war, nicht allein auf dem Gebiete der schönen, sondern eben auch der philosophischen, altphilologischen, archäologischen, nicht zuletzt aber auch der theologischen Literatur tätig und produktiv war, ferner, daß er nicht etwa eine entfaltete Literatur sichten, einzelnen Werken ihren Rang zuweisen und an ihnen den Weg aufzeigen konnte, den eine weitere Entwicklung würde zu nehmen haben, nein, seine Situation war anders und zugleich weit schwieriger. Er kannte die antike Literatur wie die der romanischen Sprachen, wie auch die englische Literatur in Vergangenheit und Gegenwart. Von daher entwickelte er seine Maßstäbe. Eine deutsche Literatur fand er nicht oder doch erst in Ansätzen vor.

Johann Christoph Gottsched strebte eine Reform nach dem damals gültigen Muster, der Literatur der Franzosen, vor allem auf dem Gebiete des Theaters an. Zweifellos hatte er viele Verdienste um die deutsche Literatur; seine *Critische Dichtkunst für die Teutschen* (1730) verdient eine aufmerksame Lektüre. Aber der junge Lessing erblickte in der klassizistischen Orientierung einen Irrweg; so setzte er Shakespeare gegen Racine und Corneille und veränderte damit wirkungsvoll einen Kanon, einen Traditionszusammenhang. Auch die normale Poetik im Sinn Gottscheds wird von ihm verabschiedet. Sein Streit mit dem mächtigen Gottsched deutet aber nicht allein auf einen Generationsunterschied, nicht allein auf unterschiedliche Bewertungen dessen, was der deutschen Literatur doch eigentlich not täte, es handelt sich dabei auch um den Streit des Kritikers mit dem Poetiker, des freien Schriftstellers mit dem die Literatur beherrschenden Professor der Beredsamkeit.

Lessing schrieb vielerlei, Verse und Fabeln, Dramen und Abhandlungen, Streitschriften, Rezensionen und »Rettungen« — und immer eine rasche, schlanke, elegante, geistreiche, sehr dialogische Prosa; aber Raschheit hinderte ihn nicht an Genauigkeit, Eleganz nicht daran, durchaus entschieden, und das Geistvolle keineswegs daran, auch kraftvoll zu sein.

Mit Lessing erscheint ein neuer Typus von Schriftsteller; er wäre das nicht, spräche er nicht auch die eigene, unverwechselbare Sprache, die uns im wesentlichen bis heute verständlich geblieben ist. Er war ein sogenannter freier Schriftsteller, die meiste Zeit seines Lebens ungesichert und ohne ein Amt; wenn er eine Autorität wurde, so verdankte er dies seinem Charakter und seiner Feder. Leicht zu erringen war dieses Ansehen allerdings nicht.

Die bedeutsamen Veränderungen der ökonomischen Situation im 18. Jahrhundert hatten zur Folge, daß nun auch für den Buchhandel, das Zeitschriften- und Rezensionswesen die Marktgesetze einer fortgeschrittenen kapitalistischen Produktionsweise gültig wurden; Konkurrenzvorstellungen tauchen jetzt bei Verlegern wie bei Autoren auf, Probleme von Honoraren, von Rezensionen und Distribution fangen an, wichtig zu werden; die Entwicklung des Buchhandels fordert die Verbreitung der literarischen Produkte, auch die der sogenannten »schlechten Literatur« aus rein geschäftlichen Erwägungen. Buchmessen werden zu einer sozusagen ständigen Einrichtung in Frankfurt, in Stuttgart, Nürnberg und anderen Städten, insbesondere aber in Leipzig.

Aus der Dotation des fürstlichen Mäzens ist inzwischen das sogenannte Honorar, eigentlich ja ein »Ehrensold«, geworden, aber wer vermag denn wirklich als ein freier Schriftsteller zu existieren? Die Abhängigkeit vom Verleger führt rasch zu literarischer Fronarbeit und möglicher Erschöpfung der physischen und geistigen Energien; Widmungen an hochgestellte Persönlichkeiten werden gewöhnlich durch Geldgeschenke belohnt, wie lange aber halten sie vor?

Noch anderes bedroht die Existenz des Schriftstellers als der Geschmack, die Laune und die Kreditfähigkeit seines Verlegers: da ist die ständige Gefahr der Zensur, durch welche die Arbeit von Jahren plötzlich sinnlos gemacht werden kann, da ist auch der Erfolg — denn er ruft die existenzgefährdenden räuberischen Nachdrucker auf den Plan, die, ohne eine Entschädigung zahlen zu müssen, vom Erfolg eines Autors und seines Verlegers zu profitieren verstehen. So sieht es aus. Die Literatur ist öffentlich geworden, der Autor aber ungeschützt; sein und des Verlegers Eigentum liegt als Beute für jeden auf der Straße.

Lessing nun, der in seinen jungen Jahren erklärt hatte, er wolle nur Dienste annehmen, die nach seinem Sinne sind, lebt schließlich als Bibliothekar des Herzogs von Braunschweig in Wolfenbüttel mit 600, später dann 800 Reichstalern jährlich, er hat Wohnung und Feuer frei und muß obendrein noch dankbar sein. Er weiß ja, wie das Leben des freien Schriftstellers aussieht, und hatte deshalb seinen Bruder davor gewarnt, sich auf eine solche Existenz einzulassen. Aber besonders gut geht es ihm doch auch in Wolfenbüttel nicht, schließlich muß er den Herzog, seinen Dienstherrn, in aller Ergebenheit sogar um einen Vorschuß bitten.

An der Praxis des Raubdrucks übrigens hat sich Lessing zunächst noch nicht gestoßen. Im Jahre 1762 noch erklärte er, der wenig später mit seiner *Hamburgischen Dramaturgie* selbst das Opfer einer solchen Praxis werden sollte:

»Wer seine Schriften öffentlich herausgibt, macht sie durch diese Handlung ›publici juris‹, und so stehet es einem jeden frei, dieselben nach seiner Einsicht zum Gebrauch des Publikums bequemer einzurichten.«[1]

Das ist die herrschende Praxis, und Lessing scheint sie prinzipiell zu akzeptieren, fürs erste jedenfalls. Aber seine Situation veranlaßt ihn dann doch zu Überlegungen, wie der Schriftsteller-Misere abzuhelfen sei. Er hat sie selbst nur allzugut gekannt, seine Briefe belegen es.

Der zwanzigjährige Lessing bereits klagt in einem Brief über Schulden und ihm von den Eltern versprochene, aber dann doch vorenthaltene neue Kleidung, derer er in Berlin dringend bedarf. Fast immer war er knapp bei Kasse, und gespielt hat er schließlich auch. Und immer wieder hat er Schulden.

Der vierunddreißigjährige Mann erklärt dem Vater, daß er sich nicht länger durch Brotarbeit wolle von seinen Studien abhalten lassen, er warnt auch vor übertriebenen Erwartungen der Geschwister:

»Ich bin weder im Stande, ihnen zu ihrem Fortkommen einigen Rat zu erteilen, noch an ihrer Versorgung und ihrem Unterkommen zu arbeiten. Noch weniger kann ich, in den itzigen Umständen, einen von ihnen zu mir nehmen.«

Drei Jahre hat er mit Beschäftigungen verloren, die er glatt nichtswürdig nennt, und während ihn die besorgten Eltern in Breslau endlich etabliert wähnen, ist er schon gesonnen, Stadt und Stellung zu verlassen:

»Es ist Zeit, daß ich wieder in mein Gleis komme. Alles was ich durch meine itzige, Lebensart intendiert habe, das habe ich erreicht; ich habe meine Gesundheit so ziemlich wiederhergestellt; ich habe ausgeruhet und mir von dem wenigen, was ich ersparen können, eine treffliche Bibliothek angeschafft, die ich mir nicht umsonst angeschafft haben will. Ob ich sonst noch einige hundert Taler übrig behalten werde, weiß ich selbst noch nicht.«[2]

Seinen Bruder läßt er am 26. April 1768 wissen:

»Ich hätte Dich gern wieder bei mir; aber ich bin jetzt weder so logiert, noch sonst in den Umständen, daß es wohl möglich ist. Gott sei Dank, bald kommt die Zeit wieder, daß ich keinen Pfennig in der Welt mein nennen kann, als den, den ich erst verdienen soll. Ich bin unglücklich, wenn es mit Schreiben geschehen muß! —«

Daraus erklärt sich dann auch die Warnung:

»Nimm meinen brüderlichen Rat und gib ja den Vorsatz auf, vom Schreiben zu leben.«[3]

Einige Jahre später muß er dem Vater bei Gelegenheit abermals seine Unterstützung verweigern; mit Freuden, sagt er, hätte er geholfen:

»Aber so gut hat mir es nicht werden sollen. Schon damals, als ich es versprach, waren meine Umstände in der äußersten Verwirrung, und die ganze folgende Zeit sind sie immer schlechter und schlechter geworden. Ich war endlich in eine Last von Schulden geraten, von der ich mich noch lange nicht durch den gänzlichen Verkauf aller meiner Bücher befreien können; und es war die höchste Zeit, daß ich durch die hiesige Versorgung wiederum eine gewisse Einnahme erhielt.«

Inzwischen ist er nämlich als Bibliothekar nach Wolfenbüttel gegangen, er, der sich nicht zum Sklaven machen lassen wollte — zunächst erscheint auch alles in durchaus rosigem Licht:

»Eigentlich ist es der Erbprinz, welcher mich hierher gebracht. Er ließ mich auf die gnädigste Art einladen; und ihm allein habe ich es zu danken, daß die Stelle des Bibliothekars, welche gar nicht leer war, für mich eigentlich leer gemacht ward.«[4]

Er will sich nun von Hofe möglichst fernhalten und vor allem sehen, daß er seine Schulden abtragen kann.

Hat er sich vielleicht so positiv geäußert, um den besorgten Vater ein wenig zu beruhigen? Hat er nur wenig später schon Enttäuschungen erfahren müssen? In bedrängten Verhältnissen jedenfalls lebt er nach wie vor: er läßt seine Mutter wissen, daß er bereit sei, die Schulden des inzwischen verstorbenen Vaters zu übernehmen und einen Wechsel auszustellen, der dann nach einiger Zeit erst fällig wird.

»Wer aber aus Grobheit oder Eigensinn sogleich bar bezahlt sein will — dem helfe Gott! Ich kann ihm nicht helfen, und zu Unmöglichkeiten ist kein Mensch verbunden.«[5]

Nur ein dreiviertel Jahr später muß er sich bei der Mutter entschuldigen, daß er seinen Verpflichtungen so schlecht nachkomme:

»Ich bitte Sie aber auch, eben so sehr überzeugt zu sein, daß es eine wahre Unmöglichkeit für mich gewesen ist, das zu leisten, was ich mit so vielem Vergnügen leiste, sobald ich es nur einigermaßen im Stande bin. Es haben seit einem halben Jahre so dringende Schulden auf mich los gestürmt, daß ich alle Mühe gehabt habe, meinen guten Namen zu erhalten. Das bare Geld ist daher bei mir so knapp gewesen, als es nimmermehr bei Ihnen hat sein können.«[6]

Das ist die wirkliche Lage, denn auch für seine Theaterstücke bekommt er nur wenig geboten, und da er weiß, was er wert ist, will er für die Bühne überhaupt nicht mehr schreiben:

»Aber wozu mich, für nichts und wieder für nichts, sechs Wochen auf die Folter spannen? Sie haben mir von Wien aus neuerdings hundert Dukaten für ein Stück geboten: aber ich will hundert Louisdor; und ein Schelm, der jemals wieder eins macht, ohne diese zu bekommen!«

Er erläutert dem Bruder, daß dies keineswegs nur eigennützig gedacht sei:

»Jeder Künstler setzt sich seine Preise; jeder Künstler sucht so gemächlich von seinen Werken zu leben, als möglich: warum äenn nun nicht auch der Dichter? Wenn meine Stücke nicht hundert Louisdor wert sind; so sagt mir lieber gar nichts mehr davon; denn sie sind sodann gar nichts mehr wert. Für die Ehre meines lieben Vaterlandes will ich keine Feder ansetzen; und wenn sie auch in diesem Stücke auf immer einzig und allein von meiner Feder abhangen sollte. Für meine Ehre aber ist es mir genug, wenn man nur ungefähr sieht, daß ich allenfalls in diesem Fache etwas zu tun im Stande gewesen wäre. Also, Geld für die Fische — oder beköstigt euch noch lange mit Operetten.«[7]

Solche Verbitterung kann man begreifen, doch Lessing ist auch in seiner Bibliothekarsstellung nicht eben glücklich:

»Aber so ist es nun einmal in der Welt! Das zahme Pferd wird im Stalle gefüttert, und muß dienen: das wilde in seiner Wüste ist frei, verkömmt aber vor Hunger und Elend.«[8]

Doch auch als zahmes Pferd wird Lessing nicht eben gut gefüttert. So gesteht er dem Bruder:

»Ich bin in meinem Leben schon in sehr elenden Umständen gewesen, aber doch noch nie in solchen, wo ich im eigentlichen Verstande um Brot geschrieben hätte. Ich habe meine Beiträge bloß darum angefangen, weil diese Arbeit fördert, indem ich nur einen Wisch nach dem anderen in die Druckerei schicken darf, und ich doch dafür von Zeit zu Zeit ein Paar Louisdor bekomme, um von einem Tage zum andern zu leben. Wenn Du nicht begreifen kannst, wie ein Mensch, der doch jährlich 600 Taler hat, in so kümmerlichen Umständen sein kann: so muß ich Dir sagen, daß ich auf länger als anderthalb Jahre mein ganzes Salarium vor einiger Zeit aufnehmen müssen, um nicht verklagt zu werden. Erlaube mir nur, daß ich Dir weiter nichts hierüber schreibe (...)«[9]

Dazu paßt dann auch die resignierende Wendung:

»Es ist nie mein Wille gewesen, an einem Orte, wie Wolfenbüttel, von allem Umgange, wie ich ihn brauche, entfernt, Zeit meines Lebens Bücher zu hüten. Morgen tue ich das schon vier Jahre; und da ich es nur allzu sehr empfinde, wie viel trockner und stumpfer ich an Geist und Sinnen diese vier Jahre, trotz aller meiner sonst erweiterten historischen Kenntnis geworden bin; so möchte ich es um alles in der Welt willen nicht noch vier Jahre tun. Aber ich muß es auch nicht ein Jahr mehr tun, wenn ich noch sonst etwas in der Welt tun will.«[10]

Er sollte es noch viele Jahre tun; er bleibt, nachdem sich andere Pläne zerschlagen haben. Auch der Ton in einem Brief an den Bruder, dem er von einer Reise nach Italien schreibt, auf der er den jüngsten Prinzen begleiten durfte, bestätigt diese Unzufriedenheit; er hat nun, wie er sagt, einen »Vorschmack von Italien« bekommen:

»Dieser Vorschmack — will ich Dir nur mit wenigem sagen — hat meinen alten Gedanken, in Italien zu leben und zu sterben, auch schon wieder ganz erneuert; so sehr gefällt mir noch alles, was ich in dieser Gegend höre und sehe.«

Dazu dann die feste Versicherung:

»Indes bleibt es bei meinem Entschlusse, auf dem bisherigen Fuß in Wolfenbüttel nicht zu bleiben (...)«[11]

Er hat diesen Entschluß nicht mehr verwirklichen können.

Wie mühselig und aufreibend der Kampf um die wirtschaftliche Unabhängigkeit als Voraussetzung für die Freiheit des angeblich freien Schriftstellers in Wirklichkeit war, hat Lessing sein Leben lang empfinden müssen; er hat es auch, ohne von sich selbst sprechen zu müssen, deutlich und noch nicht aus der Fülle der eigenen bitteren Erfahrung heraus, thematisiert, als er 1754 die Schriften seines Vetters Christlob Mylius herausgibt und mit einer langen Vorrede versieht. Diese Vorrede ist selbst schon ein Stück literarischer Kritik und Soziologie des Autorenwesens, um so erstaunlicher, als er selbst noch am Anfang seiner leidvollen Laufbahn steht.

Man kann auch sagen, Lessing charakterisiert anläßlich des Todes seines jungen Vetters eben diese Situation, welche die seine teils werden sollte, teils hätte werden können.

Ausgehend von des Vetters vorzeitigem Tode, der, mit naturhistorischen Aufträgen versehen, auf dem Wege in die britischen Kolonien von Nordamerika war, als er überraschend in London starb, beklagt Lessing das unerklärliche Schicksal dieses Mannes, der sein Verwandter und ein Schriftsteller war. Er tut so, als wäre er gewohnt, von der Vorsehung und ihrem Wirken, wie es sich gehört, mit Ehrfurcht zu sprechen, und sagt dann doch, was er ohne solche ehrfurchtsvolle Ergebenheit, wie er sie angeblich unverhohlen ausdrücken würde, zu sagen hat: daß es nämlich so aussieht, als herrsche »ein gewisses neidisches Geschick« über all die deutschen Genies, die ihrem Vaterlande sonst wohl könnten Ehre machen. Sie werden in ihrer Blüte dahingerafft, reich an Entwürfen, voll von Gedanken; um groß zu werden, fehlte nur eines: die Verwirklichung. Was aber, so fragt er, soll man wohl zur Erklärung anführen? Die Ursache nennt er eine ›natürliche‹ — wohl wissend, daß sie es nicht ist. Es gehört seiner Ansicht nach lediglich guter Wille dazu, sie auch zu erkennen. Dann bringt er, in der Anredeform eines Briefes, das Beispiel: man nehme einmal an, ein solches Genie sei im Mittelstande, also im bescheidenen Bürgertum geboren, nicht eigentlich im Elend, und, setzt er hinzu, »Sie wissen wohl, die Natur hat einen Wohlgefallen daran, aus eben diesem immer mehr große Geister hervor zu bringen, als aus irgend einem andern.«

Nun aber zählt er die Schwierigkeiten auf, die einem begabten jungen Menschen in Ländern wie den deutschen entgegenstehen, in Ländern also, in denen »fast alle Arten von Ermunterungen unbekannt sind«.

Drei solcher Schwierigkeiten führt er an: den Mangel an notwendigen Hilfsmitteln zunächst (d.h. wohl Bücher und Anschauungsmaterialien, die die Elemente der Bildung und der Fortbildung vermitteln); sodann den Neid, der schon über die ersten Anfänge solcher Begabungen argwöhnisch wacht; schließlich den entkräftenden Zwang zu mühsamen, der eigentlichen Begabung durchaus zuwiderlaufenden Geschäften, denen er sich widmen muß, um nur sein Leben zu fristen. Die Konsequenz für das noch unentwickelte Genie ist klar: »Ist es ein Wunder, daß es nach aufgeopferten Jugendkräften dem ersten starken Sturme unterliegt?« Und weiter, wiederum rhetorisch fragend, erhebt Lessing die Stimme:

»Ist es ein Wunder, daß Armut, Ärgernis, Kränkung, Verachtung endlich über einen Körper siegen, der ohnedem schon der stärkste nicht ist, weil er kein Körper eines Holzhackers werden sollte?«

Das aber wird nunmehr an Mylius exemplifiziert; sein Lebensweg wird zum beispielhaften Fall, es ist der eines deutschen Schriftstellers, der, aus beinahe dürftigen Verhältnissen stammend, auf dem Lande aufwächst, wo er nicht lernen kann, was er doch lernen möchte. Als Studium kann ihm nur eine sogenannte Brotwissenschaft gestattet werden, die er überdies möglichst rasch zu erlernen trachten muß. Aber die Schule, die er besucht, hilft ihm kaum, das auch zu leisten, die Akademie lehrt ihn dagegen nur, wie man Schriftsteller werden könne.

Hinzu kommt noch, daß Mylius gar, wie es heißt, einem Manne in die Hände fiel, der — gemeint ist kein geringerer als Gottsched — »durch Wohltaten manchen jungen Witzling zu seinem Vorfechter zu machen wußte«. Eine gewisse Leichtigkeit im Verfertigen von Versen führte ihn dann bald dazu, aufgrund seiner finanziellen Umstände von eben dieser

Gewandtheit mehr zu profitieren, als eigentlich gut ist, wenn man im Sinn hat, ein Dichter zu werden. Das heißt, der junge Vetter wurde dazu verleitet, durch leichte Arbeiten Erfolg zu suchen, und gefährdete eben damit sein Talent. Darüber versäumte er dann die Wissenschaft, der er sich in diesen Jahren weit sinnvoller hätte widmen können, die Naturkunde.

»Er schrieb, und die grausame Verbindlichkeit, daß er viel schreiben mußte, raubte ihm die Zeit, die er in seiner liebsten Wissenschaft (...) mit bessern Nutzen hätte weihen können.«

Wenig später ging es ihm in Berlin dann so, daß er vom Erworbenen zehren mußte, ohne viel weiter hinzuverdienen zu können. Schließlich wird er zu einem Auftrag ausersehen, der so mühevoll und gefährlich wie aussichtsreich und ehrenvoll genannt werden konnte. Voll Bitterkeit ist dann der Nachsatz:

»Er wollte und sollte reisen; er reisete auch, allein er reisete auf fremder Leute Gnade; und was folgt auf fremder Leute Gnade? Er starb. — — Ja, mein Herr, das ist sein Lebenslauf.«

Dem läßt Lessing die unerhörte Steigerung folgen:

»Ein Lebenslauf, ohne Zweifel, in welchem das Ende das unglücklichste nicht ist.«

Man muß hinzufügen, daß Lessing den Schriften seines Freundes und Vetters wie auch der Tendenz vieler seiner Arbeiten sehr kritisch gegenüberstand. Die Bemerkungen, in denen er den kurzen Lebenslauf dieses Mannes als ein trauriges Beispiel für viele andere seiner Art hinstellt, erhalten somit den Charakter einer captatio benevolentiae für die Ausgabe und wirken im Kontext so, als sollten sie ein wenig Nachsicht wecken für das Folgende. Andererseits gilt auch, daß Lessings scharfe Kritik, scharf, wenn man bedenkt, daß es sich nicht um eine Rezension, sondern um die Vorrede zur Ausgabe der Mylius'schen Schriften handelt, immer wieder darauf verweist, es sei der Zwang zum Broterwerb zum einen, zum andern aber der Einfluß des berühmten Gottsched gewesen, der so viel an Mylius verdorben und verschuldet. Über beides wußte Lessing schließlich gut genug Bescheid.

Mylius war also nicht nur ein Schriftsteller, der nach einer mühseligen Vorbereitungszeit in wenigen Jahren viel geschrieben hat, um dann vorzeitig zu sterben, er war auch ein Autor, den die schwierige materielle Lage dazu verleitete, anderes und eben auch Schlechteres zu produzieren, als eigentlich von ihm zu erwarten oder doch zu wünschen gewesen. Das gilt noch für seine moralischen Wochenschriften, deren Vorbilder aus England kamen. Und wenn die ersten Verfasser Briten waren, so bedeutet dies, es waren

»Männer, denen es weder an Witz, noch an Tiefsinn, noch an Gelehrsamkeit, noch an Kenntnis der Welt fehlte. Engländer, die in der größten Ruhe und mit der besten Bequemlichkeit auf alles aufmerksam sein konnten, was einen Einfluß auf den Geist und auf die Sitten ihrer Nation hatte. — —«

In Deutschland scheint dergleichen noch nicht denkbar zu sein, nicht einmal von einer adäquaten Übernahme oder Nachahmung kann gesprochen werden. »Wer aber sind ihre Nachahmer unter uns?« fragt Lessing, und er erwidert, damit eben auch auf Mylius zielend:

»Größtenteils junge Witzlinge, die ungefähr der deutschen Sprache gewachsen sind, hier und da etwas gelesen haben, und, was das Betrübteste ist, ihre Blätter zu einer Art von Renten machen müssen — —«[12]

In diesem Satze steht die eigentliche Erklärung; wo Muße und Unabhängigkeit verloren gehen, da wird auch die Begabung verschleudert, oder sie beginnt allmählich zu ersticken.

So wird diese kritische Gedenkprosa auch zu einer Warnung für junge Schriftsteller. Zur Debatte steht nicht mehr der zufällige (?) Tod eines vielversprechenden Autors, auch nicht, was ihm, da er doch unbedeutend blieb, im Grunde mißglückt ist, zur Debatte steht eine Situation, die der Entwicklung des Schriftstellers wesentlich hinderlich ist. Hemmnisse verzehren seine Energien, ein wesentlicher Ansporn fehlt, die Not verlockt zu raschen, oberflächlich behandelten Arbeiten, das Talent verzehrt sich oder es zersplittert sich in ungeliebten Aufträgen, wo es doch eigentlich die versagten oder versäumten Bildungsmöglichkeiten hätte nachholen sollen.

Der Lebenslauf von Mylius und seine Charakteristik, sein Porträt, wird damit, bei allen Vorbehalten gegenüber seinen unvollkommenen Leistungen, zur Kritik an der literarischen Situation in den deutschen Ländern. Aber die literarische ist mit der finanziellen Situation auf das engste verbunden. Interessanterweise sind die Hauptstationen des Lebens von Mylius auch die des jungen Lessing: Kamenz, Leipzig und Berlin. Auch in seinen literarischen Versuchen spiegelt sich die Tätigkeit Lessings wider: Gedichte, Rezensionen, Übersetzungen, dramatische Versuche. Es ist möglich, diese

Vorrede so zu lesen, daß Lessing in ihr zugleich eine mögliche eigene Entwicklung beschrieben hat. —

Die Schwierigkeiten, von denen Lessing spricht — nicht nur die zweideutige Stellung zu Gottsched betreffend —, das Elend der schriftstellerischen Arbeit um der nackten Existenz willen, das Fehlen aller Ermutigung, die Mühe auch, sich eine für diesen Beruf unerläßliche gediegene Bildung zu erwerben, die Fron des Rezensentenwesens und die Gefahr, im Dienste leichtfertig errungener Erfolge die eigene Begabung zu verderben, hat er wohl gut genug gekannt. Aber Mißerfolge und Abhängigkeiten haben ihn nicht entmutigt, obschon ein wenig verbittert. Gegen Ende seines Lebens hatte er als Bibliothekar in Wolfenbüttel den Eindruck, die Entwicklung der deutschen Literatur sei über ihn hinweggegangen und man bedürfe seiner nicht mehr.

Dennoch hat er nicht aufgegeben im Kampf gegen Gleichgültigkeit, Vorurteil, Orthodoxie und gelehrte Überheblichkeit; er hat nicht nur die Situation beschrieben und für manches verantwortlich gemacht, sondern auch den Charakter, der sich ihr unterwirft. Schließlich hat er in der *Hamburgischen Dramaturgie* auch das Publikum angegriffen. Wenn dieses nämlich frage, was geschehen sei, um sich darauf mit einem höhnischen »Nichts« selbst zu beantworten,

»so frage ich wiederum; und was hat denn das Publikum getan, damit etwas geschehen könnte? Auch nichts; ja noch etwas Schlimmers, als nichts. Nicht genug, daß es das Werk nicht allein befördert: es hat ihm nicht einmal seinen natürlichen Lauf gelassen. — Über den gutherzigen Einfall, den Deutschen ein Nationaltheater zu verschaffen, da wir Deutschen noch keine Nation sind! Ich rede nicht von der politischen Verfassung, sondern bloß von dem sittlichen Charakter. Fast sollte man sagen dieser sei: keinen eigenen haben zu wollen.«[13]

Lessings Theaterkritik mündet in eine Kritik des Publikums, der Öffentlichkeit ein, Kritik an der Unfähigkeit, eigene Traditionen auszubilden, an der Schwäche, zum Ersatz fremde Literatur und fremden Geschmack nicht etwa zu adaptieren, sondern ganz ohne deren spezifische Voraussetzungen ungeprüft zu übernehmen. Lessing muß angesichts dieser Situation sein Unternehmen in Hamburg als gescheitert betrachten. Doch noch ein anderes Faktum ist zu erwähnen: er hatte bei seiner *Dramaturgie* durch einen räuberischen Nachdruck sogar noch finanzielle Einbußen hinzunehmen. Wohl auch deshalb brach er das Projekt wieder ab.

Doch hängt eben damit ein anderes Unternehmen zusammen, das eines Autorenverlags nämlich oder einer Autorenbuchhandlung, ein Plan, der erst aus Lessings Nachlaß bekannt geworden ist. Noch waren Urheberrechte, Besitzfragen an sogenanntem geistigen Eigentum völlig ungeklärt; die deutsche Kleinstaaterei trägt das ihre dazu bei, die Situation noch zu erschweren: in einer freien Reichsstadt oder in Wien kann billig nachgedruckt werden, was dem Verleger aus Leipzig oder Berlin den Absatz schmälert, wodurch natürlich auch die Autoren empfindlich geschädigt werden. Der Nachdruck belastet die finanzielle Verbindung zwischen Autor und Verleger, der Gewinnanteil des Buchhandels wird für beide zum Problem.

Ein mit dem Freund Bode gemeinsam betriebenes Druck- und Verlagsunternehmen war pleite gegangen, Lessing, den wieder Schulden drückten, formuliert neue Gedanken zu dieser Institution und setzt darüber die Maxime »Leben und Leben lassen«. Es war ihm vor allem um eine »Buchhandlung der Gelehrten« zu tun gewesen, um nicht von den Almosen abhängig zu sein, die der vom Autor sich nährende Buchhändler zu gewähren sich gnädig zeigt. Nun war das eine Unternehmen gescheitert. Lessings neuer Plan ist neben der *Gelehrtenrepublik* Klopstocks einer der wenigen Versuche zur finanziellen Selbstbestimmung des freien Schriftstellers, der ohne ein Amt und feste Bezüge in seinen Arbeiten keine Produkte aus Mußestunden, sondern die Grundlage seiner Existenz erblicken und verteidigen muß.

Worum geht es also? Einfach darum, daß der Autor die Genugtuung erfahre, die auch der »gröbste Handlanger« sich zu verschaffen weiß; wie sollte nicht auch er »seinen Unterhalt seinem eigenen Fleiße zu verdanken haben?« Gelehrte, heißt es weiter, Leute, die schreiben, stehen gewöhnlich in bürgerlichen Verhältnissen, in denen sie ›versorgt‹ heißen können. Das freilich, wirft Lessing ein, ist nicht eigentlich der Sinn amtlicher Tätigkeit, den Freiraum zum Schreiben bereitzustellen. Wenn dies vielleicht einmal die Absicht war, und in der Barockzeit war es oft so, dann haben sich doch die Beziehungen von Bedürfnissen und Preisen längst verändert. Auch der Einwand, Weisheit dürfe nicht ›feil‹ sein, verfängt für Lessing nicht:

»Auch ist es größtenteils nicht wahr, daß der Schriftsteller das umsonst empfange, was er nicht umsonst geben will. Oft ist vielleicht sein ganzes Vermögen darauf gegangen, daß er jetzt im Stande ist, die Welt zu unterrichten und zu vergnügen. Oder sollen ihm die Amtsbesoldungen das zugleich mit gut machen?«

Der Staat bezahlt ihn schließlich nur für das, was er um seines Amtes willen zu wissen und zu können hat, und das ist wenig genug. Was aber darüber hinausgeht, dafür ist er selbst zuständig. Dies ist eben der Grund dafür, daß vielversprechende junge Gelehrte in ihrem Berufe verkümmern; die Besoldung reicht für den Erwerb von Büchern und Instrumenten, die für die wissenschaftliche Arbeit unerläßlich sind, nicht aus.

Soweit die Einleitung Lessings zu seinem Projekt; die Situationsbeschreibung wird zur Rechtfertigung. Sodann unterscheidet er zwischen Besitz und Eigentum: was ohne mich nicht oder doch nicht in dieser Form da sein würde, das ist mein Eigentum, was aber nicht bedeutet, daß ich allein daran das Nutzungsrecht haben muß. Etwas ausschließlich, allein, zu benutzen bin ich erst befugt, wenn nur ich es zu benutzen weiß. Vermag ich dies nicht, so ist es »ohnmächtiger Eigennutz«, andere an der Benutzung hindern zu wollen. Es ist nicht erwiesen, daß dem Verleger das Buch, welches er ohne den Verfasser zu nennen, drucken läßt, als Eigentum gehört. Zumindest kann das Verlegereigentum nicht anders und schon gar nicht größer sein als das des Verfassers. »Das Eigentum des Verfassers aber, wenn die Nutzung mit inbegriffen wird, ist so gut als keins.« Dies aber folgt daraus, daß nicht als Eigentum gelten kann, was nicht in Besitz zu nehmen und darin zu erhalten ist.

Das ist die Praxis, eindeutig richtet Lessing seinen Angriff gegen den unlizensierten Nachdruck. Er unterstellt, daß jedermann den Nachdruck für ungerecht hält und der Raubdrucker sich schämen müßte, da zu ernten, wo er nicht gesät hat. Doch das zu sagen, genügt noch nicht, Lessing deutet eine Lösung an:

»*Freilich, wenn Deutschland unter* einem *Herrn stünde, welcher der natürlichen Billigkeit durch positive Gesetze zu Hülfe kommen könnte und wollte!*«

Man sieht an der Form bereits, daß es sich hierbei noch um einen bloßen Wunsch handelt, dessen Erfüllung noch in weiter Ferne liegt. Die wirkliche Lage gestattet es nicht, d.h. die zersplitterten Kleinstaaten gestatten eine solche Gesetzgebung nicht, denn:

»*bei dieser Verbindung unter Deutschlands Provinzen, da die menschlichsten das Principium haben, des baren Geldes so wenig als möglich aus ihren Grenzen zu lassen: wer wird ihren Finanzräten begreiflich machen, daß man allein den Buchhandel unter dieses Principium nicht ziehen müßte?*«

Daher nun das folgende Projekt: Der Autor druckt auf eigene Kosten; die Subskription liegt in den Händen des Buchhändlers, und der Preis des Buches wird gedrittelt: ein Drittel für den Druck, ein Drittel für den Verfasser, ein Drittel für den Buchhändler, der subskribieren läßt. Hierzu heißt es:

»Das eigentliche Dritteil für den Verfasser ist anzusehen, als ob es auf den Preis für den zu verarbeitenden rohen Stoff verwandt würde, und versteht sich ja wohl von selbst.«[14]

Das Drittel für den Buchhändler ist hinreichend für eine angemessene Ausstattung; da der Verfasser selbst drucken läßt, wird er nicht grade hier aus Gewinnsucht zu sparen versucht sein. Das Drittel für den Buchhändler gilt nicht zuletzt deshalb als ausreichend, da er doch wenig Mühe und der Autor allein das Risiko hat. Lessing spricht den Wunsch aus, daß sich der ganze Buchhandel dergestalt realisieren ließe.

Das Wichtige und Interessante ist, daß der Verleger als solcher, der ja den Hauptgewinn einstreicht, hier ausfällt. Der Autor läßt ja drucken, sorgt auch für den Vertrieb durch den nunmehr besser verdienenden Buchhändler. Dadurch steigert sich das Honorar für den Autor auf 33%, wo er sonst vielleicht mit 8% oder gar einer einmaligen Abfindung zufrieden sein mußte. Nicht jeder konnte so vorteilhafte Verträge abschließen wie Goethe auf der Höhe seiner Laufbahn und dazu noch, spät, das kaiserliche Privileg genießen, das ihn vor dem Nachdruck schützte.

Übrigens wurde zu der Zeit, als Lessing seinen Entwurf redigierte, im *Göttingischen Magazin für Wissenschaft und Literatur* ein Aufsatz von Professor Feder über die Organisation des Buchhandels veröffentlicht, der Lessing vielleicht veranlaßt hat, seinen Vorschlag zurückzuhalten und nicht weiter auszuführen. Noch zögert er, verspricht aber Lichtenberg doch, den Aufsatz bald zu senden.[15]

Man sieht, wie genau und gerecht sich Lessing dieser Frage zugewandt hat; man weiß aber auch, warum er dies tat.

»Aber so ist es nun einmal in der Welt! Das zahme Pferd wird im Stalle gefüttert und muß dienen; das wilde in seiner Wüste ist frei, verkömmt aber vor Hunger und Elend.«[16]

Die Geschichte hat noch einen Anhang. Eine »Nachricht von Lessings Tod« wird 1781 im *Göttingischen Magazin für Wissenschaft und Literatur* veröffentlicht, Leisewitz hat sie als Sendschreiben an Lichtenberg konzipiert. Lessing, heißt es darin, habe sich krank gefühlt, sei aber so lebhaft gewesen, daß die Freunde geneigt waren, seine körperlichen Übel für Einbildung zu halten. Doch nahm im Winter 1780/81 seine Schwäche zu, Atemnot machte sich bemerkbar, auch klagte er, daß er seine Gedanken nicht ordnen könne, überdies machte sich zuweilen auch Sprachausfall bemerkbar.

»Am letzten Tage glaubte er sich außerordentlich wohl zu befinden, wie er sich aber Abend ins Bett legen ließ, befiel ihn die Engbrüstigkeit so heftig, daß er nach wenigen Minuten, sich und den Umstehenden unvermuthet starb.«

Aus dem Obduktionsbefund ergibt sich, daß ungewöhnliche Verknöcherungen als Ursache der tödlichen Brustwassersucht anzusehen sind. Ferner zeigte sich beim Sezieren des Leichnams, daß Bauchfell und Fettgewebe verwachsen waren, auch mit dem Blinddarm war das Fettgewebe verwachsen: Die Därme sind fast alle entzündet, der Dickdarm ist ungewöhnlich dünn, dünner noch als der Dünndarm und aus seiner Lage gedrängt. Der Magen, heißt es weiter, war geweitet, dünn und entzündet. »Die Leber schien auch enzündet zu seyn, der vordere Rand derselben war sehr dünn.« Vergrößert war hingegen offenbar die Gallenblase.

Weiter sind die Rippenknorpel alle verknöchert, einzelne Rippen weisen sogar spitze Knochenauswüchse auf:

»In jeder Brusthöhle befand sich eine große Menge röthlichen Wassers, das man fast zu einem hießigen Quartier (etwa 12 Unzen) anschlagen konnte.« Die linke Lunge war »vorzüglich entzündet, mit einem schäumichten Blute angefüllt, die rechte war es weniger.«[17]

Die Lungenflügel waren offenkundig nicht mit dem Brustkorb verwachsen, auch waren sie von Eiter frei. Hingegen enthielt der Herzbeutel etwa 2 Unzen rötlichen Wassers. Herzbeutel sowie die großen Herzgefäße waren alle von Blut entleert.

Man sieht es: Lessings Körper war vollkommen krank, seine Erschöpfung, seine Beschwerden waren keine Einbildung. Außer den Nieren und der Blase ist offenbar kaum ein Organ noch gesund zu nennen, alles befindet sich in einem Zustand, der nicht in kurzer Zeit hatte eintreten können, sondern vermutlich, über Jahre hinweg verschleppt, auf frühe Entbehrungen sich zurückführen läßt. Wahrscheinlich war der immerhin durch eine gewisse Fettschicht geschützte Körper auch nicht der eines Holzfällers. Die sitzende Lebensweise, Mangel an Bewegung überhaupt, mag das ihre noch zu diesem Zustand beigetragen haben, aber voraus gehen sicherlich die Belastungen und Entbehrungen, die in die Jahre seiner Ausbildung zurückreichen und die Disposition für die Häufung der Krankheitssymptome hergestellt haben dürften, denen Lessing dann später vielleicht sogar ungewöhnlich lange mit großer Zähigkeit hat widerstehen können. Allerdings sind wir dabei weitgehend auf Vermutungen angewiesen. Doch bleibt die Tatsache, daß hier der Körper eines nicht eben besonders schwächlichen Mannes keine Widerstandskräfte mehr besaß, und dies im Alter von erst 52 Jahren. Daß Lessings geistige Arbeitskraft ungebrochen war, zeigt die Fülle von Entwürfen und Fragmenten, die sein Bruder Karl und andere nach seinem Tode in mehreren Bänden publizierten.

Lessings Beziehung zum Geld war wohl weniger kompliziert als die mancher anderer Autoren und Künstler; er brauchte nicht viel mehr, als er hatte, er hatte aber fast nie, wessen er wirklich bedurfte, selten hatte er genug, und als er leidlich gesichert war, da tat es ihm um seine Freiheit leid. Aber nicht nur sie hat er eingebüßt, auch seine Gesundheit. »Was folgt auf fremder Leute Gnade? Er starb. — —«[18]

---

[1] *Briefe, die neueste Literatur betreffend;* 14. Teil, 233. Brief in: G. E. Lessing, *Gesammelte Werke,* hrsg. v. Paul Rilla, Berlin: Aufbau-Verlag 1954–58, Bd. 4, S. 429.

[2] Brief an Joh. G. Lessing vom 30. November 1763, *Werke,* Bd. 9 S. 225 f.

[3] Brief an Karl Lessing vom 26. April 1768, Bd. 9, S. 276.

[4] Brief an Joh. G. Lessing vom 27. Juli 1770, Bd. 9, S. 365 f.

[5] Brief an Justina Salome Lessing vom 7. Juli 1771, Bd. 9, S. 437.

[6] Brief an Justina Salome L. vom 9. April 1772, Bd. 9, S. 511.

[7] Brief an Karl L. vom 5. Dezember 1772, Bd. 9, S. 560 f.

[8] Brief an Karl L. vom 30. April 1774, Bd. 9, S. 605.

[9] Brief an Karl L. vom 8. April 1773, Bd. 9, S. 575.

[10] Brief an Karl L. vom 30. April 1774, Bd. 9, S. 605 f.

[11] Brief an Karl L. vom 7. Mai 1775, Bd. 9, S. 640.

[12] *Vermischte Schriften des Hrn. Christlob Mylius,* ges. von G. E. Lessing, Vorrede, Bd. 3, S. 680 ff.

[13] *Hamburgische Dramtaturgie,* Bd. 6, S. 509.

[14] *Leben und leben lassen. Ein Projekt für Schriftsteller und Buchhändler,* Bd. 6, S. 537 ff.

[15] Brief an Lichtenberg vom 23. Januar 1780, Bd. 9, S. 850 f.

[16] Vgl. Anmerkung 8.

[17] *Göttingisches Magazin für Wissenschaft und Literatur,* Jg. II, Heft 2, S. 179.

[18] Vgl. Anmerkung 12.

Holger Böning ULRICH BRÄKER

Als »Armer Mann im Tockenburg« wird Ulrich Bräker zur Berühmtheit in der literarischen Welt des achtzehnten Jahrhunderts. Wie einen Bericht von einem fremden Planeten liest ein gebildetes Lesepublikum die Lebensgeschichte dieses seltsamen Schriftstellers, der in einer schönen, ungekünstelten und schlichten Prosa von seiner mühseligen, stets von Nahrungssorgen verdunkelten Existenz erzählt. Als »braver Sohn der Natur« bezeichnet man gönnerhaft den Schweizer oder lobt ihn als »Naturgenie«. Wie kein zweiter Schriftsteller des aufgeklärten Jahrhunderts erschließt Ulrich Bräker dem wohlhabenden und gebildeten Leser die Welt der unteren Stände, in denen alle Lebensenergie auf die Sicherung des täglichen Auskommens gewandt werden muß und wenig Raum bleibt für Kultur und

Bildung. Hinter allen Urteilen über Bräker ist die verwunderte Frage zu spüren, wie trotz dieser widrigen Umstände ein beachtliches schriftstellerisches Werk entstehen konnte.

Das Klischee von der Armut, welche die Kunst befördere, scheint unausrottbar und mag wohl noch heute manchem Verleger als unausgesprochene Rechtfertigung für niedrige Honorare dienen. Und denkt man nur an Autoren wie Lessing, Karl Philipp Moritz, Jakob Michael Reinhold Lenz oder Jean Paul, dann scheint sich ja tatsächlich so manches große Kunstwerk dem mühsamen Ringen um das Brot zu verdanken. Und doch ist das Schicksal Bräkers mit dem seiner meisten Kollegen ganz unvergleichbar. Noch der ärmste Schriftsteller konnte im achtzehnten Jahrhundert gewöhnlich auf eine ordentliche schulische und zumeist gar universitäre Bildung als Startkapital zurückgreifen, war aufgewachsen in einem Milieu, in dem der Umgang mit der Schrift nichts Außergewöhnliches war. Armut hatte nur zu tragen, wer sich unabhängig von einem Staatsamt oder fürstlichen Mäzen als freier Schriftsteller seinen Unterhalt erschreiben wollte oder mußte.

Bräker hingegen hat ganz andere Sorgen. 1735 wird er in die enge bäuerliche Welt der kleinen schweizerischen Landschaft Toggenburg hineingeboren. Wenig nur gilt der fürstäbtischen Obrigkeit in St. Gallen die schulische Bildung ihrer Untertanen, und so muß auch Bräker sich damit begnügen, während sechs Jahren Winter für Winter zehn Wochen lang einen Unterricht zu erhalten, der ihm gerade die Anfangsgründe des Lesens vermittelt. In dem kleinen Bergdorf Krinau sitzen diejenigen auf der Schulbank, denen schon das kleinste Schulgeld eine jeden Bildungsdrang zügelnde Last bedeutet. Lernbegierde, ja Lernbegeisterung jedoch sind bei Bräker früh ausgeprägt. Sie müssen autodidaktisch befriedigt werden, denn im achtzehnten Jahrhundert gilt unerbittlicher als heute, daß Bildung für den Armen ein überflüssig Ding ist. Das Bildungsprivileg der höheren Stände beschäftigt den jungen Bräker, der sich hier erstmals Gedanken über das Geld gemacht haben mag. Oft habe er darüber nachgedacht, so schreibt er 1779 in seinem Tagebuch, wie er ohne Kosten etwas lernen könne, und oft habe er sich gesagt: »O hätte doch mein Vater selig Vermögen gehabt und hätte mich auch was lernen lassen.«[1] Schlimmer nur als die vorenthaltene Bildung empfindet Bräker zeitlebens die Bildungsfeindlichkeit seiner dörflichen Umgebung, die jedes über das übliche Mindestmaß hinausgehende Wissen als ebenso überflüssig und unstandesgemäß erachtet wie das übermäßige Lesen oder gar Schreiben.

Intensiv erfährt Bräker in seiner Kinder- und Jugendarbeit die Bedeutung von materiellen Gütern. Viel spricht er in den ersten Kapiteln seiner Autobiographie von Geld, Zinsen und Schulden. Lebendig ist ihm beim Schreiben das Bild seiner bei teurem Licht heimlich spinnenden Mutter, die zum Familienunterhalt ihren Beitrag leisten will. Auch der Vater geht mit dem Salpetersieden einer Nebentätigkeit nach, unter der die bäuerliche Wirtschaft leidet. Schließlich muß der elterliche Hof gar auf Verdeih und Verderben den Gläubigern überlassen werden, die Bräker-Familie wird mit ihren acht Kindern von der Gemeinde in eine Hütte eingewiesen. Eindrucksvoll schildert Bräker in seiner Lebensgeschichte die Worte, mit denen der Vater seine Kreditoren bat, ihn von der Last seiner Schulden und seines Hofes zu befreien:

»Nein, um Gottes Willen, Nein! — nehmt mir doch die entsetzliche Bürde ab — Das Leben ist mir so ganz verleidet! — Auf's Besserwerden hoft' ich nun schon dreyzehn Jahr vergebens. — Und kurz, bey unserm Gut hab' ich nun einmal weder Glück noch Stern. — Mit sauerm Schweiß, und so vielen schlaflosen Nächten, grub' ich mich nur immer tiefer in die Schulden hinein. — Geb wie ich's machte, da half Hausen und Sparen, Hunger und Mangel leiden, bis aufs Blut arbeiten, kurz Alles und Alles nichts. — Besonders mit dem Vieh wollt's mir durchaus nie gelingen. Verkauft' ich die Küh' um das Futter versilbern zu können, und daraus meine Zinsen zu bestreiten, so hatt' ich dann mit meiner Haushaltung, die außer dem Güterarbeiten keinen Kreuzer verdienen konnte, nichts zu essen, wenn ich gleich die halbe Losung wieder in andre Speisen steckte. — Schon von Anfang an mußt' ich immer Taglöhner halten, Geld entlehnen, und aus einem Sack in den andern schleufen, bis ich endlich mich nicht mehr zu kehren wußte. — Noch einmal, um Gottes Willen! Das ist all mein Vermögen. Nehmt, was ihr findet, und laßt mich nur ruhig meine Straße ziehn. Mit meinen ältern Kindern wird's mir wohl möglich werden, uns allen ein schmales Stücklein Brot zu erwerben. Und wer weiß, was der liebe Gott uns noch für die Zukunft bescheert hat!«[2]

An ein höheres Wesen denken viele der kleinen Bauern im Toggenburg, wenn sie von einer besseren Zukunft träumen. Einen guten Nährboden findet hier während der ersten Hälfte des achtzehnten Jahrhunderts eine gefühlsbetonte pietistische Religiosität, die besser ertragen läßt, was der einzelne nicht meint ändern zu können. Auch in Bräkers Elternhaus liest man an den langen Winterabenden in den geheimnisvoll-mystischen Andachtsbüchern, die, soweit in den Bauernhäusern überhaupt gelesen wird, neben der Bibel und dem jährlichen Kalender zur beliebtesten Lektüre gehören. Hier lernt Bräker den Wert des Lesens und der Schrift kennen. Die gemeinsame Runde in der einzigen geheizten Stube stärkt das Zusammengehörigkeitsgefühl; andächtig dem Vorlesenden lauschend, kann man bequem für einige Stunden die eigene enge Welt verlassen, staunend von fernen Ereignissen hören, ängstlich vom bevorstehenden göttlichen Strafgericht vernehmen, von dem in den Büchern so viel geschrieben steht, die Bräkers Vater bevorzugt. Einen eigentümlichen Reiz übt das immer wieder prophezeite nahe Weltende aus, dessen ständige Beschwörung in den Gesprächen besonders mit einem Nachbarn Bräker sich später als aufgeklärter Mann mit drückender Armut erklärt:

»So viel weiß ich wohl, sie steckten damals beyde in schweren Schulden, und hofften vielleicht durch das End der Welt davon befreyt zu werden: Wenigstens hört' ich sie oft vom Neufunden Land, Carolina, Pensylvani und Virgini sprechen; ein andermal überhaupt von einer Flucht, vom Auszug aus Babel, von den Reisekosten u. dgl. Da spitzt ich dann die Ohren wie ein Haas. Einmal, erinnr' ich mich, fiel mir wirklich ein gedrucktes Blatt in die Hände, das einer von ihnen auf dem Tisch liegen ließ, und welches Nachrichten von jenen Gegenden enthielt. Das las' ich wohl hundertmal; mein Herz hüpfte mir im Leib bey dem Gedanken an dies herrliche Canaan, wie ich mir's vorstellte. Ach! wenn wir nur alle schon da wären, dacht' ich dann. Aber die guten Männer, denk' ich, wußten eben so wenig als ich, weder Steg noch Weg; und wahrscheinlich noch minder, wo das Geld hernehmen.«[3]

Immerhin ist im Toggenburg der Gedanke an Auswanderung erlaubt, denn in vielen deutschen Territorien sind Bräkers Standesgenossen durch die Leibeigenschaft an den Boden gefesselt. Nach dem Bankrott des väterlichen Hofes und einigen Jahren als Knecht und Tagelöhner, Salpetersieder und Pulvermacher wird so auch für Bräker die Idee immer reizvoller, in der Fremde sein Glück zu suchen. Doch nur wenige Stunden Fußmarsches von der Heimat entfernt wird Bräker in Schaffhausen von einem preußischen Werbeoffizier übertölpelt. Für wenige Monate zwar lernt er hier erstmals ein Leben kennen, in dem auch ohne Arbeit Verdienst und Auskommen gesichert sind, doch dann findet er sich als Rekrut in Berlin wieder. Und hier ist er wahrlich vom Regen in die Traufe gekommen, denn mit sechs Groschen Wochensold geht es ihm noch schlechter als in seiner schweizerischen Heimat. Das Brot ist knapp für die kleinen Soldaten in der preußischen Metropole, nur Prügel gibt es reichlich und gratis. So ist Bräker glücklich, aus der ersten Schlacht des Siebenjährigen Krieges desertieren und mit österreichischer Hilfe in das Toggenburg zurückkehren zu können. Vier Jahre lang sucht er hier nach einem ordentlichen Auskommen, wieder geht es an das verhaßte Salpetersieden. Seinen Beruf, den er dann die nächsten Jahrzehnte ausüben wird, verdankt er seiner Verlobten, die schon vor der Hochzeit Forderungen an ihn stellt. Mit einem stinkenden Salpetersieder mag sie Tisch und Bett nicht teilen, und um keinen Preis will sie einen Mann heiraten, der kein Haus sein eigen nennt. So macht sich Bräker an das Werk, diese Bedingungen zu erfüllen, zimmert aus selbstgefällten Bäumen ein Haus und beginnt seinen kleinen Garnhandel, mit dem er die Spinner und Weber im Toggenburg mit Rohmaterial versorgt und ihnen die fertigen Waren auf den Märkten in St. Gallen veräußert. Mit einem Geschäft, das noch niemanden so recht ernähren kann und einem riesigen Schuldenberg von 1000 Gulden geht Bräker so 1761 die Ehe ein, die schon schnell unter diesen schlechten Voraussetzungen zu leiden beginnt. Ständiger Streit um das Geld läßt die ohnehin nicht heiße Liebe rasch erkalten; schnell nacheinander geborene Kinder, über die Bräker sich wohl freut, die aber alles nur noch schwerer machen, vermehren die materiellen Sorgen.

Die elementare Erfahrung der Armut, durch die Bräkers erste Lebensjahrzehnte geprägt sind, hat bei ihm nicht zur Folge, daß er sich nun um so intensiver auf seine Berufsgeschäfte stürzen würde, um der materiellen Misere vielleicht doch einmal zu entkommen. Um sich herum sieht er die bäuerlichen Nachbarn fast bewußtlos in der Erde wühlen, die Spinner und Weber jede mögliche Stunde des Tages auf den Nahrungserwerb verwenden. Er empfindet solches Dasein als interessenloses Dahindämmern, mag nicht glauben, daß das Leben ihm nicht mehr bereithalte als Mühe und Arbeit. Es könne nicht Gottes Wille sein, so argumentiert er in den ersten Jahren seiner Ehe noch religiös, daß der Mensch das göttliche Geschenk seiner Vernunft und seines Verstandes ungenutzt und eine ganze Klasse von Menschen sich zu Arbeitstieren herabwürdigen lasse. Intensiv sucht Bräker Trost und geistige Befriedigung in einer intensiven Lektüre zunächst noch religiöser Literatur. Und am Ende der sechziger Jahre beginnt er dann, seine Gedanken in ein Tagebuch zu notieren, das er drei Jahrzehnte bis zum Ende seines Lebens führen wird. Von allen Seiten stürmen die Vorwürfe auf ihn ein, mit diesen absonderlichen Interessen seine Berufsarbeit zu vernachlässigen, Zeit und Geld zu verschwenden. Verständnis für ihn hat auch die Familie nicht, so daß er sich in einem Brief an den Sohn gegen die Anwürfe zur Wehr setzt. Nur Verachtung und Spott hätten die Nachbarn für ihn, so schreibt er, und weiter:

»nur wegen meinen Lesereyen und Schreibereien können sie mich nicht leiden — zwar du lachst hinden im Maul — ich weiß wohl — du sagst heimlich sie haben recht — aber es kann doch noch eine Zeit komen — das du mich list — schon du und deine Mutter — alle Freunde und Verwandten mich jez deswegen tadeln und scheel ansehn. [. . .] Deswegen bin ich doch nicht von meinem Posten gewichen wie die mürrischen Nachbarn glauben — und auch du mir vorwerfen möchtest — ich versaume sehr wenig

bey meinem Beruf — viel wenniger als man glaubt — freilich ist meine Seele nicht gestimt — all ihre Kräfte nur auf Brodterwerb oder Geltsammeln zu verwenden — wie meinen Durchbächlern die Ihre — die kein anderes Verdienst wüssen — kein anderes Vergnügen kenen als Gelt — und was mit Gelt zu kaufen ist — doch ich plaudere zur Zeit noch tauben Ohren — lieber Junge — wollte Gott ich könt erleben das ich dich aus eigenem Trieb mit einem Buch in der Hand in einem Weinkel fände — oder dich anträfe — einen eigenen Gedanken aufs Papier hinkleksen — oder nur einsam deinen Gedanken nachhängen — aber läyder — zur Zeit noch nichts dergleichen — ich und du Vatter und Sohn denken nach — wie widerwertig unsere Stekenpferdt — was mir all meine Tage unausstehlich war, muß ich an dir sehen — von einem Haus zum andern laufen — wo nur die pöbelhaften Grobianen hausen — Gespenster- und Hexenhistörchen erzehlt werden — foppen und fabeln — weder kalt noch warm — denen ich gar keinen Namen weiß — wos jedem ehrlichen Mann dabey übel wirdt — ohne dabey der Flüche zu gedenken — welche jede unter Gelächter ausgehauchte Narrheit begleitet — o Sohn — denke nach —«.[4]

Im Jahre 1788 ist dieser Brief geschrieben worden. Er ist ein anrührendes Dokument sozialer Isolierung, in die ein kleiner Garnhausierer und Bauer geraten ist, der allen Anfeindungen zum Trotz Interessen nachgeht, die nach Stand und Geburt nicht die seinen sein dürften. Geschrieben ist der Brief unter dem Eindruck der gerade erfolgten Veröffentlichung der Lebensgeschichte Bräkers, die ihren Autor auf einen Schlag zur literarischen Berühmtheit werden läßt. Seit zwei Jahrzehnten schreibt er nun schon seine Gedanken und Beobachtungen in ein Tagebuch. An den Abenden bleibt ihm dafür Zeit, wenn die Berufsgeschäfte ihn nicht mehr in Anspruch nehmen und die ganze Familie bereits schläft, oder er findet an den Sonntagen die Ruhe, mit einer fast gemalten Schrift die Seiten zu füllen. Schreibend genießt Bräker seine schönsten Stunden — und häufig ist ihm das Tagebuch Ersatz für einen menschlichen Gesprächspartner, der ihm in seiner unmittelbaren Umgebung mangelt. Nie hat er sich vorstellen können, sein Geschriebenes könnte auch fremde Leser interessieren, und schon gar nicht ist ihm in den Sinn gekommen, mit seiner Feder einmal sein schmales Einkommen aufbessern zu können. Im Gegenteil verursachen seine Interessen während all der Jahre Kosten, die zum Streit mit der Frau führen und im Dorf das Unverständnis vergrößern. Noch sind Bücher so teuer, daß es selbst manchem Gebildeten schwerfällt, seinen Lesehunger in einer eigenen Bibliothek zu stillen. Und so entstehen während des achtzehnten Jahrhunderts überall im deutschen Sprachraum Lesegesellschaften und gemeinnützige Vereinigungen von Gebildeten, die es ihren Mitgliedern neben dem Zusammensein mit Gleichgesinnten vor allem ermöglichen, preisgünstig an Lesestoff zu gelangen. Auch im Toggenburg haben sich höhere Beamte, Kaufleute, Fabrikanten, Doktoren und Geistliche zu einem solchen Kreis zusammengeschlossen, der als Moralische Gesellschaft die Honoratioren in Bräkers Heimat zu einem standesbewußten Zirkel vereinigt. Hier wagt es der Garnhausierer nun 1776, um die Aufnahme zu bitten.

Erstmals geschieht es, daß in die »Moralische Gesellschaft« ein Mitglied nicht einstimmig, sondern lediglich »per majora« aufgenommen wird. Wo man sich sonst im Denken und Empfinden so einig weiß, da wendet man nun ein, Bräker sei von armer Familie und dazu noch ein ausgerissener Soldat — ausgerechnet aus der Armee des so verehrten großen Friedrich. Einwände aber haben auch seine Standesgenossen, die den Beitritt Bräkers ebenfalls als höchst unpassend empfinden. Vollends entsetzt ist natürlich Bräkers Frau, sie speit Feuer und Flamme ob der Verrücktheiten ihres Mannes und betrachtet jedes aus der Bibliothek mitgebrachte Buch mit Ekel und Widerwillen. Ja, jetzt werden Bräkers Probleme mit den Gläubigern noch akuter, und er vermutet, seine Frau hetze sie gegen ihn auf. Eindringlich beschreiben seine Worte, in welche Situation er da geraten war:

»O du armer Mann, dacht' ich, was du da aber vor einen hundsdummen Streich gemacht, der dir vollends den Rest geben muß. Hätt'st du dich doch mit deinem Morgen- und Abendsegen begnügt, wie so viele andre deiner Mitlandsleuthe. Jetzt hast du deine alten Freund' verloren — von den neuen darfst und magst du keinen um einen Kreuzer ansprechen. Deine Frau hagelt auf dich zu. Du Narr! was nützt dir itzt all' dein Lesen und Schreiben? Kaum wirst du noch dir und deinen Kindern den Bettelstab daraus kaufen können, u.s.f. So macht ich mir selber die bittersten Vorwürfe, und rang oft beynahe mit der Verzweiflung.«[5]

Immerhin aber ermöglicht die Mitgliedschaft Bräker nun, an die Bücher zu gelangen, deren Lektüre ihn zum Schriftsteller werden läßt. Shakespeare regt ihn zu einem eigenen Schauspiel[6], Karl Philipp Moritz' *Magazin zur Erfahrungsseelenkunde* zu einem eigenen Roman an.[7] Er kann teilnehmen an der philosophischen Diskussion seiner Zeit und beginnt auf originelle Weise, selbst seine philosophischen Überlegungen auf das Papier zu bringen. Und schließlich liest er verschiedene Autobiographien berühmter Zeitgenossen, die in ihm den Gedanken entstehen lassen, auch seine eigene Lebensgeschichte möchte das Aufschreiben lohnen. 1781 beginnt er mit der Niederschrift, ein halbes Jahrzehnt feilt er an dem Text. Daß das handgeschriebene Bändchen die Aufmerksamkeit der lesenden Öffentlichkeit findet, verdankt Bräker dem Pfarrer Martin Imhof, der 1785 als Seelsorger nach Wattwil gewählt wird. Dieser Geistliche ist ein aufgeklärter Mann, der für Füßlis berühmte Monatsschrift *Schweitzerisches Museum* Beiträge verfaßt und der »Helvetischen Gesellschaft« nahesteht. Sein Selbstverständnis ist das eines »Volkslehrers«, der nicht nur an seine Pfründe denken, sondern sich auch für das Wohl seiner Pfarrkinder verantwortlich fühlen will. So stattet er seinen Gemeindegliedern Besuche ab, will im Gespräch die häuslichen Verhältnisse kennenlernen und um Vertrauen werben. Bei Bräker entdeckt er dessen Lebensgeschichte und ist nach der Lektüre begeistert. Sogleich denkt er an eine Veröffentlichung, die in den Jahren 1788 und 1789 dann tatsächlich im *Schweitzerischen Museum* erfolgt. Dessen Leser spenden so großen Beifall, daß Füßli auch noch eine Buchausgabe wagen kann.[8]

Bräker ist über den Erfolg seines ersten eigenen Buches überrascht. Seine Gedanken gedruckt vor sich liegen zu sehen, gibt ihm ein wenig von dem Selbstbewußtsein zurück, das in den quälenden Auseinandersetzungen mit seiner Familie und den Dorfgenossen gelitten hat. Und er überlegt nun, ob er das Angebot eines Honorars, das er zunächst ausgeschlagen hat, nicht doch annehmen solle. In gewundenen Worten an Pfarrer Imhof bittet er, seinem Verleger Füßli mitzuteilen, weshalb er das Honorarangebot anzunehmen gedenke:

»1. wegen meiner dermahligen ziemlich kritischen Lage — bey der ich doch gleichwohl auch vor meine Jungen zu sorgen schuldig bin. 2 tens — deuchts mir — da es auch ein extra Mittel wäre — die unzehlichen Vorwürfe die ich wegen meinem Schreiben — vor nichts und wieder nichts, wie manns nennt, in mich schlucken muß, zu mindern oder doch wenigstens zu milderen — und dann denke ich auch — 3 tens — das es Aufmunterung vor mich wäre — meinem Schreibehang — meiner Laune — bey muse weilchen — Tags- oder nächtlichen Stunden — freyen Lauf zu lassen — da ich dann gewiß iede Hirngeburth — Mißgeburth — reiff oder unreiff — wie das Ding immer heißen möchte — viel lichter ungestöörter zur Welt gebähren könte.«[9]

Ausdrücklich bittet Bräker in diesem Brief, das Geld möge ihm in Gegenwart seiner »lieben Xanthipe« überbracht werden, da seine Frau sonst alles nur für Betrug halten würde.

Alles geschieht wie gewünscht. Und erstmals erntet Bräker Anerkennung. Dankbar übermittelt er Füßli, welche Freude ihm das Geld gemacht habe:

»sagen sie ihme — das er mir schleunig Dienste geleistet mehr als der werth betragt — indem er meinen schwankenden Credit sterkte — meinen Neidern's Bauchweh machte und mir mehr Freyheit verschaffte — meinem Schreibehang zu folgen. Denn bald

würde mich meine Theresa Pansa ans Schreib-Pult hinnöthigen — wo sie zuvor Feuer und Flamme speite — so offt sie mich bey Tage in einem Winkel ob dem Schreiben erdapte.«[10]

Geld ist die Sprache, die nicht nur Bräkers Frau versteht, sondern das ganze Dorf. Auch wenn die Sticheleien gegen den ungewöhnlichen Schriftsteller nie ganz aufhören, muß man nun doch widerwillig-neidvoll eingestehen, daß die Vorlieben Bräkers so ganz ohne Nutzen offenbar doch nicht sind. Das Schreiben ist nun, jedenfalls aus der Sicht von Bräkers Frau, zur Arbeit geworden, die entlohnt wird. Und Geld kann auch Bräker selbst in den neunziger Jahren gut gebrauchen. Infolge des Interventionskrieges der europäischen Fürsten gegen die Französische Revolution kommt es zum fast vollständigen Erliegen des Garnhandels, von dem Bräker und große Teile der Toggenburgischen Landbevölkerung leben. Aus dem Volk der Bauern und Kuhhirten, das die Toggenburger zu Bräkers Geburt noch waren, ist in kürzester Zeit ein Volk von Spinnern und Webern geworden. In seinem Tagebuch schildert Bräker seine und seiner Landsleute Not:

»Die Zahl der auf den Gassen nach Brot schreyenden vermehret sich täglich. [...] Ganze Haufen Spinnerinnen und Weber gewünnen nur noch kümmerlich ihr bisgen Brot, sitdem deine Handelsmänner, o Franzia, so spärlich einkaufen und deine blanken Louisdors, deine harten Taler anfangen so rar zu werden bey uns. Fast die Hälfte Einwohner unseres Toggenburgs haben kein oder doch sehr wenig Eigentum, nähren sich meistens vom Bauelgewerbe. Nun ist uns Armen das Messer an die Kehle gesetzt. Immer sit deiner Revolution sank unserer Hände Arbeit. Und allem Anschein nach will dieser Gewerb fast ganz versinken. Schon jetzt geht das krummgebückte, alte Mütterchen ächzend einher, und die Tochter verpfändet ihre Sonntagskleider. Der alte Greis, der als Handlanger diente, verabscheidet. Desgleichen auch viele Weber. Viele Fabriken stehen öde, und die Arbeiter wandern. Große Kaufhäuser verschließen ihr Comtoir, und die kleinen setzen ihr Erworbenes zu. Wir Arme, was will aus uns werden. Himmel erbarme dich unser. [...] Himmel, laß sie zu schanden werden, alle, die Wohlgefallen haben an dem Elend der Armen.«[11]

Bräker ist auf jeder der viertausend Seiten seines Tagebuches ein Chronist des Alltäglichen, der authentischer und mitfühlender als jeder andere Schriftsteller des achtzehnten Jahrhunderts die Sorgen der einfachen Leute, ihr Leben und Hoffen, Denken und Fühlen beschreibt. Wenn er sich durch seine Bildung und seine Interessen auch weit von seinen Landsleuten entfernt hat, so teilt er doch stets deren tägliche Sorgen. Am Tage zwar kommen Barone und Grafen in seine Hütte, den berühmten »Armen Mann im

Tockenburg« in Augenschein zu nehmen, doch in der Nacht quälen ihn bange Gedanken an das für die große Familie zu beschaffende Brot. So bleibt es nicht aus, daß sich auch sein Verhältnis zum Schreiben verändert. Zwar verliert er nie die Freude daran, und stets bleibt es ihm auch Trost und Erleichterung, doch ein wenig wird es ihm nun zu einer Nebenbeschäftigung wie das Salpetersieden oder das Pulvermachen. 1792 veröffentlicht Füßli noch einmal einen Band von stark bearbeiteten Tagebuchauszügen seines bäuerlichen Autors, doch da der Erfolg weit geringer ist als der der Lebensgeschichte, will der Züricher Verleger von weiteren Veröffentlichungen absehen. So macht sich Bräker dann 1794 fast mittellos daran, gemeinsam mit seinem Schwiegersohn eine kleine Fabrik zu gründen, in der Tücher bedruckt werden sollen. Wie schon durch das Lesen und Schreiben, so sehen es jedenfalls seine Dorfgenossen, versucht sich Bräker wieder einmal über seinesgleichen zu erheben. Das Unternehmen floriert nicht, und so erinnert sich Bräker an seine zahlreichen Manuskripte, an den Roman *Der Liebensritter,* an das Schauspiel *Die Gerichtsnacht oder was ihr wollt,* an seine Rezensionen der Shakespeareschen Werke und an seine Tagebücher. In verzweifelten Briefen wendet er sich an den befreundeten deutschen Arzt und Schriftsteller Johann Gottfried Ebel, ihm bei der Suche nach einem Verleger behilflich zu sein. Doch alle Hoffnungen Bräkers, für sein Geschriebenes noch einmal einige Taler in die Hand zu bekommen, zerschlagen sich. Ebel kann ihm nicht helfen, meint, in den gegenwärtigen kritischen Zeiten, wo das politische Interesse auf das höchste gespannt sei, könne Bräker für seine Tagebücher keinen großen Anklang erwarten. Voll von Resignation antwortet ihm der enttäuschte Bräker:

»Also mein Bester, wird wohl das Beste vor mich sein, mit Geduld günstigere Zeiten zu erwarten — wo ich mit meinem Wirwar schicklicher herausrücken dürfte — es würde mich Narrheit dünken — ein Halbdotzen derart Bände dergleichen Zeug aufs ungewisse hin in die Welt Hinaus zusenden und gutes Baares Gelt dem ungewissen entgegen zu werffen — Freylich hete in meinem Leben das Bedürfniß etwas von meinen Hirngeburten zu erndten nie dringenter gefühlt als bey diesen kargen Zeiten — [...] genug, muß mir eben durchhelfen, wie ich kan und mag — bis meine Lebenstage all sind — dann nehm den Plunder von Geschmiere wer da will, doch hete in meinen alten Tagen gerne auch noch etwas genossen davon — wanns hete sein können.«[12]

Bräker endet, wie er gelebt hat. Mit tausend Gulden Schulden hat er seinen Garnhandel begonnen, sich stets mit Gläubigern herumschlagen müssen und nie ganz die Angst verloren, er könnte einmal in den Schuldturm gebracht werden, Heimat und Besitz verlieren. Doch hat er Glück gehabt, muß einen Bankrott nur bei der Schwester erleben und bei dem Bruder, der vor der Schande ins Ausland flüchtet und sich als Soldat verdingt. 1798 aber ereilt Bräker ein ähnliches Schicksal. 2700 Gulden Schulden lassen ihn keinen Ausweg mehr finden. Um ihn her tobt die Helvetische Revolution, durch die in kürzester Zeit viele der alten eidgenössischen Regierungen beseitigt werden.[13] Auf sie spielt Bräker an, wenn er im Februar 1798 die folgenden Gedanken in sein Tagebuch notiert:

»Ha, alles strebt nach Freyheit — alles will frey werden und wird frey weit und breit um mich her. Nur ich bin noch Sklave — und nicht frey. Sklave meiner Kreditoren — abhängig von meinen Gläubigern — gebunden, unter dieser Last auf meinem Posten zu bleiben, meine noch übrigen Lebenstage — den Abend meines Erdenlebens schwermüthig zu verhauchen — Kummer, Sorge und Gram müssen an meiner Gesundheit nagen — und meine Tage, die ich natürlicherweise noch leben könnte — um die Hälfte verkürzen — Nein — das alles soll nicht geschehen. Weg mit allem kleinmüthigen Wimmern und Beben — Auch ich will mich frey machen, muthig und entschlossen das Sklavenjoch abschütteln und wieder freier athmen und wann ich auch nicht wollte — so müßte ich doch — Zeit und Umstände zwingen mich dazu — ich habe gekämpft — habe ausgekämpft — und — mich auch selbst beruhiget […] Nächstens soll auch der erste Schritt zu meiner Freyheit bewerkstelligt werden.«[14]

Und tatsächlich findet Bräker noch die Kraft, einen befreienden Schritt zu tun. Als er sich auf die Flucht begibt, ist ihm seine Krankheit zum Tode schon anzumerken. Niemandem hat er ein Wort von seinem Plan gesagt. Die Kreditoren und seine Familie erhalten einen Brief. Schriftlich, so heißt es darin, könne er sich besser verteidigen als mündlich, auch fühle er sich nicht mehr stark genug, bittere Vorwürfe anzuhören. Niemand habe ihm beim Tragen der Sorgen geholfen, auf seinen Schultern allein lasteten die Schulden. Auch erhoffe er sich bei seiner Abwesenheit größere Schonung seiner Familie.[15]

Es werden fast acht Wochen, in denen Bräker zum letzten Mal die schweizerischen Landschaften durchstreift. Wenig hat ihm in seinem Leben mehr bedeutet, als solche Reisen, zu denen er sich so oft die Zeit hat stehlen müssen. Doch diesmal gibt ihm die Wanderung nicht die gewohnte Erholung. Es ist eine Abschiedsreise, die er von Freund zu Freund macht, das Tagebuch dieser Wochen ist von düsteren Gedanken durchzogen.

Zuflucht findet Bräker schließlich bei seinem Freund Daniel Girtanner, der ihm in den letzten Jahren seines Lebens mehr bedeutet als jeder andere Mensch. Nichts erfährt er hier von der mehr oder weniger gut versteckten Geringschätzung und Überheblichkeit, die Bräker den Verkehr mit anderen

Freunden von Stand manchmal so unerquicklich gemacht haben; ganz gleichberechtigt kann er dem mehr als zwanzig Jahre Jüngeren gegenübertreten. Der wohlhabende Bankier Girtanner ermöglicht es Bräker durch großzügige Unterstützung, nach Hause zurückzukehren und dort ohne allzu große Nahrungssorgen seine letzten Monate zu verleben. Die Familie darf im Haus bleiben, doch ist Bräker nun bar jeden Besitzes. Und in sein Tagebuch schreibt er:

»Der Tanz geht von neuem an. Aber die alte Leier stimmt an. Muß mich wieder an den Strigeltisch gewöhnen und Brocken verdauen, die meinem alten Magen so schwer fallen. Soll arbeiten, und die Knochen sind noch wie gequetscht und werden sich sobald nicht erholen.«[16]

Viel ist bis hier gesprochen worden von Geld, Schulden, Gläubigern, Bankrotten und der täglichen Sorge um das Brot. Es sollte darüber nicht vergessen werden, daß Bräker ein schriftstellerisches Werk geschaffen hat, das bis heute Freude zu bereiten vermag und zu guten Teilen erst noch zu entdecken ist. Doch ohne Kenntnis der materiellen Misere, der Bräker nie zu entkommen vermochte, sind weder er selbst noch sein Werk zu verstehen. Auch Bräkers Freund Daniel Girtanner macht sich über das Verhältnis von Geld und literarischer Qualität bei seinem Freund Gedanken, bemerkt etwa in seinem Tagebuch, die Schulden würden auch auf Bräkers Geist drücken, und in einer besseren Lage, frei von Brotsorgen, hätte er sein Tagebuch ganz anders ausfüllen können. Es ist schwer zu entscheiden, ob Girtanner Recht hat, doch ist zu vermuten, daß das Einmalige an Bräkers literarischem Werk und seine elende Lebenssituation in einem engen Zusammenhang stehen. Ohnehin sind seine Schriften so reich an originellen und eigenständigen Gedanken, daß die Frage müßig erscheint, was Bräker unter besseren Lebensumständen geschaffen hätte. Als wohlhabenden Bürger mag und kann man sich diesen kleinbürgerlichen Schriftsteller nicht vorstellen. Zum Schluß soll hier Bräkers politisches Glaubensbekenntnis stehen, das er kurz vor seinem Tode im September 1798 in sein Tagebuch schrieb.[17] Es ist das Credo der Aufklärung aus dem Munde eines Mannes, der am Ende seines Lebens wieder am Webstuhl sitzt:

»Ich glaube, daß unterm Monde keine andern Teufel existieren, als solche, die sich Menschen nennen und auch wirklich in Menschenhülle verlarvt sind. Mich hat all meine Tage nichts so empört, als wenn ich etwa Verfolgungsgeschichten gelesen habe und auf solche Ungeheuer gekommen bin, die ihre Lust am Morden gefunden, ja nicht nur am Morden, sondern am Martern. Die alle ersinnlichen Peinigungen ersonnen

haben, um ihre Mitmenschen, die in ihre Klauen geraten, langsam zu Tode quälen, nur wegen Meinungen. (...) Sind das nicht wahre Teufelseigenschaften.

Erschröcklich kommts mir vor, daß noch in unsern Tagen Fürsten, Monarchen auf unserem Erdball existieren, welche sich von diesen Teufeln leiten lassen, ihnen Gewalt einräumen, ihre Mitmenschen auf eine solche Art zu verfolgen. Welche ihnen weiß machen, es geschehe Gott zu Ehren. (...) Weh dem Land, wo solche Teufel die Oberhand haben, wo kein rechtschaffener Mann, kein Andersdenkender darf mux machen, aus Furcht, nur gegen ihn Argwohn zu erregen, weil diese Teufel schon so manchen Redlichen nur aus Verdacht in ihre Klauen gepackt haben, aus denen er sich nicht mehr loswinden konnte. Weh dem Lande, wo einer nur nicht frey denken darf. Weh dem Lande, wo überhaupt die Ungerechtigkeit auf dem Throne sitzt und Tyrannen herrschen. (...) Gut, daß es will Mode werden, daß Tyrannen sich selbst bekriegen — sich selbst einer den andern verdrängen.«

Die Literatur von und zu Ulrich Bräker findet sich bei Holger Böning, *Ulrich Bräker. Der Arme Mann aus dem Toggenburg. Leben, Werk und Zeitgeschichte,* Königstein/Ts. 1985. Die Tagebücher Ulrich Bräkers werden aufbewahrt in der Stadtbibliothek Vadiana in St. Gallen und im Staatsarchiv St. Gallen. Die Briefe Bräkers befinden sich in der Zentralbibliothek Zürich. Einen sehr guten Überblick über den Inhalt der zu großen Teilen noch unveröffentlichten Tagebücher Ulrich Bräkers bietet seit kurzem *Chronik Ulrich Bräker. Auf der Grundlage der Tagebücher 1770–1798,* zusammengestellt und herausgegeben von Christian Holliger, Claudia Holliger-Wiesmann, Heinz Graber, Karl Pestalozzi, Bern und Stuttgart 1985.

[1] Tagebuch Ulrich Bräkers vom 12.4.1779.

[2] Ulrich Bräker, *Lebensgeschichte und Natürliche Ebentheuer des Armen Mannes im Tockenburg,* in: *Leben und Schriften Ulrich Bräkers, des Armen Mannes im Tockenburg,* dargestellt und herausgegeben von Samuel Voellmy, 3 Bde., Basel 1945, Bd. 1, S. 119f.

[3] Ebenda, S. 113.

[4] Ulrich Bräker, Schreiben an meinen Sohn, Freytag d. 11. April 1788, in: Ulrich Bräker, *Leben und Schriften,* Bd. 1, S. 364 bis 365. Das Schreiben ist zugleich ein Beispiel für die eigenwillige Orthographie und Interpunktion Bräkers, deren Unregelmäßigkeiten zwar im 18. Jahrhundert nicht mehr allgemein üblich, jedoch auch nicht ungewöhnlich waren, wie etwa die Schriften eines Pestalozzi zeigen.

[5] Ulrich Bräker, *Lebensgeschichte,* S. 270f.

[6] Ulrich Bräker hat unter dem Eindruck seiner Shakespeare-Lektüre ein bemerkenswertes, noch ungedrucktes, aber immerhin in St. Gallen schon aufgeführtes Theaterstück unter dem Titel *Die Gerichtsnacht oder Was ihr wollt* geschrieben.

[7] Der ebenfalls noch ungedruckte Roman unter dem Titel *Der Libens Ritter* findet sich im Band mit den Tagebüchern der Jahre 1789 und 1790.

[8] Die Lebensgeschichte erschien im *Schweitzerischen Museum,* Jahrgang 4, Heft 2, 1788 bis Jahrgang 5, Heft 4, 1789. Sodann als Buch in Zürich 1789.

[9] Brief Ulrich Bräkers an Martin Imhof vom 27.7.1788.

[10] Brief Ulrich Bräkers an Martin Imhof vom 18.8.1788 und vom 28.1.1789.

[11] Tagebuch Bräkers vom 19.2.1792.

[12] Brief Ulrich Bräkers an Johann Gottfried Ebel vom 24.9.1795. Die Briefe an Ebel sind noch ungedruckt.

[13] Daß es kaum zehn Jahre nach den Ereignissen in Frankreich auch in der friedlichen Eidgenossenschaft, die vielen deutschen Aufklärern als Muster republikanischer Glückseligkeit galt, zu einer Revolution kam, ist wenig bekannt. Vgl. dazu Holger Böning, *Revolution in der Schweiz. Das Ende der Alten Eidgenossenschaft. Die Helvetische Republik 1798–1803*, Bern und Frankfurt am Main 1985. In den Tagebüchern Ulrich Bräkers finden sich zahlreiche kluge und unvoreingenommene Urteile zu diesen Ereignissen und eine interessante Chronik der Revolution in seiner unmittelbaren Heimat.

[14] Tagebuch Ulrich Bräkers vom 15.2. 1798.

[15] Das »Schreiben an meine Frau u. Kinder« findet sich im Tagebuch Ulrich Bräkers des Jahres 1798 zwischen den Einträgen von Ostern und vom 11.4.1798. Einer Schuldenlast von 2589 Gulden stand ein — allerdings kaum zu realisierendes — Haben von etwa 1900 Gulden gegenüber.

[16] Tagebuch Ulrich Bräkers vom 2.5. 1798.

[17] Tagebuch Ulrich Bräkers vom 8./9. Juni 1798.

Ernst-Peter Wieckenberg

KARL PHILIPP MORITZ

»Philipp Reiser« ist »die Geschichte einiger hundert Taler, die der Verfasser nicht hatte, und wodurch sein ganzes Leben eine Reihe von Entbehrungen und Entsagungen wurde, während doch seine Wünsche nichts weniger als unbescheiden waren [...]«

Mit diesen Worten hat Heinrich Heine 1826 in den *Reisebildern* Karl Philipp Moritz' Roman *Anton Reiser* charakterisiert.[1] Sie sind geistreich und keineswegs falsch, und doch lassen sie nichts von dem Elend ahnen, aus dem Moritz sich hat herausarbeiten müssen und das er in seinem autobiographischen Roman dargestellt hat.

Am 15. September 1756 wurde Karl Philipp Moritz als Sohn des Militärmusikers im Unteroffiziersrang Johann Gottlieb Moritz und seiner zweiten

Frau, Dorothee Henriette, geboren. Wir wissen wenig über den Lebensalltag im elterlichen Hause. Man muß sich die Verhältnisse karg bis zur Armut vorstellen. Wenn Moritz in seinem autobiographischen Roman *Anton Reiser* von Aufenthalten des Vaters in Bad Pyrmont berichtet, dann ist ihm selber wohl nicht klar, warum die Reise alljährlich unternommen wurde. Wir wissen heute, daß der Vater gemeinsam mit anderen Militärmusikern während der sommerlichen Kurzeit den Gästen aufspielte, um seinen kümmerlichen Sold aufzubessern.[2] Das Schicksal der Armut teilten Moritz' Eltern, teilte Moritz selber mit vielen Menschen dieser Zeit. Aber zu der bedrückenden Armut kam noch die lieblose Atmosphäre des Elternhauses. Der Vater hatte sich der Sekte der Quietisten angeschlossen, die im Gefolge der Madame Guyon ein religiöses Selbsterziehungsideal verfolgten. Aber während Madame Guyon durch Überwindung der Eigenliebe eine freudige Gottergebenheit hatte erreichen wollen, wendete der Vater dieses religiöse Ziel ins Asketisch-Lebensfeindliche.[3]

»In seiner frühesten Jugend«, heißt es gleich am Anfang des *Anton Reiser, »hat er nie die Liebkosungen zärtlicher Eltern geschmeckt, nie nach einer kleinen Mühe ihr belohnendes Lächeln.*

Wenn er in das Haus seiner Eltern trat, so trat er in ein Haus der Unzufriedenheit, des Zorns, der Tränen und der Klagen.« (S. 13)[4]

Die Lieblosigkeit des Vaters, die Hilflosigkeit der Mutter, die der als religiösem Gehorsam getarnten Härte des Vaters nichts entgegenzusetzen hatte — sie haben Moritz tief geprägt. Selbstzweifel bis zum Selbstzerstörungswillen, bedrohliche Angstzustände, Störungen seiner Fähigkeit zum Handeln durch Anfälle schwerer Melancholie haben sein kurzes Leben bis zu seinem Ende überschattet. Einmal, als Lehrbursche eines frömmelnden, menschenverachtenden Hutmachers in Braunschweig, hat er einen Selbstmordversuch unternommen; mehrfach noch war er von Selbstmordneigungen bedroht.

Moritz hat selber seine Krankheit analysiert. Armut und seelische Mißhandlung hätten bewirkt, daß er von Kindheit auf *»zu wenig eigene Existenz«* (S. 413) gehabt habe. Das wird man übersetzen müssen mit: Mangel an Selbstgefühl, Fehlen von Realitätssinn und Lebenstüchtigkeit. Er hat aber noch etwas anderes erkannt: Der Mangel an Selbstgefühl und an Kraft zur Bewältigung alltäglicher Probleme habe ihn früh in eine Idealwelt abgedrängt, wo er in Ersatzhandlungen eine Entschädigung für die Leiden an der Wirklichkeit suchte.

Viele Jahre lang hat Moritz in bitterster Armut leben müssen. Seine

Neigung zur Schadloshaltung durch Träume und Hingabe an Wunschbilder hat ihn daraus nicht befreit, sie hat nicht selten seine Armut noch vermehrt.

Aber zunächst einmal schien sich doch eine Rettung anzukündigen. Nach dem Selbstmordversuch in Braunschweig hatte ihn sein Vater als einen gottverlassenen Menschen nach Hannover zurückgeholt. Vor vollständiger Selbstaufgabe hat ihn dort vermutlich sein Lerntrieb gerettet. Man erlaubte ihm den Besuch der Freischule eines für die Ausbildung von Lehrern bestimmten Seminars. Dort fiel seine Begabung den Ausbildern auf. Der Garnisonspfarrer erwirkte ihm — gegen den Willen der Eltern — ein Stipendium des Prinzen, das ihm den Eintritt in die Hohe Schule, das Gymnasium, Hannovers ermöglichte.

Das Stipendium versetzte ihn nun freilich nicht in einen Zustand der Sorgenlosigkeit. Es dürfte nicht sehr hoch gewesen sein. Da die Eltern um diese Zeit Hannover verließen und selber nichts zahlen konnten, wird es gebraucht worden sein für die Zahlung der Schulgebühren, für gelegentliche Kleidungskäufe und für den Erwerb von Büchern und Materialien, die im Unterricht benötigt wurden. Essen mußte Moritz an Freitischen.

»Ein Schuster, bei dem seine Eltern einmal im Hause gewohnt hatten, noch ein Oboist, ein Hofmusikus, ein Garkoch und ein Seidensticker, erboten sich jeder, ihm wöchentlich einen Freitisch zu geben.

Dies verringerte Reisers Freude in etwas wieder, welcher glaubte, daß das, was der Prinz für ihn hergab, zu seinem Unterhalt zureichen würde, ohne daß er an fremden Tischen sein Brot essen dürfte. Auch verringerte dies seine Freude nicht ohne Ursach, denn es setzte ihn in der Folge oft in eine höchst peinliche und ängstliche Lage, so daß er oft im eigentlichen Verstande sein Brot mit Tränen essen mußte«. (S. 133)

Wenn es nur dabei geblieben wäre. Reiser verläßt der Demütigungen wegen, die er erdulden muß, die meisten Freitische. Oft ist er jetzt vom Verhungern bedroht. Wahrhaft furchtbar und in der deutschen Literatur gewiß einmalig ist das, was er aus dieser Phase seines Lebens berichtet:

»Selbst bei seinem Vetter, dem Perückenmacher beklagte er sich nie, wenn er zu ihm kam, und ging weg, sobald er sahe, daß gegessen werden sollte — aber eines Kunstgriffes bediente er sich doch, wodurch es ihm gelang, sich vom Verhungern zu retten. —

Er bat sich nämlich für einen Hund, den er bei sich zu Hause zu haben vorgab, von seinem Vetter die harte Kruste von dem Teig aus, worin das Haar zu den Perücken gebacken wurde, und diese Kruste, nebst dem Freitische bei dem Schuster S[chantz], und dem warmen Wasser das er trank, war es nun, womit er sich hinhielt.« (S. 229)

Aus solcher Not findet er, der zu wenig eigene Existenz hat, nicht durch energisches Handeln heraus — und wohin hätte das auch führen können? —, vielmehr träumt er sich über die Wirklichkeit hinweg: durch Lesen, durch fluchtartige Reisen, durch Theaterbesuche und durch Phantasieentwürfe einer eigenen Theaterkarriere. Und alle diese Ersatzhandlungen stoßen ihn noch tiefer in die Armut und verlängern seine Not.

»Er ging zu einem Antiquarius und holte sich einen Roman, eine Komödie nach der andern, und fing nun mit einer Art von Wut an, zu lesen — Alles Geld, was er sich vom Munde absparen konnte, wandte er an, um Bücher zum Lesen dafür zu leihen; und da nach einiger Zeit der Antiquarius ihn kennenlernte, und ihm ohne jedesmalige bare Bezahlung Bücher zum Lesen liehe, so hatte sich Reiser, ehe er es merkte tief in Schulden hineingelesen, die so klein sie sein mochten, damals für ihn unerschwinglich waren.

Er suchte diese Schuld zum Teil durch den Verkauf seiner angeschafften Schulbücher zu tilgen, die ihm der Antiquarius für ein Spottgeld abnahm — und ihm dafür aufs neue Bücher zum Lesen lieh, bis er wieder in neue Schulden geriet, und dann wieder ängstlich auf Ertilgung derselben denken mußte.

Das Lesen war ihm nun einmal so zum Bedürfnis geworden, wie es den Morgenländern das Opium sein mag, wodurch sie ihre Sinne in eine angenehme Betäubung bringen.« (S. 201f.)

Ähnlich ergeht es ihm mit seinen Reisen, und auch die Theaterbesuche bewirken nichts anderes:

»Er dachte von nun an keinen andern Gedanken mehr, als das Theater *und schien nun für alle seine Aussichten und Hoffnungen im Leben gänzlich* verloren *zu sein. —*

Was er nun irgend an Geld auftreiben konnte, das wurde zur Komödie angewandt, aus welcher er nun keinen Abend mehr wegbleiben konnte, wenn er es sich auch am Munde abdarben sollte. — Um der Komödie willen aß er oft den ganzen Tag über nichts, wie etwas Salz und Brot, wenn ihm nicht etwa die alte Mutter des Rektors Essen auf seine Stube schickte, welches sie doch zuweilen aus Mitleid tat.« (S. 220)

Man kann sich kaum vorstellen, wie Moritz sich aus diesem unseligen Zirkel von Armut, Kompensation und Rückfall in noch tieferes Elend befreien konnte. Und doch ist es ihm gelungen. Im Jahre 1776 verließ er heimlich Hannover in der Hoffnung, er werde bei einer Schauspielertruppe unterkommen. Der Versuch schlug fehl. Nach Monaten eines unsteten Lebens fand er dann aber zum ersten Mal eine Anstellung.

Moritz wurde Lehrer. Obwohl er eine exzentrische Natur war, gewann er rasch Ansehen als Pädagoge. Bereits im Jahre 1784 wurde er Professor am Grauen Kloster, einer der Eliteschulen des Berliner Bürgertums. Bis zu seinem Tode im Jahre 1793 hat er, rechnet man die Zeit der Italienreise vom Sommer 1786 bis Ende 1788 ab, ständig als Lehrer gewirkt, seit 1784 allerdings mit einer halben Stelle.

Von 1779 an war Moritz daneben als Schriftsteller tätig. In rascher Folge veröffentlichte er jetzt sprachtheoretische, pädagogische, poetische Schriften. Allerdings hat er nie — nimmt man wiederum die Italienreise aus — den Versuch gemacht, von der Schriftstellerei zu leben. Das war zu dieser Zeit auch ein äußerst mühseliges, ja nicht selten gefährliches Unternehmen. Wie viele Autoren sich einen vergleichsweise kleinen Markt teilen mußten, geht aus einem scherzhaften Angebot hervor, das Johann Gottwerth Müller 1781 dem Sultan in der Vorrede zur zweiten Auflage seines Romans *Siegfried von Lindenberg* gemacht hat:

»Hast Du vor der Hand keine Schriftsteller in Deinen Staaten, so erzeige dem Heiligen Römischen Reich Deutscher Nation den Liebesdienst, uns ein drei oder viertausend abzunehmen; wir behalten noch übrig die Hülle und Fülle, denn hier ist ihr Name Legion.«[5]

Es gibt Historiker, die die Zahl der Schriftsteller im Deutschland dieser Zeit eher noch höher ansetzen; keiner rechnet mit weniger als zwei- bis dreitausend.[6] Man kann sich vorstellen, wie erbittert der Konkurrenzkampf der Autoren untereinander war, wie schwer sie es hatten, sich auf dem literarischen Markt durchzusetzen.

Ihre Lage wurde dadurch nicht besser, daß ein entwickeltes Urheberrecht noch nicht existierte. Überdies gab es unter den Verlegern manchen ehrenwerten Mann, der seine Autoren selbst um die Honorare betrog, die ihnen nach den geltenden Rechtsvorstellungen zukamen oder die mit ihnen vereinbart worden waren. Am meisten aber litten die Schriftsteller unter dem allenthalben blühenden Nachdruckwesen.

Wer vom Schreiben lebte oder seine Honorare als zusätzliche Einkünfte brauchte, der war genötigt zu unermüdlicher, oft bis zur Erschöpfung führender Arbeit. Die Tagebücher und Briefe der Zeit sind voll von Berichten über Depressionen der Autoren aus Überbeanspruchung. Davon legt auch Moritz Zeugnis ab. 1795, zwei Jahre nach seinem Tode, schrieb Johann Christian Conrad Moritz an Jean Paul über die Arbeitsweise seines Bruders:

»Niemals weiß ich, daß er ein Werk erst ganz fertig geschrieben hätte, eh' er es in Verlag gab. Ein in Gedanken gemachter ohngefehrer Entwurf war es meistens nur, nach dem er die Bogenzahl bestimmte, und um das mäßige Honorar handelte, wobei

er denn natürlich sagen mußte, es wäre schon fertig, er müsse es nur erst ausarbeiten; und in gewissem Sinne war es auch so; wenn man nemlich unter fertigseyn das Daseyn desselben in seiner Vorstellung und unter Ausarbeiten das Niederschreiben verstehen will. Dann fing er auch nicht eher an zu schreiben, als bis der Setzer schon auf Mspt. wartete, und schrieb selbst nun noch nicht mehr, als dieser so eben von Tag zu Tag brauchte.«[7]

Das dürfte ein beschönigender Bericht des etwas biederen Bruders sein. Er hat auch nicht durchschaut, daß Moritz offensichtlich versuchte, dem Zwang, unter dem er schrieb, einen Sinn abzugewinnen. Jedenfalls fährt er in seinem Brief an Jean Paul fort:

»An drei, vier, verschiedenartigen Werken arbeitete er zugleich, wobei er den Grundsatz hatte, man müsse, um nicht einseitig zu werden, die verschiedenen Seelenkräfte, Erinnerungs- Urteils und Einbildungskraft in gleichem Maße üben. So schrieb er z.B. einen und denselben Tag am Anton Reiser, an Untersuchungen über die Sprache, [...] an Mythologie, Alterthümern [...].«

Karl Philipps Schüler und Freund Karl Friedrich Klischnig hat das mit mehr Nüchternheit gesehen:

»Er schrieb viel, und mußte viel schreiben, weil sein Gehalt allein ihn nicht nährte [...]. Hätte er nicht mit manchem Werke zu sehr ins Publikum eilen müssen und mehr Zeit auf das Ausfeilen verwenden können, so würde er darin gewiß noch viele kleine Unvollkommenheiten vertilgt haben [...]. Eben so sehr hielt ihn die Nothwendigkeit, oft an sechs bis acht Büchern zugleich arbeiten zu müssen, auf dem Wege zur Vollkommenheit zurück. Zu halben Bogen wurde ihm das Manuskript von den Setzern abgepreßt, und er verlor daher nicht selten den Zusammenhang.«[8]

In den 37 Jahren seines Lebens hat Moritz etwa 25 Bücher geschrieben. Bedenkt man, daß er erst ab 1779/80 regelmäßig zu publizieren begann, so sieht man: im Durchschnitt kamen zwei Bücher auf das Jahr. Die Zahl seiner Veröffentlichungen dürften insgesamt etwa 100 betragen, wobei die von ihm herausgegebenen Zeitschriften nicht einmal mitgerechnet sind.

Nicht nur die Arbeitsweise und die Menge der Veröffentlichungen legen Zeugnis ab von dem Zwang zu produzieren, unter dem Moritz stand. Es gibt noch einen anderen Beleg dafür, den erst die Philologen beigebracht haben. Als sie sich nämlich mit der Frage beschäftigten, wie man die Werke des Autors am besten herausgeben könnte, machten sie eine ihre Arbeit nicht gerade erleichternde Entdeckung. Einer der besten Kenner des Moritzschen Werks, Hans Joachim Schrimpf, hat dazu geschrieben:

»Daß eine Sammlung von Moritz' Schriften nicht in Angriff genommen worden ist, hängt gewiß auch mit den komplizierten Textverhältnissen zusammen. Die von Moritz selbst geschaffene Lage ist in der Tat ziemlich chaotisch. Denn nicht nur hat dieser seine Arbeiten zum Teil zwei- oder dreimal an ganz verschiedenen Orten und in wechselnden Zusammenhängen abgedruckt, nicht nur ändern sich dabei die Titel oder fehlen ganz; er hat sich auch stückweise immer wieder selbst ausgeschriebene, einzelne Abschnitte herausgegriffen und, wie es Zweck und Umstände und auch das dringend gebrauchte Bogenhonorar erforderten, zu neuen Einheiten zusammengebaut.«[9]

Zweifellos könnte man sagen, das 18. Jahrhundert habe einen ganz anderen Werkbegriff gehabt als wir, oder auch: die gewiß erzwungene Arbeitsweise sei dem unruhigen Temperament dieses Autors angemessen gewesen. Aber es gibt doch mehrere Belege dafür, daß Moritz zumindest einige Werke gerne — wie Klischnig sagt — ausgefeilt hätte. Gerade weil er einmal in einer Extremsituation sich dem Drängen seines Verlegers auf rasche Ablieferung eines Werkes widersetzt hat, ist kein Zweifel erlaubt an seinem Willen, schreibend mehr zu schaffen als gerade eben den Gegenwert für sein Honorar.

Dieser Widerstand gegen den Willen eines Verlegers fällt in die Zeit seines Italienaufenthalts, die einzige Phase seines Lebens, in der er es gewagt hat, sich ganz dem Schicksal des freien Schriftstellers auszuliefern. Im August 1786 bricht Moritz nach Italien auf. Noch aus Deutschland schreibt er an Klischnig:

»Jetzt bin ich frey — habe das Joch abgeschüttelt, das ich mir so geduldig auflegen ließ, ohne zu ahnden, wie sehr es mich noch drücken würde, und bin dem Schulkerker entflohen.

Wünsche mir Glück! eine heitre Aussicht eröffnet sich meinen Blicken.«[10]

Und aus Rom schreibt er wenige Tage nach seiner Ankunft:

»So wäre ich denn in dieser Hauptstadt der Welt und hätte das Ziel erreicht, wonach ich mich so oft sehnte!

Noch ist mir meine Ankunft in diesem Lande wie ein schöner Traum. Ich fürchte zu erwachen.

Bin ich denn wirklich derjenige, frage ich mich oft, der noch vor wenigen Wochen von klösterlichen Mauern eingeengt ein Pflanzenleben führte und wie das Roß in der Mühle alle Tage denselben Kreislauf begann?

Frei wie ein Gott durchwall' ich diese herrliche Gegend [. . .].«[11]

Nun, ganz so frei, wie er hier vorgibt, war er nicht, hatte es auch nicht sein wollen. Noch in Berlin hatte er dem Verleger Göschen sich schriftlich als Autor angetragen, der gedenke, »verschiednes aus Italien über Italien zu schreiben«.[12] Unterwegs hatten sich ihm dann noch günstigere Aussichten geboten. In Braunschweig hatte er eine Vereinbarung mit dem Schriftsteller und Verleger Joachim Heinrich Campe getroffen.

Diese Vereinbarung verpflichtet ihn, während der ersten Wochen seines Romaufenthalts einen Bericht von seiner Hinreise zu geben und danach ein Werk über die römischen Altertümer zu schreiben. Moritz erhält von Campe einen Vorschuß von 150 Talern und die Zusage weiterer Zahlungen.

Aber schon Ende November 1786 bricht sich Moritz in Rom bei einem Sturz vom Pferd den Arm. Für Wochen ist er ans Krankenlager gefesselt. Goethe, der neun Tage vor dem Unfall in Rom eingetroffen ist, nimmt sich des Kranken liebevoll an. Der Umgang mit Goethe — so sehr er Moritz sonst gefördert hat — könnte mit dazu beigetragen haben, daß die Erfüllung des Vertrages mit Campe immer wieder hinausgezögert wurde. Denn Moritz dürfte im Gespräch mit dem älteren, weitaus gründlicher gebildeten und welterfahrenen Autor erkannt haben, auf welch schwieriges Unterfangen er sich da eingelassen hatte — schwierig jedenfalls dann, wenn er hohe, vielleicht erst jetzt herausgebildete Ansprüche an sein Werk stellte. Bereits am 3. Februar 1787 schrieb er an Campe:

»Ich habe Ihnen, mein theuerster Freund! in meinem letzten Briefe versprochen, daß ich Ihnen in acht Tagen Mspt. zur Reise schicken wollte. Theils die Freude über meine Widerherstellung, und theils di[e] Begierde Ihnen etwas zu schreiben, das Ihnen angenehm seyn könnte, haben mich zu disem voreiligen Versprechen bewogen, das ich zurücknehmen muß, wenn ich Ihnen nicht durch die Erfüllung desselben schaden will. Da ich nehmlich di[e] Sache reiflich erwogen habe, so scheinet es mir, als müsse eine Reisebeschreibung von Italien ganz etwas anderes werden, als di[e] von England, wenn ich meinen Kredit beim Publikum nicht verlieren will.«[13]

Mehrere Motive werden hier sichtbar: der Wunsch, es mit dem Verleger nicht zu verderben, die Angst vor einem Mißerfolg beim Publikum, durch den die Zukunft als Schriftsteller aufs Spiel gesetzt werden könnte, vor allem aber das Verlangen, als Autor das zu leisten, was er kann. Es ist so, als gäben der Genuß der Freiheit, der Umgang mit Menschen wie Goethe, das Erlebnis von Kunst und Landschaft in Italien Moritz jetzt eine Ahnung von Möglichkeiten als Schriftsteller, deren er sich vorher nicht bewußt war. Diesen Möglichkeiten geht er jetzt — man ist versucht zu sagen: — mit einem heiligen Egoismus nach und begibt sich gefährlich weit bis an die

Grenze zum Vertragsbruch, wenn er sie nicht schon überschreitet. Sieht man, welche Höhe der Darstellungskunst er dann tatsächlich in seinen *Reisen eines Deutschen in Italien in den Jahren 1786 bis 1788* erreicht hat, so versteht man diesen Künstler-Egoismus.

Moritz ist also entschlossen, nichts halb Gelungenes abzuliefern. Aber er braucht Geld. Die Lebenskosten müssen aufgebracht werden, und die Arztkosten sind zu bezahlen. Und so schreibt er Bittbrief auf Bittbrief an Campe, wie etwa diesen vom 1. September 1787:

»Was nun meine hiesige Subsistenz während der Zeit anbetrift so werde ich mich freilich so sehr wie möglich einzuschränken suchen; unter 5 Duk. monathlich ist es aber denn doch gar nicht möglich zu subsistieren; Meine Bitte an Sie wäre also ferner, daß Sie mir auf das Werk über die Alterthümer nur noch 10 Duk., und nichts weiter, Vorschuß thäten und mir diese 10 Duk. aber nach Empfang dieses überschickten, so daß ich sie wo möglich noch vor dem Anfange des Oktobers erhielte, weil ich sonst in große Verlegenheit gerathen würde, da mein Vorrath an Gelde, den ich itzt noch habe, bei der genauesten Einschränkung gerade nur noch bis zum Ende des Septembers reicht, und ich alsdann doch nicht soviel übrig behalte, um vor den Monath September noch die Miethe zu bezahlen.«[14]

Und dann äußert sich wieder die Angst vor der »sozialen Scham«[15], die den jungen Moritz den Brotteig des Perückenmachers hatte essen lassen, damit er nicht etwa seiner nächsten Umgebung seine Not eingestehen mußte:

»Diese 10 Duk. ersuche ich Sie also auf das Dringendste mir doch ja gleich nach Empfang dieses noch zu überschicken, und etwa 2 davon mehrerer Sicherheit wegen, wie sie es schon einmal im vorigen Winter gemacht haben, in den Brief einzulegen, damit ich doch nicht ganz ohne Geld bin, welches hier für mich ein schrecklicher Zustand seyn würde, weil ich hier mit niemanden in solchen Verhältniß [bin,] daß ich ihm von Geldmangel auf eine schickliche Weise sagen könnte, und auch dem HE. v. Göthe auf keinen Fall davon sagen, sondern liber den äußersten Mangel erdulden würde.«[16]

Campe schickte dieses Mal und immer wieder Geld. Aber das Verhältnis der beiden kühlte sich ab. Moritz fühlte sich durch Äußerungen Campes in seiner Freiheit als Schriftsteller beeinträchtigt. Am 2. Mai 1789 sagte er sich, nun wieder in Berlin, in einer öffentlichen Erklärung von ihm los, nicht ohne dem Publikum mitzuteilen, er habe das vorgestreckte Geld mit Zinsen zurückerstattet.

Campe war seinerseits verletzt und reagierte mit einer heftigen Gegenschrift, auf die wiederum Moritz mit einem Pamphlet antwortete: *Über eine Schrift des Herrn Schulrat Campe und über die Rechte des Schriftstellers und Buchhändlers.* Das wäre hier vielleicht nicht weiter erwähnenswert, wenn in dem Streit nicht ein grundlegender Gegensatz sichtbar würde. Campe, so hat Erhard Sauder vor kurzem in einer Rekonstruktion des Falles gezeigt[17], argumentiert ganz und gar vertragsrechtlich, während Moritz persönlichkeitsrechtliche Gründe für seine Kündigung vorbringt und damit einen Beitrag leistet zur Herausbildung moderner Vorstellungen vom Urheberrecht.

Campe, so sagt Moritz in der für ihn typischen Argumentationsweise, habe ihm zur Auflage gemacht, sein Buch über die Altertümer solle nichts »von jener *Art Philosophie enthalten*«, die eine andere Schrift von ihm unverkäuflich gemacht habe. Er, Moritz, könne aber nun einmal nicht ohne seine »Art Philosophie«[18] schreiben. Und dann folgt der Satz:

». . . so hob sich in diesem Augenblick mein Kontrakt mit ihm von selber auf.«[19]

Die Verletzung der Persönlichkeitsrechte eines Schriftstellers durch den Verleger, das ist der Sinn dieser Argumentation, macht einen geschlossenen Vertrag ungültig.

Solche Gedanken konnten vielleicht nur gedacht werden von einem Menschen, der zweierlei erlebt hatte: den Mißbrauch der eigenen Bedürftigkeit durch Buchhändler und Verleger und die gewaltige, das lesende Ich aus allen Beengungen und Bedrückungen herausreißende Wirkung des von einem Genie hervorgebrachten Kunstwerks. Beides hat Moritz in der Tat erfahren.

Wenn er am Ende des *Anton Reiser* erzählt, wie ein Buchhändler ihm unerwartet nach langer Zeit ein Honorar zahlt, so handelt die Stelle scheinbar von der Großzügigkeit des Zahlenden, in Wahrheit vergegenwärtigt sie dem Leser vor allem Reisers Armut und sein Ausgeliefertsein an den Verleger:

»Als Reiser den Buchdrucker vor die Türe hinausbegleitete, drückte ihm dieser ein kleines Goldstück in die Hand, welches hinlänglich war, einen Menschen, der nun seit einigen Wochen schon ganz vom Gelde entblößt war, und sich doch seinen Mangel nicht wollte merken lassen, auf einmal aus dem Staube zu heben.

Dies unvermutete Geschenk erhielt noch einen größeren Wert durch die Art, womit es gegeben wurde, indem der Buchdrucker P[ockwitz] die Worte hinzufügte: es sei diese Kleinigkeit eine alte Schuld, die er abtrüge, weil nämlich Reiser Neujahrwünsche, Gedichte usw. bloß der Ehre wegen in Hannover für ihn verfertigt hatte.« (S. 467)

Und auch die andere Erfahrung macht Reiser. Von der Lektüre Shakespeares und des *Werther* ist eben diese Wirkung bezeugt:

»Indes fühlte er sich durch die Lektüre des Werthers, ebenso wie durch den Shakespear, sooft er ihn las, über alle seine Verhältnisse erhaben; das verstärkte Gefühl seines isolierten Daseins, indem er sich als ein Wesen dachte, worin Himmel und Erde sich wie in einem Spiegel darstellt, ließ ihn, stolz auf seine Menschheit, nicht mehr ein unbedeutendes weggeworfenes Wesen sein [...]« (S. 295).

Der Gedanke, daß der Urheber besondere Persönlichkeitsrechte habe und daß das Kunstwerk auf eigene Weise schutzwürdig sei, ohne den unser modernes Urheberrecht nicht existierte, ist eine Leistung der aus Armut produktiv gewordenen Schriftsteller des 18. Jahrhunderts, die sich selber oder einen anderen als Genie, als einen zweiten Weltenschöpfer, erlebt hatten.

---

[1] *Heines Werke in zehn Bänden,* unter Mitw. von Jonas Fränkel, Ludwig Krähe, Albert Leitzmann und Julius Petersen hrsg. v. Oskar Walzel, Bd. 4, 1912, S. 97.

[2] Oskar Ulrich, »Karl Philipp Moritz in Hannover. Ein Beitrag zur Kritik des ›Anton Reiser‹«, in: *Euphorion* 5, 1898, S. 87–106, 290–309, hier S. 91.

[3] Zur Biographie von Karl Philipp Moritz außer der Arbeit von Ulrich besonders Hugo Eybisch, *Anton Reiser. Untersuchungen zur Lebensgeschichte von K. Ph. Moritz und zur Kritik seiner Autobiographie,* Leipzig 1909; Robert Minder, *Die religiöse Entwicklung von K. Ph. Moritz auf Grund seiner autobiographischen Schriften,* Berlin 1936, Neuausgabe unter dem Titel *Glaube, Skepsis und Rationalismus. Dargestellt aufgrund der autobiographischen Schriften von Karl Philipp Moritz,* Frankfurt/M. 1974; Mark Boulky, *Karl Philipp Moritz: At the Fringe of Genius,* Toronto, Buffalo, London 1979; Peter Albrecht, »Einige Bemerkungen zu Karl Philipp Moritz'ens Aufenthalt bei dem Hutmacher Lobenstein in Braunschweig«, in: *Braunschweigisches Jahrbuch,* Bd. 61, 1980, S. 151–162; Hans Joachim Schrimpf, *Karl Philipp Moritz,* Stuttgart 1980.

[4] Alle Seitenangaben beziehen sich auf die Ausgabe von Wolfgang Martens, Stuttgart 1979, Universal-Bibliothek Nr. 4813 6.

[5] Johann Gottwerth Müller, *Siegfried von Lindenberg. Komischer Roman,* hrsg. und mit einem Nachwort versehen von Friedemann Berger, München 1984, Bibliothek des 18. Jahrhunderts, S. 25.

[6] Dazu Helmuth Kiesel, Paul Münch, *Gesellschaft und Literatur im 18. Jahrhundert. Voraussetzungen und Entstehung des literarischen Marktes in Deutschland,* München 1977, ferner die Arbeiten von Reinhard Wittmann, besonders *Ein Verlag und seine Geschichte. Dreihundert Jahre J. B. Metzler Stuttgart,* Stuttgart 1982.

[7] Zitiert nach dem Briefanhang des Buches von Eybisch (vgl. Anm. 3), S. 272.

[8] *Erinnerungen aus den zehn letzten Lebensjahren meines Freundes Anton Reiser. Als ein Beitrag zur Lebensgeschichte des Herrn Hofrath Moritz von Karl Friedrich Klischnig,*

Berlin 1794, zit. nach Schrimpf (s. Anm. 3), S. 22f.

[9] Schrimpf (s. Anm. 3), S. 30.

[10] Eybisch, S. 198.

[11] Eybisch, S. 201f.

[12] Eybisch, S. 197.

[13] Eybisch, S. 207; Anspielung auf Moritz' Werk *Reisen eines Deutschen in England im Jahr 1782,* Berlin 1783.

[14] Eybisch, S. 219f.

[15] Eybisch, S. 220.

[16] Dazu Dorothee Sölle, *Realisation. Studien zum Verhältnis von Theologie und Dichtung nach der Aufklärung,* Darmstadt, Neuwied 1973; Lothar G. Müller, *Die kranke Seele und das Licht der Erkenntnis. Karl Philipp Moritz, der psychologische Roman und das aufgeklärte Jahrhundert,* Diss. phil. Marburg/Lahn 1984 (Masch.).

[17] Erhard Sauder, »Ein deutscher Streit 1789. Campes Versuch ›moralischen Totschlags‹ und Moritz' Verteidigung der Rechte des Schriftstellers«, in: *Formen und Formgeschichte des Streitens. Der Literaturstreit,* hrsg. v. Franz Josef Worstbrock und Helmut Koopmann. (Akten des VII. Internationalen Germanisten-Kongresses Göttingen 1985. Kontroversen, alte und neue, hrsg. v. Albrecht Schöne. Bd. 2.), Tübingen 1986, S. 91–97.

[18] Sauder, S. 96.

[19] Sauder, S. 96.

Gustav Adolf Benrath

JOHANN HEINRICH JUNG-STILLING

Als der schweizerische Bauersmann Ulrich Bräker[1] die Lebensgeschichte Jung-Stillings gelesen hatte, fragte er sich, ob er nicht seine eigene Selbstbiographie nach ihrem Vorbild umgestalten solle. Bräker ließ diesen Gedanken aber sogleich wieder fallen:

»›Himmel, welch ein Contrast! Stilling und ich!‹ dacht' ich. Nein, daran ist nicht zu gedenken . . . Freilich hätt' ich mich oft gerne so gut und fromm schildern mögen, wie dieser edle Mann es war. Aber konnt' ich es, ohne zu lügen? Und das wollt' ich nicht, und hätte mir auch wenig geholfen.«[2]

Mit Ulrich Bräker und Karl Philipp Moritz[3], dem Verfasser des psychologischen Romans *Anton Reiser,* hat Johann Heinrich Jung-Stilling drei Dinge gemeinsam: (1) die ebenso erhebende wie belastende Grundüberzeugung von der Bedeutung des Genies, von der Einmaligkeit und Besonderheit der schöpferischen Persönlichkeit — und damit auch des eigenen außergewöhnlichen Lebens und Denkens, sodann (2) die nagende, bohrende Grunderfahrung materieller Not und Bedrängnis, die ihn bei seinem Aufstieg aus ärmlichen, engen Verhältnissen andauernd begleitete und zeit seines Lebens nicht mehr verließ. Und — über das Thema »Genie und Geld« hinaus — bestimmte ihn schließlich (3) dasselbe Grundmotiv, den notvollen und wechselreichen Verlauf seines Lebens literarisch festzuhalten und in Gestalt einer Selbstbiographie seiner Zeit und der Nachwelt mitzuteilen. Dabei war Johann Heinrich Jung, von außen besehen, ein weit glücklicheres Leben beschieden als Bräker und Moritz: Nach langen, an Entbehrung und Enttäuschungen reichen Jahren als Schneidergeselle, Dorfschullehrer und Verwalter gelang es Jung-Stilling, zu studieren und sich in Elberfeld als Arzt niederzulassen (1772). Ja, er wurde von dort zum Professor der Wirtschaftswissenschaften nach Kaiserslautern (1778), Heidelberg (1784) und Marburg (1787) berufen. Und im Alter erfüllte sich schließlich sein lange gehegter Wunsch, als erweckender christlicher Schriftsteller zu wirken, um mit seinen Schriften seine deutschen Zeitgenossen aus falscher religiöser Selbstsicherheit aufzurütteln. Und doch wurde Jung-Stilling erst in seinem siebten Lebensjahrzehnt jene drückenden Geldschulden los, in die er zum ersten Male geraten war, als er im Alter von dreißig Jahren das Studium der Medizin begann — ein damals ganz ungewöhnliches Unternehmen.

Als solchen spätberufenen Studienanfänger lernte ihn im Jahre 1770 der junge Goethe in Straßburg beim täglichen gemeinsamen Mittagstisch im Hause der Jungfern Lauth in der Knoblochgasse kennen. Goethe schrieb später in *Dichtung und Wahrheit* über diese Begegnung:

»Unsere Tischgesellschaft vermehrte sich wohl auf zwanzig Personen. . . . Unter den neuen Ankömmlingen befand sich ein Mann, der mich besonders interessierte; er hieß Jung, und ist derselbe, der nachher unter dem Namen Stilling zuerst bekannt geworden. Seine Gestalt, ungeachtet einer veralteten Kleidungsart, hatte, bei einer gewissen Derbheit, etwas Zartes. Eine Haarbeutel-Perücke entstellte nicht sein bedeutendes und gefälliges Gesicht. Seine Stimme war sanft, ohne weich und schwach zu sein, ja sie wurde wohltönend und stark, sobald er in Eifer geriet, welches sehr leicht geschah. Wenn man ihn näher kennenlernte, so fand man an ihm einen gesunden Menschenverstand, der auf dem Gemüt ruhte und sich deswegen von Neigungen und

Leidenschaften bestimmen ließ, und aus eben diesem Gemüt entsprang ein Enthusiasmus für das Gute, Wahre, Rechte in möglichster Reinheit. Denn der Lebensgang dieses Mannes war sehr einfach gewesen und doch gedrängt an Begebenheiten und mannigfaltiger Tätigkeit. Das Element seiner Energie war ein unverwüstlicher Glaube an Gott und an eine unmittelbar von daher fließende Hülfe, die sich in einer ununterbrochenen Vorsorge und in einer unfehlbaren Rettung aus aller Not, von jedem Übel augenscheinlich bestätige. Jung hatte dergleichen Erfahrungen in seinem Leben so viele gemacht, sie hatten sich selbst in der neueren Zeit, in Straßburg, öfters wiederholt, so daß er mit der größten Freudigkeit ein zwar mäßiges aber doch sorgloses Leben führte und seinen Studien aufs ernstlichste oblag, wiewohl er auf kein sicheres Auskommen von einem Vierteljahre zum andern rechnen konnte. In seiner Jugend, auf dem Wege Kohlenbrenner zu werden, ergriff er das Schneiderhandwerk, und nachdem er sich nebenher von höheren Dingen selbst belehrt, so trieb ihn sein lehrlustiger Sinn zu einer Schulmeisterstelle. Dieser Versuch mißlang, und er kehrte zum Handwerk zurück ... Unter wenigen, wenn auch nicht gerade Gleichgesinnten, doch solchen, die sich seiner Denkweise nicht abgeneigt erklärten, fand man ihn nicht allein redselig, sondern beredt; besonders erzählte er seine Lebensgeschichte auf das anmutigste und wußte dem Zuhörer alle Zustände deutlich und lebendig zu vergegenwärtigen. Ich trieb ihn, solche aufzuschreiben, und er versprach's. Weil er aber in seiner Art sich zu äußern einem Nachtwandler glich, den man nicht anrufen darf, wenn er nicht von seiner Höhe herabfallen, einem sanften Strom, dem man nichts entgegenstellen darf, wenn er nicht brausen soll, so mußte er sich in größerer Gesellschaft oft unbehaglich fühlen. Sein Glaube duldete keinen Zweifel und seine Überzeugung keinen Spott. Und wenn er in freundlicher Mitteilung unerschöpflich war, so stockte gleich alles bei ihm, wenn er Widerspruch erlitt. Ich half ihm in solchen Fällen gewöhnlich über, wofür er mich mit aufrichtiger Neigung belohnte.«[4]

Jung-Stilling warf sich in Straßburg mit allem Fleiß auf die Medizin. Aber das hinderte ihn nicht, sich gleichzeitig auch der schönen Literatur zu widmen. Goethe regte ihn dazu an, Ossian, Shakespeare, Fielding und Sterne zu lesen. Aber noch größere Bedeutung legte Jung-Stilling seiner Begegnung mit dem Theologen Johann Gottfried Herder bei, der im Winter 1770 zur Heilung eines Augenleidens nach Straßburg kam. Begeistert schrieb er:

»Niemalen hat er in seinem Leben mehr einen Menschen bewundert als diesen Mann. Herder hat nur einen Gedanken, und dieser ist eine ganze Welt! Dieser machte Stilling einen Umriß von allem in einem, ich kanns nicht anders nennen; und wenn jemals ein Geist einen Stoß bekommen hat zu einer ewigen Bewegung, so bekam ihn Stilling von Herdern und das darum, weil er mit diesem herrlichen Genie in Ansehung des Naturells mehr harmonierte als mit Göthe.«[5]

Ob es wirklich gerade Herders Naturell war, was ihn zu ihm hinzog? Vielleicht waren es eher die Themen des Glaubens und einer umfassenden christlichen Weltanschauung, worüber er mit Herder eben weit besser konferieren konnte als mit Goethe.

Wer sich von einem Genie in Bewegung setzen läßt, kommt vielleicht selbst auf geniale Gedanken. Obwohl Jung-Stilling — worauf die Bedeutung seiner Selbstbiographie eigentlich beruht — den Verlauf seines Lebens grundsätzlich religiös verstand, und nicht aus sich selbst, sondern als Führung Gottes begriff, hat er sich im Blick auf seine Jugend gelegentlich doch auch als kleinen Helden stilisiert, und manche späteren Passagen seiner Lebensgeschichte scheinen den Eindruck erwecken zu wollen, als habe man in dem jugendlichen Dorfschullehrer Jung, der seine Amtspflichten so unbekümmert versäumte, weil er sich zu Höherem berufen glaubte, geradezu ein verkanntes Genie vor sich gehabt. Mit gewissem Behagen blickte Jung-Stilling in diesem Sinn bereits auf sein Kindesalter zurück:

»Das Gerücht von diesem Knaben erscholl weit umher: alle Menschen redeten von ihm und verwunderten sich. Selbst der Pastor Stollbein wurde neugierig ihn zu sehen. . . . Stollbein . . . dreht sich mit seinem Stuhl neben ihn: ›Kannst du auch den Catechismus?‹ — ›Noch nicht all.‹ — ›Wie, ‚noch nicht all'? Das ist das erste, was die Kinder lernen müssen!‹ — ›Nein, Pastor, das ist nicht das erste. Kinder müssen erst beten lernen, daß ihnen Gott Verstand geben möge, den Catechismus zu begreifen.‹ Herr Stollbein war schon im Ernst ärgerlich . . ., doch diese Antwort machte ihn stutzig. ›Wie betest du denn?‹ fragte er ferner. — ›Ich bete: ‚Lieber Gott, gib mir doch Verstand, daß ich begreifen kann, was ich lese'.‹ — ›Das ist recht, mein Sohn, so bete fort!‹ — ›Ihr seid nicht mein Vater.‹ — ›Ich bin dein geistlicher Vater!‹ — ›Nein, Gott ist mein geistlicher Vater. Ihr seid ein Mensch. Ein Mensch kann kein Geist sein.‹ — ›Wie? hast du denn keinen Geist, keine Seele?‹ — ›Ja freilich! Wie könnt Ihr so einfältig fragen? Aber ich kenne meinen Vater.‹ — ›Kennst du denn auch Gott, deinen geistlichen Vater?‹ Heinrich lächelte: ›Sollte ein Mensch Gott nicht kennen?‹ — ›Du kannst ihn ja doch nicht sehen.‹ Heinrich schwieg und holte seine wohlgebrauchte Bibel und wies dem Pastor den Spruch Römer 1, Vers 19 und 20. Nun hatte Stollbein genug. Er hieß den Knaben hinausgehen und sagte zu dem Vater: ›Euer Kind wird alle seine Voreltern übertreffen. Fahret fort, ihn wohl unter der Rute zu halten. Der Junge wird ein großer Mann in der Welt.‹«[6]

Mühelos lernte der Zehnjährige lateinisch schreiben und reden. Aber »das schien seinem Charakter eigen werden zu wollen: Was sich nicht leicht bezwingen ließ, da flog sein Genie über weg.«

Gleichviel, ob nun wirklich ein Genie oder nicht: Jung-Stilling ließ sich in Straßburg tief in die Gedankenwelt Goethes und Herders hineinziehen, und in jener Tischrunde ebenso wie in der Gesellschaft der schönen Wissenschaften wurde er vom Tun und Treiben des »Sturm und Drang« eingenommen, wie man die literarische Bewegung dieser »Geniezeit« bis heute nennt. Ohne selbst zu einem der »Stürmer und Dränger« zu werden, teilte Jung-Stilling ihre Hochschätzung des Genies, die geradezu einem Geniekult gleichkam. Von der Einmaligkeit und Besonderheit der schöpferischen Persönlichkeit blieb Jung-Stilling sein Leben lang überzeugt, obwohl er — im Unterschied zu seinen Freunden — nie davon abließ, alle Kräfte menschlichen Lebens und Denkens letztlich auf Gottes Geschenk und Gabe zurückzuführen.

Wenn Goethe meinte, Jung-Stilling habe als Student »ein zwar mäßiges, aber doch sorgloses Leben« geführt, so irrte er sich. Sorglos war dieses Leben keineswegs. Das Studium wurde für Jung-Stilling vielmehr zum Beginn einer Schuldenlast, die von Jahr zu Jahr anwachsen sollte. Jung-Stilling studierte auf Kredit und auf Gottvertrauen. Gerade sein Gottvertrauen wurde dabei oft auf die schwersten Proben gestellt. An einem Oktobertag 1770 sollte er in Straßburg sein Kolleggeld bezahlen.

»Es war schon fünf Uhr, und um sechs war die Zeit, daß er das Geld haben mußte. Stilling begonnte fast, im Glauben zu schwanken. Der Angstschweiß brach ihm aus, und sein ganzes Angesicht war naß von Tränen. Er fühlte weder Mut noch Glauben mehr ... Indem er mit solchen traurigen Gedanken in dem Zimmer auf und abging, klopfte jemand an die Tür. Er rief: ›Herein!‹ Es war der Patron des Hauses. ... Dieser trat ins Zimmer, und nach den gewöhmlichen Complimenten fieng er an ... ›Haben Sie Geld mitgebracht, oder bekommen Sie Wechsel?‹ Nun wards Stillingen als dem Habakuk, wie ihn der Engel des Herrn beim Schopf nahm, um ihn nach Babel zu führen. Er antwortete: ›Nein, ich habe kein Geld mitgebracht.‹ ... ›Wie kommen Sie denn doch um Gottes Willen zurecht?‹ ›Herr Troost hat mir schon geliehen.‹ — ›Hören Sie ..., der hat sein Geld selber nötig. Ich will Ihnen Geld vorschießen, so viel Sie brauchen.‹ ... ›Ja! ... ich habe diesen Abend sechs Louisd'or nötig, und ich war verlegen.‹ ... Dieser vortreffliche Mann brachte acht Louisd'or, zählte sie ihm dar, und sagte: ›Da haben Sie noch etwas übrig, und wenn das all ist, so fordern Sie mehr.‹ ... Sobald er fort war, fiel Stilling zur Erde nieder, dankte Gott mit Tränen, und warf sich aufs neue in seine väterliche Arme; darauf ging er ins Collegium und bezahlte so gut als der Reichste.«[7]

Man sollte meinen, Jung-Stilling hätte sich zwei Jahre später, nach der Eröffnung seiner ärztlichen Praxis in Elberfeld, von seinen alten Schulden und den neuen Geldsorgen allmählich befreien können. Doch das Gegenteil war der Fall. Er hatte inzwischen geheiratet. Der Hausrat der jungen Eheleute war dürftig: er umfaßte sechs hölzerne Stühle, einen Tisch, ein Bett für sie und eins für die Magd, ein paar Schüsseln, sechs fayencene Teller und ein paar Töpfe zum Kochen. Das war alles. Ihr Startkapital bestand aus fünf Reichstalern — und 1500 Reichstalern Schulden. Jung-Stillings Praxis florierte nicht. Die Konkurrenz setzte ihm zu. Bei armen Patienten hatte er seltsamerweise meistens Erfolg. Das war auch bei den Staroperationen der Fall, die er nebenbei vornahm. Durch sie wurde er weithin bekannt. Aber bei reichen Leuten schlug seine Behandlung oftmals nicht an. Man verleumdete ihn. Wohlhabende fromme Bürger wandten sich von ihm ab, weil sie ihn wegen seiner Schriftstellerei als Romanhelden, Phantasten und Freigeist verachteten. Jung-Stilling war selbstkritisch genug, um sein Unglück nicht einfach nur auf widrige Umstände oder böswillige Mitmenschen zurückzuführen. Er mußte zugeben, daß er oft allzu großzügig war und sein Honorar nicht konsequent eintrieb. Hie und da machte er unüberlegte größere Ausgaben. Seine Frau war zwar sparsam im Kleinen, aber keine Haushälterin im Großen und Ganzen. Und so gerieten die Eheleute nach viel Jahren sogar mit der Zahlung ihrer Miete in Rückstand. Da half Goethe unerwartet noch einmal aus:

»Das Ende der vierzehn Tage rückte heran, und es zeigte sich nicht der geringste Anschein, woher die siebzig Taler genommen werden sollten. Jetzt ging dem armen Stilling wieder das Wasser an die Seele. Oft lief er auf seine Schlafkammer, fiel auf sein Angesicht, weinte und flehte zu Gott um Hülfe, und wenn ihn sein Beruf fortrief, so nahm Christine seine Stelle ein. Sie weinte laut und betete mit einer Inbrunst des Geistes, daß es einen Stein hätte bewegen sollen, allein es zeigte sich keine Spur, an so viel Geld zu kommen. . . . Um zehn Uhr trat der Briefträger zur Tür herein. In einer Hand hielt er das Quittungs-Büchelchen, und in der anderen einen schwer beladenen Brief. Voller Ahnung nahm ihn Stilling an, es war Göthens Hand, und seitwärts stand ›Beschwert mit hundert und funfzehn Reichstaler in Golde.‹ Mit Erstaunen brach er den Brief auf, las — und fand, daß Freund Göthe, ohne sein Wissen, den Anfang seiner Geschichte unter dem Titel ›Stillings Jugend‹ hatte drukken lassen, und hier war das Honorarium. Geschwind quittierte Stilling den Empfang, um den Briefträger nur fortzubringen. Jetzt fielen sich die beiden Eheleute um den Hals, weinten laut und lobten Gott . . . Sie faßten den unerschütterlich festen Entschluß, nie mehr zu wanken und zu zweifeln, sondern alle Leiden mit Geduld zu ertragen, auch sahen sie im Licht der Wahrheit ein, daß sie der Vater der Menschen an der Hand leite . . . und daß er sie zu höheren Zwecken durch solche Prüfungen vorbereiten wolle.«[8]

Lichtblicke dieser Art wurden allerdings immer seltener, und die Freundschaft mit Goethe hatte bald keinen Bestand mehr. Der Fehlbetrag in der Kasse vergrößerte sich. Zu den ursprünglichen 1500 Reichstalern kamen in sieben Jahren weitere 1500 Reichstaler Schulden hinzu. Als Jung-Stilling im Jahre 1778 die Berufung nach Kaiserslautern erhielt, mußte er befürchten, seine Gläubiger im Rheinland würden eine Zwangsversteigerung anstrengen und ihn ins Gefängnis bringen. Kurz vor dem Umzug gelang es ihm aber noch mit der Hilfe guter Freunde, wenigstens ein Sechstel der Summe — 500 Reichstaler — zusammenzubringen, um auf diese Weise die dringendsten Forderungen zu erfüllen und danach ungehindert Elberfeld zu verlassen.

Der Neuanfang fern von Elberfeld war wie eine Erlösung für ihn. In Kaiserslautern war er nun Professor mit 600 Gulden festem Gehalt im Jahr, dazu kamen Kolleggelder und Nebeneinnahmen. Der ehrenvolle neue Beruf beflügelte ihn. Landwirtschaft, Technologie, Handelswissenschaft und Tierheilkunde hatte er zu dozieren — heutzutage wäre ein gutes Dutzend Professoren für diese vier Fächer und ihre Fachrichtungen nötig. Während seine Frau in Kaiserslautern vor Heimweh Tränen vergoß, war er selbst hochzufrieden. Ja, er hätte vielleicht glücklich werden können, wäre er nur vorsichtiger gewesen. Man übertrug ihm im Nebenamt die Verwaltung eines heruntergewirtschafteten Hofguts, und nun setzte er seine ganze Ehre daran, dieses Gut wieder hochzubringen. Das mißlang ihm jedoch gänzlich. Bald war er gezwungen, neuen Kredit aufzunehmen, und zu den alten Schulden kamen neue hinzu. Unterdessen klagten die Gläubiger bei seinem Schwiegervater in Elberfeld ihre Bürgschaft ein. Die Hoffnung, nach dem Erfolg der ersten Teile seiner Selbstbiographie (1777/78) auf dem literarischen Feld Gewinne zu machen, schlug fehl. Die tugendhaft-moralischen Romane, die er in diesen Jahren veröffentlichte, trugen ihm wenig ein. Aufs tiefste traf es ihn, als im Herbst 1781 seine Frau verstarb: »Stillings ganze Seele zerschmolz in Tränen.«[9] Seine beiden Kinder übergab er einer befreundeten Familie. Mit aller Kraft verlegte er sich jetzt auf seine wissenschaftlichen Schriften. Vier Lehrbücher und zahlreiche Aufsätze verfaßte er innerhalb weniger Jahre. So vermochte er wenigstens die drückendsten Schulden wieder etwas zu mindern. Aber selbst seinem Plan einer Wiederverheiratung stand seine hoffnungslose wirtschaftliche Lage drohend im Wege. Wie ein armer Sünder trat er daher seiner neuen Verlobten gegenüber:

»Als er ins Zimmer hineintrat, so saß sie an einem Tischchen, und lehnte den Kopf auf ihre Hand, ›Verzeihen Sie, meine teuerste Selma‹, fing er an, ›daß ich Ihnen von

meinen Schulden nichts gesagt habe, es war mir unmöglich. . . . Meine Schulden sind nicht aus Pracht und Verschwendung, sondern aus äußerster Not entstanden; ich kann viel verdienen und bin unermüdet im Arbeiten, bei einer ordentlichen Haushaltung werden sie in einigen Jahren getilgt sein, und sollt ich sterben, so kann ja niemand Forderung an Sie machen . . .‹ Damit schwieg er still und erwartete sein Urteil. Mit innigster Bewegung stand sie jetzt auf, blickte ihn mit holder und durchdringender Miene an und antwortete: ›Nein, ich verlasse Stilling nicht. Gott hat mich dazu bestimmt, daß ich Ihre Last mit Ihnen tragen soll. Wohlan, ich tue es gerne. Haben Sie guten Mut, auch das werden wir mit Gott überwinden.‹«[10]

Dies war kein bloßer frommer Wunsch. Alsbald nach ihrer Verheiratung nahm Selma von Saint-George die finanziellen Zügel in die Hand — mit Erfolg. Dankerfüllt schrieb Jung-Stilling später im Rückblick auf diese seine zweite Ehe:

»Vorzüglich war sie ihm aber in seinem Schuldenwesen ein von Gott gesandter Engel der Hülfe: sie war eine vortreffliche Haushälterin. Mit einem sehr mäßigen Einkommen in Lautern und Heidelberg hatte sie doch schon über zweitausend Gulden Schulden abgetragen und dadurch alle Creditoren so beruhigt, daß die übrigen zufrieden waren . . . ›Warte du deines Berufs‹, sagte sie, ›bekümmere dich um nichts, und überlaß mir die Sorge.‹ Und sie hielt treulich Wort. Selma war also in ihrem neunjährigen Ehestand ein unschätzbares Werkzeug der Beglückung für Stilling gewesen.«[11]

Von Heidelberg wurde Jung-Stilling vom Kurfürsten von Hessen nach Marburg berufen (1787). Hier belief sich sein Gehalt als Professor der Staatswissenschaften nunmehr immerhin auf 1440 Gulden im Jahr. Allein, neue finanzielle Belastungen kamen auf ihn zu. Seine Frau Selma starb. Er wurde zum zweiten Mal Witwer. Nach seiner dritten Eheschließung erweiterte sich sein Haushalt auf ganze 14 Personen. Zu seinen fünf Kindern nahm er seinen greisen, gebrechlichen Vater mit dessen Pflegerin und eine Tante in die Familie auf. Dazu kamen zwei Schwägerinnen und zwei Mägde. Erklärend schrieb er dazu:

»Jeder vernünftige Leser, der die Einrichtung einer Stadthaushaltung kennt, wo alles für bares Geld gekauft und auch der standesmäßige Wohlstand beobachtet werden muß und dann noch Stillings Verhältnisse in Ansehung der armen Starblinden weiß [— er operierte sie, ohne von ihnen Geld dafür zu verlangen —], der begreift leicht, daß er in solchen teuern Zeiten keine Schulden abtragen konnte.«[12]

Es waren indessen nicht nur teure, es waren auch friedlose Zeiten. Die Französische Revolution und ihre Kriege erregten die Menschen in ganz

Europa. Jung-Stilling, der so, wie er sein eigenes Leben begriff, auch die Politik und das Leben der Völker vom Standpunkt des Glaubens aus zu begreifen versuchte, erblickte in diesem Geschehen den Auftakt zu jenem großen Endkampf zwischen Licht und Finsternis, der im letzten Buch der Bibel, in der Offenbarung des Johannes, vorausgesagt war. Er rechnete mit dem Beginn einer allgemeinen großen Verfolgung der Christenheit durch die mächtigen Bannerträger der gottlosen Aufklärung. In diesem Bewußtsein verfaßte er, nunmehr 52 Jahre alt, einen neuen und neuartigen religiösen Roman mit dem Titel *Das Heimweh* (1793/94). Und seitdem erwachte in ihm der Wunsch, in der Öffentlichkeit als religiöser Schriftsteller für den christlichen Glauben einzutreten. Gleichgesinnte Freunde bestärkten ihn darin. Dazu kam schließlich noch der abnehmende Lehrerfolg an der Universität, den er dem revolutionären Zeitgeist unter den Marburger Studenten zuschrieb und der ihn dazu veranlaßte, nach einer nochmaligen, letzten Veränderung seiner beruflichen Stellung Ausschau zu halten. Doch noch immer drückten ihn seine unbeglichenen Schulden aus den Jahren in Straßburg und Elberfeld. Erst nach mehr als drei Jahrzehnten, als man ihn im Jahre 1801 auf einer Reise in die Schweiz für seine Staroperationen überraschend reichlich belohnte, konnte er sie endlich auf Heller und Pfennig bezahlen. In gefühlvollen Versen besang er dieses für sein Leben entscheidende Ereignis[13]:

»Ich trug auf allen meinen Wegen
der Schulden zentnerschwere Last.
Wie Pesthauch wehte mir entgegen
die Schwermut. Ich erstickte fast.
Kein Ostwind fächelt' mit dem Flügel
dem müden Pilger Kühlung zu,
ich fand auf keinem Blumenhügel
im milden Schatten sanfte Ruh.

So wankt' ich auf dem Tränenpfade
durch manche Krümmung hin und her.
Auf einmal strahlte Huld und Gnade,
und meine Bürde war nicht mehr:
Mein Führer nahm mit starken Armen
die Last von meiner Schulter ab.
Mit einem Blicke voll Erbarmen
warf er sie in das Tal hinab.«

Die Tilgung der Schulden führte für Jung-Stilling die letzte Wende seines Lebenslaufs herbei. Jetzt endlich fühlte er sich frei für das Angebot des Kurfürsten Karl Friedrich von Baden, Marburg zu verlassen und gegen eine geringere Besoldung als christlicher Schriftsteller und Augenarzt in Heidelberg (1803) und Karlsruhe (1807) tätig zu werden. Inzwischen hatte sich unter dem Druck Napoleons das Deutsche Reich aufgelöst (1803). Jung-Stillings erste neue Arbeit in Heidelberg war die Ergänzung seiner Selbstbiographie durch einen fünften Teil, in dem er die vorausgegangenen letzten 16 Jahre seines Lebens schilderte und durch einen reflektierenden Rückblick abschloß.

Bereits damals, als er auf Anregung Goethes der Gesellschaft der schönen Wissenschaften in Straßburg seine Jugenderlebnisse zu schildern begann, hatte er den Freunden sein Leben als göttliche Führung dargestellt, um Glaubenszweifeln in ihrem Kreis entgegenzuwirken. Seitdem hatte er sich immer mehr daran gewöhnt, seinen Lebenslauf zu seinem persönlichen Gottesbeweis und zu einem Zeugnis für die Verheißungen des christlichen Glaubens zu erheben. Die Geldfrage war nunmehr glücklich gelöst. Doch die Frage nach der Bedeutung des Genies allgemein und in der Anwendung auf ihn selbst ließ ihn nicht los bis zuletzt: »In jedem Fach findet man solche emporringende Männer, große Geister, Genies ...« — »Jetzt kommt es darauf an zu untersuchen, ob ich denn wirklich ein großer Mann, ein großer Geist oder groß Genie bin?«[14] Noch einmal nahm er alles in peinlich genauen Augenschein: seinen »Grundtrieb«, die Kräfte zu dessen Entfaltung und die Fügung der günstigen wie der widrigen Umstände seines Lebens. Über das Ergebnis gab es für ihn schließlich keinen Zweifel mehr, und so ließ er seinen Rückblick in der Schlußfolgerung gipfeln:

»Jetzt werden nun auch wohl alle meine Leser überzeugt seyn, daß ich kein großer Mann, großer Geist oder groß Genie bin, denn ich habe zu meiner ganzen Führung im geringsten nichts beygetragen. Auch meine natürliche Anlagen mußten durch viele Mühe und auf langwierigen Leidenswegen erst mühsam vor- und zubereitet werden. Ich war bloß ... Ton in der Hand des Töpfers. ... Wer sich über mich wundern und freuen will, der bewundere meine Führung, bete den Vater der Menschen an und danke Ihm ...«[15]

---

[1] Vgl. den Beitrag von Holger Böning über Ulrich Bräker in diesem Band, S. 103–116.

[2] Ulrich Bräker, *Der arme Mann im Tockenburg,* Kap. VII, Schluß, Tübingen 1948, S. 162.

[3] Vgl. den Beitrag von Ernst-Peter Wieckenberg, über Karl Philipp Moritz in diesem Band, S. 117–128.

[4] Johann Wolfgang von Goethe, *Aus meinem Leben. Dichtung und Wahrheit,* zweiter Theil, *Goethes Werke,* Bd. 27, Weimar 1889, S. 250f.

[5] Johann Heinrich Jung-Stilling, *Lebensgeschichte.* Vollständige Ausgabe, mit Anmerkungen hrsg. von Gustav Adolf Benrath, Darmstadt 1976 (2. Aufl. 1984), S. 271.

[6] Ebd. S. 50f.

[7] Ebd. S. 267ff.

[8] Ebd. S. 343.

[9] Ebd. S. 392.

[10] Ebd. S. 410f.

[11] Ebd. S. 462.

[12] Ebd. S. 533f.

[13] Ebd. S. 627.

[14] Ebd. S. 605.

[15] Ebd. S. 616f.

Neuere Literatur zu Jung-Stilling
(in Auswahl)

Max Geiger, *Aufklärung und Erweckung. Beiträge zur Erforschung Johann Heinrich Jung-Stillings und der Erweckungstheologie,* Zürich 1963.

Anneliese und Waldemar Wittmann, »Jung-Stilling, der ›cameralistische‹ Okkultist« (sic), in: *Medizingeschichte in unserer Zeit. Festgabe für Edith Heischkel-Artelt u. Walter Artelt,* Stuttgart 1971, S. 300–340.

Gustav Adolf Benrath, »Die Freundschaft zwischen Jung-Stilling und Lavater«, in: Bernd Moeller, Gerhard Ruhbach (Hrsg.), *Bleibendes im Wandel der Kirchengeschichte,* Tübingen 1973, S. 251–305.

Gustav Adolf Benrath, »Jung-Stillings Tagebuch von 1803«, in: Heinrich Bornkamm, Friedrich Heyer, Alfred Schindler (Hrsg.), *Der Pietismus in Gestalten und Wirkungen, Martin Schmidt zum 65. Geburtstag,* Witten 1975, S. 50–83.

Dieter Gutzen, »Johann Heinrich Jung-Stilling«, in: Benno von Wiese (Hrsg.), *Deutsche Dichter des 18. Jahrhunderts,* Berlin 1977, S. 446–461.

Albrecht Willert, *Religiöse Existenz und literarische Produktion. Jung-Stillings Autobiographie und seine frühen Romane,* Frankfurt am Main, Bern 1982.

Gerd Propach, *Johann Heinrich Jung-Stilling (1740–1817) als Arzt,* Köln 1983.

Rainer Vinke, »Jung-Stilling — Forschung seit 1963«, in: *Theologische Rundschau,* 48, 1983, S. 156–186, 254–272.

Tatjana Högy, *Jung-Stilling und Rußland. Untersuchungen über Jung-Stillings Verhältnis zu Rußland und zum »Osten« in der Regierungszeit Kaiser Alexanders I,* Siegen 1984.

Jung-Stilling Studien, Schriften der J.G. Herder Bibliothek Siegerland e.V., Bd. 15, Siegen 1984.

Rainer Vinke, »Jung-Stilling bei Flender«, in: *Theologische Zeitschrift,* 41, 1985, S. 359–390.

Rainer Vinke, *Jung-Stillings Kampf gegen die Aufklärung. Seine polemischen Schriften gegen Friedrich Nicolai 1775/1776,* Evangelisch-Theologische Dissertation, Mainz (Masch.) 1986.

Volker Bohn JOHANN WOLFGANG VON GOETHE

»Mit Mädeln sich vertragen,
Mit Männern 'rumgeschlagen,
Und mehr Kredit als Geld;
So kommt man durch die Welt!«

So steht es in einem Singspiel, *Claudine von Villa Bella,* das der junge Johann Wolfgang Goethe verfaßte; eine jener Theaterarbeiten, von denen er später bekanntlich entschuldigend meinte, es müsse doch »nicht alles immer über alle Begriffe sein«.

Sturm und Drang herrschte zu jener Zeit — auch in Goethes Herz.

»Wißt Ihr die Bedürfnisse eines jungen Herzens, wie meins ist? Ein junger toller Kopf? Wo habt Ihr einen Schauplatz des Lebens für mich? Eure bürgerliche Gesellschaft ist mir unerträglich!« (Claudine von Villa Bella)

Aber der Sproß einer bürgerlichen Familie, der schon bald, als junger Mann noch, den Schauplatz des Lebens gar am Hofe eines Herzogs finden würde, vertrug sich wohl früh mit Mädeln, mußte sich freilich weder mit Männern herumschlagen, noch mit materiellen Sorgen; zu jener Zeit hatte er, dank des wohlhabenden Vaters, durchaus mehr Geld als persönlichen Kredit. Karl Otto Conrady schreibt:

»Das zinstragende Kapital brachte Goethes Vater jährlich 2700 Gulden ein; eine beachtliche Summe, wenn man bedenkt, daß der höchste Beamte, der Stadtschultheiß, 1800 Gulden jährlich erhielt ... Nach dem Liber Domesticus *[dem Haushaltsbuch der Familie] gaben Goethes jährlich 2592 Gulden für die Lebenshaltung aus, mithin weniger als die Zinsen, und immerhin wurden 10% für Kunst und Literatur, Erziehung und Bildung aufgewendet, damit weit mehr, als [etwa ein] Maurer pro Jahr zusammenbekam.«*[1]

»[Vater Goethe] ließ es an nichts fehlen, um den Kindern [Johann Wolfgang und Cornelia] eine gediegene Grund- und Weiterbildung zu ermöglichen, und dazu gehörten das Erlernen von Sprachen ebenso wie Musikunterricht, der Besuch von Theateraufführungen und Konzerten. Als im Sommer 1763 Leopold Mozart, Maître de la Musique de la Chapelle de Salzbourg, mit seinen Kindern Wolfgang Amadeus und Nannerl nach Frankfurt kam, um diese Wunderkinder im Scharfschen Saale auf dem Liebfrauenberg vorzuführen, erwarb auch Rat Goethe Eintrittskarten [für seine Familie].«[2]

Übrigens hatte der Kaiserliche Rat Goethe auch diesen seinen Titel für Geld erworben: er kostete ihn einst 313 Gulden — eine Tatsache, an die sich der zu Ruhm gelangte Johann Wolfgang Goethe in späteren Jahren nicht mehr gern erinnern mochte, und weniger noch daran, daß nicht sein Vater das Familienvermögen erwarb, sondern sein Großvater, ein gefragter Damenschneider, der zunächst in Frankreich Karriere gemacht hatte, sich daher auch Göthé nannte, und der erst durch die Aufhebung des Toleranzedikts unter Ludwig XIV. nach Frankfurt verschlagen wurde. Wäre es nicht so gekommen, meint Richard Friedenthal, — ein Göthé, der dann natürlich nicht Johann Wolfgang geheißen hätte, wäre vielleicht Frankreichs größter Dichter geworden.

Der alte Goethe — im Bewußtsein gewiß, Deutschlands größter Dichter zu sein — sprach von seiner Familie als von »uns Frankfurter Patriziern«, die sich »immer dem Adel gleich« hielten (Eckermann, 26.9.1827). Da war — Goethes Mutter hatte inzwischen eine Wohnung am Roßmarkt bezogen — das alte Haus am Hirschgraben, samt Inventar, Kunstkabinett, Bibliothek und gewaltigen Weinvorräten längst für viel Geld verkauft — mithin die kurze Zeit des Frankfurter Goethe-Patriziats vorbei. Richard Friedenthal: »Goethe hat sich in seinem späteren Leben um (die) Verwandtschaft so gut wie gar nicht gekümmert. Die bürgerlichen Tugenden, Familienbeziehungen zu pflegen, nach den Vorfahren zu forschen, gingen ihm ab. Und selbst seiner Mutter gegenüber hat er, nachdem er Frankfurt verlassen hatte, eine kaum begreifliche Kühle bewahrt.«[3] Vom Mütterchen, von dem er die »Frohnatur« zu haben meinte, hob der Sohn bis zu seinem 40. Lebensjahr kaum einen Brief auf; er, der doch ohnehin nicht wenig reiste — und, vor allem, Reisen jederzeit bezahlen konnte —, besuchte die Mutter, die ihrerseits regelmäßig Geschenke und Aufmerksamkeiten nach Weimar sandte, nur, wenn es sich nicht vermeiden ließ. Das letzte Jahrzehnt ihres Lebens — bis zu ihrem Tode 1808 — hat er sie nicht mehr gesehen.

Der junge Goethe verließ des Elternhaus recht früh: mit 16 Jahren. Er begab sich nach Leipzig, um Jura zu studieren, wohl versorgt mit einem üppigen Wechsel, der ihm nicht nur erlaubte, ein paar Zimmer zu mieten, statt in einem Kollegienhaus Logis zu nehmen, ein Wechsel, der ihm auch, bewußt oder unbewußt, gewissermaßen ein wiederkehrendes Zeichen gab, daß ein erfolgreich absolviertes Studium für seine Lebenspläne nur von höchst mittelbarer Bedeutung sein könne.

»Als ›très riche‹ bezeichneten ihn die Kommilitonen, die oft arme Teufel waren. Er wohnte gut, er speiste vorzüglich an einem der besten Mittagstische, hatte die notwendigen Empfehlungsbriefe an ›gute Häuser‹, er ging fleißig ins Theater, spielte Komödie, unterhielt die obligaten Liebschaften und schrieb eifrig darüber. Die Kollegs wurden nur in den ersten Monaten leidlich regelmäßig besucht und rasch aufgegeben . . .«[4]

Bei dem sozialen Abstand zu den Altersgenossen, auch den Gleichgesinnten, wird es während der Jahre bleiben, in denen er — in dieser Hinsicht — überhaupt mit ihnen verglichen werden kann. Den Stürmern und Drängern der frühen siebziger Jahre des 18. Jahrhunderts geriet die antihöfische Haltung, die sich ja vor allem aus bürgerlicher Tugendgesinnung finanzierte, zur Kritik am eigenen Stande, der nämlich seinerseits derart extreme Ober- und Unterschichten ausgebildet hatte, daß, da und dort, jedenfalls in der Lebenshaltung, Standesgrenzen gar nicht mehr scharf auszumachen waren. Es sind meist »sehr kleine Verhältnisse«, aus denen die jungen Originalgenies kommen:

»Der Homer-Übersetzer Voß ... stammt aus einer Leibeigenenfamilie, Lenz ist wie viele der Sohn eines ... Landpastors, Herder der Sohn eines Dorfkantors; Klinger ..., dessen Drama der Bewegung den Namen gibt, wurde von seiner Mutter großgezogen, Witwe eines Stadtsoldaten, die ihren Unterhalt ... als Waschfrau verdiente. Selbst die großen Gelehrten sind oft Handwerker- oder Proletarierkinder: Winckelmann hat einen Flickschuster, Heyne, der größte Gräzist der Zeit, einen hungernden Weber zum Vater.«[5]

Dagegen kann Goethe sich in Fragen der Unterhalts- und Lebensführungskosten einen ausgesprochen launigen Tonfall leisten:

»In Gesellschaften, Konzert, Komödie, bei Gastereien, Abendessen, Spazierfahrten so viel es um diese Zeit angehet. Ha! das geht köstlich. Aber auch köstlich kostspielig. Zum Henker das fühlt mein Beutel. Halt! rettet! haltet auf! Siehst du sie nicht mehr fliegen? Da marschierten 2 Louisdor. Helft! Da ging eine. Himmel! schon wieder ein paar. ... Aber dennoch kann hie einer sehr wohlfeil leben. ... Da hoffe ich des Jahrs mit 300 Rhrn was sag ich 300 mit 200 Rhrn auszukommen. NB. das nicht mitgerechnet, was schon zum Henker ist. Ich habe kostbaren Tisch. Merkt einmal unser Küchenzettel. Hühner, Gänse, Truthahnen, Enten, Rebhühner, Schnepfen, Feldhühner, Forellen, Hasen, Wildpret, Hechte, Fasanen, Austern pp. Das erscheinet täglich. nichts von anderm groben Fleisch ut sunt Rind, Kälber, Hammel pp. das weiß ich nicht mehr wie es schmeckt.« (Brief an Riese, 20.10.1765)

Nicht nur in dem ganzen darauffolgenden Jahrzehnt, in der Straßburger und Wetzlarer Zeit und zu Hause, war Goethe mit Unterhalt und Taschengeld wohl ausgestattet; selbst nach 1776, als hoher Beamter in Weimar, bedurfte er eines väterlichen Zuschusses, die Differenz zwischen dem Gehalt und den Kosten für die angemessen herrschaftliche Lebenshaltung auszugleichen.

Über die Probleme, vor die sich der frisch ernannte Geheime Legationsrat gestellt sah, schreibt Ernst Beutler:

»Des Dichters Anfänge in Weimar waren schwierig, nicht nur gesellschaftlich. Der Vater, dem Fürstenfreundschaft wie Fürstendienst in gleicher Weise suspekt waren, hier ward er karg im Geldsenden. Wollte der Herzog seinen Sohn in Dienst nehmen, so sollte er ihn auch bezahlen. Karl August wiederum mußte sich hüten, in Weimar den Unwillen gegen den landfremden bürgerlichen Eindringling noch zu steigern. Das Geschenk des kleinen baufälligen Gartenhauses vor der Stadt an der Ilm gab Goethe wenigstens zunächst ein Dach über dem Kopf, so anspruchslos und bescheiden, daß es bei dem Beamten- und Hofadel keinen Neid erregte.«[6]

Auch sonst fand Goethe am Hofe so manches ausgesprochen »scheißig«, wie er sich gelegentlich in schönster kraftgenialischer Sprache ausdrückte. Im vierköpfigen Regierungskonseil sitzt er nicht nur mit seinem Gönner, dem Herzog, sondern auch mit seinem ärgsten Gegner, von Fritsch, zusammen. Aber Goethe erweist sich als ein wirkungsvoller Mann der Exekutive: Die Reduzierung der Mannschaftsstärke bei der Armee und eine Reform der ungerechten Kopfsteuer sind seine Verdienste.

Ebenso wie bei ihm zu Hause der aus Frankfurt mitgebrachte Diener Philipp Seidel mit ausgeklügelter Buchhaltung Rechnung legte über die kleinsten Ausgaben, auch über den Wäschebestand, so verschaffte sich Goethe im Amt einen genauen Überblick über die finanziellen Verhältnisse des Landes. Und ebenso wie der Diener ihm eine Sanierung des Privatbudgets abforderte — indem er weniger Wein kaufen, am Briefporto sparen und möglichst nicht mehr als 10 Taler jährlich für Bücher ausgeben möge —, so gelang ihm im Amt der dringend gebotene Ausgleich des Staatshaushalts. Privat gelang ihm wirtschaftlich freilich auch zunächst nicht mehr als ein Ausgleich. Noch zwei Jahrzehnte nach seiner Ankunft in Weimar, er bewohnte inzwischen das Haus am Frauenplan — das ihm der Herzog ebenso geschenkt hatte wie die italienische Reise —, konnte sich Goethe bei Festsetzung der Kriegssteuer als »nicht vermögend« einschätzen lassen.

Es war die Zeit, da der inzwischen bereits berühmte Schriftsteller aus seinen Veröffentlichungen noch immer keinen nennenswerten Gewinn zog. Jedenfalls hätte doch *Werthers Leiden* ein gewaltiger ökonomischer Erfolg sein können, wäre das Buch nicht im Nachdrucker-Zeitalter erschienen, das Autoren und Verlegern kaum einen Schutz vor unberechtigter Verwertung ihrer Arbeit bot. In der Mitte des 18. Jahrhunderts, zur Zeit der Geburt Goethes, hatte es, nach dessen eigenem Zeugnis, fast noch als unseriös gegolten, überhaupt auf den Verdienst eines Schriftstellers zu sehen. Das änderte sich zwar rasch — mit der Vervielfachung der Lesekundigen und, vor allem, der deutschsprachigen Buchpublikationen; aber die Vorstellung, daß mit Geschriebenem Gewinn zu machen sei, beflügelte eben nicht nur die Autoren. Zahlreiche Fälle, auch Goethe betreffend, sind bekannt, da nicht nur Außenstehende, Unbekannte, Raubdrucke herstellten, sondern sogar die vertragsmäßigen Verleger selbst — um die durch fremden Raubdruck verursachten oder zu erwartenden Einbußen auszugleichen.

Goethe, der die Raubdrucker natürlich haßte, der aber auch bis ans Lebensende mißtrauisch gegen seine Verleger blieb, scheute sich nicht, gelegentlich einen — durchaus mangelhaften — Raubdruck als Druckvorlage für eine autorisierte Veröffentlichung einzurichten. Käufer und Leser der Raubdrucke, meinte er noch im hohen Alter, sollten sich aber schämen, sich hinter seinem Rücken im Garten zu bedienen, da sie doch eingeladen seien, an seiner Tafel zu Gast zu sein.

Der Unmut ist verständlich. Man bedenke, daß, noch bevor Goethe selbst eine erste Ausgabe gesammelter Werke veranstaltete, seine Werke nicht nur als einzelne geraubte Drucke, sondern eben auch schon in zehn unberechtigten Sammlungen auf dem Markt waren. Entsprechend schleppend verkaufte sich die autorisierte Werkausgabe. Bei derart unsicheren Verhältnissen — die sich nur sehr allmählich besserten, so daß Goethe erst seine »Ausgabe letzter Hand« durch ein Privileg der Staaten des Deutschen Bundes weitgehend vor Raub schützen konnte — und bei der zu Lebzeiten Goethes üblichen Honorierungspraxis, die den Verlegern für eine einmalige vorauskalkulierte Zahlung das ewige Verlagsrecht an einem Werk sicherte, nimmt es nicht wunder, daß ein erfolgreicher Autor wie Goethe sich allerhand ruppige Methoden ausdachte, um zu seinem Recht zu kommen. Schiller warnte den Verleger Cotta:

»Es ist, um es gerade herauszusagen, kein guter Handel mit G. zu treffen, weil er seinen Werth ganz kennt und sich selbst hoch taxiert, und auf das Glück des Buchhandels, davon er überhaupt nur eine vage Idee hat, keine Rücksicht nimmt. Es ist noch kein Buchhändler in Verbindung mit ihm geblieben, er war noch mit keinen zufrieden und mancher mochte auch mit ihm nicht zufrieden seyn. Liberalität gegen seine Verleger ist seine Sache nicht.« (18.5.1802)

Das drückte sich etwa im Falle von *Hermann und Dorothea* dadurch aus, daß er dem Verleger Vieweg seine Honorarforderung im verschlossenen Umschlag überbringen ließ — Vieweg hatte nun seinerseits einen Honorarvorschlag zu machen, mit dem Risiko, daß Goethe ihm das Werk entzöge, falls das Angebot des Verlegers unter seiner eigenen Forderung läge.

Eine für die Verleger besonders unangenehme Eigenart Goethes war, Manuskripte nur Zug um Zug gegen Geld herauszugeben. Selbst Cotta mußte, nach immerhin 30jähriger Zusammenarbeit, zuerst zahlen, bevor er das Manuskript des Briefwechsels zwischen Goethe und Schiller in seine Hände bekam.

1798 ist Goethe immerhin in der Lage, aus eigenen Kräften — wenngleich nicht mit eigenem, sondern mit geliehenem Geld — ein Freigut in der Nähe von Apolda zu erwerben. Ernst Beutler vermutet, daß die später angegebene Begründung — die Liebe zum Landleben — weniger ausschlaggebend war als vielmehr der Wunsch, für Christiane, die Goethe noch immer nicht geheiratet hatte, und für den Sohn August eine Versorgung zu sichern; vielleicht aber war es auch einfach eine Flucht in den Sachwert, da das französische Papiergeld allenthalben Furcht vor einer Inflation ausgelöst hatte.

Noch im zweiten Teil des Faust geht ja die Einführung des Papiergelds, das den Kaiser aus seinen finanziellen Schwierigkeiten befreien soll, mit Lug und Trug einher, mit Unterschriftsfälschung und spekulativer Deckung der Assignaten. Mephisto flüstert dem Kaiser und seinen Hofbeamten ein, irgendwo im weiten Reich müsse es ja vergrabene Schätze geben, und wenn man den einen oder anderen davon hebe und vorzeige, so würden sich alle Zweifel zerstreuen. Den Rest besorge die Gewöhnung:

»Ein solch Papier, an Gold und Perlen Statt,
Ist so bequem, man weiß doch, was man hat!
Man braucht nicht erst zu markten noch zu tauschen,
Kann sich nach Lust in Lieb und Wein berauschen;
Will man Metall, ein Wechsler ist bereit,
Und fehlt es da, so gräbt man eine Zeit.
Pokal und Kette wird verauktioniert,
Und das Papier, sogleich amortisiert,
Beschämt den Zweifler, der uns frech verhöhnt.
Man will nichts anders, ist daran gewöhnt.
So bleibt von nun an allen Kaiserlanden
An Kleinod, Gold, Papier genug vorhanden.« (*V. 6119–6130*)

Am Ende ist es der Hofnarr, der betört von den kostenlosen unbeschränkten Möglichkeiten, die das Papiergeld zu eröffnen scheint, beseligt schwärmt: »Heut abend wieg ich mich im Grundbesitz!« (V. 6171)

Goethe wurde seines Grundbesitzes nicht froh. Der Verwalter wirtschaftete schlecht, ließ sich auch allerlei Betrügereien einfallen; und der Besitzer mußte obendrein zur Kenntnis nehmen, daß die Gutsherrschaft Gäste in Scharen anzog. »Weil die Konklusion *Ergo bibamus* zu allen Prämissen paßt, so ward manches herkömmliche und willkürliche Fest gefeiert. Es fehlte nicht an Besuchen (auch Schiller war darunter), und die Kosten einer wohlbesetzten Tafel vermehrten das Defizit.« So stieß Goethe schon nach fünf Jahren sein Gut wieder ab und war, da er auch noch einen schönen Gewinn von 2000 Talern machen konnte, von Herzen froh, sein, wie er sagte, »Verhältnis zu (diesen) Erdschollen ... völlig aufgehoben zu sehen.«[7]

Es ist gleichwohl die Zeit in Goethes Leben gekommen, da er doch noch wirtschaftlich ganz unabhängig wird. Nicht nur, daß er, nach dem Tod der Mutter, seinen Teil des Frankfurter Familienbesitzes erbt; vielmehr ist

Goethe in der zweiten Hälfte seines Lebens nicht nur an der literarischen Anerkennung, sondern auch an den Einkünften gemessen ein erfolgreicher Schriftsteller. Die Honorare überstiegen, aufs Jahr gerechnet, sein Einkommen als Minister deutlich. Goethe war nicht nur der höchste Staatsbeamte Weimars, er war auch der höchstbezahlte Autor seines Verlags. Für 1200 Taler jährlich hatte er seine Ämter beim Großherzog angetreten, am Ende seiner Laufbahn verdiente er 3100 Taler; 20 Taler Honorar bekam er 1775 für sein Drama *Stella,* die Ausgabe letzter Hand übernahm Cotta für 72000 Taler. Der Bibliothekswissenschaftler Rolf Engelsing nennt Einzelheiten:

»In seiner mittleren Lebensperiode erzielte Goethe im Jahr etwa 1500 bis 2000 Taler Einnahme durch literarische Arbeit zusätzlich zu seinem Diensteinkommen, manchmal weniger. ... ›Wilhelm Meister‹ trug ihm 1795–96 2400 Taler ein, die Werkausgabe 1806 10000 Taler, ›Die natürliche Tochter‹ 1803 2200 Taler, ›Winckelmann‹ 1805 2200 Taler, ›Die Wahlverwandtschaften‹ 1809 2500 Taler, die Selbstbiographie im gleichen Jahr 12000 Taler, eine neue Werkausgabe 1814 16000 Taler, sein Anteil am Briefwechsel mit Schiller 1828–29 wohl 4000 bis 6000 Taler.«[8]

Was sein Diensteinkommen betraf, konnte sich mit Goethe der eine oder andere Weimarer Kaufmann oder Bankier vergleichen; rechnet man die Honorare hinzu, so war er der bei weitem bestverdienende Mann Weimars. Ein bedeutendes Vermögen erwarb er allerdings nicht: Der Barwert seines Nachlasses entsprach, wenn man die Autorenrechte ausnimmt, dem Besitz, den auch erfolgreiche Handwerksmeister oder mittlere Kaufleute hinterließen. Das lag nicht nur daran, daß er, trotz bedeutender Einkünfte besonders im vorgerückten Alter, keineswegs das war, was man heute einen Bestseller-Autor nennen würde — und was es übrigens, der Sache nach, zur damaligen Zeit durchaus gab. Goethes Zeitgenosse Walter Scott verdiente in drei Jahren so viel wie Goethe in seinem ganzen langen Schriftstellerleben.

Daß Goethe wohlhabend war, aber nicht reich wurde, hat auch nichts mit Verschwendungsneigungen zu tun; im Gegenteil; schon als junger beamteter Begleiter des Herzogs fand er sich mit dessen übelsten Privatunarten — wozu Goethe das Tabakrauchen und die ständige Begleitung durch seine Hunde zählte — immer noch eher ab als mit dem sinnlosen Repräsentationsbetrieb des Hofes.

»Der Herzog ist vergnügt und gut, nur find ich den Spaß zu teuer, er füttert 80 Menschen in der Wildnis und dem Forst, hat noch kein Schwein, weil er im Freien

hetzen will, das nicht geht, plagt und ennuyiert die Seinigen, und unterhält ein paar schmarutzende Edelleute aus der Nachbarschaft, die es ihm nicht danken. Und das alles mit dem besten Willen sich und andre zu vergnügen. Gott weiß ob er lernen wird, daß ein Feuerwerk um Mittag keinen Effekt tut.« (Brief an Charlotte v. Stein, 10.12.1782)

Derlei lag Goethe nicht; aber er knauserte auch nicht mit Ausgaben; konnte gelegentlich wahrhaft großzügig sein. So unterstützte er in seinem ersten Weimarer Jahrzehnt einen gewissen Johann Friedrich Krafft, der ihn um Hilfe gebeten hatte — sein wirklicher Name und seine Herkunft sind bis heute dunkel geblieben —, und zwar mit enormen Mitteln, die bis zu einem Siebentel von Goethes Einkommen ausmachten.

Im Großen und Ganzen wird man Goethes Umgang mit Geld durch die Redensart charakterisieren dürfen, daß er es sich und seinen Nächsten an nichts fehlen ließ. »Nach dem Gelde ist wohl der Wein am ersten wert, daß man sein gedenke.« (Brief an Christiane, 24.5.1812)

Ansonsten konnte er in Sachen des »Calculs« recht ruppig sein. Kurzerhand beendete er 1818 den jahrelangen Ärger, den ihm seine Vaterstadt Frankfurt mit alten Abgabenforderungen, noch aus Regelungen des großväterlichen Vermögens, bereitete: er bittet darum, ihn aus der Stadtbürgerschaft zu entlassen.

Dem entspricht, ebenso kurz und bündig, die Stadt Frankfurt mit der Streichung ihres, wie schon damals ersichtlich, größten Sohnes aus dem Bürgerbuch. Als Gebühr für die Registerlöschung wurden Goethe 30 Kreuzer berechnet.

Sein pragmatischer Sinn in diesen Dingen kommt am plastischsten zum Ausdruck in einem Brief, den er im Alter seinem Sohn August schreibt. August hatte ihn um Rat in einer Bürgschafts-Angelegenheit gebeten; und Goethe erinnert sich einer Lehre, die ihm seinerzeit der eigene Vater erteilt hatte:

»Wenn du bares Geld hast, so magst du es einem Freunde auch ohne große Sicherheit leihen. Willst du es verschenken, so ist auch nichts dagegen zu sagen, borgst du, so wirst du dich einrichten Interessen zu bezahlen und das Kapital abzutragen; verbürgst du dich aber, so versetzest du dich in einen unruhigen Zustand ...« (19.9.1816)

Unruhe — gleichgültig in welchem Zusammenhang oder auf welchem Gebiet des Lebens — war Goethe ein verhaßter Zustand. Tätigkeit, Steigerung — das waren seine Ideale; und für ihre Realisierung zahlte er gerne bares Geld. Seine anwachsenden Sammlungen, sein Archiv, seine Kanzlei —

dies alles diente ihm nicht zur eitlen Selbstvergewisserung, sondern vor allem zur Entfaltung. Zu Eckermann sagte er am Ende seines Lebens:

»Ich sitze immer in meinem alten hölzernen Stuhl ... Eine Umgebung von bequemen geschmackvollen Möbeln hebt mein Denken auf und versetzt mich in einen behaglichen, passiven Zustand. Ausgenommen, daß man von Jugend auf daran gewöhnt sei, sind prächtige Zimmer ... etwas für Leute, die keine Gedanken haben und haben mögen.« (Eckermann, 25.3.1831)

Zur selben Zeit schreibt er einen, wie die Dinge liegen, doch verwunderlichen Brief an seinen alten Freund Johann Heinrich Meyer:

»In Erwartung ihrer freundlichen Zusprache send' ich die Anfrage voraus: ob Sie mir mit etwa Dreihundert Thalern auf kurze Zeit aushelfen mögen? und können. Mein ökonomisches Wesen erlebt eine wunderliche Krise.«

Aber natürlich zeugt so etwas nicht von wirklicher Bedrängnis. Es ist eher ein spätes Zeugnis des nonchalanten Umgangs mit persönlichen finanziellen Problemen, den Goethe sich von Jugend an gestatten konnte. Er hatte übrigens früh begriffen, daß seine durchaus ansehnlichen Einkünfte aus dem Werk dessen literarischer Bedeutung niemals gerecht werden konnten. Schon der wenig mehr als 30jährige hatte gesagt:

»Wäre das was ich gewinne, Geld; so wollt ich bald eine Million beisammen haben. Verschiedne sind auf Verschiednes in der Welt angewiesen. Goldreich werd ich nie; desto reicher an Vertrauen, gutem Namen und Einfluß auf die Gemüter.« (Brief an Charlotte v. Stein, 12.5.1782)

Und der alte Goethe hat, wie stets mit einer gewissen Stilisierung, aber ohne wirklich zu übertreiben, Rechnung gelegt über die Funktion der materiellen Unabhängigkeit für seine geistige Entwicklung. Wenn Max Kommerell feststellt, nichts habe »Goethe in seiner Lebensführung mit mehr Umsicht betrieben«, als alle Möglichkeiten zu nutzen, »den Umfang seiner Tätigkeit« zu steigern[9], so gewinnen Goethesche Schlüsselbegriffe wie Tätigkeit und Steigerung auch in bezug auf das Geld ihre charakteristisch schwebende Bedeutung, ihren Doppel-Anteil an Glück und Anstrengung, Magie und Pragmatik, Genie und Geld.

Um »Epoche in der Welt zu machen«, befand Goethe, müsse man erstens »ein guter Kopf« sein und zweitens eine »große Erbschaft« tun (Eckermann, 2.5.1824). Das meinte er im übertragenen, im geistigen und geschichtlichen

Sinne. Aber auch im buchstäblichen Verstande kann es für ihn selbst gelten: »Eine halbe Million meines Vermögens ist durch meine Hände gegangen, um das zu lernen, was ich jetzt weiß, nicht allein das ganze Vermögen meines Vaters, sondern auch mein Gehalt und mein bedeutendes literarisches Einkommen seit mehr als 50 Jahren ...

Jedes Bonmont, das ich sage, kostet mir eine Börse voll Gold.« (Eckermann, 13.2.1829)

Nachweise

Karl Otto Conrady, *Goethe. Leben und Werk.* Band 1: Hälfte des Lebens, Königstein/Ts. 1982. Band 2: Summe des Lebens, Königstein/Ts. 1985.

Ernst Beutler, »Das Goethesche Familienvermögen von 1687 bis 1885, in: E.B., *Essays um Goethe,* Band 1, Wiesbaden 1848 (4. Aufl.), S. 119–232.

Rolf Engelsing, »Wieviel verdienten die Klassiker? Zur Entstehung des Schriftstellerberufs in Deutschland, in: *Neue Rundschau* 87. Jahrgang (1976), Heft 1, S. 124 bis 136.

Richard Friedenthal, *Goethe. Sein Leben und seine Zeit* (Illustrierte Sonderausgabe). Stuttgart/Hamburg o. J.

Max Kommerell, »Faust und die Sorge« in: M. K., *Geist und Buchstabe der Dichtung. Goethe, Kleist, Hölderlin.* Tübingen 1940, S. 75–111.

[1] Conrady, I, S. 15.
[2] Conrady, I, S. 14.
[3] Friedenthal, S. 11.
[4] Friedenthal, S. 39.
[5] Friedenthal, S. 162.
[6] Beutler, S. 223 f.
[7] Vgl. Beutler, S. 228 f.
[8] Engelsing, S. 132 f.
[9] Kommerell, S. 92.

Ulrich Karthaus FRIEDRICH SCHILLER

Am 22. September 1782 flieht Schiller in Begleitung seines Freundes Andreas Streicher aus Stuttgart, wo er als herzoglich württembergischer Militärarzt gelebt hat. Er hinterläßt »nicht unerhebliche Schulden«.[1] Der Vater Johann Kaspar Schiller kann und will sie nicht tilgen, er mißbilligt Schillers Flucht, die eine Desertion ist. Zusagen und Hoffnungen, die der Mannheimer Intendant Wolfgang Heribert Reichsfreiherr von Dalberg in Schiller geweckt hatte, waren eines der Motive für die Flucht — diese Zusagen wurden aber nicht erfüllt, obschon Dalberg im Januar 1782 die *Räuber* zur Uraufführung gebracht hatte. So blieb Schiller keine andere Möglichkeit, als sich nach Bauerbach auf das Gut Henriette von Wolzogens zu begeben, wo sich seine Verbindlichkeiten eher vermehrten als verminderten, so daß er, angesichts einer persönlich und finanziell unhaltbaren Lage, im Juli 1783 von Bauerbach abermals nach Mannheim reist. Von dort schreibt er, kaum von einer Krankheit[2] genesen, an Frau von Wolzogen:

»Sobald ich gesund bin, wird überhaupt meine Kost sehr einfach eingerichtet. In einem Wek wird mein Frühstück bestehen, um 12 g. habe ich aus einem hiesigen Wirthshauß ein Mittagessen zu 4 Schüßeln, wovon ich noch auf den Abend aufheben kann. Notabene ich habe mir einen zinnernen Einsatz gekauft. Abends eße ich allenfalls Kartoffel in Salz oder ein Ey oder so etwas zu einer Bouteille Bier. Dem ohnerachtet sind meine Ausgaben sehr gros. Wenn ich auch Monats nicht über 11 Gulden fürs Maul aufgehen laße, so kostet mich mein neues Logis 5 Gulden, das Holz 2 fl. 30. und darüber, Lichter 1 Gulden, Friseur einen Thaler, Bedienung von einem Tambour einen Thaler, Wasche einen Thaler, Bader 30 g. Postgeld 1–2 Gulden, Tabak, Papier und tausend Kleinigkeiten ungerechnet. Dann haben Kaufmann, Schneider und Schuster einen grosen Riß in mein Beutelchen gemacht. Die 4 Monate die ich jetzt von Ihnen entfernt bin haben mich mit der Reise hieher bei 250 fl. gekostet, und doch bezahl ich den Kaufmann nur nach Terminen, und habe ihm nicht mehr als ein Drittheil bezahlt, den Schneider aber ganz, und ein Karolin ist mir aus dem Zimmer gestohlen worden, warum ich unter andern auch ausziehe. Dalberg hat mir in allem ohngefehr 42 Dukaten vorgeschoßen, und gegenwärtig da ich das schreibe habe ich noch ½ Carolin im Vermögen. Jezt aber kommt beßre Zeit. Von heut biß Januars Ende nehme ich wenigstens 400 fl. ein, wovon Sie meine liebe, wenigstens 150 wo nicht 200 erhalten. Sie hätten dieses Geld ganz zuverläßig auf den Termin bekommen, den ich Ihnen einmal geschrieben habe, aber bedenken Sie daß ich von 4 Monaten meines hiesigen Auffenthalts 8 biß 9 Wochen krank war, welches mich entsezlich zurückgesetzt hat. Es schadet mir wenigstens über 30 Dukaten. Wenn mir aber Gott nur jezt meine Gesundheit wieder schenkt, so will ich sie gewis auf das edelste anwenden, und mit Weißheit erhalten.«[3]

Der Brief beleuchtet die Finanzlage des jungen Schiller, seine Beziehung zum Geld und seine gesellschaftliche Situation als freier Schriftsteller, er ist eine bündige Kennzeichnung seiner Art, mit Geld umzugehen, wie sie sich bis zu seinem Tode in ihren Grundsätzen nicht ändern sollte, obschon sich seine Verhältnisse verbesserten mit den Jahren.

Die Angaben seines Briefes auf heutige Verhältnisse zu übertragen, sie gar in D-Mark umzurechen, ist schwierig. Ein Gulden bestand aus 16 Groschen oder 60 Kreuzern. Der Jahreswechsel eines Studenten betrug etwa 500 Gulden; 1985 gab ein Student im Durchschnitt etwa 10000 Mark aus. Überschlägig kann man einen Gulden mit 20 Mark gleichsetzen — eine Rechnung, die insofern ungenau ist, als sie die Preisunterschiede zwischen teuren Luxusgütern wie Tee, Kaffee und Tabak — die heute billiger sind — und Dienstleistungen — die heute teurer sind — außer acht läßt. Einen Gulden unterteilte man in 16 Groschen, für die Schiller sechs Jahre später, 1789 in Jena, acht Mittagsmahlzeiten einnehmen konnte, doppelt so viele, wie er für dasselbe Geld in Weimar bekommen hätte. Die Preisunterschiede zwischen verschiedenen Orten waren beachtlich. Hinzu kamen die landschaftlich ganz verschieden geordneten Münzverhältnisse. Schiller war mit der Übersiedlung vom Gut der Frau v. Wolzogen in Bauerbach nach Mannheim aus dem Bereich der norddeutsch-preußischen Talerwährung in das Gebiet der süddeutsch-österreichischen Guldenwährung gelangt. Eineinhalb Gulden entsprachen einem Taler, den man zu 24 Groschen rechnete. Dazu gab es Goldmünzen: der Karolin, den man ihm gestohlen hatte, war sechs Taler oder neun Gulden wert. Ein Dukaten hatte den Wert von 3 Reichstalern oder 3 ½ Gulden. Der Vorschuß Dalbergs entsprach also 126 Talern oder 189 Gulden; Schiller hätte davon fast eineinhalb Jahre lang die Ausgaben »fürs Maul« bestreiten können. Die Preise waren aber nicht konstant: Mißernten z.B. ließen sie zeitweilig steigen, so daß Tagelöhner und Handwerker kaum das tägliche Brot hatten, später stellten die Unruhen im Gefolge der Französischen Revolution und der Napoleonischen Kriege die Wechselkurse in Frage. Deshalb vollzog man den Zahlungsverkehr oft nach dem Grundsatz: Geld kann nicht bar genug sein. 1792 z.B. erbittet Schiller von seinem Leipziger Verleger Göschen eine Geldsendung. Göschen fragt ihn, ob er die »1035 Rthl. sächs. in Species« schicken dürfe, und Schiller quittiert wenige Tage später »Das Fässgen mit dem Geld«.[4]

Obschon er in späteren Jahren nicht mehr über Geldmangel zu klagen hatte, lebte er doch noch von Vorschüssen und Darlehen, oft über die augenblicklichen Verhältnisse, mußte, nicht nur als junger Mann, auf die Zukunft spekulieren, auf spätere Leistungen und Einnahmen, versuchte zu sparen, so wenig ihm das möglich war, brauchte Geld, das ihm dann unter den Händen zerrann, auch wenn es nicht gestohlen wurde. Da seine Spekulationen aber realistisch waren, fundiert in einer genauen Kenntnis des literarischen Marktes, und einer Einschätzung seiner Arbeitskraft, die ebenso realistisch war, wäre er gut dabei gefahren, wenn nicht eine labile Gesundheit immer wieder seine Pläne und Entwürfe durchkreuzt hätte. Von der Erkrankung im Jahre 1783 an kämpfte er gegen die Hinfälligkeit seines Körpers, und vom Winter 1789/90 an war seine Gesundheit vollends zerrüttet: erstaunlich und bewundernswert ist, neben dem Wohlstand, den er am Ende seines Lebens erlangt hatte, das große Lebenswerk, das er unter diesen Umständen in wenigen Jahren geschaffen hat. Ebenso erstaunlich aber ist, wie er als freier Schriftsteller nicht nur existierte, sondern sogar recht gut lebte, eine Familie gründete, ein Haus kaufte und wohlhabend wurde. Schiller war kein armer Mann, kein armer Poet à la Spitzweg, kein Hungerleider, und in Geldangelegenheiten keineswegs das, was man landläufig einen ›Idealisten‹ nennt: vielmehr in diesem Punkt ein scharf kalkulierender Realist, der sich seiner gesellschaftlichen Lage und des Marktwertes seiner Werke durchaus bewußt war und finanziell das beste daraus zu machen verstand. Die Vorstellung vom armen Schiller ist, mindestens im Blick auf seine letzten Lebensjahre, eine Legende. Vielleicht entstand sie, weil man ihn auch in dieser Hinsicht allzuoft mit Goethe verglich, dessen finanzielle und gesellschaftliche Lage aber zu seiner Zeit völlig unvergleichlich war.

Wie dem auch sei: seine Geldverhältnisse waren in den letzten Jahren seines Lebens nicht schlecht, und was darüber als Meinung kursiert, bestätigt nur die Erkenntnis Theodor Mommsens: »die sagenbildende Kraft ist bekanntlich nirgends stärker als in der Literaturgeschichte.«[5]

Nach der Übersiedlung von Bauerbach nach Mannheim hatte Dalberg ihn für ein Jahr als Theaterdichter angestellt. Trotz dem Fieber, das ihn für gut acht Wochen ans Haus fesselte, konnte er im November die Bühnenbearbeitung des *Fiesco* beenden. Zu sparen aber war ihm unmöglich: wenn er in der Mannheimer Gesellschaft auftreten wollte — man wählte ihn am 11. Januar in den Vorstand der Kurfürstlichen Deutschen Gesellschaft —, wenn er überhaupt seine Werke verkaufen wollte, waren Ausgaben für Miete und Heizung, Friseur, Kleidung, Wäsche, Beleuchtung, Papier, Porto und Bedienung unerläßlich. Die medizinische Behandlung durch einen »Bader« schlug dabei mit 30 Groschen noch am wenigsten zu Buche.

Aber es lag nicht nur an diesen äußeren Umständen seines Lebens, daß er nicht sparen konnte: Schiller war ein generöser, ein großzügiger Mensch. Knausern lag ihm nicht. So genau er seine Einnahmen berechnete, so rasch liefen ihm die Ausgaben davon. Fast immer waren sie größer als jene, fast immer — bis auf seine letzten Jahre — mußten die augenblicklichen Bedürfnisse durch Darlehen und Vorschüsse befriedigt werden.

Schiller war einer der ersten, wo nicht überhaupt der erste deutsche Publizist, der von seinen Einnahmen als freier Schriftsteller, noch vor der Einführung eines allgemeinen Urheberrechts, leben konnte: eine Lage, die indes unausgesetzten Fleiß, beständige Tätigkeit, unermüdliche Wachsamkeit voraussetzte — vor allem aber Gesundheit und eine der dichterischen Inspiration geneigte Stimmung. Wenn er, vor allem in Briefen an seinen Freund Körner, immer wieder seine »Laune« erwähnt, ist das keineswegs eitle Selbstbespiegelung. Wenn er immer wieder von seinem schwankenden Gesundheitszustand berichtet, ist das keineswegs mitleidheischende Wehleidigkeit; beides war ihm fremd. Er berichtet nur über den jeweiligen Stand seiner poetischen Leistungskraft, von der er lebt. Im Jahre 1788 schreibt er das mit wünschenswerter Deutlichkeit dem Freunde Gottfried Körner:

»*1. Ich muß von* Schriftstellerei leben, *also auf das sehen, was einträgt.*

2. Poetische Arbeiten sind nur meiner Laune *möglich: forciere ich diese, so misrathen sie. Beides weißt Du.* Laune *aber geht nicht gleichförmig mit der* Zeit — *aber meine Bedürfnisse. Also darf ich um sicher zu seyn, meine* Laune *nicht zur* Entscheiderin *meiner Bedürfnisse machen*«.[6]

Dieses nüchtern-sachliche Verhältnis zu den eigenen Fähigkeiten und zu seiner gesellschaftlichen Situation ist geeignet, das Vorurteil zu korrigieren, das seine klassische Legende von der *Theilung der Erde* aus den Horen von 1795 nahelegt:

»Wenn du im Land der Träume dich verweilet,
Versezt der Gott, so hadre nicht mit mir.
Wo warst du denn, als man die Welt getheilet?
Ich war, sprach der Poet, bey dir.

Mein Auge hieng an deinem Angesichte,
An deines Himmels Harmonie mein Ohr.
Verzeih dem Geiste, der, von deinem Lichte
Berauscht, das Irdische verlor!

Was thun! spricht Zeus, die Welt ist weggegeben,
Der Herbst, die Jagd, der Markt ist nicht mehr mein.
Willst du in meinem Himmel mit mir leben
So oft du kommst, er soll dir offen seyn!«[7]

Schillers Idealismus ist nicht, was Teile des halbgebildeten Bürgertums im neunzehnten Jahrhundert darunter verstanden: keine weltferne Schwärmerei von Dingen, die es nicht gibt; seine idealistische Kunst ist nicht brotlos. Idealismus ist aber in Schillers Verständnis die Vorstellung, daß hinter der schlechten Wirklichkeit das zu suchen sei, was sie zur wahren Welt machen könnte. Da unsere Möglichkeiten, die Wahrheit zu erkennen, begrenzt sind, hat der Dichter die Pflicht darzustellen, was er als wahr erkannt hat: eine Welt der Freiheit. So sind die Worte zu verstehen, die er am 29. November 1795 an Wilhelm von Humboldt richtet:

»Denken Sie sich aber den Genuß, lieber Freund, in einer poetischen Darstellung alles Sterbliche ausgelöscht, lauter Licht, lauter Freyheit, lauter Vermögen — keinen Schatten, keine Schranke, nichts von dem allen mehr zu sehen — Mir schwindelt ordentlich, wenn ich an diese Aufgabe — wenn ich an die Möglichkeit ihrer Auflösung denke. Eine Scene im Olymp darzustellen, welcher höchste aller Genüsse! Ich verzweifle nicht ganz daran, wenn mein Gemüth nur erst ganz frey und von allem Unrath der Wirklichkeit recht rein gewaschen ist; ich nehme dann meine ganze Kraft und den ganzen ätherischen Theil meiner Natur noch auf einmal zusammen, wenn er auch bey dieser Gelegenheit rein sollte aufgebraucht werden.«[8]

Der Aufenthalt bei den Göttern ist nur für glückliche und begnadete Augenblicke möglich, er entbindet nicht von der Pflicht, sich dem »Unrath der Wirklichkeit« zu stellen in der Mehrzahl der anderen Augenblicke des irdischen Lebens.

Es ist wahr: Schiller neigte zum Idealisieren, im Umgang mit Menschen, vor allem in der Freundschaft, auch in seinen Dramen: aber er will die Wirklichkeit weder verklären noch abschaffen; er will ihr zeigen, wie sie sein kann und sein soll. Sein Idealismus ist deshalb weder weltfremd noch realitätsfern. Sein großer Freund und Antipode, der Weimarer Geheime Rat und Staatsminister, wußte das genau. Ja, Goethe beneidete Schiller um seinen Geschäftssinn, wie ein Brief aus Karlsbad vom Mai 1812 bekundet, auf den Karl-Heinz Hucke aufmerksam macht und in dem er Schiller als »glückliche(n) Mittelsmann« in geschäftlichen Angelegenheiten preist. Die bürgerliche Dezenz, die es verbietet, »mit Personen, mit denen man nur in sittlichem Verhältniß zu stehen wünscht, über öconomische Gegenstände zu handeln«[9], war Schillers Sache nicht — der eingangs zitierte Brief an Henriette von Wolzogen bekundet das. Es gibt Zeugnisse, aus denen hervorgeht, wie genau Schiller die finanziellen Verhältnisse anderer taxierte — nicht aus Neid, der ihm fern lag, sondern aus Interesse an der eigenen Situation, an der Möglichkeit, seine Produktivkraft zu verkaufen. So gibt es einen Brief an Körner, in dem er schreibt:

»Hier zu Lande hat sich indeßen das *verändert, daß Herder nun in Weimar bleibt, mit dem Caracter und der Function eines Vice Consistorialpraesidenten und 400 Thl. Zulage. In allem soll er jetzt über 2000 rth stehen. Wie oft er predigen will ist in seine Willkühr gestellt, und die kleinern nicht viel eintragenden Amtsgeschäfte, sind ihm auch abgenommen.«*[10]

In anderen Briefen, mit denen er den Kontakt zu Freunden pflegt, wie in Geschäftsbriefen, mit denen der Herausgeber der *Horen* um seine Autoren wirbt, sie auffordert, mahnt und drängt, finden sich stets exakte Versprechen in Talern und Louisdor, Berechnungen der zu erwartenden Einnahmen und Ausgaben. Schillers Phantasie war nicht nur poetisch produktiv, sie ließ sich ebenso wie von den Figuren seiner Dramen von Entwürfen und Projekten inspirieren, für die er sich Interesse im Publikum versprach, von denen er Vorschüsse, Honorare, zweite Auflagen erwartete.

Ein besonderes Kapitel sind Schillers Beziehungen zu seinen Verlegern. Er hatte deren mehrere, nicht nur nacheinander, sondern auch gleichzeitig. Nachdem Göschen in Leipzig abgelehnt hat, die *Horen* in seinen Verlag zu nehmen, geht Schiller allmählich zu Cotta über, der das *Horen*-Projekt im Mai 1794 akzeptiert hat. Er gewinnt damit nicht nur einen einfühlsamen, sondern vor allem auch den ökonomisch stärkeren Partner, der auf seine Forderungen bereitwillig eingeht. 1801 steht Schiller auf dem Höhepunkt seiner Laufbahn als Poet und Publizist. Am 11. September wird *Die Jungfrau von Orleans* in Leipzig uraufgeführt. Thomas Mann paraphrasiert einen Bericht von der dritten Aufführung, bei der Schiller selbst zugegen war:

»die Leipziger Aufführung, der der Zweiundvierzigjährige beiwohnte, war wohl der äußere Höhepunkt seines Lebens. Pauken und Trompeten, Publikumsspalier, Fackeln und Lebehochs auf ›Schiller, den großen Mann!‹ Und der längst schon Schwerkranke geht hindurch, sehr lang von Wuchs, aber gebeugt, von starkem Knochenbau, aber schwacher Muskulatur, in seinem vom Leiden veredelten, ja verschönten Gesicht den Ausdruck von Schwermut, Freundlichkeit, Ernst und Zerstreutheit, den Goethe beschreibt; etwas geniert, wie immer, vom brausenden Erfolg, auf den er es seines Wissens nicht abgesehn hatte und der ihm doch eingeboren, seine Natur, sein innerster Wille ist.«[11]

Die schönen und sympathetischen Worte des nachgeborenen Dichterkollegen dürfen nicht vergessen lassen, daß Schiller selbst seine Erfolge als Gradmesser seines Marktwertes sah, wie er denn überhaupt einen genauen Blick für den Verkaufswert literarischer Produkte hatte. Die Mitarbeiter der *Horen* wurden entsprechend unterschiedlich honoriert: Goethe bekam 8 Louisdor für einen Bogen, Herder fast sechseinhalb, Humboldt und Fichte sechs und Friedrich Schlegel nur fünf.[12] So zog er denn auch die ökonomischen Konsequenzen aus dem Erfolg der *Jungfrau von Orleans* und schrieb am 13. Oktober 1801, vier Wochen nach der Huldigung, die man ihm in Leipzig bereitet hatte, an Cotta:

»Endlich glaube ich mich, was die Schriftstellerei betrift, auf dem Punkte zu befinden, wohin ich seit Jahren gestrebt habe. Der schnelle und entscheidende Erfolg, den meine

neuesten Stücke, zu denen ich auch die Jungfrau von Orleans rechnen darf, bei dem Publicum gehabt haben, versichert auch den künftigen Entreprisen in diesem Fache einen ungezweifelten Succeß, und ich darf endlich hoffen, ohne Ihren Schaden, meine Arbeiten im Preiße steigern zu können.«[13]

Er fordert nun für »ein neues großes Originalstück« 300 Dukaten — also 900 Taler oder 1350 Gulden. Im selben Brief rechnet er dem Verleger vor, wie er auf seine Kosten kommen könne, wenn er ein solches Drama in Form eines Kalenders in 1800 Exemplaren verkaufe, natürlich nur, »Wenn der Calender durch kein kostbares Papier oder unnöthige Kupferverzierungen vertheuert« werde.

Interessant an diesem Vorschlag — den Cotta übrigens alsbald »mit dem grösten Vergnügen«[14] akzeptiert — ist aber Schillers Begründung. Er beruft sich nämlich nicht auf vergleichbare Kontrakte mit anderen Autoren oder konkurrierende Angebote anderer Verleger; er weist auch zurück, daß die Forderung seinerseits in »Gewinnsucht« oder »unanständige(m) Dünkel« begründet sei — vielmehr:

»Es hat eine edlere Ursache, deren ich mich keineswegs schämen darf, es entsteht aus der Begierde, meinen Arbeiten einen höheren innern Werth zu verschaffen. Zum Guten und Vollendeten aber gehört Muße, und ich kann, bei meiner abwechselnden Gesundheit, nur weniges unternehmen. Ein *bedeutendes neues Stück ist alles, was ich in Einem Jahre liefern kann, und ich will also nicht meine* Lage *sondern meine* Werke *dadurch verbeßern, wenn ich sie höher taxiere.«*[15]

Er läßt durchblicken, daß Zeit Geld sei — zumal seine Lebenszeit, von der er weiß, wie karg sie bemessen ist.

Schon 1788 hatte er in einem Brief an Körner deutlich abgeschätzt, wie seine Kräfte beschaffen seien — sowohl seine Arbeitskraft ganz allgemein als auch seine physische Leistungskraft und sein poetisches Vermögen:

»Du wirst es für keine stolze Demuth halten, wenn ich Dir sage, daß ich zu erschöpfen *bin. Meiner Kenntniße sind wenig. Was ich bin, bin ich durch eine, oft unnatürliche Spannung meiner Kraft. Täglich arbeite ich schwerer — weil ich viel schreibe: Was ich von mir gebe steht nicht in proportion mit dem, was ich empfange. Ich bin in Gefahr mich auf diesem Weg auszuschreiben.«*[16]

Auch die Ahnung eines frühen Todes scheint gelegentlich in seinen Schriften auf: so im Entwurf eines Briefs an Fichte vom 4. August 1795, wo er die Vermutung fixiert, daß er in zehn Jahren »weder mehr lehre noch mehr schreibe.«[17] In der Tat starb er noch vor Ablauf dieser zehn Jahre. Und in dem ›Arbeits- und Finanzplan‹, den er zur Zeit seines Briefes an Cotta, wohl zwischen dem 20. September und 13. Oktober 1801 aufstellte, disponierte er nicht über sein 50. Jahr hinaus, in dem er hoffte, alle ihm wichtigen Pläne verwirklicht zu haben.[18]

Es darf deshalb nicht befremden, daß er diese kurze ihm vergönnte Frist in jeder Hinsicht so gut zu nutzen suchte, als es ihm, dem Dichter, Herausgeber, Geschichtsschreiber und Kenner des literarischen Marktes nur immer möglich war. Etwas anderes zu erwarten wäre nur gedankenlosem bildungsbürgerlichen Philistertum möglich: das gab es erst im späten neunzehnten Jahrhundert. Schiller selbst war es fremd.

Die klare Erkenntnis seiner materiellen Interessen, die realistische Einschätzung des literarischen Marktes, die exakte Kalkulation des eigenen Marktwertes dürfen nicht vergessen lassen, was er als Künstler und Philosoph darstellte und reflektierte: mit den Worten der Abhandlung *Über naive und sentimentalische Dichtung* ist es die Natur, »das stille schaffende Leben, das ruhige Wirken aus sich selbst, das Daseyn nach eigenen Gesetzen, die innere Nothwendigkeit, die ewige Einheit mit sich selbst.«[19] Diese Natur würde, wäre sie Wirklichkeit, auch ein freies Verhältnis zum Gelde mit sich bringen, sie enthöbe den Menschen solcher Pflichten, wie sie das *Lied von der Glocke aufzählt:*

»Der Mann muß hinaus
In's feindliche Leben,
Muß wirken und streben
Und pflanzen und schaffen,
Erlisten, erraffen,
Muß wetten und wagen
Das Glück zu erjagen.«[20]

Weil das so ist, sucht Schiller das Ideal der Natur darzustellen — wie ein freier und natürlicher Umgang mit Geld aussähe, erläutert ein Absatz der philosophischen Schrift:

»Wenn ein Vater seinem Kinde erzählt, daß dieser oder jener Mann für Armuth verschmachte, und das Kind hingeht, und dem armen Mann seines Vaters Geldbörse zuträgt, so ist die Handlung naiv; denn die gesunde Natur handelte aus dem Kinde, und in einer Welt, wo die gesunde Natur herrschte, würde es vollkommen Recht haben, so zu verfahren. Es sieht bloß auf das Bedürfniß, und auf das nächste Mittel es zu befriedigen; eine solche Ausdehnung des Eigenthumsrechtes, wobey ein Theil der Menschen zu Grunde gehen kann, ist in der bloßen Natur nicht gegründet. Die

Handlung des Kindes ist also eine Beschämung der wirklichen Welt, und das gesteht auch unser Herz durch das Wohlgefallen, welches es über jene Handlung empfindet.«[21]

In den Dramen ist der freie und natürliche Umgang mit Geld und materiellen Werten ein Zeichen der Freiheit in ihrer höchsten Möglichkeit: der Freiheit zu entsagen. So verschenkt Lady Milford in *Kabale und Liebe* ein Kästchen mit Brillanten, um den Opfern einer Brandkatastrophe zu helfen. Die Regieanweisung sagt, daß sie es »mit Größe« tue. Als sie ihrer Stellung als Favoritin entsagt, verteilt sie ihr Geld unter ihre Leute. Ferdinand verschenkt, ebenfalls in *Kabale und Liebe,* seine goldgefüllte Börse an den Musikus Miller, als er beschlossen hat, zusammen mit Luise zu sterben. Daß Miller sich in Unkenntnis der Situation darüber freut, ist keineswegs Ausdruck von Geldgier, wie man behauptet hat, sondern bekundet nur sein sachliches Verhältnis zum Geld, das ihm in seiner gedrückten sozialen Stellung ein wenig Freiheit schaffen kann.

Die Fähigkeit, irdischem Besitz zu entsagen, treibt auch die Geliebte Karls VII. in der *Jungfrau von Orleans* dazu, den König in kritischer Lage mit ihrem gesamten Besitz zu unterstützen. Agnes Sorel offenbart damit die gleiche Freiheit, die Gertrud Stauffacher in *Wilhelm Tell* beseelt:

»Wüßt' ich mein Herz an zeitlich Gut gefesselt,
Den Brand wärf ich hinein mit eigner Hand.«[22]

Wenn die Legende, Schiller sei zeitlebens arm gewesen, korrekturbedürftig ist, wenn die Meinung, er sei geschäftsuntüchtig gewesen, da er sich als sogenannter ›Idealist‹ nur dem sogenannten ›Höheren‹ gewidmet habe, widerlegt werden kann, so darf man doch nicht daraus schließen, er sei geldgierig gewesen und habe das Geld geliebt. Wenn er in den *Ästhetischen Briefen* der Moderne die Diagnose stellt: »Der *Nutzen* ist das große Idol der Zeit, dem alle Kräfte frohnen und alle Talente huldigen sollen«[23] —, dann war es sein Bestreben, seine Kräfte und seine Talente von diesem Zwang frei zu halten. Geld war ihm immer Mittel zu diesem Zweck: es verschaffte ihm die Möglichkeit, seine Arbeitskraft zu erhalten und sie, ebenso wichtig, auf Gegenstände seiner Wahl zu verwenden, die Möglichkeit, seine Familie zu versorgen, unabhängig zu dichten und zu denken. Das zeigt ein Dokument aus dem Krankheitsjahr 1791 mit aller Deutlichkeit. Am 13. Dezember schreibt er:

»Ich muß Dir unverzüglich schreiben, ich muß dir meine Freude mittheilen, lieber Körner. Das, wonach ich mich schon so lange ich lebe aufs Feurigste gesehnt habe,

wird jetzt erfüllt. Ich bin auf lange, vielleicht auf immer aller Sorgen los; ich habe die längst gewünschte Unabhängigkeit des Geistes. Heute erhalte ich Briefe aus Kopenhagen vom Prinzen von Augustenburg und vom Grafen Schimmelmann, die mir auf drei Jahre jährlich tausend Thaler zum Geschenk anbieten, mit völliger Freiheit zu bleiben wo ich bin, bloß um mich von meiner Krankheit völlig zu erholen. Aber die Delicatesse und Feinheit, mit der der Prinz mir dieses Anerbieten macht, könnte mich noch mehr rühren, als das Anerbieten selbst.«[24]

Wenn die Zahlungen auch nicht regelmäßig eingingen — vor allem die dritte Jahreszahlung für 1794 verzögerte sich und war im April 1795 noch nicht in Schillers Händen —, verschafft ihm das Geld doch etwas mehr finanziellen Spielraum, der ihm endlich ermöglichte, das Haus in Weimar zu kaufen, in dem er die letzten Lebensjahre verbrachte und am 9. Mai 1805 starb. Das hochherzige Geldgeschenk aus Dänemark ist übrigens auch ein Beweis des Ansehens, das er sich als Dreißigjähriger erworben hatte. Daneben dokumentiert es das persönliche Ethos verantwortlicher Menschen jener Zeit vor der Einführung eines allgemeinen Versicherungswesens. So ist auch der Sold zu verstehen, den Schiller vom Weimarer Herzog erhielt. Es waren 200 Taler, die Karl August ihm im Januar 1790 aus seiner Privatschatulle gewährte — kein Gehalt, sondern eine Pension, die Schiller unabhängig von seiner Jenenser Professur bezog, die nach seiner Übersiedlung in die Residenzstadt Weimar erstmals und 1804 abermals verdoppelt wurde, mit der Zusage, sie auf 1000 Taler zu erhöhen »bei nächster Gelegenheit«.[25] Schiller war zwar im März 1789 zum Professor in Jena ernannt worden und hatte dort am 26. Mai seine Antrittsvorlesung gehalten, aber das Amt war zunächst nur mit Ausgaben verbunden. Es war eine außerordentliche Professur, deren Inhaber sich auf die Hörergelder angewiesen sah: im April 1789 veranschlagt er sich noch optimistisch auf 100 Louisdor im Jahr, also 500 Reichstaler, aber im Dezember sieht er sich genötigt, mit nur 200 Talern jährlich zu rechnen, trotz großem Zulauf:

»Meine Lage läßt sich übrigens gut an, und noch biß jezt habe ich eine weit größere Anzahl Auditoren als hier irgend ein Profeßor hat. Behalte ich nur die Hälfte davon in Privatcollegien, so habe ich schon auf eine artige Einnahme zu rechnen. Freilich bezahlen wenige, und ein großer Theil ist zu arm, als daß man es fordern könnte. Indeßen hoffe ich im nächsten Jahr fixen Gehalt zu bekommen, wenn es auch nur einige 100 rth. sind.«[26]

Im selben Jahr 1789/90 etabliert er seine bürgerliche Existenz: er wirbt um Charlotte von Lengefeld, die er am 22. Februar 1790 heiratet, gründet einen

Hausstand und wird auf seine Bitte hin Hofrat in Meiningen. Diese Bestrebungen, im Real-Bürgerlichen Fuß zu fassen, finden ihren Höhepunkt im Jahre 1802: am 29. April zieht er in das Haus an der Esplanade, der heutigen Schillerstraße in Weimar, das kurz zuvor von dem englischen Konsul Mellish gebaut worden war und das er für 4200 Taler gekauft hatte. Und im November erhält er aus Wien sein Adelsdiplom. Das ist ihm deshalb angenehm, weil es ihm und vor allem seiner Frau Zutritt zum Hof verschafft; an Körner schreibt er:

»Für meine Frau hat die Sache einigen Vortheil, für meine Kinder kann sie ihn mit der Zukunft erhalten, für mich freilich ist nicht viel dadurch gewonnen. In einer kleinen Stadt indeßen, wie Weimar, ist es immer ein Vortheil, daß man von nichts ausgeschloßen ist, denn das fühlt sich hier doch zuweilen unangenehm, wenn man in einer größern Stadt gar nichts davon gewahr wird.«[27]

Gestattet die Erhebung Schillers in den Adelsstand Rückschlüsse auf sein Ansehen und seine gesellschaftliche Geltung in Deutschland, so der Hauskauf auf seine Vermögenslage: es gelang ihm um die Jahreswende 1801/02, bedeutende Summen für Kauf, Umbau und Instandsetzung aufzubringen. Insgesamt waren es 8000 Gulden, die er in einem Brief an Cotta 1802 veranschlagt; rechnet man den Taler zu 1 ½ Gulden, so kommt man auf 5333 Taler — aber ob er mit dieser stattlichen Summe tatsächlich auskam, darf man bezweifeln: die Ausgaben liefen, wie stets, seinen Vorausberechnungen davon. Im Sommer 1802, zwischen dem 25. Mai und dem 16. August, gab Schiller mehr als 900 Taler aus; nur der kleinste Teil davon ist notiert, unter anderem:

1 Rock mit Knöpfen	8
Wein	24
Cement	20
Holz	35
Extra	10[28]

Auf einem Blatt seines Kalenders hinter dem 31. Dezember hatte er für 1802 insgesamt 1525 Taler veranschlagt — darunter 75 für Genußmittel wie Zucker, Kaffee, Tee und 125 für Wein: jeder Intellektuelle weiß, daß das für seinesgleichen ebenso wie der Tabak nicht Luxusgüter, sondern Produktionsmittel sind.

Bei solch großzügiger Wirtschaft verwundert es, daß immer noch Geld übrig blieb: der Vorrat an Barem belief sich am 16. August auf 420 Taler! Schiller mußte zwar die Hilfe der »chère mère«, seiner Schwiegermutter, beanspruchen, die den Hauskauf mit einem Darlehen von 600 Talern unterstützte, er mußte auch eine Hypothek »vom Pachter in Niederroßla« aufnehmen — 2200 Laubtaler zu je 39 Groschen, also 3575 Reichstaler —, aber etwa die gleiche Summe nahm er im Laufe des Jahres von Verlagen und Bühnen ein, neben der Pension von 400 Talern aus der herzoglichen Privatschatulle.

Schiller war in seinen letzten Jahren kein armer Mann; Karl-Heinz Hucke hat in einer Studie über Schillers finanzielle Verhältnisse Vergleiche gezogen:

»Damit die Relation deutlich wird: 1820 verdienten die Wirklichen Geheimen Räte und Staatsminister von Gersdorf und von Fritsch im Herzogtum Weimar 3000 Taler, Oberstallmeister von Seebach 2125, Leibarzt Dr. Huschke 2900, Kammersänger Stromeyer 1800 und Kapellmeister Hummel 1800 Taler. Schiller nahm neben seinem Gehalt von 400 Talern — wahrlich keine hochdotierte Stelle in Weimar — 1802, als das Haus gekauft wurde, indes schon rund 3600 Taler zusätzlich ein, während Gastwirt Schwanitz vom Elefanten noch 18 Jahre später mit 1605 zu Buche steht, wohlgemerkt: Jahreseinkommen, und das war sicher kein armer Mann in Weimar.«[29]

Und als Schiller starb, lasteten auf seinem drei Jahre zuvor erworbenen Haus noch 1100 Taler Schulden, die seine Witwe wenige Tage später tilgen konnte: sie empfing am 26. Mai 1805 von Cotta 10000 Gulden Honorar für die Gesamtausgabe von Schillers Dramen, die für Ostern 1806 geplant war.

---

[1] Karl Goedecke (Hrsg.), *Geschäftsbriefe Schillers,* Leipzig 1875, S. 1.

[2] In der neueren Schiller-Literatur ist von Malaria die Rede; diese Krankheit ist aber in Mannheim nicht nachgewiesen. Schiller selbst spricht von »kaltem Fieber«, das in der medizinischen Literatur als Wechselfieber, aussetzendes Fieber, *febris intermittens* beschrieben wird. (Nach freundlicher Auskunft von Frau Dr. Irmtraut Sahmland, Institut für Geschichte der Medizin der Justus-Liebig-Universität Gießen).

[3] *Schillers Werke,* Nationalausgabe, Weimar 1943 ff. (im folgenden NA. mit Band- und Seitenzahl), XXIII, S. 117f.

[4] *Schillers Briefe,* hrsg. von Fritz Jonas, Stuttgart, Leipzig, Berlin, Wien o. J. (im folgenden Jonas mit römischer Band- und Seitenzahl), III, S. 192–195.

[5] Theodor Mommsen, *Römische Geschichte III,* München [3]1984, S. 451 Anm.

[6] NA., XXV, S. 5.

[7] NA., II, 1, S. 407.

[8] Jonas, IV, S. 338f.

[9] Karl-Heinz Hucke, *Jene »Scheu vor allem Mercantilischen«. Schillers »Arbeits- und Finanzplan«,* Tübingen 1984 (= Studien

und Texte zur Sozialgeschichte der Literatur 12), S. 4.

[10] NA., XXV, S. 283 (31. August 1789).

[11] Thomas Mann, *Gesammelte Werke,* Bd. 9, Frankfurt/M. [2]1974, S. 886f.

[12]

Für Göthe sechs Bogen . .	48 Ldors
Für Schlegel, vier Bogen . . .	20 Ldors
Für Hrn. v. Humboldt, fünf Bogen	30 Ldors
Für Fichte ein Bogen.	6 Ldors
Für Meyer ein und $^3/_8$ Bogen .	8 Ldors
Für Herder ein $^1/_4$ Bogen . . .	8 Ldors
Für Engel $^5/_8$ Bogen	4 Ldors

(Schiller an Cotta, 29. März 1795, zitiert nach Wilhelm Vollmer (Hrsg.), *Briefwechsel zwischen Schiller und Cotta,* Stuttgart 1876, S. 79).

[13] NA., XXXI, S. 62f.

[14] Vollmer, a. a. O., S. 437.

[15] NA., XXXI, S. 63.

[16] NA., XXV, S. 5f.

[17] NA., XXVIII, S. 22.

[18] *Arbeits- und Finanzplan Friedrich Schillers für die Jahre 1802–1809.* Hrsg. von Karl-Heinz Hahn, Weimar [3]1981 (Vgl. auch Ernst Müller (Hrsg.), *Schillers Calender,* Stuttgart 1893, S. 179–183). Zur Datierung vgl. Hucke, S. 8f.

[19] NA., XX, S. 414.

[20] NA., II, 1, S. 230.

[21] NA., XX, S. 421

[22] NA., X, S. 145.

[23] NA., XX, S. 311.

[24] Jonas, III, S. 174.

[25] NA., XXXII, S. 138 u. 148.

[26] NA., XXV, S. 276.

[27] NA., XXXI, S. 177.

[28] Ernst Müller (Hrsg.), *Schillers Calender,* Stuttgart 1893, S. 206f.

[29] Hucke, S. 72.

Hans Radspieler

CHRISTOPH MARTIN WIELAND

Als Kind erhielt er von seinen Eltern Geld für den Bäcker, es fiel ihm unterwegs in den Rinnstein, und er hob die Münze nicht mehr auf, sein Ekel war zu groß. — Als alter Mann ergötzte er sich an glänzenden Goldstücken, die er auf dem Tisch vor sich aufgebaut hatte. Seine Bekannten erfreuten ihn damit, daß sie ihm unansehnliche Münzen in hübsche, neue Stücke umtauschten.[1]

Wenn Anekdoten — wahr oder erfunden — charakterisieren können, so diese: wir sehen einen adretten Mann, bei dem von Kindheit an das Geld »da war«, bei dem kleine materielle Verluste leichter wogen als Unbehagen, dem Gelderwerb nicht Selbstzweck, sondern Mittel zum ästhetischen Lebensgenuß war.

Wir sprechen von Christoph Martin Wieland, dem Weimarer Klassiker aus der oberschwäbischen Reichsstadt Biberach.

1733 als Sohn eines Pfarrers geboren, begabt und frühreif, mit allen Zügen eines, wenn man so sagen darf, philologischen Wunderkindes, wuchs er in bürgerlich-wohlhabendem Milieu auf, geborgen in den vielfältigen Beziehungen einer einflußreichen Familie von Kaufleuten, hohen städtischen Beamten und Pfarrern. Die Ausbildung, vor allem klassisch-literarisch, juristisch und theologisch, im renommierten Internat Kloster Berge bei Magdeburg und an der Universität Tübingen, dort noch durch ein Stipendium erleichtert, brachte keine unlösbaren finanziellen Probleme. Am 25. Juli 1751 schrieb er aus Tübingen an die Mutter:

»Ich muß aber vor Michaelis noch wenigstens 35 fl. bekommen, um Hrn. P. Helfrich, den Schneider, Buchbinder etc. zu bezahlen. Ich habe verwichenen Monath fast 3 Gulden nur vor Porto ausgegeben.«[2]

Man kann es dem Ton des Briefes entnehmen: Schwierigkeiten werden die Eltern nicht machen. Ein Opfer bedeutete es dann aber doch, den Neunzehnjährigen nach Abschluß des Studiums nicht sofort einen Brotberuf ergreifen zu lassen, sondern ihm den Wunsch nach weiterer literarischer Ausbildung zu erfüllen. Zu diesem Zweck ging er 1752 voll Begeisterung zunächst auf 7 Jahre nach Zürich, wo er die Privatunterweisung des berühmten Johann Jakob Bodmer genoß. Nicht ganz so glücklich scheinen die Eltern gewesen zu sein:

»Alles, was ... [sie] thun konnten, war mir eine gute Erziehung zu geben. Sie thaten hiebey, gewißer maaßen über Vermögen. Indeß war ihre Absicht daß ich mich auf eines von den gelehrten Handwerkern legen sollte, durch welche man wo nicht sein Glük machen, doch wenigstens sein Brodt verdienen kan. Soll ich sagen daß es mein Glük oder Unglük gewesen, daß ich Ihnen nicht gefolget?«

Den Sohn im gelehrten Müßiggang erhalten, das konnte man sich auf die Dauer nicht leisten:

»Als ich ungefehr anderthalb Jahre hier gewesen war entstand die alte Frage wieder; was mit mir zu machen sey.«[3]

Die Lösung hieß Hausunterricht. Die Tätigkeit, zuerst in Zürich, später in Bern ausgeübt, hatte viel Mißliches, bot aber den Vorteil, daß viel Zeit zum Studieren und Schreiben blieb. Im Gegensatz zu manchen seiner Leidensgenossen wurde er von den Schweizer Patrizierfamilien auch gut bezahlt:

»Ich werde 2 Gebrüdern Dormann und zween oder dreyen andern jungen Herren täglich zwey Stunden in der Philosophie Lection geben und dafür ungefehr 200 Cronen haben.«[4]

Dazu kam die Vergütung für Kost und Logis. Das dürfte etwa dem gehobenen Durchschnittseinkommen eines an öffentlichen Schulen angestellten Lehrers entsprochen haben. Sorgen um die materielle Existenz — im Hintergrund stand ja immer noch die Familie — hatte er nicht.

Auch in den Jugenddichtungen spielt das Geld seine Rolle lediglich im Zusammenhang mit dem Moralkodex. Im Lehrgedicht *Die Natur der Dinge,* einer eigentümlich altklug anmutenden Darstellung des damaligen physikalisch-theologisch-philosophischen Weltbildes, entstanden in Tübingen 1751, zeichnet er unter den drei Hauptleidenschaften den Geiz:

»Ach! Ist es nicht genug, daß Stolz und schnöde Lust
Uns selbst und andre quält und schändet unsre Brust;
Kann nicht der Höllen Brut, zu unwerth ew'ger Seelen,
Der Geiz, der Laster Quell, zu unsrer Ruhe, fehlen?
Verächtlicher! der dort aus holen Augen schielt,
Und im verfluchten Gold, dem Blut der Armen, wühlt!
So giebst du Seelenruh und Tugend und Vergnügen,
Um Klumpen, die entbraucht in schwarzem Eisen liegen!«[5]

Bereits dieses frühe Werk enthält den Ansatz von Wielands Meinungen über Geld, Geldeswert und Geldeswirkung. Wieland meinte nicht einfach den Geizhals, der das nicht mehr herausgibt, was er zusammengerafft hat, es klingt ganz deutlich die Vorstellung an, daß das gehortete Geld letztlich den Armen genommen sei, wie immer man die Bezeichnung vom »Gold, dem Blut der Armen« auffassen mag. Die Vorwürfe des Achtzehnjährigen setzen bereits eine bestimmte Ansicht über die Verpflichtung des Eigentums voraus:

»Sprich, Stax, wem sammlest du? Vielleicht der Ewigkeit;
Vielleicht ein dauernd Gut, das noch im Tod erfreut,
Das mit dir übergeht, wenn du dieß Haus wirst sehen
Sich, fern von deinem Blick, zu deinen Füßen drehen?
Vielleicht ein heilsam Gut, wovon die Welt genießt,

Das auf dein Vaterland zum Dienst der Tugend fließt,
Wovon du Arme nährst, und im verlaßnen Waysen
Einst einen Bürger ziehst, den späte Söhne preisen?«[6]

Und weiter:

»O Thor! ach wüßtest du, wie reich die Tugend machet,
Wie wenig hättest du um flüchtig Gold gewachet!
Das dich einst lassen wird, und das nur der besitzt,
Der es der Menschheit schenkt, durch den es andern nützt.«[7]

Durch Geld andern nützen! Das kann oder könnte mehr als der Privatmann — der Staat. Und in den Dienst des Stadtstaates Biberach, eines für seine süddeutsche Heimat so bezeichnenden Teilstaates des Deutschen Reiches, trat Wieland dann auch. Er wurde 1760 mit dem bescheiden anmutenden Titel »Kanzleiverwalter« der Leiter eines Amtes, das man, notgedrungen unscharf, etwa mit dem Begriff »Zentrales Verwaltungsbüro« umschreiben könnte. Neun Jahre lang lernte er nun die Intrigen und, um einen modischen Ausdruck zu gebrauchen, den Filz der Kleinstadt sowie das innen- und außenpolitische Getriebe kennen, nicht zuletzt natürlich die Bedeutung des Geldes in privater und öffentlicher Hand. Er wurde in diesen Jahren zu einem der ganz wenigen deutschen Dichter — neben Goethe gewiß dem einzigen Klassiker —, der aus eigener Praxis in Sachen Politik mitreden konnte. Nicht umsonst kreist die Problematik eines Teiles seiner Werke, etwa im Roman *Der goldne Spiegel* von 1772 oder in seinen viel zu wenig gewürdigten Schriften zur Französischen Revolution, um das Thema des zwar nicht idealen, aber unter den gegebenen menschlichen Umständen optimalen Staates.

Im persönlichen Bereich war er der finanziellen Sorgen zunächst enthoben. Die Besoldung erhielt er teils in bar, teils in Naturalien, eine Dienstwohnung in der Stadtkanzlei gleich neben dem Rathaus stand kostenlos zur Verfügung. Sein Gesamteinkommen bezifferte Wieland auf etwa 1000 Gulden im Jahr. Er war damit einer der bestbezahlten Staatsbeamten in Biberach.[8]

Trotzdem geriet er hier erstmals in ernste Bedrängnis, verursacht durch das Zusammentreffen von persönlichen und politischen Schwierigkeiten. Im politischen Bereich waren es Angriffe von Gegnern, die versuchten, ihm die Stelle als Kanzleiverwalter streitig zu machen. Es kam zum Prozeß, der in Wien geführte wurde, sich jahrelang hinzog und, nebenbei bemerkt, die Stadtkasse das Drei- bis Vierfache einer Jahresbesoldung des Kanzleiverwalters kostete.[9] Man war schon damals nicht pingelig mit dem Geld der

Steuerzahler. Im Verlauf des Prozesses wurde Wielands Gehalt zeitweise gesperrt, und das gerade zu einer Zeit, in der er das Geld dringend gebraucht hätte. Er, der Sohn des evangelischen Predigers, hatte sich zum Entsetzen seiner Eltern in ein Mädchen verliebt, das katholisch war und aus einfachen Verhältnissen stammte; er hatte es sogar in sein Haus aufgenommen. Als es ein Kind erwartete, war der Skandal da. Der alte, im Grunde tolerante Pastor hätte sich wohl damit abgefunden, aber die Familie des Mädchens suchte aus konfessionellen Gründen eine Ehe um jeden Preis zu verhindern. In dieser Situation brauchte Wieland größere Mittel, sei es, um den Plan einer standesgemäßen Erziehung für das Mädchen zu verwirklichen, sei es, um mit ihr eine neue Existenz aufbauen zu können. Wir wissen die Einzelheiten nicht, jedenfalls entstand unter dem Druck dieser Situation das, wie Wieland selbst sagte,

»einzige Buch, das Ich, um eine Summe Gelds zu bekommen, ... geschrieben habe. Ich mußte für eine zweite mir sehr theure Person Geld schaffen, und so schrieb ich das erste und das letzte Mal absichtlich um ein Honorar.«[10]

In dem damals entstandenen Roman *Don Sylvio von Rosalva* zieht der jugendliche, schwärmerisch an Feen und Geister glaubende Held als ein anderer Don Quichotte nach Abenteuern aus. Die Heilung seines Wahns erfolgt dadurch, daß ihm Freunde das Märchen vom Prinzen Biribinker erzählen und im Gespräch darüber seinen Wahn zerstören. Biribinker kommt im Verlauf der Ereignisse in ein prächtiges Zauberschloß und gelangt dort in ein kleines Kabinett:

»Ein angenehmes Gemisch von Licht und Schatten erheiterte es, ohne daß man die Quelle dieser zauberischen Dämmerung entdecken konnte. Die Wände von polirtem schwarzem Granit stellten, wie eben so viele Spiegel, verschiedene Szenen von der Geschichte des Adonis und der Venus mit einer Lebhaftigkeit vor, die der Natur gleich kam ... Ein wollüstiges Ruhebett, von welchem ein marmorner Liebes-Gott, der zu athmen schien, den wallenden Vorhang halb hinweg zog, war das einzige Geräthe in diesem anmuthsvollen Ort, und erweckte in dem Herzen unsers Prinzen ein geheimnißvolles Verlangen nach etwas, wovon er, so neu als er noch war, nur dunkle Begriffe hatte, ob ihm gleich die Tapeten, die er sehr aufmerksam und nicht ohne eine süsse Unruhe betrachtete, einiges Licht zu geben anfiengen ...

[Er] zog seine Kleider aus, und war im Begriff sich niederzulegen, als eines der unvermeidlichsten Bedürfnisse der menschlichen Natur ihn nöthigte, sich unter dem Bette umzusehen. Er fand würklich ein Gefäß von Crystall, an welchem noch Merkmale zu sehen waren, daß es vor Zeiten zu einem solchen Gebrauch gedient

hatte. Der Prinz fing schon an, es mit Pomeranzen-Blüth-Wasser zu begiessen, als er, o Wunder! das crystallene Gefäß verschwinden, und an dessen statt — eine junge Nymphe vor sich stehen sah, die so schön war, daß es unmöglich hätte scheinen sollen, so sehr über sie zu erschrecken, als der Prinz würklich erschrack.«[11]

Kostbarer Prunk, Liebessehnsucht und eine für Wielands oberschwäbische Umgebung — der Roman erschien in Ulm — erstaunlich gewagte Szene, deren Zusammenhang mit der Produzierung von Gold und Geld, folgt man etwa Freuds Traumdeutungen, aufs aparteste interpretiert werden könnte.[12] Wir wollen dies nicht tun, aber zweifellos drückt sich in dem Roman die Sublimation der Sehnsüchte nach materieller Unabhängigkeit und nach ungestörtem Leben mit dem Mädchen aus dem Volke aus. Das von Biribinker geliebte Landmädchen verwandelt sich am Ende in die Prinzessin Galaktine, beide heiraten mit großem Prunk, und das »neue Ehepaar liebte sich so lange als es konnte«.[13]

Bei Wieland löste sich die Krise, eine der schwersten seines Lebens, weit nüchterner: Der Prozeß kam zu einem erfreulichen Abschluß, die Eltern der Geliebten schickten ihre Tochter zuerst in eine Klosterschule, dann zu weitab wohnenden Verwandten, die Bindung zerbrach, Wielands Familie griff ein und suchte und fand 1765 für ihn in der Augsburgerin Anna Dorothea von Hillenbrand eine Gattin, mit der er eine überaus glückliche Ehe führte. Die Braut stammte aus einer der reichsten Familien Augsburgs, aus der »Wechsel-, Kattun- und Farbwarenhandlung Jakob Hillenbrand selige Erben«[14], also aus einer Großhandelsfirma, die gleichzeitig die Funktion einer Bank erfüllte. Wieland pflegte jahrzehntelang über sie seine Geldgeschäfte abzuwickeln.

Es war ihm jetzt möglich, Geld anzulegen; die Honorare für den inzwischen berühmt gewordenen Dichter machten sich bemerkbar. Allein die acht Bände der zwischen 1762 und 1766 erschienenen Shakespeare-Übersetzung, die erste ernstzunehmende überhaupt in Deutschland und von gar nicht hoch genug einzuschätzendem Einfluß auf das deutsche Geistesleben, brachten ihm vom Zürcher Verlag Orell, Geßner und Co. 960 Gulden, also etwa ein Jahresgehalt als Kanzleiverwalter.[15] Wieland verteilte seine zinsbringenden Guthaben klug auf private Geschäftsleute und die Kommune. Die der Stadtkasse wiederholt zur Verfügung gestellten Summen erreichten eine Höhe von 800 Gulden, und zwar zu einem Zinssatz von 5%, während anderen Bürgern nur 4% gewährt wurden.[16]

Finanzielle Gründe gaben also nicht den Ausschlag, wenn Wieland 1769 seine Heimat für immer verließ. Es war hauptsächlich das Bedürfnis, aus der Enge der Kleinstadt herauszukommen. Eine ihm gemäße, geistig weitere, freiere Umgebung erhoffte er sich in Erfurt, wohin ihm sein Ansehen als führender deutscher Schriftsteller einen Ruf an die kurfürstliche Mainzer Universität eingebracht hatte. Das Gehalt für den neuen Professor der Philosophie betrug laut Anstellungsdekret »Fünffhundert Reichsthaler an Geld, nebst Zwey Malter Korn, Zwey Malter Gerst und Vier Claffter Holtz«, dazu erhielt er den Titel »Regierungsrat«.[17] Wenn man das Wertverhältnis des Reichstalers zu dem in Biberach umlaufenden Gulden mit 1 zu 1,66 ansetzt, wie es der Dichter selbst tat, so ergeben sich, allerdings ohne die Naturalien, etwa 830 Gulden. Dem standen für Januar 1775 — aus diesem Monat haben wir Zahlen — 50 Reichstaler als Haushaltsgeld für die Frau gegenüber, ein für einen Monat relativ hoher Betrag, weiter 4 Reichstaler für den Holzhacker und 6 Reichstaler für Gerste und Korn, da die Naturallieferungen entweder nicht gereicht hatten oder nicht rechtzeitig eingetroffen waren.[18]

Im Herbst 1772 berief Herzogin Anna Amalia von Weimar Wieland an ihren Hof als Erzieher des noch unmündigen Erbprinzen Karl August und leitete damit die Entwicklung der kleinen Fürstenresidenz zum Mittelpunkt der deutschen Klassik ein. Mit dem gesellschaftlichen Renommee stieg auch die Bezahlung: sie betrug nun 1000 Taler im Jahr. Nach Karl Augusts Regierungsantritt sollte Wieland auf Lebenszeit eine »Gnadenpension« von jährlich 600 Reichstalern erhalten. Da der Prinz bereits 1775 mit 18 Jahren mündig wurde und seinem Lehrer unter der Bedingung, daß er in Weimar bleibe, 400 Taler Zulage gewährte[19], konnte Wieland mit 42 Jahren eine Pension genießen, deren Höhe dem Gehalt eines Weimarer Regierungsrats entsprach, eines Gymnasialdirektors oder dem Einkommen der Besitzer der Gasthöfe »Elefant« und »Erbprinz«, der ersten Häuser am Platze.[20]

Wieland wurde in den folgenden 40 Weimarer Jahren zur Institution, zur europäischen Zelebrität, zum begehrten Briefpartner, der seiner Korrespondenz kaum mehr Herr wurde. Um seine finanziellen Angelegenheiten kümmerte er sich nichtsdestoweniger mit gleicher Sorgfalt.

Die erhaltenen Briefe, Empfangsbescheinigungen über Honorare, Schuldscheine und andere Unterlagen reichen aus, um ein Buch über Wielands finanzielle Transaktionen zu schreiben. Selbst in Manuskripten dichterischer Werke finden sich hie und da am Rande Berechnungen und Notizen über zu leistende oder zu empfangende Zahlungen. Wir greifen zwei Beispiele heraus:

Von 1773 an erstreckte sich 25 Jahre lang die Korrespondenz mit einem Biberacher Vertrauten, die mehr noch als den Austausch von Neuigkeiten die Beratung über Geldangelegenheiten zum Inhalt hatte. Immer wieder erkundigte sich der Dichter, wie und wo er seine Gelder anlegen könne, erteilte selbst Ratschläge und gab Anweisungen. Gewagte Spekulationen lagen ihm nicht, er handelte nach dem ausdrücklichen Grundsatz: »Das beste ist immer wenige Zinsen, und gute Versicherung des Hauptgutes«[21] und bestimmte:

»In Betreff des neuen Anlehens von 600fl. auf die Pflugwirtschaft macht der Umstand, daß meine bereits darauf versicherten 900fl. schon 200, und dann 600fl., die der Gerster noch haben will, abermals 200 vorgehen, eine Veränderung; indessen kommt es doch bloß darauf an, ob Ew. Wohlgebohren glauben, daß N.B. der Platz diese[r] Wirtschaft und die darauf haftende Gerechtigkeit 1500 fl. wert sey; denn im Fall das Haus (welches Gott verhüte) abbrennte, so wäre doch dies die einzige Hypothek, auf welche man angewiesen wäre. Ew. Wohlgebohren wissen dies besser als ich, und ich setze in Dero Klugheit ein unbegrenztes Vertrauen. Finden Sie also, daß ich auf alle Fälle *hinlänglich bedeckt bin, so stehen die 600 fl. dem Gerster zu Diensten; wo nicht, so möchte es bey den 900 fl., die er schon hat, sein Bewenden haben ..., da ... es mir nicht so wohl ums Anlegen als um* Sicherheit *beym Anlegen zu thun ist.«*[22]

Wer so solid investiert, gilt auch als zuverlässiger Agent. 1796 hatten Truppendurchzüge, Plünderungen und Requisitionen die Biberacher Stadtkasse und die Steuerkraft der Bürger völlig erschöpft. In dieser Situation bat die Kommune Wieland um Hilfe, und tatsächlich gelang es ihm trotz der schlechten wirtschaftlichen Lage 15000 Gulden von privater Seite in Frankfurt aufzutreiben. Nebst einem Dankschreiben erhielt er vom Magistrat 200 Gulden Provision.[23]

Auch die Honorare flossen reichlich. Wieland wußte, was er wert war, und wußte auch um den Wert geistiger Arbeit. Er war einer der ersten Dichter, die sich intensiv für die Rechte der Schriftsteller auf angemessene Bezahlung und eine stärkere Stellung gegenüber den Verlegern einsetzten.

Das Kapitel »Wieland und seine Verleger« kann hier nur bei dem für ihn wichtigsten Fall aufgeschlagen werden, nämlich bei der Ausgabe seiner *Sämmtlichen Werke* in 45 Bänden durch Georg Joachim Göschen in Leipzig von 1794 an. Sie war — und das erweist die überragende Bedeutung des Dichters auch in verlagswirtschaftlicher Hinsicht — eines der aufwendigsten Projekte, das jemals dem Gesamtwerk eines Autors gewidmet war. Göschen ließ die Ausgabe gleichzeitig in vier nach Ausstattung und Preis gestaffelten Versionen erscheinen und bezahlte insgesamt rund zwölfeinhalbtausend Taler als Honorar.[24]

Nicht übersehen werden darf bei der Würdigung von Wielands Geschäftssinn seine große Familie mit elf Kindern. Zwei der Töchter waren noch dazu so unglücklich, kurz nach der Geburt ihrer Kinder den Mann zu verlieren, und kehrten ins Elternhaus zurück. Ein solcher Haushalt kostete natürlich einiges.

Auch Rückschläge blieben nicht aus. Das Erbe aus der Hillenbrandschen Firma erwies sich nach dem Tod der Schwiegermutter geringer als erhofft, einige Investitionen brachten Verluste; Wielands zwischen 1774 und 1810 herausgegebene Zeitschrift *Der Teutsche Merkur*, eines der einflußreichsten und langlebigsten Literaturorgane überhaupt, mußte nach Jahren des Erfolgs schließlich aus finanziellen Gründen aufgegeben werden.[25] Doch war der Dichter viel zu sehr Lebenskünstler, um schwer daran zu tragen. Dies zeigte sich besonders beim Erwerb und Verkauf des Gutes Oßmannstedt bei Weimar, mit dem er sich 1797 für 22000 Taler einen Lebenswunsch erfüllt hatte, das er jedoch 1803 wieder abgeben mußte, da er die Lasten nicht mehr aufbringen konnte.[26] Erwerb und Verkauf waren von einer Lebensphilosophie getragen, aus der heraus Wielands Verhältnis zum Geld zwanglos zu erklären ist.

Es war im Grunde die Philosophie des antiken Philosophen Aristipp aus der griechischen Kolonie Kyrene in Nordafrika. Dessen zu Unrecht gemeinhin als oberflächlich abgetane Lehre des Lebensgenusses muß auf Wieland schon in seiner Jugend eine tiefe Wirkung ausgeübt haben. Immer wieder kam er auf ihn zu sprechen, ihm widmete er seinen großen Altersroman *Aristipp und einige seiner Zeitgenossen*. Die von Moralisten oft als frivol bezeichnete Anekdote über Aristipp und die Hetäre Laïs enthielt für ihn eine tiefere Bedeutung:

»Ein ... guter Freund wollte ihm einen Vorwurf daraus machen, daß ein so weiser Mann sich in den Netzen einer Laïs habe fangen lassen. Da irrst du dich, antwortete der Philosoph; ich habe Sie, *aber sie hat* Mich *nicht.«*[27]

Dieses »Ich habe Sie, aber sie hat Mich nicht«, bezogen auf die Wechselfälle des Lebens, galt ihm als die Quintessenz von Aristipps Philosophie, die er einem Freund gegenüber als die letztlich »einzig wahre« bezeichnete.[28] Der Mensch solle sich nicht von Freud oder Leid beherrschen lassen, *er* solle in Gleichmut Herr der Dinge und Zustände werden. In den Erläuterungen zu seiner Horaz-Übersetzung schrieb Wieland:

»Aristipp wußte es ... immer so zu machen, daß es ihm nie an Geld fehlte, ohne daß das Geld jemals mehr in seinen Augen galt, als das, was er darum haben konnte. Er bezahlte ... einstmals ein Rebhuhn um funfzig Drachmen oder beynahe um zwölf Thaler unsers Geldes. Einer von seinen Freunden hielt ihm eine große Straf-

predigt über eine so verschwenderische Naschhaftigkeit. Du hättest das Rebhuhn also doch auch gekauft, wenn es nur einen Albus gekostet hätte? fragte der Philosoph. Nun freilich, dann wohl, erwiederte der Freund. Gut versetzte jener, wenn mir nun funfzig Drachmen nicht mehr sind als dir ein Albus, was dann? — Ein andermal, da er auf einer Reise war, beklagte sich der Sclave, der sein Gepäck und seine Casse trug, daß ihm die Last zu schwer werde. So wirf davon weg, was dir zuviel ist, sagte Aristipp.«[29]

Man denkt unwillkürlich an den Knaben Wieland, der das Geld im Rinnstein liegenließ, und begreift den alten Mann, als er Oßmannstedt zwar nicht ohne Bedauern, aber doch mit Gleichmut verließ. Die gleiche Haltung fand er in seinem Lieblingsschriftsteller Horaz, von dem er behauptete, dessen Seele »sei in ihm wohnhaft«.[30]

In dem umfangreichen Komplex der staatsphilosophischen Schriften, der in unserem Zusammenhang nur angedeutet werden kann, kommt natürlich auch die Rolle des Geldes zur Sprache. Einerseits gestand Wieland zu, wie im Versepos *Oberon* formuliert:

»Nur Gold genug, so ist die Welt zu Kauf;
Ein goldner Schlüssel, Herr, schließt alle Schlösser auf!«[31]

Andererseits wies er auf die Verantwortung des Staates für die gemeinnützige Verwendung des Geldes hin, der sich auch der einzelne nicht entziehen könne. Im Aristipp-Roman äußert die Hauptperson, die von ererbtem Geld eine öffentliche Bibliothek bauen läßt:

»Wer mit so weniger Mühe zu einem beträchtlichen Vermögen kommt, hat ... eine besondere Obliegenheit auf sich, es auf eine edle und gemeinnützliche Art zu verwenden.«[32]

Am Gelde hängt letztlich alles. In dem der Menschheit nun einmal innewohnenden Trieb, sich zu bereichern, sah Wieland eine der Haupttriebfedern politischer Entwicklung. In der Geschichte Roms und der Geschichte griechischer Stadtstaaten sah er, nicht unberechtigt, Parallelen zu seiner Zeit:

»Die fast allgemeine Epidemie der Römer ... war die nehmliche, woran wir heutzutage die vornehmsten Staaten in Europa krank liegen sehen, eine unmäßige Sucht, sich zu bereichern ... *Diese Wuth, womit die obersten Classen angesteckt waren, drang, wie natürlich, gar bald auch zu den untersten ein; und so verlohr*

sich in kurzer Zeit der edle alte Nationalcharakter der Römer in dieser unersättlichen Habsucht.«[33]

Und, dies im Zusammenhang mit der Geschichte von Syrakus:

»Rechtmäßig oder unrechtmäßig hört unvermerkt auf, eine Frage zu sein oder Bedenklichkeiten zu verursachen. Der Gewalthaber bricht gar bald durch so schwache Schranken und gewöhnt sich nur zu leicht zu glauben, auch der Schwächere müsse alles, was sein Oberer tut, schon daraus allein für rechtmäßig halten, weil er die Gewalt dazu hat.«[34]

Am Ende werde die Kluft zwischen Arm und Reich immer breiter, die Oligarchie, also die Herrschaft einer kleinen Gruppe, schränke sich auf immer wenigere ein, das Volk teile sich in Arme und Reiche, und dann komme es zwangsläufig zum Umsturz.

Wieland starb 1813 im achtzigsten Lebensjahr. Man pflegte ihn inzwischen »Papa Wieland« zu nennen, und es gibt auch einige Porträts aus den letzten Jahren, die ihn als gemütlichen Greis mit rundem Käppchen und im Hausrock zeigen. Aber — man hat das nur noch nicht zur Kenntnis genommen: harmlos, ahnungslos war er auf keinen Fall.

Aus der umfangreichen Sekundärliteratur über die angeschnittenen biographischen und literarischen Bereiche ist im folgenden nur die nachgewiesen, die das Thema unmittelbar betrifft. Darüber hinaus sei verwiesen auf die *Wieland-Bibliographie* von Gottfried Günther und Heidi Zeilinger, Berlin und Weimar 1983.

Die Zitate aus Wielands Werken folgen, wenn nichts anderes angegeben, den Erstdrucken. Zusätzlich sind der leichteren Zugänglichkeit halber die entsprechenden (im Wortlaut gelegentlich leicht abweichenden) Stellen in der 8⁰-Ausgabe letzter Hand *Sämmtliche Werke,* 39 Bde. und 6 Supplementbde., Leipzig: Göschen 1794 bis 1811 (Reprint Hamburg 1984) verzeichnet.

1 Ludwig Felix Ofterdinger: *Christoph Martin Wieland's Leben und Wirken in Schwaben und in der Schweiz,* Heilbronn 1877, S. 25 und 28.

2 *Wielands Briefwechsel,* hrsg. von der Deutschen Akademie der Wissenschaften zu Berlin, 1. Bd., hrsg. von Hans Werner Seiffert, Berlin 1963, S. 18.

3 An Johann Georg Zimmermann, Zürich, 20. Februar 1759, ebd., S. 406 f.

4 An Johann Georg Zimmermann, Bern, 24. August 1759, ebd., S. 517.

5 *Die Natur der Dinge in sechs Büchern,* Halle 1752, S. 154. — *Sämmtliche Werke,* Supplement 1, S. 263.

6 Ebd., S. 154 bzw. S. 263 f.

7 Ebd., S. 155 bzw. S. 265.

8 Einzelheiten im Abschnitt »Amt und Leben in Biberach« bei Hans Radspieler, *Christoph Martin Wieland. Leben und Wirken in Oberschwaben.* Ausstellung der Stadtbibliothek Ulm und der Stadtbücherei

Biberach 1983, Weißenhorn 1983 (=Veröffentlichungen der Stadtbibliothek Ulm, Bd. 3).

[9] Die Dokumente dazu sind veröffentlicht von Eugen Springer, »Die Wahl Christoph Martin Wielands zum Kanzleiverwalter in Biberach«, in: *Zeit und Heimat. Beilage zum »Anzeiger vom Oberland«,* 10. Jg., 1933, Nr. 5–7 und 11. Jg., 1934, Nr. 1 bis 4 (erweiterte Fassung des Aufsatzes »Christoph Martin Wieland als Kanzleiverwalter in Biberach«, in: *Württembergische Vierteljahreshefte für Landesgeschichte,* NF XXII, 1913, S. 363–425).

[10] *Literarische Zustände und Zeitgenossen in Schilderungen aus Karl Aug. Böttiger's handschriftlichem Nachlasse,* hrsg. von K(arl). W(ilhelm). Böttiger, 1. Bdch., Leipzig 1838, S. 164.

[11] *Der Sieg der Natur über die Schwärmerey, oder die Abentheuer des Don Sylvio von Rosalva. Eine Geschichte worinn alles Wunderbare natürlich zugeht,* Ulm 1764, S. 465–467. — *Sämmtliche Werke,* Bd. 12, S. 167f.

[12] Siehe dazu etwa Sigmund Freud, *Studienausgabe,* hrsg. von Alexander Mitscherlich u. a., Bd. 2, *Die Traumdeutung,* Frankfurt am Main 1982 (Fischer-TB 7302) oder *Über Träume und Traumdeutungen,* Frankfurt 1985 (Fischer-TB 6073) und *Die Traumdeutung,* Frankfurt 1985 (Fischer-TB 6344).

[13] Wie Anm. 11, S. 560 bzw. S. 276.

[14] Vereinzelte Angaben über die Firma bringt Wolfgang Zorn, *Handels- und Industriegeschichte Bayerisch-Schwabens 1648 bis 1870,* Augsburg 1961 (=Veröffentlichungen der Schwäbischen Forschungsgemeinschaft bei der Kommission für Bayerische Landesgeschichte. Reihe 1: Studien zur Geschichte des Bayerischen Schwabens, Bd. 6).

[15] Wie Anm. 8, S. 102.

[16] Johannes Maier, »Die Wieland'sche ›Geldnegotiation‹«, in: *Festschrift zum 200. Geburtstag des Dichters Christoph Martin Wieland,* hrsg. von der Stadtgemeinde und dem Kunst- und Altertumsverein Biberach/Riß, Biberach 1933, S. 91–95.

[17] Wie Anm. 2, 3. Bd., bearb. von Renate Petermann und Hans Werner Seiffert, Berlin 1975, S. 567.

[18] Notiz in einem handschriftlichen Sammelband von 1774 mit dichterischen Entwürfen, im Besitz des Germanischen Nationalmuseums Nürnberg, veröffentlicht von Friedrich Beißner, »Neue Wieland-Handschriften«, in: *Abhandlungen der Preußischen Akademie der Wissenschaften,* Jg. 1937, Phil.-hist. Klasse, Nr. 13, Berlin 1938, die Notiz S. 9.

[19] An Justin Heinrich von Hillern, Weimar, 4. April 1777. — Wie Anm. 2, 5. Bd., bearb. von Hans Werner Seiffert, Berlin 1983, S. 604.

[20] Aufschlußreiche Angaben über die Einkommensverhältnisse im Herzogtum Weimar bringt Hans Eberhardt, *Goethes Umwelt. Forschungen zur gesellschaftlichen Struktur Thüringens.* Weimar 1951 (=Thüringische Archivstudien, Bd. 1).

[21] Weimar, 24. November und 15. Dezember 1779. — Die Briefe Wielands an Justin Heinrich von Hillern befinden sich im Besitz der Sächsischen Landesbibliothek Dresden und sind zum Teil gedruckt in dem bis Ende 1777 reichenden Band 5 von Wielands Briefwechsel (siehe Anm. 19). Unsere Zitate folgen den im Wieland-Archiv Biberach an der Riß befindlichen Abschriften.

[22] Weimar, 6. Februar 1781.

[23] Wie Anm. 16.

[24] Wielands Verhältnis zu seinen Verlegern haben unter Einbeziehung zahlreicher neuer Quellen zuletzt behandelt Wolfgang von Ungern-Sternberg, »Chr. M. Wieland und das Verlagswesen seiner Zeit. Studien zur Entstehung des freien Schriftstellertums in Deutschland«, in: *Archiv für die Geschichte des Buchwesens,* Bd. XIV, 1974, S. 1211–1534 sowie Hansjörg Schelle: »Wielands Beziehungen zu seinen Leipziger Verlegern. Neue Dokumente«,

3 Tle, in: *Lessing Yearbook VII,* München 1975, S. 149–219; *VIII,* 1976, S. 140–239 und *IX,* 1977, S. 166–258 und »C. M. Wielands Briefwechsel mit Friedrich Vieweg«, 3 Tle. in: *Modern Language Notes,* 98, 1983, S. 399–425; 99, 1984, S. 673–699 und 100, 1985, S. 632–637. — Hier ist auch die gesamte ältere Literatur zu diesem Thema verzeichnet.

[25] Aufschlußreiche Notizen dazu aus den bisher unveröffentlichten Teilen von Böttigers Nachlaß (siehe Anm. 10) finden sich bei Bernd Maurach, »Ein Zeitgenosse über Wieland. Unveröffentlichtes aus dem Nachlaß Karl August Böttigers, insbesondere den ›Teutschen Merkur‹ betreffend«, in: *Weimarer Beiträge. Zeitschrift für Literaturwissenschaft, Ästhetik und Kulturtheorie* XXII. Jg, 7, 1976, S. 166–175.

[26] Dazu zuletzt, unter Einbeziehung der älteren Literatur und bisher unbekannter Quellen Rosalinde Gothe, »Wo Wieland als Gutsherr saß. Gut und Gemeinde Oßmannstedt am Ende des 18. Jahrhunderts«, in: *Impulse* 8, *Aufsätze, Quellen, Berichte zur deutschen Klassik und Romantik.* Im Auftrag der Nationalen Gedenkstätten der klassischen deutschen Literatur in Weimar hrsg. von Walter Dietze und Werner Schubert. Berlin und Weimar 1985.

[27] *Horazens Briefe aus dem Lateinischen übersetzt und mit historischen Einleitungen und andern nöthigen Erläuterungen versehen von C. M. Wieland,* 1. Tl., Leipzig 1816, S. 50. — Neuausgabe, Nördlingen 1986, S. 66.

[28] Wie Anm. 10, S. 240.

[29] Wie Anm. 27, S. 49 f. — Neuausgabe S. 65.

[30] Wie Anm. 10, S. 143.

[31] *Oberon. Ein Gedicht in vierzehn Gesängen,* in: *Der Teutsche Merkur vom Jahr 1780,* Erstes Vierteljahr, Weimar, 13. Gesang, Strophe 42 (ohne Paginierung). — *Sämmtliche Werke,* Bd. 23, S. 228 (hier in der Neubearbeitung: 11. Gesang, Strophe 42).

[32] *Aristipp und einige seiner Zeitgenossen,* Erstdruck in: *Sämmtliche Werke,* Bd. 33–36. — Das Zitat Bd. 35, S. 161.

[33] *Horazens Satiren aus dem Lateinischen übersetzt und mit Einleitungen und erläuternden Anmerkungen versehen von C. M. Wieland,* 1. Tl., Leipzig 1804, S. 13. — Neuausgabe, Nördlingen 1985, S. 13.

[34] Aus dem handschriftlichen Fragment »Revolution in Syrakus« in den Nationalen Forschungs- und Gedenkstätten der klassischen deutschen Literatur, Goethe- und Schiller-Archiv, Weimar. Unser Zitat folgt einer Abschrift im Wieland-Archiv Biberach an der Riß.

Asta-Maria Bachmann und Uwe Schweikert

JEAN PAUL

In seinem letzten, unvollendet gebliebenen Roman *Der Komet* — er erschien in den Jahren 1820 bis 1822 — mischt Jean Paul sich mit seinem bürgerlichen Namen Richter selbst unter das Personal der erfundenen Geschichte. Als »dürren Jüngling mit offner Brust und fliegendem Haare, und mit einer Schreibtafel in der Hand« (W 6, 832)[1] sehen wir ihn da in die Geschichte des Apothekers Nikolaus Marggraf eintreten, der sich in seiner Einbildung für einen Fürsten hält und den armen Höfer Kandidaten Richter als »Wetterkundigen von Profession« und künftigen »großen Schriftsteller« (W 6, 833) unter seinen Hofstaat aufnimmt:

»Wer bekam bei diesen Worten statt eines Veilchen am Wege einen ganzen Vorleglöffel voll Veilchensyrup in die Hand? wer anders als der arme Kandidat Richter, der auf einmal, nachdem er so viele Jahre in Hof unter Kaufleuten und Juristen mit seinem aufgedeckten Halse und langem Flatterhaare bestäubt und unscheinbar hingeschlichen, sich im Gefolge und Pfauenrade eines Fürsten als einen langen Glanzkiel sollte mit aufgerichtet sehen, in täglichem engsten Verkehr mit lauter Hofleuten, nach deren Bekanntschaft er schon damals hungerte und durstete, um später endlich Werke wie einen Hesperus, einen Titan u. dergl. der Welt zu liefern, Werke, die sie ja gegenwärtig hat und schätzt [...] Wer es freilich wußte, wie der Kandidat in Hof, gleich faulem Holze, gedrückt und zerdrückt, doch nicht auszulöschen war, sondern zerkrümelt und unter manchem Wasser fortleuchtete: der mußte, wenn er nur halb so gutmütig dachte wie er, ihm den glänzenden Glückwechsel so gönnen wie ich.« (W 6, 834)

In seiner leiblichen Hungerpfarre bei Wasser und Brot wollte der junge Richter wie sein fürstlicher Apotheker Marggraf die Phantasie zu Gold aufkochen. Sein »geistiges Selberstillen« (SW II, 4, 86), bei dem der innere Wunsch den äußeren Verhältnissen zum Tanz aufspielte, wurzelte, wie bei so vielen deutschen Schriftstellern des 18. und 19. Jahrhunderts, im Protestantismus. Der Vater war erst Tertius, dritter Lehrer und Organist, später Pfarrer im Fränkischen. Im Elternhause herrschte Armut, genossen doch die Schulmeister und Landpfarrer damals kaum Ansehen und waren zu einem Dasein von Hungerleidern verurteilt. Johann Paul Friedrich Richter, der sich später als Autor Jean Paul nannte, wuchs als ältestes von insgesamt sieben Geschwistern auf. Er hatte eben das Gymnasium bezogen, als sein Vater im April 1779 plötzlich starb. Die Not der Familie wuchs noch, als zwei Jahre später der Mutter durch Erbstreitigkeiten die letzten Einkünfte verloren gingen.

Jean Paul hat sich über sein Schicksal, das ihm so viele Berge auf dem Weg zum Autorruhm vor die Füße legte, niemals beklagt und es auch später eher wortreich verschleiert. So lesen wir etwa in seiner Fragment gebliebenen *Selberlebensbeschreibung* (1818/19) über den Großvater Johannes Richter — und anders werden die Lebensumstände seines Elternhauses kaum gewesen sein:

»Sein Schulhaus war ein Gefängnis, zwar nicht bei Wasser und Brod, aber doch bei Bier und Brod; denn viel mehr als beide — und etwa frömmste Zufriedenheit dazu — warf ein Rektorat nicht ab, das obwol vereinigt mit der Kantor- und Organistenstelle, doch dieser Löwengesellschaft von 3 Ämtern ungeachtet nicht mehr abwarf als 150 Gulden jährlich. Und an dieser gewöhnlichen baireutischen Hungerquelle für Schul-

leute stand der Mann 35 Jahre lang und schöpfte. Allerdings hätt' er ein oder mehr Paar Bissen oder Pfennige gewonnen, wär' er weiter gerückt, z.B. zu einem Landpfarrer hinauf. So oft die Schulleute ihre Kleider wechseln, z.B. den Schulmantel in den Priestermantel, so bekommen sie bessere Kost, wie die Seidenraupen bei jeder neuen Häutung reicheres Futter erhalten, so daß ein solcher Mann die Vermehrung seiner Einkünfte durch das Vermehren seiner Arbeiten so weit treiben kann, daß er einem mit Wart- oder mit Gnadengeldern oder überhaupt hohen quieszierten Staatsbeamten nachkommt, dessen fünf Notenlinien von Treffern durch die ganze Partitur der Kammer bei allem Pausieren des Instruments durchgeführt werden.« (SW II, 4, 73)

Wer der Sprache so sehr die Zügel schleifen läßt, kann durchs Schreiben nicht reich werden! Jean Paul läßt den Leser die Lust nachleben, die es ihm macht, bei jeder Aussage, jedem Bild, jedem Gedanken, jedem Satz soweit auszuholen, daß, was er sagen will, erst durch die Kirche ums Dorf den Umweg aufs Papier findet. Einen »Gleichnis-Schöpfer«, wie er keinen »allmächtigern« kenne, hat Lichtenberg ihn genannt.[2] Die witzigen Gleichnisse, die gewagten Allegorien, die seltsamen Bezüge aus allen erdenklichen Wissensbereichen illuminieren ein Denken, das selbst das Alltägliche und Gewöhnliche nur ungewöhnlich und exzentrisch sehen und benennen kann. Mit seinem »eingetunkten Zauberstab«[3] erschafft Jean Paul die Welt ein zweites Mal aus dem Geist der Sprache.

Familientradition bestimmte auch ihn zunächst zum Pfarrer. Als er im Mai 1781 nach Leipzig aufbricht, um dort das Studium der Theologie zu beginnen, führt er das Testimonium paupertatis, das Armenzeugnis mit sich, das ihm bestätigte, »ein armer, ja ärmster Mensch«[4] zu sein. Anfangs scheint er mit seinem Geld ausgekommen zu sein, doch bald schon häufen sich in seinen Briefen nach Hause die Klagen. So schreibt er seiner Mutter am 1. Dezember 1781:

»Ich hab' Ihnen schon neulich um Geld geschrieben; und da hab' ich schon viel geborgt gehabt; iezt hab' ich noch keines, ich borg' also immer fort. Aber auf was sol ich denn endlich warten? Sein Sie so gütig und verschaffen Sie mir Rat. Ich mus doch essen, und kan nicht unaufhörlich beim Trakteur borgen — Ich mus einheizen; wo sol ich aber Holz bekommen, ohne Geld? Ich kann ia nicht erfrieren. Für meine Gesundheit kan ich überhaupt nicht sorgen; ich habe weder Morgends noch Abends etwas Warmes. Ich habe Sie um 20 rtl. sächs. gebeten, iezt ist schon lange; wenn ich's bekommen werde, so werde ich kaum das bezalen können, was ich schon schuldig bin.« (SW III, 1, 33)

Zu diesem Zeitpunkt hatte er das Theologiestudium schon aufgegeben und war fest entschlossen, die Laufbahn des freien Schriftstellers einzuschlagen.

Drucken zu lassen: darauf setzte er all seine Hoffnung auf Ruhm und bürgerliches Auskommen. Als die Mutter ihn Anfang 1783 aufforderte, doch einmal zuhause in Hof mit einer »erbaulichen Predigt« sich hören zu lassen, antwortete er ihr fast empört: »Diese Ehre kan ieder miserable Student erhalten, und eine Predigt kan einer im Traume machen. Ein Buch zu machen ist doch wol zehnmal schwerer.« (SW III, 1, 60). Jean Paul hat im Alter diese Jahre als seine »satirische Essigfabrik« (W 1, 15) bezeichnet — so altklug, säuerlich und unverkäuflich war, was er schrieb. Auch die erste und einzige Buchveröffentlichung des 22jährigen, die Satirensammlung *Grönländische Prozesse,* die 1783 erschien, änderte seine Lage nicht. Im Gegenteil: seine Schulden häuften sich und nahmen schließlich solche Ausmaße an, daß er im November 1784 mit falschem Paß und verkleidet fluchtartig Leipzig verließ. Im Postwagen erfror ihm die rechte Hand. Die Hofer Bürger tuschelten über den Gescheiterten und lachten über ihn, wenn er nach Werthermode gekleidet durch das Stätdchen ging.

Als Leser Jean Pauls ist man nur allzuleicht verführt, das eingeschränkte Dasein seiner Schulmeisterlein und Pfarrer für idyllische Verklärung, die bittere Not seines Armenadvokaten Siebenkäs für dichterische Lizenz zu halten. Der biographische Schlüssel zu seinen Käuzen und Sonderlingen, zu seiner humoristischen Weltverlachung und Weltverspottung aber liegt in der Kargheit und im Elend seiner eigenen Kindheit und Jugend.

In dem Jean Pauls erstem Roman *Die unsichtbare Loge (1793)* beigeleimten *Leben des vergnügten Schulmeisterlein Maria Wutz in Auenthal,* das im Untertitel als »eine Art Idylle« ausgewiesen wird, steht der Sprößling einer solchen Schulmeisterfamilie im Mittelpunkt. Seine »kindische« Natur, die ihn »schon außer dem Grabe« (W 1, 422) sanft schlafen ließ, erscheint gerade in der Brechung durch den ironisch-reflektierenden, distanziert-neidvollen Erzähler als ein Wesenszug, der nicht allein aus der Armut des Geistes, sondern ebenso aus der materiellen Not geboren ist. Der, dem der ›Erwerb‹ von Welt verunmöglicht wird — Wutz ließ »nur *ein* Buch [. . .] in sein Haus, den Meßkatalog« (W 1, 426), weil er sich mehr Bücher nicht leisten kann —, handelt vergleichsweise lebenskünstlerisch, indem er sich eine, seine Welt erschreibt:

»Der wichtige Umstand [. . .] ist nämlich der, daß Wutz eine ganze Bibliothek — wie hätte der Mann sich eine kaufen können? — sich eigenhändig schrieb. Sein Schreibzeug war seine Taschendruckerei; jedes neue Meßprodukt, dessen Titel das Meisterlein ansichtig wurde, war nun so gut als geschrieben oder gekauft: denn es setzte sich sogleich hin und machte das Produkt und schenkt' es seiner ansehnlichen

Büchersammlung, die, wie die heidnischen, aus lauter Handschriften bestand. Z.B. kaum waren die physiognomischen Fragmente von Lavater da: so ließ Wutz diesem fruchtbaren Kopfe dadurch wenig voraus, daß er sein Konzeptpapier in Quarto brach und drei Wochen lang nicht vom Sessel wegging, sondern an seinem eignen Kopfe so lange zog, bis er den physiognomischen Fötus herausgebracht (— er bettete den Fötus aufs Bücherbrett hin —) und bis er sich dem Schweizer nachgeschrieben hatte. Diese Wutzische Fragmente übertitelte er die Lavaterschen und merkte an: ›er hätte nichts gegen die gedruckten; aber seine Hand sei hoffentlich ebenso leserlich, wenn nicht besser als irgendein Mittel-Fraktur-Druck.‹ Er war kein verdammter Nachdrucker, der das Original hinlegt und oft das meiste daraus abdruckt: sondern er nahm gar keines zur Hand. Daraus sind zwei Tatsachen vortrefflich zu erklären: erstlich die, daß es manchmal mit ihm haperte und daß er z.B. im ganzen Federschen Traktat über Raum und Zeit von nichts handelte als vom Schiffs-Raum und der Zeit, die man bei Weibern Menses nennt. Die zweite Tatsache ist seine Glaubenssache: da er einige Jahre sein Bücherbrett auf diese Art voll geschrieben und durchstudieret hatte, so nahm er die Meinung an, seine Schreibbücher wären eigentlich die kanonischen Urkunden, und die gedruckten wären bloße Nachstiche seiner geschriebenen; nur das, klagt' er, könn' er — und böten die Leute ihm Balleien dafür an — nicht herauskriegen, wienach und warum der Buchführer das Gedruckte allzeit so sehr verfälsche und umsetzte, daß man wahrhaftig schwören sollte, das Gedruckte und das Geschriebne hätten doppelte Verfasser, wüßte man es nicht sonst.« (W 1, 425f.)

Die Konsequenz eines solchen »Präservations-Zuchthauses« (W 1, 429) ist das Glück der absoluten Selbsttäuschung, jene Wutzische Zufriedenheit, die Jean Paul durch das Bild der Innen- und Außenwelt subjektiv, wenn auch irrtümlich zur Kongurenz bringenden »Schaltier«-Existenz bezeichnet: »Freilich du, mein Wutz, kannst Werthers Freuden aufsetzen, da allemal deine äußere und deine innere Welt sich wie zwei Muschelschalen aneinander löten und dich als ihr Schaltier einfassen« (W 1, 435). Wutz erschreibt sich (s)eine literarische Welt vom *Werther* bis zu Rousseaus *Bekenntnissen* und hält diese erschriebene dann für die wirkliche Welt:

»In diesen [Wutzens Rousseauschen Bekenntnissen] spricht aber J.J. Rousseau oder Wutz (das ist einerlei) so von sich, allein mit andern Einkleid-Worten: ›er würde wahrhaftig nicht so dumm sein, daß er Federn nähme und die besten Werke machte, wenn er nichts brauchte, als bloß den Beutel aufzubinden und sie zu erhandeln. Allein er habe nichts darin als zwei schwarze Hemdknöpfe und einen kotigen Kreuzer. Woll' er mithin etwas Gescheites lesen, z.B. aus der praktischen Arzneikunde und aus der Kranken-Universalhistorie: so müss er' sich an seinen triefenden Fensterstock setzen und den Bettel ersinnen. An wen woll' er sich wenden, um den Hintergrund des Frei-

mäurer-Geheimnisses auszuhorchen, an welches Dionysius-Ohr, mein' er, als an seine zwei eignen?‹« (*W* 1, 428)

Angesichts der finanziell und im Blick auf geistige Anregungen ärmlichen Realität konzipiert Jean Paul in Wutz ein Ich, das gezwungenermaßen völlig auf seine imaginativen Kräfte verwiesen ist. Dieses Ich trägt Züge von Selbstüberschätzung. Wem die Kopien zum Original werden, wer aus Mangel alle Wünsche sich selber stillen muß, hält sich — bar jeder kritischen Distanz — bald für ein schöpferisches Genie.

Dies müßte Wutz zu einer dürr satirischen Figur verkleinern, würde nicht schon in der ersten Idylle Jean Pauls etwas deutlich, womit es ihm sehr ernst ist: die verwandelnde, vergoldende, ja rettende Kraft der Phantasie. Jean Pauls Figuren sind insofern gänzlich unromantisch, als sie nie einen Satz wie den aus Tiecks Bearbeitung des Fortunatstoffes repräsentieren könnten: »Man ist nur das, wofür die Welt uns hält; Sieht keiner, daß ich reich bin, bin ichs nicht.«[5] Im Gegenteil: sie sind Entbehrende, aber der Reichtum an Phantasie, durch den sie sich auszeichnen, läßt ihre Herzen nicht versteinern, nicht kalt werden. Sie verkaufen nicht ihre Träume und Sehnsüchte, sondern erhalten sich die »Weite des Herzens«[6], als seien sie sicher, daß Geld nicht glücklich mache. Das stiftet die Freiheit der Jean Paulschen Helden: für sie gelten nicht die Maßstäbe der Welt. In Umkehrung des Tieckschen Satzes könnten sie sagen: ›Sehe ich selbst, daß ich reich bin, so bin ich's.‹

Es gibt wohl in der gesamten Weltliteratur keinen zweiten Autor, der so unermüdlich wie erfolglos über mehr als ein Jahrzehnt in sich hinein geschrieben hätte, um dann plötzlich wie ein Meteor am Himmel aufzuleuchten. *Die unsichtbare Loge,* die 1793 im Druck erschien, machte den weltlosen, erfahrungsarmen Provinzler aus dem Fichtelgebirge mit einem Schlage bei den Gebildeten berühmt: »fremd wie einer, der aus dem Mond gefallen ist, voll guten Willens und herzlich geneigt, die Dinge außer sich zu sehen, nur nicht mit dem Organ, womit man sieht.«[7] Diese Worte Schillers lassen noch heute das Erstaunen nachvollziehen, das ein debütierender dreißigjähriger Autor unter den damals anerkannten Schriftstellern auslöste. Den Weimaraner Klassikern muß Jean Paul in der Tat, seiner Bildung wie seiner Biographie nach, wie ein herabgeschleuderter Mondbewohner erschienen sein.

Der Erfolg und die öffentliche Anerkennung beflügelten Jean Pauls Phantasie. In rascher Folge entstanden innerhalb der nächsten zehn Jahre vier weitere große Romane — *Hesperus, Siebenkäs, Titan* und *Flegeljahre* — sowie mehrere kleinere Erzählungen und Idyllen. Die Einnahmen ermöglichten ihm ein sorgenfreies Leben. Seinem alten Freund Christian Otto konnte er 1797 sogar Geld anbieten, damit dieser sich mehr Zeit für seine literarische Arbeit nehmen könne: »Da ich jezt so viel und es ganz unnüz liegen habe: so besteht meine Gefälligkeit in weiter nichts als daß ichs zusammenzähle. [...] An die 1000 rtl. mag ich ungefähr haben« (SW III, 2, 336). Also ein Mehrfaches dessen, was Vater und Großvater in einem Jahr an Einkünften bezogen, die zudem für eine mehrköpfige Familie reichen mußten. Während Jean Paul Junggeselle war und nach dem Tod seiner Mutter für niemanden mehr zu sorgen brauchte, als für sich selbst.

Der Schriftstellerberuf begründete damals wie heute nur eine unsichere bürgerliche Existenz. Ein Amt, das ihn ernährte, besaß Jean Paul nicht, und er strebte auch keines an. Ob er eine Familie gründen konnte, mußte sich unter diesen Voraussetzungen erst erweisen. Auf seinen Reisen nach Weimar, Leipzig, Dresden und Berlin wurde der poetische ›Simultan- und Tuttiliebhaber‹ von den ›Weibern‹ des Adels wie des Bürgertums umschwärmt. Aber Jean Pauls Leidenschaft war es nicht zu lieben, sondern die Liebe zu schildern und so »aller Frauen Mann«[8] zu sein, wie Herder Karoline von Feuchtersleben tröstete, nachdem Jean Paul im Sommer 1800 die kurzfristige Verlobung gelöst und sie verlassen hatte. Ein Jahr später heiratete er doch: »ein liebendes sorgendes Mädgen; denn ich kenne jezt die Dornen an jenen Pracht- und Fackeldisteln, die man genialische Weiber nent« (SW III, 3, 342).

Auf einen Brief des Geheimrats Mayer, des Vaters der Braut, worin dieser ihm mitteilt, daß er seine Tochter in die Witwenpensionskasse einkaufen wolle, um ihre Zukunft sicherzustellen, da er Jean Pauls Vermögenslage nicht kenne, legt ihm der Bräutigam offen und ausführlich — und ein wenig geschönt, wie wir vermuten dürfen! — seine Finanzen dar. Dieses Schreiben vom 15. März 1801 enthält die ausführlichste Rechenschaft, die Jean Paul jemals über seine Einkünfte gegeben hat. Zählt man alle dort genannten Posten und Summen zusammen, so kommt man auf ein Barvermögen von mindestens 2250 Talern:

»Ich wäre reicher, wenn ich früher den merkantilischen Werth meiner Mspte höher angesezt hätte; und wenn mich nicht ein naher Verwandter in Leipzig bestohlen hätte, der lange aus meinem damals unausgeliehenen Vermögen Pharao spielte und zulezt all' mein Gold und soviel er Laubtl. einstecken konte, ungefähr 600 rtl. fortnahm. — 5, bis 6 Ld'or bekam ich bisher für den Drukbogen; bei zweiten Auflagen wird die Hälfte des alten Honorars, ohne neue Arbeit gezahlt. Erleb' ich nu noch 8 oder 10 Jahre, so geb' ich meine opera omnia, die jezt schon 26 Theile machen — welches fürchterliche Heer für einen Leser, der bei dem ersten anfängt! — mit den

künftigen heraus und glaube damit wenigstens 10,000 rtl. gewinnen zu können. Übrigens nehm' ich immer mehr ein als ich ausgebe.« (SW III, 4, 55)

Die Rechnung, die Jean Paul hier präsentiert, stimmt mit der überein, die er ein Jahr zuvor für Karoline von Feuchterslebens mißtrauischen Bruder aufgemacht hatte. Und diese hatte noch hinzugefügt, daß er »bei der größten Muße wöchentl. 1 Bogen«[9] schreibe — ein Produktionstempo, mit dem er später nicht mehr Schritt halten konnte. Die Versicherung, seiner Frau als Rente einmal die Rechte für seine Gesamtausgabe zu hinterlassen, jedoch hat er erfüllt: der Verleger Reiner zahlte für die 65 Bändchen, die 1826 bis 1838 erschienen, insgesamt 35000 Taler Honorar.

Leider besitzen wir aus der Zeit der Ehe kaum Äußerungen Jean Pauls über seine materielle Situation. Wir dürfen aber davon ausgehen, daß autobiographische Züge in den Eheroman *Siebenkäs*, zumindest in die zweite Auflage von 1818, eingegangen sind.

Das Personal des *Siebenkäs* teilt sich in zwei Gruppen: in diejenigen, die den Werten der Welt, also auch dem Gelde anhängen und bestechlich sind, und in die »von allen Verhältnissen entfesselten freien Seelen« (W 2, 292), deren Herz den Verlockungen des Geldes keine Angriffsfläche bietet, die sich vielmehr auszeichnen durch eine menschliche Wärme, deren Pendant eine »Kälte gegen Geld« (W 2, 374) ist. Zu den der Macht des Geldes untertanen gehören — um nur die wichtigsten zu nennen — Lenette, Siebenkäsens Frau, der Vormund von Blaise, der Siebenkäs um sein Vermögen von 1200 rheinischen Gulden prellt, und Rosa von Meyern, der in eine Ehe zwar Geld bringen kann, aber nichts sonst: »er [R. v. M.] hatte ihr [Natalie] bloß untadelige sentimentalische Assekuranz-Briefe (Nadelbriefe voll Amors-Pfeile und Heftnadeln) geschrieben und so den *papiernen* Adel seines Herzens gut *verbrieft*.« (W 2, 374) Zur zweiten Gruppe der Geldkalten gehören Siebenkäs, sein Freund und Ebenbild Leibgeber und die schon erwähnte Natalie, um deretwillen später das ein Ausbrechen aus seiner unerträglichen Ehe ermöglichende Scheinsterben des Siebenkäs arrangiert wird.

Siebenkäs ist ein literarisch ambitionierter, schriftstellernder »Armenadvokat«, »der selber einen bedürfte« und hatte

»leider aus den Alten und aus seinem Humor eine unleugbare Verachtung gegen das Geld, dieses metallne Räderwerk des menschlichen Getriebes, dieses Zifferblattrad an unserm Werte, geschöpft, indes doch vernünftige Menschen, z. B. die Kaufleute, einen Mann ebenso hoch schätzen, der es einnimmt, als den, der es wegschenkt.« (W 2, 34)

Lenette dagegen erscheint als ein wenig begeisterungsfähiges, den Wonnen der Phantasie unzugängliches Gemüt.

Siebenkäs »konnte sie nie in einen lyrischen Enthusiasmus der Liebe versetzen, worin sie Himmel und Erde und alles vergessen hätte — sie konnte die Stadtuhr zählen unter seinen Küssen und nach dem überkochenden Fleischtopf hinhorchen und hinlaufen mit allen großen Tränen in den Augen, die er durch eine schöne Geschichte oder Predigt aus dem zerfließenden Herzen gedrückt — sie sang betend die in den andern Stuben schmetternden Sonntaglieder nach, und mitten in die Verse flocht sie die prosaische Frage ein: ›Was wärm' ich abends auf?‹ — und er konnte es nicht aus dem Kopfe bringen, daß sie einmal, im gerührtesten Zuhören auf seine Kabinettpredigt über Tod und Ewigkeit, ihn denkend, aber unten anblickte und endlich sagte: ›Zieh morgen den linken Strumpf nicht an, ich muß ihn erst stopfen.‹« (W 2, 290f.)

Vergnügen, so scheint es dem Leser, hat die Braut nur an handfesten Dingen:

»Sie lächelte so vergnügt ihn an, daß ich fast glauben soll, sie hat bis in ihre Fuggerei durch 20 aneinander gestellte Hör- und Sprachröhre fast alles von seinen 1200 Fl. rhnl. und den Interessen erhorcht« (W 2, 38).

Kein Wunder, daß Geldmangel die Probleme der Ehe vergrößert und die Verweigerung des Siebenkäs zustehenden Vermögens durch Blaise als »erster Schlag der Gewitters« (W 2, 57) beschrieben wird, der über den beiden aufzieht. Den Verächtern des Geldes wird von seinen Verehrern im Laufe des Romans übel mitgespielt. Ihre Antwort ist ein »spiel-keckes« (W 2, 384) Umgehen mit dem Leben der ehern-bürgerlichen ›Normalen‹. Eine Scheidung könnten Siebenkäs und Lenette kaum bezahlen. Leibgeber, der »in einem geheimnisvollen, von ihm selber nicht erklärten Wechselfieber von Arm- und Reichwerden, oder wie ers nannte, von Aus- und Einatmen der Lebenluft (aura vitalis) des Geldes« lebt (W 2, 384), animiert Siebenkäs durch seinen »ätherischen Spielgeist« daher, zum Schein zu sterben, »um den schweren Gallen-Stein der Ehe« (W 2, 378) herauszuschaffen:

»›Das tu‹, sagt' er, ›und stirb! Die Leichenkosten können sich unmöglich so hoch wie andere Scheidekosten belaufen, und du stehst noch dazu in der Leichenkasse.‹« (W 2, 379)

Und um den Einsatz des Spielvergnügens noch zu erhöhen, rät Leibgeber Siebenkäs zum Versicherungsbetrug:

»Höre, dein Tod kann zwei Witwen geben ... Ich berede Natalien, daß sie sich bei der königl. preußischen allgemeinen Witwenverpfleganstalt auf deinen Tod eine Pension von 200 Tlr. jährlich versichern lässet.« (W 2, 383)

Jean Paul zitiert in einer Fußnote dazu den Wortlaut des § 29 des »Reglements für die königlich preußische allgemeine Witwenverpflegungsanstalt vom 28. Dez. 1775«:

»Der Vater darf für seine ledige Tochter, der Bruder für die Schwester etc., jede ledige oder verheiratete Mannsperson für die ledige Weibsperson eine Pension versichern lassen, ja sie kann sich selber eine Mannsperson wählen, auf deren Tod die Versicherung gestellet wird. — Beide werden als Eheleute angesehen, und sie behält wie eine wahre Witwe bei der Heirat die Hälfte.« (W 2, 383)

Der *Siebenkäs* schildert auf eine ganz andere, vielleicht realistischere Weise als der *Wutz* die Gepflogenheiten und Eingeschränktheiten der Lebensverhältnisse zu Zeiten Jean Pauls, vom Witwenkassenwesen bis zur Rollenverteilung zwischen Mann und Frau. Siebenkäs ist in diese Welt nicht distanzlos eingewoben wie Wutz: »Er hatte unter dem Handeln das doppelte Bewußtsein des komischen Schauspielers und des Zuschauers« (W 2, 292).

Diese Distanz aber ermöglicht im Zusammenspiel mit seiner weitreichenden Phantasie ein veränderndes Handeln. Der Geldverächter erhält nach seinem Scheintod den Posten eines Inspektors und damit just das Geld, das ihm zusteht und das ihm und Natalie das Auskommen sichern wird:

»1200 Tlr. warf die Inspektion jährlich in schlechten Jahren Einkünfte ab, also gerade so viel, als Siebenkäsens ganze mit dem Prozesse plombierte Erbschaftsmasse betrug.« (W 2, 382)

Jean Paul heiratete 1801 und zog 1804 mit seiner Frau und den Kindern nach Bayreuth, wo er 1825 starb. Seine finanziellen Verhältnisse gestalten sich zunehmend schwieriger, und dies nicht nur des Bieres wegen, dem er eifrig zusprach: »Bei der Einfahrt eines Bierfasses in Koburg läuft er seliger umher als bei dem Eintritt eines Kindes in die Welt.« So seine Frau 1804 an einen Freund.[10] Bereits der *Titan* (1800–1803) und die *Flegeljahre* (1804/05) stießen auf ein nachlassendes Interesse der zeitgenössischen Leser. Beide Romane, die Jean Paul für das Beste hielt, was er zu geben wisse, fanden denn auch zu seinen Lebzeiten keine weitere Auflage. Infolge der napoleonischen Kriege lag in den Jahren 1806–1813 der Buchmarkt darnieder. Gleichzeitig wuchs die Familie, und Jean Paul hatte nicht nur für sich allein, sondern für Frau und drei Kinder zu sorgen. In dieser Situation hielt er Ausschau nach einer fürstlichen Pension. Doch zu der von ihm erhofften Unterstützung durch den preußischen König Friedrich Wilhelm III. kam es nicht.

Die nächste freiwerdende Pfründe erhielt statt seiner der königstreue Vielschreiber August Heinrich Lafontaine. Erst den freundschaftlichen Beziehungen zu Karl Theodor von Dalberg, dem Fürstprimas des die französische Politik unterstützenden Rheinbunds, verdankte es Jean Paul, daß ihm seit 1809 eine jährliche Rente von 1000 Talern ausgesetzt wurde. Als Napoleon und mit ihm Dalberg 1814 stürzten, wurden die Zahlungen zunächst sistiert. Jean Paul sah sich erneut auf den Bittgang verwiesen. An Christian Otto schrieb er: »Pension *muß* ich haben, beim Henker, da ich in 1 Vormittage (Korrigier- und Vorbereit-Zeiten eingerechnet) nicht über 2 Quartseiten fertige« (SW III, 6, 391). Ende 1815 schließlich wurde die Rente von König Maximilian I. von Bayern übernommen und weiterbezahlt. Damit war der Dichter wenigstens der drückendsten materiellen Sorgen enthoben. Um so mehr, als seine schöpferische Begeisterung und Phantasie erlahmten: »Sakerment, man versäuft mehr als man erschreibt« (SW III, 6, 607). Diesen Stoßseufzer kritzelte er 1810 an den Rand eines erhaltenen Briefes.

Nach 1805 überwiegt in seinem Schaffen die Tagesjournalistik. Aus Geldnot war er gezwungen, eine Menge kleinerer Aufsätze und Beiträge für Zeitungen und Zeitschriften zu verfassen — allen voran für Cottas *Morgenblatt.* Nur noch einmal faßte er den Mut zu einem großen Roman. Er trägt den Titel *Der Komet.*

In ihm steht das Geld wieder auf eine andere Weise als zuvor im Zentrum. Jean Paul greift seine alte Problematik des Vertauschens von Einbildung und Wirklichkeit, seinen alten Charaktertypus mit neuer Akzentsetzung wieder auf. Nikolaus Marggraf, unser Held, gekennzeichnet durch die »Rege der Phantasie« (W 6, 588), macht sich an eine ›romantische‹ Tätigkeit: den Versuch, Kohle in Gold bzw. Diamanten umzuwandeln. Er ist kein Geldverächter wie Siebenkäs, aber er hat ein ebenso mitfühlendes und »entzündliches« (W 6, 722) Herz wie dieser. Die alchimistische Kunst — und das ist wieder ganz typisch für Jean Paul — verliert, allein schon durch die satirisch-parodistischen Züge des Werkes, allen unheimlichen, diabolischen Charakter, der ihr sonst anhaftet. Nikolaus will aus seinem »chemischen Ofen ein Gebäck herausziehe[n]«, das ihn »wirklich zu reich macht für einen Privatmann« (W 6, 712). So muß er »alle Menschen zu Ehren« bringen und »in die größten Freuden« setzen (W 6, 761). Er will — und Geld sowie seine Einbildung erlauben ihm dies später — ein Fürst sein für die Armen:

»aber gesetzt, ich würde Fürst, weil ich natürlicherweise, insofern ich so viel Gold machte (denn nähere Ansprüche verschweig' ich), daß ich eine und die andere ver-

pfändete Markgrafschaft um das Doppelte auslöste und Spaßes halber z. B. wirklich Hohengreis zu regieren bekäme: so weiß ich kaum, was ich täte vor Freude. Glücklich gemacht würde ohnehin jeder — die Armen — die Armendeputation — der Hof- und der Regimentstab — jeder sonstige Stab — meine vielen Kollegien — Denn von jenen Fürsten, welche in ihren Nächten, die noch teuerer und länger sind als ihre Tage, dem Lande das Fett *absaugen und nur die* Tränen *ihm lassen, wie Nachtlampen das Öl aufzehren und nur das Wasser verschonen, von solchen Fürsten bin ich dadurch unendlich verschieden, daß auf meinen Gassen ein Geldbeutel leichter als ein Armer muß zu finden sein; und mein Land hört man zwei Meilen weit jauchzen, wie man jetzo einen Weltteil im andern heulen hören kann.« (W 6, 720)*

Sein Ideal ist der Anti-Fürst, der sich von den Gepflogenheiten an den Höfen, wie sie in der folgenden Stelle geschildert werden, absetzt:

»Nämlich das Markgrafentum Hohengreis war mit dem verfluchten Übel geplagt, daß es zwar Geld hatte, aber nie genug, und daß es zwar Auflagen und Schulden machen konnte, aber nie genug. Es waren — dies soll erstlich schuld daran sein — die obern Staatsrechner bis zum Fürsten hinauf mit dem Augenübel behaftet, womit Pentheus von den Göttern für seine Neugierde nach den Mysterien des Bacchus heimgesucht worden, mit dem Übel, alles doppelt *zu sehen — was indes Bacchus' besten Freunden auch ohne Strafe begegnet —, hauptsächlich doppelt den Inhalt des Privatbeutels und des Kammerbeutels, wovon folglich der eine die Verdopplung des Nehmens, und der andere die des Ausgebens motiviert, eine Sache, die unter dem Namen Kameral-Verrechnung bekannter ist.« (W 6, 803)*

An seinem »fürstlichen Hofe« gibt es nach dem Gelingen des alchimistischen Vorhabens üppige Gehälter, vergleichen wir sie mit Siebenkäsens Jahreseinkommen als Inspektor:

»so ernennen Wir hier den sogenannten Freimäuerer Worble zu Unsrem Reisemarschall, den Waisenhausprediger Süptitz zu Unserem Hofprediger und den Künstler Renovanz zu Unsrem Hofmaler und wollen jedem von ihnen den halbjährigen Gehalt von 1000 fl. rh., welchen der Leibpage Stoß mit dem Handschreiben überbringt, dergestalt vorauszahlen, daß die Reisekosten von uns besonders getragen werden.« (W 6, 816)

Dem purgativen alchimistischen Prozeß (man beachte die aufklärerische Lichtsymbolik: »Die Kohlen im Heinze [dem alchimistischen Ofen] sind alle maustot und kohlschwarz, aber es scheußt etwas darin Strahlen über Strahlen, und muß es etwa der Demant sein« — W 6, 779) soll »eine Ausreinigung der modernden Lebensverhältnisse« folgen: die Alchemie als unendliche Quelle von Glückseligkeit. Die Beendigung des Mangels an Geld, von dem Schopenhauer gesagt hat, es sei »ein unermüdlicher Proteus, jeden Augenblick bereit [...], sich in den jedesmaligen Gegenstand unserer so wandelbaren Wünsche und mannigfaltigen Bedürfnisse zu verwandeln[11], birgt die vielleicht gar nicht so naive Hoffnung der mit ihr einhergehenden Läuterung des ›Mängelwesens‹ Mensch.

Und hier berühren sich Magie des Geldes und »Magie der Einbildungskraft« — wie eine wichtige ästhetische Schrift von Jean Paul betitelt ist: die Ähnlichkeit von Geld und Phantasie wird deutlich, ihrer beider unendliche und universale Konvertibilität, ihr Wunscherfüllungscharakter, dem aber als Kehrseite der Medaille — und die verschweigt Jean Paul keinesfalls — ein Mangel an Sein entspricht. Der Ambivalenz des Geldes, das Dauer und ewigen Glanz verspricht, aber schnell zu verfallen vermag, stehen die Aporien der Phantasie gegenüber, die unser Nikolaus Marggraf schon früh erfährt, wenn er, nachdem er »sich selber ungemein vergrößert« (W 6, 602) wahrgenommen hatte, die Erfahrung machen muß, daß »dieselbe Phantasie, die ihn zu allem machte«, ihm plötzlich »alles nahm« (W 6, 603).

Der narzißtische Typus, dessen Allmachtsphantasien im *Wutz* etwas Liebenswertes zeigten, das auch im Größenwahn des Nikolaus Marggraf noch zuweilen aufblitzt, läßt in diesem letzten Roman Jean Pauls die Scheinhaftigkeit und Leere der ›ästhetischen‹, nur aus den Kräften der Phantasie lebenden Existenz als Abgrund ahnen. Daß der Vergleich des Nikolausschen Verhaltenstypus mit dem sagenhaften König Midas — dem alles zu Gold wurde, was er berührte und der daran gestorben wäre, hätte Apoll nicht helfend eingegriffen — auch den mit der »vergoldenden« dichterischen Tätigkeit einschließt (W 6, 602), mag auf die selbstkritischen Züge dieses späten, Fragment gebliebenen Romans hinweisen, in dem Jean Paul, von desillusioniert-desillusionierender Stimmung erfüllt, selbstparodistisch auch mit seinem eigenen Schaffen abrechnet.

Im Jahr 1810 läßt er eine ehemalige Verehrerin, die ihren Besuch in Bayreuth angekündigt hatte, einen tiefen Blick in den Zwangscharakter seines Schreibens tun — einen Zwang, der ihn nicht nur psychisch umtrieb, sondern auch ökonomisch antrieb:

»Nur versprechen Sie sich — zwar von meiner Frau und meinen Kindern vielerlei, ja viel — aber von dem wenig, der, harten Sinnes, nur dem Publikum gibt und wenig andere Freuden mehr hat als die, bis zum Sterben zu schreiben und nicht blos von der Feder sondern auch für die Feder zu leben, müßt' er sie sogar in eignes Blut eintunken. Einige treffliche Menschen werd' ich durch Sie beglücken können und Sie durch jene — Aber mich, Ihr Menschen, lasset bei Seite, ich bitt' Euch sehr.« (SW III, 6, 85)

Der die Hartherzigkeit der Menschen mit Abscheu beschrieben hat und in seinen Werken nicht selten in die phantastischen Reiche der Schönheit und Unbegrenztheit zu fliehen suchte, entdeckt das »kalte Herz«, dieses sonst nur für den inneren Tod der geldgierigen Seele stehende Bild, die Leblosigkeit und Leere, den »harten Sinn« der ästhetischen Existenz als Teil seiner selbst: die Unfähigkeit, anders als durch sein Werk noch mit den Menschen zu sprechen.

---

1 Jean Pauls Werke zitieren wir nach der Hanser-Ausgabe, Schriften aus dem Nachlaß sowie Briefe nach der Akademie-Ausgabe. Dabei bedeutet:

W = Jean Paul, *Sämtliche Werke,* hrsg. v. Norbert Miller, München 1959ff, Abt. 1: Bd. 1–6 (Bd. 3 in 3., neubearbeiteter Auflage 1971). Dabei bezeichnet die erste arabische Zahl den Band, die zweite die Seite.

SW = *Jean Pauls Sämtliche Werke,* Hist.-krit. Ausgabe, hrsg. v. Eduard Berend, Weimar (ab 1952ff: Berlin) 1927ff. Dabei bezeichnet die römische Zahl die Abteilung, die erste arabische Zahl den Band, die zweite die Seite.

2 Georg Christoph Lichtenberg, *Schriften und Briefe,* hrsg. v. Wolfgang Promies, 4. Bd., Briefe, München 1967, S. 988.

3 So Walter Benjamin, *Gesammelte Schriften,* Bd. 3, Kritiken und Rezensionen, hrsg. v. Hella Tiedemann-Bartels, Frankfurt 1972, S. 409ff.

4 *Jean Pauls Persönlichkeit in Berichten der Zeitgenossen,* ges. u. hrsg. v. Eduard Berend, Berlin/Weimar 1956, S. 3.

5 Ludwig Tieck, *Schriften in 12 Bänden,* Bd. 6, Phantasus, hrsg. v. Manfred Frank, Frankfurt a. M. 1985, S. 981.

6 Manfred Frank, *Das kalte Herz. Texte der Romantik,* ausgew. u. interpretiert v. Manfred Frank, Frankfurt a. M. 1978, S. 252.

7 Schiller an Goethe, 28. Juni 1796 (zit.: *Der Briefwechsel zwischen Schiller und Goethe,* hrsg. v. Emil Staiger, Frankfurt a. M. 1966, S. 217).

8 Johann Gottfried Herder, *Briefe,* Gesamtausgabe 1763–1803, 8. Bd.: Januar 1799 bis November 1803, bearb. v. Wilhelm Dobbek u. Günter Arnold, Weimar 1984, S. 150.

9 Zit. nach: Günter de Bruyn, *Das Leben des Jean Paul Friedrich Richter,* Halle 1975, S. 209.

10 Zit. nach: *Jean Pauls Persönlichkeit,* S. 85.

11 Zit. nach: M. Frank, *Das kalte Herz,* a. a. O., S. 280.

Barbara Vopelius-Holtzendorff

FRIEDRICH HÖLDERLIN

1: Friedrich Hölderlin und das Geld —

2: Wäre Besitz passender ausgedrückt? oder: Das Vermögen des Friedrich Hölderlin ...

3: Hatte er Vermögen?

2: Ansprüche an das Leben?

3: Er war kein Spieler wie Mozart?

1: Er verdiente zu wenig. Auch war er hochmütig: schlug jemand die Mütze vom Kopf, der ihn nicht gegrüßt.[1] Magenau, seinem Freund, nahm er die Einheirat in eine Pfarre übel, den Rückzug auf das Machbare.

2: (naiv) Also ein Idealist!

1: In unserer Vorstellung ist er ein armer Hund. Einer der geht, wo andere fahren und reiten. Sein Wanderschritt geistert durch seine Gedichte. Dabei war er der Sohn einer besorgten Mutter. Immer wieder schickte sie Geld, um den Sohn zu erhalten, auf den sie gesetzt hatte als Stütze ihres Alters.[2] War er doch gescheit, wohlerzogen und ein »hübscher Mann«, wie ein unbefangener Zeuge es ausdrückte.

3: 1802 im Sommer kam er zurück von Bordeaux, wir wissen nicht auf welchen Wegen, verwirrt, abgerissen, zu Wutausbrüchen neigend —[3]

2: ein deutscher Dichter.

3: Ein deutscher Dichter darf wohlhabend sein von Familie her: Goethe; er darf auch reich werden: Gerhart Hauptmann; oder er schlägt sich mühsam durch: Karl Philipp Moritz; manchmal verhungert er einfach: Wezel —

2: Johann Carl Wezel, der schrieb den *Belphegor,* ähnlich dem Voltair'schen *Candide,* nur bösartiger ausgedacht — am Ende wurde Wezel verrückt? Den kennt doch heute fast niemand mehr!

1: Hölderlin bekam für seinen Roman *Hyperion* vom Verleger Cotta 100 Gulden — er hatte auf das Doppelte gerechnet. Schiller hatte ihn empfohlen — und dessen Empfehlungen waren, was die ökonomische Seite angeht, zumeist eher schädlich. Hölderlin sagte nichts[4]

2: wie sollte er auch

1: und gab beide Bände für 100 Gulden her...

3: Wenn man das umrechnet, so wären das heute 10000 DM! Ein Schulmeister bekam damals 70 Gulden im Jahr, ein Küster weniger noch, ein Offizier, der Montur und Quartier meist selbst zahlte, überdies ein Pferd halten mußte, erhielt etwa 150 Gulden per annum — 15000 DM im Jahr![5]

1: Die Sophokles-Übersetzungen brachten Hölderlin 1804 dann 222 Gulden ein.[6] Mit diesem Geld und einem Zuschuß von der Mutter — 125 Gulden — übersiedelte er nach Hessen-Homburg, um Bibliothekar des Landgrafen zu werden. Dazwischen verdiente er kleinere Summen für Gedichte ... Zum Leben war es zu wenig.

3: Obwohl damals das Anwachsen der literarischen Nachfrage und der Bildungseifer des expandierenden und konkurrierenden Bürgertums manchem Trivialautor das Leben sicherte.[7]

2: Nur war Hölderlin kein Trivialautor.

3: Goethe hat sich seinerzeit über seinen erfolgreichen Schwager Vulpius

2: *Rinaldo Rinaldini,* der edle Räuber verkaufte sich gut!

3: einigermaßen verwundert.

1: Die Dichter waren Bürger, doch ihr hoher Beruf erschien ihnen wenig ertragreich.

3: 1773, da war Hölderlin ein dreijähriger Bub, gab es bereits 3000 öffentlich festgestellte Schriftsteller in Deutschland. Exklusiv bezahlt wurden Goethe und Schiller; Wieland, der Literaturpapst seiner Zeit, bekam 15 Taler 10 Groschen pro Bogen;

1: Ein stolzer Preis!

3: Gellert nur 1 Taler 8 Groschen für dasselbe — und sein Verleger setzte sich zur Ruhe, verkaufte die Rechte an Gellerts Werken um 100000 Thaler und stiftete ihm eine Gedenksäule im Garten ... Der Katalog der Leipziger Buchmesse enthält 1805 4181 Neuerscheinungen.

1: Meist Trivial- und Sachliteratur —

2: Seit dem 18. Jahrhundert stritten sie: ob der Verleger Eigentümer an einem gekauften Werk sei, ob der Nachdruck —

1: heute Raubdruck genannt —

2: für das Volk das Bessere sei, da er billig Bildung vermittele —

1: hier mischte sich Kant in die Debatte ein —

2: oder ob der Verleger nur Handlanger des Schriftstellers sei.

3: Jedenfalls kann man nicht erwarten, daß Hölderlins Mutter, daß seine Familie es billigte, wenn er sich allein der Dichtung widmen wollte.

1: Friedrich Hölderlin wurde 1770 in Lauffen am Neckar geboren und wuchs in Nürtingen auf. Die Familie hatte Grundbesitz an beiden Orten. Sein Leben lang erbat — und erhielt — Friedrich Geld von seiner Mutter. Am Ende lebte er als Kranker in Tübingen von 150 Gulden Gnadengeld vom Konsistorium, wozu die Mutter 100 Gulden zuschoß — heute etwa 25000 DM im Jahr.[8]

3: Die Schicht der Besitzenden, der Bürger, war damals schmaler als heute. Im 18. Jahrhundert gingen zwei schwere Hungersnöte durch Württemberg. Die Folge war eine Auswanderungswelle nach Westpreußen, nach Rußland, nach Amerika.[9]

1: Nürtingen, Hölderlins Heimat, blieb dennoch eine reiche Stadt und lieh dem Herzog von Württemberg auf dessen dringliches Verlangen hin zwischen 1730 und 1760 alles in allem 405000 Gulden, mal für Kriegszüge, mal für eine Badekur des Erbprinzen, für »pressante Ausgaben« eben: umgerechnet 40 Millionen DM.

3: Durch die Kriege mit Frankreich wurden die Zeiten zunehmend schlechter. Es gab Städte — nicht Nürtingen —, die bis zu 40% ihrer Bevölkerung aus der Armenkasse verpflegten.

1: In Nürtingen trugen die Armen, die das Wochenalmosen und die Brotreichung empfingen, eine Blechmarke auf den rechten Ärmel genäht.

2: Alle?

1: Alle, auch die Kinder. Daher stammt der Ausruf: »Heiligs Blechle« in Schwaben. Hölderlin muß das alles gesehen haben.

2: Und die Familie Hölderlins?

1: War keineswegs arm. Friedrichs Vater war in Lauffen Klostergutsverwalter, ein herzoglicher Beamter, der säkularisiertes Kirchengut verwaltete: ein wohlhabender Mann, der Jura studiert hatte.[10] Die Familie stand seit zwei Generationen im Dienste des Herzogs. Ein Urgroßvater war Prälat — abhängig von Herzog und Kirche zugleich. Davor finden wir Bürgermeister und Schreiber bei den Hölderlins. Von Mutterseite sehen wir den sozialen Aufstieg vom zugewanderten Bauern zum Pfarrer, schließlich die Einheirat in eine der berühmten Theologenfamilien Württembergs, die Sutors: vermögend, gebildet, reputierlich. Wieviel Anpassung und Ehrgeiz hatten dazugehört, wurden auch von dem Kind gefordert — denn aus dem Lieben Fritz sollte etwas werden.

3: Sie gehörten zur »Ehrbarkeit«. So nannte sich die bürgerliche Oberschicht in Württemberg, die die Magister, Pfarrer, Professoren und den Verwaltungsapparat stellte.

1: Friedrich Hölderlins Familie war konservativ, herzogstreu auch in diesen durch die Französische Revolution allenthalben aufrührerisch gesonnenen Jahren.

3: Selbst das württembergische Bürgertum neigte damals in großen Teilen zum Revoltieren. Der Landtag stellte sich gegen die Obrigkeit, gegen den Herzog.[11]

1: Die Paten der Hölderlinschen Kinder, Friedrichs, der frühverstorbenen Schwester Christiana und Heinrikes, waren stets Oberamtmänner, Pröbste, Pfarrer und ihre Frauen — Staats- und Kirchenbeamte.[12]

Friedrichs Mutter hatte dem Lauffener Klosterhofsverwalter eine gute Mitgift mit in die Ehe gebracht: etwa 150000 DM umgerechnet an »Geld und guten Silbersorten«, zusätzlich in der gleichen Höhe noch Schmuck, Kleider, Bett- und Tischzeug zur Aussteuer. Der Vater besaß Weinberge, Äcker, Obstwiesen, wenig Vieh aber einen beträchtlichen Weinbestand im Keller — über zehn Jahre hin gelagert. Und nach der Vermögensinventur bei der Eheschließung hatte auch er Schmuck und Kleider reichlich beigebracht: allein sieben Überröcke wärmten und zierten Herrn Hölderlin, mal mit Silberknöpfen, mal mit Silberschlaufen, mit Tressen auch, und ein grüner mit Fuchspelz verbrämt.[13]

2: Und Friedrichs eigene Ausstattung später?

3: Seine Mutter hat Buch geführt über die Ausgaben für den Sohn, die Ausstattung zum Hauslehrer in Waltershausen, auch über den Preis des

»Curé«, des Pelzrocks für Frankfurt. Sie war teuer, aber verglichen mit dem Vater nicht übertrieben.[14]

1: Als Friedrich vier Jahre alt war, starb sein Vater, hinterließ ein beträchtliches Vermögen, und Friedrichs Mutter heiratete in zweiter Ehe einen Freund des Verstorbenen, den gewesenen Amtsschreiber von Lauffen, Johann Christian Gock, der kein Geld hatte.

2: Von da ab wuchs Friedrich in Nürtingen auf?

1: Gock war in Nürtingen in den Weinhandel eingestiegen. Nun kauften die Eheleute ein großes Haus, den Schweizerhof — in der Kaufurkunde steht der Stiefvater als Kammerrat und Oberumgelter verzeichnet. Der Kammerratstitel war auch gekauft, für den Weinhandel sicher nützlich, aber Gock war er nicht recht gewesen — ein befreundeter Nachbar, Oberamtmann Bilfinger, hatte ihn recht teuer besorgt. Als Oberumgelter trieb Gock in Nürtingen Zoll und Steuern ein; da er nun Grundbesitz erworben hatte, konnte man ihn zum Bürgermeister machen. Er war ein Aufsteiger.[15]

3: Wie viele Schreiber! Auch Friedrichs Halbbruder Carl Gock war Schreiber und brachte es bis zum Hofrat.

2: Den Stiefvater hat Friedrich sehr geliebt.

1: Dessen Vater war ein armer Schulmeister, der 36 Gulden hinterließ. Der Bruder Gocks war Vikar, dem Gock noch vor seiner Heirat etwas Geld lieh.

2: Und was sollen wir davon halten, daß keiner der beiden zum Paten gebeten wurde beim ersten gemeinsamen Kind der Eheleute Gock? Erst beim dritten Kind — einem früh verstorbenen Töchterchen — wurde der Großvater Pate.

3: Man wählte die »Guten« Verwandten aus. Sie boten auch Sicherheit für die Kinder.

1: Als Bürgermeister in Nürtingen bekam Gock 150 Gulden im Jahr, der Weinhandel brachte Verluste.

3: Später beklagt Friedrichs Mutter noch in ihrem Testament, daß er große Mengen sauren Weins eingekauft, gelagert und die darauf folgenden Jahrgänge besser geraten seien.[16]

1: Auch bei der zweiten Ehe war vorher Inventur gemacht worden, und so wissen wir, daß Gock nach den Aufwendungen für Eheschließung und Umzug nach Nürtingen noch 125 Gulden übrig geblieben waren. Er hatte einen bescheidenen Kleidervorrat, einigen Silber- und Goldschmuck

2: als Sicherheit für Notzeiten?

1: und eine weniger fromm als praktisch und literarisch zusammengestellte Bibliothek: Dick's *Gartenkunst* in 2 Teilen stand dort neben Gellert, Wieland und Ewald von Kleist, das griechische neue Testament neben *Gullivers*

Reisen im Kasten. Und Gock besaß ein Klavier — das hatte es bei Hölderlins nicht gegeben.[17]

3: Nun starb Gock schon 1779, und Friedrich war gerade acht Jahre alt. Nur zwei von sechs Geschwistern hatten überlebt und wuchsen mit ihm auf: Heinrike und Carl. Die Großmutter, die Pastorenwitwe Heyn, zog zu ihrer Tochter. Die Frauen erzogen ihn sorgfältig. Privatunterricht in Musik und Latein. Erwartungen bauten sich früh vor dem Kind auf.

2: Das sieht alles wohlhabend und sorgenfrei aus für die beiden Witwen — Mutter und Großmutter — und die drei kleinen Kinder, für die sie planten.

3: Sie planten früh: Friedrich ging zur Lateinschule, aber Carl kam in die Realschule.

2: War Carl dümmer?

1: Es war der Wille der Mutter, der entschied. Von ihr schrieb im April 1780 Johann Friedrich Blum, Amtsschreiber in Markgröningen bei Hölderlins Onkel Vollmar, in sein Tagebuch: »Sie ist eine junge schöne Witwe von ungefähr 26 bis 28 Jahren; voller Anmut und scheint sehr vernünftig zu sein. Ihre Kinder, ein Knäblein von 11 und ein Mägdlein von 8 Jahren sind sehr wohlgezogen.« Die Kinder waren Friedrich und Heinrike Hölderlin. Frau Gock sah jünger aus als sie war: sie war 32 damals.[18]

2: Sie hätte doch noch einmal heiraten können?

1: Sie hatte in acht Jahren zwei Männer und vier Kinder begraben, und darüber war sie nahezu schwermütig geworden. Der Tod Johann Christian Gocks aber war in jeder Hinsicht für sie eine Katastrophe.

3: Das Geld.

1: Ja. Als ihr erster Mann starb, war sie eine junge reiche Witwe. Die Gesamterbmasse belief sich in Lauffen auf etwa 11000 Gulden, nach heutigen Maßstäben gut eine Million, bestehend in verbrieftem Kapital bei Landschaft und Kirchenrat zu 4,5 und 5 Prozent Zinsen, Liegenschaften und Mobilien. Das gehörte nicht alles ihr.

3: Da eine Erbauseinandersetzung aber nicht zustande kam, haben wir es mit einer Erbengemeinschaft der Mutter mit den Kindern zu tun, bei der die Mutter, sei es mit Hilfe eines neuen Ehemannes, sei es mit Hilfe von Tutoren bei den Kindern, das Gesamtvermögen verwaltete. Diese Verwaltung hat sie bis zu ihrem Tode inne gehabt, ohne Widerspruch,

1: der zum Beispiel von Friedrich möglich gewesen wäre.

3: Heinrike ist eine gehörige Mitgift ausgezahlt worden.

1: Aber Friedrich Hölderlin hat sein Erbteil nie erhalten — nur hat seine Mutter später behauptet, er habe es aufgebraucht.[19]

2: Und der Bruder Carl?

3: Ihm verdanken wir unser Wissen. Denn Carl Gock hat 1828 beim Tod der Mutter ihr Testament angefochten, und durch diesen Prozeß sind die Akten auf uns gekommen. Carl fand sich benachteiligt.[20]

1: In diesem Testament finden wir die Klagen von Hölderlins Mutter über die Vermögensverluste während ihrer Ehe mit Gock, der seine Ämter in Nürtingen nur zu kurz genossen habe, »da wir laider nur 4½ Jahr in der Ehe lebten«. Die Besoldung habe bei redlicher Amtsführung für Rücklagen nicht gereicht. Sein Vater habe ihn nicht unterstützen können. Das Nürtinger Haus war von ihrem eingebrachten Geld gekauft worden, hatte noch vor dem Einzug 500 Gulden Reparaturkosten verschlungen, Landkäufe dazu, unglückliche Geschäfte — posthum mußten für Gock noch 400 Gulden — etwa 40000 DM — beglichen werden, um einer Klage wegen falsch angelegter Mündelgelder aus dem Wege zu gehen. Die Vermögensverluste waren bedeutend. Frau Gocks eingebrachte Erbschaft aufgezehrt. 1780 war sie keine reiche Witwe mehr. Eine standesgemäße dritte Heirat war für die unvermögende Witwe mit zwei vermögenden Kindern kaum noch zu bewerkstelligen.

2: Alles Sicherheitsstreben mußte sich auf die Kinder richten.

1: Alle Hoffnungen. Eine passende Heirat für Heinrike wurde gefunden. Für Friedrich war es die Vorbereitung auf ein Amt. Carl hatte kein Erbe — also kam er auf die Realschule, dann in die Schreiberlehre. Sie ließ ihn nicht studieren.

3: Aus dem Testament zitiert: »meine 2. Bitte betrifft meinen jüngeren Sohn, welcher zu wiederholten Malen mich bat, ihn studieren zu lassen und da ich aus mancherlei Gründen es ihm nicht verwilligen konnte, so versprach ich ihm, wenn er davon abstehn werde, als Schadloshaltung gegen seinen älteren Bruder von meinem Vermögen als voraus 500 Gulden zu geben, um ihn zu überzeugen, daß ich nicht ganz aus Interesse ihn suchte davon abzubringen.«[21]

2: Im Schwäbischen heißt Interesse in diesem Zusammenhang Eigennutz, ja Geiz!

1: Sie hat Carl die 500 auch erst im Testament als Vorab vermacht. Eine Erbauseinandersetzung nach dem Tod des zweiten Mannes hat sie mit einem eigenen Erbverzicht zugunsten Carls unterlaufen, wobei sie auf etwas verzichtete, das gar nicht da war. Ihr Grund war, daß sonst der Verstorbene und sie in den Ruf übler Haushälter gekommen wären, wenn es sich herumgesprochen hätte. Sie wohnte weiter in dem großen Haus, behielt auch vorerst Äcker und Obstgärten. Friedrich besaß von Vaterseite her mindestens 4300 Gulden, seine Schwester das Gleiche. Von den

Zinsen dieses Geldes lebten sie alle. Nach dem Tod der Großmutter kam Frau Gock wieder selber zu Geld. Sie erbte von ihrer Mutter 3200 Gulden.[22]

3: Carls Vorwurf von Interesse, Eigennutz und Gewinnsucht vielleicht, zeigt aber, daß er nicht gewußt hat, daß für ihn kein Erbe da war.

2: Sie aber hatte einen Horror, das Kapital anzugreifen, weil sie einmal in eine Ehe fehlinvestiert hatte und nun von den Einkünften zweier Kinder die Familie unterhalten mußte. Riskieren mochte sie nichts mehr. Hypothetisch gedacht: wäre es vorstellbar, daß sie den Weinhandel fortgeführt hätte, später mit Hilfe der beiden Söhne, daß Friedrich wie sein Vater Jura studiert hätte,

1: wie er es sich wünschte!

2: und Carl Gock und Friedrich Hölderlin Weinhändler geworden wären? Sie hätte sie doch dahin lenken können?

3: Ein deutscher Dichter, *dieser* deutsche Dichter als Weinhändler!

1: 1784 gab Frau Gock ihren lieben Fritz aus dem Haus auf die nahegelegene Klosterschule nach Denckendorf. Damals legte sie die berühmte Liste an: »Ausgaben for den L. Fritz welche aber wan er im Gehorsam bleibt nicht sollen abgezogen werden«.[23] Auch für Carl gibt es eine — kürzere — Liste von ihrer Hand: »Ausgaben for den L. Carl wofon ihm aber nichts angerechnet wird«. In der Liste für Friedrich finden wir die Bestechungsgelder vom Torhüter bis zum Schulleiter an der Denckendorfer Schule. Im ganzen hat sie dort für Privatunterricht und »Geschenke« etwa 140 Gulden ausgegeben, ihrem Sohn aber noch fast 100 Gulden in kleineren Summen zum Privatverbrauch geschickt.

2: Als Taschengeld ziemlich viel.

3: Er mußte nach ihrem Willen Theologie studieren, so hielt sie ihn gut.

1: Dann bestand er die vier Examen und wurde zum Landstipendium zugelassen. Das heißt: Er bekam ein kostenloses Studium mit Unterkunft und Essen bis zum Abschlußexamen in Tübingen.

2: Und hatte, bei ermäßigten Kosten, eine Anwartschaft auf eine gesicherte Zukunft.

3: Doch mußten Friedrich, seine Mutter und sein Tutor eine Verpflichtung unterschreiben, daß er seinem Fürsten stets zur Verfügung zu stehen habe, »wohin ihn dieser auch leihen oder zu verschicken befehlen werde ..« daß das Endziel seines Studiums nur die Theologie sein könne, widrigenfalls er alle Unkosten des Stipendiums zurückzahlen müsse. Er mußte also Pfarrer oder, wenn es keine vakanten Pfarrstellen gab oder das Examen schlecht ausfiel, Lehrer werden.

1: Friedrich wehrte sich nur kurz, unterschrieb und kam mit dem Landstipendium nach Maulbronn. Von dort schrieb er seiner Mutter: »Meine Haare sind in der schönsten Ordnung. Ich hab' jetzt auch wieder Rollen. Und warum? Ihnen zulieb ...«[24]

3: Die Haartracht des Rokoko: nichts Wild-Flatterndes mehr also.

2: Das ist die Unterwerfung des Siebzehnjährigen. Konnte das gut gehen?

1: Zunächst ja. Und auch die Zuschüsse der Mutter kamen weiter. Sein Geldverbrauch in Maulbronn betraf Bücheranschaffungen, aber auch den Weinkonsum in der Klosterwirtschaft vermutlich —

3: Maulbronn hatte in dieser Hinsicht einen etwas ungewöhnlichen Ruf.

1: Er hatte gute Zeugnisse, war auch ehrgeizig. Die nächste Station war das Tübinger Stift, die berühmte Pflanzstätte der württembergischen Theologen —

2: Schelling, Hegel, Vischer, Hauff, Feuerbach, Strauß —

3: genug.

1: Die jährlichen Ausgaben, die Frau Gock für ihren Sohn Friedrich aufschrieb, zusammengenommen mit der Grundausrüstung für Tübingen,

3: Mobiliar, Bücher und Kleidung beim Einzug ins Stift

1: reichen an den Gesamtverbrauch seiner jährlichen Vermögenszinsen heran. Er gab am Stift mehr aus als die meisten der anderen Studenten. Seine Mutter zahlte ihm Reise- und Reitkosten, Bücher und Kleidung, beglich auch mehrfach größere Rechnungen beim Lammwirt.[25] Seine Beziehungen zu Elise Lebret,

3: das, wie er später schreibt, »bizarre Verhältnis«,

1: müssen Frau Gock bestärkt haben, ihm ein respektables Aussehen und Auftreten zu ermöglichen. Elises Vater war der Universitätskanzler Lebret.

2: Eine Chance, in die gebildete, wohlhabende oberste Clique des württembergischen Bürgertums aufzusteigen.

3: Er war begabt, von angenehmem Äußeren, musikalisch, predigte zunächst weder ungern noch gefühllos, war ein ausgezeichneter Gräzist.

3: Das Konsistorium mochte mit ihm zufrieden sein.

1: Und dann, nach dem bestandenen Examen, weigerte sich Friedrich Hölderlin, Pfarrer zu werden, und suchte nach einer Hauslehrerstelle,

3: wie Hegel, Griesinger, Renz, Schelling zu seiner Zeit und der legendäre Graf Reinhardt vor diesen;

1: doch erst nachdem er kurze Zeit den Gedanken gehegt hatte, vielleicht als freier Schriftsteller nach Jena zu gehen, was ihm die Mutter ausredete. Ab 1794 hat er vier Hauslehrerstellen gehabt. Jedesmal kam er beim Konsistorium um die Erlaubnis dafür ein und erhielt sie auch.

3: Ab 1800 mindestens hatte Württemberg schon zu viele Pfarrer ausgebildet.

1: Als Hauslehrer hat er durchschnittlich 400 Gulden im Jahr verdient, bei freier Station. Er aß mit bei Tisch, gehörte aber zum Personal.[26] Schelling gegenüber hat Hölderlin seinen verfrühten Fortgang von der Hauslehrerstelle in Bordeaux damit begründet, daß man ihm dort Ansinnen gestellt habe, die er mit seiner Selbstachtung nicht habe vereinbaren können.

3: Bei einiger Anpassung und Geschicklichkeit bot die Stellung des Hauslehrers die Aussicht, Beziehungen, ja auch Freundschaften zu knüpfen und mit Hilfe dieser über die mindere Stellung hinaus in wesentlich höhere Positionen hineinempfohlen zu werden. Der Hauslehrer hatte, so ähnlich wie der Sekretär, Zugang zu Klassen, die ihm sonst unerreichbar blieben.

2: Das Ansehen der Familie litt nicht. Der Bub mußte sich schicken, fiel der Familie nicht zur Last und konnte sein Glück machen.

1: Ein Jahr lang war Hölderlin durch Schillers Empfehlung Hauslehrer bei den von Kalbs in Waltershausen. Ab Weihnachten 1795 wiederum Hauslehrer beim Bankier Gontard in Frankfurt. Dort blieb er fast 3 Jahre. Wie bekannt, warf ihn Gontard hinaus, weil er ihn der Liebschaft mit seiner Frau verdächtigte;

2: was wir posthum ihm nicht bestreiten mögen.

1: Ab Januar 1801 verzeichnete ihn das Vikarbuch des Stuttgarter Konsistoriums wieder als Hauslehrer beim Negocianten —[27]

3: Kaufmann —

1: Gonzenbach in Hauptwyl in der Schweiz. Mitte April verließ er auch diese Stellung wieder und ging im Dezember desselben Jahres als Hauslehrer nach Bordeaux zum Konsul Meyer, blieb aber nur bis zum 10. Mai 1802. So hatte er in abhängiger Arbeit von 1794 bis 1802, in acht Jahren auf vier verschiedenen Stellen, rund 1500 bis 1600 Gulden verdient.

2: Viel war das ja nicht!

1: Ohne Zuschüsse aus Nürtingen hat er nur in Frankfurt gelebt. Später meinte er, er habe dort doch viel Geld verbraucht ...

2: Er hätte sich doch als Schriftsteller etablieren können, es wenigstens versuchen können. Er hatte doch Geld.

1: Seit 1793 hat Friedrich Hölderlin sicher gewußt, daß seine Mutter von seinem Vermögen mitlebte, auch Carl —[28]

3: Und er hat ihr klar gemacht, daß er nicht Pfarrer werden wollte.

1: So schrieb er ihr: »Es ist keine Rede davon, daß Sie auch nur einen Heller von Ihrer Haushaltung abbrechen sollen für mich. Auch von demjenigen, das ja eigentlich auch ganz zu Ihrer Disposition steht, werde ich verhältnismäßig wenig brauchen.«[29]

2: Das war vor dem Antritt der ersten Hauslehrerstelle bei Charlotte von Kalb?

1: Gewiß. Der Hauslehrer war ein Kompromiß, als Übergang gedacht von beiden Seiten. Für Nürtingen sah die erste Anstellung vielversprechend aus. Dann, als er ein Jahr später die Stelle verließ und in Jena bleiben wollte, um den Versuch zu machen, an der Universität Fuß zu fassen,

2: Endlich!

1: gelang ihm das nicht. Er hatte bei von Kalbs bescheiden verdient. Aus Jena schrieb er, er lebe sehr einfach, »esse des Tags nur einmal ziemlich mittelmäßig und denke bei einem Krug Bier an unseren Neckarwein.« Er wollte möglichst wenig von der Mutter annehmen.[30]

3: Schiller zu Hölderlin in dieser Zeit: »Wir müssen sehen, daß Sie Ihrer Mutter möglichst wenig zur Last fallen!«[31], und er vermittelte ihm die Mitarbeit an der Zeitschrift *Die Horen.*

1: Wieder hatte Friedrich Schulden, aus der Zeit bei von Kalbs, einen »kleinen Posten in Meiningen«. Frau Gock schickte auch richtig 100 Gulden. Dies spricht übrigens für die durch Hölderlin verursachte Schwangerschaft bei der mit ihm zugleich entlassenen Hausdame der von Kalbs, Wilhelmine Kirms, die nach Meiningen zurückgegangen war. Er hatte sie sehr gemocht. Eine Heirat wäre finanziell schwierig gewesen. Wilhelmine besaß aus ihrer Erbschaft aus erster Ehe 1738 Gulden. Hätte er nun seinen Erbteil verlangen können, so hätten sie von den gemeinsamen Zinsen bescheiden leben können. Aber der Skandal! Seine Mutter wäre dann nahezu mittellos gewesen. Sie drängte gerade in diesem Augenblick auf eine baldige Heirat mit Elise Lebret.

2: Seiner Mutter mochte er kein Geld entziehen.

3: Die Verbindung mit Elise Lebret lehnte er schroff ab. Bei drei ihm benannten Pfarrstellen bewarb er sich nicht. Dem Ruf, an die sehr renommierte Lateinschule in Nürtingen zu kommen, folgte er nicht. 1797 kam das letzte Angebot![32]

1: Anfang 1795 befand er sich in Jena in einem schwankenden Zustand: unentschlossen und voller Hoffnungen. Er hoffte auf Geld vom Verleger Cotta, wollte vielleicht eine Hauslehrerstelle im Ausland annehmen — wenn sie sehr gut sei! — lebte sparsam, doch plötzlich, da er noch »ein paar Taler übrig« hatte, unternahm er »eine kleine Lustreise«. Dann brauchte er aber

2: Brief an die liebe Mamma!

1: dringend ein paar neue Hosen.[33] Mitten in diese tastenden Versuche, frei zu sein, brach der Jenaer Studentenaufstand aus. Friedrichs Freund war Isaak von Sinclair, Jurist aus Hessen-Homburg, der bei Fichte hörte.

Sie hatten eine gemeinsame Wohnung. Sinclair war Mitglied der »Schwarzen Brüder«. Als Rädelsführer wurde er relegiert. Friedrich Hölderlin gab auf und reiste nach Nürtingen zurück.

3: Mit dem Umweg über Heidelberg, wo er Sinclairs patriotischen Freund Ebel besuchte, der ihm dann die Hauslehrerstelle in Frankfurt vermittelte. Isaak von Sinclair, mit der Landgräflichen Familie in Homburg eng befreundet, wurde Hofrat,

1: blieb mit Hölderlin befreundet auf lange Zeit,

3: unterstützte ihn, lud ihn ein, nach Homburg zu kommen.

2: Ein Gegenpol zu der Mutter?

1: Auch dies. 1795, als Friedrich in ihren Augen nichts Ordentliches werden wollte, Heinrikes Mitgift ausbezahlt war, verkaufte Frau Gock das Haus in Nürtingen, den Schweizerhof, und kaufte sich in die Versorgungskasse der Landschaft ein: sie vertraute nicht mehr auf eine Zukunft mit Fritz. In ihrem »Cappital-Buch«, ihrem Haupt- und Kontobuch, finden wir, nach Ortschaften alphabetisch geordnet, ihre Schuldner aus allen Dörfern um Nürtingen. Grob gerechnet umfaßt dies Schuldbuch der Witwe Gock etwa 170 Schuldner, denen sie, zu Zinsen von 5 Prozent, zumeist Summen von 50 bis 200 Gulden geliehen hatte. Vielfach waren Handwerker ihre Schuldner: Wagner, Kübler, Bäcker, Schreiner, Schneider, Metzger — auch Bauern und Weingärtner, Weber, selbst Schultheißen haben Jahr für Jahr ihr die Zinsen entrichtet, von denen sie lebte und Friedrich Geld schickte. Es war bis 1802 sein Geld zumeist, das sie ausgeliehen hatte an die Leute, die noch so eben eine Sicherheit zusammenbrachten in den zunehmend schlechten Zeiten. Auch ob die »gut« waren, vermerkt ihr Schuldbuch. Verbrauchte indessen der geliebte Sohn merklich mehr, so hätte sie ihnen Darlehen aufkündigen müssen ...[34]

2: Man liest doch immer nur von den »sorgsamen Anlagen der Mutter«?

1: Das waren sie.

3: Sie hätte genau so gut ein Kreditinstitut aufmachen können. —

1: Dann wurde sie sparsamer mit Geldsendungen für den lieben Fritz. 1799 war er wieder ohne Stellung, gab in Stuttgart Privatstunden, wäre gern nach Jena gegangen, und mußte sie um Geld bitten. Sie zahlte ihm von 1799 bis 1802 fast 880 Gulden. Für den Zeitraum von 1795 bis 1802 hat er aus Nürtingen umgerechnet auf das Jahr jeweils 125 Gulden erhalten[35] —

3: etwas mehr als die Hälfte seiner Zinsen aus diesem Zeitraum.

1: 1802, als er verstört aus Frankreich zurückkam, blieb er zunächst bei ihr in Nürtingen.

2: Und nach Murrhardt lief er zu Fuß in diesem Jahr, um Schelling, den Freund, zu sehen.[36]

1: Er hatte kein Geld. Sie hat nichts angeschrieben in diesem Jahr, also auch nichts gezahlt.

3: So lief er nach Murrhardt zu Fuß —

2: Was Schelling erstaunte. Nun ja.

1: Im Herbst wurde er von Sinclair nach Regensburg eingeladen. Diese Reise zahlte der Landgraf von Hessen-Homburg. Auch Leo Seckendorf traf Hölderlin dort wieder.

2: Freunde!

3: Franz Leopold Freiherr von Seckendorf bewahrte aus seiner Tübinger Studienzeit ein Stammbuch auf, in dem neben Eintragungen revolutionär gesonnener Stifter, neben christlichen Segenswünschen, auch ein Eintrag Hölderlins steht.[37] Später entstand eine literarische Freundschaft zwischen den beiden. 1804 holte Sinclair Hölderlin nach Homburg. Da wurde er landgräflicher Bibliothekar, hieß nicht mehr nur Magister.

1: Immer hat sich Hölderlin später gegen den Titel Magister gewehrt. Nach der Internierung im Tübinger Klinikum bekam er Wutausbrüche, nannte jemand ihn so.

In seinen Paß nach Frankreich hatte er Dezember 1801 eintragen lassen: »écrivain«, also Schriftsteller. Der Rückpaß von Bordeaux, wo man seine Stellung kannte, bezeichnet ihn dann als »instituteur« — Kinderlehrer. Am Ende war Bibliothekar ihm dann recht. Hölderlins Gehalt, 200 Gulden jährlich, ließ Sinclair sich von seinen Bezügen abziehen. Er hatte Hölderlin diese Summe schon 1802 nach Bordeaux hin angeboten — als Rettungsanker.[38]

3: Sinclair und Seckendorf saßen seit Beginn des Jahres 1805 in Einzel-, anfangs auch Dunkelhaft auf Schloß Solitude bei Stuttgart, angeklagt einer Verschwörung mit dem Ziel, den Herzog von Württemberg und seinen ersten Staatsminister Graf Winzigeroda ermorden zu wollen, um eine Revolution in Württemberg und den Rheinlanden hervorzurufen. Unter der gleichen Anklage befand sich mit ihnen Christian Friedrich Baz, Bürgermeister von Ludwigsburg, Landschaftsassessor bei den württembergischen Landständen. Seine Schrift über das Petitionsrecht der württembergischen Landstände, die bis an die Rechtfertigung des Aufstands heranreicht, fand sich im Nachlaß Friedrich Hölderlins in Nürtingen.[39]

2: Friedrich Hölderlin ein Sympathisant?

3: Ein Freund von Leuten, die von der Revolution redeten und mit dem Gerede ins Gefängnis kamen — später dann, zumeist ruiniert, auch wieder frei ...

1: Juli 1804, Hölderlin war schon Bibliothekar beim Landgrafen, schrieb seine Mutter an Sinclair: »Er ist kein Verschwender, aber er hat es auch auf alle meine Bitten und Vorstellungen nicht so weit gebracht, an Kleinigkeiten, die unterbleiben könnten, zu sparen; an Zins aus seinem Vermögen, wo ihm aber von dem vielen was er schon verbraucht, nicht angerechnet werden dürfte, hat er jährlich 125 Gulden einzunehmen. Ich kann ihm also ohne seine Geschwister zu schädigen weiter nichts als jährlich 150 Gulden geben, sein Erbgut müßte bei stärkerer Gabe angegriffen werden.«[40] Fast das Doppelte dieser Summe stand ihm zu! Von seinen Zinsen und von den 200 von Sinclair hätte er bequem leben können.

3: Ein Gymnasialprofessor bekam in Homburg 300 Gulden im Jahr.

1: Hölderlin verhungerte nicht. Freunde zahlten für ihn, vermittelten ihm Verleger. Nur wurde er zum Gespött der Homburger Bürger, die weder den Hofrat von Sinclair noch diesen reizbaren Württemberger leiden konnten, diesen »armen Schlucker«, der in dieser Zeit schrieb:

»... denn sinnlicher sind die Menschen /
... und der Thiergeist ruhet /
mit ihnen.«[41]

3: Und noch während Sinclair zahlte, beantragte seine Mutter ein Gratial für den kranken Sohn bei der Kirchenkasse.[42]

2: Eine Rente also?

1: Sie erklärte sein Vermögen für aufgebraucht, hatte die gesamten Ausgaben für ihn auf 4006 Gulden zusammengerechnet — tatsächlich war diese Summe niedriger als die Addition der Gesamtzinsen aus seinem Kapital. Sie bekam die Zuwendung für ihn, denn zuvor, 1805, hatte man ihn für wahnsinnig erklärt, um seine Aussage im Stuttgarter Hochverratsprozeß gegen die Freunde zu verhindern. Das Attest kam aus Homburg.[43] Dort schimpfte er laut auf der Straße, machte nachts Lärm, laut Musik, ruinierte das Klavier, ein Geschenk der Prinzessin! So kam er in das Tübinger Klinikum, dann als unheilbar in Privatpflege zum Handwerker Zimmer, der teilte ihm zu und nahm fort, verlangte auch wohl freundlich ein »Gedichtle« und bekam 150 Gulden im Jahr aus der Rente, zusätzlich noch 100 von Frau Gock, später, nach ihrem Tod, vom Nürtinger Waisenpfleger dieselbe Summe.

3: Das war kein schlechter Verdienst für den Mann, auch wenn er am Anfang, wie er schrieb, dem Hölderlin ein paar mal mit der Faust habe kommen müssen.[44]

2: Vermutlich bekam er noch Trinkgelder von Besuchern?

1: Die wie Schwab in Hölderlins wenigen Büchern stöberten, ihm Fragen stellten, primitivster Natur, ob er noch etwas verstünde.[45]

3: Seine Dichtungen brachten noch vor seinem Tod Geld ein.

1: Frau Gock schrieb es an. Auch hatte Bruder Carl ihm etwas mehr

Wein bewilligt.[46] Und doch war er aufgehoben innerhalb der bürgerlichen Gesellschaft und wußte es wohl auch. Das Narren- und Strafhäusle war in Nürtingen unter der Kirche, ein Loch. Die arbeitsfähigen Irren arbeiteten zusammen mit den Armen in der Baumwollspinnerei.

1, 2. 3: (Feierlich alternierend) Bei seinem Tod hinterließ Friedrich Hölderlin in Tübingen: 1 Paar Hosen, 1 Schlafrock, 2 Westen, 1 Unterwams, 6 Hemden, 4 Halstücher, 6 Sacktücher, Strümpfe und 1 Paar Schuhe. Weiterhin 1 Bett mit Ober- und Unterbett und weißem Strohsack, 4 mal Bettwäsche, 1 Sofa und 2 Sessel — alles zusammen im Wert von 67 Gulden.[47] In Nürtingen fand sich noch etwas Leinzeug für ihn, Strümpfe und sein silberner Löffel sowie zwei Gemälde mit silberner Fassung, seine Bücher, die er zum Arbeiten gebraucht, nun als fast wertlos eingestuft.[48] Hinzu kamen jedoch 12958 Gulden bei 59 Schuldnern angelegt, die er nach dem Tod seiner Mutter zugesprochen erhielt aus ihrer, ihm gehörenden, aber von ihr besessenen Hinterlassenschaft.[49]

Im folgenden abgekürzt zitierte Literatur: HSTA: *Hölderlins Werke,* Stuttgarter Große Ausgabe. FHA: *Frankfurter Hölderlin Ausgabe.* HJb: *Hölderlin Jahrbuch.*

[1] *HSTA,* Bd. 7, 1 Nr. 65.

[2] Barbara Vopelius-Holtzendorff, »Familie und Familienvermögen Hölderlin/Gock. Vorstudie zur Biographie Friedrich Hölderlins«, in: *HJb* 1980/81, Tübingen 1982. Dort der gesamte Dokumenten-Nachweis. Edition der Dokumente erfolgt in *Das Ehernbürgerliche,* dieselbe Autorin, München Ende 1986/Anfang 1987.

[3] *HSTA,* Bd. 7, 2 Nr. 275.

[4] Wie Anm. 2; neuestens Gerhard Sauder, »Hölderlins Laufbahn als Schriftsteller«, *HJb* 1984/85, Tübingen 1986, S. 160. Auch *HSTA,* Bd. 7, 2 Nr. 168.

[5] Wie Anm. 2.

[6] *HSTA,* Bd. 7, 1 Nr. 104, 105.

[7] Hier wie im Folgenden Martin Vogel, »Urheber- und Verlagsrechtsgeschichte zwischen 1450 und 1850«, in: *Archiv für Geschichte des Buchwesens,* Bd. 19, Frankfurt 1978. Dort die Nachweise.

[8] Wie Anm. 2.

[9] B. Vopelius-Holtzendorff, »Das Nagolder Cahier und seine Zeit«, *Zeitschrift für Württembergische Landesgeschichte* XXXVII, 1978, Stuttgart 1981, S. 125 ff.

[10] Wie Anm. 2.

[11] Wie Anm. 9, S. 136 ff.

[12] Wie Anm. 2; *HSTA,* Bd. 7, 1 Dokumente, Nr. 1 Taufurkunde.

[13] Wie Anm. 2

[14] Wie Anm. 2; *HSTA,* Bd. 7, 1 Dokumente, Nr. 11 Ausgabenliste der Mutter für Friedrich Hölderlin.

[15] Wie Anm. 2.

[16] *HSTA,* Bd. 7, 2 Nr. 367 Testament der Mutter Hölderlins.

[17] Wie Anm. 2, S. 347, Anm. 45.

[18] Wie Anm. 2, S. 350, Anm. 52.

[19] Wie Anm. 2.

[20] Wie Anm. 2; die Edition der Akten folgt in *Das Ehernbürgerliche,* s. Anm. 2 oben.

[21] Wie Anm. 16.

[22] Wie Anm. 2.

[23] Wie Anm. 2.

[24] *HSTA,* Bd. 6 Nr. 9, Brief an die Mutter.

[25] Wie Anm. 14.

[26] Wie Anm. 2, S. 341; wie Anm. 4, S. 150f.

[27] Lothar Kempter, *Hölderlin in Hauptwil,* St. Gallen 1949, Ndr. in *Schriften der Hölderlingesellschaft,* 1975.

[28] Wie Anm. 2.

[29] *HSTA,* Bd. 6 Nr. 63 (1793) u. Nr. 177 (1799).

[30] *HSTA,* Bd. 6 Nr. 95.

[31] *HSTA,* Bd. 6 Nr. 91.

[32] *HSTA,* Bd. 6 Nr. 97.

[33] *HSTA,* Bd. 6 Nr. 93.

[34] Wie Anm. 2, zum Kapital-Buch der Mutter s. S. 354; Edition folgt in *Das Ebernbürgerliche.*

[35] Wie Anm. 14.

[36] *HSTA,* Bd. 7,2 Nr. 288 und 291.

[37] *HSTA,* Bd. 7,1 Nr. 90.

[38] *HSTA,* Bd. 7,1 Nr. 95.

[39] Barbara Vopelius-Holtzendorff, »Das Recht des Vokes auf Revolution? Christian Friedrich Baz und die Politik der Württembergischen Landstände«, in: *»Frankfurt aber ist der Nabel dieser Erde.« Deutscher Idealismus,* Bd. 8, 1983.

[40] *HSTA,* Bd. 7,2 Nr. 280.

[41] *FHA,* Einleitungsband, S. 74 (307/75).

[42] Volker Schäfer, »Zu Hölderlins Gratial«, in: *HJb* 1984/85, Tübingen 1986.

[43] *HSTA,* Bd. 7,2 Nr. 337.

[44] *HSTA,* Bd. 7,2 Nr. 361.

[45] *HSTA,* Bd. 7,3 Nr. 551.

[46] Der letzte hier folgende Abschnitt ist ein Vorgriff auf *Das Ebernbürgerliche,* dort die Analyse der Gesamtsituation nach den Akten des Nürtinger Stadtarchivs.

[47] Nürtinger Akten, wie Anm. 46.

[48] Nürtinger Akten, wie Anm. 46.

[49] Wie Anm. 2, S. 356, Anm. 68.

Eckart Kleßmann E.T.A. HOFFMANN

E. T. A. Hoffmann war gerade ein Jahr tot, da veröffentlichte der Berliner Kriminalrat Julius Eduard Hitzig schon die erste Biographie dieses vielseitigen Künstlers. Hitzig hatte Hoffmann nahegestanden, ohne je dessen Freund zu sein; als Biograph versuchte er diese Tatsache zu verwischen, indem er Vertrautheit vorgab, ja es auch an Indiskretion nicht fehlen ließ. Über Hoffmanns Umgang mit Geld ließ er den Leser wissen:

»Leicht ging er mit dem Gelde um, das er zuletzt in großen Massen einnahm. Er gab es erst seiner Frau und nahm es ihr dann wieder ab, um es zu lassen, er wußte nicht wo.«

Mit Geldsorgen ist Hoffmann zeitlebens konfrontiert gewesen; seine finanziellen Nöte sind ein immer wiederkehrendes Thema in seinen Tagebüchern und in seiner Korrespondenz, vor allem in den Briefen an seinen Jugendfreund Theodor von Hippel, der ihm durch das ganze Leben treu beigestanden hat, — als Freund, als Förderer, als Retter in wirtschaftlicher Not.

Ernst Theodor Wilhelm Hoffmann war 1776 im ostpreußischen Königsberg zur Welt gekommen; die Eltern hatten sich getrennt, als das Kind erst zwei Jahre alt war, und der Junge wuchs auf im Haus der Großmutter, wohin die Mutter zurückgekehrt war, in der Gemeinschaft von zwei Tanten und einem trägen, geistig verfetteten Onkel, von dem der junge Hoffmann sich nur eines erhoffte: eine gute Erbschaft — und die möglichst bald. Seinen dritten Vornamen Wilhelm änderte Hoffmann später aus Verehrung für Mozart in Amadeus, und mit der Abkürzung dieses Vornamens — als E. T. A. Hoffmann — ist er dann in die Weltliteratur eingegangen. Aber bis es soweit war, verging noch viel Zeit, und wenn auch Hoffmanns Leben nur 46 Jahre währte, so begann er beileibe nicht als junges Genie, auch wenn er sich selber zuweilen so fühlte.

Der Junge, der sich nur schwer anderen Menschen anschloß, besaß nur einen einzigen Freund, den gleichaltrigen Theodor von Hippel, dem in jungen Jahren genau das zufiel, wovon Hoffmann sein Leben lang nur träumen durfte: ein großes Erbe. Man kann sich zwar heute leicht darüber ärgern, daß Hippel nicht müde wurde, über seinen exzentrischen Freund zu moralisieren, vor allem nach dessen Tode; viel wichtiger aber ist, daß er ihm in Notzeiten finanziell immer wieder zur Seite stand, sich dabei nicht kleinlich zeigte und dieses Geld nie zurückgefordert hat. Daß er es nie wiederbekommen würde, dürfte ihm wohl von Anfang an bewußt gewesen sein.

Wie sein Vater, sein Großvater und sein Onkel, bei dem er lebte, wurde auch Hoffmann Jurist. Er studierte an der Universität Königsberg und ging dann nach dem Studium als Referendar nach Glogau, wo ihn die Familie eines weiteren Juristen-Onkels aufnahm. Hier saß er nun in einer Kleinstadt mitten in der Provinz. Er absolvierte pflichtgemäß die von ihm verlangte Arbeit und absolvierte sie auch gründlich und zur Zufriedenheit seiner Vorgesetzten. Doch abends, in schwärmerischen Briefen an den Freund Hippel, träumte er wieder und wieder von einem Dasein als freischaffender Künstler, wobei er sich damals noch nicht so sehr als Dichter, denn vielmehr als Musiker und Maler vorstellte. Doch zu dieser Künstler-Existenz bedurfte es einer sehr materiellen Voraussetzung: einer Erbschaft, einer nicht zu kleinen natürlich. Aber darauf spekulierte Hoffmann umsonst. Weder der Tod der Großmutter, noch der Mutter, noch der beiden Tanten bescherte ihm auch nur einen einzigen Pfennig. Er mußte warten bis zum seligen Ende des ungeliebten Onkels, und der ließ sich mit dem Ableben noch etliche Zeit. So mußte Hoffmann wohl oder übel bei seinem Juristen-Beruf bleiben, und es ehrt ihn, daß er ihn nie vernachlässigte, im Gegenteil, alle Examen mit Bravour bestand und dafür die besten Zeugnisse erhielt. So war er schließlich Assessor geworden, kam an das Obergericht im damals preußischen Posen und schließlich ins ebenfalls preußische Warschau.

Hier durfte er sich auch in einer musikliebenden Gesellschaft als Dirigent auszeichnen und seine einzige Symphonie uraufführen, außerdem ein sehr beifällig aufgenommenes Singspiel eigener Komposition. Er hatte inzwischen eine junge, hübsche Polin geheiratet, und wenn auch die kein Vermögen mit in die Ehe brachte, so erbte sie doch bald schon eine kleine Summe, mit der sich das bescheidene Gehalt eines preußischen Regierungsrates verbessern ließ. Doch das schlichte Warschauer Glück währte nicht lange. Nach zwei Jahren, im Herbst 1806, besiegte Napoleon die Preußen und zog in Warschau ein, Hoffmann verlor seine Stelle und sah sich plötzlich arbeitslos. Denn der militärisch geschlagene, von einer fremden Macht besetzte und wirtschaftlich völlig ruinierte preußische Staat war nicht mehr in der Lage, ihn zu beschäftigen und zu besolden. Die polnischen Gebiete gingen Preußen verloren, nicht aber die Beamten, die nun diese Gebiete zu verlassen hatten, für die aber Rest-Preußen keine Verwendung besaß bei ohnehin leeren Kassen.

Hoffmann ging im Frühsommer 1807 nach Berlin und erlebte eine schreckliche Zeit. Was immer er begann, es schlug ihm fehl. Er war noch keinen halben Tag in Berlin, da wurde ihm aus dem Hotelzimmer der Rest seiner Barschaft gestohlen. Niemand hatte für einen Regierungsrat Verwendung, niemand für den Komponisten. Musikunterricht geben? Sehr schön, aber in Berlin drängten sich neben den stellungslosen Beamten auch arbeitslose Musiker, und wer schon konnte sich in diesen harten Zeiten den schönen Luxus von Musikstunden leisten? Völlig verzweifelt schrieb er im Mai 1808, am Ende seines ersten Berliner Hungerjahres, an Theodor von Hippel:

»Alles schlägt mir hier fehl, weder aus Bamberg, noch aus Zürich, noch aus Posen erhalte ich einen Pfennig; ich arbeite mich müde und matt, setze fort der Gesundheit zu und erwerbe nichts! Ich mag Dir meine Not nicht schildern; sie hat den höchsten Punkt erreicht. Seit fünf Tagen habe ich nichts gegessen als Brot — so war es noch nie! Jetzt sitze ich von Morgen bis in die Nacht und zeichne an Szenen für Werners ›Attila‹, der in der Realbuchhandlung verlegt wird. Noch ist es nicht gewiß, ob ich alle Kupfer zu zeichnen erhalte, gelingt mir dies, so verdiene ich etwa 4 bis 5 Friedrichsd'or, die dann auf Miete und kleine Schulden aufgehen. Ist es Dir möglich mir zu

helfen, so schicke mir etwa 20 Friedrichsd'or, sonst weiß ich bei Gott nicht, was aus mir werden soll. Übrigens ist mein Kontrakt mit dem Bamberger Theaterdirektor jetzt abgeschlossen, und vom 1. September an geht mein Offizium an, so daß ich im August schon abreisen muß. Mein einziger Wunsch wäre es, mich jetzt schon von Berlin loszureißen und nach Bamberg zu gehen. Hierzu würde aber mehreres Geld gehören, da ich auch meine Garderobe zur Reise instandsetzen muß. — Gelingt es mir nur erst, Geld zu erwerben, so will ich darauf bedacht sein, wenigstens nach und nach meine große Schuld bei Dir abzutragen. Wäre es Dir wohl möglich, im Fall Du eine bedeutende Summe reponiert habest, mir noch 200 Taler zu borgen? In diesem Falle wäre ich nicht allein aus aller Not, sondern könnte auch nach Bamberg abgehen! — Mein Freund! Verkenne mich Unglücklichen nicht! — Gott weiß es, wie nahe es mir geht, so zu Dir sprechen zu müssen!«

Hippel schickte auf diesen flehentlichen Brief hin 100 Taler, weitere 100 überwies plötzlich der preußische Staat aus einem Hilfsfonds und 50 zahlten ihm Musikverleger für Kompositionen. Ganz glücklich notierte Hoffmann: »Alle Leiden für diesmal wieder geendet.«

Wichtiger aber war: Das Theater in Bamberg hatte ihn als Musikdirektor engagiert für ein Monatsgehalt von 50 Gulden. Nicht eben viel, aber damit ließ sich in einer süddeutschen Kleinstadt auskömmlich leben, denn 50 Gulden betrug die Jahresmiete einer kleinen Wohnung dort. Aber Hoffmann verlor diese Stelle durch Intrigen schon ein Vierteljahr später und blieb dem Theater nur noch als Bühnenkomponist erhalten. Dadurch verringerte sich sein Gehalt, er bekam jetzt nur noch 30 Gulden monatlich. Selbst die aber waren nicht sicher, denn das Theater stand unmittelbar vor der Pleite. So blieben für Hoffmann nur zwei Einnahmequellen: Er gab Musikstunden für die Töchter der in Bamberg tonangebenden Familien und schrieb Musikkritiken, Aufsätze und schließlich seine ersten Erzählungen für die *Allgemeine Musikalische Zeitung* in Leipzig. Für den Verlag Breitkopf & Härtel betätigte er sich nebenbei als Verkäufer von Musikalien bei geringer Provision.

Bei sparsamster Lebensführung hätte das vielleicht gerade für ein kinderloses Ehepaar gereicht, wären da nicht die hohen Zechschulden gewesen, zumal Hoffmann ein sehr anspruchsvoller Trinker war, er bevorzugte leider immer die teuersten Weine, seine einzige kostspielige Liebhaberei. Zwar wurde ihm schließlich im Sommer 1811 das Amt des Bühnenbildners übertragen — und dafür bekam er nun sein erstes Gehalt von 50 Gulden wieder —, aber das rettete ihn nicht vor den höher und höher wachsenden Schulden. Verzweifelt schrieb er am 26. November 1812 in sein Tagebuch: »In der höchsten Not den alten Rock verkauft, um nur fressen zu können!«

Dabei war er nun endlich Universalerbe des im Vorjahr gestorbenen Onkels geworden, hatte auch aus dessen Nachlaß eine Vorauszahlung von 500 Talern bekommen. Aber dieses glückliche Ereignis lag elf Monate zurück, und wer weiß, wieviele Schulden er zunächst einmal von dieser Summe abzuzahlen gehabt hatte, das Tagebuch schweigt darüber. Doch aus dem fernen Königsberg war seither kein Geld mehr gekommen, und die Gläubiger mochten sich nicht mit dem Versprechen weiter hinhalten lassen, diese Quelle sei noch längst nicht versiegt, wenn sie seit elf Monaten nicht mehr sprudelte. Schließlich war Hoffmann nicht mehr imstande, die Miete zu bezahlen. Doch dann kann plötzlich das Tagebuch im Februar 1813 melden: »Endlich ganz unerwartet aus Königsberg 485 Reichstaler bekommen — aller Kummer ein Ende.«

Es war die langerwartete zweite Zahlung aus der Erbschaft, und — Glückes genug! — nun wurde ihm am übernächsten Tag eine Kapellmeisterstelle in Leipzig angeboten. Es verstand sich, daß so viele frohe Nachrichten in Hoffmanns Stammlokal, dem Theaterrestaurant »Rose« genau gegenüber Hoffmanns Wohnung, ausgiebig begossen werden mußten. Doch da ihm die bösen Erfahrungen eines von Schulden und Gläubigern geplagten Menschen noch allzufrisch im Gedächtnis saßen, notierte Hoffmann in sein Tagebuch einen schönen Vorsatz: »Von heut an in der ›Rose‹ alles, was ich verzehre, zu zahlen angefangen.«

Am 21. April 1813 verläßt er mit seiner Frau Bamberg und beginnt seine Tätigkeit als Musikdirektor der abwechselnd in Leipzig und Dresden gastierenden Secondaschen Theatertruppe. Trotz der Kriegswirren — wir stecken jetzt mitten in den sogenannten »Befreiungskriegen« gegen Napoleon — geht es Hoffmann zunächst nicht schlecht. Er bekommt regelmäßig seine Bezüge; allein zwischen dem 30. April und dem 12. Juni werden ihm 128 Taler ausgezahlt, und er arbeitet jetzt auch zugleich intensiv an der Niederschrift seines ersten Buches, den *Fantasiestücken in Callots Manier*. Dennoch ist die materielle Situation in einer Zeit, da eindeutig Mars die Stunde regiert, kritisch. Das Tagebuch vermerkt nun wiederholt »große Geldnot«. Erst im Februar 1814 kommen spärliche 189 Taler aus dem Königsberger Erbe, und da wird ihm vier Tage später gekündigt. Daß Hoffmann die nächsten Monate finanziell übersteht, ist einzig dem verachteten toten Erbonkel zu danken, denn zwischen Mai und September 1814 erhält er noch einmal 491 Taler ausgezahlt. Für eine politische Karikatur honoriert ihn ein Verleger mit 5 Talern, für den Abdruck einer Erzählung in einer Zeitschrift bekommt er 15 Taler, dazu kommen die zwar ziemlich regelmäßigen, aber niedrigen Honorare von der *Allgemeinen Musikalischen Zeitung* in Leipzig. Damit lassen sich zwar neun Monate ohne weiteres finanzieren, doch wissen wir nicht, ob und in welcher Höhe sich Hoffmann damals verschuldet hatte, diese Einkünfte also von Rückzahlungen belastet waren.

Er kehrt zurück nach Berlin, wieder in den preußischen Staatsdienst. Freund Hippel, der über ausgezeichnete Verbindungen verfügt zu höchsten Regierungskreisen, hat dafür gesorgt. Aber den preußischen Staat, der jetzt zu den Siegermächten über Napoleon zählt, interessiert es wenig, daß hier ein Beamter ihm vor acht Jahren in Warschau die Treue gehalten und sich geweigert hatte, den Eid auf Napoleon zu leisten. Im Gegenteil: Um Geld zu sparen, argumentiert die preußische Verwaltung, der Jurist Hoffmann habe viele Jahre nicht in seinem Beruf gearbeitet und müsse sich erst wieder in seinen alten Aufgabenbereich einführen lassen. Hoffmann bekommt eine Anstellung beim Berliner Kammergericht und erfährt, was die französische Redensart bedeutet: »Travailler pour le roi de Prusse« — für den preußischen König arbeiten — nämlich umsonst. Ihm wird mitgeteilt, daß er für das erste Halbjahr keinen Anspruch hat auf ein Gehalt. Zwar zahlt man ihm vier Monate nach Amtsantritt eine Vergütung von 200 Talern, aber erst vom 22. April 1816 an — also anderthalb Jahre später — hat er Anspruch auf das volle Jahresgehalt eines Kammergerichtsrats, und das beträgt eintausend Taler. Von dieser Verschuldung zugunsten des preußischen Staates haben sich Hoffmanns Finanzen nie wieder erholt.

Hoffmanns Gehalt wird noch zweimal erhöht: 1819, drei Jahre später, wird es auf 1300 Taler festgesetzt, und schon acht Monate darauf steigt es um weitere 300 Taler auf 1600 Taler. Hinzukommen 700 Taler Zulage für die Mitgliedschaft in der sogenannten »Immediat-Kommission zur Ermittlung hochverräterischer Verbindungen und anderer gefährlicher Umtriebe«, in deren Gremium Hoffmann kommandiert wird. Auch wenn es nicht möglich ist, diese Summe in eine Relation zur heutigen Kaufkraft zu setzen, läßt sich sagen, daß ein Jahresgehalt in dieser Höhe nicht wenig war. Für seine nicht eben kleine Wohnung an der Ecke von Tauben- und Charlottenstraße, also in der besten Gegend Berlins, zahlte Hoffmann damals eine jährliche Miete von 152 Talern und 16 Groschen.

Inzwischen ist E. T. A. Hoffmann ein sehr namhafter Schriftsteller geworden, der sich nicht mehr mit Billighonoraren abspeisen lassen muß. Sein erster Verleger in Bamberg, Carl Friedrich Kunz, selbst ein durchaus vermögender Mann, hatte es gut verstanden, ihm die vier Bände der *Fantasiestücke in Callots Manier* um ein Geringes abzuhandeln. Überaus ironisch schreibt Hoffmann 1820 an den Bamberger Arzt Friedrich Speyer:

»Übrigens zahlen mir jetzt die Buchhändler Honorare, vor deren Klang Herr Kunz sofort rücklings in Ohnmacht sinken würde. Ja! Herr Kunz! — Der gute Mann

hatte sich darauf gesetzt, mir von Zeit zu Zeit die unzartesten, unangenehmsten Dinge, die mein Verhältnis mit ihm als Verleger betrafen, zu schreiben und mich dadurch lebhaft in jene heillose Periode zurückzuversetzen, in der mancher glaubte, dem Verlassenen, Bedürftigen alles bieten zu können. Der letzte Brief enthielt witzige Variationen über das Thema: Teurer Freund! — zum Beispiel ja! Sie sind wirklich ein teurer *Freund, denn sie kommen mir teuer zu stehen. — Und nun folgte eine Apothekerrechnung des ungeheuern Schadens, den ihm der Verlag meiner ›Fantasiestücke‹ verursacht, dann aber — die Aufforderung, ihm ferner Werke im Verlag zu geben!! Natürlicherweise habe ich gar nicht geantwortet!«*

Das hatte er auch gar nicht nötig, denn andere, weit besser zahlende Verleger reißen sich jetzt um ihn, denn Hoffmanns Erzählungen erhöhen die Auflagen jener beliebten Almanache, in denen sie gedruckt werden. Diese Almanache, auch Taschenbücher genannt, erscheinen jährlich, sie bieten ein buntgemischtes Programm aus Kalender, Lyrik, Erzählungen, Berichten und praktischen Winken. Schon bald hat es sich unter den Verlegern herumgesprochen, daß eine Geschichte E.T.A. Hoffmanns die Nachfrage steigert, und so wird der Dichter bald mit Aufträgen überhäuft. Hatte er noch 1814 für den Druckbogen zu 16 Seiten erst drei und dann vier Friedrichsd'or verlangt (das sind 15 respective 20 Taler), so verlangt er im Januar 1821 das Doppelte. Ein entsprechendes Schreiben Hoffmanns an einen Taschenbuch-Verleger aus dieser Zeit lautet:

»Andere literarische Arbeiten, vorzüglich die Beendigung des Romans ›Lebensansichten des Katers Murr‹, gebieten mir, Arbeiten für Taschenbücher bis Ende Mai spätestens zu vollenden. Sie würden daher, sollte ich eine Erzählung für Ihr Taschenbuch liefern, diesselbe binnen dieser Zeit, wahrscheinlich aber schon Ende März, erhalten. Rücksichts des Honorars bitte ich aber Ew. Wohlgeboren mich ja nicht für eigennützig zu halten, sondern überzeugt zu sein, daß ich mir sonst selbst Schaden zufügen würde, wenn ich auf die geforderten 8 Friedrichsd'or per Druckbogen à 16 Seiten bestehen muß. Keiner der übrigen Verleger verweigert mir dieses Honorar, und es ist nur das Bestreben, Ew. Wohlgeboren gefällig zu sein, wenn ich dieses *Jahr Ihnen den Vorzug gebe und die geforderten Beiträge anderer, die solche voriges Jahr erhalten, bis künftges Jahr verspare, wie ich es diesmal mit dem ›Taschenbuch für Liebe und Freundschaft‹ tun müssen. Einer gütigen* baldigen *Erklärung sehe ich umso mehr entgegen, als ich in diesem Augenblick meine Arbeiten für die Taschenbücher beginne und Ew. Wohlgeboren vielleicht Nr. 2 zusenden könnte.«*

Das ist eine deutliche Sprache: Die Produktion ist angelaufen, Geschichte um Geschichte verläßt des Dichters Schreibtisch. Dieser erhitzte Umsatz hat in der Tat etwas Beängstigendes und zugleich etwas beklemmend Mechanisches. Hitzig, Hoffmanns erster Biograph, hat wiederholt geklagt, daß der Dichter seine wichtigen Arbeiten nur zu oft aufgeschoben habe, um die wachsende Nachfrage nach Almanach-Geschichten befriedigen zu können. Aber Hoffmann brauchte Geld, er war, trotz guter Berufsposition, ständig in Finanznot. So schreibt er etwa an seinen Verleger Georg Reimer im September 1820:

»Dabei nehme ich aber Ihre mir so oft tätig bewiesene Freundschaft und Güte in Anspruch und bitte mir, so bald es sein kann, neues Öl auf die trockne Schriftstellerlampe zu gießen, d.h. mir gütigst 20 Friedrichsd'or, die ich gar nötig brauche, zu senden. Gewiß werden Sie meine Bitte nicht abschlagen.«

Nur fünf Monate später ergeht erneute eine Bitte um Geld an den Verleger:

»Ich bin in tausend Sorgen, daß Ihnen, verehrtester Freund! mein vorgestriges Billett, in welchem ich dringendst bat, mir Ihrem gütigen Versprechen gemäß den Rest des Honorars oder wenigstens 50 Reichstaler zukommen zu lassen, nicht abgegeben worden ist, da ich mit keiner Antwort versehen worden bin. Ganz außerordentlich würden Sie mich verbinden, wenn Sie die Güte hätten, mir, da ich in diesem Augenblick einer Zahlung halber in Verlegenheit bin, durch Überbringerin meinen Wunsch erfüllend mir das Gebetene zu senden.«

Verleger Georg Reimer hatte für die zweibändige Ausgabe der *Nachtstücke* ein Honorar von 343 Talern gezahlt, für die vierbändige Ausgabe der *Serapionsbrüder* 945 Taler, indes Carl Friedrich Kunz, Hoffmanns erster Verleger in Bamberg, für die zweite Auflage der erfolgreichen *Fantasiestücke in Callots Manier* 1818 nur schäbige 100 Taler anwies und in einem Brief seinem Autor vorjammerte, er stünde nun fast vor dem Ruin. Daß Hoffmann in dem vorhin zitierten Brief an den Arzt Speyer darüber nur spotten konnte, wird besonders verständlich, wenn man weiß, daß Verleger Reimer allein für das Märchen *Das fremde Kind* an E. T. A. Hoffmann 70 Taler überwies. Aber im Jammern über die nur allzu berechtigten Honorarforderungen ihrer Autoren waren Verleger schon immer unübertroffene Meister, und ihre Redakteure taten es ihnen nur allzuwillig nach. So klagt denn auch Stephan Schütze, der Herausgeber des *Taschenbuchs der Liebe und Freundschaft gewidmet* im August 1821 seinem Verleger, den Brüdern Wilmans in Frankfurt, bewegt:

»Auf Hoffmann müssen wir übrigens in der Folge verzichten, denn er schreibt, daß er von anderen Verlegern jetzt 8 Friedrichsd'or für den Bogen bekommt, welches ich

gern glaube, da Clauren, wie sein Antwortschreiben und andere versichern, sich sogar 15 Friedrichsd'or für den Bogen bezahlen läßt ... Diese Trauben hangen für uns zu hoch.«

E.T.A. Hoffmann starb am 22. Juni 1822 nach sechs Monaten Krankenlager. Noch am Morgen seines Todestages hatte er den Wunsch geäußert, am Abend an seiner neuen Erzählung *Der Feind* weiterzudiktieren, denn der inzwischen bis zum Hals völlig gelähmte Dichter war längst nicht mehr imstande, selber die Feder zu führen. Als die Witwe und die Freunde die Hoffmannsche Hinterlassenschaft bilanzierten, kamen sie auf eine Schuldenlast von mehr als 2300 Talern, also mehr als zwei von Hoffmanns Jahresgehältern. Allein die Ausgaben für Ärzte und Medikamente in den letzten Monaten seines Lebens beliefen sich auf über 200 Taler, aber die Hauptsumme schlug zu Buche bei Lutter & Wegner, Hoffmanns bevorzugter Weinstube: Dort war der starke Zecher 1116 Taler schuldig geblieben. Aber J.C. Lutter, der Inhaber, erwies sich als ein nobler Gastronom: Er verzichtete auf diese Summe mit der Begründung, Hoffmanns Anwesenheit hätte ihm so viele Gäste in sein Lokal gebracht, daß der Verlust leicht zu verschmerzen sei. Die Versteigerung von Hoffmanns Nachlaß brachte nur 631 Taler. Daß die Witwe überhaupt eine Pension zugesprochen erhielt, war einzig dem Engagement der Freunde, zuvörderst Theodor von Hippel, zu danken.

Sechs Jahre nach des Dichters Tod erinnerte sich Hoffmanns unmittelbarer Vorgesetzter, der Präsident des Berliner Kammergerichts, Freiherr von Trützschler, an zusätzliche Arbeit, die sein von ihm stets hochgeschätzter Kammergerichtsrat geleistet hatte, und bat das Justizministerium um eine Nachzahlung zugunsten der Witwe Hoffmanns:

»Auch dem Kammergerichtsrat Hoffmann bin ich das Zeugnis schuldig, daß er, der sonst die Stunden seiner Muße zu schriftstellerischen Arbeiten verwandte und für den Bogen 4, 6 ja wohl auch 8 Friedrichsd'or Honorar erhielt, im ersten halben Jahre diese für ihn sehr lukrative Lieblingsbeschäftigung ganz aufgab, und auch nachher, als seine Geschäfte bei der Kommission abnahmen, diese nie darunter leiden ließ.«

Da kam er aber an die richtige Adresse. Die preußische Justiz hatte nämlich nicht vergessen, in welcher Weise der ihr unterstellte Beamte Hoffmann in seinem Märchen *Meister Floh* die Schnüffelmethoden der preußischen Polizei in ganz Deutschland lächerlich gemacht hatte. Nur Hoffmanns Tod wenige Monate später konnte die Bestrafung des indiskreten Kammergerichtsrats verhindern. Der Lebende mochte sich der Rache entzogen haben, dem Toten aber galt sie über das Grab hinaus. Die Antwort erteilte dem Präsidenten von Trützschler der Innenminister, der immer noch schwerbeleidigt war. Erzürnt verwies der auf Hoffmanns »irrige Ansichten«, wie er es nannte, und beschimpfte den Dichter als einen »Aussätzigen«. Schon daß Hoffmann einige Bücher bei dem politisch recht suspekten Verleger Georg Reimer hatte erscheinen lassen, war übel genug. Diesem Manne aber auch noch eine postume »Remuneration« — also finanzielle Erstattung — zukommen zu lassen, war denn doch wohl die Höhe. Unvergessen und unvergeben war schließlich auch, daß der Kammergerichtsrat Hoffmann in zahlreichen Verfahren unschuldig politisch Verfolgten beigestanden und in raffinierten juristischen Gutachten deren Harmlosigkeit nachgewiesen hatte. Nun auch noch Geld für die Witwe des Mannes, der den preußischen Polizeistaat mit legalen Mitteln bekämpft und mit poetischen verspottet hatte? In einer Mischung aus Amtsdeutsch und Pöbelei ließ der Herr Minister wissen:

»Ich würde mich nicht dazu entschließen können, unangenehme Erinnerungen gegen Männer aufzufrischen, denen ich überall nur Gutes wünsche, wie sie es in jeder andern Beziehung ihres Wirkens verdienten. Gegen eine nachträgliche Remuneration des damaligen Wirkens des verstorbenen Hoffmann aber würde ich mich unbedenklich auf das Bestimmteste erklären müssen, da er mir dabei überall als ein Anhänger des Verlegers und Beschützers der Demagogen, des Buchhändlers Reimer, und als ein Wüstling, der nur für den Erwerb seines Weinhauslebens arbeite, erschienen sei und deshalb dies Geschäft mit Beförderung eines Pasquills gegen ein Mitglied der Ministerialkommission zum Druck beschlossen habe, dessen von Sr. Majestät befohlene Rüge nur durch seinen Tod abgeschnitten worden. Bedürften die Hinterlassenen desselben Unterstützung, so könne solche m. E. doch nie durch eine Remuneration dieses Benehmens des Hoffmann gewährt werden, da ich nach Pflicht und Gewissen das ›De mortuis nil nisi bene‹ nach Pflicht und Gewissen bei ihm nicht in Anwendung bringen könne.«

Literaturhinweise

E. T. A. Hoffmann, *Tagebücher,* hrsg. v. Friedrich Schnapp, München 1971.

E. T. A. Hoffmann, *Briefwechsel,* 3 Bände, hrsg. v. Hans v. Müller u. Friedrich Schnapp, München 1967.

E. T. A. Hoffmann in Aufzeichnungen seiner Freunde und Bekannten. Eine Sammlung von Friedrich Schnapp, München 1974.

Julius Eduard Hitzig, *Aus Hoffmanns Leben und Nachlaß,* 2 Bände, Berlin 1823.

Wulf Segebrecht LUDWIG TIECK

Verkehrte Welt: Wer von Ludwig Tieck sprechen will, muß mit dem Ende anfangen. Das Schauspiel seines Lebens beginnt mit dem Epilog, gesprochen von Friedrich Hebbel:

»Der König der Romantik hat das Zepter niedergelegt und ist in jene geheimnisvolle Welt zurückgekehrt, die er ein Menschenleben hindurch zu entschleiern suchte. Der Weg, den Tieck zurücklegte, ist mit Perlen und Edelsteinen übersät. Und nicht bloß in der Jugend war er reich, bis ins späte Alter hinein hat er blitzende Kleinodien verstreut«.[1]

Am 1. Mai 1853 wurde er auf dem Friedhof der Dreifaltigkeits-Kirche in Berlin-Kreuzberg beerdigt. Den langen Leichenzug, in dem alles, was in Berlin Rang und Namen hatte, vertreten war, führte Seine Majestät, Friedrich Wilhelm IV., der König von Preußen, höchstpersönlich, an. Der »Romantiker auf dem Thron« gab dem »König der Romantik« die letzte Ehre. Ihm schlossen sich die Vertreter der Wissenschaft und der Künste, der Akademien, der Universität und Gymnasien, des Theaters und der Literatur sowie zahlreiche Freunde und Verehrer an. Kein Zweifel: Hier wurde einer der Repräsentanten des geistigen Lebens einer ganzen Epoche zur letzten Ruhe gebettet; mit seinem Tod war die klassisch-romantische Kunstperiode endgültig an ihr Ende gekommen.

Man hatte sich nichts vorzuwerfen: Ehren und Auszeichnungen waren ihm schon zu Lebzeiten in reichem Maße zuteil geworden: Er trug das Kreuz der Ehrenlegion Pour le Mérite, den roten Adlerorden, den bayerischen Verdienstorden und das schwedische Nordsternkreuz, er durfte sich mit der Würde eines Ehrendoktors der Universität Breslau schmücken und er genoß einen königlich-preußischen Ehrensold von 1000 Talern nebst freiem Logis in einer Sommer- und einer Winterwohnung in Berlin. Und noch am Grabe wurde ihm von dem evangelischen Pfarrer Sydow bescheinigt, er habe zu den »Hochbegabten und Hervorragenden« gehört, »die berufen sind, die großen Schlachten des Geistes zu schlagen«.[2] Wäre das alles — die Rede vom »König der Romantik«, von den Perlen und Edelsteinen, die er angeblich ausgestreut habe, vom König, der den König zum Grab geleitete, von den Orden, mit denen man ihn überschüttete, und von den Schlachten, die er schlug — wäre das alles nicht verbürgte Geschichte — man könnte es für eine Novelle des späten Tieck halten. Natürlich eine ironische Novelle, nicht bitter und nicht aggressiv, aber doch unüberhörbar kritisch. Der »Tod des Dichters« könnte sie heißen, und sie könnte im Plauderton davon handeln, mit welchen Mitteln sich die gebildete Welt den Zumutungen des Dichters, der nur Dichter sein wollte, entzog, indem sie ihn mit adligen und militärischen, akademischen und bürgerlichen Ehrenbezeugungen zugleich vereinnahmte und von sich fernhielt, ihn jedenfalls aber verkannte, bis hin zur Inszenierung seiner Beerdigung.

Tieck hat (schon 1833) eine solche Novelle geschrieben, und sie heißt auch *Tod des Dichters;* nur handelt sie nicht von Ludwig Tieck, sondern von dem portugiesischen Dichter Luis de Camoens, der zu seiner Zeit — im 16. Jahrhundert — verkannt und verachtet, ja vergessen wurde, und dessen Tod Tieck als Apotheose, als Wiederauferstehung und Beginn des unsterblichen Ruhms gestaltete, den Camoens als Dichter der *Lusiaden* verdient. Ludwig Tieck, der poeta laureatus, ein würdiges und hochgeehrtes Mitglied der Gesellschaft, nimmt hier die Ehrenrettung des verkannten, verarmten und verfolgten Dichters vor. Der schönste Lohn des Dichters sei die Huldigung der Nachwelt, die »Erkenntnis des Großen und Schönen«, dessen, »was nicht Gold, Ehre, noch Lob ist, [. . .] diese stumme Bewunderung, in der die reinste Verehrung und ein heiliges Mitglied sich wundersam vermischen«.[3] Von dieser Art der Anerkennung war Ludwig Tieck, als er starb, soweit entfernt wie — zu seiner Zeit — Luis de Camoens.

Gewiß: Wer sorgenfrei lebt, geschützt vom König selbst und seiner Privatschatulle, der, könnte man meinen, hat es leicht, von ideellen Werten zu sprechen, von der Schönheit der Poesie und von ihrer Wahrheit, nicht aber vom Gold, geschweige denn vom Geld. Wer genug Geld hat, den braucht es nicht weiter zu interessieren, sollte man denken; obwohl sich auch das meist anders verhält, wie ebenfalls in der Novelle *Der Tod des Dichters* gesagt wird:

»Geld ist [. . .] der Dämon, der auch Freundschaft erkältet und auflöst, er macht auf der Lippe die herzlichen Worte und Beteuerungen erfrieren und erstarren, die sich eben noch aussprechen wollten. Das starre, tote Metall übt einen magischen Zwang aus, und der ist ihm in der Regel auch am meisten untertan, der die größte Masse davon besitzt.«[4]

Tieck, um es nur gleich zu sagen, besaß nie eine große Masse davon, und er ist auch nie der Faszination des Geldes erlegen, der in seiner frühen Erzählung *Der Runenberg* Christian verfällt:

»Weder bei Tage noch in der Nacht läßt es mir Ruhe; seht, wie es mich jetzt wieder anblickt, daß mir der rote Glanz tief in mein Herz hinein geht! Horcht wie es klingt, dies güldene Blut! Das ruft mich, wenn ich schlafe, ich höre es, wenn Musik tönt, wenn der Wind bläst, wenn Leute auf der Gasse sprechen; scheint die Sonne, so sehe ich nur diese gelben Augen, wie es mir zublinzelt, und mir heimlich ein Liebeswort ins Ohr sagen will: so muß ich mich wohl nächtlicherweise aufmachen, um nur seinem Liebesdrang genug zu tun, und dann fühle ich es innerlich jauchzen und frohlocken, wenn ich es mit meinen Fingern berühre, es wird vor Freude immer röter und herrlicher; schaut nur selbst die Glut der Entzückung an!«[5]

Christian ist, wie das Beispiel zeigt, in ein Liebesverhältnis der Hörigkeit mit dem Gold verwickelt. Und er bezahlt diese Liason am Ende damit, daß sein eigenes Herz nicht mehr menschlich ist, sondern verwandelt wird in ein Ding »von kaltem Metall«.[6] In fast unendlichen Variationen haben die Romantiker die Geschichte der Faszination durch das geheimnisvoll blinkende Gold oder Kristall durchgespielt. Es erweckt die tiefste Sehnsucht nach Erkenntnis und Offenbarung der Geheimnisse des Seins, die Sehnsucht auch nach einer innigen Verbindung des Organischen mit dem Anorganischen, die Schelling die »Weltseele« genannt hat. Aber es birgt zugleich die Gefahr der Verdinglichung dessen, der sich ihm nähert. Im *Runenberg* reduziert Christian das Gold auf seinen reinen Geldwert. Ihn treibt nicht die Liebe, die erkennen will, sondern die Gier, die an sich reißen will, zur Bergkönigin:

»Wunderbare, unermeßliche Schätze [...] muß es noch in den Tiefen der Erde geben. Wer diese ergründen, heben und an sich reißen könnte! Wer die Erde so wie eine geliebte Braut an sich zu drücken vermöchte, daß sie ihm in Angst und Liebe gern ihr Kostbarstes gönnte!«[7]

Nicht zufällig wird hier die Sprache der Erotik verwendet. Den Wegen zum Gold der Erkenntnis und zum Geld der Macht entsprechen zwei Formen der Sexualität: die reine Liebe und die rohe Bedürfnisbefriedigung. Und die Kunst ist der gefährlichen Suche nach dem faszinierenden Gold vollkommen vergleichbar: Auch sie will die geheimnisvollen Schätze der Erde heben, auch sie ist verführbar vom Nützlichkeits- und Machtdenken und sollte doch allein der Liebe verpflichtet sein. Dieser Zusammenhang ist es, der den Romantikern das Thema der Goldsuche, der Aufdeckung verborgener Schätze so attraktiv machte. Denn es ging dabei um ihre eigene geliebte Kunst, um die Wesens- und Funktionsbestimmung der Poesie, der sie sich mit Leib und Seele verschrieben hatten.

Für Tieck kam nie etwas anderes in Frage als die Literatur. Kein deutscher Dichter vor ihm und kaum einer nach ihm hat seine ganze Existenz so ausschließlich der Literatur gewidmet wie Ludwig Tieck. Sie war seine große Liebe. Schon für den Schüler des Werderschen Gymnasiums in Berlin stand unabänderlich fest, daß er nur ihr, sei es als Schauspieler oder als Dichter, gehören wollte. Schon der Abiturient Tieck hatte mindestens zwanzig Dramen verfaßt, dazu mehrere Erzählungen geschrieben und an den Romanen seines Lehrers Rambach mitgewirkt. Und das Studium der Theologie in Halle, Erlangen und Göttingen und ein paar anderer Fächer war nur ein Vorwand, um seine Schriftstellerexistenz fortsetzen zu können. Nie hat er einen Beruf erlernt, nie ein Amt innegehabt, wenn man von seiner vorübergehenden Tätigkeit als Dramaturg absehen will, die auch nur dazu diente, ihm für seine Lieblingsbeschäftigung, den Umgang mit der Literatur, ein Gehalt zu verschaffen. Gelegentlich hat er erwogen, Literaturprofessor in Heidelberg oder Berlin zu werden, aber als ihm tatsächlich eine

Professur in München angeboten wurde, lehnte er selbst dieses Amt ab. Er war und blieb »freier« Schriftsteller, und das hieß für ihn in erster Linie: er lebte in einem freien Liebesverhältnis zur Literatur.

Daß er auch *von* ihr lebte, kann man indes nicht sagen. Es käme ja auch einer Erniedrigung der Geliebten gleich, wenn man sie dazu benutzte, Gewinn aus ihr zu ziehen. Noch als 73jähriger schreibt er an einen Freund: »Ich bin alt geworden, als ich noch immer eine gewisse Scham hatte, für meine Poesien, die ich zu meiner eignen Freude und Lust arbeitete, Geld zu bekommen.«[8] Es kam ihm vor wie Verrat. Die Kunst darf, wie die Liebe, keinen Zwecken dienen, am wenigsten dem Zweck des Gelderwerbs, weil sie ihren Zweck und Sinn in sich selbst hat. Zu dieser Erkenntnis kommt schon der werdende Künstler Franz Sternbald in Tiecks Künstlerroman *Franz Sternbalds Wanderungen* aus dem Jahre 1798. Der reiche Fabrikant Zeuner macht dem jungen reisenden Maler das Angebot:

»Wenn Ihr wollt, so könnt Ihr mit einem sehr guten Gehalte bei mir eintreten [...]. Ihr mögt vielleicht viel Geschick zur Kunst haben, [...] aber was habt Ihr mit alle dem gewonnen? Wenn Ihr ein großer Meister werdet, so führt Ihr doch immer ein kümmerliches und höchst armseliges Leben. [...] Er hat keine frohe Stunde, er kann sich nie recht ergötzen, niemand achtet ihn, da er ohne Vermögen ist, statt daß er reich, angesehen und von Einfluß sein könnte, wenn er sich den bürgerlichen Geschäften gewidmet hätte.«[9]

Es kostet Franz Sternbald nicht die geringste Mühe, der Zumutung, seiner geliebten Kunst untreu zu werden, zu widerstehen. Wer das Malen und Zeichnen einfach aufgeben könne, der könne »unmöglich einen recht kräftigen Trieb dazu verspürt« haben. »Ich wüßte nicht, wie ich es anfinge, daß ich es unterließe«, erwidert er. Er folgt unbedingt und kompromißlos seinem Kunsttrieb, und das bedeutet zugleich, wie er sagt, daß »ich zu allen ernsthaften Geschäften verdorben bin, denn ich achte sie zu wenig, ich habe keine Ehrfurcht vor dem Reichtum.«[10]

Damit nimmt die Liebe zur Kunst eine Form an, in der sie die bürgerlichen Verhältnisse nicht mehr unangetastet läßt. So lange das Liebesbekenntnis zur Kunst nur zum Verzicht auf die bürgerlichen Vorzüge der Wohlhabenheit und ökonomischen Sicherheit führt, kann man sie als Privatangelegenheit des einzelnen hinnehmen. In der Form einer aktiven Mißachtung der mangelnden Ehrfurcht aber wird sie für die geordneten bürgerlichen Verhältnisse bedenklich, wenn nicht gefährlich.

Tieck selbst hat das Geld von Jugend an nicht ernst genommen. Er hat es verachtet, aus Liebe zur Poesie. Daß er es dennoch benötigte, steigerte nur seine Idiosynkrasie gegen das Geld. Er weigerte sich, von ihm abhängig zu werden. Schon der 19jährige Student in Halle macht bedenkenlos Schulden und beruhigt seine Schwester Sophie, die sich Sorgen macht, weil sie ihm das fehlende Geld nicht schicken kann:

»Es tut mir [...] außerordentlich leid, daß du dich über diese Kleinigkeit so ängstigst, da ich dies Geld so außerordentlich nötig gar nicht brauche, als du dir einzubilden scheinst; es wäre besser, wenn ich es hätte, aber da es nicht ist, so verliere ich gar nichts dabei, meine Lebensart geht dennoch fort wie sonst.«[11]

Tiecks »Lebensart« stand schon in dieser Zeit fest: Er war auf der Suche nach dem Gold der Poesie, nicht nach dem Geld der profanen Welt. Er schuf sich seine eigene, die verkehrte Welt, in der es auf Geld nicht ankam. »Geldmangel leide ich nicht«, heißt es ein Jahr später leichtsinnig aus Göttingen, »denn wozu sollte ich Geld brauchen?«[12] Natürlich brauchte er Geld. Hunderte von Bittbriefen an die Verleger zeigen, daß er ständig in Geldverlegenheit war. Er bittet um Vorschüsse, Restzahlungen, zusätzliche Honorare, Schuldentilgungen, Bürgschaften, Stundungen, Bezahlungen von Rechnungen, Neufestsetzung von Zahlungsbedingungen usw. Bedenkenlos bietet er noch nicht geschriebene Werke, für die ihm ein Verleger bereits einen Vorschuß gezahlt hatte, einem zweiten Verleger an, von dem er abermals einen Vorschuß kassiert. Alle seine Verleger wurden mit solchen Briefen bombardiert, ob sie nun Nicolai, Frommann, Reimer, Goeschen, Cotta, Brockhaus, Max oder Vieweg hießen. Doch selbst diese Briefe, so dringend sie waren, sind noch Beweisstücke seiner Nichtachtung des Geldes, seiner Ignoranz und Willkür ihm gegenüber. Er reagierte auf Geldmangel mit der Behauptung, es käme ihm auf Geld überhaupt nicht an.

Die »armseligste aller Verlegenheiten« nannte er »die des Geldes, das sich vielleicht dadurch an mir rächt, weil ich es immer so von Herzen verachtet habe.«[13]

Diese »Philosophie der Armut« gilt auch für das junge Ehe- und Liebespaar Heinrich und Klara in Tiecks Erzählung *Des Lebens Überfluß*. Der Überfluß, den das Paar genießt, ist seine herzliche Liebe zueinander, die sein Leben in Poesie verwandelt. Im übrigen aber leben die beiden in äußerster Armut, ja Not, im Dachgeschoß eines Hauses, ohne Geld und bedürfnislos, frierend und hungernd, aber glücklich. Nach und nach, da die Kälte zunimmt, beginnt Heinrich damit, die Holztreppe, also die letzte Verbindung zwischen dem Liebesnest und der Außenwelt, zu verfeuern, zu »verbrauchen«. Gerade dieses Eigentumsdelikt aber führt zur Konfrontation mit der Außenwelt. Denn der empörte Hausbesitzer verlangt mit

Hilfe der Polizei und der Gerichte Bestrafung und Schadenersatz. Geld, materieller Besitz, bringt hier zu guter Letzt das gute Ende zustande: Ein Freund kommt unerwartet mit einer großen Geldsumme aus dem Orient, und damit sind für Heinrich und Klara alle Probleme gelöst. »Gern ließen sie die notgedrungene Philosophie der Armut fahren«, heißt es am Ende, und »sannen nach über den Inhalt des menschlichen Lebens, dessen Bedürfnis, Überfluß und Geheimnis.«[14]

Dazu besteht auch Veranlassung. Denn das unvermutete Geld hat hier keine andere Aufgabe, als die Novelle zu einem glücklichen Ende zu führen. Es verdeckt nur oberflächlich die Brüchigkeit der »Philosophie der Armut«, die Scheinhaftigkeit der Verklärung der Realität zur Idylle. In den poetischen Traum dagegen, den Heinrich seiner Klara erzählt, dringt die ökonomische Realität einer Gesellschaft ein, die alles Individuelle, Poetische, Ideale nur noch nach seinem materiellen Wert bemißt. Heinrich träumt von einer Auktion, auf der er selbst gegen Höchstgebot versteigert wird, wobei ihm bewußt wird, »daß kein Mensch meinen Wert mit irgend einer namhaften Summe würde taxieren wollen. Mein Kredit in dieser ganzen großen Stadt erstreckt sich nicht auf einen Groschen; ich bin ganz ausdrücklich das, was die Welt einen Lumpen nennt.«[15]

Den bösen Traum von der Kreditunwürdigkeit könnte Tieck selbst geträumt haben. Daß die Werte der Poesie, die er vertrat, einerseits unschätzbar und andererseits keinen Heller wert waren, hatte er sich jedenfalls immer wieder zu vergegenwärtigen. Dennoch reagierte er nicht haushälterisch und sparsam, nicht vorsorglich und kalkulierend, sondern verschwenderisch und leichtsinnig auf diese Erkenntnis. Er war eine Spielernatur. Eigentlich war es ihm selbstverständlich, daß Leute, die Geld hatten, ihm Geld gaben. Er setzte immer voraus, daß die Geldgeber das Geld ebensowenig achteten wie er selbst. Freunde hat er sich mit dieser Verhaltensweise nicht erworben; und Freunde, die er hatte, nicht selten vor den Kopf gestoßen. Denn er war keineswegs bereit, das Leben eines armen, bedürfnislosen Poeten zu führen, seine Liebe zur Poesie implizierte nicht Entsagung, sondern Zuwendung zum Lebensgenuß. Zu seinen Bedürfnissen gehörten nicht nur ausgedehnte Reisen mit oft monatelangen Aufenthalten im fremden Städten, regelmäßige Kuraufenthalte in Baden-Baden oder Teplitz, Geselligkeiten aller Art, ein persönlicher Diener und andere Hausangestellte und — last not least — natürlich die Bücher. Tieck war ein leidenschaftlicher Büchersammler, sein Interesse galt den Erst- oder Frühausgaben der gesamten europäischen Literatur, insbesondere — im Zusammenhang mit seinen Shakespeare-Studien — der altenglischen Literatur. Tiecks Eckermann Köpke berichtet:

»Mit den namhaftesten Antiquaren und Buchhändlern stand er in Verbindung, und nie ließ er einen Freund nach Frankreich oder England reisen, ohne ihm Aufträge mitzugeben. Für den alten Druck eines dramatischen Werks war ihm kaum ein Preis zu hoch.« Er besuchte »selbst die Bücherauktionen, die ihm zu einem Glücksspiele wurden, an dem er mit Eifer und Leidenschaft teilnahm. Schon die Lektüre von Auktionskatalogen gewährte ihm besonderes Behagen.«[16]

»Jeder Mensch [. . .] hat seine Narrheit und seinen Wahnsinn«, pflegte er zu sagen, »ich bin ein unverbesserlicher Büchernarr.«[17]

Seine kostbare Bibliothek umfaßte schließlich nicht weniger als 16000 Bände. Bedürfnislosigkeit war nicht seine Sache. Als er in den Jahren 1808 bis 1810 mit seiner Schwester Sophie Bernhardi und deren Kindern in München lebte, mietete er, so hören wir, eine luxuriöse Wohnung am Max-Joseph-Platz, kleidete sich elegant nach der neuesten Mode, benutzte auserlesene Parfüms, ließ die teuersten Speisen wie Austern und Spargel auftischen — und das alles ohne einen Pfennig Geld. Caroline Schelling beobachtete dieses Treiben mit verständlicher Verwunderung:

»Mit den Tiecks ist überhaupt eine närrische Wirtschaft hier eingezogen. Wir wußten wohl von sonst und hatten es nur vorderhand wieder vergessen, daß unser Freund Tieck nichts ist als ein anmutiger und würdiger Lump. [. . .] Wir haben hier [. . .] wieder erfahren, was es mit dieser Familie für eine Bewandtnis hat und wie sehr die Gaunerei mit zu ihrer Poesie und Religion gehört. Sie kamen von Wien her, weiß der Himmel warum [. . .], leben 8 Wochen lang aufs splendideste im Wirtshaus, beziehen dann ein Privatquartier für 100 Fl. monatlich, haben einen Bedienten und sonst noch 3 Domestiken, einen Hofmeister für die Kinder der Bernhardi usw.; zu dem allen aber keinen Heller eignes Geld. Es ist bekannt, daß Tieck nie welches hatte, daß er stets auf Kosten seines Nächsten lebte [. . .]; die Erfindung und Unverschämtheit, die Ausgelerntheit hat ihnen bisher durchgeholfen [. . .]. Indessen sind sie dabei völlig preisgegeben, und es möchten bald alle Quellen verstopft sein [. . .]. Die Lage der Dinge ist stadtkundig, aber ihre noble Fassung dabei unerschütterlich.«[18]

Es ist gleichgültig, welchen Namen man diesem Tieck geben will, ob man ihn einen Lebenskünstler oder einen Scharlatan nennen will, einen Hochstapler oder einen Narren, der sich die großbürgerliche Kappe aufgesetzt hat — keine dieser Bezeichnungen ist völlig von der Hand zu weisen. Als »Pumpgenie« jedenfalls war er seinen Zeitgenossen fast sprichwörtlich bekannt; und wohin er auch kam — der auf ihn gemünzte Spottvers war schon vor ihm da:

»Wie ein blinder Passagier
Fahr ich auf des Lebens Posten.

Einer Freundschaft ohne Kosten
Rühmt' sich keiner je mit mir.«[19]

In der Tat: Sie alle wurden zur Kasse gebeten: Freunde, Bekannte, Verleger und Verwandte oder solche, die es werden wollten. Viele von ihnen trugen es mit Geduld, aber nicht alle. Bettine von Brentano z.B., die zunächst dem Charme Tiecks huldigt, berichtet Karl von Savigny mit zunehmender Empörung über die prekäre Lage der Geschwister Tieck in München:

»Ich glaube, die Tiecks gehen nicht weg, weil sie kein Geld dazu haben; enfin, sie sind wirklich wie eine Festung durch ihre eignen Umstände belagert. Die Tiecks sind Blaudünstler, glaub ich ein für alle Mal. Ich empfehle sie mitsamt ihrer Betrügerei unserm Herrgott, aber wenn der gerecht ist in seinem Himmel, so wird er ihnen den bösen Schneider aus dem Rock klopfen, wie er denn schon manchen geklopft hat und noch klopfen wird in Ewigkeit amen, bis es ein End hat. Den Tieck hab ich ganz verlassen. Er ist mir in seiner Schlechtigkeit zu niederträchtig, und mag er auch sterben, so mag ich doch nichts von ihm wissen. Aber demungeachtet ist Tieck hier auf dem trocknen Sand und kann sein Schifflein keineswegs flottmachen. Er probiert alle möglichen Wege mit zwei in jetziger Zeit sehr schützlichen Gesellen: Lug und Trug. Tieck verdient keine Schonung, und wenn es möglich ist, auch den letzten Heller von ihnen loszukriegen, so soll man's ohne Barmherzigkeit tun; denn für sie ist es einerlei, ob sie Geld haben oder nicht.«[20]

Mit der letzten Bemerkung hat Bettine ins Schwarze getroffen. »Wenn wir doch das Geld abschaffen könnten«[21], schreibt Tieck im Jahre 1800 an August Wilhelm Schlegel. Für seine Person verhielt er sich so, als wäre es tatsächlich abgeschafft worden. Da aber andere es noch besaßen, Wert darauf legten, es zu bekommen, es gegen Waren umzutauschen oder für Waren einzunehmen, mußte er zwangsläufig in Konflikte geraten. Er häufte Schulden über Schulden, schrieb sein Leben lang vergeblich gegen diese Schulden an, nahm sie aber letztlich ebenso wenig ernst wie das Geld und den Besitz. »Es gibt keinen Besitz«, lehrt der Alte vom Berge in der gleichnamigen Novelle, »in dem Sinn, wie die meisten ihn annehmen, er soll nicht sein, und ihn festhalten zu wollen, ist ein gottloses Bestreben.«[22] Tieck selbst hat sich noch im hohen Alter von seinem kostbarsten Besitz, seiner Bibliothek, getrennt, indem er sie, unter dem Druck der Schulden, einem Auktionator überließ. Daß der König selbst dann einen Teil dieser Bücher für Tieck zurückkaufte, steht auf einem anderen Blatt. Im Sinne Tiecks tat der König freilich nichts anderes, als die unnützen, ja unseligen Geldsäcke sinnvoll anzuwenden. Brachte Tieck schon keine andere als die Gesinnung der Verachtung für das Geld als Zahlungsmittel auf, so steigerte sich diese Einstellung zum Haß, wenn er an das gesammelte Geld, an das Kapital dachte, das eine vernichtende Eigendynamik entwickelt.

»Wie nähren die Staaten, und sie können nicht anders«, so heißt es ebenfalls in der Novelle Der Alte vom Berge, *»dieses Geldungeheuer auf und richten es zum Wüten ab. In manchen Gegenden kann nur noch oben das Kapitel wachsen, indem es unten die Armen noch mehr verarmt, bis denn der Verlauf der Zeit das trübselige Exempel einmal ausrechnen und das schreckliche Fazit mit blutiger Feder durchstreichen wird.«*[23]

Hellsichtig hat Tieck hier die Triebfeder und die Folgen der »sozialen Frage« aufgedeckt, die das ganze 19. und 20. Jahrhundert beschäftigten sollte. Tiecks Antwort auf diese Frage ist nicht das Postulat der Gleichheit aller. Der Künstler Rustici in *Franz Sternbalds Wanderungen,* der seine Honorare leichtfertig und großherzig an Bedürftige verteilt, kaum daß er sie eingenommen hat, vertritt auch Tiecks Auffassung, wenn er meint:

»Die Armut auf Erden kann niemals aufgehoben werden, und wenn alle Menschen gleich wären, müßten sie alle betteln, und keiner könnte geben.«[24]

Das Privileg der Besitzenden, daß sie geben können, ist zugleich ihre Verpflichtung. Sie gilt den Armen gegenüber ebenso wie den Künstlern, die die Gesellschaft braucht, wenn sie human bleiben will.

»Man hat in allen Ländern schon seit lange Poesie und Kunst unter jene Manufakturwaren gerechnet«, so schreibt Tieck in der Einleitung zum Poetischen Journal *(1800), »die der zunehmende Luxus auch notwendig gemacht hat; und diejenigen, die sich durch eine vorzüglich billige Denkungsart auszuzeichnen suchten, haben den Gedanken hineinlegen wollen, Poesie und Kunst mache die Menschen human, je mehr Kunst, je mehr Humanität, so daß jedweder Mann, der nicht zu den ungebildeten gerechnet werden wollte, in den Nebenstunden, die ihm seine Berufsgeschäfte übrig ließen, nicht nur einige Grundsätze der Kritik erlernen mußte, sondern sogar zu schöner Lektüre schreiten, um im Fache der veredelten Menschheit nicht auffallend zurück zu bleiben.«*[25]

Wenn die Gesellschaft die Kunst in ihren Dienst nimmt, und selbst wenn sie das zu dem Zweck ihrer eigenen Humanisierung tut, dann ist die Kunst bereits verraten; sie wird zu etwas Äußerlichem, sei es als Ideologie, die die Zugehörigkeit des Kunstbeflissenen zum kulturellen Leben signalisiert, oder als Ware, die das Zeichen der Käuflichkeit von Kunst ist. So klagt der Künstler Franz Sternbald:

»Es ist zu bejammern, daß in unserm irdischen Leben der Geist so von der Materie abhängig ist. O wahrlich, kein größeres Glück könnte ich mir wünschen, als wenn mir der Himmel vergönnte, daß ich arbeiten könnte, ohne an den Lohn zu denken, daß ich so viel Vermögen besäße, um ganz ohne weitere Rücksicht meiner Kunst zu leben, denn schon oft hat es mir Tränen ausgepreßt, daß sich der Künstler muß bezahlen lassen, daß er mit den Ergießungen seines Herzens Handel treibt und oft von kalten Seelen in seiner Not die Begegnung eines Sklaven erfahren muß.«[26]

Dennoch lehnt Sternbald nach dem Angebot des Fabrikanten Zeuner, von dem wir schon gehört haben, auch den großzügigen Vorschlag des reichen Amsterdamer Kaufmanns und Kunstsammlers Vansen ab, der sich einen Künstler zum Schwiegersohn wünscht:

»Ich will Euch damit keineswegs von Eurer Reise zurückhalten, sondern ich muntre Euch vielmehr selber auf, Italien zu besuchen und dort zu studieren. Meine Tochter liebt Euch, Ihr versprecht Euch mit ihr, und mein Vermögen macht Euch die Reise bequemer und nützlicher. Ihr kommt dann zurück, und was ich besitze, sichert Euch wenigstens vor dem Mangel. Ihr könnt dann Eurer Kunst, wie Ihr Euch immer gewünscht habt, mit allen Kräften obliegen, Ihr werdet bekannt und berühmt, meine Tochter ist mit Euch glücklich, und alle meine Wünsche sind erfüllt.«[27]

Sternbald zögert, verständlicherweise.

»Er sah alle die Szenen einer ruhigen Häuslichkeit vor sich, Kinder, die ihn umgaben, er hörte die Gespräche seines Schwiegervaters und der Freunde, er fühlte [...] sich eingelernt in die ernsteren Verhältnisse des Lebens; seine wunderbaren Gefühle und Wünsche, das zauberische Bild seiner Geliebten, alles hatte Abschied genommen, und sein Herz hing an nichts mehr glühend.«[28]

So wandert er weiter, dem Bild seiner Geliebten folgend, nämlich der Kunst, den wunderbaren Gefühlen und Wünschen, dem Zauber, dem Traum. Er verschafft dem Kunstenthusiasten einen anderen Schwiegersohn und geht seinen Weg unbeirrt weiter, unbekümmert um die Segnungen bürgerlicher Sicherheit.

Tieck ist ihm weitgehend gefolgt. Zwar ging er 1798 eine Ehe mit Amalia Alberti ein, die allerdings, wie er bald feststellen mußte, ein Mißgriff war. In der Gräfin Henriette von Finkenstein begegnete ihm jedoch sein Glücksfall. Die Gräfin verschaffte ihm nicht nur den sicheren Rückzugsort Ziebingen in der Neumark, wohin Tieck sechzehn Jahre lang immer wieder zurückkehren konnte, sie stellte ihm auch ihr gesamtes Vermögen — man spricht von 25000 Goldtalern — ohne die geringsten Auflagen zur Verfügung und lebte bis zu ihrem Tod (1847) mit Tieck zusammen. Sie war weit mehr als eine Mäzenatin oder Konkubine, sie war für ihn der zur Person gewordene Inbegriff seiner geliebten Poesie. Es ist sehr bezeichnend für Tiecks Gleichgültigkeit bürgerlichen Verhältnissen gegenüber, daß er sich nie darum bemüht hat, die Ehe mit Amalia aufzulösen, obwohl schon die zweite Tochter, Agnes, ein »Kind der Liebe« war (wie man damals zu sagen pflegte), deren Vater nicht Tieck, sondern sein Freund Burgsdorff war. So führte man, unbekümmert um den Klatsch und die bürgerliche Moral, eine Ehe zu dritt. Tieck war in diesen Dingen ebenso leichtfertig und unkonventionell wie in Geldangelegenheiten. Er praktizierte auch hier mit leichter Hand, aber konsequent die »verkehrte Welt«, jene Komödie, die vom Ende zum Anfang zurückführt.

Der Prolog dieser Lebenskomödie spielt sich im Hause eines Kleinbürgers, eines Berliner Seilermeisters, ab. Hier betritt Ludwig Tieck die Bühne. Das Kostüm des Narren ist ihm ebensowenig auf den Leib geschneidert wie das des Zauberers oder gar das des Hochstaplers. Dennoch beginnt er schon früh damit, die Wirklichkeit in Poesie zu verwandeln und die Poesie auf die Wirklichkeit zu verpflichten. Das Spiel und der Wechsel der Rollen sind ihm von Anfang an vertraut. Schnell entzieht er sich der Festlegung und schlüpft in ein neues Kostüm. Es ist nicht abzusehen, in welcher Rolle man ihn demnächst zu sehen bekommen wird. Deshalb sei hier sein Steckbrief aus der *Verkehrten Welt* zitiert:

»Es ist aus gefänglichem Gewahrsam ein Landstreicher gebrochen, der sich für den Apollo auszugeben pflegt. Er ist an einem silbernen Bogen kennbar und gelocktem Haar, jugendlichen Angesichts und pflegt viel zu singen, auch in der Luft zu fliegen; [...] jede Obrigkeit wird gebeten, ihn auszuliefern, da an diesem Verbrecher viel gelegen ist. Die etwaigen Unkosten sollen ersetzt werden.«

»Man soll dem Spitzbuben schon auf der Spur sein.«

»Ich habe [...] es ihm oft vorhergesagt, daß es soweit mit ihm kommen würde, da er sich durchaus auf keine ernsthafte Studien legen wollte. Das kömmt von der Belletristerei, wenn man sie nicht zum Nutzen der Menschheit anwendet. — Weiß man nicht, was er verbrochen hat?«

»Er soll sich unterstanden haben, die Phantasterei einzuführen, hat Tragödien geschrieben, [...] hat die moralische Tendenz durchaus vernachlässigt, in Summa, er hat der ganzen kultivierten Welt ein großes Ärgerniß gegeben.«

»Es sollte an ihm ein Exempel statuiert werden.«[29]

---

[1] Zitiert nach Klaus Günzel, *König der Romantik. Das Leben des Dichters Ludwig Tieck in Briefen, Selbstzeugnissen und Berichten.* Berlin: Verlag der Nation 1981, S. 462 bis 464. Kontaminiertes Zitat.

[2] Rudolf Köpke, *Ludwig Tieck. Erinnerungen aus dem Leben des Dichters nach dessen mündlichen und schriftlichen Mitteilungen,* unveränderter reprographischer Nachdruck der Ausgabe Leipzig 1855. Darmstadt: Wissenschaftliche Buchgesellschaft 1970, 2. Teil, S. 147.

[3] Ludwig Tieck's *Schriften,* 19. Bd., Berlin: Reimer 1853, S. 213.

[4] Ebd., S. 355.

[5] Ludwig Tieck, *Schriften in zwölf Bänden,* Bd. 6: *Phantasus,* hrsg. von Manfred Frank, Frankfurt a. M.: Deutscher Klassiker Verlag 1985, S. 200.

[6] Ebd., S. 201.

[7] Ebd., S. 205.

[8] An Eduard von Bülow, 12. November 1846. Zitiert nach Wulf Segebrecht, »Ludwig Tieck an Eduard von Bülow. Dreiundzwanzig Briefe«, in: *Jahrbuch des Freien Deutschen Hochstifts* 1966, S. 414.

[9] Ludwig Tieck, *Franz Sternbalds Wanderungen,* Studienausgabe, hrsg. von Alfred Anger, Stuttgart: Reclam 1966, S. 38.

[10] Ebd., S. 39.

[11] An Sophie Tieck, 7. August 1792. Zitiert nach *Letters to and from Ludwig Tieck and his Circle.* Collected and edited by Percy Matenko, Edwin H. Zeydel, Bertha M. Masche. Chapel Hill: The University of North Carolina Press 1967, S. 301.

[12] An Sophie Tieck, Februar 1793. *Letters to and from Ludwig Tieck* (siehe Anm. 11), S. 324.

[13] An Friedrich Frommann. Zitiert nach *Dichter über ihre Dichtungen,* Bd. 9: *Ludwig Tieck,* hrsg. von Uwe Schweikert. München: Heimeran 1971, Bd. I, S. 238.

[14] Ludwig Tieck, *Schriften in zwölf Bänden,* Bd. 12: *Schriften 1836–1852,* hrsg. von Uwe Schweikert, Frankfurt a. M.: Deutscher Klassiker Verlag 1986, S. 248 f.

[15] Ebd., S. 227.

[16] Rudolf Köpke (wie Anm. 2), 2. Teil, S. 133.

[17] Ebd.

[18] Zitiert nach Günzel (siehe Anm. 1), S. 285 f.

[19] Ebd., S. 263 und 286.

[20] Collage aus verschiedenen Briefen Bettine von Brentanos, zitiert nach Günzel (siehe Anm. 1), S. 291–293.

[21] *Ludwig Tieck und die Brüder Schlegel. Briefe.* Auf der Grundlage der von Henry Lüdeke besorgten Edition neu hrsg. von Edgar Lohner, München: Winkler 1972, S. 44.

[22] Ludwig Tieck's *Schriften,* 19. Bd. (wie Anm. 3), S. 176.

[23] Ebd.

[24] *Franz Sternbalds Wanderungen* (wie Anm. 9), S. 379.

[25] Zitiert nach *Dichter über ihre Dichtungen* (wie Anm. 13), Bd. III, S. 12.

[26] *Franz Sternbalds Wanderungen* (wie Anm. 9), S. 179.

[27] Ebd., S. 182.

[28] Ebd., S. 183.

[29] Ludwig Tieck, *Die verkehrte Welt,* Text und Materialien zur Interpretation besorgt von Karl Pestalozzi. Berlin: de Gruyter 1964, S. 30 f.

Stephan Reinhardt HEINRICH HEINE

Das Schlimmste, was Dir passieren kann, sagte die Mutter zu ihm, ist Dichter zu werden, und sie meinte damit, was auch die Zeit dachte: lebenslange Armut, das bittere Ende im Siechen- oder Armenhaus. Die Mutter hatte sich eine glänzende Karriere vorgestellt — »im merkantilischen Fache«. Harry Heine, mütterlicherseits Nachfolger einer angesehenen Düsseldorfer Bankiers- und Gelehrtenfamilie und väterlicherseits aus norddeutscher Kaufmannsfamilie, sollte einmal ein »Geldmensch« werden, am besten ein Rothschild, einer jener Finanzmagnaten, deren Familien sich vom Frankfurter Stammhaus nach Paris, London, Wien und Neapel verzweigten und die mit ihrem verliehenen Geld Glanz und Politik machten.

Oder ein handfester Bankier wie der Onkel Salomon Heine, der sein bescheidenes Grundkapital von ganzen 16 Groschen auf viele Millionen vermehrt hatte und nun zu den reichsten und angesehensten Bürgern Hamburgs zählte.

Wie Onkel Salomon war auch Heines lebenslustiger Vater ein Aufsteiger. Seine Geschäfte als Tuchhändler gingen zunächst so gut, daß er sich 1809 in der Düsseldorfer Bolkerstraße ein stattliches Haus kaufen konnte und darin eine Manufakturwarenhandlung eröffnete.

Der Wohlstand ist allerdings nur von beschränkter Dauer. Als die Engländer über das napoleonische Europa eine kontinentale Handelssperre verhängen, gerät er in wirtschaftliche Schwierigkeiten. Ein aufwendiger Lebensstil — »Pferde und Schauspielerinnen« tun das ihre. Nach dem ungeschriebenen Gesetz jüdischer Familien- und Gruppensolidarität springt der ältere Bruder, Bankier Salomon aus Hamburg, ein.

Harry Heine wird ein Jahr vor dem Abitur vom Gymnasium genommen und auf die Handelsschule geschickt. In Frankfurt beginnt er eine kaufmännische Lehre, zunächst als Volontär in einem Bankhaus, dann bei einem Spezereiwarenhändler, zwei kurze Episoden, auf die im Juni 1816 eine kaufmännische Lehre im Kontor des Bankhauses seines steinreichen Hamburger Onkels folgt. Der Onkel, halb Clan-Pascha, halb verständnisvoller Onkel, der auf Harry, den intelligentesten der drei Heine-Brüder setzt, richtet ihm schließlich im Mai 1818 das Manufakturwarengeschäft Harry Heine & Companie ein, das englische Stoffe in Kommission führt, die der glücklose Vater in Düsseldorf nicht absetzen kann. Das Glück steht dem jungen Harry allerdings ebensowenig zur Seite. Schon Anfang des folgenden Jahres muß er sein Geschäft wieder auflösen, da auch sein Vater von weiteren Mißerfolgen heimgesucht wird.

Die Pläne von Eltern und Onkel, die »merkantilische Seifenblase« — sie waren geplatzt. Heine schrieb lieber Gedichte, als daß er Rechnungen fakturierte und Bilanzen aufgliederte nach Soll und Haben. Ein heimlicher Dichter, leicht entflammt, zum Sehen geboren, nicht zum Rechnen. Aber noch war es ein weiter Weg bis zum Berufsschriftsteller.

Die Düsseldorfer Heines, nach ihrem Bankrott vom Hamburger Bankiersonkel unterhalten, ziehen in dessen Nähe. Und für Harry wird ein Jurastudium ins Auge gefaßt, in der Hoffnung auf eine spätere Stellung im seit je blühenden deutschen Staats- und Verwaltungsdienst oder auf eine spätere Advokatur in der weltläufigen, anglophilen See- und Hansestadt.

Heines Auskommen auf den Universitäten Bonn, Göttingen und Berlin hat nicht die Mutter gesichert, indem sie ihren wertvollen Familienschmuck verkaufte, wie er in den *Memoiren* schrieb, sondern sein Onkel, der ihm jährlich 400 Taler zahlte, etwa 20000 DM, ein für die in der Regel aus der Mittel- und Oberschicht stammenden Studenten durchaus standesüblicher Jahreswechsel. Wer nach Heines finanziellen Verhältnissen fragt, kann sich keineswegs auf des gelernten Kaufmanns eigene Angaben, Bemerkungen, zumeist in Briefen oder mündlich überliefert, verlassen. Heine hat ein Verwirrspiel betrieben, was seine Gelddinge anbetraf, um seinen Vorteil zu wahren.

Da im antisemitischen Deutschland nur Christen in den Staats- und Verwaltungsdienst eintreten konnten, läßt sich Harry Heine, unmittelbar vor der Promotion zum Dr. juris, taufen. Aus Harry wird Heinrich, aber eine Stelle findet sich, trotz des langen Arms des Onkels, an der Alster nicht. Auch aus der Advokatur wird durch Intrigen naher Verwandter nichts und ebensowenig aus der Hoffnung auf eine Dozentur in Berlin. Ein stellungsloser Akademiker, der sich vergeblich bemüht, sein Brot nicht mehr aus der »Gnadenschüssel« des Oheims essen zu müssen.

»Lieber Onkel«, schreibt er ihm ins Gästebuch, »geben Sie mir 100000 Mark und vergessen Sie auf ewig Ihren Sie liebenden Neffen Heinrich Heine.«

Aber der Onkel ist immer gegenwärtig, selbst wenn Heine eine seiner zahlreichen Reisen unternimmt: in Gestalt von Schecks, Wechseln und Mahnungen zu bürgerlicher Lebensführung.

Heinrich Heine: ein Akademiker ohne Stellung, der gern und viel umherreist — und der gleichwohl dabei schon eine außerordentliche Karriere macht: als Dichter. Denn schon sind die ersten Gedichte erschienen, die — erfolglosen Tragödien *Almansor* und *William Ratcliff* und Reiseberichte.

»Meine Muse trägt einen Maulkorb, damit sie mich beim juristischen Strohdreschen mit ihren Melodien nicht störe.«

Diese Behinderung seiner literarischen Kreativität ist weggefallen seit dem Ende des ungeliebten Jurastudiums, und Heines literarische Quelle führt reichlich Wasser, wenn sie auch nicht so verschwenderisch sprudelt wie bei Balzac oder Hugo.

Zu Anfang des Jahres 1826 macht er die Bekanntschaft des Hamburger Verlegers Campe, der wenige Monate später seine Reiseberichte gesammelt unter dem Titel *Reisebilder* herausgibt. Julius Campe, der wußte, welchen Autor er da an seinen Verlag gebunden hatte, drängte auf Fortsetzungen. Heines *Reisebilder*, die neben dem ein Jahr später erscheinenden *Buch der Lieder* seinen Ruhm in Deutschland begründen, sind durchweht von der »neuen Religion der Freiheit«, von revolutionärem Geist und von spöttischer Kritik an kleinlichen kleindeutschen Verhältnissen, geschrieben in einer ebenso eleganten wie ironischen, manchmal auch boshaften Sprache und mit einem nach allen Seiten hin kecken, funkelnden Witz. Die traditionelle Trennung in Gattungen wie Lyrik, Erzählung, politischer Essay und autobiographische Prosa wird aufgehoben, eine bis dahin in Deutschland kaum gekannte Mischung gewagt.

Mit dem fortlaufenden Erscheinen der *Reisebilder*, bis 1831 insgesamt vier Bände, hat sich Heine selbst gegen die Möglichkeit einer gutbürgerlichen Juristenexistenz im Staatsdienst entschieden. Die Behörden reagieren mit Zensur und Verbot. Das besitzende und gebildete Bürgertum dagegen, das nach mehr Liberalität verlangt und sich von den Daumenschrauben der politischen Restauration in der Metternich-Ära nicht abschrecken läßt, verlangt nach Heines Prosa und Versen, nach diesem »freysinnigen«, respektlosen Umgang mit der Obrigkeit, der sich über kleinkarierte Fürsten und politische und klerikale Krähwinkelmentalität lustig macht. Für Heine zahlt sich der wachsende Ruhm auch finanziell aus — zunächst allerdings nicht in dem Maße, daß er seinen Unterhalt von den wachsenden Honoraren hätte bestreiten können. Der Hamburger Onkel, ebenso bewundert vom Neffen wie Gegenstand seiner Wut und Arroganz — »Das Beste, was an Ihnen ist, besteht darin, daß Sie meinen Namen tragen« —, hilft regelmäßig mit erheblichen Geldbeträgen aus. Nur für kurze Zeit, als sich Heine Anfang 1828 in München als festangestellter Redakteur an Cottas *Politische Annalen* bindet, ist er vorübergehend ganz unabhängig — und Nutznießer eines Gehalts, das etwa dem Einkommen eines gutbezahlten Universitätsprofessors entspricht — »Cotta behandelt mich sehr genereuse« — »Ich bin eine von Cottas teuersten Puppen«.

Der schmächtige Dreißigjährige mit dem blassen, feingeschnittenen ovalen Gesicht und blond-braunem Haar war keiner, der den Tag über die Texte anderer redigierte, sondern der selbst Texte schrieb, die andere redigierten; Heine war kein Planet, der die Sonne umkreiste, sondern die Sonne selbst, er war sich selbst der Mittelpunkt seines Lebens. Um so überraschender ist es, daß er erneut »à tout prix« eine feste Stelle in der Verwaltung sucht. Bei Varnhagens in Berlin, die den jungen, Gedichte schreibenden Juristen durch ihren Sohn in das geistige und literarische Berlin eingeführt hatten, erkundigt er sich nach einer Stellung im preußischen Staatsdienst — vergeblich. Und in Hamburg bemüht er sich um die Stelle eines Ratssyndikus. An Varnhagen schreibt er:

»Mein Streben geht dahin, mir à tout prix eine sichere Stellung zu erwerben ... Gelingt es mir binnen kurzem nicht in Deutschland, so reise ich nach Paris, wo ich

leider eine Rolle spielen müßte, wobei all mein künstlerisches poetisches Vermögen zugrunde ginge ...«

Auch die Hamburger Ratsstelle erhält der für seine schriftlichen »Feldzüge gegen Pfaffen und Aristokraten« berühmt-berüchtigte Republikaner nicht. Und so emigriert er nach Paris, in das Mekka der Liberalen und in das Juste Milieu des wohllebenden Bürgerkönigtums, das eine umfangreiche Kolonie deutscher politischer Flüchtlinge aufgenommen hat. Die meisten dieser Emigranten leben ein bescheidenes, kümmerliches Leben, politisch zum Nichtstun verbannt.

Heine trifft auf ganz andere Voraussetzungen. Die wichtigen Salons von Paris sind dem berühmten Schriftsteller aus Deutschland weit geöffnet. Der »geistreiche Deutsche« mit dem schnellen Wortwitz trifft alte Freunde und Bekannte und lernt neue kennen: die Komponisten Berlioz, Chopin, Liszt, Mendelssohn-Bartholdy und Giacomo Meyerbeer. Im berühmten Salon von George Sand folgt Henri Heine auf Alfred de Musset, bis er von Chopin abgelöst wird. Er verkehrt mit den bekanntesten Schriftstellern von Paris, mit Balzac, Dumas, Sue und Victor Hugo, mit dem ihm wohlgesinnten Kritiker Sainte-Beuve und mit Gerard de Nerval, seinem Übersetzer ins Französische, der wie er an Syphilis erkrankt. Heine schwimmt »bis am Hals im süßesten Gesellschaftsleben«. Er ist Gast im pompösen Renaissance-Schloß der Rothschilds in der Rue Laffitte, bei dem mit ihm entfernt verwandten Bankier Fould. In hellen Röcken und bunten Westen nach der neuesten Mode gekleidet, badet er in der Menge, die sich über die breiten Boulevards, durch den Bois de Boulogne, in der luxuriösen Passage des Panoramas, einer überdachten Ladenstraße, ergießt, sein Blick gilt den Desiréen und Clarissen, dem Juwelierladen und der Pastetenbäckerei, ein Flaneur, der sich an der Höflichkeit der Franzosen und der Anmut ihrer Grisetten begeistert.

»Fragt Sie jemand, wie ich mich hier befinde, so sagen Sie: ›Wie ein Fisch im Wasser‹, oder vielmehr sagen Sie den Leuten, daß, wenn im Meere ein Fisch den anderen nach seinem Befinden fragt, so antworte dieser: ›Ich befinde mich wie Heine in Paris.‹«

Als Heinrich Heine im Mai 1831 nach Paris umzieht, hat die Metropole an der Seine, seit 1789 das Herz Europas, schon 800000 Einwohner, 15 Jahre später überschreitet das gallische Lutetia die Eine-Million-Grenze. Das übervölkerte Paris, schon mitten in der Industrialisierung, sprengt seinen Gürtel: Fabrikhallen und Mietskasernen entstehen in neuen Vorstädten. Industriell hergestellte Massenware wird in sogenannten Kaufhäusern feilgeboten. Hier der wachsende dritte Stand, das drohende Paris der Besitzlosen — dort der Bürgerkönig Louis Philippe, ein Bürger mit Krone, der die Bourgeoisie zu Besitz ermuntert und seinen Minister ausrufen läßt: *Enrichissez-vous!* Bereichert euch! Mit den neuen dreispännigen Wagen der Pariser Omnibusbahn und den ersten Eisenbahnen erlebt das bürgerliche Paris auch neue Berufe: den Handlungsreisenden und Grossisten, den Unternehmer und den Börsen- und Immobilienspekulanten.

Heines Paris ist das bourgeoise Paris, und es ist teuer. Ein paar Zahlen und Daten: Eine möblierte Vier-Zimmerwohnung in besserer Wohnlage kostete monatlich etwa 150 F. — wobei ein F. etwa 7 bis 8 DM entsprach — also 1200 DM. Für eine Theaterkarte im theaterfreudigen Paris, und Heine ging oft ins Theater, waren zwischen 40 und 160 DM aufzuwenden. Ein einfacher Brief, und Heine war auf Korrespondenz angewiesen, von Paris nach Frankfurt kostete um die zehn DM und eine Postreise von Hamburg an die Seine schon ganze 750 F., das Jahresgehalt eines Pariser Handwerkers bei fünfzehnstündigem Arbeitstag.

Der Junggeselle Heinrich Heine lebte in seinen ersten Pariser Jahren im Hotel, danach bezog er möblierte Wohnungen — in der besseren Wohngegend des 2. und 3. Arrondissements. Heinrich lebte keinesfalls sparsam. Mathilde, seiner »Ladenmamsell«, die er im Oktober 1834 kennenlernte und die er 1841 vor einem Duell heiratete, um sie abzusichern, kaufte er die neueste und teuerste Garderobe. Oft und gern ging er mit ihr in die heiligen Tempel der Haute Cuisine. Ein Epikuräer, der sich am Tische der Rothschilds und der Fürstin Belgiojoso, seiner italienischen Freundin auf Schloß Jonchère, den Gaumenfreuden hingab, und der einen Sinn hatte für bessere Weine, Grand Cru, für Austern und Champagner.

Heines monatliche Ausgaben — ich verdanke diese Angaben und Zahlen der Monographie *Genius und Geldsack* von Michael Werner — beliefen sich zunächst auf etwa 1000 F., eine stattliche Summe, verglichen mit jenen 100 F., die Hebbel während seines Paris-Aufenthaltes 1843/44 monatlich zur Verfügung standen. Heine verbrauchte mehr als er verdiente, obwohl er viel verdiente und die Honorare von Campe, Cotta und anderen im Laufe der Zeit immer mehr anwuchsen. Regelmäßig mußte der Onkel aus Hamburg mit Schecks in beträchtlicher Höhe aushelfen. Das arme Genie in unwirtlicher Fremde, abhängig von der Gunst geiziger »Geldsäcke« — Heine hat diese Version seiner Lebens- und Einkommensverhältnisse mit Bedacht ausgestreut, und sie hat sich bis heute in Schullesebüchern und seriöser Sekundärliteratur behauptet. Zwar befand er sich manchmal in Geldnöten, noch öfter aber fingierte er sie, um seine Kreditgeber zahlungswilliger zu stimmen. Hatten sie, die nur über Geld und nicht über Genie verfügten, nicht die verdammte Pflicht und Schuldigkeit, ihm von ihrem Geld zu geben, damit die Quelle seines Genies sprudeln konnte? Das Genie Heine ließ wissen, welche Werterangordnung zu gelten habe.

Gezielt suchte Heine von Beginn seiner Emigration an den Kontakt zum französischen Leser, und er hatte das Glück, daß sich der einflußreiche Hoffmann-Übersetzer Adolphe Loève-Veimars für ihn einsetzte. Die auflagenstarke *Revue des Deux Mondes* druckte Teile aus den berühmten *Reisebildern* ab, und die gerade gegründte *Europe Littéraire* veröffentlichte eine Artikelserie über deutsche Literatur und Philosophie — damit wurde Heine für das literarische Frankreich zum Begriff. Eugène Renduel, der sich als Verleger der französischen Romantiker einen Namen erworben hatte, verabredete daraufhin mit Heine eine fünfbändige Œuvre-Ausgabe. Die innerhalb kurzer Zeit erscheinenden Bände *De la France, Reisebilder — Tableaux de Voyage* und *De l'Allemagne* wurden jedoch kaum verkauft. Heine hatte zugestimmt, daß ihm Renduel für die beiden ersten Bände kein Honorar zahlte und für den dritten bei einer Auflage von 1000 Exemplaren nur 1500 F., etwa 12000 DM, in der Hoffnung, weitere Auflagen würden ihn auf seine Kosten kommen lassen. Heine war damit, als ins Französische übersetzter Autor, weit entfernt von den Traumgagen, die der seit der Industrialisierung aufblühende französische Literaturmarkt seinen Lieblingsautoren Balzac, Victor Hugo und Alexandre Dumas père zahlte. Heines Situation auf dem französischen Buchmarkt — heute ist er in Frankreich der bekannteste deutsche Autor — änderte sich erst kurz vor seinem Tod. Die 1855 bei Michel Lévy Frères verlegte Gesamtausgabe, für die er vermutlich 10000 F. erhalten hat (der Verlagsvertrag ging verloren), wurde ein Erfolg.

Heine hat seinen Marktwert genau registriert, auch die Schwankungen, denen er unterworfen war, als zum Beispiel der Deutsche Bundestag in seinem Beschluß gegen das »Junge Deutschland« auch Heines sämtliche Schriften in Preußen verbot. Heine war darüber hinaus nicht unumstritten. Seine »Feldzüge gegen Pfaffen und Aristokraten« wurden seltener und schwächer. Heines an Goethe gerichteter Vorwurf, er verkörpere bloß »die Kunstbehaglichkeit des großen Zeitablehnungsgenies«, traf ihn nun selber, am schneidendsten vorgetragen von Ludwig Börne, der wie Heine in Paris lebte und der dem deutschen Byron in Paris vorwarf, er sei kein Republikaner mehr, sondern »Aristokrat«, ein eitler, ausschweifender, unzuverlässiger Mann ohne Charakter, ein »Nur-Künstler«, der auch auf den preußischen König Gedichte schriebe, wenn man es ihm nur gut genug bezahlte. An der Wahrheit liebe Heine nur das Schöne — Börnes unversöhnliches Heinebild ist wie eine Staffette bis heute weitergereicht worden:

Karl Kraus: »ein Talent, weil kein Charakter«; Adorno: nur ein Journalist; Fritz J. Raddatz:

»Er war ein Mann, der gerne ausgesöhnt lebte mit den Mächten dieser Welt, um die Abenteuer bestehen zu können, die eigentlich und unmittelbar die seinen waren: künstlerische.«

Trotz der Intrigen, Querelen und Verbote steigerte sich Heines Marktwert immer weiter. Und Heine nutzte das. Er war ein überaus geschickter Verhandlungspartner. Der gelernte Kaufmann, der in seiner Doktorprüfung über den Umgang mit Aktien disputiert hatte, kannte die Tricks des Metiers: Gerücht und Ondit, Samtpfötchen und Kanonendonner. Seinem nicht minder gewitzten Verleger Julius Campe gab der Poet der lachenden Träne von Zeit zu Zeit zu verstehen, daß bereits auch andere Verlage ihr Interesse an ihm bekundet hätten. Da Campe das Vorkaufsrecht auf alle künftigen Bücher Heines hatte, es sei denn, ein anderer würde ihn überbieten, ließ sich Heine — zu recht gewiß — zuweilen von anderen Verlagen fingierte Angebote machen. Heine bluffte auch damit, daß er Verlegern und Mäzenen gegenüber von unvorhergesehenen Verpflichtungen und Schulden sprach, um Geld locker zu machen.

»Durch eine Reihe von unbegreiflichen Ereignissen«, schreibt er im Januar 1837 an Campe, sei er »in eine Schuldenlast von 20000 F. geraten« — just jene Summe, die ihm Campe dann für das Recht zahlt, Heines *Gesammelte Werke* ohne Auflagenbegrenzung innerhalb von elf Jahren drucken zu können. Heine, in dieser Zeit tatsächlich in Geldnöten, erhielt von dieser Summe 5000 F. — 40000 DM — sofort, den Rest bis 1840 in Raten. Ab 1848 zahlte Campe seinem Erfolgsautor eine jährliche Rente von 2300 F. Der Vertragsabschluß mit Campe kommt Heine in diesem Augenblick mehr als gelegen, denn er hatte sich gerade wieder einmal mit seinem Hamburger Onkel überworfen. Weil der Scheck vom Jungfernstieg ausbleibt, bittet Heine seinen alten Freund Moses Moser um ein Darlehen von 400 Talern. Französische Freunde hätten ihn finanziell geschädigt und: »Ich konnte seine« — des Onkels — »Schnödigkeiten nicht mehr ertragen«, schreibt er ihm, und an Campe: »Ich sitze bis zum Hals in großen Zahlungsnöten«.

An Cotta, für dessen *Augsburger Allgemeine* er aus Paris berichtet, geht die Bitte um einen Vorschuß, und an seinen Bruder Maximilian die Klage über finanzielle Schwierigkeiten und rätselhafte Krankheitssymptome: Migräne, Nervenfieber, Lähmungserscheinungen. Da Heine auf die Unterstützung des Onkels angewiesen ist, greift er zu äußersten Mitteln, er hofft, durch die Drohung mit enthüllenden *Memoiren* den Onkel erpressen zu können.

Am 1. September 1837 schreibt er ihm, daß er an seinen *Memoiren* arbeite und des Onkels »frühere Zuneigung aufs neue« erwerben möchte, und er fährt fort:

»Das Unglück hat mich so sehr niedergebeugt, daß ich schaudre, wenn ich an die heillosen Wirkungen einer Fehlbitte zu denken wage ... Ich habe tagtäglich mit den unerhörtesten Verfolgungen zu kämpfen, damit ich nur den Boden unter den Füßen behalten kann ... Was mich noch aufrecht hält, ist der Stolz der geistigen Obermacht, die mir angeboren ist, und das Bewußtsein, daß kein Mensch in der Welt mit weniger Federstrichen sich gewaltiger rächen könnte als ich, für alle offene und geheime Unbill, die man mir zugefügt.«

Ein Wink mit dem Zaunpfahl, der bei dem Onkel freilich nur Verhärtung hervorruft. Heine bittet den mit ihm befreundeten Komponisten Meyerbeer um Vermittlung, und er schreibt ihm zwei Briefe, der eine ist zum Vorzeigen beim Onkel bestimmt:

»Aber ich liebte diesen Mann, und das war mein Fehler, das war der Grund, warum ich ihn nur dann und wann um die wenigen Louisd'or anging, deren ich eben bedurfte zum Essen oder zum Flüchten, sonst aber keine großen Opfer von ihm zu erquälen suchte — wie es andere taten.«

In dem zweiten Brief schreibt er Meyerbeer, wie er bei seinem Vermittlungsversuch verfahren solle: »Er muß an der Ambition angegriffen werden, daß er mir endlich ein bestimmtes Jahresgeld ansetzt.«

Erst im September 1838, als er zur Hochzeit seines Sohnes nach Paris kommt, lenkt Salomon Heine ein. In einer Unterredung mit Meyerbeer sagt er dem Pariser Neffen eine lebenslängliche Jahresrente von 4000 F. zu, zu erhöhen im Falle von Heines Heirat auf 4800 F. Der Konflikt zwischen Genie und Geld scheint ausgeräumt. Einträchtig zeigt Heine seinem verständigen Onkel, der ihm noch 2000 F. – 15 000 DM — schenkt, das schöne Paris.

Heine sucht in dieser kritischen Zeit nach neuen Geldquellen und Existenzmöglichkeiten. Mit großem Einsatz betreibt er den Plan einer deutschsprachigen Zeitung, die Deutschland und Österreich vor allem mit Nachrichten aus Paris und London versorgen soll, aus den Zentren wirtschaftlicher Revolution und — im Unterschied zu Metternichs Preußen — geistiger Liberalität. In Kehl soll gedruckt werden, Geldgeber für das ehrgeizige Projekt sind schon gefunden. Doch der Plan scheitert daran, daß das preußische Innenministerium nicht bereit ist, das Publikationsverbot gegen Heine aufzuheben.

Auf der Suche nach lukrativen Verwertungsmöglichkeiten für sein geistiges Eigentum läßt Heine sein Jugendstück *Ratcliff* übersetzen, in der Hoffnung, die für alle Beteiligten finanziell äußerst ergiebige Pariser Theaterlandschaft würde sich des Dramas annehmen. Ohne Erfolg. Er war Lyriker und Prosaschriftsteller, kein Dramatiker. Heines Versuch, das Wasser einer anderen Quelle auf seine Mühle zu lenken, blieb ebenfalls erfolglos. Obwohl seine Lieder und Gedichte von den bekanntesten Komponisten vertont wurden, von Schubert, Schumann, Liszt und Mendelssohn-Bartholdy — gezählt wurden bis heute 6000 Vertonungen —, erhielt er dafür keinen Groschen und keinen Sou, da Komponisten und Musikverlage damals noch frei über Texte verfügen konnten. Schriftstellernöte, Existenznöte in Zeiten fehlender Urheberrechte.

Als erfrischender Landregen erwies sich dann freilich das Faust-Ballett, das er im Auftrag des Direktors des Königlichen Theaters in London schreibt und das ihm die stolze Summe von 50000 DM einbringt, allerdings nicht aufgeführt wird, auch nicht von seinem Freund Heinrich Laube, der inzwischen Direktor des Wiener Burgtheaters geworden war und dem er es ebenfalls angeboten hatte.

Heines finanzielle Situation verbessert sich wesentlich erst um 1840. Zwar war Campes Ratenzahlung inzwischen abgeschlossen, zu der Familienpension aus Hamburg kam aber nun eine französische Staatspension von fast 5000 F. hinzu, die ihm erstmals Adolphe Thiers, Historiker der Revolution und Premierminister der Juli-Monarchie, aus dem Geheimfond des Außenministers auszahlen ließ. (Heine war es später äußerst peinlich, als diese Staatspension bekannt wurde, und er mußte sich öfter mit dem berechtigten Vorwurf auseinandersetzen, seine Feder sei von Frankreich gekauft worden.)

Heines auf hohem Niveau mühsam errichtetes Finanzgebäude — außerliterarischen Einnahmen von jährlich bald 9000 F. standen Ausgaben von etwa 12000 F. gegenüber, dazu kamen seine Honorare — wurde freilich erneut schwer erschüttert.

Als am 23. Dezember 1844 einer der reichsten Männer Deutschlands, sein Onkel Salomon stirbt, schreibt er an seine Schwester, die mit einem Hamburger Kaufmann verheiratet ist:

»Dieser Mann spielt eine große Rolle in meiner Lebensgeschichte und soll unvergeßlich geschildert werden ... Über seine letzten Verfügungen bin ich längst ohne Besorgnis.«

Heine hatte sich eine beträchtliche Zahlung aus dem 216-Millionen-Mark-Erbe erhofft und war enttäuscht, daß er und seine beiden Brüder im Testament nur mit jeweils 8000 Bankomark bedacht worden waren. Seither hält sich in der Literatur bis hin zu Raddatz' Heine-Essay die falsche Zahl von 8000 Mark, in Wirklichkeit erbte Heine, auf heutige Kaufkraft umgerechnet, immerhin noch etwas mehr als 100000 DM.

Mehr indes erbitterte Heine, daß ihm sein Vetter Carl, sein »intimster Jugendfreund« und nun Universalerbe, eröffnete, er werde die jährliche Pensionssumme auf 2000 F. herunterkürzen, diese Summe aber nur dann nach Paris überweisen, wenn der Vetter, der ja »nie mit Capital umzugehen gewußt« habe, das geerbte Geld auf der Heinischen Bank stehen lasse. Auf diese Weise wollte er dem Vetter »womöglich einen Sparpfennig erhalten«. Eine kränkende briefliche Testamentseröffnung, die der Cousin mit einem unmißverständlichen Fingerzeig beendet, einer Gegendrohung zu Heines beliebtem Drohmanöver mit den enthüllenden Memoiren:

»Wie ich höre, hat Deine Schwester sich verlauten lassen, Du habest oder würdest eine Biographie vom seligen Vater schreiben. — Ist dieses der Fall, so bitte ich Dich, das Manuskript einem bewährten Freunde vorher einzuliefern, und verlasse mich fest darauf, daß nicht ein Wort darin bleibt, das hätte wegbleiben müssen. Ich empfehle Dir darin, wenn es überhaupt Deine Absicht ist, die genaueste Vorsicht. Nie würden Dir die Kinder des Entschlafenen verzeihen ein unpassendes Wort ...«

Heine, empört — »Ich will mein Recht, und müßte ich es mit meinem Tode besiegeln« — antwortet dem Cousin umgehend und besteht auf der Zusage, die der verstorbene Onkel seinem Freund Meyerbeer mündlich gegeben hat. Gleichzeitig gibt er einem Anwalt die Vollmacht zur Prozeßführung und bittet Campe, mit der Familie in Hamburg zu verhandeln. Er, Heine, der sich täglich in den »Purpurmantel des Ruhms« hüllen kann und hüllt, wird es dem Hamburger »Lumpenpack« schon zeigen. Freunde und die Presse werden bemüht, um dem Hamburger »Bären die Daumenschrauben anzulegen« und ihn der Verachtung der öffentlichen Meinung preiszugeben. Heine lieferte seinen Freunden die Pressetexte gleich mit: der gegen ihn selbst gerichtete war dabei derart überspitzt formuliert, daß der von Heine ebenfalls geschriebene Antworttext der Hamburger um so lächerlicher wirkte. Auch Carl Heine, der selbstbewußte Fabrikant von Geld, reagiert auf die Gegenmaßnahmen des mit allen Wassern gewaschenen Wortfabrikanten wie sein Vater: Er sperrt, verärgert vor allem über die Prozeßdrohung, jede weitere Zahlung. Heine schreibt am 28. März 1845 an Campe:

»Seit Januar habe ich keinen Sou verdient, auch meine Pension nicht erhoben ... ich habe viel borgen müssen.«

Heine lenkt ein. Er bittet den Cousin um Versöhnung und sagt zu, daß er nie etwas die Familie Heine Verletzendes veröffentlichen werde. Carl zahlt ihm darauf die Erbschaft aus und weist im August 1845 die erste Pensionsrate in Höhe von 2000 F. an.

Doch Heine läßt nicht locker, zu sehr demütigt ihn die Willkür des Vetters, er, »aufs engste befreundet mit den Reichsten und Mächtigsten dieser Erde«, wird sich von einem Hamburger Bankier Bedingungen diktieren lassen? Anfang 1846 nimmt er auf Anregung Ferdinand Lassalles den leidigen Erbschaftsstreit wieder auf. Wieder formuliert er Enthüllungsmaterial im voraus und läßt es seinen Freunden, Varnhagen und Fürst Pückler, mit der Bitte zukommen, es zu seinen Gunsten zu verwenden. Als Carl daraufhin die Zahlungen erneut einstellt, schreibt er wieder einen Artikel gegen sich selbst — »hat er, Heine, sich doch nicht entblödet ..., seit Jahren öffentlich und insgeheim alle seine Verwandten herabzuwürdigen« — und bittet Varnhagen, diese »Memoire« der Presse zu übergeben und ihn dann öffentlich dagegen zu verteidigen. Das alte, raffiniert ausgeklügelte Spiel. Doch diesmal spielen die dazu ausersehenen Figuren nicht mit. Varnhagen teilt Heine mit, daß er die Macht der Presse überschätze und daß sich der Vetter nicht unter Druck setzen lasse. Er solle die Versöhnung suchen. Und bei Ferdinand Lassalle sind inzwischen Zweifel aufgetaucht, ob der zu allem Spott fähige Dichter die Hamburger Familie nicht doch verletzt hat.

An Meyerbeer, der auf Heines Bitte hin an die lebenslänglich gewährte Pensionszusage des verstorbenen Multimillionärs erinnert, schreibt Carl Heine:

Er hat »das Gedächtnis meines seligen Vaters geschmäht, der sein Wohltäter war. Das ist ein Frevel, den ich nie vergessen werde und einem solchen Menschen dürfte ich nach Recht und Natur keine andere Soulagements als mit dem Stock gewähren«.

Als ihm Heine in einem verloren gegangenen Brief erneut zusagt, nichts über die Hamburger Bankiersfamilie zu schreiben, zeigt sich Carl Heine schließlich versöhnungsbereit.

»Du bist gottlob schon zu Dir gekommen und hast in Deinem letzten Brief mir gesagt, daß Du meinen Wünschen nachkommen würdest, und kein Wort schreiben, das dem Gedächtnis, der Erinnerung an meinen seligen Vater schaden könnte ... Es hofft wieder Dein Freund zu werden Carl Heine.«

Nach einer Falschmeldung über Heines Tod lenkt der ehrpusselige und streitbare Verwandte endgültig ein. Ein ermüdender und in der deutschen

Literaturgeschichte einmaliger Erbschaftsstreit war beigelegt. Die Pension wurde in der vom Onkel festgelegten Höhe weiterbezahlt, durch zusätzliche Zahlungen erhöhte sich der tatsächliche Betrag jedoch erheblich; seit 1848, seit Beginn der Matratzengruft, betrug der jährliche Unterhaltszuschuß mindestens 10000 F.

Heines Gesundheitszustand hat sich während des Erbschaftsstreits dramatisch verschlechtert. Abgemagert zum Gerippe, legt er sich auf Dauer zu Bett, in seine Matratzengruft. »Es macht«, schrieb Friedrich Engels an Karl Marx, »einen höchst fatalen Eindruck, so einen famosen Kerl so Stück für Stück absterben zu sehen.«

Heine starb buchstäblich Stück für Stück. Selbst die Gaumenmuskulatur schwand ihm dahin. Was der Todkranke jetzt einsparte, weil er nicht mehr wie Danton leben konnte, das mußte er für Personal, Krankenpflege und Arztkosten ausgeben. Aus einem unbürgerlichen Zweipersonenhaushalt war durch Krankheit ein bürgerlicher Fünf-Personenhaushalt geworden. Außer einer Köchin und einer Krankenpflegerin beschäftigte Heine noch eine Freundin seiner Frau als Mädchen für alles, dazu zeitweise einen Sekretär und Vorleser.

Heines finanzielle Lage wurde paradoxerweise um so stabiler, je kränker er wurde. Auch der Verlust der französischen Staatspension nach der Februarrevolution 1848 vermochte nicht viel daran zu ändern, ein neuer Vertrag mit Campe über eine Gesamtausgabe und zusätzliche Zahlungen des Vetters stopften das Loch.

In den acht Jahren der Matratzengruft, als immer offensichtlicher wurde, daß seine Krankheit über kurz oder lang zum Tode führen würde, bemühte sich Heine, seine Frau abzusichern, zusätzlich zu den Pensionen, die ihr Campe und der Hamburger Vetter ausgesetzt hatten. Der Beinahe-Bankier setzte in seinen letzten Lebensjahren jeden freien Franc auf der mondänen Pariser Börse ein und nutzte dabei seine Kontakte zur Pariser Hochfinanz, vor allem zu James Rothschild, der ihm des öfteren Summen zwischen 1000 und 4000 F. überließ und ihn mit heißen Börsentips versorgte. In seinen letzten Lebensjahren hat Heinrich Heine Aktien, vor allem Eisenbahnaktien, für 42158 F. gekauft, die 1856 bei seinem Tod einen Kurswert von 52062 F. hatten, von etwa 400000 DM. Die Legende, die er unentwegt verbreitete:

»Ich bin arm wie eine Kirchenmaus« — »Meine Hinterlassenschaft ist ... so geringfügig ..., daß ich meine arme Ehefrau ... in einem vielleicht an Dürftigkeit grenzenden Zustande zurücklasse«

— diese Legende war falsch. Heine hinterließ zwischen 600 und 700 Tausend DM, ein reicher Mann, der zur oberen Schicht des mittleren Pariser Bürgertums zählte.

Heine gehörte zu den wenigen literarischen Großverdienern seiner Zeit, von 1821 bis 1855, in den 34 Jahren seiner literarischen Produktivität, verdiente er etwa 140000 F., rund 1 Million DM, das allermeiste davon in den Pariser Jahren und da wiederum das meiste in den acht qualvollen Jahren der Matratzengruft. Dazu kamen noch einmal freiwillige Aufwendungen der Hamburger Verwandten in gleicher Höhe und etwas geringere Einkünfte aus der französischen Staatspension, aus Spenden seiner Mäzene und eigenen Börsenspekulationen.

Heine und das liebe Geld — die Geschichte einer spannungs- und listenreichen Beziehung, die sich in groben Zügen nacherzählen läßt, in der Heine zu Lebzeiten aber alles unternommen hat, um sie zu verdunkeln. Er beherrschte das Einmaleins des Geld- und Bankwesens, er bluffte und er scheute sich selbst nicht, Geldbitten mit dem erpresserischen Hinweis zu begleiten, daß er über publizistischen Einfluß verfüge. Fast schamlos schwang er seine »Memoiren«-Keule. Für Heinrich Heine, der sein Talent zu Sprach-Gold münzte, war es selbstverständlich, daß andere mit ihrem Geld dazu beitrugen. Und wie vielen Schrifstellern und Künstlern erschien es ihm ratsam, daß die Zeitgenossen und die Nachwelt glauben sollten, er wäre arm wie eine Kirchenmaus gewesen. Heine starb nicht im Armenhaus, aber seine Matratzengruft war schlimmer als ein Siechenhaus.

Literaturhinweise

Heinrich Heine, *Sämtliche Schriften in 12 Bänden,* hrsg. von Klaus Briegleb, München 1976.

Michael Werner, *Genius und Geldsack. Zum Problem des Schriftstellerberufs bei Heinrich Heine,* Hamburg 1978.

Heinrich Heine. Leben und Werk in Daten und Bildern, hrsg. v. Joseph A. Kruse, Frankfurt a. M. 1983.

Heine Chronik, zusammengestellt von Fritz Mende, München 1975.

Ludwig Marcuse, *Heinrich Heine,* Zürich 1977.

Ludwig Marcuse, *Heine,* Hamburg 1973.

Heine in Deutschland. Dokumente seiner Rezeption, hrsg. v. K. T. Kleinknecht, Tübingen 1976.

Fritz J. Raddatz, *Heine. Ein deutsches Märchen,* Hamburg 1977.

Hayo Matthiesen FRIEDRICH HEBBEL

Auf dem Gipfel seines Ansehens genießt Friedrich Hebbel — dem Urteil des Literaturwissenschaftlers Franz Mehring zufolge »der größte Dichter des ›silbernen Zeitalters‹« nach Goethe — einen Tag verträumt wie ein Kind: Unter einem schattigen Apfelbaum im Garten seines Hauses liegt er im Gras, neben sich ein Buch; dann und wann schläft er (wie er selber schrieb) »im duftigen Heu« ein, sonst sinnt er dem scheidenden Tag nach, gedankenverloren die »göttliche Abenddämmerung« genießend.

So entspannt wie an diesem Tag hat sich der Dichter kaum jemals zuvor und selten danach gefühlt und gegeben. Es ist der 24. August 1855. Hebbel hat den Höhepunkt seiner literarischen Laufbahn erreicht. Die großen Dramen liegen vor: *Herodes und Mariamne, Agnes Bernauer, Gyges und sein Ring.*

Friedrich Hebbel aus Wesselburen in Dithmarschen, einem »Nest«, wie er urteilte, »einem für die Kultur fast verlorenen Winkel«[1], wie er meinte, lebt jetzt in Wien, einer der Metropolen europäischer Kultur. Er steht mit führenden Persönlichkeiten des geistig-künstlerischen Lebens in Kontakt, mit den Dichtern Heinrich Heine und Klaus Groth, den Musikern Robert Schumann und Franz Liszt, den Wissenschaftlern Georg Gottfried Gervinus und Heinrich Theodor Rötscher, mit dem Theaterfachmann Franz Dingelstedt und dem philosophisch-politischen Schriftsteller Arnold Ruge, der gerade eine kurze Biographie über ihn publiziert hat.

Erfolg und Glück sind groß in dieser Zeit. Erst kürzlich hat Hebbel sich in Oberösterreich, in Gmunden am Traunsee, etwa 60 Kilometer nordöstlich von Salzburg, sogar ein kleines Haus gekauft. Es ist zwar (wie er schreibt) »eine äußerst bescheidene Villa«; in seinen Briefen nennt er sich gleichwohl stolz »Grundbesitzer« und »Eigentümer« und schwärmt von »meinem Haus«, »meinem Boden«, von »meinen Apfelbäumen«.

»Es gibt eine Tür, aus der ich nicht herausgeworfen werden kann und einen Garten, über dessen Planke ich nach Belieben klettern oder springen darf, ohne daß mir irgendein Mensch etwas darein zu reden hat ... Das ist für mich ein höchst possierliches Gefühl, denn ich habe in früheren Jahren so wenig darauf gerechnet, Grundbesitzer zu werden, als ich jetzt darauf zähle, Flügel zu bekommen ...«[2]

Hebbel fühlt sich »wie der reiche Mann im Evangelium, der in den Tag hineinlebte ...« Diese fast kindlich anmutende Freude über den Besitz wird verständlich, wenn man sich die entbehrungsreichen Jahre vergegenwärtigt, die Hebbel als Kind, als Jugendlicher und als junger Mann durchlebte; wenn man an die zahlreichen Bittgänge und Bettelgespräche erinnert, an die bittere materielle Not, die sein Leben von seiner Geburt 1813 bis zur Heirat mit der Wiener Burgschauspielerin Christine Enghaus 1846 überschattete und seine Existenz immer wieder bedrohte.[3]

Friedrich Hebbel hat sich, um es in einem Bild auszudrücken, das er selber benutzt hat, »durch das Leben gedrängt ... wie die sich entwickelnde Blume durch den Kot«; er hat etwa die Hälfte seines Lebens nahe einem »furchtbaren Abgrund« gelebt, »der mir von Kindheit auf vertraut war: ... wenn meine Eltern auch nicht gerade darin lagen, so kletterten sie doch am Rande herum und hielten sich nur mühsam mit blutigen Nägeln fest«.[4]

Mehrfach und schonungslos aufrichtig hat Hebbel sich über die armseligen Verhältnisse in seinem Elternhaus geäußert, z.B. notierte er als 25jähriger in sein Tagebuch:

»Mein Vater haßte mich eigentlich, auch ich konnte ihn nicht lieben. Er ... mit eisernen Fesseln an die Dürftigkeit, die bare Not geknüpft, außerstande, trotz des Aufbietens aller seiner Kräfte ... auch nur einen Schritt weiterzukommen, haßte aber auch die Freude; zu seinem Herzen war ihr durch Disteln und Dornen der Zugang versperrt, nun konnte er sie auch auf den Gesichtern seiner Kinder nicht ausstehen; das frohe, brusterweiternde Lachen war ihm Frevel, Hohn gegen ihn selbst, Hang zum Spiel deutete auf Leichtsinn, auf Unbrauchbarkeit, Scheu vor grober Handarbeit auf angeborene Verderbnis, auf einen zweiten Sündenfall. Ich und mein Bruder hießen seine Wölfe; unser Appetit vertrieb den seinen, selten durften wir ein Stück Brot verzehren, ohne anhören zu müssen, daß wir es nicht verdienten ... Dennoch war mein Vater ein herzensguter, treuer, wohlmeinender Mann; aber die Armut hatte die Stelle seiner Seele eingenommen.«[5]

Für einen Jungen aus diesem Milieu der sozialen Unterschicht war es normalerweise unmöglich, in eines der ersten Häuser am Ort aufgenommen zu werden. Und doch gelang es Friedrich Hebbel. Als sein Vater 1827 starb, bat der Elementarschullehrer Franz Christian Dethlefsen, der die außerordentliche Begabung des Schülers erkannt hatte, den angesehensten Bürger Wesselburens, den Kirchspielvogt Johann Jakob Mohr, um Hilfe für die Halbwaise. Mohr übte die niedere Gerichtsbarkeit im Kirchspiel aus und trieb die Steuern ein.

Er nahm den Jungen als Bediensteten zu sich, beschäftigte ihn zunächst mit Botengängen, ließ ihn dann und wann Dokumente kopieren und machte ihn später zu seinem Hauptschreiber. Freilich entlohnte er ihn nicht angemessen, sondern zählte ihn zum Gesinde, ließ ihn am Gesindetisch essen und zusammen mit dem Kutscher Christoph Sievers in einem engen Gelaß unter der Treppe schlafen.

Aus Mohrs Sicht war das nicht ungewöhnlich. Hebbel dagegen hat diese Behandlung zutiefst gedemütigt. Er hat den Vogt später einen »Pseudo-Wohltäter« genannt und ihn als »ekelhafte Blattlaus« beschimpft, die »über meine frühe Jugend hinkroch«; Mohr habe ihn in seiner »tiefsten Menschlichkeit gekränkt«.[6]

So bitter seine Klagen über seine Kindheit auch sind — Hebbel wußte sehr wohl zu differenzieren. Trotz aller Armut hat er als Kind nie »wirklich gehungert«, wie er in seiner Autobiographie bekannte; diese Erfahrung machte er erst »später«. An die Zeit in Wesselburen schlossen sich nämlich zehn weitere bittere Jahre an, in denen er mehrfach kurz davor war, ins Nichts zu stürzen, in jenen sozialen Abgrund, an dessen Rand sich seine Eltern nur mühsam festhielten.

Das Jahrzehnt zwischen 1835 und 1845 war für Hebbel eine Zeit permanenter materieller Not und existentieller Gefährdung. Ohne die finanzielle Unterstützung und ohne die aufopfernde Hilfe einer Handvoll Menschen hätte er allein diese Durststrecke nicht überstanden. Unter denen, die ihm halfen und ihn retteten, sind an erster Stelle drei Frauen zu nennen: Amalie Schoppe, Elise Lensing und Christine Enghaus. Ihnen vor allem verdankte Hebbel, daß er Wesselburen verlassen durfte, daß er studieren und sich künstlerisch-literarisch weiterbilden konnte, daß er schließlich eine materiell gefestigte Existenz fand, deren sichtbarster Ausdruck sein Haus im oberösterreichischen Gmunden war.

Den Wechsel von Wesselburen nach Hamburg im März 1835 ermöglichte die Schriftstellerin Amalie Schoppe. Sie befreite Hebbel aus der »Dithmarsischen Sklaverei«, wie er die Zeit hinter den Nordseedeichen rückblickend nannte. Frau Schoppe publizierte in den von ihr herausgegebenen *Modeblättern* einige Gedichte von Hebbel. Dadurch machte sie Hamburger Bürger und Kaufleute auf den jungen Literaten aufmerksam, die Geld für Hebbels Ausbildung gaben und ihn an ihren Tischen verköstigten.

Seine Gönner wollten ihn Abitur machen und Jura studieren lassen. Amalie Schoppe feierte — vor allem nach der *Judith* — Hebbel als »Genie«, reichte ihn in Hamburg herum und erzählte gern: »Sie müssen wissen, daß ich geistig Hebbels Mutter bin; ich grub diesen Schatz ans Licht.«[7]

Das alles war dem jungen Dithmarscher zuwider: das Mittagsmahl bei allerlei fremden Leuten an deren »Gnadentisch«[8], wie er es empfand; die Tatsache, daß sie ihm zumuteten, Essensreste mit nach Hause zu nehmen, erschien ihm als »Indelikatesse, durch die ich vor der ganzen Nachbarschaft zum Bettler gestempelt worden wäre«. Genug, es kam schnell zum Bruch mit Amalie Schoppe; und dazu trug auch bei, daß Hebbel inzwischen einer anderen Frau begegnet war: Maria Dorothea Elisabeth Lensing, genannt Elise.

Elise, neun Jahre älter als Hebbel, war die Tochter eines einfachen Chirurgen. Sie lebte in Hamburg als Stieftochter bei dem Zimmermann und Schiffer Johann Ziese, unterrichtete als Lehrerin, arbeitete als Putzmacherin, vermietete ein paar Zimmer und verfügte über eine bescheidene väterliche Erbschaft. Bei ihr logierte Frau Schoppe Hebbel ein, und Elise verlor ihr Herz für immer an ihn. Hebbel notierte im Tagebuch: »Wie mir die Güte beim Eintritt entgegenkam, so habe ich die Liebe mit fortgenommen ... Elise hängt unendlich an mir.«[9]

Die Begegnung wurde zu einer sehr intensiven, lebenslangen und für Hebbel äußerst hilfreichen Beziehung. Elises Liebe war bis zu ihrem Tode 1854 unerschütterlich; Hebbel dagegen hat sie (so bekannte er) »verehrt, ja angebetet, ohne zu lieben«.[10]

Elise unterstützte Hebbel und sogar seine Mutter in Wesselburen finanziell jahrelang, ermöglichte ihm dadurch ein Studium in Heidelberg und München und hat damit den wichtigsten Beitrag zur geistig-künstlerischen Ausbildung des Dichters geleistet. In den langen Jahren seiner Selbstfindung war sie oft der einzige Halt in seinem Leben; ihr schrieb er an den Tiefpunkten seiner Existenz lange Briefe voll Klagen, Selbstzweifeln und Resignation. Sie war immer für ihn da, und oft war sie »die letzte, die mir die Welt erträglich macht«, wie er im Tagebuch notierte.[11] Sie hat ihm alles gegeben; ohne Elise Lensing gäbe es den Dichter Friedrich Hebbel nicht.

Dieser freilich hat den Dank in einer Weise abgestattet, die einen dunklen Schatten auf den Menschen Hebbel wirft. Als er 1846 Christine Enghaus heiratete, kam es zum Zerwürfnis mit Elise, zu häßlichem und gehässigem Streit, den Christine schlichtete. Sie lud Elise nach Wien ein; sie gab ihr ihren eignen vorehelichen Sohn Karl zur Erziehung mit nach Hamburg, gegen Entgelt, so daß Elise eine bescheidene zusätzliche Einnahme hatte. Hebbel unterstützte sie selbst finanziell kaum[12]; er legte nicht einmal ein paar persönliche Zeilen bei, wenn er das Geld für seinen Stiefsohn schickte. Als Elise nach langer schwerer Krankheit 1854 an einem Lungenleiden starb, wurde sie in einem Armengrab bestattet. Es war Christine Hebbel, die die Geliebte ihres Mannes von einst nach Hebbels Tod in ein Einzelgrab auf dem Kirchhof Ohlsdorf in Hamburg umbetten ließ.

Am Anfang der Beziehung zwischen Elise Lensing und Friedrich Hebbel im Jahr 1835 stand ein rascher Abschied. Denn der Flüchtling aus Wesselburen floh jetzt praktisch auch vor seinen Gönnern aus der Hansestadt. Zunächst studierte er von Elises Geld in Heidelberg Jura; dann ging er nach München, wo er bei dem Tischlermeister Anton Schwarz wohnte. Die Armut war sein ständiger Begleiter. Nur selten konnte er sich ein warmes Essen leisten. Meistens bestand seine Mahlzeit aus Brot und Kaffee; dann und wann ging er in eine öffentliche »Kraftsuppen-Anstalt«[13], wo es für wenig Geld etwas Heißes gab. Weil seine Kleidung äußerst bescheiden war, verbrachte er die Tage meistens auf dem Zimmer oder ging in öffentlichen Parks spazieren. Er beschäftigte sich geistig zu Hause, las Werke über Geschichte, Philosophie und bildende Kunst, berauschte sich an Gedichten von Uhland, schrieb aber selber in dieser Zeit nur wenig.

Als die finanzielle Not zu drückend und die Einsamkeit zu deprimierend wurden, gab es für Hebbel auf der Welt nur einen Ort und nur einen Menschen, wohin er sich begeben konnte: nach Hamburg und zu Elise. Das tat er. In einem dreiwöchigen Fußmarsch kehrte er 1839 von München über Nürnberg, Bamberg, Hannover in die Hansestadt zurück. Laufen mußte er, weil er kein Geld für die Postkutsche hatte; die Wanderung wurde (so hat er bekannt) »die gräßlichste Strapaze meines Lebens«.[14]

Die 21 entbehrungsreichen Tage verbrachte er bei zumeist schlechtem Wetter, nicht selten in drittklassigen Gasthöfen und fast immer ohne Schutz gegen Regen, Kälte und Schnee; es wurde eine Tortur. Einen der schönsten Tage verlebte er noch am 13. März, an seinem Geburtstag. Schon um drei Uhr nachmittags habe er die Wanderung beendet, notierte er später in seinem Reisejournal, dann habe er in einem Wirtshaus Station gemacht und ließ sich

»Kaffee bringen, der, köstlich zubereitet, mich an Leib und Seele erfrischte; dann schrieb ich ein Gedicht. Abends sehr schönes Essen, die ersten guten Kartoffeln seit langer Zeit, Hecht und Kalbsbraten ...«[15]

Ein solches Festmahl war eine Ausnahme. Oft war er bei »schneidender Kälte« unterwegs, »ohne Mantel, in nassen Stiefeln«, dem »heftigen Schneegestöber« ausgesetzt. Auf einer Station, so schreibt er, war

»im Wirtshaus kein Platz für mich vorhanden; ich irrte auf der Landstraße umher und fand zuletzt auf einem Bauernhof Aufnahme. Eine unheimliche Nacht; schmutzige Betten; häßliche Menschen; mein Zimmer war nicht zu verriegeln, nicht einmal die Fenster hatten Läden; frech und kalt schien der Mond herein.«

In Göttingen besuchte er seinen früheren Kommilitonen Rudolf von Ihering, der später ein angesehener Rechtsgelehrter wurde. Ihering hat eine Schilderung der Begegnung angefertigt, in der er Hebbel

»nach seiner ganzen äußeren Erscheinung für einen Handwerksburschen hielt, der mich um ein Almosen ansprechen wollte. Die Kleidung und der Hut abgetragen und völlig verstaubt, die Stiefel schmutzig und abgetreten ... Der Aufzug Hebbels hatte etwas Wildes, Wüstes ... und es mischte sich ein gewisses Gefühl der Beschämung ein, einen solchen Mann als Bekannten bei mir aufnehmen zu sollen ... Er war von allen und jeden Mitteln entblößt, und es handelte sich nicht nur um seine Aufnahme bei mir, sondern ich war sogar genötigt, ihm sofort seine Stiefel, die alle ferneren Dienste versagten, neu besohlen zu lassen und ihn mit etwas Reisegeld für seine Weiterreise nach Hamburg zu versehen ...«[16]

Die folgenden Jahre in Hamburg waren literarisch mit der *Judith*, der *Genoveva* und dem *Diamant* durchaus erfolgreich; finanziell und wirtschaftlich jedoch endeten sie wiederum in einer scheinbar ausweglosen katastrophalen Situation. Jetzt beschlich ihn sogar der Gedanke an Selbstmord. Zwar löhnte Hebbels Verleger Julius Campe in Hamburg zehn Louisdor für die *Judith*[17], auch verdiente Hebbel einiges Honorar durch Mitarbeit an Zeitschriften und durch historische Abhandlungen, aber das wenige Geld reichte nie, um Elise und ihr erstes Kind, das sie 1840 gebar, und dessen Vater Hebbel sorgenfrei zu unterhalten.

»Fragt sich nur«, notierte er 1842 im Tagebuch, »woher Brot nehmen, Brot für Elise, Max und für mich ... Die Zukunft lastet so auf mir, als ob die ganze lange Ewigkeit nur eine einzige ungeheure Säule von finsteren Tagen und Nächten wäre, die auf mich drückte. Ich bin wie einer ohne Arme und Beine in dieser öden Welt.«[18]

Die Not ließ einen neuen Plan in Hebbel reifen. Er wollte den dänischen König Christian VIII., der als Herzog von Holstein sein Landesvater war, um eine Professur oder um ein Reisestipendium bitten. Die Fahrt nach Kopenhagen finanzierte er durch einen Vorschuß von Campe und durch ein Darlehen, das der Vater eines verstorbenen Studienfreundes ihm gewährte. Ein halbes Jahr mußte er in der dänischen Hauptstadt antichambrieren. Er verbrachte den Winter 1842 auf 1843 in den bedrückendsten Umständen, erkrankte heftig an — wie er es nannte — Rheumatismus, verfiel in Depressionen, und nur die selbstlose Hilfe des bei Hofe sehr angesehenen Dichters Adam Oehlenschläger führte schließlich zum Erfolg: Hebbel erhielt vom König für zwei Jahre ein Reisestipendium von 600 Reichstalern.

Dieses Geld, von dem er auch Elise mit unterhielt, ermöglichte ihm eine zweite Studienreise, diesmal sogar durch Europa. Hebbel ging nach Paris, nach Rom und Neapel. Nun konnte er vieles von dem nachholen, was die engen Verhältnisse der »Dithmarsischen Sklaverei« ihm vorenthalten hatten. Er erbat und erhielt vom Hof in Kopenhagen noch einmal eine weitere Unterstützung, noch einmal 200 Taler für die Rückreise aus Italien.

Freilich: Auch am Ende dieser Wanderschaft stand er finanziell nicht auf eigenen Beinen. Im Gegenteil. Er kehrte im November 1845 zurück, hatte keinerlei eigne feste Einnahmen aus Buchrechten oder Aufführungen, hatte keinerlei Aussicht auf eine Anstellung, z.B. als Journalist. Hebbel befand sich ein weiteres Mal an einem Tiefpunkt seines materiellen Lebens. Er hatte keine Vorstellung davon, wie er sein zukünftiges Dasein gestalten wollte und konnte. Nur das eine wußte er: Er wollte nicht wieder zurück nach Hamburg und zu Elise. So ging er zunächst nach Wien.

Friedrich Hebbel war mit seinen gut dreißig Jahren, so hat er selber gesagt, »dem Grabe näher als dem Brautbett ... denn ich kam als ein Schatten aus Italien zurück, und auf dem Schiff von Ancona nach Triest wurden Wetten angestellt, ob ich noch ein ganzes oder nur ein halbes Jahr vor mir habe«.[19] Zudem war er davon überzeugt, »daß ich die literarische

Schlacht verloren habe«. Nun stand er existentiell und materiell wieder an jenem Abgrund, den er aus seiner Jugend mit Schrecken erinnerte.

Da begegnete ihm ein Zufall, den er selber als »Wunder«[20] bezeichnete und der sein Leben radikal veränderte und zum Besseren wandte. In Wien lebten zwei wohlhabende Gutsherren aus Galizien, die Edelleute Julius und Wilhelm Zerboni di Sposetti.[21] Die hörten von der Ankunft des Dichters, den sie als Autor der »Judith« überaus schätzten und verehrten. Sie baten ihn zu sich, überschütteten ihn mit Geschenken, ließen ihm das schönste Essen auftragen, kleideten ihn völlig neu ein. Hebbel kam sich vor, »als ob mir ein Märchen passierte«, wie er sagte.

In der neuen Garderobe macht er der wohl zu Recht berühmtesten Schauspielerin der Burg, Christine Enghaus, seine Aufwartung; es wird, so hat die Künstlerin bekannt, »eine glückliche Stunde«. Acht Tage später ist er zum zweitenmal bei ihr, beim vierten Besuch macht er ihr einen Heiratsantrag, und schon ein halbes Jahr später, im Mai 1846, findet die Hochzeit statt.

Das Wunder von Wien ist die Wende in Hebbels Leben. Daß aus der Verbindung eine glückliche Ehe wurde, das war nicht von Anfang an gewiß. Denn wohl für beide Partner, zumindest aber für Hebbel, war die Begegnung nicht das, was man landläufig die große Liebe nennt — jedenfalls nicht am Anfang. In der ihm eigenen Offenheit auch gegen sich selber vertraute der Dichter seinem Tagebuch die wahren Motive des Eheschlusses an:

»Ich liebe sie, wie ich noch nie geliebt habe und werde ebenso von ihr geliebt. Ein Tag bringt mir jetzt mehr Glück als ehemals ein ganzes Jahr. Sie ist lebenslänglich mit 5000 Gulden beim Hoftheater engagiert, ihre Stellung erlaubt uns daher, uns zu heiraten ... Ich tat es sicher aus Liebe, aber ich hätte dieser Liebe Herr zu werden versucht und meine Reise fortgesetzt, wenn nicht der Druck des Lebens so schwer über mir geworden wäre, daß ich in der Neigung, die dies edle Mädchen mir zuwendete, meine einzige Rettung sehen mußte.«[22]

Nun also, 1846 und mit 33 Jahren, war er gerettet. Die doppelten Einkünfte, seine Tantiemen und ihr festes Gehalt, bedeuteten eine solide finanzielle Basis. Das Geld war jedoch nie so reichlich, daß die Familie Hebbel Reichtümer hätte anhäufen können. Es reichte, ohne daß »Überfluß« herrschte. Deshalb blieb Hebbel auch jetzt noch bei seiner in den Notjahren oft geübten Gewohnheit, jede Ausgabe akribisch in selbst geführten Haushaltsbüchern zu vermerken.[23] Einiges konnte er zurücklegen, und damit spekulierte er später auch ein wenig an der Börse.[24] Glücklich war er vor allem darüber, daß er jetzt die Mittel hatte zu reisen, denn Reisen — obwohl gewöhnlich in der dritten Klasse — waren für ihn seit eh und je eine wichtige, fruchtbare Zeit der inneren Erholung nach schöpferischen Phasen. Er besuchte Paris und London, Mailand und Venedig; vor allem in Weimar war er mehrfach, auch in die Heimat nach Holstein bis nach Rendsburg führte ihn sein Weg — Wesselburen jedoch wollte er nie wiedersehen.

Nicht immer fuhr er auch gern in die Ferne, denn immer mehr wurde sein Zuhause der liebste Ort, an dem er sich aufhielt. Dazu trug auch das für 3000 Gulden am Traunsee gekaufte Haus bei — die Krönung seines bescheidenen Wohlstands. Er fühlte sich wohl in der Geborgenheit seiner Familie. Hebbel hat in seinem Tagebuch zahlreiche Jahresrückblicke notiert, die aufs deutlichste zeigen, wie völlig verwandelt sein Leben jetzt war.

1848 heißt es am 31. Dezember: »Möge mir bleiben, was ich habe, mehr will ich vom neuen Jahr nicht fordern.«

1850: »Wenn ich nur behalte, was ich habe, so will ich unendlich zufrieden sein.«

1853: »Bleibe alles, wie es ist!«

1856 wiederholt er diesen Wunsch wörtlich und fügt die Bitte hinzu:
»Götter, öffnet die Hände nicht mehr, ich würde erschrecken,
Denn Ihr gabt mir genug: hebt sie nur schirmend empor!«

Die finanzielle Sicherheit und der wirtschaftliche Wohlstand wirkten sich auch auf Hebbels dichterisches Schaffen aus. Das überzeugendste und zugleich schönste Beispiel dafür ist sein Epos *Mutter und Kind,* das 1856/57 entstand. Es belegt wie kein anderes Werk des Dichters Überzeugung, daß »erst die Ehe den Menschen zum ganzen Menschen macht«. Das Stück ist ein Lobpreis des Familien- und Elternglücks; es beschreibt die sittliche Läuterung von Menschen durch die Überwindung ihres Egoismus' und ihres Neides; es feiert die Familie als Grundelement einer gerechten Gesellschaft; es ist nach Hebbels eignen Worten seine »humanste« Dichtung, sein »soziales Glaubensbekenntnis«.[25]

Das Epos spielt in Hamburg. Ein reiches, aber kinderloses Kaufmannsehepaar wünscht sich nichts sehnlicher als Nachkommen. Vor allem die Frau leidet sehr unter ihrer Kinderlosigkeit. In ihrer Not machen die beiden — gewissermaßen eine frühe Variante heutiger Leihmütter — ihrer Magd und deren Freund folgendes Angebot: Die jungen Leute — Hebbel vergleicht sie mit »dem heiligen Paar« der Bibel — erhalten eine großzügige Ausstattung mit Haus und Hof, so daß sie heiraten können. Dafür versprechen sie den Kaufleuten als Gegenleistung ihr erstes Kind. Das Geschäft kommt zustande. Doch als die junge Frau schwanger und das Kind schließlich geboren wird, da ist ihre Mutterliebe so stark, daß sie es nicht weggeben will und kann. Sie bekennt: »Ich lasse dich nimmer! / Weg mit

Äckern und Wiesen! Wir haben Arme und Beine / Und wir sind dir nicht Güter, wir sind nur Liebe dir schuldig!« Der Handel platzt. Kauffrau und Kaufherr erkennen beschämt ihr absurdes Verlangen; Friede kehrt ein zwischen den Familien und zwischen den unterschiedlichen sozialen Schichten.

Diese Apotheose von Liebe und Ehe wäre ohne das persönliche Glück des Dichters an der Seite seiner geliebten Frau nicht entstanden. In früheren Jahren, in Wesselburen und Hamburg, in München und Kopenhagen, in Paris und Rom, in der langen Zeit der materiellen Armut und der existentiellen Gefährdung hatte Hebbel das Leben völlig anders empfunden und in Werken und Briefen auch beschrieben: als »abscheuliches Stückwerk« nämlich, als den »aufzuckenden Schmerz einer Wunde«, als »Raub des einen am anderen«; den Menschen hatte er beurteilt als »Bestie«, als »wandelnder Mist«, als einen »Haufen Staub, worin Würmer kriechen«; die Gesellschaft war ihm erschienen als »Gottes Sündenfall«, ihre Gesetze hatte er »Mord, Raub und Totschlag« genannt.

Auch diese Epoche, die erste Hälfte seines Lebens — also die Jahre bis 1846 — hat ihren Niederschlag im Werk des Dichters gefunden, vor allem in der *Maria Magdalena,* in dem Trauerspiel um die Tischlermeistertochter Klara, die in der sozialen Enge und in der moralischen Beschränktheit der kleinbürgerlichen Milieus aus der Welt gedrängt wird. Sie gibt sich einem ungeliebten Mann hin, der sie erpreßt und sie, als sie ein Kind von ihm erwartet, sitzen läßt. Ihr Vater droht, sich die Kehle durchzuschneiden, wenn seine Tochter ihm Schande mache, nachdem schon sein Sohn — obgleich zu Unrecht — als Dieb festgenommen worden ist, was zum Tode der Mutter geführt hat. Nun steht Klara vor der Alternative, entweder ihren Vater zum Selbstmord zu treiben oder sich selber und ihr ungeborenes Kind zu töten. Und sie entscheidet sich dafür, sich in den finsteren Brunnen im Garten ihres Elternhauses zu stürzen — übrigens ein Motiv aus Hebbels persönlichem Leben, denn eben so ein Brunnen befand sich auch im Garten seines Elternhauses in Wesselburen.

Noch grausamer geht es in Hebbels Novellen zu. Die Ideen für seine Erzählungen konzipierte der Autor ebenfalls im ersten Abschnitt seines Lebens. Die Stücke handeln vom Unheil und von der Zerstörung des Menschen; sie beschreiben Wahnsinn und Vernichtung; Blut und Feuer sind ihre Hauptmotive; Haß und Gehässigkeit treiben Menschen umher, die in einer aus den Fugen geratenen Gesellschaft leben.

Ein Beispiel ist der Bauer Andreas in der Novelle *Die Kuh.* Er hat gearbeitet, geschuftet und gespart, um eine Kuh kaufen zu können. Jetzt hat er das Geld zusammen. Während seine Frau Geesche und der Knecht das Tier holen, sitzt er mit seinem knapp dreijährigen Jungen am Tisch, zählt die Geldscheine und zündet sich dabei die Pfeife mit einem Fidibus an. Dann geht er vor die Tür. In dieser Zeit verbrennt der Knabe, fasziniert vom Anblick des Feuers, das ganze Geld. Andreas, in die Stube zurückgekehrt, zerschmettert sein Kind am Ofen, »daß es laut- und leblos mit geborstenem Schädel und mit verspritztem Gehirn am Boden lag«, wie es im Text heißt. Dann erhängt er sich. Die ins Haus tretende Bäuerin wird bei dem Anblick ihres Kindes bewußtlos; der Knecht, auf der Suche nach seinem Herrn, fällt von der Treppe, entzündet dabei mit einem mitgeführten Licht das Haus und bricht sich das Genick; in dem Feuer verbrennt die Bäuerin, und die Kuh stürzt in die Flammen und verendet ebenfalls.

Das furchtbare Gemälde, das diese Novelle von der sozialen Misere und deren Folgen für die Menschen zeichnet, ist Ausdruck von Hebbels Lebensauffassung in den Jahren seiner Not. Die materiellen Umstände seiner Existenz spiegeln sich in seinem Werk: die Zeit des Glücks nach dem Wunder von Wien ebenso wie die elenden Hungerjahre davor.

Die Zeit der Not hat freilich noch etwas anderes bewirkt; sie hat beigetragen zu Hebbels frühem körperlichen Leiden und zu seinem frühen Tod mit 50 Jahren. Die Entbehrungen der Jugend und die lange Mangelernährung haben schon 1837 in München ein gichtartiges Leiden auftreten lassen, das Hebbel Rheumatismus nannte. Heiße Dampfbäder halfen am besten dagegen, und der Dichter kurierte sich selbst auch mit Schwimmen in seinem geliebten Traunsee in Gmunden.

Im Herbst des Jahres 1863 befiel ihn das Leiden wieder. Der Direktor des Burgtheaters, Heinrich Laube, traf ihn eines Tages, als er gerade aus dem Bad kam, in Wien auf der Straße und hat uns die letzte Schilderung des Dichters überliefert:

»Ich sehe ihn noch ... wie er eilig daherkam in seinem wiegenden, halb fallenden Gange und mit der schwankenden Neigung des Kopfes und der Arme gleichsam ruderte. Ich wußte nichts von seinem Kranksein und wollte nur vorübergehend fragen: ›Wie geht's?‹ Er aber blieb trotz des Windes stehen und machte mit seinem hellblonden Haupte, mit dem weißroten Angesicht und mit den großen himmelblauen Augen die ihm eigene Einleitung ... er werde von Schmerzen geplagt, sagte er ... und setzte hinzu: ›Wir werden den widerspenstigen Leib zur Räson bringen‹.«[26]

Das gelang ihm nicht mehr. Die Krankheit, die sich in den Notjahren in seinem Körper eingenistet hatte, führte zu seinem Tod. Friedrich Hebbel starb am 13. Dezember 1863.

Friedrich Hebbels Werke werden nach der historisch-kritischen Ausgabe von Richard Maria Werner zitiert: B = Briefe, mit römischer Band- und arabischer Seitenzählung; T = Tagebücher, mit römischer Bandangabe und den Nummern der Wernerschen Zählung.

[1] B, VIII, S. 33.

[2] B, V, S. 264.

[3] Über Hebbels Verhältnis zum Geld, über seine finanzielle und wirtschaftliche Lage gibt es bis heute keine abschließende Darstellung. Die Grundlage für eine Aufarbeitung dieses für den Dichter und Menschen Hebbel wichtigen Themas hat vor einigen Jahren Rolf Engelsing mit seinen beiden Bänden *Friedrich Hebbel. Finanztagebuch. Wien 1846–1856* und *Friedrich Hebbel. Unvollendetes Finanztagebuch. Wien 1857–1863*, Berlin 1982, geschaffen. Engelsings Arbeit wurde als Manuskript veröffentlicht. Sie wird von dem Kieler Literaturwissenschaftler und Direktor der Schleswig-Holsteinischen Landesbibliothek Dr. Dieter Lohmeier für den Druck vorbereitet und soll 1987 in der Reihe »Schriften der Schleswig-Holsteinischen Landesbibliothek« erscheinen.

[4] B, VII, S. 293.

[5] T, I, S. 1323.

[6] B, I, S. 129.

[7] H. Stolte, »Amalie Schoppe«, in: *Hebbel-Jahrbuch* 1963, S. 176.

[8] B, II, S. 44.

[9] T, I, S. 31.

[10] B, III, S. 314.

[11] T, II, S. 1933.

[12] Engelsing, a. a. O., Bd. I, S. 109: »Hebbel ... gab jährlich für seinen Stiefsohn Karl ein Erziehungsgeld von 300 Gulden oder 600 Mark. Außerdem zahlte er bei Gelegenheit kleine Summen an Elise für Geschenke, Arzt oder Medizin.«

[13] B, I, S. 217.

[14] B, I, S. 412.

[15] T, II, S. 2654.

[16] E. Kuh, *Friedrich Hebbel. Eine Biographie*, 2 Bde., Wien 1877; Bd. I, S. 357f.

[17] Über Hebbels Verhältnis zu Campe, insbesondere über ihre finanziellen Kontakte, vgl. Engelsing, Bd. I, S. 96ff. Über weitere Verleger Hebbels: Engelsing, Bd. I, S. 113ff. und S. 157ff.

[18] T, II, S. 2574.

[19] B, VI, S. 254.

[20] B, III, S. 301.

[21] Wilhelm Zerboni »geriet 1849 in Schuldhaft. Hebbel half ihm mit Darlehen, die nicht zurückgezahlt werden konnten, und mit Geschenken« (Engelsing, Bd. I, S. 164).

[22] T, III, S. 3874. — Wie realistisch und hellsichtig diese Einschätzung war, belegt das von Engelsing publizierte Finanztagebuch. Danach (Bd. I, S. 100ff.) hat Christine Hebbel in dem Jahrzehnt zwischen 1846 und 1856 etwa neunzig Prozent der Gesamteinnahmen der Familie »erwirtschaftet«. — 1856 schätzte Hebbel die Ersparnisse seiner Familie auf 10000 Gulden: »Mein kleines Vermögen, die einzige Aussicht meiner alten Tage ...« — Engelsing, Bd. II, S. 76: »Pauschal ist mein Ergebnis, daß die Familie Hebbel 1858 etwa eine halbe Million DM Vermögen in Werten von 1982 hatte. Dies Vermögen ist in den nächsten Jahren noch gewachsen.«

[23] Wie exakt diese Eintragungen vorgenommen wurden, zeigt Engelsings Arbeit. Hebbels Aufzeichnungen enthalten z. B. die Kosten für einen neuen Hut und den Zahnarzt, für die Hebamme und den Weihnachtsbaum, für einen Herd und den Sarg für Hebbels verstorbenen Sohn Emil. Engelsing, Bd. I, S. 99 (mit Bezug auf das Jahr 1846): »Während Christine sehr gut verdiente, aber noch nicht gelernt hatte zu wirtschaften, verdiente Hebbel sehr schlecht und hatte kaum zu wirtschaften.« — Daß die Einkünfte aus Hebbels Büchern nicht überwältigend waren, hat Engelsing z. B. für die Jahre 1847–1856 errechnet. In dieser Zeit hat Hebbel zwölf Titel ver-

öffentlicht und dafür insgesamt ein Honorar erhalten, das »dem Einkommen eines Handwerksgesellen in einem weniger gefragten, aber nicht überbesetzten Handwerk entspräche« (Engelsing, Bd. I, S. 89).

[24] Vgl. Engelsing, Bd. I, S. 159.

[25] B, VI, S. 14.

[26] H. Laube, *Ausgewählte Werke,* Bd. V, S. 56.

Wilhelm Höck GOTTFRIED KELLER

Arm zu sein, vertrug Gottfried Keller sein Leben lang nicht — schon als Knabe nicht, wie der sehr autobiographische *Grüne Heinrich* bezeugt. Dennoch blieb Keller bis zu seinem 42. Lebensjahr buchstäblich arm, Not und Hunger leidend, eher von Schulden lebend als von Verdienstem — beinahe schon eine gescheiterte Existenz, ein Künstler mit vertaner Zeit und Kraft. Er wollte leben, und zwar aus dem Vollen leben, in Behaglichkeit und Wohlhabenheit, er bedurfte des Genusses — vielleicht zur Kompensation seiner wenig stattlichen, fast zwergenhaften Körperlichkeit. Aber bis zu jenem Zeitpunkt des 42. Jahres lebte er zumeist dürftig. Er hätte leicht zu einem Bruder jenes »Armen Poeten« unterm Schirm in der undichten Dachkammer werden können, den Spitzweg eben gemalt hatte, als Keller 1840 nach München kam, um ein Künstler zu werden und als Künstler zu Geld und Ansehen zu kommen — was kläglich mißlang.

Gottfried Keller lebte, bis er 42 war, von seiner Mutter, nachdem er sein Erbe aufgebraucht hatte; er lebte auf Kosten seiner Schwester, die sich ein Lebensglück versagen mußte; und er lebte notdürftig von Stipendien seines Heimatkantons Zürich, als er die erste Fassung des *Grünen Heinrich* und den ersten Teil der *Leute von Seldwyla* schrieb. Die Anfänge seines Dichtens — nicht nur seiner eher zweifelhaften lyrischen Produktion, sondern auch seiner großen Prosa — waren eingebettet in Armut, und dazu stimmt sehr genau, daß sie auch über große Strecken von Armut handeln; genauer: vom Wechselspiel zwischen Armut und Reichtum; vom Darben und Genießen; vom Entbehren und Besitzen; von Schulden und florierenden Geschäften; überhaupt davon, daß Wohlanständigkeit vielleicht nur dort ist oder möglich ist, wo nicht unbedingt Kapital, aber doch ausreichend Geld vorhanden ist, während dessen Fehlen zu beträchtlichen Bedenken Anlaß gibt. Der Ordentliche kann offenbar auch finanziell nicht verkommen. Und der Verkommene war eben nicht ordentlich.

Immerhin war die Schweiz vom Geist des Kapitalismus ergriffen, in Zürich war die liberalistische Partei Alfred Eschers tonangebend, für den Keller eine Zeitlang als Volontär in der Zürcher Staatskanzlei gearbeitet und dem er die erwähnten Stipendien zu verdanken hatte. Es gab die schweizerischen Sonderbunds-Kämpfe, und Keller nahm am ersten und am zweiten Freischarenzug gegen Luzern teil. Das Land entfaltete seine Geschäftstüchtigkeit — und auch wenn Keller bald sah, daß das Geld nicht nur eine Wohltat für Leben und Charakter sein muß, hatte er doch Respekt davor und vor dem damit fast identischen Besitz. Das ist ablesbar aus dem *Grünen Heinrich,* der die Geschichte eines künstlerischen wie ökonomischen Scheiterns ist, es steht in den grotesken, wie tragischen, wie edlen *Leuten von Seldwyla* zu lesen, und es ist zuletzt ein Grundtenor des Altersromans *Martin Salander,* in dem es über weite Strecken um wirtschaftliche Verhältnisse geht: bis zur Sicherung des Wohlstandes in der Familie des Titelhelden und zur schimpflichen Flucht des Gauners, der andere um das Wohlverdiente betrogen hat.

In den beiden ausdrücklich autobiographischen Texten, die Keller mit 57 Jahren, und ein Jahr vor seinem Tod, mit 70 Jahren schrieb[1], ist wenig davon die Rede, daß es sich bei seiner Biographie um eine, wenn man so will, Armuts- oder Geldbiographie im Zeichen des Schweizerischen Kapitalismus handelt. Gerade da wortkarg, wo es um seine unverstellte Person geht, verweist er nur ein-, zweimal darauf, daß es ihm ökonomisch nicht sonderlich gut erging. Er spricht von »allerlei erlebter Not und Sorge« oder von »allerlei Nöten von jener Art, die man nicht sieht, bis sie da sind«.[2] Der Ton der Klage, der Beschwerde gegenüber dem Schicksal kommt nicht auf: Es war eben so; man hatte sich damit abzufinden.

»Die Mutter kochte unterdessen unverdrossen an ihrem Herde die Suppe, damit ich essen konnte, wenn ich aus meiner seltsamen (Dichter-)Werkstatt nach Hause kam.«[3]

Die *Selbstbiographie* Kellers von 1889 beginnt so:

»Gottfried Keller ist geboren am 19. Juli 1819 in Zürich als Sohn des Drechslermeisters Rudolf Keller von Glattfelden, der 1817 nach der genannten Stadt gezogen war, aber schon im Jahre 1824 im Alter von dreiunddreißig Jahren starb und seine Witwe Elisabeth, geb. Scheuchzer von Zürich, mit zwei Kindern, dem fünfjährigen Knaben und einem dreijährigen Töchterchen, hinterließ. ... Den Knaben wußte die Mutter bis zu Beginn des sechzehnten Jahres durch die Schulen zu bringen und ihm dann die Berufswahl nach seinen unerfahrenen Wünschen zu gewähren.«[4]

Keller machte sich zuweilen Gedanken darüber, was mit ihm geschehen wäre, hätte der Vater länger gelebt und ihm »die Welt« in ihrer »Kraftfülle« zugänglich gemacht.[5] Die Armut wäre im Haus des Drechslers, der ein rühriger Bürger war, wohl nicht so eingekehrt, wie es tatsächlich der Fall war und wie es der *Grüne Heinrich* nach Auskunft Kellers zutreffend schildert. Die Schule, in die der Sechsjährige eintrat, war das Werk eines gemeinnützigen Vereins, sollte »Kindern dürftiger Leute eine bessere Erziehung . . verschaffen« und hieß »Armenschule«.[6]

Mit zwölf Jahren kam Keller in das Zürcher »Landknabeninstitut«, und dort begannen seine inneren und äußeren Schwierigkeiten: Er konnte nicht das Leben führen, das er sich wünschte, besaß nicht die Sicherheit, nach der er sich sehnte. So erinnert sich der Grüne Heinrich:

»Statt wie früher der bestgekleidete und vornehmste meiner Mitschüler zu sein, war ich in meinen grünen Jäckchen, welche ich aufs äußerste ausnutzen mußte, nun einer der unansehnlichsten und bescheidensten, und das nicht nur in Ansehung der Kleidung, sondern auch des Benehmens. Die Mehrzahl der Knaben gehörte dem altherkömmlichen und bewußtvollen Bürgerstande an, einige waren vornehme feine Herrenkinder und einige hinwieder stammten von reichen Dorfmagnaten, alle aber hatten ein sicheres Auftreten und Gebahren, entschiedene Manieren und einen fixen Jargon im Sprechen und Spielen, vor welchem ich blöde und unsicher dastand.«[7]

Vielleicht hätte der junge Gottfried Keller, allem Unbehagen über seine Lebensumstände zum Trotz, das Landknabeninstitut dennoch erfolgreich und mit guten Aussichten auf ein solides Berufs- und Bürgerleben abgeschlossen, doch seine recht unschuldige Beteiligung an einer Demonstration gegen einen Lehrer hatte zur Folge, daß er von der Schule verwiesen wurde und er sich als 15jähriger nach einem Beruf umsehen mußte.

Die Mutter war, wie gesagt, offenbar einverstanden mit seiner Wahl, Maler zu werden. So suchte er sich in Zürich verschiedene Lehrmeister für Landschaftsmalerei, ohne daß er in den folgenden vier Jahren an ein Ziel gelangt wäre. Dann entschloß er sich mit 21, auf die Münchner Kunstakademie zu gehen. Er ließ sich ein Erbe von der Großmutter auszahlen, doch das reichte nicht weit. In München konnte Keller aus Geldnot kaum die Stadt verlassen, um nach der Natur zu arbeiten. Eine Erkrankung an Typhus hatte Arzt- und Apothekerrechnungen im Gefolge, und der junge Mann mußte sich Geld von der Mutter schicken lassen — guten und schlechten Gewissens zugleich. In einem Brief an Johann Salomon Hegi schrieb er 1841:

»Dabei kann meine liebe Alte mir nichts mehr schicken, ohne äußerste Einschränkung, und um ihr allen Kummer zu ersparen, schreibe ich ganz fidel nach Hause, als ob ich in den größten Floribus lebte, indem ich ganz gemütlich auf dem räudigsten Hunde reite, den es jemals gegeben hat. ...«[8]

Trotzdem erbat er abermals finanzielle Hilfe von der Mutter, die nun Schulden machen mußte. Es reichte wieder nicht, Keller verkaufte seine paar Habseligkeiten an einen Trödler, machte seinen ganzen künstlerischen Besitz, seine Naturstudien nämlich, zu Geld, strich schließlich für einen kargen Lohn Fahnenstangen weiß-blau an. Dann wurde ihm die Wohnung gekündigt, und er kehrte als Gescheiterter nach Zürich zurück.

Dort begann er Gedichte zu schreiben, sich als Liberaler in die Politik zu mischen — und er lebte von der Mutter, insgesamt etwa sechs Jahre lang. Dann erhielt er vom Kanton ein erstes Stipendium, um sich für eine Dichterlaufbahn fortzubilden. Er ging nach Heidelberg, mit einem zweiten Stipendium anschließend nach Berlin, wo er in den nächsten Jahren den *Grünen Heinrich* abschloß und den ersten Band der *Leute von Seldwyla* schrieb. Insgesamt blieb er fünf Jahre in Berlin, vergeblich bemüht, Theaterdichter zu werden. Zwei weitere Zürcher Stipendien waren bald aufgezehrt, und damit er seine Schulden begleichen konnte, verkauften Gönner in der Heimatstadt »Gottfried-Keller-Aktien«, deren Erlös es ihm aber nicht ersparte, erneut Schulden zu machen und die Mutter wieder um Geld anzugehen. Eine ihm angetragene Dozentur für Kunst- und Literaturgeschichte am Eidgenössischen Polytechnikum schlug er aus, weil er Schriftsteller bleiben oder werden wollte — und dann kehrte er abermals nach Zürich zurück, wo er, gelegentlich dichtend, beispielsweise die *Sieben Legenden* beginnend, weitere sechs Jahre von der Mutter und der Arbeit der Schwester lebte.

Dann endlich wendete sich das ökonomische Blatt: Keller wurde zum ersten Staatsschreiber des Kantons — eine Art Staatssekretär — gewählt. Er blieb vierzehn Jahre im Amt, nun aller Sorgen enthoben. Die Mutter, von der er so lange unterhalten worden war, starb drei Jahre nach seiner Wahl, die Schwester führte ihm nun den Junggesellenhaushalt, bis sie selber starb — zwei Jahre vor dem Tod des Dichters. Der überließ sich, nach jenen vierzehn Jahren im Amt, wieder ganz seiner Schriftstellerei, brachte *Die Leute von Seldwyla* zu Ende und überarbeitete sie, schrieb die *Züricher Novellen* und den Novellenzyklus *Das Sinngedicht,* arbeitete den *Grünen Heinrich* um und schrieb zuletzt den *Martin Salander.* Noch zu seinen Lebzeiten, ein Jahr vor seinem Tod, erschienen in zehn Bänden seine *Gesammelten Werke.* Am 15. Juli 1890, wenige Tage vor seinem 71. Geburtstag, starb Gottfried Keller — nun ein angesehener Mann und längst der Geldsorgen ledig. Den Dichter jedoch hatte das Phänomen des Geldes, die Thematik von Wohlstand und Armut, von Schulden und Besitz, von auskömmlicher Bürgerlichkeit nicht losgelassen.

Der Roman *Martin Salander,* den Keller wenige Jahre vor seinem Tod als letztes Erzählwerk schrieb, bezeugt eindringlich, wie wenig sein Autor die Geld-Problematik überwunden hatte. Der, wenn man so will, Held des Buchs, Martin Salander, zu Hause in der erfundenen Schweizer Stadt Münsterburg, war zuerst Lehrer gewesen und dann Kaufmann geworden — schon das ein Hinweis auf die Wichtigkeit der Ökonomie. Das Buch beginnt damit, daß dieser Kaufmann Salander aus Brasilien in die Heimat zurückkehrt, wo er eintrifft, als seine Familie — Frau und drei Kinder — erstmals nichts mehr zu essen hat. Salander hat vor sieben Jahren ins Ausland gehen müssen, weil ihn ein betrügerischer Schulfreund um die Habe gebracht hat. Doch das Vermögen, das er in Südamerika gemacht hat, geht durch diesen Freund abermals großenteils verloren. Salander muß neuerdings nach Brasilien, um Geschäfte zu machen und seine Familie zu sichern; seine Frau betreibt derweilen mit Erfolg ein kleines Handelsgeschäft. Nach drei Jahren kehrt Salander als reicher Mann ein zweitesmal zurück. Alles scheint in Ordnung zu sein. Das Geschäft floriert ohne Schwanken. Doch Salanders beide Töchter verlieben sich in ein windiges Zwillingspaar und bestehen darauf, die jungen Männer zu heiraten. Die Zwillinge werden

Notare, ziehen ins Kantonsparlament ein, nachdem sie zuvor ausgewürfelt haben, welcher sich der liberalen und welcher sich der konservativen Partei anschließt. Die Geschäfte der Notare scheinen gut zu gehen, doch die Ehen sind für die Frauen katastrophal: es zeigt sich, daß die Männer gefühllose Egoisten und Egozentriker sind. Und dann erweist sich, daß sie obendrein Gauner sind: sie haben Gelder im großen Stil veruntreut, werden zu Zuchthaus verurteilt, die Ehen werden geschieden, die Töchter kehren ins Elternhaus zurück, der Sohn Salanders hat sich erfreulich entwickelt — und alles scheint wieder intakt zu sein, zumindest die Insel Salander im Gemeinwesen Münsterburg.

Doch die Welt insgesamt, Münsterburg, der Kanton, die Schweiz ist nicht mehr in Ordnung. Inmitten von Demokratie und Patriotismus gedeihen Gewinnsucht und ökonomische Kriminalität. Man hat den Eindruck, als habe Keller das Buch geschrieben, um Dinge wie die folgenden sagen zu können:

»... ein mit siebenhundert Franken verschwundener junger Mensch, der am Samstag noch vereinzelt durch die Abendzeitungen lief, wurde nicht beachtet. Desto heftiger brach das Unwetter gleich am nächsten Montag wieder los, nachdem durch die mißbräuchliche und unredliche Führung ihrer Leiter ein paar Geldgewerbe ins Schwanken geraten waren und weite Kreise in Mitleidenschaft zogen. Lag hier die Ursache in der blinden Habsucht reicher Leute ... so brauste am Dienstag ein Konsortium abgeschiedener Seelen durch die Luft, welche als arme Erwerbsbeflissene aus den Kassen ihrer Vorgesetzten ein gut geregeltes Börsenspiel unterhalten. Am Mittwoch ritt auf der Unglückswolke ein alter Seckelmeister daher, der die Aufsichtsmänner alljährlich den gleichen Haufen zersägter und als Geldrollen verpackter Besenstiele überzählen ließ.«[9]

Am Donnerstag ist die Rede von einem »Aktienchef«, der spurlos verschwand, nachdem er nichts als ein wertloses Papier zurückgelassen hatte.

»Am Freitag kam ein Gemeindefaktotum, das den Ertrag eines schönen Lärchenwaldes in die Lotterien aller Länder gesandt bis auf ein weniges, das er versoffen hatte. Am Samstag ertränkte sich ein Vormund über sieben reiche Waisen, die nun arm geworden. Am Sonntag war wieder Ruhetag.

Aber am Montag hub der Tanz von neuem an, und so ging er viele Wochen fort, daß man die Mägde auf den Gassen, wenn sie des Morgens die Zeitungen holten und lasen, und die Männer beim Frühschoppen rufen hörte: ›Sie haben wieder einen!‹«[10]

Daß in dieser Welt der betrügerischen Begehrlichkeit die Salanders eine Oase der gedeihlichen Wohlanständigkeit bilden: man liest es wie ein

Wunder, und es hat den Anschein, als habe Keller selber nicht so recht an die Realität dieser Redlichkeit geglaubt. Daß er den Roman überstürzt zu Ende brachte, mag seinen tieferen Grund nicht im Drängen eines Verlegers gehabt haben, sondern in seiner eigenen Skepsis und Bitterkeit. Der *Martin Salander* ist trotz seines Happy-end ein von Pessimismus überschattetes Buch, das zu verstehen gibt: Seht, das sind die unausweichlichen Folgen einer Demokratie, die sich mit einem angeblich wertfreien, in Wirklichkeit aber gewinnorientierten Liberalismus um jeden Preis verbündet hat. Es ist, als sei Keller an dem schier verzweifelt, wofür er ein Leben lang gewirkt hatte: an der Freiheit, die dem Geld zum Opfer zu fallen drohte.

Doch nicht erst das etwas starre, zuweilen auch etwas blasse Alterswerk *Martin Salander* machte die Doppeldeutigkeit von Geld, Kapital, Besitz sichtbar. All das kam schon in den *Leuten von Seldwyla* zur Sprache: in den Novellen, die Keller während seiner Berliner Armuts- und Schuldenzeit konzipiert und teilweise geschrieben hatte. Seldwyla, diese erfundene Wirklichkeit einer idealtypischen schweizerischen Kleinstadt, ist beileibe keine Idylle mit liebenswerten Sonderlingen aus besseren Tagen, sondern eine Welt im Zwielicht. Die Schäbigkeit der Armut wie des kleinen Wohlstands prägt die Leute, von denen es einmal heißt, sie hätten keine Schulden gemacht und auch keine ausstehen gehabt, als hätte man aus dem Vaterunser die Bitte gestrichen: »Und vergib uns unsere Schulden, wie auch wir vergeben unsern Schuldnern.«[11]

Die Anständigkeit Seldwylas ist abgenutzt und etwas herzlos, man versteht nicht, man vergibt nicht, aber man rechnet gern auf Heller und Pfennig ab. Noch das Schicksal scheint das in Seldwyla zu tun, als sei es ein frühkapitalistisch verkümmertes, pervertiertes Schicksal.

In ihrer oft fröhlichen, weltzugewandten erzählerischen Dichte, in ihrer Fabulierlust überspielen diese Novellen oftmals die Tatsache, wie sehr es ihnen um Geld und Besitz, um Gewinn und Verlust, um Haben und Sein durch Haben geht. Der arme Gottfried Keller erzählte da Geschichten, die allesamt etwa auf die Moral hinauslaufen: Wer etwas *ist,* der *hat* auch etwas — wenn auch zumeist nicht viel, doch genügend, damit keine Not herrsche. Und wer nichts hat, dem geschieht es halbwegs recht. Anständigkeit wird allemal belohnt. Darüber wird, sieht man genauer zu, die vergnüglich-groteske Welt Seldwylas zu der kapitalistischen Grimasse, die die Welt dem Arglosen schneidet.

Gewiß, es ist eine Lust zu lesen, wie der Kater Spiegel den Hexenmeister Pineiß mit einer kunstreich ausgesponnenen Geschichte über 10000 Goldgulden dazu bringt, ihm das eigentlich schon per Vertrag verwirkte Katerleben zu schenken. Es ist ein Vergnügen, dem Geschick dessen zu folgen, der der Schmied seines Glücks zu sein beabsichtigt, dabei aufsteigt und tief fällt, weil er sich erotisch nicht beherrschen kann, und als simpler Nagelschmied endet. Man kann als Leser dem Schneider Wenzel Strapinski gratulieren, der wegen seiner ansehnlichen Kleidung kurz zu gräflichen Ehren, auf Dauer aber zu einer liebenden Frau und schließlich dank ihrer zu geschäftlichem Wohlstand kommt; ein im Grunde Redlicher, der sein Glück verdient hat.

Doch dann sind da *Romeo und Julia auf dem Dorfe,* zwei junge Liebesleute, die armselig zugrunde gehen, in ihrer Umarmung ertrinken, nachdem ihre Eltern, einst reiche Bauern, durch sinnlose Besitzstreitigkeiten ihren Ruin herbeigeführt haben — alles wie eine Demonstration des unausgesprochenen Satzes, daß volles, großes irdisches Glück nur dort sein kann, wo Geld und das mit ihm verknüpfte Ansehen nicht die zentrale Rolle spielen: also nicht in Seldwyla.

Schließlich die wohl erschreckendste der Seldwyla-Geschichten: die von den *Drei gerechten Kammachern.* Das sind drei Kammacher-Gesellen, die sich alles Vergnügen versagen, weil jeder für sich einzig darauf spart, dem Meister das Geschäft abzukaufen und sich dadurch in Seldwyla zu etablieren. Außerdem möchte jeder die Jungfer Züs Bünzlin für sich gewinnen, denn sie hat, neben anderen Besitztümern eher kitschiger Natur, einen »Gültbrief von siebenhundert Gulden«,[12] ein kleines Vermögen also. In all ihrer profunden Wohlanständigkeit — alias »Gerechtigkeit« — werden die Gesellen immer mehr zu Zerrbildern des freien Menschen, wie er jenen liberalen Zeiten vorgeschwebt haben mag. Sie sind und bleiben niemandem etwas schuldig — ausgenommen der Menschlichkeit, doch die zählt nicht unbedingt, zahlt sich in Seldwyla nicht mit Sicherheit aus. Der Kammacher, der schließlich Jungfer und Geschäft erringt, weil er schlauer ist als seine Mitgesellen, hat am Ende nichts zu lachen: Die besitzbewußte Züs Bünzlin »regierte und unterdrückte ihn«.[13] Selbst der Besitz wirft da nichts mehr ab.

Die beiden anderen Kammacher, ein Sachse und ein Bayer, veranstalten, nach der Vorschrift des Meisters, einen Wettlauf um den Erwerb des Geschäfts. Sie sind vor die Tore der Stadt gegangen, und wer zuerst wieder beim Meister eintrifft, soll dessen Nachfolger werden.

Das von der ganzen Stadt beobachtete Rennen der beiden ist, so scheint es, das perfekte Sinnbild kapitalistischer Konkurrenz, wie Keller sie vielleicht bewunderte, im Grunde aber fürchtete und verachtete:

». . . nicht lange dauerte es, so kamen Fridolin und Jobst . . . wie ein Sturmwind herangesaust, mitten auf der Straße, eine dicke Wolke Staubes aufrührend. Mit der einen Hand zogen sie die Felleisen, welche wie toll über die Steine flogen, mit der

anderen hielten sie die Hüte fest, welche ihnen im Nacken saßen, und ihre langen Röcke flogen und wehten um die Wette. Beide waren von Schweiß und Staub bedeckt, sie sperrten den Mund auf und lechzten nach Atem, sahen und hörten nichts, was um sie her vorging, und dicke Tränen rollten den armen Männern über die Gesichter, welche sie nicht abzuwischen Zeit hatten ... Schon waren sie dem Tore nah, dessen Türme von Neugierigen besetzt waren, die ihre Mützen schwenkten; die zwei rannten wie scheu gewordene Pferde, das Herz voll Qual und Angst; da kniete ein Gassenjunge wie ein Kobold auf Jobstens fahrendes Felleisen und ließ sich unter Beifallsgeschrei der Menge mitfahren. Jobst wandte sich und flehte ihn an loszulassen, auch schlug er mit dem Stocke nach ihm; aber der Junge duckte sich und grinste ihn an. Darüber gewann Fridolin einen größeren Vorsprung, und wie Jobst es merkte, warf er ihm den Stock zwischen die Füße, daß er hinstürzte. Wie aber Jobst über ihn wegspringen wollte, erwischte ihn der Bayer am Rockschoß und zog sich daran in die Höhe; Jobst schlug ihm auf die Hände und schrie: ›Laß los, laß los!‹ Fridolin ließ nicht los, Jobst packte dafür seinen Rockschoß, und nun hielten sie sich gegenseitig fest und drehten sich langsam zum Tore hinein, nur zuweilen einen Sprung versuchend, um einer dem andern zu entrinnen. Sie weinten, schluchzten und heulten wie Kinder ... Dazwischen schlugen sie sich fleißig auf die Hände, kamen aber immer nur um ein weniges voran. Hut und Stock hatten sie verloren ... alle Fenster waren von der Damenwelt besetzt, welche ihr silbernes Gelächter in die unten tobende Brandung warf ... Das rauschende Vergnügen schmeckte den Bewohnern so gut, daß kein Mensch den zwei Ringenden ihr Ziel zeigte, des Meisters Haus, an welchem sie endlich angelangt. Sie selber sahen es nicht, sie sahen überhaupt nichts, und so wälzte sich der tolle Zug durch das ganze Städtchen und zum andern Tore wieder hinaus.«[14]

Dieses Sinnbild für den Versuch der Armut, in Besitz und Wohlstand zu gelangen, schrieb Keller am Ende seiner Berliner Zeit: als Not und Schulden auf seinem Künstlerleben lagen; als er sich entschlossen hatte, der Kunst in Form von Dichtungen treu zu bleiben und als er die ihm angebotene Dozentur nebst dem gesicherten Einkommen ausgeschlagen hatte; als er vielmehr im Begriff war, weitere sechs Jahre von der Mutter und auf Kosten der Schwester zu leben; als er mithin fortfuhr, die Schulden, die immer wieder abgetragen wurden, in Schuld umzuwandeln.

Inzwischen war die erste Fassung des *Grünen Heinrich* abgeschlossen worden und erschienen: des Buchs, das sehr unerbittlich mit dem bisherigen Künstlertum seines Autors abrechnet. Keller verschwieg nicht, daß er in diesem seinem ersten Roman über weite Strecken hinweg recht unverstellt sein eigenes Leben in Kindheit und Jugend geschildert hatte: seine Unfähigkeit, sich mit Armut und Dürftigkeit abzufinden; sein Verlangen nach Ansehen und Geltung, das den Knaben bewog, sein Schatzkästlein voller

Silbermünzen auszuplündern, um mit den Gefährten mithalten zu können; seine fragwürdigen, so verspielten wie todernsten Geldgeschäfte mit einem Mitschüler, der ihm über den Tod hinaus und bis in den Traum ein Inbegriff des unerbittlichen Gläubigers bleibt; sein Unvermögen, mit der erwählten Kunst der Malerei zu Geld und Ansehen zu kommen; seine Demütigung durch unaufhörliche Armut und Not inmitten der Kunstmetropole München samt ihrem Glamour und ihrer Vergnügungsbetriebsamkeit.

Dieses Dasein ohne Aussicht auf eine Wende zum ökonomisch und künstlerisch Guten ist geprägt von der gewissermaßen symbiotischen Beziehung zu seiner Mutter. Einerseits beutet der Jüngling und angehende, zuletzt scheiternde Künstler die Frau unbedenklich aus, doch sie läßt es nicht nur über sich ergehen, sondern ist darüber hinaus die Komplizin des Sohns in seinem Drang nach Höherem. Wo sie hungert und sich Tag um Tag von ihrer schwarzen Suppe ernährt, geschieht es ad maiorem filii gloriam — zur höheren Ehre des Sohns, der Kunst und zuletzt ihrer, der Mutter, selber. Und es ist nur folgerichtig, wenn Keller den *Grünen Heinrich*, diese Geschichte eines Künstler-Bankerotts, zugleich als die Geschichte eines Mutter-Bankerotts erzählt. Im fahlen Licht der Armut, der nutzlos gemachten Schulden, der leiblichen wie seelischen Not finden beide den Tod: Da war nichts mehr zu retten, der Wohlstand nicht, die Kunst nicht. Und wenn Keller später — mit Blick auf seine eigene Tätigkeit als Staatsdiener — seinen Grünen Heinrich in der zweiten Fassung überleben und Oberamtmann werden läßt, dann mildert das zwar etwas das Urteil über den Kunstwahn und über die sinnlosen Opfer für die Kunst — doch nicht zu sehr: das irdische Glück der Liebe wird dem ehemaligen Künstler nicht zuteil; das Wichtigste vielleicht hat er verspielt, wie Keller selber, der Junggeselle blieb bis zuletzt.

Beide, der Grüne Heinrich wie sein Autor, beenden ihr Erdendasein in bürgerlicher Wohlanständigkeit, ohne Not, ohne Schulden, von denen im Roman so viel, praktisch wie theoretisch, die Rede ist. Ohne Schulden — gewiß. Aber auch ohne Schuld? Der todkranke Gottfried Keller kritzelte für seinen Besucher Conrad Ferdinand Meyer auf einen Zettel die Worte: »Ich schulde, ich dulde.«[15] Man kann fragen, wem gegenüber er sich als Schuldner, als schuldig fühlte: der Mutter gegenüber? Vor der Gesellschaft?

Immerhin, er hatte in Staatsdiensten zuletzt doch noch seine Schuldigkeit getan. Und als Dichter — das wußte er sehr wohl — war er den Zeitgenossen und den Nachfahren gegenüber durchaus zum Gläubiger geworden. Man hat *ihm* zu danken. Doch reichte das für ihn aus? Die Schuld an der Mutter war so wenig wiedergutzumachen wie das, was die Komplizin

Mutter am Sohn verschuldet hatte, als sie seinem Künstlertum ebenso unbedacht wie unbeirrt Vorschub leistete. Und ist nicht Kunst — so muß es einer wohl sehen, der in der Nähe des Puritanismus aufgewachsen ist, des Puritanismus und seines Lieblingskindes namens Kapitalismus — jedenfalls und immer Verschuldung: Schuldigwerden gegenüber Gott, der Sittlichkeit fordert und alles Sinnlich-Sinnenhafte verwirft; Schuldigwerden auch gegenüber einer Geld- und Warenwirschaft, die Soll und Haben gegeneinander abwägt, Arbeit und Lohn, Leistung und Gewinn, die jedoch mit dem Höheren, von einem gewissen Freizeitwert abgesehen, nichts im Sinn haben kann? Vielleicht sah es Keller so, beeindruckt vom Glanz des Gelds und von der Düsternis des Geldmangels, der dem Atheisten ein wenig vorgekommen sein könnte wie ein Gottesmangel. Hat in dieser puritanisch-kapitalistischen Sicht das Geld also über die Kunst den Triumph davongetragen? Immerhin kommt Kunst im Spätroman *Martin Salander* allenfalls noch als die Fähigkeit vor, die anderen ums Wohlerworbene zu bringen. Hat mithin Keller zuletzt vor dem Geld kapituliert?

Dem wäre allerdings etwas entgegenzuhalten, was der Dichter noch kaum so recht und deutlich gewußt haben dürfte wie unsere späte, fast apokalyptische Zeit: Daß Kunst — neben der Liebe und der Wahrheit — *das* Mittel des Menschen ist, sich als Spiel gegen das Übermächtige, gegen Macht überhaupt zur Wehr zu setzen und Freiheit zu wahren oder zu mehren. Das sollte bedeuten: Geld, als Symbol von Macht, steht der Kunst, als dem Symbol von Freiheit, entgegen. Macht und Freiheit sind jedenfalls nicht zu versöhnen. Falls Keller, selber auf Wohlergehen bedacht, gehofft haben sollte, er könne mittels seiner Kunst, mittels seiner Poesie, eine überpolitische Brücke zwischen beiden, zwischen Macht und Freiheit schlagen, mußte er sich getäuscht sehen. Schon der *Martin Salander,* in dem das Geld den Ton angibt, wäre dann das Eingeständnis der Resignation und das Zeugnis für das Scheitern jener Hoffnung, die im Grunde bereits mit dem Grünen Heinrich, dem Bankerotteur der Kunst, begraben worden war.

Dennoch blieb er — allem Geld und aller Schuld zum Trotz — bei seiner Kunst und übte sie aus, solange er konnte. Das, so scheint es, ist eine letzte Auskunft.

---

[1] Gottfried Keller, *Werke. Zürcher Ausgabe,* hrsg. v. Gustav Steiner, Zürich 1978 (= Werke), Bd. VII, S. 399ff; S. 413ff.

[2] Ebd., S. 409.

[3] Ebd.

[4] Ebd., S. 413.

[5] *Der Grüne Heinrich.* Nach dem Text der Ausg. v. 1879/80, hrsg. v. Helmuth Nürnberger, München 1978, S. 22.

[6] Ebd., S. 72.

[7] Ebd., S. 106.

[8] Gottfried Keller, *Gesammelte Briefe,* 4 Bde., hrsg. v. Carl Helbling, Bern 1950 bis 1954. Bd. I, S. 191.

[9] *Werke,* Bd. VII, S. 265.

[10] Ebd., S. 266.

[11] *Werke,* Bd. III, S. 210.

[12] Ebd., S. 223.

[13] Ebd., S. 260.

[14] Ebd., S. 356 ff.

[15] Zit. nach Adolf Muschg, *Gottfried Keller,* München 1977, S. 181.

Eckart Kleßmann

HERMANN FÜRST VON PÜCKLER-MUSKAU

Er war gerade erst 25 Jahre alt, da erbte er ein Land von 550 Quadratkilometer Größe mit einer Stadt von 3000 Einwohnern, 45 Dörfern, Mineralquellen und Alaunlagern, einer Glashütte, einer Mühle, eisenverarbeitenden Unternehmen, mit Wäldern und 20 Pachthöfen. Der junge Mann verfügte über eine eigene Polizei, war selbst der Gerichtsherr und gebot über ein Konsistorium. Und wie beim Gestiefelten Kater war die Frage, wem dies alles gehöre, zu beantworten mit dem Satz: Unserm Herrn, dem Grafen. Genauer: dem Grafen Hermann von Pückler-Muskau. Doch ehe wir auf diese üppige Herrschaft zu sprechen kommen, verlohnt der Blick auf eine weniger üppige Vergangenheit, die eher ärmlich und elend zu nennen ist. Wörter wie »ärmlich« und »elend« muten bei der Beschreibung des Reichtums widersprüchlich an. Wir wollen hier nicht die Frage erörtern, wie denn wohl »reich« zu definieren sei, wir betrachten einzig den Lebensweg dieses Hermann von Pückler.

Am Anfang steht die unglückliche, die ganze Kindheit verdüsternde Ehe seiner Eltern. Der Vater Erdmann von Pückler hatte im Alter von 30 Jahren die erst vierzehnjährige Clementine von Callenberg geheiratet. Da kam Geld zu Geld. Der Ehemann besaß das Rittergut Branitz bei Cottbus, die Ehefrau brachte das mehr als zehnmal größere Muskau als Mitgift ein. Aber die Ehe wurde zur Katastrophe und endlich nach fünfzehn Jahren geschieden. Gräfin Clementine überließ den Besitz von Muskau dem ungeliebten Ehemann und den Kindern, dafür wurde ihr eine Jahresrente von sechstausend Talern auf Lebenszeit zugesprochen. Das war damals eine stattliche Summe, mit der sich sorglos leben ließ, aber Gräfin Clementine mußte auch sonst nicht darben: Sie besaß mehrere Güter in Frankreich, denn sie war die Tochter einer Französin, und Pückler, ihr Sohn, schrieb dieser Abkunft später seine besondere Affinität für alles Französische zu, dessen Sprache er perfekt beherrschte.

Das Kind Hermann von Pückler wuchs in einer lieblosen Atmosphäre auf, empfing im Elternhaus mehr Hiebe als Liebe, war wechselweise rohen Domestiken oder dürftigen Hauslehrern überlassen und wurde schließlich als lästig im Alter von sieben Jahren einer Erziehungsanstalt der Herrnhuter ausgeliefert. Wenn Pückler bei diesen Pietisten überhaupt etwas gelernt hat, so war es der lebenslange Haß auf etablierte Religionen und ihre zur Schau getragene Frömmelei. Mit sechzehn Jahren begann er das Studium der Rechtswissenschaften an der Universität Leipzig, brach es aber nach einem Jahr wieder ab, weil er inzwischen dermaßen verschwenderisch gelebt hatte, daß ihm die Gläubiger keine Ruhe mehr ließen. Liebe und Geborgenheit hatte dieser junge Mensch nie kennengelernt, vielleicht glaubte er, sie durch das maßlos verschwendete Geld gewinnen zu können. Er flüchtete vor den Schulden nach Dresden und trat als Offizier in das Gardekorps. Daraufhin kürzte ihm der Vater die monatliche Zuwendung auf 100 Taler, für den ungestümen Sohn geradezu ein Hungerlohn, dabei entsprach diese Summe immerhin dem Monatsgehalt eines höheren Beamten. Als wollte sich der Neunzehnjährige — in diesem Alter wurde er für mündig erklärt — für die zerstörte Kindheit und Jugend rächen, machte er so immense Schulden, daß nun der Besitz von Muskau in Gefahr geriet. Der Versuch des Vaters, ihn entmündigen zu lassen, scheiterte. Zwei Jahre später hatten die Schulden des Sohnes die phantastische Summe von 50000 Talern erreicht. Einen solchen Betrag verdienten damals — 1806 — die wenigsten Menschen in ihrem ganzen Leben.

Dann aber fand der junge Mann Geschmack am spartanischen Dasein, notgedrungen, denn niemand mochte ihm mehr borgen. Er wohnte eine Zeitlang auf das bescheidenste in Ulm und in Stuttgart und begann eine Reise durch die Schweiz bis tief in die Provence, fast immer zu Fuß, und schließlich ging es nach Rom und Neapel. Erst 1810 kehrte er nach Muskau zurück, nicht ohne auf der Heimreise Deutschlands größte Sehenswürdigkeit besucht zu haben: Goethe in Weimar. Das Gespräch des einundsechzigjährigen Dichters mit dem fünfundzwanzigjährigen Grafen verlief harmonisch, die beiden mochten sich. Man sprach über Parks und Gärten; den Park an der Ilm hatte Goethe ja selber entworfen. Und der Alte bemerkte sofort, wie sensibel der junge Mensch seinen Ausführungen folgte und gab ihm einen Rat mit auf die Heimreise:

»Verfolgen Sie diese Richtung. Sie scheinen Talent dafür zu haben. Die Natur ist das dankbarste, wenn auch unergründlichste Studium, denn sie macht den Menschen glücklich, der es sein will.«

Dieses Wort hat in Pückler lange nachgewirkt, aber bis es auch Früchte zeitigte, vergingen noch einige Jahre. Der ungeliebte Vater starb überraschend 1811, und so wurde der Sechsundzwanzigjährige Erbe eines riesigen Besitzes. Aber dem setzten die ständigen Truppendurchzüge und Einquartierungen der Napoleonischen Kriege schwer zu, drei Jahre lang. Dann ging Pückler selbst als Offizier in den Krieg. Als Napoleon besiegt war, Friede eingekehrt und auch der Wiener Kongreß zu Ende ging, fand sich Pückler als preußischer Untertan wieder, denn das Königreich Sachsen hatte das Gebiet, in dem Muskau liegt, nämlich die Oberlausitz, an Preußen abtreten müssen.

Mit 32 Jahren heiratet er, und damit beginnt die zweite Epoche seines Lebens. Die Auserwählte ist die Tochter des preußischen Staatskanzlers Hardenberg, eine geschiedene Gräfin Pappenheim, neun Jahre älter als Pückler. Eine Geldheirat gewiß, und Lucie Gräfin Pappenheim bringt ein beträchtliches Vermögen mit in die Ehe, aber die beiden Menschen mögen sich, vielleicht lieben sie einander sogar, auf alle Fälle aber werden sie im Laufe ihres Lebens nahezu unzertrennlich. Lucie bringt zwei junge bildhübsche Töchter mit in diese Ehe, von der Pückler von Anfang an verlangt, daß ihm weitgehende erotische Freiheiten eingeräumt werden. In den vielen Briefen, die von nun an zwischen den oft auf Reisen befindlichen Eheleuten gewechselt werden, ist immer wieder vom Geld die Rede, vom Geld, mit dem sie beide nicht umzugehen verstehen. Lucie — von ihrem Mann zeitlebens »Schnucke« genannt — ist noch nicht als Ehefrau Pücklers in Muskau eingezogen, da läßt der Bräutigam wissen:

»Auch die 200 Friedrichsd'or sind angekommen, aber, verzeih, beste Schnucke, diese sind nur ein Likörgläschen voll Wasser auf einen heißen Stein. Bedenke, daß ich, wenn ich Maurer, Zimmerleute und Tagelöhner rechne, im Schloß und Park, auf dem Jagdhause und Tiergarten und im Rehgarten in der Wussina wenigstens 200 Menschen beschäftige. Es werden im Durchschnitt ungefähr 100 Taler täglich für sämtliche Kosten der Anlagen gebraucht, die Materialien an Holz, Steinen, Kalk und Eisen usw. nicht mitgerechnet. Sind wir erst verheiratet, so muß dies natürlich eingeschränkt werden.«

Ein Bekenntnis auf dem Papier. Wenn auch die Ehefrau nicht besonders haushälterisch veranlagt ist, so scheint es Pückler doch ratsam, sie in puncto Finanzen zu beruhigen. Muskau, so schreibt er einmal, bringe jährlich einen Reinertrag von hunderttausend Talern. In normalen Zeiten mag das sein, aber die Jahre 1816 und 1817 sind Jahre verheerender Mißernten und ziehen eine erhebliche Teuerung nach sich. Die Jahreseinkünfte schrumpfen auf zwölftausend Taler zusammen, die Ausgaben aber klettern auf fünfzigtausend, denn die beiden Eheleute sind — nach Pücklers eigenem Eingeständnis — »geborene Verschwender«.

»Außer den fortlaufenden Arbeiten und Bauten ist es hundert Gründe halber ganz unumgänglich notwendig, den Zaun um den Tiergarten, in welchem das Jagdhaus liegt, noch vor der Ernte fertigmachen zu lassen, sonst ist die ganze Anlage nicht nur auf ein Jahr aufgeschoben, sondern es ist auch unmöglich, bei einem so großen Train das Streumachen und Hüten der Untertanen mit ihrem Vieh zu verhindern. Beides macht in Hinsicht auf die Schönheit des Waldes, welche besonders darin besteht, daß überall ein wunderschöner hellgrüner Teppich von Rosmarin und Heidelbeeren sich unter den Bäumen hinbreitet, den größten Schaden. Sowie der Zaun fertig ist, kann nun auch das Wild in den Tiergarten gelassen werden, und Du findest schon im September dann 500 Stück Wild von allen Arten, welches frei darin herumstreift. Dieser Zaun wird aber an 3000 Taler kosten. Ein Drittel ist schon fertig. Zu dem übrigen gebrauche ich Deine Hilfe. Bedenke nun, was ich dieses Jahr alles bauen muß oder zum Teil schon gebaut habe. In fünf Jahren sind wir fertig und Muskaus Park einzig in Deutschland.«

Doch auch in fünf Jahren ist er nicht fertig; der Park von Muskau wird niemals fertig werden, wohl aber Pückler finanziell ruinieren. Soeben — und wir befinden uns jetzt im Jahre 1822 — hat er den Titel eines Fürsten von Preußens Gnaden bekommen, aber dergleichen erhält man im knausrigen Preußenstaat nicht etwa umsonst: viertausend Taler muß man dafür bezahlen, außerdem muß das Personal in eine neue Livree gesteckt werden, damit man auch gehörig erkennen kann, daß es sich hier nicht etwa um die Domestiken eines Grafen, sondern um solche eines Fürsten handelt, den man mit »Ew. Durchlaucht« anzusprechen hat. Was immer die Beweggründe gewesen sein mögen, die Pückler bewogen haben, sich ein Fürstenkrönchen ins Taschentuch zu sticken, er wird es wohl mit Goethes Devise gehalten haben: »Ein Titel und ein Orden hält im Gedränge manchen Puff ab.«

A propos Goethe: Sein Rat, sich der Natur als einer Spenderin des Glücks zuzuwenden, war gewiß weise, und es hatte sich ja auch gezeigt, welche Talente in Pückler schlummerten. Die Herrschaft Muskau verwandelt sich von Jahr zu Jahr immer mehr in einen riesigen Landschaftspark von alles sprengenden Dimensionen, aber das kostet eben Geld, und nun sind es die Schulden, die alle Dimensionen sprengen. Es lag nahe, Muskau zu verkaufen, um die Finanzen zu sanieren, aber das will Pückler nicht und erst recht nicht die Schnucke, die fast noch mehr an diesem grünen Kunstwerk hängt. Und ihr kommt nun eine ganz famose Idee: Pückler wird sich von ihr scheiden lassen, nach England gehen, dort eine Millionen-Erbin finden und heiraten und anschließend in Muskau eine vergnügte Ehe zu dritt führen, denn natürlich wird man sich nur pro forma scheiden lassen. Damit wäre dann Muskau gerettet, die Finanzen saniert, und an Schnuckes Glück würde es nicht fehlen. Und so geschieht es. Der frischgeschiedene Fürst Pückler reist nach England, wo es so viele reiche Töchter gibt. Etwa Miss Gibbins, Arzttochter aus Brighton, die 50000 Pfund Sterling mit in die Ehe bringen würde, nur hat sie den Nachteil, daß Pückler sie als »zu gewöhnlich« empfindet. Dann schon lieber die Juwelierstochter Harriet Hamlet, die 200000 Pfund als Mitgift anzubieten hat, außerdem ein paar mehr Reize als Miss Gibbins, aber leider hat Miss Hamlet religiöse Skrupel, da Pückler nicht wegen Ehebruchs seiner Gemahlin geschieden worden ist, und andere Gründe möchte die fromme Miss Hamlet nicht anerkennen. Überhaupt ist diese Scheidung ja äußerst dubios. Die Engländer, vor allem jene, die Töchter zu vergeben haben, wissen nämlich aus Zeitungsberichten und Gerüchten, daß sich die Eheleute Pückler überaus harmonisch getrennt haben, daß die Schnucke nach wie vor vergnügt in Muskau lebt, und man erzählt sich unter der Hand, daß die Pücklers gemeinsam auf eine reiche Heirat spekulieren. Zudem führt Pückler auf seinen Reisen Schnuckes Bildnis mit sich im Gepäck, stellt es im Hotelzimmer auf und schreibt seiner Geschiedenen fast täglich.

Und genau das rettet ihn. Er kehrt im Februar 1829 zwar ohne eine Millionen-Erbin zurück, aber Lucie, die Schnucke, hat alle seine Reisebriefe sorgsam gesammelt und sie dem gemeinsamen Freund und Schriftsteller August Varnhagen von Ense zur Lektüre übergeben. Der findet sie bewundernswert und des Druckes würdig, redigiert sie für eine Veröffentlichung, und als dann Pückler wieder in der Heimat ist, erscheinen sehr bald vier Bände ohne Verfassernamen unter dem sonderbaren Titel *Briefe eines Verstorbenen.* Der erste Rezensent, der das Werk ganz ausnehmend lobt, ist Goethe. In seiner sehr ausführlichen Besprechung heißt es:

»Ein für Deutschlands Literatur bedeutendes Werk. Hier wird uns ein vorzüglicher Mann bekannt, in seinen besten Jahren, etwa ein Vierziger, in einem höheren Stande geboren, wo man sich nicht erst abzumühen braucht, um auf ein gewisses Niveau zu gelangen, wo man früh Gelegenheit findet, der Schmied seines eigenen Glücks zu sein, und, wenn das Werk mißlingt, wir es uns selbst anzurechnen haben. Die Briefe sind in den Jahren 1828 und 1829 auf einer Reise geschrieben, welche mehr zur Zerstreuung, in Absicht, von Mißmut, verfehlten Unternehmen sich zu erholen, als zu irgendeinem andern Zweck angetreten worden. Gerichtet sind sie an eine zärtlich geliebte, genau und fest verbundene Freundin, die man in kurzem wiederzusehen hofft. — Der Schreibende erscheint als geprüfter Weltmann von Geist und lebhafter Auffassung, als der durch ein bewegtes soziales Leben, auf Reisen und in höhern Verhältnissen Gebildete, daneben auch als durchgearbeiteter freisinniger Deutscher, umsichtig in Literatur und Kunst. — Als guter Geselle tritt er auf, auch in der nicht besten Gesellschaft, und weiß sich immer anständig zu halten; er bleibt sowohl bei den banalen Wildheiten der Rennjagd als den herkömmlichen Ausschweifungen der Gelage sein selbst mächtig und ist ungeachtet unbequemer Rheumatismen und Migränen rüstig bei der Hand ... Beschreibungen von Gegenden machen den Hauptinhalt der Briefe, aber diese gelingen ihm auch auf eine bewundernswürdige Weise. England, Wales, besonders Irland, und dann wieder die Nordküste von England sind meisterhaft geschildert. Man kann sich's nicht anders möglich denken, als er habe, die Gegenstände unmittelbar vor Augen, sie mit der Feder aufgefaßt; denn wie er auch jeden Abend sorgfältig sein briefliches Tagebuch geführt haben mag, so bleibt eine so klare ausführliche Darstellung immer noch eine seltene Erscheinung.«

Goethes Lob befördert den Absatz des Werkes ungemein; hinzu kommt, daß trotz der Anonymität jeder weiß, wer der angeblich verstorbene Verfasser ist, und da Pückler als eine so aparte wie exzentrische Persönlichkeit bekannt ist, die des öffentlichen Interesses gewiß sein darf, so ist auch die Neugier dem Schriftsteller gewiß und seinen Briefen. Pückler, der jetzt die für ihn ganz neue Erfahrung macht, daß man mit Büchern sogar Geld verdienen kann, bedient sich von nun an dieser zusätzlichen Erwerbsquelle. Den *Briefen eines Verstorbenen* folgen 1834 die *Andeutungen über Landschaftsgärtnerei,* eine excellente Darstellung seiner landschaftsgärtnerischen Erfahrungen in der Umgestaltung des Muskauer Parks, und noch im selben Jahr erscheinen die vier Bände *Tutti Frutti,* eine Sammlung vermischter Schriften, wie schon der Titel ausweist. Ein Jahr später publiziert er seine *Jugendwanderungen* und die drei Bände *Vorletzter Weltgang von Semilasso.* Das ist allein schon in der Quantität eine respektable Leistung.

Pückler hat nach dem langen Aufenthalt in England und Irland Gefallen gefunden am Reisen. Nach einer Tour durch Frankreich 1834 setzt er im Jahr darauf nach Algerien über und segelt im Dezember 1835 über Malta nach Griechenland. Aus seinen Briefen in die Heimat und aus seinen Berichten für deutsche Zeitungen destilliert er schon 1836 die fünf Bände *Semilasso in Afrika.* Man muß dabei berücksichtigen, daß man in einer Epoche ohne Massenpresse, Funk und Fernsehen noch wenig von jenen Ländern wußte, die sich erst allmählich für Europa erschlossen. Algerien war erst seit wenigen Jahren von den Franzosen erobert und zur Kolonie gemacht worden, Griechenland hatte sich gerade erst von der Türkenherrschaft befreit. Reisen war damals sehr kostspielig und daher das Privileg reicher Leute. Dementsprechend begehrt waren Reisebücher, und für Autoren wie Verleger fast immer ein sicheres Geschäft.

Pückler bleibt in Griechenland ein volles Jahr und besucht dann 1837 Ägypten. Dort regiert der Alleinherrscher Mehemed Ali, der wegen seiner großen militärischen Erfolge und Eroberungen gern als »Napoleon des Ostens« bezeichnet wird. Mehemed Ali, nicht nur ein bedeutender Feldherr, sondern ebenso ein bedeutender Reformer, befreundet sich mit dem Fürsten, und da er weiß, daß Pücklers Feder in Europa einflußreich ist, sorgt er dafür, daß sein deutscher Gast unter den allerbesten Voraussetzungen die geplante Reise nilaufwärts unternehmen kann. Mit einem eindrucksvollen Troß aus Schiffen, Sklaven, Köchen, Ärzten, Bedienten aller Art bricht Pückler auf. Darunter ist seine schönste Erwerbung, die etwa 13 bis 14 Jahre alte Abessinierin Machbuba, die er auf dem Sklavenmarkt von Kairo gekauft hat. Machbuba, deren makellose Schönheit zu preisen Pückler nicht müde wird, erweist sich als ungewöhnlich klug und sprachbegabt und ist schon bald seine Geliebte. Als er 1838 Ägypten verläßt, trennt er sich zwar von den meisten seines Personals, Machbuba aber bleibt bei ihm. Über Palästina, Syrien, Griechenland und die Länder des Balkans reist Pückler heimwärts. Zwischenaufenthalte werden eingelegt in Budapest und Wien, wo er besonders wegen seiner jungen Abessinierin bestaunt und eifrig eingeladen wird.

Die junge Farbige in seiner Begleitung, von deren Schönheit und Charme alle Welt begeistert ist, gibt den deutschen Zeitungen willkommenen Anlaß zu häßlichen Karikaturen und billigen Witzeleien. Auch die Fürstin, die gute Schnucke, die bisher über des Gemahls erotische Eskapaden gleichmütig hinwegsah, will nun nicht mehr tolerant bleiben, denn sie spürt, daß die junge Machbuba mehr bedeutet als die gewohnten galanten Abenteuer des Fürsten: Machbuba ist die erste große Liebe seines Lebens — und wird es bleiben.

Doch die Ehekrise im Hause Pückler löst sich von selbst, weil die Abessinierin noch im Jahr der Heimkehr, 1840, der Tuberkulose erliegt. Ihr Tod löst eine tiefe Erschütterung in Pückler aus; er braucht lange, bis er den Verlust verwunden hat, aber zugleich erleichtert es ihm den Entschluß, Muskau, wo Machbuba begraben worden ist, endgültig zu verkaufen. Er erzielt einen guten Preis. Nach Abzug aller Schulden bleibt ihm ein Reingewinn von einer halben Million Taler. Die quälenden Erinnerungen an die tote junge Geliebte überwindet er durch das Schreiben. Sein *Südöstlicher Bildersaal* erscheint 1840 in drei Bänden, ihm folgt die Schilderung der Ägyptenreise *Aus Mehemed Alis Reich* 1844 in drei Bänden, und dessen Fortsetzung 1846 bis 1848 gleichfalls in drei Bänden unter dem Titel *Die Rückkehr*. Die beiden letzten Werke, Klassiker der deutschen Reiseliteratur und noch heute eine faszinierende Lektüre, enthalten auch Machbubas Geschichte. Danach hat Pückler kein Buch mehr veröffentlicht. Von sich selber als Schriftsteller hatte er eine geringe Meinung:

»Was meine Schriftstellerei anbetrifft, so sage ich Ihnen vorweg, mit der Wahrheitsliebe, die Sie an mir erkannt haben müssen, daß ich diese Schreiberei geradezu für nichts anschlage, daß mich der zum Teil erlangte Beifall auch nicht einen Augenblick betört hat, und daß ich im Gegenteil, wie ich am besten weiß, daß ich den wahren Beruf zum Schreiben gar nicht habe, daß gar keine wahre Muse, sondern nur eine kokette und geschminkte Weltgöttin an meinen Schreibtisch tritt — eigentlich und wahrhaftig mich schäme, noch weiter zu schreiben. Ich tue es wie eine einmal angenommene, üble, aber im Grunde indifferente Gewohnheit, ohngefähr wie das Tabakschnupfen, und tröste mich damit, daß ich wenigstens die müßige Lesewelt auf etwas gentilere Weise unterhalte, als ein großer Teil unserer plumpen, pedantischen Literaten ohne Erziehung und Weltbildung; also wenigstens einiges beitrage, um einer geschmackvolleren Behandlung und einem gefälligeren, vornehmeren Stil, wenn Sie wollen, Geltung zu verschaffen. Sonderbar genug ist es aber, daß ich gerade die Sachen mit dem meisten Vergnügen geschrieben habe, welche die besten Autoritäten am wenigsten goutieren wollen, zum Beispiel einige Partien der ›Tutti Frutti‹ und eben jene ›Griechischen Leiden‹. Ich sehe sie deshalb nichts weniger als alles übrige für Plunder an, aber sie amüsierten mich wenigstens. Ich glaube, Sie geben mir eine Ohrfeige, wenn ich die Aufrichtigkeit so weit treibe, Ihnen zu gestehen, daß ich sogar ein wenig ums Geld schreibe. Es ist mir so amüsant ironisch vorgekommen, daß ich für meine bisherigen Scharteken zwischen 30- bis 40 000 Taler gezogen habe, ich und in Deutschland, wo es Schiller und Herder und Jean Paul, selbst Vulpius nie so weit

gebracht haben, und Goethe erst am Ende seiner Laufbahn. Es war ein Sündengeld, ich habe es aber gut angewandt, und meinem eigenen Vergnügen keinen Taler davon gegönnt, die einzige schickliche Buße bei ungerecht erworbenem Gut.«

Für den Rest seines Lebens — und das sind immerhin noch 23 Jahre — konzentriert er sich ganz auf die Ausgestaltung und Verschönerung des ihm gebliebenen Besitzes von Branitz bei Cottbus, das mit seinen 600 Hektar nicht ganz ein Zehntel so groß ist wie das verkaufte Muskau. Was er in Branitz schafft, hat sein Freund Varnhagen von Ense so charakterisiert:

»Die Schöpferkraft, der Geist und Geschmack des Fürsten zeigten sich in allem, in Großem und Kleinem. Aus einer Sandwüste ist unter seinen Händen ein Paradies geworden. Große Bäume, die er vorfand, hat er trefflich benutzt, andere von weit herkommem lassen und eingepflanzt, Millionen von Schößlingen eingesetzt; Seen und Kanäle hat er ausgegraben, die Erde zu Hügelreihen aufgehäuft, Wald- und Wiesenstücke trefflich gemischt. Der ganze Boden ist von der nahen Spree unterirdisch getränkt, daher trotz des Sandes fruchtbar; das Wasser in Seen und Kanälen steigt und fällt mit dem der Spree. Was der Fürst in den Wassern geleistet, ist nicht weniger wunderbar, als was er zu Land hervorgebracht. ›Erdbändiger‹ nannte Rahel ihn mit Recht. Er hat hier mehr getan als in Muskau, wo er eine Landschaft vorfand, hier mußte er sie ganz erst schaffen.«

Es wird ein ruhiger Lebensabend für den Fürsten. Lucie, die treue Schnucke, stirbt 1854 im Alter von 78 Jahren. Nach ihrem Tod unternimmt Pückler nur noch eine Auslandsreise, 1868 nach Paris, wo sich der nun Dreiundachtzigjährige in eine zweiundzwanzigjährige Französin verliebt und das Glück hat, diese Liebe erwidert zu finden. Die ihm noch verbleibende Zeit nutzt er dazu, seine reichliche schriftliche Hinterlassenschaft zu ordnen, wobei ihm Ludmilla Assing, eine Nichte seines Freundes Varnhagen, zur Hand geht. Sie bereitet seine Biographie vor, die nach seinem Tod in zwei Bänden erscheint, sie weiß über seinen bunten Lebensweg mehr als jeder andere Mensch, ihr vertraut er in Gesprächen viel an, und ihr gilt auch sein letzter Brief, wenige Wochen vor seinem Ende geschrieben:

»Meine geliebte, treue Freundin, — wäre ich nur schon in Florenz! Aber ich bin immer noch zu krank zur Reise und muß im Bett schreiben, schon mehrere Wochen nicht aus der Stube gekommen. — Mit großer Mühe beantworte ich allein Deinen so lieben Brief aus meinem traurigen Krankenbett, und lange werde ich dies Jammertal, Erde genannt, nicht mehr belästigen müssen. Jedenfalls auf Wiedersehen für uns beide im Himmel, den ich durch Millionen gepflanzter Bäume, Riesen und Zwerge, gepflanzt und gepflegt habe, und Du selbst hast noch viel mehr Gutes getan. Wenn Du

mir keinen Korb gibst, verheiraten wir uns als Engel, wo alles voll Schönheit und ohne Alter ist. Ich freue mich herzlich darauf, als immer herzliches Kind. Vorher aber, hoffe ich, wollen wir noch als gutmütige Sterbliche in Deinem Garten spazieren gehen. Einstweilen laß mich wenigstens in solchen süßen Gedanken leben und in diesem Traume schwelgen. — Ich liebe Dich mehr als jemals. Ach, könntest Du dasselbe für mich fühlen. — Alles das ist sonderbar, aber vollkommen wahr. — Dein für immer, wenn Du willst, und meine Gegenwart soll Dir nie lästig werden, vielleicht ich Dir lieber werden als bisher. Ich fühle dies mit Sicherheit, trotz meines Alters, das zu meiner Verwunderung noch viel Junges besitzt. Es ist mein fester Glaube, daß gerade wir für einander passen werden. — Antworte mir bald, und bitte für mich um meine Gesundheit. Nenne mich auch Du in Deiner Antwort. Viel Gutes und Schönes

von Deinem Getreuen.«

Er hat sich längst mit dem Tod befreundet, der für ihn kein Ende bedeutet, sondern Anfang zu neuem Dasein: »Gott ist groß. Er wird uns überraschen.«

Im Park von Branitz hat er einen künstlichen See anlegen lassen, darin ist aufgeschüttet eine Erdpyramide. In diesem Hügel, genannt »Tumulus«, will er beigesetzt werden. Leicht und ohne Todeskampf stirbt Fürst Hermann von Pückler-Muskau in der Nacht vom 4. zum 5. Februar 1871. Das letzte Wort des Sterbenden lautet: »Man öffne mir den Weg zum Tumulus.«

Da er kinderlos geblieben ist, erbt eine Nichte Branitz und das riesige Vermögen. Zwei Monate vor seinem Tod hatte Pückler die letzte Eintragung in sein Tagebuch vorgenommen. Es ist das knappe Fazit seines 85 Jahre währenden Erdendaseins:

»Kunst ist das Höchste und Edelste im Leben, denn es ist Schaffen zum Nutzen der Menschheit. Nach Kräften habe ich dies mein langes Leben hindurch im Reiche der Natur geübt.«

Literaturhinweise

Ludmilla Assing, *Briefwechsel und Tagebücher des Fürsten Hermann von Pückler-Muskau,* 9 Bände, Berlin 1874/76.

Ludmilla Assing, *Fürst Hermann v. Pückler-Muskau,* Berlin 1873/74.

August Ehrhard, *Fürst Pückler,* Berlin, Zürich 1935.

Gerhard F. Hering, *Ein großer Herr. Das Leben des Fürsten Pückler,* Düsseldorf 1968.

Heinz Ohff, *Fürst Hermann Pückler,* Berlin 1985.

Hermann Fürst von Pückler-Muskau, *Aus Mehemed Alis Reich. Ägypten und der Sudan um 1840,* Zürich 1985.

Hermann Fürst von Pückler-Muskau, *Ausgewählte Werke in 2 Bänden,* hrsg. v. Heinz Ohff und Ekhard Haack. Berlin 1985.

Paul Kruntorad SIGMUND FREUD

In einer kaum fünf Seiten langen Studie, *Charakter und Analerotik,* 1908 publiziert, hat Freud die psychoanalytische Theorie des Gelds begründet. Die Forderung, der Patient müsse mit dem Honorar für seine Behandlung ein spürbares Opfer bringen, von Freud zwar nur implizit erhoben, sorgt für die theoretische Verankerung des Wohlstands der psychoanalytischen Zunft. Man kann argumentieren, daß auch Zahnärzte teuer sind und Chirurgen ihr Honorar dem Wohlstand ihrer Patienten anpassen, doch zu den Prinzipien der Therapie gehört die Honorarhöhe nur in der Psychoanalyse. Schließlich kann man die Behauptung aufstellen, daß die Psychoanalyse ohne die pekuniäre Zwangslage des jungen Freud nicht entstanden wäre.

Aber rekapitulieren wir erst einmal die ersten Abschnitte von Freuds Lebensgeschichte.

Er wurde 1856 in Wien geboren, als erstes Kind aus der zweiten Ehe seines Vaters, der ein Wollhändler in Freiberg in Mähren gewesen war, bevor ihn der Niedergang der dortigen Textilindustrie zwang, nach Wien zu übersiedeln und eine neue Firma zu gründen. Freilich machte ihn auch der Textilhandel in Wien nicht wohlhabend. Jakob Freuds Zuwendungen an den studierenden Sohn waren knapp bemessen. Zum Medizinstudium fühlte sich Freud nicht besonders hingezogen:

»Obwohl wir in sehr beengten Verhältnissen lebten, verlangte mein Vater, daß ich in der Berufswahl nur meinen Neigungen folgen sollte. Eine besondere Vorliebe für die Stellung und Tätigkeit des Arztes habe ich in jenen Jugendjahren nicht verspürt, übrigens auch später nicht ... Im physiologischen Laboratorium von Ernst Brücke fand ich endlich Ruhe und volle Befriedigung ... Brücke stellte mir eine Aufgabe aus der Histologie des Nervensystems, die ich zu seiner Zufriedenheit lösen und selbständig weiterführen konnte. Ich arbeitete in diesem Institut von 1876 bis 1882 mit kurzen Unterbrechungen und galt allgemein als designiert für die nächste sich dort ergebende Assistentenstelle ... Die Wendung kam 1882, als mein über alles verehrter Lehrer den großmütigen Leichtsinn meines Vaters korrigierte, indem er mich mit Rücksicht auf meine schlechte materielle Lage dringend ermahnte, die theoretische Laufbahn aufzugeben.«[1]

Freud wechselte ins Allgemeine Krankenhaus über, spezialisierte sich in Neurologie und erhielt 1885 die Dozentur für Neuropathologie. Ein begehrtes und heiß umkämpftes Stipendium für eine Reise nach Paris ermöglichte es ihm, Charcots Versuche, Hysterie mit Hypnose zu heilen, an Ort und Stelle kennenzulernen. Und das war, wie wir wissen, der Anfang der Psychoanalyse. Die Technik der freien Assoziation lernte Freud von einer seiner ersten Patientinnen, die sich seine Unterbrechungen verbeten hatte, als sie, der üblichen Aufforderung folgend, ihre Leidensgeschichte bis in ihre Kindheit zurückverfolgen wollte.

Charakter und Analerotik ist keine theoretische Abhandlung, vielmehr ein empirischer Hinweis:

»Unter den Personen, denen man durch psychoanalytische Bemühung Hilfe zu leisten sucht, begegnet man eigentlich recht häufig einem Typus, der durch das Zusammentreffen bestimmter Charaktereigenschaften ausgezeichnet ist, während das Verhalten einer gewissen Körperfunktion und der an ihr beteiligten Organe in der Kindheit dieser

Personen die Aufmerksamkeit auf sich zieht ... Die Personen, die ich beschreiben will, fallen dadurch auf, daß sie in regelmäßiger Vereinigung die nachstehenden drei Eigenschaften zeigen: sie sind besonders ordentlich, sparsam *und* eigensinnig ... *Aus der Kleinkindergeschichte dieser Personen erfährt man leicht, daß sie verhältnismäßig lange dazu gebraucht haben, bis sie der infantilen incontinentia alvi Herr geworden sind, und daß sie vereinzeltes Mißglücken dieser Funktion noch in späteren Kinderjahren zu beklagen hatten. Sie scheinen zu jenen Säuglingen gehört zu haben, die sich weigern, den Darm zu entleeren, wenn sie auf den Topf gesetzt werden, weil sie aus der Defäkation einen Lustnebengewinn beziehen; denn sie geben an, daß es ihnen noch in etwas späteren Jahren Vergnügen bereitet hat, den Stuhl zurückzuhalten, und erinnern ... allerlei unziemliche Beschäftigung mit dem zutage geförderten Kote ...«*[2]

Incontinentia alvi bedeutet übrigens das Unvermögen, Exkrete willkürlich zurückzuhalten. Ein Widerspruch? Nicht in Freuds Sicht — erst wenn das Kind lernt, seinen Stuhlgang zu beherrschen, kann es auch dazu übergehen, der Aufforderung, aufs Töpfchen zu gehen, Widerstand zu leisten, weil es seinen Schatz nicht hergeben, selbst behalten will. Freud stellt in der Folge den Zusammenhang mit seinen drei Jahre zuvor erschienenen *Drei Abhandlungen zur Sexualtheorie* her:

»Ich suche dort zu zeigen, daß der Sexualtrieb des Menschen hoch zusammengesetzt ist, aus Beiträgen zahlreicher Komponenten und Partialtriebe entsteht. Wesentliche Beiträge zur ›Sexualerregung‹ leisten die peripherischen Erregungen gewisser ausgezeichneter Körperstellen (Genitalien, Mund, After, Blasenausgang), welche den Namen ›erogene Zonen‹ verdienen. Die von diesen Stellen her eintreffenden Erregungsgrößen erfahren aber nicht alle und nicht zu jeder Lebenszeit das gleiche Schicksal. Allgemein gesprochen, kommt nur ein Teil von ihnen dem Sexualleben zugute; ein anderer Teil wird von den sexuellen Zielen abgelenkt und auf andere Ziele gewendet, ein Prozeß, der den Namen ›Sublimierung‹ verdient. Um die Lebenszeit, welche als ›sexuelle Latenzperiode‹ bezeichnet werden darf, vom vollendeten fünften Jahre bis zu den ersten Äußerungen der Pubertät, werden sogar auf Kosten dieser von erogenen Zonen gelieferten Erregungen im Seelenleben Reaktionsbildungen, Gegenmächte, geschaffen wie Scham, Ekel und Moral, die sich gleichwie Dämme der späteren Betätigung der Sexualtriebe entgegensetzen. Da nun die Analerotik zu jenen Komponenten des Sexualtriebes gehört, die im Laufe der Entwicklung und im Sinne unserer heutigen Kulturerziehung für sexuelle Zwecke unverwendbar werden, läge es nahe, in den bei ehemaligen Analerotikern so häufig hervortretenden Charaktereigenschaften — Ordentlichkeit, Sparsamkeit und Eigensinn — die nächsten und konstantesten Ergebnisse der Sublimierung der Analerotik zu erkennen ...«[3]

Ordentlichkeit, Sparsamkeit und Eigensinn — sind das nicht die Tugenden, die im Sinn der protestantischen Ethik den Prototyp des Kapitalisten kennzeichnen, besonders wenn man die letztere Eigenschaft nicht negativ, sondern eher wertneutral oder gar positiv meint, als Selbstbezogenheit, als Innengerichtetheit im Sinn der Psychologie David Riesmans? Jedenfalls fährt Freud in seiner folgenreichen Studie fort:

»Am ausgiebigsten erscheinen die Beziehungen, welche sich zwischen den anscheinend so disparaten Komplexen des Geldinteresses und der Defäkation ergeben. Jedem Arzte, der die Psychoanalyse geübt hat, ist es wohl bekannt geworden, daß sich auf diesem Wege die hartnäckigsten und langdauerndsten sogenannten habituellen Stuhlverstopfungen Nervöser beseitigen lassen ... In der Psychoanalyse erzielt man diese Wirkung ..., wenn man den Geldkomplex der Betreffenden berührt und sie veranlaßt, denselben mit all seinen Beziehungen zum Bewußtsein zu bringen ... In Wahrheit ist überall, wo die archaische Denkweise herrschend war oder geblieben ist, in den alten Kulturen, im Mythus, Märchen, Aberglauben, im unbewußten Denken, im Traume und in der Neurose das Geld in innigste Beziehungen zum Drecke gebracht. Es ist bekannt, daß das Geld, welches der Teufel seinen Buhlen schenkt, sich nach seinem Weggehen in Dreck verwandelt, und der Teufel ist doch gewiß nichts anderes als die Personifikation des verdrängten unbewußten Trieblebens. Bekannt ist ferner der Aberglaube, der die Auffindung von Schätzen mit der Defäkation zusammenbringt, und jedermann vertraut ist die Figur des ›Dukatenscheißers‹ ...«[4]

Hinweise auf den Zusammenhang zwischen der Analstufe der kindlichen Entwicklung, der zweiten nach der oralen Stufe, und dem späteren Interesse am Geld, die symbolische Gleichsetzung von Kot — Geschenk — Geld/Gold, finden sich häufiger in Freuds Schriften, doch erst seine Schüler, vor allem Sándor Ferenczi, haben diese Hinweise zu einer Theorie des Geldes, des Besitzes, der Nationalökonomie, des Kapitalismus ausgeweitet. Vereinfacht gesagt, ist der Kapitalismus die Folge einer allzu strengen Erziehung zur Reinlichkeit, und aus den Störungen in der Analphase resultiert nicht nur ein gestörtes Verhältnis zum Geld, sondern auch ein Überschuß an Aggressivität, die Neigung zum Sadismus. Wenn man die übertriebene Neigung zum Geldhorten, sei es des Geldes wegen oder der damit verbundenen Macht über andere oder beides zusammengenommen, als ein Verhalten betrachtet, das von der Norm abweicht, dann ist der Kapitalismus die kulturhistorische Ausprägung eines bestimmten neurotischen Verhaltens.

Bricht unsere Welt, unsere Gesellschaftsordnung zusammen, wenn eine laxere Reinlichkeitserziehung ein freieres, weniger zwangsneurotisches Verhältnis zum Geld bewirkt? Man kennt aus der Ethnologie Kulturformen, in denen die Prinzipien des Kapitalismus, also Gewinnstreben, Eigentumshäufung, Bereicherung auf Kosten anderer, keine Geltung haben. Das sind jedoch relativ kleine, auf bestimmten Stufen der gesellschaftlichen Entwicklung stehengebliebene Kulturen. Dominant ist zweifellos heute der Kapitalismus, sei es als Privat- oder als Staatskapitalismus. Damit stellt sich freilich die Frage, inwiefern das Phänomen, wie es ja erst seit dem späten 18. Jahrhundert existiert, nur aus den psychoanalytisch verstandenen Dispositionen verständlich ist — oder umgekehrt gesagt: Kann man den Kapitalismus schlechthin auf Störungen in der Analphase zurückführen, oder sind es nur seine Auswüchse, die als neurotisches Fehlverhalten zu verstehen sind?

In seiner philosophischen Spätschrift, die man auch als sein intellektuelles Vermächtnis begreifen kann, in dem Essay *Das Unbehagen in der Kultur,* hat ja Freud selbst die Möglichkeit, konfliktfrei zu leben, als Illusion bezeichnet. Es ist kaum anzunehmen, daß der Milliardär oder der Geizhals zwecks Heilung vom übertriebenen Geldverdienen einen Psychotherapeuten aufsuchen wird. Über das neurotische und damit also unglücklich verlaufende Gefühlsleben von armen reichen Erben ist hingegen genügend geschrieben worden. Es ist schon eher der unkontrollierte Verschwender, der sich als krank versteht und Hilfe sucht. Aber auch hier gilt, was man von etlichen Neurosen behaupten kann und was Freud selbst so klarsichtig gesehen hat: Es gibt eben solche, die zu viel Spaß machen, als daß man sie loswerden wollte. Schließlich, und auch das muß in diesem Zusammenhang gesagt werden, kann man die Armen und Notleidenden nicht einfach als antriebsarm und zu wenig aggressiv zum Psychoanalytiker schicken, damit er ihnen mehr Selbstbehauptung beibringt.

Der anale Charakter wäre also mehr der ordentliche, sparsame, arbeitsame Mensch, der orale der genußfähigere, lockere, verträgliche. Wie nicht anders zu erwarten von einem Mann, der die titanische Leistung der Selbstanalyse vollbrachte, war Freud selbst wohl beides. Er war arbeitsam, fleißig, aber keineswegs asketisch, und sein Verhältnis zum Geld war in den ersten fünf Jahrzehnten seines Lebens davon bestimmt, daß er immer zu wenig davon hatte. Wenn ihm nicht Freunde wie Josef Breuer und Wilhelm Fließ zeitweise mit größeren Summen ausgeholfen hätten, wäre es ihm und seiner Familie wohl schlimm ergangen. Als junger Mann schon hatte er nicht nur für seine Eltern, sondern auch für seine jüngeren Geschwister zu sorgen; zu welchem Zeitpunkt er aufhören konnte, sich um die materiellen Aspekte seiner Existenz zu kümmern, verschweigen seine Biographien, wahrscheinlich erst, nachdem er 1902 endlich, nach siebzehnjähriger Wartezeit, zum außerordentlichen Professor ernannt wurde. Ernest Jones, Freuds Schüler, Freund und erster Biograph, erzählt, daß die Baronin von Ferstel die Ernennung, fünf Jahre nach dem entsprechenden Vorschlag der Fakultät, beim zuständigen Minister mit der Schenkung eines wertvollen Gemäldes von Arnold Böcklin an die Moderne Galerie erreicht habe. Kurt R. Eissler hat Jones in diesem Punkt widerlegt — die Baronin schenkte dem Museum ein weit weniger wertvolles Bild von Emil Orlik.

Die Ernennung sorgte jedenfalls für einen regelmäßigen Zulauf von Patienten, wie es in der Vergangenheit in der Berggasse Nr. 9 keineswegs immer der Fall war. Freuds Briefe an Wilhelm Fließ, den Berliner Hals-, Nasen-, Ohren-Facharzt und ›Entdecker‹ der Periodizität des Lebens, sind über die Zeitspanne, da die außerordentlich enge Freundschaft währte, voll von diesbezüglichen Mitteilungen:

»In betreff meines Leidens möchte ich, daß Du recht behieltest, daß der Anteil der Nase ein großer, der des Cor ein kleiner sein möge ... Deinen Vorschlag, jetzt nach Berlin zu kommen, kann ich nicht annehmen, ich bin nicht in den Verhältnissen mir fl 1000–1500 für eigene Gesundheit oder auch nur die Hälfte davon zu gestatten ...«[5]

Freud hatte Herzbeschwerden und eine chronische Nasenhöhlenentzündung. Wilhelm Fließ hatte ihm wohl angeboten, ihn in Berlin zu operieren. Damals war Freud noch davon überzeugt, daß ein kausaler Zusammenhang zwischen gewissen neurasthenischen Beschwerden und der Befindlichkeit des Riechorgans bestünde, ein Zusammenhang, den Fließ als seine Entdeckung betrachtete.

»Meine Vermutungen betreffs dieser Saison haben sich bestätigt. Ich habe zehn Kuren jetzt, darunter eine Kranke aus Pest; eine andere aus Breslau ist angekündigt. Vielleicht eine Stunde davon ist vom Übermaß, sonst geht es mir ja gerade bei vieler Arbeit am besten. Ich habe z.B. eine Woche von fl 700 hinter mir, das bekommt man nicht umsonst. Reichwerden muß sehr schwer sein.«[6]

Im Jahr 1896 verlangte Freud seiner eigenen Aussage zufolge fünf Gulden pro Sitzung. Anderthalb Jahrzehnte später waren es bereits vierzig Kronen, was in Wien als hoch galt. Ernest Jones zufolge, der in seiner Freud-Biographie die Gulden und Kronen in die Pfund der fünfziger Jahre umrechnet, entsprächen 40 Kronen etwa 120 DM heutigen Wertes.

Zeitweise, wie zum Beispiel im Mai 1896, blieb Freuds Wartezimmer wochenlang leer. Im September 1897 erkennt Freud, daß seine Verführungstheorie falsch sei, daß die Patienten, die ihm berichten, sie seien in ihrer frühen Kindheit von Erwachsenen, meist von ihren Eltern, sexuell mißbraucht worden, Phantasien und nicht Fakten erzählten. Er schreibt an Fließ:

»Hier bin ich wieder, seit gestern früh, frisch, heiter, verarmt, derzeit beschäftigungslos, und schreibe dir zuerst nach hergestellter Wohnbarkeit. Und nun will ich Dir sofort das große Geheimnis anvertrauen, das mir in den letzten Monaten langsam gedämmert hat. Ich glaube an meine Neurotica nicht mehr . . . Im Sturz aller Werte ist allein das Psychologische unberührt geblieben. Der Traum steht ganz sicher da, und meine Anfänge metapsychologischer Arbeit haben an Schätzung nur gewonnen. Schade, daß man vom Traumdeuten z.B. nicht leben kann.«[7]

Etwas komisch erscheint Freuds Klage über Josef Breuers Großmut:

»Breuer hat unlängst wieder ein glänzendes Stück geleistet. Ich möchte meinen, man sollte sich durch seinen Geist nicht über seine Borniertheit täuschen lassen . . . Ich bin ihm doch aus meinen Studentenjahren Geld schuldig (2300 fl schätze ich's). Ich habe es nie abzahlen können, erst heuer gelang es mir, ihm mit einigen Worten der Entschuldigung die erste Rate fl 500 zuzuschicken. Darauf kommt ein Brief an meine Frau mit Rücksendung von fl 350. Erstens habe er nicht gewußt, ob die Summe noch nicht bezahlt sei. Zweitens habe ich vor zwei Jahren seine arme Nichte U. behandelt, den Wert der Kur auf fl 500 veranschlagt und nur 150 genommen. Daher jetzt der Rest zurück und Quittung über fl 500. Darauf natürlich ich in einem sehr höflichen Brief, der etwas von meinem Einkommen prahlt, und weise ihm nach, daß die Affäre U. ihn gar nichts angeht . . . Darauf wieder er: Solang ich nicht gezahlt, habe er auch nicht ans Zahlen gedacht, aber da ich anfange, könne er nicht zurückbleiben. Er behalte das Geld, und schickt Quittung über 850 fl. Das alles in höchster Unlogik, mit geringschätziger Herablassung und tiefer Kränkung sowie unausgelöschtem Wohltunsbedürfnis . . . Man kommt dazu, für Wohltaten sehr undankbar zu sein.«[8]

Freud hatte sich von seinem langjährigen Gönner, Freund und Mitarbeiter im Streit getrennt, weil Breuer ihm in der radikalen Interpretation der sexuellen Ätiologie der Hysterie nicht folgen wollte. Freilich, ohne die Unterstützung Breuers, der eine gutgehende Praxis hatte und wohlhabend war, hätte Freud als junger Arzt noch härtere Entbehrungen auf sich nehmen müssen, als sie z.B. in seinen wöchentlichen Rechnungslegungen an seine Verlobte Martha Bernays offenkundig werden: zwei Mahlzeiten am Tag kosten ihn 1 Gulden und 11 Kreuzer, die Zigarren 26 Kreuzer — »ein skandalöser Betrag«, wie er das kommentiert — 10 Kreuzer für Schokolade. Freud, der sehr auf sein Äußeres achtete, hatte einen zuvorkommenden Schneider, der offenbar ein Freund der Familie war, trotzdem mußte er sich, da die Löcher in seinem Mantel zu groß waren, dieses Kleidungsstück von Freund Fleischl von Marxow ausborgen, um ausgehen zu können. Seine Familie indes, Eltern und Schwestern, mußten zeitweise von einem Gulden täglich leben.

Freud war zwar, wie sein Brief über die Schuldenrückzahlung an Breuer zeigt, seinen Wohltätern gegenüber überempfindlich, doch insgesamt berührte ihn die Geldfrage nicht. Später übernahm sein Sohn Martin, ein Bankier, die Aufgabe, die Vermögensinteressen des Vaters zu vertreten. Heute wacht eine eigene Gesellschaft in London über die Vergabe von Rechten und Lizenzen, geleitet freilich nicht nur von materiellen, sondern ebenso stark auch von ideellen Erwägungen. Das Freud-Archiv etwa, das Kurt R. Eissler in New York leitet, hat die Auswertung gewisser Teile des Nachlasses zum Kummer der Freud-Forscher überhaupt gesperrt.

Daß der Patient seiner Heilung ein spürbares finanzielles Opfer darbringen müsse, diese Ansicht ist zwar in der Zunft allgemein verbreitet, doch Freud selbst formuliert sie höchstens implizit, als Ratschlag, nicht als Vorschrift:

»Wichtige Punkte zu Beginn der analytischen Kur sind die Bestimmung über Zeit und Geld. In betreff der Zeit befolge ich ausschließlich das Prinzip des Vermietens einer bestimmten Stunde. Jeder Patient erhält eine gewisse Stunde meines verfügbaren Arbeitstages zugewiesen; sie ist die seine und er bleibt für sie haftbar, auch wenn er sie nicht benützt. Diese Bestimmung, die für den Musik- oder Sprachlehrer in unserer guten Gesellschaft als selbstverständlich gilt, erscheint beim Arzte vielleicht hart oder selbst standesunwürdig ... Allein meine Antwort ist: es geht nicht anders. Bei milderer Praxis häufen sich die ›gelegentlichen‹ Absagen so sehr, daß der Arzt seine materielle Existenz gefährdet findet. Bei strenger Einhaltung dieser Bestimmung stellt sich dagegen heraus, daß hinderliche Zufälligkeiten überhaupt nicht vorkommen und interkurrente Erkrankungen nur sehr selten.«[9]

Im Durchschnitt verbringt ein Patient drei Stunden in der Woche auf die Dauer von drei bis fünf Jahren beim Analytiker. Wenn man das heute übliche Facharzthonorar der Berechnung zugrundelegt, beläuft sich das Gesamtopfer des Patienten für seine Behandlung auf sechzig- bis hunderttausend D-Mark.

»Der nächste Punkt, über den zu Beginn einer Kur entschieden werden soll, ist das Geld, das Honorar des Arztes. Der Analytiker stellt nicht in Abrede, daß Geld in erster Linie als Mittel zur Selbsterhaltung und Machtgewinnung zu betrachten ist, aber er behauptet, daß mächtige sexuelle Faktoren an der Schätzung des Geldes mitbeteiligt sind. Er kann sich dann darauf berufen, daß Geldangelegenheiten von den Kulturmenschen in ganz ähnlicher Weise behandelt werden wie sexuelle Dinge, mit

derselben Zwiespältigkeit, Prüderie und Heuchelei. Er ist also von vornherein entschlossen, dabei nicht mitzutun, sondern Geldbeziehungen mit der nämlichen selbstverständlichen Aufrichtigkeit vor dem Patienten zu behandeln, zu der er ihn in Sachen des Sexuallebens erziehen will. Er beweist ihm, daß er selbst eine falsche Scham abgelegt hat, indem er unaufgefordert mitteilt, wie er seine Zeit einschätzt. Menschliche Klugheit gebietet dann, nicht große Summen zusammenkommen zu lassen, sondern nach kürzeren regelmäßigen Zeiträumen . . . Zahlung zu nehmen. (Man erhöht, wie bekannt, die Schätzung der Behandlung beim Patienten nicht, wenn man sie sehr wohlfeil gibt.)«[10]

Freuds von der Praxis bestimmte Überlegungen sind klar genug: Je mehr der Patient für die Behandlung zahlt, desto interessierter ist er, sie rasch zu beenden. Und was billig zu haben ist, wird nicht richtig geschätzt. Psychotherapie ist zwar inzwischen auch auf Kosten der Krankenkasse erhältlich, doch die richtige, orthodoxe Psychoanalyse kann es — schon aus theoretischen Gründen — nicht kostenlos geben. Zur Frage der Gratisbehandlung meint Freud:

»Der Wegfall der Regulierung, die doch durch die Bezahlung an den Arzt gegeben ist, macht sich sehr peinlich fühlbar; das ganze Verhältnis rückt aus der realen Welt heraus; ein gutes Motiv, die Beendigung der Kur anzustreben, wird dem Patienten entzogen.«[11]

Man wirft der Psychoanalyse gern vor, sie helfe nur den Reichen, die sich die Behandlung leisten können, und den Intelligenten, die sich gebildet auszudrücken wissen. In beiden Punkten drückt sich Freud sehr klar aus, und was er sagt, bestätigt den Vorwurf, begründet ihn allerdings auch:

»Man übersehe nicht über die Krankheit den sonstigen Wert einer Person und weise Kranke zurück, welche nicht einen gewissen Bildungsgrad und einen einigermaßen verläßlichen Charakter besitzen. Man darf nicht vergessen, daß es auch Gesunde gibt, die nichts taugen, und daß man nur allzu leicht geneigt ist, bei solchen minderwertigen Personen alles, was sie existenzunfähig macht, auf die Krankheit zu schieben, wenn sie irgendeinen Anflug von Neurose zeigen. Ich stehe auf dem Standpunkt, daß die Neurose ihren Träger keineswegs zum dégénéré *stempelt, daß sie sich aber häufig genug mit den Erscheinungen der Degeneration vergesellschaftet an demselben Individuum findet. Die analytische Psychotherapie ist . . . auch bei Personen nicht anwendbar, die sich nicht selbst durch ihr Leiden zur Therapie gedrängt fühlen, sondern sich einer solchen nur infolge des Machtgebotes ihrer Angehörigen unterziehen.«*[12]

Hier spricht Freud als Moralist. Die populäre Ansicht, daß Asoziale Kranke sind, die man nicht bestrafen, sondern heilen soll, erfährt jedenfalls in diesen

Sätzen keine Unterstützung. Die Statistik hat zwar erwiesen, daß psychische Erkrankungen ziemlich gleichmäßig über alle soziale Schichten verteilt sind, doch den Angehörigen der untersten Schichten wird die Psychoanalyse versagt:

»Man kann der asketischen Verdammung des Geldes ganz ferne stehen und darf es doch bedauern, daß die analytische Therapie aus äußeren wie aus inneren Gründen den Armen fast unzugänglich ist. Es ist wenig dagegen zu tun. Vielleicht hat die viel verbreitete Behauptung recht, daß der weniger leicht der Neurose verfällt, wer durch die Not des Lebens zu harter Arbeit gezwungen ist. Aber ganz unbestreitbar steht die andere Erfahrung da, daß der Arme, der einmal eine Neurose zustande gebracht hat, sich dieselbe nur sehr schwer entreißen läßt. Sie leistet ihm zu gute Dienste im Kampfe um die Selbstbehauptung; der sekundäre Krankheitsgewinn, den sie ihm bringt, ist allzu bedeutend. Das Erbarmen, das die Menschen seiner materiellen Not versagt haben, beansprucht er jetzt unter dem Titel seiner Neurose und kann sich von der Forderung, seine Armut durch Arbeit zu bekämpfen, selbst freisprechen . . .«[13]

Die Vorstellung drängt sich auf, daß unbewußte Zweifel Freuds am Wert seines psychoanalytischen Behandlungsverfahrens im Vergleich mit den etablierten Therapien der physikalischen Medizin, ja ein gewisses Minderwertigkeitsgefühl anderen Fachärzten gegenüber, ihn dazu gedrängt haben, sich gleich doppelt abzusichern: einmal in der theoretisch verankerten Forderung nach einem angemessenen Honorar, die auch dann besteht, wenn der Patient aus irgendeinem Grund nicht erscheint, d.h. seinen aus dem Pachtvertrag resultierenden Anspruch auf die Zeit des Arztes nicht konsumiert. Und zum zweiten in der Sicherstellung einer engen Beziehung des Patienten zum Analytiker. Nun ist es hinreichend bekannt, daß man auch für den praktischen Arzt, oder sogar den Zahnarzt, bei längerer Behandlung Gefühle aufbringt, die einerseits von der Abhängigkeit und andererseits von Angst bestimmt werden. Die Übertragung aber, also die Fixierung frühkindlicher Wünsche, Sehnsüchte, Objektbeziehungen und libidinöser Energien an die Person des Analytikers, gehört zu den Voraussetzungen der psychoanalytischen Therapie. Bleibt aus irgendwelchen Gründen die Übertragung aus, kann der Therapeut mit der Behandlung gleich Schluß machen. Im Prinzip verlangt also der Psychoanalytiker nicht nur, daß das Honorar ein spürbares Opfer darstellt, sondern auch noch, daß man das Opfer aus Liebe bringt — gerne zahlt.

Sigmund Freud hätte, wie er selbst sagt, lieber die Laufbahn eines Philosophen als die eines Arztes beschritten. Auf Umwegen hat er sich seinen Wunsch erfüllt. Den praktischen Beruf des Nervenarztes zu ergreifen, wurde er durch seine finanzielle Situation gezwungen. Er mußte seine Familie erhalten und wollte heiraten. Beides war aus den mehr als dürftigen Einkünften eines wissenschaftlichen Assistenten an der medizinischen Fakultät nicht zu leisten. In seiner klinischen wie privaten Praxis wurde er mit dem damals wohl häufiger als heute auftretenden Leidenssyndrom der Hysterie konfrontiert. Aus dem Versuch, dieses Leiden an den Wurzeln zu heilen, entstand die Psychoanalyse, aus der Psychoanalyse eine Philosophie vom Menschen und seiner Kultur. In jedem Stadium dieser Entwicklung hat Geld eine Rolle gespielt, nicht nur eine praktische, das wäre selbstverständlich, sondern auch eine eminent theoretische. Wenn der Marxismus den kulturellen Überbau aus der materiellen Basis definiert, dann leitet die Psychoanalyse die tatsächliche materielle Ausprägung der Basis aus dem Überbau ab, aus dem psychischen Prozeß, durch den Kultur entsteht.

---

[1] S. Freud, *Selbstdarstellung,* hrsg. von I. Grubrich-Simitis, Frankfurt 1971, S. 40ff.

[2] S. Freud, *Charakter und Analerotik,* in: *Studienausgabe,* Band VII, Frankfurt 1973, S. 25ff.

[3] Ebd.

[4] Ebd.

[5] S. Freud, *Briefe an Wilhelm Fließ,* hrsg. von J. Moussaieff Masson, Frankfurt 1986, S. 127.

[6] Ebd., S. 244.

[7] Ebd., S. 283.

[8] Ebd., S. 320ff.

[9] S. Freud, *Zur Einleitung der Behandlung,* in: *Studienausgabe,* Ergänzungsband, Frankfurt 1975, S. 186ff.

[10] Ebd., S. 191ff.

[11] Ebd.

[12] S. Freud, *Über Psychotherapie,* in: *Studienausgabe,* Ergänzungsband, Frankfurt 1975, S. 115.

[13] S. Freud, *Zur Einleitung der Behandlung,* in: *Studienausgabe,* Ergänzungsband, Frankfurt 1975, S. 192.

Ulrich Lauterbach GERHART HAUPTMANN

»Doch plötzlich schwand die Sonne. Schwarz von Regen
erscholl die Luft. Es war ein fernes Zischen
von Schloßenmassen, die den Raum durchsägen.

Wir fühlten Körner sich mit Tropfen mischen.
Wir hörten sie um uns am Boden tollen
und klingeln, Münzen gleich auf Spielertischen.

Und wie wir jetzt uns überzeugen wollen,
da ist es wirklich Gold, was wir ergreifen,
Goldstücke sind's, die durcheinanderrollen . . .

Von roten Motten ganz umsaust, umsummet,
so mußten mühsam wir durchs Münzgold waten;
Triumph und Festlärm waren ganz verstummet.

Wir hätten gern so vielen Golds entraten,
allein, es schoß von Dächern und durch Traufen
bachweis und stromweis. Wo wir immer traten,

da bildeten sich neue Goldeshaufen:
das Gold der Welt — und wir sind seine Erben —,
genug, um Erd' und Himmel auszukaufen!

So dacht' ich bei mir. Wie ein Lärm von Scherben
umraste uns der Goldorkan. Es schwollen
Sintflutgewässer. Wie ein goldnes Sterben

war's. Alles, golden überquollen,
versank: Paläste, Kirchen, höchste Türme,
der Menschen Seelen und ihr heiliges Wollen.
Und weiter rasten goldne Bö'n und Stürme.«[1]

Diese Goldregen-Vision findet sich im vierten Gesang von Hauptmanns Terzinen-Epos *Der große Traum*. Sie beschließt die Rückerinnerung des Träumenden an die triumphstolze Rückkehr des deutschen Heeres nach dem Sieg von 1871 und der Reichsgründung in Versailles durch den Kaiser und seinen Kanzler Bismarck. »Wie hat doch Gott sein Füllhorn ausgegossen ob unsrem Lande!«[2] läßt der Autor den Vater erklären, aber der Träumer bemerkt bei allem Stolz auf »des deutschen Wesens Tiefe« auch »den eitlen Prunk« und ein »Gebild aus Raub und Fraß«.

Durch die unerwartet rasche Zahlung der französischen Reparationen in Höhe von fünf Milliarden Goldfranken war es zu einer Kapitalschwemme in Deutschland gekommen, die eine sprunghafte Steigerung des wirtschaftlichen Wachstums zur Folge hatte und der Entwicklung zum Industriestaat zugute kam. Die wachsende Investitionsbereitschaft mit Hilfe der »neuen Goldeshaufen — genug um Erd' und Himmel auszukaufen« führte zu dem vielzitierten Gründerfieber mit all seinen Strukturveränderungen. Von den negativen Folgen dieser gesellschaftlichen Umschichtung handelt Hauptmanns Erstlingsdrama *Vor Sonnenaufgang:* von der Demoralisierung der ohne Arbeitsleistung unversehens reich gewordenen Bauern im Waldenburger Kohlenrevier, insbesondere durch den Zerstörer Alkohol.

Es lag nahe, die Zentralfigur des Dramas, den Weltverbesserer Alfred Loth, der die sozialen Verhältnisse der Arbeiter im Bergbaugebiet zu untersuchen beabsichtigt und damit zum »Katalysator einer Selbstentlarvung des Milieus«[3] wird, mit dem jungen Autor zu identifizieren. Hauptmann hat sich gegen eine solche Kurzschlußinterpretation alsbald nachdrücklich verwahrt, aber er hätte wohl kaum der These widersprochen, die alarmierende Entwicklung im Bergbau — die immer deutlichere Kluft zwischen der Kapitalkonzentration und den empörend niedrigen Arbeitslöhnen — habe ihn zur Konzeption dieses Dramas bewogen. Im *Notizkalender 1889* notierte er am 12. Mai: »Wie man die Agitatoren in Waldenb[urg] mit Champagner traktiert« (eine Information, die Hauptmann im ersten Akt seines Stückes szenisch nutzte), und unmittelbar danach klebte er einen Ausschnitt aus der *Frankfurter Zeitung* ein, in dem ausführlich über den Streik im rheinisch-westfälischen Revier berichtet wurde, an dem über 100000 Bergleute beteiligt waren — mit präzisen Angaben über deren erbärmliche Entlohnung. Und ein paar Tage später findet sich der Eintrag: »Streik in Waldenburg, Hermsdorf, Weißstein.«[4]

Das Einfühlungsvermögen in die Existenzsorgen und Entbehrungen der verarmenden Gesellschaftsschichten kam nicht nur aus einem mitempfindenden Herzen, sondern auch aus eigener bitterer Erfahrung. Von dem großen Geldregen, der zwei Jahrzehnte zuvor über Deutschland niedergegangen war, hatten die Hauptmanns nicht viel abbekommen. Wenn der nationalstolze Vater in der großen Traumvision seinem Sohn zurief: »In welchem Glanz bist du emporgesprossen«[5], so dürfte er — beziehungsweise sein Interpret — kaum die ökonomische Realität gemeint haben, die der Kurort-Hotelier seiner Familie zumutete. Zwar nahm er, dessen Vorfahren Weber und Landarbeiter waren, alle Privilegien des arrivierten Bourgeois für sich in Anspruch, ließ sich Anzüge aus englischem Tuch anfertigen, kaufte teure Reit- und Kutschpferde, ging auf die Jagd und suchte seine abendlichen Zerstreuungen außer Haus. Aber für seine Frau langte es nicht einmal zu einem Taschengeld; sie mußte, um ein paar Groschen für sich herauszuschlagen, das in der Hotelküche ausgekochte Rindfleisch an arme Leute verkaufen.

»Ich habe dir doch wahrhaftig zeit meines Lebens keine Kosten gemacht. Die paar seidenen Kleider, die ich besitze, und auch das, was ich anhabe, hat meine Mutter schon getragen. Ehe ich dich um einen Groschen zu bitten wage, beiße ich mir lieber die Zunge ab ... Du machst im Salon den vornehmen Mann, und ich, angezogen wie eine Schlumpe, schäle in der Küche Kartoffeln oder pelle Schoten aus ... Du sitzt mit Gustav im Büro, ihr schreibt, ihr rechnet, ihr rechnet und schreibt, und

wenn ihr noch so rechnet und schreibt, ihr rechnet und schreibt die Schulden, die uns drücken, nicht weg und könnt die fälligen Zinsen nicht aufbringen.«[6]

Da half es auch nicht viel, daß sie ihm, wie Gerhart Hauptmann im *Abenteuer meiner Jugend* ebenfalls erzählt, nach der Testamentseröffnung ihres Vaters »eine Schürze voll Gold im Werte von tausend Talern nicht ohne einige Freude und einigen Stolz« mitbrachte. Der von dem ihm sozial überlegenen Schwiegervater, dem Salzbrunner Kurdirektor, nie voll akzeptierte Mann spricht von entwürdigender Leichenfledderei, ruft erregt: »Behaltet euch euren Mammon!«[7] worauf der lauschende Sohn das Fallen, Klingen und Rollen von Geld vernimmt — ein akustischer Eindruck, der möglicherweise die potenzierte Metapher des Goldregens im Terzinen-Epos angeregt hat.

Der Vater war als Geschäftsmann ein Versager: mit dem Saisonbetrieb des Hotels im Kurbad kam er ebenso wenig zurecht wie mit den Gründungen eines Leinengeschäfts, einer Kohlenhandlung und eines Bierverlags. Die Übernahme der Bahnhofswirtschaft in Sorgau muß er als demütigenden Abstieg empfunden haben, selbst wenn er für ein paar Jahre die Seinen gerade noch »standesgemäß«, wie man damals gern sagte, versorgen konnte.

So wurden die Söhne zwar auf das Zwinger-Gymnasium in Breslau geschickt, aber der fünfzehnjährige Carl und der elfjährige Gerhart mußten in einer Schülerpension hausen, in der es von Flöhen, Schaben und Wanzen wimmelte. Es dauerte eine gute Weile, bis der Vater sie aus diesem Inferno erlöste und bei einem menschenfreundlichen Pfarrer unterbrachte, den er allerdings mehrmals um Stundung der Monatsmiete bitten mußte. Als der jüngere Sohn ein paar Jahre später — nach dem gescheiterten Versuch, sich zum Landwirt ausbilden zu lassen — in die Hauptstadt zurückkehrte, erging es ihm ähnlich, wenn nicht schlimmer.

Zwar hatte der Vater seinem Wunsch, die Kunstschule zu besuchen, zugestimmt, doch konnte er ihm monatlich nicht mehr als dreißig Mark bewilligen, was gerade für das Zimmer und ein einfaches Frühstück reichte. Zweimal wöchentlich schickte die Mutter eine Reisetasche mit Lebensmitteln — häufig die unverkäuflichen Reste aus dem Bahnhofs-Wartesaal —, die der Student vom Freiburger Bahnhof zu Fuß abholte, da der Groschen für die Straßenbahn fehlte. Aber auch Kunstschüler leben nicht vom Brot allein. Die Kommilitonen diskutierten allabendlich in einer Stammkneipe, und der Neuling sollte und wollte mithalten. Dafür wanderten die Uhr, goldene Manschettenknöpfe, Sommer- und Wintermantel, ja schließlich sogar die Roßhaarmatratze zum Pfandleiher oder Trödler.

»Der erste Winter auf der Kunstschule war, in Betrachtung meiner äußeren Lebensumstände, wohl das übelste halbe Jahr, das ich je durchgemacht habe ... Als ich einmal den Hunger nicht mehr ertragen zu können glaubte, stieg ich die wacklige Treppe des altersschwachen Häuschens hinauf, in dem die Steuereinnehmerswitwe Schmidt mit ... ihrem Sohn Hugo lebte. Als ich mit Überwindung die blecherne Klingel zog, wußte ich, ich war zum Bettler geworden ... Der Freund erschien und brachte nach längerer Zeit das erbetene Geldstück heraus, die halbe Mark, die für das Mittagessen in einem gewissen Speisehaus bezahlt werden mußte. Er war bleich, und ich sah ihm an, es war ihm nicht leicht geworden, seiner greisen Mutter die gewaltige Summe abzuringen.«[8]

Die in jenen Jahren erlittenen Entbehrungen haben Hauptmanns soziale Dichtungen sicherlich nicht ausgelöst, aber sie waren zweifellos mitbestimmend bei der Metamorphose vom epigonalen Poeten zum realitätsnahen, den naturalistischen Maximen entsprechenden Menschen- und Milieubildner. Der Einsatz der neuen Ausdrucksmittel war so überzeugend, daß man darin Hauptmanns eigentliche Begabung sah und annahm, daß sein künstlerisches Potential auf die Enthüllung gesellschaftlicher Mißstände beschränkt sei. Man übersah, daß die blanke materielle Not zwar oft genug vorgeführte wurde, aber eigentlich nur in den *Webern* das handlungsbestimmende Thema bildete. Das Drama *Hanneles Himmelfahrt* und der Roman vom *Narren in Christo Emanuel Quint* hatten zwar Armut und Elend zur Voraussetzung, schilderten sie auch in schonungsloser Direktheit, zielten aber nicht auf eine Änderung der erbärmlichen Zustände oder gar der dafür verantwortlichen Gesellschaftsordnung, sondern beschäftigten sich mit der seelischen Verarbeitung und Überwindung der äußeren Verwundungen. Prompt kam denn auch aus dem sozialistischen Lager der Vorwurf, Hauptmann habe statt des wirklichen, in seinem Klassenbewußtsein vorbildlich würdigen Proletariats nur ein verkommenes Pack geschildert, seine Darstellung sei keine Poesie, sondern Quark, ein »verheuchelter Mystizismus zu Ehren der ausbeutenden und unterdrückenden Klassen«.[9] Der so Mißverstandene vertraute seinen Ärger nur dem Tagebuch an; er war klug genug, sich nicht auf dem Marktplatz mit den Kritikern auseinanderzusetzen. Wie konträr Hauptmanns Absichten den politischen Tendenzen, Doktrinen und Theorien waren, zeigen die im gleichen Jahrzehnt entstandenen Komödien und Tragikomödien *Kollege Crampton, Der Biberpelz* und *Schluck und Jau,* in denen der Gegensatz zwischen Arm und Reich eher spielerisch, mit lächelnder Souveränität dargestellt und gelegentlich sogar ausgeglichen wird.

Andererseits gibt Hauptmann — so scheint es jedenfalls zunächst — bei allem Verständnis für die Schwächen und Verfehlungen der gesellschaftlichen Außenseiter bestimmte moralische Grundüberzeugungen nicht preis.

Das Geld — mit Vorliebe in der wertbeständigen, ebenso anschaulichen wie altfränkischen Form des Goldes und der rollenden Münzen vorgestellt — hat einen durchaus negativen, für den einzelnen wie für die Gesellschaft schädlichen Charakter. Was in der Traumvision des Sechzigjährigen als verhängnisvolles Unwetter Deutschland überflutete, ist vom Zwanzigjährigen schon im Vorspruch zu der ersten großen Versdichtung *Promethidenlos* als Übelstand angeprangert worden: »In unsrer Zeiten Adern rollt/statt roten Blutes rotes Gold,/in unsern Adern nicht.«[10]

Und in Hauptmanns kurz darauf entstandener novellistischen Studie *Fasching* wird der herzenskalte Segelmacher Kielblock durch seine Gefräßigkeit im Genießen und den dementsprechend lockeren Umgang mit dem Geld ins Verderben getrieben. Er ertrinkt mit seiner Familie bei dem Versuch, nach einer Faschingsnacht einen zugefrorenen See mit dem Schlitten zu überqueren. Als man die Leiche aus dem Wasser zog, so heißt es im Text, »fiel eine Anzahl kleiner Münzen klingend auf das Eis«.[11] Übrig bleibt von der Familie nur die steinalte, geizige Mutter, deren prall gefüllte Spartruhe die jungen Leute als Kapitalbasis künftiger Freuden angesehen hatten. Der Schlußabsatz der Studie zeigt sie eingenickt. Ihre rechte Hand steckt bis über die Knöchel in dem mit Gold-, Silber- und Kupfermünzen angefüllten grünen Kasten, eine ausdrucksstarke Metapher, die einem Volksmärchen entnommen sein könnte.

Aber auch da, wo das Geld eine weniger unheilvolle Rolle spielt, verwendet der Autor die handgreifliche, bildkräftige Form des Zahlungsmittels: so läßt er den Heimkehrer aus dem Ersten Weltkrieg, den entflügelten Flieger Till Eulenspiegel, seiner Begleiterin Gule zum Abschied keinen Inflationstausender schenken, sondern »fünf alte Dukaten« und die Börse, den Rest einer Großmuttererbschaft.[12]

Gold ist im Werk Gerhart Hauptmanns das sinnfälligste Synonym für Geld und Geldeswert, ja es erhält gelegentlich geradezu den Charakter eines magischen Zaubermittels zur Erfüllung der vielfältigsten Wünsche. Am deutlichsten wir das in dem Romanfragment *Der Venezianer,* einer nur leicht verschlüsselten Sammlung autobiographischer Skizzen aus dem Jahre 1903. Da heißt es:

»Gold! Was ist eigentlich Gold? Es ist mehr als es ist. Das Gold, was im Worte liegt, ist mehr als das Gold, das im Bache rollt: der Inbegriff aller Sehnsucht und aller Glückseligkeit. Wer Gold machen will, will die Herrschaft über das Glück.

Er will die ewige Seligkeit herstellen ... man könnte selbst Seelen ins Paradies gelangen lassen durch Gold.«[13]

Des jungen Kunststudenten Befreiung von Entbehrung, Hunger und Finanznot ordnete sich wie selbstverständlich in das Märchenszenarium ein. Nachdem die Brüder Georg und Carl sich mit Adele und Martha Thienemann, den Töchtern eines begüterten Großkaufmanns, verlobt hatten, lernte Gerhart die zweitjüngste der fünf Schwestern aus dem sächsischen Hohenhaus, einem »Nest von Paradiesvögeln«, kennen. Auch hier kommt es schnell zur Verlobung; Gerhart weiß, daß er mit einer respektablen Mitgift rechnen kann. Aber Marie will mit der pekuniären Zukunftssicherung nicht bis zur Eheschließung warten. Bei einem Besuch in Breslau steckt sie dem Verlobten Geld zu, nicht Banknoten, wie in der jüngsten Hauptmann-Biographie zu lesen steht, sondern Goldmünzen.

»Auf der Straße ... griff sie plötzlich nach meiner Hand. Und ehe ich noch verstand, was Mary wollte, umschloß ich bereits eine Faust voll Gold. Ja, es war Gold, es war pures Gold. Sie schwieg — ich schwieg. Was sollten wir anders tun? Es war von der Sache nicht weiter die Rede. Wie eines Wunders gedenke ich dieses Augenblicks.«[14]

Es war von der Sache auch nicht weiter die Rede, als die Braut nicht nur die Studienzeiten in Jena und Berlin finanzierte, sondern sowohl eine Bildungsreise in den Mittelmeerraum als auch die Niederlassung des »Gherardo Hauptmann Scultore« in Rom, und schließlich fünf lange Ehejahre bis zu den ersten literarischen — und damit auch finanziellen — Erfolgen.

Oder war doch davon die Rede? Hauptmanns drittes Bühnenstück trug den Titel *Einsame Menschen*. In der Widmung für die Buchausgabe heißt es, er »lege dieses Drama in die Hände derjenigen, die es gelebt haben«.[15] Damit ist in erster Linie sein Bruder Carl gemeint, aber ein späterer Kommentar des Autors weist darauf hin, daß Käthe Vockerat nicht die Züge seiner Schwägerin Martha, sondern der eigenen Frau trüge. So darf man also wohl annehmen, daß sich heftige Szenen wie die folgende nicht bei Carl in Zürich, sondern in der eigenen Wohnung in Erkner zutrugen:

»H: Ach Käthe, Käthe! — Das ist ein Leiden. Immer die Geldsachen, immer die Angst, als ob wir morgen schon am Verhungern wären. Das ist ja schrecklich. Das macht ja wirklich den Eindruck, als ob dein Kopf und dein Herz ganz und gar nur voll Geld wären. Und da hat man seine Ideale von der Frau gehabt ... Was soll man denn schließlich noch lieben.

F: Du sagst doch selbst, daß du auf Verdienst nicht rechnen kannst. Da muß man's doch zusammenhalten.

H: Na ja! Du hast eben immer deine Familieninteressen, und ich habe allgemeine Interessen.

F: Komm Hannes! Sieh dir's mal an. Der Bankier fragt, ob er verkaufen soll.

H: Welche Papiere?

F: Die Spinnereiaktien.

H: Langen denn die Zinsen nicht?

F: Wo denkst du hin! Wir haben diesen Monat wieder über tausend Mark verbraucht.

H: Aber Käthe! Das ist ja fast gar nicht möglich! Kinder, Kinder! seid ihr mir auch sparsam genug?!«[16]

Eine groteske Situation: Der Weltverbesserer in spe wirft der Frau, die ihm mit ihrem Geld das Leben eines »Privatgelehrten« ermöglicht hat, mangelnde Sparsamkeit vor — eines der vielen Beispiele, die von Hauptmanns schonungsloser Preisgabe des eigenen Fehlverhaltens zeugen.

Es gibt noch eine ähnliche Szene in der zwei Jahre früher enstandenen autobiographischen Skizze, die unter dem Titel *Romanfragment* in einer Wiener Zeitung erschien. Da werden die Selbstvorwürfe einer jungen Ehefrau wiedergegeben, die ihrem Mann die heitere Laune, »die wohlverdiente Stimmung frohen Vergessens« neidet. Bei der Suche nach einer Erklärung kommt sie zu dem Ergebnis:

»Ja freilich, das Paradies war hin. Aus dem Paradies waren sie vertrieben. Das Paradies war verschleudert worden: das Paradies ihrer schönen, schönen Brautstandsjahre. Man hatte es verkauft und unter viele Geschwister die Beute geteilt: jedoch es war Blutgeld.«[17]

Als Blutgeld muß der Autor das Kapital empfunden haben, das ihm zehn Jahre lang das sorgenfreie Leben eines privatisierenden Kunstadepten ermöglicht hatte — ein Schuldempfinden, das er unterdrückte und nur in literarischer Verschlüsselung preisgab.

Einsame Menschen wurde im Januar 1891 uraufgeführt. *Kollege Crampton* im Januar 1892. Mit diesem Datum endet das Jahrzehnt pekuniären Mäzenatentums beziehungsweise des ökonomischen Matriarchats, das den Dichter trotz Marys nobler Ausübung zunehmend bedrückte. Von den nun »in unbegreiflich schneller Zeit« (Otto Brahm)[18] entstehenden Dramen erwiesen sich die meisten als Zugstücke, vor allem das melodramatische Jugendstilmärchen *Die versunkene Glocke*, das am Deutschen Theater sensationell hohe Kasseneinnahmen erzielte: allein 60000 Mark im ersten Spielmonat. Davon entfielen zehn Prozent auf den Autor.[19]

Doch als dieser Märchen-Goldregen endlich das Haus Hauptmann erreichte, konnte er dort nicht mit ungemischter Freude aufgenommen werden. Denn er war erkauft mit der dichterischen Verarbeitung der existenzbedrohenden Ehekrise, unter der seit drei Jahren das Familienleben und die schöpferische Arbeit litten. Der in kurzer Zeit nicht nur zu literarischem Ansehen, sondern auch zu Wohlstand gelangte Autor führte ein enervierendes Doppelleben. Durch das Unvermögen, eine Entscheidung zu treffen, quälte er sich und die Beteiligten. In welchem Maße der noch immer physisch gefährdete, wenig widerstandsfähige und nervöse Mann durch das Schwanken zwischen erotischem Verlangen und moralischer Verpflichtung, Entfaltungsdrang und Reuegefühlen, durch die Spaltung und Verzweigung eines Grundgefühls verstört wurde, das hat er dreißig Jahre später kaum kaschiert im *Buch der Leidenschaft* beschrieben. Dort allerdings ist Geld und Gelderwerb — im Gegensatz zu den Jugendwerken — kein Thema mehr. Titus, der Ich-Erzähler des Buches, spricht zwar gelegentlich von seinen Berufserfolgen als Architekt, ohne doch die Quellen seiner offenbar reichlich fließenden Einkünfte zu nennen. Solche Schönheitsfehler störten den Dichter nicht, dem es einzig auf die Darstellung des Psychodramas ankam. Er selbst, der Szenen-Baumeister, brauchte jedenfalls gegen Ende des Jahrhunderts nicht mehr zu rechnen. Er hatte nach heutigen Geldwertbegriffen jährlich ein Millioneneinkommen: allein die Aufführungsrechte, die über den Theaterverlag Bloch Erben abgerechnet wurden, erbrachten an die 100000 harte Mark. Aber auch seine künstlerischen Partner verdienten nicht schlecht. Im April 1901 konnte Hauptmanns Anwalt und finanzieller Berater Paul Jonas berichten:

»Freund Brahm hat in Pest kolossale Geschäfte gemacht. Die Einnahme betrug jeden Abend circa 5600 Mark. Da er 2 mal Henschel, 2 mal Glocke, 1 mal Biberpelz gegeben hat, fällt auch für Sie ein schönes Sümmchen ab.«[20]

So gab es auf einmal trotz der durch die eheliche Dauerkrise bedingten unruhigen Lebensführung bis zur Jahrhundertwende kaum finanzielle Probleme. Das Geld strömte herein und wurde ausgegeben, verteilt, und zu einem geringen Teil wohl auch gespart.

Es konnte nicht ausbleiben, daß die Einnahmen-Inflation des so erfolgreichen Dramatikers registriert und kommentiert wurde. Man mokierte sich darüber, daß der Weber-Dichter soziale Milieustudien wie *Fuhrmann Henschel* und später *Die Ratten* im Wohlstandsambiente der italienischen Riviera schrieb oder diktierte.

»Der Friede, den ich früher trotz aller inneren Kämpfe genoß, bestand für den Mann der Öffentlichkeit nicht mehr. Ich mußte schweigend zusehen und zuhören, wenn einem nach vielen Millionen zählenden Publikum Schauergeschichten von mir erzählt wurden.«[21]

Betrachtet man jene ersten Erfolgsjahre unvoreingenommen, so kommt man zu dem Schluß, daß Hauptmann nicht das Leben eines selbstlosen Sozialapostels führte, aber auch nicht über seine Verhältnisse lebte oder sich gar Extravaganzen erlaubte. Die Disposition war in der Familie durchaus vorhanden.

»›Ihre Söhne haben keinen praktischen Sinn!‹ hatte Weber-Rumpe zu unserem Vater gesagt. Damit meinte er mich und Carl. Sollte es auf Georg ebenfalls zutreffen?«[22]

Mit Befremden beobachtete Gerhart die »breite Genußfreudigkeit« des älteren Bruders, der als Kaufmann in Hamburg tätig war:

»Vor zehn Uhr früh stand niemand auf, der Frühstückstisch war mit leckeren Sachen überfüllt, Eiern, geräuchertem Lachs und anderen Rauchwaren, geöffneten Anchovis- und Sardinendosen, Spickaal, Gänseleberpastete, kurz allem, was ein hanseatisches Delikatessengeschäft zu liefern vermag ... Während der ersten Tage unserer Anwesenheit hielt es Georg nicht für nötig, seinem Kaffeegeschäft in der Steinstraße einen Besuch abzustatten. Dann gingen wir eines Tages gemeinsam hin, aber nur um kurz hineinzublicken ... Ich war erstaunt und ein wenig verblüfft über das, was meinem Bruder bei seinem kurzen Besuch ... zumeist am Herzen lag. Anstatt sich nach den Eingängen, erledigten und unerledigten Lieferungen zu erkundigen, fuhr er wie wild in dem kleinen Büro herum und wollte wissen, wo eine Katze mit ihren Jungen hingekommen sei ... Einige Tage machten Mary und ich dieses Treiben mit ... Endlich gingen wir dann unsere eigenen stilleren Bahnen.«[23]

Im *Buch der Leidenschaft* ist das traurige Ende des ein knappes Jahrzehnt dauernden Lebensrausches unverhüllt und detailliert beschrieben. Die mit der Thienemannschen Mitgift gekaufte Firma hat Konkurs anmelden müssen und man ruft den auf einmal so wohlhabenden Bruder nach Hamburg, um ihn mit einer Einlage von 150000 Mark zur Rettung des Unternehmens zu veranlassen. Aber der Dichter ist inzwischen ein bessserer Rechner als der Kaufmann. Auf die Einschüchterungsversuche der beteiligten Bankiers reagiert er gelassen.

»Nun sollte ich bluten, weil von meinem Bruder nichts mehr zu holen war. Ich denke mir aber, daß ich besser tue, keinen nutzlosen Versuch zu machen, den Sturz

ins Leere aufzuhalten, sondern die fraglichen Summen für die spätere Unterstützung meines Bruders und seiner Familie aufzuheben.«[24]

Diese Unterstützung ist geleistet worden; sie war dringend notwendig, da Georg kurz darauf erkrankte und zwei Jahre später starb. Gleichzeitig mußte den Eltern geholfen werden: der Vater hatte im Geschäft des Sohnes mitgearbeitet und war nun gleichfalls ohne Einkünfte. Gerhart kaufte den beiden Alten ein Häuschen im schlesischen Warmbrunn und sorgte für einen sorgenfreien Lebensabend. Bruder Carl, dem seinerzeit eine gleich große Mitgift zugefallen war, beteiligte sich nicht. Im Gegenteil: sein langjähriger unbekümmerter Umgang mit dem ihm zur Verfügung stehenden Kapital, seine oft sicher aus altruistischen Motiven herrührende Großzügigkeit hatten ihn eben zu diesem Zeitpunkt in finanzielle Bedrängnis gebracht, und nun wandte er sich ähnlich wie Georg an den reichen Bruder. Als dieser aufgrund der vielen auf ihm lastenden Verpflichtungen ablehnte, kam es zu der erregtesten Auseinandersetzung im Leben der anfangs so glücklich harmonisierenden und später literarisch rivalisierenden Brüder, ein Zerwürfnis, dem später eine nur äußerliche Versöhnung folgte.

Der ehemals Ärmste war der Reichste geworden und schien als einziger den praktischen Sinn zu besitzen, den Weber-Rumpe ihm und seinen Brüdern abgesprochen hatte. Aber dieser praktische Sinn, diese später oft kühl wirkende Dispositionsfähigkeit war nur die Folge des Aufrufs zu strenger Selbstdisziplin nach einer psychischen Talwanderung, die ihn an den Rand des Selbstmords getrieben hatte. So steht es jedenfalls im *Buch der Leidenschaft,* an dessen autobiographischer Authentizität in diesem Falle nicht zu zweifeln ist. Daher sei es um des leichteren Verständnisses willen auch erlaubt, in dem folgenden Zitat die fiktiven Namen durch die tatsächlichen zu ersetzen.

»Ich habe ... eine hunderthändige Seelenbeschäftigung, wenn diese Metapher gestattet ist: die ideelle für meinen Beruf, die materielle, die mit ihr verbunden ist, die sorgende, die Marie und die Erziehung meiner Kinder betrifft, die sorgende, die Margarete betrifft, die sorgende, die mich selbst betrifft, da ich körperlich ziemlich erholungsbedürftig bin und mich nur durch die stärkste Anspannung meines Willens aufrechterhalte. Weiter wird meine Seele durch die Witwe meines Bruders Georg und ihre Kinder sorgend beschäftigt. Auch Carl gibt ihr Arbeit, dessen Schritt äußerst unsicher ist, dessen Zustände arger Verwirrung entgegengehen.«[25]

Der quälende Bekenntnisroman ist als Tagebuch einer Neurose eingestuft worden.

»Man wird in der Literatur kaum ein Werk finden, in dem das Krankheitsbild der Neurose, insbesondere der Angst- und Schmerzneurose, mit solcher Eindringlichkeit, mit solcher Genauigkeit in Sprache und Vorgang gezeichnet ist.«[26]

Selbst wer sich dieser Meinung des »Psychobiologen« Adolf Schweckendiek nicht anzuschließen vermag, wird zugeben müssen, daß der hypersensible Autor einen schweren neuropsychischen Infekt zu bekämpfen hatte, wobei das Bewußtsein der ökonomischen Emanzipation von tröstlicher, wenn auch nicht heilender Wirkung gewesen sein mag. Die Ausflüge mit der Geliebten in die Provinz, »wahrhaft ausgestoßen, ziellos und obdachlos«, dazu »öde und kalte Zimmer, schlechte Betten, schlechtes Essen« — damit war es nun zu Ende.[27]

Angesichts der ständig steigenden Einkünfte beschloß Hauptmann gegen Ende des Jahrhunderts, für sich und Margarete, die ein Kind erwartete, ein Asyl, eine Herberge, eine Burg zu errichten — was bei seiner Gemütslage aber mit der Verpflichtung verbunden war, Marie und die drei Söhne in entsprechender Weise zu versorgen. So mußten zur gleichen Zeit zwei Bauvorhaben finanziert werden, eines in Agnetendorf und das andere in Dresden-Blasewitz.

»Durch Hypotheken und Baugelder ist alles im großen und ganzen gesichert, aber ich habe durch diese Marotte des Gemüts erhebliche Lasten auf mich genommen. Und daß Voranschläge bei Bauten überschritten werden, ist eine Alltäglichkeit.«[28]

Tatsächlich war, was »mit einem gewissen gläubigen Leichtsinn« begonnen war, keineswegs so gut gesichert. Die finanziellen Engpässe nahmen überhand, besonders da dem Dichter keineswegs 8300 Mark monatlich von *einem,* von »seinem« Deutschen Theater allein zuflossen, wie Wolfgang Leppmann in der 1986 erschienenen Biographie angibt.[29] Vielmehr war das die Gesamtsumme der vom Bühnenverlag Bloch pro Monat ausgeschütteten Tantiemen. Gewiß, immer noch ein respektabler Betrag. Aber um zwei großbürgerlich entworfene Häuser zu errichten — auch der Bau an der Elbe präsentiert sich als dreistöckige Villa — braucht es mehr: Der »Wiesenstein« kostete 210000 Mark, das Haus in Blasewitz 150000. Also wurden die Häuser belastet, dazu das alte Anwesen in Schreiberhau mit der erstaunlichen Summe von 60000 Mark, einem Vielfachen des Kaufpreises. Und Samuel Fischer mußte mit einem »kräftigen Vorschuß« auf den erst 10 Jahre später fertiggestellten Roman *Der Narr in Christo Emanuel Quint* helfen. In dieser Situation hätte Hauptmann einen starken Bühnenerfolg gebrauchen können. Aber weder *Schluck und Jau* noch *Michael Kra-*

mer — die Premieren des Jahres 1900 — erfüllten die in sie gesetzten Erwartungen, jedenfalls nicht, was die Kasse betraf.

Notgedrungen wurde aus dem Dichter der *Pippa* und des *Hannele,* aus dem Chronisten des *Weber*-Elends ein scharf kalkulierender Rechner, ein unbequemer Vertragspartner, ein schriftstellerischer Unternehmer. Nur im familiären Bereich bewahrte er die gewohnte Noblesse und Großzügigkeit. Jedenfalls ist das für die drei Jahre später beginnenden Ehescheidungs-Verhandlungen bezeugt. Marie Hauptmann erhielt 180000 Mark zurück, wobei sich nicht mehr mit Sicherheit sagen läßt, ob es sich dabei nur um die Mitgift handelte oder auch um die vorehelichen Beihilfen. Die jährlichen Unterhaltsbeträge, zu denen sich der Dichter verpflichtete, beliefen sich auf 8000 Mark für Marie und dreimal 3000 Mark für die Söhne. In dem etwa zur gleichen Zeit abgeschlossenen Exklusiv-Vertrag des Dramatikers mit dem Theater Otto Brahms wurde festgelegt, daß in jedem Vierteljahr 1250 Mark — ein erheblicher Prozentsatz — direkt nach Dresden zu überweisen seien.[30] Dreißig Jahre später schrieb der Anwalt Marie Hauptmanns an Ivo, den ältesten Sohn:

»Ich habe in meinem Leben manchen Scheidungsprozeß durchgeführt und häufig bei der daran meist anschließenden Vermögensauseinandersetzung Parteien beraten und vertreten. Aber ich kann sagen, daß ich wohl niemals eine derartige Vertretung geführt habe, bei der wie bei ihren Eltern von beiden Seiten höchste Vornehmheit gewahrt wurde. Ihre Frau Mutter verlangte nicht einen Pfennig mehr, als ihr rechtlich zukam, und auch Ihr Vater ... stand unentwegt auf dem Standpunkt, daß Ihrer Mutter alles zuteil werden solle, was ihr rechtlich zukam.«[31]

Die Zahlungen an Marie wurden bis zu ihrem Tode geleistet, die Zuwendungen für die Söhne noch lange über die Ausbildungsjahre hinaus. Dem ältesten, Ivo, teilte Hauptmann 1939 mit, er könne ihn nun nicht weiter unterstützen, da er seinen »eigenen Etat ... nur unter Schwierigkeiten balanciere«.[32] Da war Ivo 53 Jahre alt. Margaretes Sohn Benvenuto, geboren am 1. Juni 1900, erhielt bis 1945 vom Theaterverlag »Die Drehbühne« (vormals Bloch Erben) regelmäßig monatlich 950 Reichsmark. Auch Hauptmanns einzige Schwester Lotte, die er ebenso wenig liebte wie sie ihn, wurde bis zu ihrem Tode mit einem Monatswechsel bedacht: zunächst waren es 1000 Mark, in den späteren, mageren Jahren 500. Daß sich auch andere minderbegüterte Verwandte und notleidende Schriftsteller an ihn wandten und nicht abgewiesen wurden, wird von verschiedenen Zeitgenossen bezeugt. Ob er tatsächlich einigen jüdischen Freunden und Bekannten — darunter Joseph Chapiro — im Jahre 1933 »namhafte Beträge als

›Fluchtbeihilfen‹ zur Verfügung stellte, die seine Einnahmen in jenem Jahr um ein mehrfaches überstiegen«, mag man glauben oder bezweifeln.[33] Da die Information von dem Leiter der Hauptmann-Gedenkstätte in Erkner, Gustav Erdmann, stammt, ist sie im Kern sicher richtig.

Man muß derlei Auskünfte in Rechnung stellen, ehe man sich mit Anekdoten, die Hauptmanns Zugeknöpftheit in Gelddingen zu belegen scheinen, beschäftigt. Da schickte ihm beispielsweise der Illustrator seiner Bücher und Herzensfreund Ludwig von Hofmann ein Pastell mit badenden Knaben, das Hauptmann besonders gut gefallen hatte, und bat ihn wegen momentaner pekuniärer Schwierigkeiten um den Ankauf für 320 Mark. Aber Hauptmann lehnte ab, unter Hinweis auf »Geburtstagsspenden von tausend, von fünfhundert Mark und ähnlichen Summen«[34], aufgrund derer er sich vorläufig für insolvent erklären müsse. Als Geburtstagsgeschenk nahm er es dann dankend an. — Noch fataler hört sich die Geschichte von der Wideraufnahme der *Weber* im Jahre 1905 an. Brahm schrieb dem Autor, daß die erste Vorstellung ein glänzender Erfolg geworden sei und 3600 Mark eingespielt hätte. Das waren 1500 Mark mehr als die durchschnittliche Tageseinnahme. Brahm wollte »etwas von dem Segen für die Arbeiter im Ruhrrevier stiften« und fragte Hauptmann, dessen Tantiemen an diesem einen Abend 360 Mark betrugen, ob er sich nicht beteiligen wolle. Dieser antwortete: »Wenn du die Weber in der nächsten Woche nicht dreimal ansetzt, ruinierst du sie«, und stiftete 100 Mark.[35] Er selbst hatte drei Wochen zuvor für das Drama *Hannele* den Grillparzerpreis in Höhe von zweitausendvierhundert Gulden österreichischer Währung in Silber zugesprochen erhalten.

Jedermann weiß es, aber es ist trotzdem nützlich, in diesem Zusammenhang daran zu erinnern: Freie Schriftsteller sind keine festangestellten Redakteure oder Lektoren, sind keine Beamte mit festem Gehalt, geregelten Urlaubszeiten und einer ausreichenden Krankheits- und Altersvorsorge. Die unregelmäßig und in unterschiedlicher Höhe eingehenden Geldbeträge wollen verwaltet, verwahrt und verteilt werden. Nervös wird jeder Neuerscheinung eines Buches, jeder Premiere entgegengefiebert.

Der Herausgeber des Briefwechsels Otto Brahm — Gerhart Hauptmann, Peter Sprengel, hat darauf aufmerksam gemacht:

»Es ging nicht nur um die künstlerische Anerkennung einer Dichtung, der Hauptmann meistens mindestens ein halbes Jahr intensivster Arbeit gewidmet hatte, und die Beurteilung ihrer Bühnenwirksamkeit durch Publikum und Presse — es ging auch in wirtschaftlicher Hinsicht um ›Sieg oder Tod‹. Die Differenz zwischen Erfolg und Mißerfolg ist mit 50000 Mark nicht zu hoch angesetzt.«[36]

Um künftig wenigstens über ein bescheidenes monatliches Fixum verfügen zu können, akzeptierte Hauptmann 1904 den bereits erwähnten Zehnjahresvertrag, in dem sich das von Brahm inzwischen übernommene Lessing-Theater verpflichtete, für die Uraufführungsrechte aller neuen Dramen ein Pauschalhonorar von 3000, später sogar 4000 Mark zu zahlen, sowie eine gleich hohe Summe für das Berliner Exklusivrecht an den älteren Dramen. Diese aus einer mißlichen finanziellen Situation erfolgte Festbindung an *ein* Theater sollte sich später künstlerisch ebenso wie menschlich als unglücklich erweisen. Der Dichter hatte sich des Verfügungsrechtes über seine Stücke entäußert, fühlte sich durch die Spielplan-Dispositionen falsch behandelt und mißtraute sogar den Abrechnungen der Theaterverwaltung. In Tagebuch-Reimereien erschien Brahm als »der schlaueste Kalkulator« und als »ein ängstlicher Geizkragen«.[37]

Die Zeit zwischen Hauptmanns 40. und 50. Geburtstag wird vielfach als sein Rinascimento, seine Genesung oder Neugeburt, bezeichnet. Seit dem Jahre 1904, in dem die erste Ehe gelöst und die zweite offiziell geschlossen wurde, dem gleichen Jahr, das den Dramatiker unwiderruflich der Bühne Brahms verpflichtete, will man einen neuen Hauptmann, den physisch verwandelten, heiteren und lebensbejahenden Dionysier wahrgenommen haben. Solche Lebensgliederungen sind grundsätzlich und auch in diesem Falle riskant: immerhin fällt in diese Zeit Hauptmanns stärkste erotische Passion, das Ida Orloff-Erlebnis, und die damit verbundene midlife-crisis, in der er Gott um Erlösung bat, denn er »gehe Schrecken entgegen, einer Jämmerlichkeit ohne Ende«.[38] Akzeptiert man aber die These einer solchen Erneuerung oder gar Mutation, so wird man aus ihr auch die deutlich veränderte Ich-Bewertung in geschäftlichen Auseinandersetzungen, den erhöhten Kursansatz der eigenen schöpferischen Leistung abzuleiten haben. Gegenüber den Geschäftsfreunden, die sich im Laufe der Zeit für mehr als nur Partner hielten, wurde der ertragheischende Ton immer ungeduldiger, und die Nicht-Erfüllung der zum Teil ungewöhnlich hohen Forderungen wurde mit Empörung registriert. So schrieb Hauptmann beispielsweise an Otto Brahm im September 1906 — als Ida Orloff ihn dringend um ein Darlehen in Höhe von 2000 Mark bat —, er wüßte zwar nicht, wie seine Finanzen bei dem lieben Freund stünden, aber ein Vorschuß von 5000 Mark würde ihm »zur Bequemlichkeit gereichen«. Brahm, Leiter eines Theaters ohne staatliche Subventionen, antwortete:

»Lieber Gerhart, dein Konto bei uns ist mit ca. 36000 Mark belastet, wovon 25000 Mark Hypothek sind, 11000 Vorschuß. Eine kleine Summe, unter 1000 Mark, kommt dir noch aus Tantiemen auf ältere Stücke zu, so daß noch reichlich 10000

Vorschuß stehen bleiben. Die Summe ist durch eine im Juni von dir gewünschte Zahlung von 3000 Mark auf die gegenwärtige Höhe gekommen, über die hinaus ich nicht gehen möchte. Es ist dir hoffentlich ohne Schwierigkeit möglich, dich anders zu arrangieren.«[39]

Hauptmanns Verletztheit läßt sich aus einem Briefentwurf ablesen, der in dieser Form sicher nicht abgeschickt wurde:

»Lieber Brahm, ich bin bis ins Innerste höchlich verbittert, und das, was ich mir im Herzen bisher für Dich aufrichtig bewahrt habe, ist durch diesen Gallenbruch ineins versehrt . . .«[40]

Ähnliche, nicht ganz so schroff formulierte, aber von der gleichen Erbitterung diktierte Briefe gibt es die Menge. Der Tod Brahms im Jahre 1912 berührte den Dichter denn auch nicht so tief, wie man es nach einer anfänglich so engen Arbeits- und Seelenverbindung erwartet hätte. Vielmehr engagierte sich Hauptmann sogleich und zunächst begeistert für das Projekt eines von Künstlern gesteuerten Sozietätstheaters, einer Vorform der Mitbestimmungsbühnen unserer jüngsten Vergangenheit. Er soll sich sogar mit einer Einlage von 25000 Mark an dem genossenschaftlichen Gemeinwesen beteiligt haben, stellte seine Regie-Mitarbeit in Aussicht und überließ dem Dreierdirektorium — auch hier eine Parallele zur Gegenwart — seine Stücke. Nur verlangte er von dem finanziell keineswegs besser fundierten Unternehmen neue, der Selbsteinschätzung seines Marktwerts entsprechende Bedingungen: Statt der bisherigen 8000 Mark sollten künftig 12000 fällig werden, zuzüglich einer Tantiemengarantie von 6000 Mark. Leider führte dieser erste Versuch eines »untyrannisch geführten Theaters«[41] nach den Worten Siegfried Jacobsohns »in die Traufe völliger Anarchie«, und Hauptmann mußte sich nach neuen Vertragspartnern umsehen. Erneut begab er sich im Frühjahr 1914 in die finanzielle Abhängigkeit einer Direktion, und zwar in die schon lang ersehnte Max Reinhardts. Diesmal aber mußte er sich erheblich schlechtere, fast demütigende Bedingungen diktieren lassen, ein Fixum von 3000 Mark und eine Tantiemengarantie von 1000 Mark, Einbußen, die der inzwischen finanziell wieder beweglichere Autor nur in der Hoffnung auf eine künstlerische Bereicherung hingenommen haben mag.

Neben Einnahmen in sehr unterschiedlichen künstlerischen und publizistischen Medien, von denen noch zu sprechen sein wird, war Gerhart Hauptmann im Jahre 1912 der Nobelpreis zugefallen. Das waren etwa 160000 Goldmark, Geld genug, um sich einiger der drückendsten Verpflichtungen gegenüber Theater- und Buchverlegern entledigen zu können.

Soll man da die Anekdote glauben, die der Reiseschriftsteller Richard Katz erzählt hat?

»Hauptmann sparte nicht. Geld war ihm Mittel zum Zweck, das Leben angenehmer zu machen. — ›Den Nobelpreis hab ich in einem *Jahr durchgebracht‹, hat er sich mir gerühmt.«*[42]

Kaum ein Biograph läßt es sich entgehen, diese Äußerung zu übernehmen, ohne nach dem Grade ihrer Wahrscheinlichkeit zu fragen. Nun sind aber dem Memoirenplauderer Katz so viele Fahrlässigkeiten nachzuweisen — unter anderem verwechselte er Hauptmanns 70. und 75. Geburtstag —, daß man die dem Preisträger in den Mund gelegte großspurige Bemerkung anzuzweifeln berechtigt ist. Besonders da im Ablauf des Jahres 1913 — als in Breslau das »Festspiel in deutschen Reimen« zum Ärgernis wurde und Hauptmann in Berlin den *Wilhelm Tell* und den *Zerbrochenen Krug* inszenierte — nichts auf ein aufwendigeres oder gar luxuriöses Leben schließen läßt. Das wäre wahrscheinlich auch am Veto Margaretes gescheitert, die längst nicht mehr die leichtlebig-übermütige Gefährtin war, die ihre Briefe mit »Dein Eigentum« unterschrieb, sondern die arrivierte und soignierte Herrin von Wiesenstein, die nicht nur alle Repräsentationsaufgaben übernommen hatte, sondern so »nüchtern, bestimmt und männlich«[43], wie der jugendlich Liebende ihre Schrift charakterisiert hatte, das Hauswesen lenkte, ja nachgewiesenermaßen auch — soweit es nicht den Rhythmus der schöpferischen Arbeit betraf — den Hausherrn selbst. Bei Verhandlungen über den Vorabdruck von Romanen in Zeitungen oder bei der Vergabe von Filmrechten war die sich hoheitsvoll gebende Frau nicht nur zugegen, sondern spielte geschickt die Rolle der enttäuschten, zögernden und damit preissteigernden Vermögensverwalterin.

Eine solche Tätigkeit war ohnehin notwendig geworden, seit sich Hauptmanns Schriftstellerei zu einem komplizierten Geschäftsunternehmen entwickelt hatte. Neben den Absprachen mit Theaterleuten gab es Verhandlungen mit dem Buchverleger Samuel Fischer, der alle Dramen zunächst in Einzelausgaben gedruckt hatte: dabei handelte es sich fast durchweg um eine Auflage von mindestens 7000 Stück; die *Weber* erreichten schon bis zum Jahre 1920 50000 und die *Versunkene Glocke* sogar 103000 Exemplare. Dazu kamen ab 1910 — nach langer Pause — Novellen und Romane. Die meistverkaufte Erzählung *Der Ketzer von Soana* hielt den Rekord: bis 1938 waren 172000 Stück abgesetzt. Die Tantiemen wurden nach dem Preis der broschierten Ausgabe berechnet; sie betrugen in der Regel 20 Prozent. Für Hauptmanns ersten — lange bevorschußten — Roman *Der Narr in Christo Emanuel Quint* hatte man eine Auflagenhöhe von 10000 Exemplaren zugrunde gelegt; ein Jahr später mußten weitere 8000 nachgedruckt werden. Bei einem Verkaufspreis von 6 Mark standen dem Autor bei Ablieferung des Manuskripts 12000 zu, später wurden noch einmal 9600 Mark fällig oder mit dem Vorschuß verrechnet. 1916 schob Fischer eine verbilligte Volksausgabe nach, was in etwa der heutigen Taschenbuchpraxis entsprach. Weitere Auflagen ließen im Laufe der Jahrzehnte die Stückzahl auf 83000 klettern, ohne Berücksichtigung der Aufnahme in die Gesamtausgaben.

Hauptmann konnte zufrieden registrieren, daß sich mit der Prosa ebenso viel verdienen ließ wie mit Theaterstücken. Nur mußte wegen des größeren äußeren Umfangs eines Romans schneller gearbeitet werden, und das hieß nachlässiger, salopper. Der 1912 fertiggestellte Roman *Atlantis* war bei aller Kühnheit in der Präsentation eines Gesellschaftspanoramas stilistisch so wenig ausgefeilt, daß Kritiker und Freunde dem Autor Vorhaltungen machten. Er gab sich als reuiger Sünder, meinte, er habe sich einmal bewußt gehen lassen, das sei ein Experiment gewesen, das sich nicht wiederholen solle.

Aber es hat sich wiederholt, er hat sich noch häufiger gehen lassen, was ihm die Literaturwächter stärker ankreideten, als es angesichts eines sich nicht konstant der Trivialliteratur verschreibenden Autors nötig gewesen wäre. Denn auf die Erzählung *Phantom* folgten die Hexameterepen *Anna* und *Till Eulenspiegel,* nach dem Roman *Wanda* kam *Vor Sonnenuntergang* und *Das Meerwunder.*

Aber die Romanschreiberei war nicht zuletzt darum verlockend, weil dem Buchverkauf der Abdruck in einer Zeitung voraufzugehen pflegte, und das bedeutete viel Geld. Insbesondere wenn es sich um die *Berliner Illustrirte* handelte. Peter de Mendelssohn hat in seiner Fischer-Verlagschronik die Überlegungen des Chefs wiedergegeben:

»Fischer hatte nichts gegen Vorabdrucke in Zeitungen und Zeitschriften einzuwenden; der Verlag betrieb sogar selber ganz systematisch die Unterbringung solcher Vorabdrucke ... Ein Vorabdruck in der ›Ilustrirten‹ war jedoch eine andere Sache. Er führte dem Autor zwar eine Millionen-Leserschaft zu ... zugleich aber rückte ein ›Illiustrirten‹-Vorabdruck einen Fischer-Autor, ob er wollte oder nicht, in die Kategorie der Unterhaltungsschriftsteller ...«[44]

Als Dr. Emil Herz, der literarische Leiter des Ullstein-Verlages, zu Verhandlungen mit den Hauptmanns auf dem Wiesenstein eintraf, hatte die Inflation zwar noch nicht ihren absurden Höhepunkt erreicht, aber die Kaufkraft der Mark wurde doch schon von Tag zu Tag schwächer, und Reserven waren so gut wie keine vorhanden. In dieser prekären Situation war ihm das Ullstein-Angebot mehr als willkommen. Er glaubte, sich sehr diplomatisch benommen zu haben, aber der Ullstein-Botschafter hatte ihn von Anfang durchschaut.

»Mein Besuch kam ihm sehr gelegen. ›Der Mann mit dem Ullsteinschen Geldbeutel wird mir die leere Kasse wieder auffüllen. Einseifen werde ich ihn, aber ordentlich fetieren müssen wir ihn‹, frohlockte er zu seinen anwesenden Freunden. Und der Ullstein Mann wurde fetiert, erst mit einer langen Spazierfahrt durch die herrliche Umgebung, dann mit einem fürstlichen Mahl, den teuersten und erlesensten Weinen ... Triumphierend wies er nach meiner Abfahrt dem Freund den Ullstein-Scheck vor: ›Das haben wir gut gemacht, so ein junger Verleger läßt sich aber auch zu leicht hereinlegen.‹ Er hatte mich aber gar nicht ›reingelegt‹. Das ihm zugestandene Honorar hielt sich durchaus in vertretbaren Grenzen. Überdies machte der Roman sich für uns gut bezahlt. Er gefiel und brachte der ›Berliner Illustrirten‹ eine beträchtliche Auflagenerhöhung.«[45]

Selbst wenn der Emissär, um sein eigenes Verhandlungsgeschick ins rechte Licht zu rücken, hier etwas übertrieben haben sollte, verliert dieser Bericht nicht an Glaubwürdigkeit. Das Ehepaar Hauptmann war der Überzeugung, daß man mit diesen Berliner Literaturhändlern pokern müßte; andererseits wußten sie wenig von Ullsteins Jagd nach großen Namen und den unvergleichlich hohen Honoraren, die man für die Überraschungsofferte in der *Berliner Illustrirten* zu zahlen bereit war.

Zu den Erstdrucksentgelten kamen die Summen für Übersetzungen — allein aus Rußland gingen für den *Quint* 5000 Mark ein — und ab 1912 beträchtliche Gelder für Filmrechte, später auch für Radiosendungen. Schon für *Atlantis* konnten die Hauptmanns 20000 Mark und eine Tantieme von 4 Prozent erzielen — eine damals erstaunliche Summe. Nach dem Kriege bemühten sich die Filmfirmen in kurzer Folge um die Rechte an sechs Stoffen: *Rose Bernd, Elga, Die Ratten, Schluck und Jau, Hanneles Himmelfahrt, Phantom.* Hauptmann spielte den Zaudernden; er telegraphierte dem Produzenten Fanto: »1921 ist für mich mit Arbeit sehr belastet. Der gesehene Filmkitsch nimmt mir Mut, in Konkurrenz zu treten«, fügte aber doch schnell hinzu: »Trotzdem würde ich Sie mit Direktor Linnebach besonders gern hier sehen, um Für und Wider mündlich durchzusprechen ...«[46] Denn mit den auf diese Weise erzielten Erträgen konnten die durch die Inflation entstehenden Verluste bis zu einem gewissen Grade ausgeglichen werden.

Gemessen an den Einkünften durch Zeitungen und Verfilmungen nahmen sich die Honorare für die Gesamtausgaben des dichterischen Werks recht bescheiden aus. Für die erste Auflage der sechsbändigen Volksausgabe von 1912 zu einem Ladenpreis von 20 Mark erhielt Hauptmann 30000, für die zweite 34000 Mark.

Zahlen für 1922 zu nennen wäre sinnlos. In den Prospekten wurden die Einzelbände je nach Ausstattung für 300 bis 1100 Mark angeboten, mit dem Zusatz »Preise unverbindlich«. Wichtiger ist die Tatsache, daß Hauptmann auch in dieser wirren Zeit noch »als einziger Autor des Verlages eine Tantieme von 20 Prozent bekam«. Fischer begründete es so:

»Du bekommst das Doppelte von dem, was als die Grenze des Möglichen bezeichnet ist. Ich habe Dir mit vollem Bewußtsein ein Honorar angeboten, das kein Verleger bezahlt oder bezahlen kann, um meinen Dank Dir und Deinem Werk gegenüber vor mir selbst zu rechtfertigen.«[47]

Die herzlichen Worte scheinen Hauptmann nicht allzu sehr beeindruckt zu haben. Er mag darin eher verlegerische Schläue gesehen haben, die ja dem auf den ersten Blick bürgerlich-bieder wirkenden Fischer sicher auch nicht abging. So waren gerade die Monate nach der so turbulenten »Hauptmann-Hausse« durch eine unerfreuliche Korrespondenz belastet, die fast zu einer Trennung von Dichter und Verleger geführt hätte. Peter de Mendelssohn hat es auf die kurze Formel gebracht:

»Es ging ... darum, daß Hauptmann den Eindruck hatte, sein Werk werde von Fischer nicht ausreichend ausgewertet, während Fischer das Gefühl hatte, daß Hauptmann die für ihn geleistete verlegerische Arbeit nicht ausreichend zu schätzen wußte.«[48]

So wiederholte sich auf fast unheimliche Weise, was sich genau zwanzig Jahre zuvor zwischen dem Hauspoeten und dem Direktor des Lessing-Theaters abgespielt hatte. War damals Rechtsanwalt Jonas von dem argwöhnischen Autor ins Theater geschickt worden, um die Konten kontrollieren zu lassen, so wurde diesmal Rechtsanwalt Pinner als Bevollmächtigter beauftragt, die Verlagsverträge zu überprüfen, klare Abmachungen und ein sicheres Fundament zu schaffen. Die Fairneß gebietet die Anmerkung, daß auch andere Autoren — Schnitzler, Hesse und Holitscher zum Beispiel — dem Verleger mißtrauten, mit seinen Kalkulationen unzufrieden waren und ihm erregte Szenen machten. Von der über Jahrzehnte geförderten und geliebten Zentralfigur des Verlages hätte man aber weniger verletzende Worte erwartet als diese:

»Ich habe von Dir nie etwas geschenkt genommen oder bekommen. Was ich von Dir beziehe, ist nichts als mein Eigentum, der mir aus meinem Besitz zustehende Ertrag, für dessen Verwaltung Du die usuellen kaufmännischen Beteiligungen hast. So muß ich es ansehen, wenn ich mich nicht als einen Bettler an Deiner Tür betrachten will ... Zu dem augenblicklichen Zustand, sage ich Dir offen, fehlt mir nicht nur jedes Vertrauen, sondern ich halte ihn nicht für vereinbarlich mit den Interessen meiner Familie und der Achtung vor mir selbst ...«[49]

Das war im Juni 1923, als vernünftige Kalkulationen durch die sich täglich beschleunigende Geldentwertung unmöglich gemacht wurden. Es dauerte noch ein halbes Jahr bis zur Stabilisierung der Währung. Die daraus resultierende Unsicherheit in der Lebens- und Geschäftsführung mag für die Nervosität des sechzigjährigen Autors und des ihm keine Antwort schuldig bleibenden Verlegers mitbestimmend gewesen sein.

Denn schon im nächsten Jahr, als Fischer relativ rasch 50000 Exemplare des Romans *Die Insel der Großen Mutter* absetzen konnte — was dem Verfasser etwa die gleiche Summe in Reichsmark einbrachte —, hatten sich die Wogen geglättet. Stürmisch ging es erst wieder zu, als Justizrat Pinner im Auftrag Hauptmanns für das große Hexameter-Epos *Till Eulenspiegel* eine garantierte Vorauszahlung von 100000 Mark (das entspräche heute mehr als dem Fünffachen) verlangte. Der Dichter war nach wie vor durch hohe Vorschüsse in der Schuld des Verlegers. Eine Verrechnung von Honoraren für die Verkaufsschlager mit denen der weniger gängigen Werke gab es nicht. Legt man den für damalige Verhältnisse hohen Verkaufspreis von 20 Mark für den gebundenen *Till*-Band im DIN A 4-Format zugrunde, so hätten bei einer Tantieme von 20% 25000 Stück verkauft werden müssen, um diese Summe aufzubringen. Das aber hielt der Verleger für unwahrscheinlich, und er sollte recht behalten. Bis 1935 waren nur 7500 Exemplare verkauft. Hauptmann hatte 70000 Mark zu viel bekommen, und Fischer erinnerte ihn noch ein paar Jahre später in einem Brief daran:

»In literarischen Kreisen wurde diese erzwungene Vorausbonorierung von 100000 Mark für ein so großes Werk in Hexametern, das ja niemals ein Mode-Erfolg sein kann, lebhaft und nicht zu Deinen Gunsten diskutiert ...«[50]

Aber Hauptmann war in der Lage zu fordern, und er hatte sich inzwischen an einen Lebensstil gewöhnt, der die konsequente Eintreibung seiner Verdienste notwendig machte. Der Jahresablauf vollzog sich in den zwanziger und dreißiger Jahren fast durchweg nach dem gleichen Plan: ein paar Monate Rapallo, einen Monat Bad Eilsen, das Margarete wegen ihres Augenleidens aufsuchen mußte, Agnetendorf und Hiddensee, wo Hauptmann inzwischen das Haus »Seedorn« für 32000 Mark gekauft hatte. Die großzügige Erweiterung kostete dann ein Vielfaches dieser Summe. Auf den Reisen wurde das Ehepaar mindestens von einer Sekretärin, oft auch von einer Zofe Margaretes begleitet. Während dieser Zeit mußte das auf dem »Wiesenstein« zurückbleibende Personal entlohnt und unterhalten werden. Die Repräsentationsausgaben wuchsen, aber auch für die eigenen Tafelfreuden und den Weinkeller wurde von Jahr zu Jahr mehr aufgewendet. Daß die fürstliche Lebensweise auch eine fürstliche Garderobe der Gemahlin verlangte, läßt sich denken. Aber auch der Sohn Benvenuto, der nur einen geringen Teil seines Lebensunterhalts selbst verdiente, fiel in der Berliner Gesellschaft durch seine Eleganz auf. Da waren dann trotz der Film- und Rundfunkhonorare, der Buch- und Stücktantiemen, der steigenden Summen für die Auslandsrechte immer noch finanzielle Engpässe zu verzeichnen, die die verlockenden Angebote anderer Verleger — Kurt Wolff[51], Ullstein, Paul Zsolnay — erwägenswert erscheinen ließen. Um es nicht zum offenen Bruch kommen zu lassen, ließ sich Fischer einen Zehnjahresvertrag abhandeln, der sich wie eine verbesserte Neuauflage des seinerzeit mit Brahm geschlossenen Abkommens liest: noch stärkere, aber nicht bedingungslose Bindung des Autors an den Verlag; bei einem günstigeren rechtsverbindlichen Angebot von dritter Seite muß verhandelt werden. Und für das nächste Werk, das *Buch der Leidenschaft,* sind wiederum 100000 Mark fällig.

War es Doppelzüngigkeit oder Festtagsgerede, wenn Hauptmann in seinem Goethevortrag 1932 mit einigem Pathos erklärte:

»Die Welt wird weder mit Gold noch durch Gewalttat erlöst, sondern allein durch Menschlichkeit, durch Menschenachtung, durch Humanität.«[52]

War er nicht der Meinung seines Alter Ego Till, der das Geld als »den Erbkot unseres menschlichen Seins«[53] bezeichnete? Fühlte er sich nicht selbst betroffen, wenn er in seinen Erinnerungen an den Schauspieler Mitterwurzer amüsiert die Szene schilderte, in der der Stargast mit dem Kassierer des Lobe-Theaters abrechnete:

»Ich dachte mir sogleich: er würde den Mund auf der Bühne nicht aufgetan haben, bevor er seinen pekuniären Anteil sicher in der Hand hielt.«[54]

Auf *seinen* pekuniären Anteil war Hauptmann selbst immer bedacht. Wobei er fraglos zwischen den Werken unterschied, die zur Aufbesserung des Bankkontos entstanden, und jenen, die ihm sein Hetairos, das Über-Ich, von dem er sich geführt glaubte, eingab. Man hat dem Dichter diese schöpferischen Pausen, in denen er routiniert dem Unterhaltungsbedürfnis des Publikums Rechnung trug, stärker verübelt als andern, gleich prominenten Kollegen der deutschen Literatur, hat ihm merkwürdigerweise die zugegebenen Fehltritte nicht verziehen, weil man von einem literarischen König, der gelegentlich auch die Repräsentationsauftritte eines Königs zu genießen schien, königliche Leistungen erwartete. Er selbst sah sich anders, oder gab sich anders. Das geht aus seinen Verhandlungen mit dem Finanzamt Hirschberg hervor, dem er sich als ganz normaler Mitbürger und Steuerzahler vorstellte:

»Ich bin ein geistiger Arbeiter, bei entsprechender Behandlung produziert mein Geist gewisse Werke, die eine überwiegend kulturelle Seite, aber auch für mich — und den Staat, will sagen die Steuerbehörde — eine materielle Seite haben.«[55]

Sicher ist man seiner Bitte um Steuerermäßigung, die er mit unverzichtbaren Ausgaben für seine Sammlungen, seine verschiedenen Domizile und Unterstützung Notleidender begründete, nachgekommen. Den Leiter des Finanzamtes, Bernhard Bank, hat er jedenfalls durch seine vermeintliche Ahnungslosigkeit oder Gleichgültigkeit in finanziellen Fragen beeindruckt:

»Gerhart Hauptmann war alles andere als ein Zahlen- oder Geldmensch. Als ich Ende der dreißiger Jahre ... einmal bei ihm in Agnetendorf in seinem ›Chateau‹, wie er es gelegentlich nannte, dem ›Haus Wiesenstein‹, weilte, sagte er mir: ›Jetzt, wo meine Einnahmen durch diesen unseligen Krieg geringer werden, muß ich mich auch persönlich um diese Steuersachen kümmern, für mich eine schlimme Sache. Viele Jahre lang habe ich, von solchen Dingen unbehelligt, immer nur von den Vorschüssen gelebt, die mir meine Verleger stets auf meine Anforderung großzügig schickten. Nachher kamen dann von Zeit zu Zeit die Abrechnungen, aber ich habe es bald aufgegeben, die Zahlenreihen zu studieren. Sie interessieren mich auch nicht, denn es war mir wirklich einerlei, wie ich mit meinen Einnahmen oder Schulden abschloß.‹«[56]

Die Redlichkeit gebietet, an dieser Stelle das schärfste Verdikt zu nennen, das Hauptmanns Verhältnis zum Mammon getroffen hat, die alttestamentarisch klingende Verfluchung durch den einstigen Kritikerfreund Alfred Kerr aus dem Jahre 1933 unter dem Titel *Gerhart Hauptmanns Schande*. Da heißt es:

»Ich bin kein Unmensch und glaube nicht, daß nur der Wein die Schuld trägt; seit Jahren ist ihm das Dasein unmöglich ohne zwei Flaschen am Tag als Minimum ... Nicht der Wein: das Geld hat sein Tun beeinflußt. Schrecklich das zu sagen. Doch es ist nicht zum erstenmal, daß ich es ihm vorwerfe. Und ich schämte mich, wenn es

das erste Mal jetzt wäre. Hauptmanns Geldbedarf ließ ihn Stücke, die nicht gar gewesen sind, in aller Unfertigkeit auf den Markt werfen ... und Romane schmieren, darin sein Genie nur kennbar blieb unter dem Schutt ... Der weltberühmte Dichter eines antikapitalistischen Dramas wurde durch Geld zur Strecke gebracht.«[57]

Nun, so simpel lagen die Dinge sicherlich nicht. Der Dichter, der mehrfach erklärt hatte, daß mit dem Reichstagsbrand die Epoche, in der er gelebt hatte, zu Ende gegangen sei, konnte sich nicht vorstellen, das Land, das seit zwei Jahrzehnten von den verschiedensten politischen Fieberanfällen geschüttelt war, zu verlassen. »Soll man sich nochmals einrichten, als lebte man ewig«?[58] fragte er und richtete sich auf ein bescheideneres Leben mit drastisch reduzierten Einkünften ein. Ein Gewährsmann bezifferte sie auf achttausend Mark monatlich, aber etwas mehr wird es wohl gewesen sein. Not leiden oder gar hungern brauchte keiner auf dem Wiesenstein, nicht einmal als die Polen Hauptmanns Guthaben bei der Kreissparkasse in Höhe von 130000 Mark sperrten.

Als Hauptmann ein Jahr nach Kriegsende starb, kleidete man ihn, seinem Wunsch entsprechend, in die Franziskanerkutte, die er vor vielen Jahren erworben hatte. Er hat dieses Kleid des zu Askese, freiwilliger Armut und apostolischer Arbeit verpflichtenden Ordens zu Lebzeiten häufig getragen. Das wird nicht nur durch ein PR-Foto aus dem Jahre 1920, sondern durch Einwohner von Hiddensee bezeugt. Offensichtlich muß er geglaubt haben, sich mit Franziskus und den Franziskanern identifizieren zu können — eine jener Aporien, mit denen wir im Leben und in der Selbsteinschätzung dieses Dichters immer wieder konfrontiert werden. Das vielgespaltene Ich, das er für den Dramatiker reklamierte, wurde in seinem Auftreten sichtbar als Rollenverhalten, als Lust an der Verwandlung — »einer möchte viele sein«[59] heißt es einmal im Tagebuch — als ein »proteusartiges Element«, in dem er sich Goethe verwandt fühlte. Er sah sich — je nach Lebensstadium und Stimmungslage — als Weltgenießer und Asket, als Christophorus und als ein auf die Erde verschlagener Gott, als gefesselter Prometheus und als himmelhochjauchzender Dionysos. Er glaubte es jenen Walen gleichzutun, die mit dem Licht der Grubenlampe in den Schächten der schlesischen Berge nach Gold gesucht hatten. Er glaubte, Gold gefunden und weitergegeben zu haben. Daher hielt er sich auch für berechtigt, Gold zu empfangen — so wie Marie es ihm einst in die Hand gedrückt hatte. Nach lebensbedrohenden Krisen hatte er, als eine Art männliches Aschenputtel, dem Schicksal Leistung und Glück abgetrotzt. Nun glaubte er das, was daran irdisch war, genießen zu können. Sollte man es ihm verdenken?

---

[1] CA, IV, S.974f.; EW, 10, S.278. Das Kürzel CA bezeichnet die Centenar-Ausgabe: Gerhart Hauptmann, *Sämtliche Werke,* herausgegeben von Hans-Egon Hass, fortgeführt von Wolfgang Bungies und Martin Machatzke. Bd. 1–11. Frankfurt, Berlin, Wien 1962ff. Nachweise mit dem Kürzel EW beziehen sich auf die (möglicherweise leichter zugängliche) Ausgabe: Gerhart Hauptmann, *Das erzählerische Werk,* Bd. 1–10, herausgegeben und mit Nachworten versehen von Ulrich Lauterbach. Frankfurt, Berlin, Wien 1981–1983.

[2] CA, IV, S.973; EW, 10, S.277.

[3] Peter Sprengel, *Gerhart Hauptmann. Epoche — Werk — Wirkung,* München 1984, S. 71.

[4] Gerhart Hauptmann, *Notizkalender 1889–1891,* hrsg. von Martin Machatzke, Berlin 1982, S. 68ff.

[5] CA, IV, S.973; EW, 10, S.277.

[6] CA, VII, S.546ff. und 594; EW, 6, S.214 und 262.

[7] CA, VII, S.545; EW, 6, S.213.

[8] CA, VII, S.798 und 804; EW, 7, S.22 und 28.

[9] Franz Mehring, *Gesammelte Schriften,* Berlin 1961, Bd. 11, S.303ff.

[10] CA, IV, S.367.

[11] CA, VI, S.33; EW, 1, S.27.

[12] CA, IV, S.898; EW, 4, S.444.

[13] CA, X, S.20ff.

[14] CA, VII, S.874; EW, 7, S.98.

[15] CA, I, S.168.

[16] CA, I, S.210ff.

[17] CA, XI, S.35.

[18] C.F.W.Behl ud Felix A. Voigt, *Chronik von Gerhart Hauptmanns Leben und Schaffen,* München 1957, S.36.

[19] *Otto Brahm — Gerhart Hauptmann Briefwechsel 1889–1912,* hrsg. von Peter Sprengel, Tübingen 1985, S.268f.

[20] Ebd., S.253.

[21] CA, XI, S.505; EW, 7, S.328.

[22] CA, VII, S.905; EW, 7, S.129.

[23] CA, VII, S.904; EW, 7, S.128.

[24] CA, VII, S.247; EW, 8, S.133.

[25] CA, VII, S.383; EW, 8, S.269.

[26] Adolf Schweckendiek, *Könnt ich Magie von meinem Weg entfernen,* Berlin 1970, S. 187.

[27] CA, VII, S.235; EW, 8, S.121.

[28] CA, VII, S.388; EW, 8, S.274.

[29] Wolfgang Leppmann, *Gerhart Hauptmann. Leben, Werk und Zeit,* Bern, München, Wien 1986, S.215.

[30] *Otto Brahm — Gerhart Hauptmann* (s. Anm. 19), S.57.

[31] Gerhart Hauptmann, *Tagebuch 1892 bis 1894,* hrsg. von Martin Machatzke, Berlin 1935, S.235.

[32] Wolfgang Leppmann (s. Anm. 29), S.364.

[33] Eberhard Hilscher, *Gerhart Hauptmann,* Berlin (Ost) 1979, S.409.

[34] *Gerhart Hauptmann — Ludwig v. Hofmann. Briefwechsel 1894–1944,* hrsg. von Herta Hesse-Frielinghaus, Bonn 1983, S.163ff. — Den Maler Otto Mueller, einen entfernten Verwandten, hat Hauptmann gelegentlich unterstützt. Vgl. Gerhard Pachnicke, »Otto Muellers Briefe an Lotte und Gerhart Hauptmann«, in: *Schlesien* II/1986, S.65ff.

[35] *Otto Brahm — Gerhart Hauptmann* (s. Anm. 19), S.196.

[36] *Otto Brahm — Gerhart Hauptmann* (s. Anm. 19), S.56

[37] GH Hs 202 19 r–21 r. Das Kürzel GH bezeichnet den Manuskriptnachlaß in der Staatsbibliothek Preußischer Kulturbesitz Berlin.

[38] *Gerhart Hauptmann — Ida Orloff, Dokumentation einer dichterischen Leidenschaft,* Frankfurt, Berlin 1969, S.44.

[39] *Otto Brahm — Gerhart Hauptmann* (s. Anm. 19), S.203f.

[40] *Otto Brahm — Gerhart Hauptmann* (s. Anm. 19), S.203

[41] *Otto Brahm — Gerhart Hauptmann* (s. Anm. 19), S.75.

[42] Richard Katz, *Gruß aus der Hängematte,* Zürich, Stuttgart 1958, S.301.

[43] CA, VII, S.138; EW, 8, S.24.

[44] Peter de Mendelssohn, *S. Fischer und sein Verlag,* Frankfurt 1970, S.920.

45 Peter de Mendelssohn (s. Anm. 44), S. 919f.

46 *Gerhart Hauptmann, Leben und Werk. Gedächtnisausstellung zum 100. Geburtstag,* Stuttgart 1962, S. 278.

47 Peter de Mendelssohn (s. Anm. 44), S. 893.

48 Peter de Mendelssohn (s. Anm. 44), S. 923.

49 Peter de Mendelssohn (s. Anm. 44), S. 925.

50 Peter de Mendelssohn (s. Anm. 44), S. 1069.

51 Kurt Woff, *Briefwechsel eines Verlegers 1911–1963,* Frankfurt 1966, S. 407ff.

52 CA, VI, S. 855.

53 CA, IV, S. 650.

54 CA, XI, S. 1199.

55 Wolfgang Leppmann (s. Anm. 29), S. 349.

56 *Die Neue Zeitung,* Nr. 305, 27. 12. 1952.

57 Alfred Kerr, *Die Diktatur des Hausknechts,* Brüssel 1934, S. 22ff. Hauptmann hat sich mit Kerrs Verfluchung im Herbst 1933 wochenlang auseinandergesetzt und in verschiedenen Notizbüchern »Antworten« in Vers und Prosa zu formulieren versucht. Dabei operiert er an einer Stelle kurioserweise mit dem gleichen Argument, das Kerr gegen ihn verwendete: »Geldseele. Es gibt das. Irgendwie hängt sie mit Metall zusammen, das klingt und klirrt, mit Gold und Silber noch immer. Geldseele ist ein Fanatismus: mit ihm muß gerechnet werden«. Manuskriptnachlaß Gerhart Hauptmann in der Staatsbibliothek Preußischer Kulturbesitz Berlin, Handschrift (GH Hs) 15, S. 189.

58 Gerhart Hauptmann, *Diarium 1917 bis 1933,* hrsg. von Martin Machatzke, Berlin 1980, S. 223.

59 CA, XI, S. 1149.

Claudia Guderian RAINER MARIA RILKE

Lyriker betreiben ihre Arbeit, man darf wohl sagen: niemals als Broterwerb, und Rainer Maria Rilke bildet darin keine Ausnahme. Gibt es aber dennoch zwischen dieser besonderen Arbeit, der Dichtkunst, und dem Verhältnis des sie Verrichtenden zum Geld Relationen, die zu untersuchen wichtige Rückschlüsse auf die Art der Poesie zuläßt? Oder ist die Frage, auch im späten 20. Jahrhundert, schlichtweg eine Geschmacklosigkeit, wenn nicht gar ein Sakrileg?

Nun, sie berührt zumindest ein Tabu. Daß man über Geld nicht spricht, scheint für einen der bedeutendsten deutschen Dichter der Neuzeit, als den man Rilke wohl bezeichnen darf, in ganz besonderem Maße zuzutreffen.

Wo von Engeln, der Liebe und der Kunst des Rühmens geredet wird, hat allenfalls Gold seinen Platz. Und der Insel-Verlag, bei dem Rilkes sämtliche Werke und sein umfangreicher Briefwechsel erschienen sind, hat sich ebenfalls an die vermeintliche Tugend gehalten, daß Geldfragen zu den Niederungen des Lebens gehören, und Rilkes Korrespondenz mit seinem Verleger Anton Kippenberg von geschäftlichen Dingen »gereinigt«.[1]

Und doch ist Rilke auch ein Mann des 20. Jahrhunderts, in dem Kunst eine Ware ist und einen Marktwert hat: Ja, die Frage ist also von Interesse. Sie kann zeigen, wie eine Gesellschaft ihre Dichter bezahlt.[2] Schließlich ist die Zeit der von Mäzenen bezahlten Hofdichter vorbei; das antike und mittelalterliche Berufsrühmen ist überwiegend zur Aufgabe des Journalismus geworden, den Dichtern hat man die Gästebücher und Literaturbeilagen überlassen. Dichtung hat sicherlich keinen Gebrauchswert — aber wie hoch schätzt man die schönen Worte, die Ästhetik par excellence?

Die Frage vom Verhältnis des Lyrikers zum Geld kann aber auch zeigen, wie weit sich ein Dichter selbst Einfluß, Macht und Kontrolle vermittels des Geldes verschafft. Der »arme Poet« steht dem »reichen Autor« gegenüber, der seine Empfindungen, sein Bewußtsein über die Verhältnisse verdichtet und verbreiten kann.

Die Antwort ist einfach: Rilke hat in den 51 Jahren seines Lebens niemals von den Erträgen seiner Dichterarbeit gelebt, sondern von Zuwendungen, vorwiegend aus Adels- und Verlegerkreisen.

1875 in Prag als Sohn eines kleinen Beamten und einer Kaufmannstochter mit Drang zum Höheren geboren, stammte er nicht gerade aus einem reichen Elternhaus. Nach dem Tod des Vaters bezahlte ihm sein Onkel Jaroslav, der Bruder des Vaters, Ausbildung und ein kurzes Studium. Seine ersten Gedichte (»Dem Volke geschenkt«[3]) verteilte er kostenlos an Straßenpassanten. Selbst seine späteren Bestseller wie die *Weise von Liebe und Tod des Cornets Christoph Rilke,* die 1959 die Millionenauflage überschritt[4], konnten ihm keinen Lebensunterhalt finanzieren. Erst der Insel-Verleger Anton Kippenberg, der Rilkes Werke ab 1912 herausgibt, bringt das Pekuniäre überhaupt in geordnete Bahnen, und ist dabei in Personalunion Rilkes Herausgeber, Steuerfachmann, Vertreter gegenüber dem Finanzamt sowie Geldberater und Hausbankier, der Vorschüsse und Tantiemen auszahlt, deren Raten er aber selbst bestimmt.[5] Und Rilke vertraut ihm diese Angelegenheiten in rührend-unbeholfener Poetenmanier an — kein Zoll ein weitblickender, geschäftstüchtiger Autor.

Doch selbst bei Kippenbergs umsichtiger Verwaltung verdient er nie genug durch das Schreiben, um davon leben zu können. Noch mit 35 Jahren erhält er monatlich 80 Kronen von seiner Mutter.[6] Von seiner Daseinsberechtigung als dichtender, empfindender Mensch überzeugt, richtet sich Rilke immer so ein, daß er versorgt werden muß, lebt von Mäzenen — vorzugsweise weiblichen Geschlechts — und Zuwendungen aus Freundeskreisen; ja, sogar der Verleger Samuel Fischer, der nie eine Zeile von Rilke druckte, greift ihm kräftig unter die Arme.[7] Solchen Projekten haftete allerdings vor dem Ersten Weltkrieg, als Dichter und zumal Lyriker in hohem Ansehen standen, weniger Peinlichkeit an — heute wäre das allenfalls bei politisch Verfolgten denkbar.

Geld ist für Rilke »einfach kein Thema«. Er hat immer genug zum Leben, und wenn es einmal zu reichlich kommt, unterstützt er damit andere bedürftige Künstler; fließt aber momentan keines, so weiß er sich — mit zunehmendem Alter versierter — durch Bittbriefe, dezente Hinweise oder mitleidserweckende Maßnahmen welches zu verschaffen. Nur eines findet niemals über einen ernstzunehmenden Zeitraum statt: daß Rilke diese besondere Ware Arbeitskraft, seine Fähigkeit, pointiert und metaphernreich zu formulieren, gegen Geld eintauscht.

Bei diesem Lebensstil, der auch in Industrie und Technik nur Zerstörung und Entfremdung sieht — Rilke lehnt sogar das Telefonieren ab —, konnte er die Welt nicht in sozio-ökonomische Kategorien fassen.

Dennoch tritt das Geld in Rilkes Werk in Erscheinung: Es ist da ein mit Eigenleben begabter Fetisch[8], der entweder Glück bringt oder, als »übles Ding«, in Versuchung führt. Am eindrucksvollsten aber ist das Geld da, wo es fehlt: da produziert es Verarmung und Elend, wie es der heruntergekommene Ich-Erzähler Malte Laurids Brigge bei den Pariser Bettlern sieht:

»Es ist nicht, daß ich mich von ihnen unterscheiden will, wenn ich in besseren, von Anfang an meinigen Kleidern herumgehe und darauf halte, irgendwo zu wohnen. Ich bin nicht so weit. Ich habe nicht das Herz zu ihrem Leben. Wenn mir der Arm einginge, ich glaube, ich versteckte ihn. Sie aber (ich weiß nicht, wer sie war), sie erschien jeden Tag vor den Terrassen der Caféhäuser und obwohl es sehr schwer war für sie, den Mantel abzutun und sich aus dem unklaren Zeug und Unterzeug herauszuziehen, sie scheute der Mühe nicht und tat ab und zog aus so lange, daß mans kaum mehr erwarten konnte. Und dann stand sie vor uns, bescheiden, mit ihrem dürren, verkümmerten Stück, und man sah, daß es rar war.

Nein, es ist nicht, daß ich mich von ihnen unterscheiden will; aber ich überhübe mich, wollte ich ihnen gleich sein. Ich hätte weder ihre Stärke noch ihr Maß. Ich ernähre mich, und so bin ich von Mahlzeit zu Mahlzeit, völlig geheimnislos; sie aber erhalten sich fast wie Ewige. Sie stehen an ihren täglichen Ecken, auch im November, und schreien nicht vor Winter. Der Nebel kommt und macht sie undeutlich und ungewiß: sie sind gleichwohl. Ich war verreist, ich war krank, vieles ist mir vergangen: sie aber sind nicht gestorben.«[9]

Auch die Prostitution ist für Malte eine Folge der Armut:

»Diese Stadt ist voll von solchen, die langsam zu ihnen hinabgleiten. Die meisten sträuben sich erst; aber dann giebt es diese verblichenen, alternden Mädchen, die sich fortwährend ohne Widerstand hinüberlassen, starke, im Innersten ungebrauchte, die nie geliebt worden sind. [...]

Warum stell ich mir vor, wie ich sie unsäglich vorsichtig an meinem Atem halten würde, diese Puppen, mit denen das Leben gespielt hat, ihnen Frühling um Frühling für nichts und wieder nichts die Arme auseinanderschlagend bis sie locker wurden in den Schultern. Sie sind nie sehr hoch von einer Hoffnung gefallen, so sind sie nicht zerbrochen; aber abgeschlagen sind sie und schon dem Leben zu schlecht.«[10]

Daß dieser Malte Rilke selbst ist, geht auch aus einem Brief an seine langjährige Geliebte Lou Andreas-Salomé hervor, der er aus Paris schreibt:

»Und was für Menschen bin ich seither begegnet ... Man fing sie höchstens als Eindruck auf und betrachtete sie mit ruhiger sachlicher Neugier wie eine neue Art Tier, dem die Not besondere Organe ausgebildet hat, Hunger- und Sterbeorgane. [...] Da gab es alte Frauen, die einen schweren Korb absetzten an irgend einem Mauervorsprung (ganz kleine Frauen, deren Augen wie Pfützen austrockneten), und als sie ihn wieder greifen wollten, da schob sich langsam und umständlich ein langer rostiger Haken aus ihrem Ärmel hervor, statt einer Hand, und ging gerade und sicher auf den Henkel des Korbes los ... O Lou, ich habe mich so gequält, Tag für Tag. Denn ich verstand alle diese Menschen [...] und mußte mir so oft sagen, daß ich nicht einer von ihnen bin, daß ich wieder fortgehen würde aus dieser schrecklichen Stadt, in der sie sterben werden ...«[11]

So recht gelingt die Distanzierung aber nicht, der verarmte Adelige Malte Laurids Brigge empfindet seinen eigenen Mangel an Geld auch als körperliche Bedrohung und reiht sich damit in die Gesellschaft der Armen mit allen Konsequenzen ein:

»Meine alten Möbel faulen in einer Scheune, in die ich sie habe stellen dürfen, und ich selbst, ja mein Gott, ich habe kein Dach über mir, und es regnet mir in die Augen.«[12]

Noch drastischer ist eine Verkaufsszene, bei der Pariser Aussätzige reiche Touristen schocken: in dem Gedicht »Die Bettler« machen sie buchstäblich das Hohle aus ihrer Hand zu Geld:

»Du wußtest nicht, was den Haufen
ausmacht. Ein Fremder fand
Bettler darin. Sie verkaufen
das Hohle aus ihrer Hand.

Sie zeigen dem Hergereisten
ihren Mund voll Mist,
und er darf (er kann es sich leisten)
sehn, wie ihr Aussatz frißt.

Es zergeht in ihren zerrührten
Augen sein fremdes Gesicht;
und sie freuen sich des Verführten
und speien, wenn er spricht.«[13]

Aber die Armen sind nicht nur ekelerregend, »Denn Armut ist ein großer Glanz aus Innen«[14], wie Rilkes berühmtester Einzeiler aus dem *Stundenbuch* heißt. Mit dem Geld fehlt ihnen auch dessen Verruchtheit, und so verklärt sie Rilke zu weltentrückten Heiligen, was ihm freilich nicht nur Beifall eingetragen hat[15]:

»[...]
nur mach die Armen endlich wieder arm.

Sie sind es nicht. Sie sind nur die Nicht-Reichen,
die ohne Willen sind und ohne Welt;
gezeichnet mit der letzten Ängste Zeichen
und überall entblättert und entstellt.

Zu ihnen drängt sich aller Staub der Städte,
und aller Unrat hängt sich an sie an.
Sie sind verrufen wie ein Blatternbette,
wie Scherben fortgeworfen, wie Skelette,
wie ein Kalender, dessen Jahr verrann, —
und doch: wenn deine Erde Nöte hätte:
sie reihte sie an eine Rosenkette
und trüge sie wie einen Talisman.

Denn sie sind reiner als die reinen Steine
und wie das blinde Tier, das erst beginnt,

und voller Einfalt und unendlich Deine
und wollen nichts und brauchen nur das EINE:
so arm sein dürfen, wie sie wirklich sind.«[16]

»DENN Armut ist ein großer Glanz aus Innen ...«.[17] Rilke kann eine solche soziale Ungeheuerlichkeit nur vertreten, weil er im Geld — und im Gold — einen Dämon sieht, dessen Besitz eigentlich von vornherein suspekt ist. Ein typisches Beispiel dafür ist »Gold«, ein Gedicht aus dem frühen Zyklus *Larenopfer,* dessen literarische Qualitäten hier nicht erörtert werden sollen:

»›Dein Wams, Geliebter ist voll Gold.
Wo hast das Gold du her?‹ —
›Da schaust du, Kind, das ist mein Sold,
kein Obrist hat wohl mehr!‹

›Nein, das ist gutes, rotes Gold,
das kann dein Sold nicht sein!‹
›Beim Spielen war das Glück mir hold,
und da ward alles mein!‹

›Ist wirklich alles dein — das Gold,
gesteh, — und ists kein Trug?‹ —
›Nun, Würfel haben mir gerollt,
und jetzt laß es genug!‹

›Und gibst du mir auch von dem Gold?‹
›Das weißt du!‹. ›Nein, du Schelm,
just auf der Stelle, sieh, ich wollt,
du füllst mir deinen Helm!‹

›Es sei!‹. ›Wie's durch die Finger bebt,
der Glanz gefällt mir gut! —
— — — — — — — — — — — — —
— — — — — — — — — — — — —
... ›Schau, was dir da am Finger klebt,
kam das vom Golde? — Blut!‹ — ...
— — — — — — — — — — — — —«[18]

Nicht nur hier ist das Gold, das »alte, alte Schlimme«, für Leben und Tod verantwortlich. In der letzten Duineser Elegie führt Rilke sogar ein

Geschlechtsteil des Geldes vor, dem man beim Zeugungsakt zusehen darf, was bei den auf Zerstreuung bedachten Menschen als nützlicher Aufklärungsunterricht gilt. Er schildert eine laute Vorstadtszene mit Budenzauber — Metapher einer Welt, in der weder richtig gelebt noch gestorben wird, wie das Bier mit der Marke »Tod-los« verrät:

»Freilich, wehe, wie fremd sind die Gassen der Leid-Stadt,
wo in der falschen, aus Übertönung gemachten
Stille, stark, aus der Gußform des Leeren der Ausguß
prahlt: der vergoldete Lärm, das platzende Denkmal.
O, wie spurlos zerträte ein Engel ihnen den Trostmarkt,
den die Kirche begrenzt, ihre fertig gekaufte:
reinlich und zu und enttäuscht wie ein Postamt am Sonntag.
Draußen aber kräuseln sich immer die Ränder von Jahrmarkt.
Schaukeln der Freiheit! Taucher und Gaukler des Eifers!
Und des behübschten Glücks figürliche Schießstatt,
wo es zappelt von Ziel und sich blechern benimmt,
wenn ein Geschickterer trifft. Von Beifall zu Zufall
taumelt er weiter; denn Buden jeglicher Neugier
werben, trommeln und plärrn. Für Erwachsene aber
ist noch besonders zu sehn, wie das Geld sich vermehrt, anatomisch,
nicht zur Belustigung nur: der Geschlechtsteil des Gelds,
alles, das Ganze, der Vorgang —, das unterrichtet und macht
fruchtbar . . . .
. . . . Oh aber gleich darüber hinaus,
hinter der letzten Planke, beklebt mit Plakaten des ›Todlos‹,
jenes bitteren Biers, das den Trinkenden süß scheint,
wenn sie immer dazu frische Zerstreuung kaun . . .,
gleich im Rücken der Planke, gleich dahinter, ists wirklich.«[19]

Geld ist also Mittel der Zerstreuung, Ablenkung von wirklich Wichtigem, nämlich dem Leiden-Können. Und auf die Belehrung, wie sich dieses Geld vermehrt, kann wohl einer, dem es um tiefe, um »grimmige« Einsicht geht, ebenso verzichten wie auf den übrigen Rummel.

Rilke hat also zum Geld von allen denkbaren Verhältnissen keines gehabt: er war weder geizig noch bewußt großzügig, er verschaffte es sich nicht für bestimmte Projekte, verzichtete aber auch nicht auf seine Annehmlichkeiten, er hatte weder besondere Angst vor der Verarmung noch vor dem Wohlstand. Und das korrespondiert mit anderen Beziehungslosigkeiten in seinem Leben, die auf den ersten Blick so rätselhaft bleiben wie Stefan Zweig es ausdrückte:

»Von allen unseren Dichtern hat keiner so geheimnisvoll gelebt wie Rainer Maria Rilke. Er hatte kein Haus, keine Adresse, wo man ihn suchen konnte, keine ständige Wohnung, kein Amt. Immer war er auf dem Weg durch die Welt, und niemand, nicht einmal er selbst, wußte im voraus, wohin er sich wenden würde.«[20]

Genausowenig hielt es ihn bei seiner Frau Clara und der Tochter Ruth. Alles blieb ihm äußerlich, wie auch der Beruf als Broterwerb, von dem Malte einmal sagt, er »käme«, nicht, er »hätte ihn ergriffen«:

»In der Kindheit kam mir das Lesen vor wie ein Beruf, den man auf sich nehmen würde, später einmal, wenn alle die Berufe kamen, einer nach dem andern. Ich hatte, aufrichtig gesagt, keine bestimmte Vorstellung, wann das sein könnte. Ich verließ mich darauf, daß man es merken würde, wenn das Leben gewissermaßen umschlug und nur noch von außen kam, so wie früher von innen. Ich bildete mir ein, es würde dann deutlich und eindeutig sein und gar nicht mißzuverstehen.«[21]

Wie seine Gestalt Malte will Rilke mit dem Geld nichts kontrollieren, keinen Einfluß, keine Macht ausüben. Aber warum hat er diese Entwicklung nicht vollzogen? Nach Sigmund Freud, der kurioserweise an dieser Stelle wieder auf Lou Andreas-Salomé, Rilkes langjährige Geliebte, Bezug nimmt, ist das Verhältnis zum Geld ein Gradmesser für das Ausmaß, in dem sich ein Mensch die Kontrolle über seine Ausscheidungen und damit Macht und Einfluß erwirbt.[22] Und gerade an diesem Punkt gibt es eine merkwürdige Auffälligkeit in Rilkes Biographie: er war nämlich bis zu seinem siebten Lebensjahr Transsexueller.

Bis dahin hatte René — so sein ursprünglicher Vorname, der sich von der weiblichen Form, Renée, nur in der Schreibweise unterscheidet — lange blonde Locken und Kleider getragen und mit Puppen gespielt.[23] Seine Mutter aber lebte in unglücklicher Ehe und hatte nach dem frühen Tod ihrer Tochter eine sehr enge, wenn nicht symbiotische Beziehung zu ihrem Sohn.[24] In solch narzißtischer Geborgenheit kann ein Kind, wie im Falle Rilkes, leicht eine große Empfindsamkeit entwickeln. Er muß daher wenig Veranlassung gehabt haben, aus dieser Versorgungshaltung aktiv auszubrechen, indem er mit Trotz und Zorn auf einem eigenen Weg zu Glückseligkeit beharrte.[25]

Rilke hat es also versäumt, sich in seiner analen Phase die Fähigkeit zur Kontrolle über seine Ausscheidungen — und damit später auch über das Geld — zu verschaffen. Tatsächlich ist sein erwachsenes Geschlechtsleben eine ständige Wiederholung dieser Geborgenheit bei mütterlichen, sensiblen Frauen, deren glücksspendenden Brüsten er sich nur passiv, lächelnd zuzuwenden brauchte.

Auch bei der Arbeit empfindet er sich als bloßes Gefäß, in das eine ihm unbekannte, aber offenbar sehr mütterlich wirkende Macht »seine« Gedichte gießt. Der symbiotische Charakter wird noch deutlicher, wenn er sich als »Mund« fühlt, der eine ihm von außen diktierte Botschaft verkündet: er ist nicht der selbst dichtend Gestaltende, sondern einer, aus dem »es« dichtet. So notiert er: »Französische Verse entstanden auf einem Wege nach Hansensee«[26], oder »Das erste russische Gedicht kommt mir ganz unversehens heute im Wald.«[27]

Vor diesem Hintergrund enträtselt sich sowohl sein immer wiederkehrender Mutter-Mythos[28] als auch das Scheitern seiner bürgerlichen Existenz. Wer sich immer versorgt fühlt, kann sich ungehemmt den Freuden des Kindseins hingeben, und so wird aus dem Schoßkind Rilke später ein Schloßkind, aber niemals ein Familienoberhaupt. Was für ein beglückender Mensch die Mutter ist — »So ein Wesen, vor dem die Türen ganz anders nachgaben als vor uns«[29] —, darüber gibt Malte immer wieder Auskunft, etwa, wenn sie von einem Ball an das Bett ihres kranken Söhnchens zurückkehrt und so verführerisch duftet: »Und da rauschte es ein wenig in den anderen Zimmern, und Maman kam herein in der großen Hofrobe, die sie gar nicht in acht nahm, und lief beinah und ließ ihren weißen Pelz hinter sich fallen und nahm mich in die bloßen Arme. Und ich befühlte, erstaunt und entzückt wie nie, ihr Haar und ihr kleines, gepflegtes Gesicht und die kalten Steine an ihren Ohren und die Seide am Rand ihrer Schultern, die nach Blumen dufteten. Und wir blieben so und weinten zärtlich und küßten uns, bis wir fühlten, daß der Vater da war und daß wir uns trennen mußten.«[30] Denn natürlich darf der Vater von den Inzest-Wünschen seines kleinen Ödipus nichts erfahren.

Aber die biographischen Parallelen gehen noch weiter. Auch Malte spielt nämlich, er sei die Tochter seiner Mutter. Diese Kleine aber hört ausgerechnet auf den Namen Sophie: und das war der Vorname von Rilkes eigener Mutter.[31]

Diese ödipale Konstellation, bei der der Sohn über den Namen mit der Mutter eins wird oder die Mutter der Geliebten vorzieht, wiederholt sich in unzähligen Passagen seiner Lyrik und Prosa und übertrifft im Frühwerk dabei mühelos jedes Pennälergedicht, etwa wenn es heißt:

»Der blonde Knabe singt:
was weinst du, Mutter? Ist der Spind

auch bettelleer, — sei gut!
Ich bin dein blondes Kronenkind
und du hast Edelblut [...]«[32]

Auch wenn man berücksichtigt, daß erst im Anschluß an den deutschen Faschismus, also fünfzig Jahre später, die pathetisch-schwülstige Schreibweise generell entwertet wurde, finden sich doch beim frühen Rilke besonders bizarre Stil-Blüten.[33] Analytisch relevant ist das insofern, als es auf diejenigen Domänen von Rilkes Persönlichkeit verweist, in denen die stärkste Enthemmung stattgefunden hat: es sind fast ausnahmslos Szenen oft schwüler Mutter-Erotik, die mitunter nur knapp den Inzest verfehlen, also ständige Wiederholungen der ödipalen Konstellation.

Mit 22 Jahren geht Rilke die Beziehung zur damals 36jährigen, verheirateten Lou Andreas-Salomé ein. Sie ist nicht die erste und nicht die letzte seiner mütterlichen Geliebten, wohl aber diejenige, zu der er das längste, tiefste und förderlichste Verhältnis gehabt hat. Sie lehrt ihn russisch, arbeitet mit ihm im weitesten Sinne literarisch, und mit ihr gelangt er zu der künstlerischen Reife, die ihn über bloße Verseschmiede hinaushebt und zum Künstler von Weltrang macht. Sie ist lebenslange Vertraute und Beraterin, und er hat ihr viele Gedichte gewidmet. Wie sehr sie die Symbiose zur Mutter fortsetzt, zeigt eine für Lou bestimmte Tagebuchnotiz, in der Rilke schreibt:

»Einmal kam ich ja so arm zu Dir, fast als Kind kam ich zu der reichen Frau. Und Du nahmst meine Seele in Deine Arme und wiegtest sie ... Damals küßtest du mich auf die Stirne und mußtest Dich tief neigen dazu.«[34]

1905 schreibt er an seine Lehrmeisterin aus der Villa Strohm-Fern in Rom:

»Ich aber, Lou, Dein irgendwie verlorener Sohn, ich kann noch lange, lange noch [sic] kein Erzähler sein, kein Wahr-Sager meines Weges, kein Beschreiber meines gewesenen Schicksals; was Du hörst, ist nur der Laut meines Schrittes, der immer noch weiter geht.«[35]

Ein pikantes Detail ist in diesem Zusammenhang, daß Lou Andreas-Salomé sich ihrem Gatten lebenslang verweigerte und auch kinderlos starb. Der Verlorene Sohn[36] hatte sich also eine unfruchtbare Iokaste gesucht.

Daß er sich aber auch von Frauen bestens versorgen ließ, bei denen die Sexualität überhaupt ausgespart blieb, zeigt sein Verhältnis zur Fürstin Marie von Thurn und Taxis. Diese lebensbejahende, kluge Frau hatte ihre eigenen künstlerischen Grenzen akzeptiert und förderte Rilke gern und lange, etwa indem sie ihn auf ihre Schlösser[37] einlud oder indem sie ihm Geld zukommen ließ. Marie Taxis war ihm so etwas wie die hêre frouwe dem mittelalterlichen Troubadour, und mit ihr restaurierte Rilke das aufblickende Verhältnis des Minnesängers zu seiner Herzensdame, indem er ihr überschwenglich seinen Elegien-Zyklus zueignete. Er hatte zehn Jahre daran gearbeitet und auf ihrem Adria-Schloß Duino — das im Zweiten Weltkrieg zerstört wurde — damit angefangen. Als er den Zyklus im Februar 1922 beendet, schreibt er seiner Mäzenin noch in derselben Nacht — ein wenig zu unterwürfig vielleicht, und arg in Pose:

»Endlich, Fürstin, endlich der gesegnete, wie *gesegnete Tag, da ich Ihnen den Abschluß — so weit ich sehe — der* Elegien *anzeigen kann: ZEHN! [...] Alles in ein paar Tagen, es war ein namenloser Sturm, ein Orkan im Geist (wie Damals auf Duino), alles, was Faser in mir ist und Geweb, hat gekracht, an Essen war nicht zu denken, Gott weiß, wer mich genährt hat. Aber nun ists. Ist. Ist. Amen [...] Das Ganze ist* Ihrs, *Fürstin, wie sollt's nicht! Wird heißen: Die Duineser Elegien. Im Buch wird (: denn ich kann Ihnen nicht geben, was Ihnen, seit Anfang, gehört hat)* keine *Widmung stehn, [...], sondern: aus dem Besitz (der Fürstin Marie von Thurn und Taxis-Hohenlohe).«*[38]

Mit der idealen, unerreichbaren Geliebten Marie Taxis verwirklicht er so in den Elegien seinen Traum vom ewigen Ruhm, greift nach den Sternen, während der Höhepunkt seiner Beziehuung zur mütterlichen Geliebten Lou sicherlich die phallischen Gedichte[39] sind: literarische Produktion also als Ersatz für eine alle Bereiche des Lebens durchdringende lebenslange und exklusive Beziehung zu einer einzigen Frau.

Dennoch hat Rilke durchaus versucht, eine bürgerliche Existenz zu gründen. Am 28. April 1901 — 26jährig — heiratet er die Bildhauerin Clara Westhoff und hat siebeneinhalb Monate später mit ihr die Tochter Ruth. Wie weit diese Beziehung von Anfang an ernst gemeint und nicht nur eine Trotzreaktion darauf war, daß die Worpsweder Malerin Paula Becker den Maler Modersohn heiratete, statt sich Rilke zuzuwenden, ist schwer zu sagen. Der empfindsame Dichter sagt zumindest über die Ehe:

»Es fällt niemandem ein, von einem einzelnen zu verlangen, daß er ›glücklich‹ sei, heiratet aber einer, so ist man sehr erstaunt, wenn er es nicht *ist.«*

Bei aller Distanz zur Institution Ehe versucht er dennoch zwei Jahre lang, als literarischer Hansdampf in allen Gassen, Geld für seine Familie zu verdienen. Denn von Lou kann er sich natürlich jetzt nichts mehr leihen, und so arbeitet er abwechselnd als Vorleser, Buch-Rezensent, Feuilleton-Rezensent und Sachbuch-Autor.[40] Aber das Geld reicht nie, und so verläßt er Worpswede nach knapp zweijähriger Ehe, um in Paris eine Monographie über den Bildhauer Rodin zu schreiben. Die Trennung bleibt dauerhaft — die kleine Ruth kommt in Pflege zu den Großeltern, und auch mit Clara lebt er nie wieder über längere Zeit zusammen, bis er sich schließlich nach Muzot zurückzieht, wo er ohne sie bleibt. Die Ehe ist nie geschieden worden — sie fand einfach nicht mehr statt: Rilke hatte zu derlei Verbindlichkeiten offensichtlich keine Beziehung.

Mit seiner Brotarbeit ergeht es ähnlich. Er ist zwar fasziniert von Rodin, über den er schreiben soll, aber das genügt nicht: er macht ihn zu seinem persönlichen Nestor, zum weisen Lehrer nicht nur in künstlerischen, sondern auch in Fragen des Vertrauens. Drei Jahre später bietet Rodin ihm eine Stelle als Privatsekretär bei freiem Logis an, was jeden Morgen zwei Stunden in Anspruch nehmen soll, damit er genügend Zeit und Geld für seine eigene Arbeit findet. Aber Rilke fühlt sich von der Arbeit eines Sekretärs völlig überfordert. Er braucht zum Abfassen eines französischen Briefes zehnmal so lange wie ein Franzose und kommt mit den zwei Stunden nicht aus, ohne daß Rodin es merkt. »Mais oui«, sagt der einmal zu einem deutschen Freund über Rilke, »er ist mein Freund. Ich sehe ihn viel und er hilft mir manchmal. C'est un honneur pour moi.«[41] Man kann sich leicht vorstellen, daß Rilke die gönnerhafte Herablassung, die auch aus diesen Worten klingt, nicht lange ertragen konnte. Nach einem Jahr kommt es zum Streit, und Rodin entläßt ihn wegen einer Lappalie.

Danach setzt Rilke bis zum Lebensende auf das Mäzenatentum. Er schafft sich Beziehungen zum gesamten europäischen Adel, ist auch immer geschätzter Freund und Gesprächspartner, und wenn gelegentlich Bettelbriefe nötig sind, schreibt er sie in aller Würde, wie jenes Telegramm 1919 an die Baronesse Sidonie Nádherný von Borutin, die er bei Rodin kennengelernt hatte:

»München, 6/6/1919. Einreisebewilligung eben eingetroffen, aber vor Mittwoch Abreise nicht möglich. Können Sie noch warten? Bitte sendet etwas Geld für Ankunft an Lesezirkel Hottingen. Viele zuversichtliche Grüße. Rainer.«[42]

Seinen Verleger Kippenberg macht er zum Manager und Finanzberater, der sogar über fremdes Geld verfügt und Unterhaltszahlungen an Clara und Ruth überweist. Nach Kriegsanfang 1914 schreibt er ihm:

»Mein Lieber Freund,
unsere Papiere sind höchst sicher, aber Sie kennen die ganze Unsicherheit Ihres

Mündels: nämlich Geldsachen: ich muß infolge mehrfach verschobener Dispositionen unter die Obhut des guten Sachwalters greifen, der mir nachsichtigst gewähren möge.«[43]

Und für den täglichen Bedarf findet er immer irgendwelche Gönner, die ihn mit dem Nötigsten und mehr versehen.

Ist dieses Verhältnis zum Geld nun gut oder schlecht für einen Dichter? Gottfried Benn zum Beispiel urteilt sehr harsch über Rilke: »Schließlich reimt sich alles, und es findet sich immer noch ein gräfliches Schloß, von dem aus man die Armen bedichtet.«[44]

Aber man sollte mit solchen eindeutigen Urteilen wohl eher zurückhaltend sein. Daß Rilke seine Welt nicht mit den Augen des Sozialreformers gesehen hat, kann man ihm nicht vorwerfen, da er selbst nicht den Anspruch erhob, einer zu sein. Und seine überragende Fähigkeit, gerade im Mikro-Bereich menschlicher Gefühle feinste Nuancen wahrzunehmen, zu deuten und in häufig sehr eleganten und metaphernreichen Formulierungen wiederzugeben, stellt ihn sicherlich außerhalb bürgerlicher Maßstäbe. Seine Werke zeigen Leiden, Freude und Sinnlichkeit, also eine infantil geprägte Erfahrungspalette[45], in außerordentlicher Intensität und sprachlicher Vollkommenheit. Und dazu bedurfte es offenbar einer Persönlichkeit, die solche infantilen Erfahrungen fünfzig Jahre hindurch reproduzierte und litararisch so verdichtete wie in den *Sonetten an Orpheus:*

»Irgendwo wohnt das Gold in der verwöhnenden Bank
und mit Tausenden tut es vertraulich. Doch jener
Blinde, der Bettler, ist selbst dem kupfernen Zehner
wie ein verlorener Ort, wie das staubige Eck unterm Schrank.

In den Geschäften entlang ist das Geld wie zuhause
und verkleidet sich scheinbar in Seide, Nelken und Pelz.
Er, der Schweigende, steht in der Atempause
alles des wach oder schlafend atmenden Gelds.

O wie mag sie sich schließen bei Nacht, diese immer offene Hand.
Morgen holt sie das Schicksal wieder, und täglich
hält sie sie hin: hell, elend, unendlich zerstörbar.

Daß doch einer, ein Schauender, endlich ihren langen Bestand
staunend begriffe und rühmte. Nur dem Aufsingenden säglich.
Nur dem Göttlichen hörbar.«[46]

[1] Weitere Dokumente, die von Rilkes Umgang mit Geld zeugen, wie z.B. Steuererklärungen, sind nicht enthalten. Nach Auskunft der Gattin des Rilke-Enkels Christoph Sieber-Rilke, Frau Hella Sieber-Rilke (2. Mai 1984), erledigte Anton Kippenberg auch diese Aufgaben. Die Original-Erklärungen beim Insel-Verlag in Leipzig verbrannten samt Belegen nach einem Bombenangriff 1944. In die Weimarer Sammlung der Rilke-Briefe wurden auf Wunsch von Kippenberg und Ruth Sieber-Rilke »geschäftliche Dinge« nicht mit aufgenommen. Weitere Briefe zwischen Rilke und Kippenberg liegen noch unediert in Marbach. An einer Edition der Briefe Rilkes an seine Tochter Ruth arbeitet Hella Sieber-Rilke zur Zeit — ob dabei allerdings finanzielle Fragen thematisiert werden, ist fraglich.

[2] Auf die Wechselwirkung von Geldbesitz und gesellschaftlicher Existenzform, wie sie auch in der Dichtung zum Thema werden, weist Karl Marx im ersten Band seines *Kapital* hin, bevor er auf den Charakter des Geldes als allgemeine Äquivalentform gesellschaftlicher Arbeit zu sprechen kommt: »Aber nur die gesellschaftliche Tat kann eine bestimmte Ware zum allgemeinen Äquivalent machen. Die gesellschaftliche Aktion aller Waren schließt daher eine bestimmte Ware aus, worin sie allseitig ihre Werte darstellen. Dadurch wird die Naturalform dieser Ware gesellschaftlich gültige Äquivalentform. Allgemeines Äquivalent zu sein wird durch den gesellschaftlichen Prozeß zur spezifisch gesellschaftlichen Funktion der ausgeschlossenen Ware. So wird sie — Geld.« In: Marx, Engels, *Werke*, Bd. 23, Berlin 1972, *Das Kapital*, Bd. 1, S. 101. Marx zit. an dieser Stelle Sophokles' *Antigone:*

»Denn kein so schmählich Übel,
wie des Geldes Wert
Erwuchs den Menschen: dies vermag
die Städte selbst
zu brechen, dies treibt Männer aus
von Hof und Herd;
Dies unterweiset und verkehrt
den edlen Sinn
Rechtschaff'ner Männer, nachzugeh'n
ruchloser Tat
Zeigt an die Wege böser List
den Sterblichen,
Und bildet sie zu jedem gottverhaßten
Werk.«

und Shakespeare, *Timon of Athens:*

»Gold! kostbar, flimmernd, rotes Gold!
Soviel hievon, macht schwarz weiß,
häßlich schön;
Schlecht gut, alt jung, feig tapfer,
niedrig edel.
... Ihr Götter! Warum dies? warum
dies, Götter;
Ha! dies lockt Euch den Priester vom
Altar;
Reißt Halbgenes'nen weg das
Schlummerkissen;
Ja, dieser rote Sklave löst und bindet
Geweihte Bande; segnet den
Verfluchten;
Er macht den Aussatz lieblich; ehrt den
Dieb,
Und gibt ihm Rang, gebeugtes Knie
und Einfluß
Im Rat der Senatoren; dieser führt
Der überjähr'gen Witwe Freier zu;
... Verdammt Metall,
Gemeine Hure du der Menschen.«

[3] *Wegwarten, Lieder, dem Volke geschenkt,* 1895, in: Rainer Maria Rilke, *Sämtliche Werke in zwölf Bänden,* Insel Werkausgabe (im folgenden: *SW*), Bd. 5, herausgegeben vom Rilke-Archiv in Verbindung mit Ruth Sieber-Rilke, besorgt durch Ernst Zinn, Frankfurt/M. 1976, Bd. 5, S. 111. Als Widmung (S. 112) schreibt Rilke: »Ein Wort nur: ... Ihr gebt eure Werke in billigen Ausgaben. — Ihr erleichtert dadurch den Reichen das Kaufen; den Armen helft ihr nicht. Den Armen ist Alles zu teuer. Und wenn es zwei Kreuzer sind, und die Frage heißt: Buch oder Brot? Brot werden sie wählen; wollt ihrs vergen? Wollt ihr also Allen geben, — so gebt! —

Paracelsus erzählt, die Wegwarte werde alle Jahrhunderte zu lebendigen Wesen; und leicht erfüllt die Sage sich an diesen Liedern; vielleicht wachen sie zu höherem Leben auf in der Seele des Volkes.

Ich bin selbst arm; aber diese Hoffnung macht mich reich. — Die ›Wegwarten‹ werden ein- bis zweimal jährlich erscheinen. Pflückt sie, und mögen sie euch zur Freude sein!

René Maria Rilke«

[4] Wolfgang Leppmann, *Rilke: sein Leben, seine Welt, sein Werk,* Bern, München 1981 (im folgenden: Leppmann), S. 197.

[5] Leppmann, S. 445. Rilkes Umgang mit Kippenberg, darauf deutet etwa sein Brief vom 11.3.1908, ist durchaus nicht gezeichnet von verklemmter Devotheit; der Dichter ist sich durchaus bewußt, daß er etwas anzubieten hat, wenn der Verleger seinerseits ihm finanzielle Ungebundenheit ermöglicht. Er drückt auch aus, daß Rilke nur ungern auf Geldspritzen von Mäzenen zurückgreift; daß aber mit Lyrik nicht das große Geschäft zu machen ist — seitens des Verlegers wie des Autors — ist ihm durchaus bewußt.

[6] Leppmann S. 323. Auf S. 245 erwähnt Leppmann jedoch, daß Rilke einerseits eine plötzliche Zuwendung 1904 zu einer Kur in Dr. Heinrich Lahmanns »Weißem Hirsch« bei Dresden verwendet, ohne ernstlich krank zu sein, andererseits häufig Geldsorgen hat. »Das Geheimnis lüftet sich ein wenig, wenn man gewisse Eigenheiten seines Charakters und seiner damaligen Lebensführung berücksichtigt. Trotz einer gewissen Désinvolture gehört er auch im Finanziellen nicht zu den Menschen, die unbekümmert in den Tag hineinleben. Er macht sich durchaus Sorgen um seine Lage und fragt einmal sogar bei seinem Freund Gibson an, ob dieser jemanden wüßte, der ihm das Manuskript der ›Weißen Fürstin‹ abkaufen würde. Andererseits braucht er wenig zum Leben, nicht so sehr aus Sparsamkeit, als, weil er an manchem, wofür andere Geld ausgeben, keinen Gefallen findet. Er ißt zum Beispiel sehr einfach, und wenn vegetarische Restaurants keineswegs billig sind, so begnügt er sich doch tatsächlich oft mit Milch, Gemüse und einem Stück Obst; er gehört überhaupt zu denen, die lieber ein Käsebrot an einem wohlgedeckten Tisch als Gänsebraten in einer ungepflegten Gaststätte essen. Obwohl er für sein Leben gern reist, fährt er damals noch 3. oder 2. Klasse und steigt lieber in unscheinbaren, aber bequemen Hotels ab als in teuren und modernen; (...) Er zieht sich gern gut, bisweilen ausgesprochen vornehm an, kommt aufgrund seiner Lebensweise, die weder körperliche Betätigung, noch berufliche Kleiderzwänge beinhaltet, aber mit wenigen gediegenen Sachen aus.«

[7] Leppmann, S. 285.

[8] Außer dem 19. Sonett an Orpheus (vgl. Anmerkung 46) belegt das Gedicht »Das Gold« diese Sichtweise (*SW* 2, 578 f.):

»DENK es wäre nicht: es hätte müssen
endlich in den Bergen sich gebären
und sich niedergeschlagen in den Flüssen
aus dem Wollen, aus dem Gären

ihres Willens; aus der Zwangs-Idee,
daß ein Erz ist über allen Erzen.
Weithin warfen sie aus ihren Herzen
immer wieder Meroë

an den Rand der Lande, in den Äther,
über das Erfahrene hinaus;
und die Söhne brachten manchmal später
das Verheißene der Väter,
abgehärtet und verhehrt, nachhaus;

wo es anwuchs eine Zeit, um dann
fortzugehn von den an ihm Geschwächten,
die es niemals liebgewann.
Nur (so sagt man) in den letzten Nächten
steht es auf und sieht sie an.«

[9] *Die Aufzeichnungen des Malte Laurids Brigge,* in: *SW* 11, S. 903 f.

[10] Ebd., S. 904.

[11] Zit nach Leppmann, S. 228.

[12] *Die Aufzeichnungen des Malte Laurids Brigge,* in: *SW* 11, S. 747.

[13] Aus: *Der neuen Gedichte anderer Teil,* Paris, Frühsommer 1908, in: *SW* 2, S. 587.

[14] Aus: *Das Stundenbuch. Von der Armut und vom Tode,* 17.4.1903, Paris, in: *SW* 1, S.356.

[15] Von den zahlreichen kritischen Stimmen seien hier zwei zitiert. Reinhold Grimm schreibt in *Von der Armut und vom Regen. Rilkes Antwort auf die soziale Frage,* Königstein 1981: »Die Rilke'schen Armen sind einerseits bar jedweder Gegenwart und doch andererseits allgegenwärtig; sie sind so geschichtslos wie gesellschaftsfern und dennoch der Macht der Zeit (oder den in ihr wirkenden, in ihr herrschenden Mächten) so sehr ausgesetzt und ausgeliefert wie insgeheim überlegen.

Ihr historisch-soziologischer Ort ist die moderne Großstadt, ihr poetischer die heile, zugleich in sich ruhende und aus sich selber wachsende Natur. Geschichte und gegenwärtige Gesellschaft werden von Rilkes Zeitlosigkeit und Überzeitlichkeit in reines Naturgeschehen verwandelt, ja, im Grunde aufgelöst; Zeitliches wird von ihm verräumlicht, Menschliches verdinglicht. Dabei findet zu allem Überfluß eine völlig willkürliche Verkehrung des sozialen Gefüges mit seinen Schichten und Verhältnissen statt, die schließlich geradezu wie pervertiert (...) anmuten — was indes durch die verführerisch schönen Bildlichkeiten und den einlullenden Wohllaut der Verssprache weitgehend wieder verwischt und verunklärt, oder, richtiger, kunstvoll und künstlich verklärt wird. Es vollzieht sich eine beinahe schwelgerische Ästhetisierung des gesellschaftlichen Phänomens der Armut, die als existentielle, halb noch religiöse, halb schon säkularisierte, Gegebenheit nicht etwa bloß in Kauf genommen, sondern emphatisch gefeiert und bejaht wird (...). Denn Rilke'sche Armut ist kein ›großer Glanz aus innen‹, sondern ein äußerlicher Firnis, der freilich mit (...) glänzendem Geschick aufgetragen ist.« S.13/14.

»Rilke bedichtete beides, den Regen wie die Armut, und ästhetisierte es schrankenlos. Er machte die armen Obdachlosen, die draußen stehen, zu selig Durchnäßten und selig Frierenden, ja verklärte Nässe und Kälte in dieser säkularisierten Welt, die so im Argen liegt, schlechterdings zu Gottes (...) Niederfall als Regen.« *Materialien zu Rainer Maria Rilkes Duineser Elegien,* hrsg. von Ulrich Fülleborn und Manfred Engel, Frankfurt 1980, S.29.

[16] *Das Stunden-Buch. Von der Armut und dem Tode,* in: *SW* 1, S.355f.

[17] *SW* 1, S.356.

[18] Aus: *Larenopfer. Aus dem Dreißigjährigen Krieg 1–12,* in: *SW* 1, S.56 (geschrieben 1895).

[19] 10.Duineser Elegie, geschrieben am 11.2.1922 in Muzot, in: *SW* 2, S.721f.

[20] Zitiert bei Leppmann als Klappentext.

[21] *Die Aufzeichnungen des Malte Laurids Brigge,* in: *SW* 11, S.891.

[22] »An diesem Punkt tritt (dem Säugling), wie die feinsinnige Lou Andreas ausgeführt hat, zuerst die Außenwelt als hemmende, seinem Luststreben feindliche Macht entgegen und läßt ihn spätere äußere wie innere Kämpfe ahnen. Er soll seine Exkremente nicht in dem ihm beliebigen Moment von sich geben, sondern wann andere Personen es bestimmen. Um ihn zum Verzicht auf diese Lustquelle zu bewegen, wird ihm alles, was diese Funktionen betrifft, als unanständig, zur Geheimhaltung bestimmt, erklärt. Er soll hier zuerst soziale Würde für Lust eintauschen. Sein Verhältnis zu den Exkreten selbst ist von Anfang an ein ganz anders. Er empfindet keinen Ekel vor seinem Kot, schätzt ihn als einen Teil seines Körpers, von dem er sich nicht leicht trennt, und verwendet ihn als erstes ›Geschenk‹, um Personen auszuzeichnen, die er besonders schätzt. Noch nachdem der Erziehung die Absicht gelungen ist, ihn diesen Neigungen zu entfremden, setzt er die Wertschätzung des Kotes auf das ›Geschenk‹ und auf das ›Geld‹ fort.« Sigmund Freud, *Vorlesungen zur Einführung in die Psychoanalyse,* Frankfurt 1980, S.248.

[23] Leppmann, S.15.

24 Als Beleg für eine Idealisierung symbiotischer Mutter-Kind-Beziehungen mag auch der folgende Ausschnitt aus der Duineser Elegie dienen:

»O Seligkeit der *kleinen* Kreatur,
die immer *bleibt* im Schooße, der sie austrug;
o Glück der Mücke, die noch *innen* hüpft,
selbst wenn sie Hochzeit hat: denn Schooß ist Alles.«

Aus: *SW* 2, S. 715 f.

25 »Schon während dieser oralen Phase treten mit Erscheinen der Zähne sadistische Impulse isoliert auf. In viel größerem Umfang in der zweiten Phase, die wir die sadistisch-anale heißen, weil hier die Befriedigung in der Aggression und in der Funktion der Exkretion gesucht wird. Wir begründen das Recht, die aggressiven Strebungen unter der Libido anzuführen, auf die Auffassung, daß der Sadismus eine Triebmischung von rein libidinösen mit rein destruktiven Strebungen ist, eine Mischung, die von da an nicht aufhören wird.« Sigmund Freud, *Abriß der Psychoanalyse,* Frankfurt 1970, S. 16.

26 Vgl. Leppmann, S. 144.

27 Vgl. Leppmann, S. 144.

28 Vor allem Rilkes Prosa bietet eine solche Fülle von Beispielen, daß ihre Aufzählung hier gar nicht möglich ist.

29 *Die Aufzeichnungen des Malte Laurids Brigge,* in: *SW* 11, S. 875.

30 Ebd., S. 798.

31 »Es fiel uns ein, daß es eine Zeit gab, wo Maman wünschte, daß ich ein kleines Mädchen wäre und nicht dieser Junge, der ich nun einmal war. Ich hatte das irgendwie erraten, und ich war auf den Gedanken gekommen, manchmal nachmittags an Mamans Türe zu klopfen. Wenn sie dann fragte, wer da wäre, so war ich glücklich, draußen ›Sophie‹ zu rufen, wobei ich meine kleine Stimme so zierlich machte, daß sie mir in der Kehle kitzelte. Und wenn ich dann eintrat (in dem kleinen, mädchenhaften Hauskleid, das ich ohnehin trug, mit ganz hinaufgerollten Ärmeln), so war ich einfach Sophie, Mamans kleine Sophie, die sich häuslich beschäftigte und der Maman einen Zopf flechten mußte, damit keine Verwechslung stattfinde mit dem bösen Malte, wenn er je wiederkäme.« *Die Aufzeichnungen des Malte Laurids Brigge,* in: *SW* 11, S. 800.

32 Das Gedicht enthält auch einen Blick in das mütterliche Schlafzimmer:

»Ich schaute ja, du weißt es nicht, —
wie du so oft noch spät
beim morgenmatten Lampenlicht
dein Königskleid genäht.

So bist du eine Königin,
und sei nicht bang und zag —
und ich bin erst krafteigen dein,
kommt unser Königstag.«

Aus: *Erste Gedichte: Mütter.* In: *SW* 1, S. 140 (München, 1. 2. 1897).

»Liebend
stieg er hinab in das ältere Blut, in die Schluchten,
wo das Furchtbare lag, noch satt von den Vätern. Und jedes
Schreckliche kannte ihn, blintzelte, war wie verständigt.
Ja, das Entsetzliche lächelte ... Selten
hast du so zärtlich gelächelt, Mutter. Wie sollte
er es nicht lieben, da es ihm lächelte. *Vor*
dir hat ers geliebt, denn, da du ihn trugst
schon, war es im Wasser gelöst, das den Keimenden leicht macht.«

Aus der dritten Duineser Elegie, die mit den Versen beginnt: »Eines ist, die Geliebte zu singen. Ein anderes, wehe,/Jenen verborgenen schuldigen Fluß-Gott des Bluts.« In: *SW* 2, S. 695 und 697.

33 Auszüge aus der 1898/1901 geschriebenen Erzählung *Die Letzten* sollen dem Leser nicht vorenthalten werden: »... und seine Stimme findet eine ungeahnte Zärtlichkeit. ›Du hast ganz rote Augen, Mama. (...) Hast du mir auch nicht zu viel gearbeitet? Was? Dieses schreckliche Rot in deinem Stickmuster ... Ja, muß es denn gerade dieses Rot sein, dieses Blutige? — Was wird es denn überhaupt?‹

Frau Malcorn kann so viel Glück gar nicht glauben. ›Ein Tischläufer —‹, sagt sie leise, mit vor Rührung zitternder Stimme.« (S. 259)

Auch in dieser Zweisamkeit hat der Vater keinen Platz: »Und da kniet sie auf einmal neben ihm und drückt ihr Weinen in seinen Schooß und hört über sich Haralds Stimme gehen, leise, ernst, beinahe feierlich: ›Er war ein Greis. Ich habe ihn nicht geliebt.‹« (S. 274)

In den letzten Fieberphantasien geht der Held im Eilschritt zurück zur Mutter. »›Und wenn es mir mal einfällt, ein Haus zu bauen, dann mußt du darin wohnen natürlich ... das heißt: wir, — denn wir werden nie voneinander gehen ... Nicht wahr? ... Sag!‹

Frau Malcorn lächelt zerstreut: ›Du wirst heiraten ...‹

›Nun doch — einmal ...‹

›Glaubst du, daß ich Marien geheiratet hätte?‹

Frau Malcorn nickt zustimmend. ›Ich habe nie daran gedacht.‹« (S. 278) »Und nach einer kleinen Stille hört sie ihn sagen: ›Wie schön du bist!‹ Und schaudernd fühlt sie sich von ihm angeschaut. Und wieder ›Wie schön du jetzt bist.‹ Mit ganz leisen, verhaltenen Bewegungen steht sie auf und wartet, bis er ruft: ›Du warst nie so schön!‹« (S. 280. Dann fragt er nach ihrem Namen:) ›Aber wie haben dich die genannt, die ... die ... die du lieb gehabt hast?‹ Sie weiß kaum, daß sie antwortet mit einer anderen, jungen Stimme: ›Edel.‹

Und er nimmt den Namen und liebkost ihn. ›Edel — ja, so mußt du heißen. (...) Geh, hol dir dein weißes Kleid ... Worauf sollen wir warten? Schönheit will über uns kommen.‹« (S. 280) in: *SW* 7.

[34] Zit nach Leppmann, S. 101 f.

[35] Brief vom 9. 11. 1905, in: Rilke, *Briefe*, Wiesbaden 1980, S. 70.

[36] In *Malte Laurids Brigge* (*SW* 11, S. 938 bis 946) erzählt Malte die Geschichte des Verlorenen Sohnes, jenes immer wiederkehrende Motiv, als eines, der nicht geliebt werden wollte.

[37] Leppmann, S. 308, weist auf die Möglichkeiten hin, die James Joyce, der ganz in der Nähe von Duino sich mit Sprachunterricht in Triest über Wasser hielt, gehabt haben könnte, hätte Marie Taxis auch ihn damals fördern können.

[38] Zit. nach Leppmann, S. 431.

[39] Sieben Gedichte, Spätherbst 1915, in: *SW* 3, S. 435–438.

[40] Leppmann, S. 176.

[41] Leppmann, S. 255.

[42] Aus: Rilke, *Briefe an Sidonie Nádhern von Borutin*, Frankfurt 1973, S. 290.

[43] Rilke, *Briefe*, Wiesbaden 1980, S. 479.

[44] Bruno Hillebrand, *Gottfried Benn*, Darmstadt 1979, S. 112.

[45] Die Darstellung der Pariser Prostituierten ausgerechnet als Kinderpuppen mit ausgerenkten Armen deutet auch — pars pro toto — auf die Kontinuität von Rilkes weiblich-infantiler Lebensperspektive. (*SW* 11, S. 904)

[46] *Sonette an Orpheus*, geschrieben in Muzot 17.–23. Februar 1922, 2. Teil, XIX, in: *SW* 2, S. 763.

Paul Kruntorad LUDWIG WITTGENSTEIN

Wittgenstein legte keinen Wert auf Geld; und doch war er, wie jeder andere auch, auf den Umgang damit angewiesen. Sein Vater Karl, Sohn des Großkaufmanns Hermann Christian Wittgenstein und Enkel des fürstlich Waldeckschen Hoffaktors Moses Meyer im hessischen Korbach, war ein reicher Mann, einer der reichsten in der Monarchie. Ludwigs Urgroßeltern waren jüdisch, die Großeltern protestantisch, sein Vater heiratete jedoch ebenso wie schon der Großvater in eine assimilierte jüdische Familie in Österreich ein, und so wurde Ludwig bei seiner Geburt am 26. April 1889 katholisch getauft. Vater Karl, eins von elf Kindern, wurde vom Gymnasium relegiert, brachte sich in Amerika als Kellner und Barmusiker durch, nachdem er mit dem Erlös aus dem Verkauf der Geige seiner Schwester den Paß eines Musikstudenten erworben hatte. Karl war ein tüchtiger Junge. In einer Notiz, die er selbst zu seiner Biographie verfaßte, heißt es:

»In Washington Barkeeper in einer Bar, die eine Abteilung für Weiße und eine andere für Schwarze hatte. Zuerst in der weißen Abteilung, dann wegen Verwendbarkeit zur Niggerbar. Haupttätigkeit des Auseinanderkennen der Neger, wissen wer gezahlt hat und wer nicht. Der Besitzer der Bar selbst konnte sich die Physiognomien nicht merken. Doch der erste bessere Verdienst. Im November frisch ausstaffiert nach New York zurück und von dort zum ersten Mal Nachricht nach Hause geschickt ...«[1]

Nach seiner Rückkehr absolvierte Karl dann doch ein technisches Studium. Wie er den Weg vom Ingenieur zu einem Stahlindustriellen etwa vom Range Krupps machte, davon weiß man wenig. Brian McGuinnes, der von allen Biographen Wittgensteins etwas mehr auf die Karriere des Vaters eingeht, beschreibt sie mit offenkundiger Mißbilligung:

»Er zog Aufträge an Land, indem er Liefertermine versprach, deren Einhaltung praktisch unmöglich erschien. Er kaufte Aktien und übernahm Firmen, auch wenn es keineswegs sicher war, daß er über die nötigen Mittel verfügte. Durch Sicherung von Patenten und Postierung vertrauenswürdiger Leute an der Spitze seiner Unternehmen zwang er seine Konkurrenten in die Knie. Zu guter Letzt führte er noch die Umorganisierung eines praktisch toten Zweiges der österreichischen Stahlindustrie durch. Gerade zu diesem Zeitpunkt jedoch wurde seine Dividendenpolitik und damit seine Aktiengeschäfte Gegenstand heftiger Kritik. Es hieß, er habe Rücklagen angehäuft und dann — zum eigenen Vorteil und zugunsten seiner Freunde — für die Ausschüttung außergewöhnlich hoher Dividenden gesorgt. Und die Übernahme der Alpin-Montane-Gesellschaft ... hatte etwas von einem Beutezug an sich ...«[2]

Vater Karl verhielt sich also wie ein typischer Kapitalist des 19. Jahrhunderts, setzte sich mit fünfzig Jahren zur Ruhe und widmete sich dann seinen musischen Neigungen. Johannes Brahms war ein Freund der Familie, Josef Hoffmann baute in St. Ägyd, wo das Hauptwerk der Wittgensteinschen Stahlindustrie angesiedelt war, eine evangelische Kirche und ein Forsthaus, für die Hochreit, einen riesigen Waldbesitz oberhalb der Werkes, richtete er das Jagdhaus ein, das wie ein düsteres Rathaus einer kleinen Stadt mit einer Uhr im Mittelgiebel aussieht, und für diverse Familienmitglieder später noch, nach dem Tod des Vaters 1913, verschiedene Wohnungen. Karls

Familie, die Mutter Leopoldine, geborene Kalmus, und Ludwigs vier Brüder Hans, Kurt, Rudolf und Paul sowie die drei Schwestern Hermine, Helene und Margarete, wohnten zunächst im Schloß Kaunitz in Laxenburg bei Wien, übersiedelten dann in eine zweistöckige Villa neben dem Meidlinger Eingang zum Schönbrunner Park, bis Karl schließlich ein Stadtpalais in der heutigen Wiener Argentinierstraße hinter der Karlskirche adaptieren ließ. Dort war Ludwig Wittgenstein übrigens bis 1938 als Architekt gemeldet. Das Stadtpalais wurde im Krieg beschädigt und ist abgerissen worden.

Die Wittgenstein-Kinder hatten alle Privatunterricht und wuchsen daher, ohne Kontakt zu Gleichaltrigen, zu Hause auf. Wie schwer der Schatten der Vaterfigur auf die Psyche der vier Brüder Ludwigs fiel, zeigt der Selbstmord der drei ältesten: Hans nahm sich in Havanna das Leben, weil ihn der Vater zwingen wollte, Ingenieur zu werden; er war der begabteste der Familie. Rudi vergiftete sich mit Zyankali in einem Berliner Kaffeehaus, vielleicht seiner homosexuellen Neigungen wegen. Kurt wählte lieber den Freitod, als in Kriegsgefangenschaft zu geraten. Daß sich auch Ludwig mit Selbstmordgedanken trug, weiß man aus seiner Korrespondenz mit Paul Engelmann, dem aus Olmütz stammenden Architekten, mit dem er eng befreundet war. Der zweitjüngste Bruder Paul war noch der härteste und durchsetzungskräftigste: ein hochbegabter Pianist, übte er seinen Beruf auch weiter aus, nachdem er die rechte Hand verloren hatte. Maurice Ravel schrieb für ihn das »Konzert für die linke Hand«. Auch die jüngste Schwester Margarete ist mehrfach in die Kunstgeschichte eingegangen, wenn auch passiv: Gustav Klimt portraitierte sie auf einem seiner bekanntesten Bilder, es hängt heute in der Münchner Pinakothek. Und Ludwig baute für sie jenes Haus im dritten Wiener Gemeindebezirk, das die Prinzipien von Adolf Loos so rein verkörpert, wie es bei dem Architekten, der das Ornament mit Verbrechen gleichsetzte, selbst nie der Fall war.

Karl Wittgenstein war nicht nur reich, er war immens, unvorstellbar reich. Nach seinem Tod hinterließ er seinen Kindern jeweils ein Vermögen, von dem deren Nachkommen heute noch zehren, obwohl große Teile davon 1939, als es galt, Schutz zu erlangen gegen die mörderische Rassenpolitik Hitlers, ans Dritte Reich übergingen. Den Preis der Immunität handelte übrigens seinerzeit Ludwig aus. Aber davon wird noch die Rede sein. Ludwig war, als sein Vater starb, gerade 24 Jahre alt. Er hatte in Linz die Matura gemacht, dann sich in Berlin an der Technischen Hochschule als Student des Maschinenbaus immatrikuliert und ging 1908 auf väterlichen Rat nach Manchester. Er beschäftigte sich mit der Entwicklung eines Flugzeugmotors, und die damit verknüpften mathematischen Probleme faszinierten ihn mehr als die technischen. Er übersiedelte deshalb nach Cambridge, um bei Bertrand Russel zu hören, der 1910 gemeinsam mit Alfred North Whitehead den ersten Band der *Principia Mathematica* veröffentlicht hatte. Russel ermunterte ihn, Philosophie zu studieren, und Ludwig wurde Mitglied des Moral Science Club, einer Debattiergesellschaft der Faculty of Moral Science, was in Cambridge so viel bedeutete wie die Philosophische Fakultät einer deutschen Universität. Am Ende des Jahres, in dem sein Vater starb, bezog er einen abgelegenen Gasthof in Skjolden, wo er in Ruhe über die Probleme der Logik nachdenken wollte. Da war er allerdings schon ein überaus vermögender junger Mann, dem es offenstand, sein Leben nach seinem eigenen Geschmack zu gestalten. Doch Wittgenstein, ebenso wie seine Geschwister, zeigte wenig Neigung zu jener Verschwendungssucht, die angeblich typisch ist für die Generation, die den Gründer-Vätern folgt. Er hatte, wohl von seinem Vater, einen ethischen Code eingeimpft bekommen und auch verinnerlicht, der ihm jede Nachgiebigkeit sich selbst gegenüber verbot.

Kaum zu dem Geld gekommen, über das er selbst verfügen konnte, dachte Wittgenstein also nicht an sich selbst, sondern an andere. Am 22. Juni 1913 schrieb er aus dem Midland Hotel in Manchester an John Maynard Keynes, den er in Cambridge kennengelernt hatte und der später zu seinen Freunden zählte:

»Lieber Keynes! Vielleicht erinnern Sie sich daran, daß ich Ihnen einmal gesagt habe, ich wolle dem Kings' College-Forschungsfonds — oder wie immer es heißen mag — etwas Geld stiften, um es Johnson zukommen zu lassen. Seinerzeit war ich noch unentschieden, ob ich ein für allemal eine Kapitalsumme oder jedes Jahr zweihundert Pfund stiften würde. Es hat sich herausgestellt, daß letztes für mich das weitaus Bequemste ist . . .«[3]

W. E. Johnson, ein Logiker an der Universität von Cambridge, sollte durch die jährliche Zuwendung die Möglichkeit bekommen, seine Lehrverpflichtungen zu reduzieren und mehr Zeit für Forschung zu haben. Johnson war damals immerhin schon ein Mann von fünfundfünfzig Jahren, und 200 Pfund jährlich eine beachtliche Summe, von der eine Familie bequem leben konnte. Wittgensteins Einkünfte aus dem Kapitalvermögen betrugen nach dem Tod seinen Vaters rund 300000 Kronen jährlich. Brian McGuiness berichtet in seiner biographischen Skizze, die Michael Nedos und Michele Ranchettis Bildband über Wittgenstein einleitet, daß er sich erlesen kleidete, einen Freund auf eine kostspielige Reise nach Island mitnahm und einmal sogar einen Sonderzug mieten wollte, als es keinen regulären Zug zu seinem Ziel gab.

Schon im nächsten Jahr, im Sommer 1914, den er wie immer auf der Familiensommerfrische in Hochreit, verbrachte, war er wieder bereit, ein Drittel seines Jahreseinkommens, diesmal nicht einem Philosophen, sondern österreichischen Künstlern zu spenden. Die Hochreit ist übrigens heute noch im Besitz der Nachkommen Ludwig Wittgensteins. Es ist eine erstaunliche Anlage: Außer dem etwas, zumindest von außen her betrachtet, düsteren Hauptgebäude gibt es eine Anzahl von Villen aus Rotholz, die innen mit allem Komfort ausgestattet sind, auf einem Berggipfel, den man von St. Ägyd aus über Waldstraßen erreicht. Wittgenstein allerdings pflegte, wenn er später, nach dem Ersten Weltkrieg, als er bereits ausgeprägt spartanische Lebensgewohnheiten angenommen hatte, bei einem einfachen Bergbauern etwas unterhalb der hochherrschaftlichen Sommerfrische zu wohnen. Manchmal schloß er sich zum Mittagsmahl seiner Familie an, keineswegs zu deren ungetrübter Freude. Er hatte manchmal die Manieren eines kleinen Jungen, dem es ein Vergnügen ist, seine Nächsten zu ärgern, etwa mit dem Beschuß durch glitschige Kirschenkerne. Von der Hochreit jedenfalls schrieb er an Ludwig von Ficker, den Herausgeber der Zeitschrift *Der Brenner,* nach Insbruck, formvollendet und bescheiden:

»Sehr geehrter Herr! Verzeihen Sie, daß ich Sie mit einer großen Bitte belästige. Ich möchte Ihnen eine Summe von 100 000 Kronen überweisen und Sie bitten, dieselbe an unbemittelte österreichische Künstler nach Ihrem Gutdünken zu verteilen. Ich wende mich in dieser Sache an Sie, da ich annehme, daß Sie viele unserer besten Talente kennen, und wissen, welche von ihnen der Unterstützung am bedürftigsten sind. Sollten Sie geneigt sein, mir meine Bitte zu erfüllen, so bitte ich Sie, mir an die obige Adresse zu schreiben, in jedem Falle aber die Sache bis auf weiteres geheim halten zu wollen.«[4]

Die Bitte muß natürlich für Ludwig von Ficker unwiderstehlich gewesen sein. Trotzdem konnte es nicht schaden, genaue Erkundigungen über den Mäzen einzuziehen, und so schrieb Fickers Freund Max von Esterle, was er über den Spender wußte:

»Der Name Wittgenstein ist mir von der Wiener Secession her bekannt. Der Vater Ihres Korrespondenten ist kürzlich gestorben ..., war, glaube ich, einer der reichsten Kohlen-Juden, sehr ›kunstsinnig‹ und spendete der Secession jährlich bedeutende Summen — etwa 20–40.000. Es scheint mir daher durchaus glaubhaft, daß der Sohn in ähnlichem Sinne wirkt, und es war mir gleich klar, daß der Antrag aufrichtig gemeint war. Wenn aus dieser Sache das wird, was Sie und ich uns erwarten, so ist es wirklich ein tröstlicher Blitz aus finsterm Himmel und eine Freude, die man selbst zu bereiteten immer träumte und wünschte ...«[5]

Der Tonfall dieses Briefes, abgesehen davon, daß er den latenten Antisemitismus verrät, der im österreichischen Kleinadel bis heute erhalten blieb, verrät Unsicherheit über die wahren Absichten des Mäzens sowohl von Seiten des Empfängers als auch des Auskunftgebenden. Wittgenstein muß das in seiner Feinfühligkeit geahnt haben, denn er läßt dem ersten Brief sogleich einen weiteren folgen!

»Sehr geehrter Herr! Um sie davon zu überzeugen, daß ich mein Angebot ehrlich meine, kann ich wohl nichts besseres tun, als Ihnen die bewußte Summe tatsächlich anzuweisen ... Als Anwalt meiner Sache wählte ich Sie, auf die Worte hin, die Kraus in der Fackel über Sie und Ihre Zeitschrift geschrieben hat; und auf die Worte hin, die Sie über Kraus schrieben ...«[6]

Ludwig von Ficker verteilte die Spende wie folgt: 20000 Kronen an Georg Trakl, 20000 Kronen an Rainer Maria Rilke, 20000 Kronen an Carl Dallago, 5000 Kronen an Oskar Kokoschka, 4000 Kronen an Else Lasker-Schüler, 2000 Kronen an Adolf Loos. Für seine Zeitschrift behielt er 10000 Kronen, der Rest ging in entsprechend kleinen Summen an Künstler, die, wie Carl Dallago, heute nicht so präsent sind.

Wittgenstein zeigte sich daran interessiert, sowohl Ludwig von Ficker als auch die Nutznießer seiner Spende persönlich zu treffen. Die meisten machten ihm jedoch wenig Eindruck. Wittgenstein schrieb aus Krakau, wo er bereits aufgrund einer freiwilligen Meldung im Fronteinsatz war, obwohl ihn ein doppelter Leistenbruch vom Kriegsdienst befreit hätte:

»Vielen Dank für Ihren Brief vom 21.12.14. Anbei schicke ich die Belege zurück, mit Ausnahme der an mich gerichteten Zeilen Hauers und von Rilkes liebem, edlem Brief — die anderen Briefe hätte ich als Belege nicht gebraucht; als Dank waren sie mir — offen gestanden — größtenteils höchst unsympathisch. Ein gewisser unedler fast *schwindelhafter Ton etc ...«*[7]

Hier zeigte sich, nicht zum ersten Mal, Wittgensteins absolut kompromißlose Aufrichtigkeit. Er ist außerstande, seine Meinung über andere Menschen, auch über Bekannte oder Freunde, zu verbergen. Er wandte sich später, nach Kriegsende, an Ficker mit der Bitte um Veröffentlichung seiner logisch-philosophischen Abhandlung. Ficker wollte sich mit dem Hinweis auf die wirtschaftlichen Schwierigkeiten seiner Zeitschrift nicht entscheiden. Wittgenstein schrieb ihm:

»Und jetzt nur noch eine Bitte: Machen Sie's kurz mit mir und schmerzlos! Sagen Sie mir lieber ein rasches Nein als ein gar zu langsames: das ist österreichisches Zartgefühl, welches auszuhalten meine Nerven momentan nicht ganz stark genug sind.«[8]

Und an Paul Engelmann zwei Jahre später:

»Da fällt mir ein: Immer wieder schickt Ficker mir den ›Brenner‹ und immer wieder nehme ich mir vor, ihm zu schreiben, er soll es bleiben lassen, weil ich den ›Brenner‹ für einen Unsinn halte (eine christliche Zeitschrift ist eine Schmokkerei) . . .«[9]

Vielleicht waren es die Erfahrungen, die Wittgenstein mit seinem Mäzenatentum sammelte, die ihn zunächst bewogen, seine Freigiebigkeit auf andere Ziele zu richten und sich dann schließlich seines Vermögens auf eine ganz radikale, jedoch ebenso radikal unmäzenatische Weise zu entledigen.

Den Krieg verbringt Wittgenstein größtenteils an der Ostfront, 1916 wird er mehrmals ausgezeichnet und zum Korporal befördert, er nimmt an der Kerensky-Offensive 1917 teil und erhält wiederum mehrere Auszeichnungen, im letzten Kriegsjahr ist er Leutnant der Reserve und bekommt für seinen Einsatz in der letzten österreichischen Offensive in Norditalien die Goldene Tapferkeitsmedaille. Wittgenstein ist also ein mustergültiger, ein tapferer, ein schneidiger Soldat und Offizier. Als Patriot macht er 1917 dem Kaiser, es ist bereits nach dem Tod von Franz Joseph dessen Großneffe Karl I., ein Geschenk, für den Bau eines 30 cm-Mörsers. In ihren »Familienerinnerungen« schreibt seine Schwester Hermine, die er Mining zu nennen pflegte, darüber:

»Wenn ich jetzt an den Zweck dieser Spende denke, so kommt es mir gänzlich weltfremd ausgedacht vor, sie erinnert mich beinahe an den Witz von dem jüdischen Soldaten, der sagt: ›Ich kaufe mir eine Kanone und mache mich selbständig!‹ Man kann nämlich nicht quasi einen Mörser bestellen, wie man etwas anderes bestellt, wie z.B. mein Bruder Paul den Stoff für Tausende von Militärmänteln bestellte, die er dann nähen ließ. Wenn der Staat einen Mörser bauen will, so wird er dazu keinen Ludwig Wittgenstein brauchen. Die Spende ist denn auch einfach ungenützt geblieben, wurde schließlich in den Kaiser-Karl-Wohltätigkeitsfonds umgewandelt und zerfloß in nichts durch die Inflation . . .«[10]

Wittgensteins großzügiges Mäzenatentum wurde ihm offenkundig durch die, wie er es ausdrückt, schwindelhaften Dankbarkeitsbezeugungen der Beschenkten vergällt, auch die große partiotische Geste der Bestellung eines Mörsers verpuffte. Wittgenstein verteilte, als er aus der italienischen Kriegsgefangenschaft zurückgekehrt war, sein gesamtes Vermögen an seine Geschwister. Er glaubte, mit der logisch-philosophischen Abhandlung, die er im Lager von Montecassino überarbeitete hatte und über das Rote Kreuz an Russell und Frege schicken ließ, alle beantwortbaren Fragen der Philosophie gelöst zu haben, damit war für ihn die Beschäftigung mit der Philosophie zu Ende. Er wollte einen Beruf ergreifen und wußte nicht welchen. Er wollte sich nützlich machen und wußte nicht wie. Ein reicher Mann hat keine Existenzsorgen, muß nicht arbeiten. Wittgenstein war verzweifelt und blieb verzweifelt. Ende 1919 schrieb er an Paul Engelmann, einen Schüler von Adolf Loos, mit dem er sich in Olmütz angefreundet hatte, als er dort einige Monate auf der Offiziersschule verbrachte:

»L.H.E.! Vor wenigen Tagen erhielt ich Ihren Brief. Vielen Dank! Ihren Zustand glaube ich ganz zu verstehen. Denn ich befinde mich gerade jetzt in einem ähnlichen und zwar schon seit meiner Rückkehr aus der Gefangenschaft. Ich glaube es geht damit so *zu: Wir gehen nicht auf der direkten Straße zum Ziel, dazu haben wir — oder ich wenigstens — nicht die Kraft. Dagegen gehen wir auf allen möglichen Seitenwegen und so lange wir auf einem solchen vorwärtskommen, geht es uns so leidlich. Wie aber ein solcher Weg aufhört, so stehen wir da und werden uns nun erst bewußt, daß wir ja nicht dort sind, wo wir hingehören ... Wie weit ich heruntergekommen bin, ersehen Sie daraus, daß ich schon einige Male daran gedacht habe, mir das Leben zu nehmen, aber nicht etwa aus Verzweiflung über meine Schlechtigkeit, sondern aus ganz äußerlichen Gründen. Ob ein Gespräch mit Ihnen mir etwas helfen würde, ist zwar zweifelhaft, aber doch nicht ausgeschlossen. Also kommen Sie bald ...«*[11]

Unter den Autoren, die bisher über Ludwig Wittgensteins Leben publiziert haben, gibt es verschiedene Meinungen zu dem Entschluß Wittgensteins, auf sein Vermögen vorbehaltlos zu verzichten. William Warren Bartley III vermutet in seiner 1973 erschienenen Monographie, Wittgensteins Entschluß sei von der Familie gebilligt worden, weil vor allem sein Onkel Paul der Ansicht gewesen ist, sein Neffe sei aufgrund seines psychischen Zustands nicht imstande, sein Erbe vernünftig zu verwalten. Bartley jedoch scheint mit seinen Quellen sehr sorglos umgegangen zu sein, er nennt unter den Empfängern des Erbes auch Wittgensteins Schwester Margarete, obwohl gerade sie von der Schenkung ausgenommen war. Der englische Philosoph A. J. Ayer, der seiner Interpretation von Wittgensteins Philosophie, 1984 erschienen, eine biographische Skizze voranstellt, interpretiert die Geste als Absicht Wittgensteins, mit dem vielen Geld nicht die Armen in Versuchung zu führen, die es verderben könnte, sondern es an die ohnehin reichen Mitglieder seiner Familie zu verteilen, die davon keinen Schaden mehr nehmen könnten. Brian McGuiness erklärt die Transaktion in seinem Vorwort zum Wittgenstein-Bildband damit, daß Wittgenstein — paradoxerweise — in den Entbehrungen der Kriegsgefangenschaft etwas Befriedigendes gefunden habe, und beruft sich dabei auf Paul Engelmann. McGuinness meint außerdem:

»Doch die Transaktion war gewissermaßen unvollständig, und vielleicht war sie es notwendigerweise. Indem Wittgenstein das Geld seiner Familie überließ, erkannte er an, daß es das Geld der Familie war, und er blieb ein Mitglied dieser Familie. Und indem er das Geld seinen Geschwistern schenkte, bürdete er ihnen objektiv gesehen eine Verpflichtung ihm gegenüber auf.«[12]

Wittgensteins Schwester Hermine war ganz anderer Meinung. In ihren Lebenserinnerungen heißt es:

»Schon damals [Hermine meint die letzten Kriegsjahre] bereitete sich in Ludwig eine tiefe Wandlung vor ... die sich erst nach dem Krieg auswirken sollte und die schließlich in dem Entschluß gipfelte, kein Vermögen mehr besitzen zu wollen. Er wurde von den Soldaten ›der mit dem Evangelium‹ genannt, weil er immer Tolstois Bearbeitung der Evangelien bei sich trug. — Er schenkte sein Vermögen uns Geschwistern, mit Ausnahme unserer Schwester Gretl, die damals noch sehr vermögend war, während wir viel von unserem Vermögen eingebüßt hatten. Viele Leute, unter ihnen mein Onkel Paul Wittgenstein und meine Freundin Mitze Salzer konnten nicht verstehen, daß wir das Geld annahmen und nicht wenigstens im Geheimen eine Summe absonderten und anlegten für den Fall, daß Ludwig seinen Entschluß später bereue. Sie konnten nicht wissen, welcher Mentalität sein Entschluß entsprungen war und wie ihn gerade die erwähnte Möglichkeit beunruhigte; hundertmal wollte er sich vergewissern, daß es ganz ausgeschlossen sei, daß irgend eine Summe in irgend einer Form ihm gehöre und zur Verzweiflung des die Schenkung durchführenden Notars kam er immer wieder darauf zurück. Sie konnten aber auch nicht wissen, daß gerade zu dieser Mentalität Ludwigs die ganz freie, gelockerte Möglichkeit gehörte, sich von seinen Geschwistern in irgend einer Situation helfen zu lassen ... Ich, die dies alles genau wußte, habe alles getan, um bis ins Kleinste Ludwigs Wünsche zu erfüllen ...«[13]

Wittgenstein, der sich in der Kriegsgefangenschaft mit den Pädagogen Hänsel und Parak angefreundet hatte, beschloß dann nach vollzogener Verarmung einen nützlichen Beruf zu ergreifen und ließ sich in einer Wiener Lehrerbildungsanstalt zum Volksschullehrer ausbilden. Ein Angebot der Universitätsbuchhandlung Braumüller, seine Abhandlung zu publizieren, falls er sich an den Kosten beteiligte, lehnte er als unmoralisch ab. Er arbeitete einen Monat lang, im August 1920, als Gärtnergehilfe im Kloster Neuburg bei Wien und trat dann seine erste Stelle als Volksschullehrer in Trattenbach an, nahe Kirchberg am Wechsel, wo heute alljährlich Wittgenstein-

Tagungen durchgeführt werden. Als Lehrer blieb er in diesem Gebiet, in Haßbach und Ottertal, bis 1926, als ihn die ablehnende Haltung der Eltern seiner Schüler seinen Erziehungsmethoden gegenüber veranlaßte, den Lehrerberuf aufzugeben. Sein Freund Paul Engelmann erhielt von seiner Schwester Margarete den Auftrag, ein Haus für sie zu bauen, Wittgenstein schaltete sich in die Planung so intensiv ein, daß Engelmann beschloß, ihm den Bau zu überlassen. 1929 gelang es seinen Freunden in Cambridge, ihn zu überzeugen, daß er zur Philosophie zurückkehrte. Um jedoch eine Professur in Cambridge zu erlangen, mußte er sich zunächst habilitieren. Den Forschungsaufenthalt in Cambridge ermöglichte man ihm zunächst mit einem Stipendium von 100 Pfund. In zwei Briefen nimmt Wittgenstein zu seiner Situation Stellung, am 15. Juni 1929 schreibt er an den Philosophen G.E. Moore:

»Butler hat mich nun gefragt, wie lang das meines Erachtens so weitergehen könne. — Diese Frage kann ich nicht beantworten, weil ich nicht weiß, wie lange ich noch gute Arbeit leisten kann ... Ich habe vor, Arbeit zu leisten, und ich habe die vage Vorstellung, daß das College solche Arbeit durch Forschungsstipendien, Fellowships usw. fördert. Das heißt, ich liefere eine bestimmte Art Waren, und falls das College irgend etwas mit diesen Waren anfangen kann, so möchte ich, daß das College mir die Möglichkeit gibt, sie zu produzieren ...«[14]

Butler war Lehrer am Trinity College, später Professor. Der zweite Brief ist ebenfalls an Moore gerichtet:

»Heute habe ich Butler auf der Straße getroffen, und er fragte mich 1) ob Sie alles über meine finanzielle Lage wüßten ... 2) Ob ich keine anderen Quellen habe, um Geld zu bekommen (ich sagte nein) 3) Ob ich keine Verwandten habe, die mir helfen könnten (ich sagte ja und daß ich Ihnen dies mitgeteilt habe). Da es nun den Anschein hat, als würde ich etwas zu verbergen versuchen, akzeptieren Sie bitte meine schriftliche Erklärung, daß ich nicht nur eine Anzahl wohlhabender Verwandten habe, sondern daß sie mir auch Geld geben würden, wenn ich sie darum bäte. DASS ICH SIE ABER NICHT UM EINEN PFENNIG BITTEN WERDE ...«[15]

Soweit also zu der Vermutung von Brian McGuiness, Wittgenstein habe seinen Geschwistern mit der Schenkung eine gewisse Verpflichtung aufgebürdet.

Wittgenstein habilitierte sich mit der logisch-philosophischen Abhandlung, unterrichtete in Cambridge als Professor der Philosophie, arbeitete im

Krieg vorübergehend als Krankenpfleger und Laborgehilfe, nachdem er 1939 die englische Staatsbürgerschaft angenommen hatte, und starb 1951 im Alter von zweiundsechzig Jahren an Prostatakrebs. Einmal hatte er sich noch in die finanzielle Situation der Familie eingeschaltet. Darüber berichtet Schwester Hermine:

»Als meine Schwester Lenka und ich uns im Jahre 1939 in einer schwierigen, nicht ungefährlichen Lage befanden, zögerte Ludwig keinen Augenblick, während seines Sommerurlaubs mit Direktor Groller, unserem Vermögensverwalter und Ratgeber nach Berlin und New York zu fahren, um die Sache für uns günstiger zu gestalten. Es handelte sich zum Teil um eine Vermögens- und Geldangelegenheit, also um eine ihm fremde Materie, und doch imponierte er dem Leiter der Reichsbank-Devisenstelle in Berlin durch seine das Wesentliche erfassende Klarheit ...«[16]

Obwohl sowohl der berühmte Nationalökonom John Maynard Keynes wie auch der italienische Wirtschaftstheoretiker Piero Sraffa zu seinen engsten Freunden gehörten, gibt es zum Thema Geld von Wittgenstein sehr wenig Äußerungen. 1931 schrieb er:

»Macht und Besitz sind nicht dasselbe. *Obwohl uns der Besitz auch Macht gibt. Wenn man sagt, die Juden hätten keinen Sinn für den Besitz, so ist das wohl vereinbar damit, daß sie gerne reich sind, denn das Geld ist für sie eine bestimmte Art von Macht, nicht Besitz. (Ich möchte z.B. nicht, daß meine Leute arm werden, denn ich wünsche ihnen eine gewisse Macht. Freilich auch, daß sie diese Macht recht gebrauchen möchten.«*[17]

Auch das folgende Zitat stammt aus dem unveröffentlichten Nachlaß:

»Es ist viel schwerer freiwillig arm zu sein, wenn man arm sein muß, *als, wenn man auch reich sein könnte.«*[18]

Ludwig Wittgensteins Armut war selbstgewählt. Seine Bedürfnisse waren gering. Zerstreuung fand er in amerikanischen Filmen und in Kriminalromanen. Rush Rhees, einer der drei Nachlaßverwalter, berichtet, daß ihm Wittgenstein erzählte, wie entsetzt der Notar, der die Schenkung durchführte, reagierte: »Sie wollen also finanziellen Selbstmord begehen!«

Mit dem finanziellen Selbstmord entging Wittgenstein vielleicht den Folgen seiner Verzweiflung, ersparte sich und seiner Familie das Schicksal, das sich drei seiner Brüder bereitet hatten. Die Armut, die er wählte, rettete ihm das Leben.

---

[1] *Wittgenstein. Sein Leben in Bildern und Texten,* hrsg. von Michael Nedo und Michele Ronchetti, Frankfurt 1983, S. 15.
[2] W., *Sein Leben,* S. II.
[3] Ludwig Wittgenstein, *Briefe,* Frankfurt 1980, S. 29.
[4] W., *Briefe,* S. 59.
[5] W., *Sein Leben,* S. 117.
[6] W., *Briefe,* S. 59.
[7] W., *Briefe,* S. 70.
[8] W., *Briefe,* S. 100.
[9] W., *Briefe,* S. 120.
[10] W., *Sein Leben,* S. 123.
[11] W., *Briefe,* S. 98.
[12] W., *Sein Leben,* S. IX.
[13] W., *Sein Leben,* S. 148.
[14] W., *Briefe,* S. 174.
[15] W., *Briefe,* S. 178.
[16] W., *Sein Leben,* S. 302.
[17] W., *Sein Leben,* S. 149.
[18] W., *Sein Leben,* S. 148.

Martin W. Lüdke ROBERT WALSER

Ein Sonderling war er schon.

Der Scherf Verlag veranstaltete 1907 einen literarischen Wettbewerb. Robert Walser, der gerade seinen ersten Roman, *Geschwister Tanner,* vollendet und im Verlag Bruno Cassirer herausgebracht hatte, setzte sich hin und schrieb in nur sechs Wochen ein neues Buch, den Roman *Der Gehülfe.* Niemals zuvor und später nie wieder, meinte Walser dazu, habe er sich eine solche Mühe gegeben, konventionell, also realistisch zu erzählen. Wie alles, was er jemals schrieb, ist auch *Der Gehülfe* stark autobiographisch geprägt. Leise, melancholisch, mit sanfter Ironie beschreibt Walser hier die ›Karriere‹ des Gehülfen Joseph Marti bei dem Ingenieur Tobler, einem Erfinder von sonderbar zweckfreien Gegenständen, wie etwa einer Reklame-Uhr, deren freie Felder zu Werbezwecken vermietet werden können. Dieser Tobler, dem bereits das Geld ausgegangen war (das Erbe seiner Frau hatte er in solche Fehlinvestitionen gesteckt, als Marti bei ihm anfing), ist der Prototyp einer hochkapitalistischen Unternehmerpersönlichkeit à la Krupp, Siemens, Opel, nur um etwa dreißig Jahre zu spät gekommen, in eine Zeit, die kaum mehr die starken Individualitäten, sondern bereits differenzierte Funktionen gefordert hat, dafür waren allerdings Toblers Erfindungen aufgrund der offenbaren Nutzlosigkeit ihrer Zeit um gut und gerne sechzig Jahre voraus. Joseph Marti, der von einer ›Schreibstube für Stellenlose‹ an Toblers Ein-Mann-Unternehmen vermittelt worden war, geht mit der abgründigen Naivität aller Walserschen Figuren an seine Arbeit.

»Im Laufe des nächsten Tages glaubte er sich mit dem Wesen der ›Reklame-Uhr‹ dadurch bekannt gemacht zu haben, daß er begreifen lernte, daß dieses gewinnbringende Unternehmen eine dekorative Uhr sei, die Herr Tobler im Begriff war an Bahnverwaltungen, Restaurateure, Hoteliers etc. zu verpachten. Solch eine wirklich hübsch aussehende Uhr, kalkulierte Joseph, wird beispielsweise in einen oder mehrere Straßenbahnwagen gehängt, und zwar an eine möglichst in aller Menschen Auge stechende Stelle, damit die fahrenden und reisenden Mitmenschen ihre Taschenuhren danach richten können und jederzeit wissen, wie spät oder wie früh es am Tage ist. Diese Uhr ist wahrhaftig nicht schlecht, meinte er allen Ernstes, um so weniger als sie den Vorzug hat, mit dem Reklamewesen verbunden zu sein.«

Es geht, unschwer einzusehen, ums Geld. Nur sicher nicht in der üblich direkten Weise. Georg Simmels frühe Einsicht, der schon 1896 über die Rolle des Geldes in der modernen Kultur nachdachte, steckt — und zwar: als Erfahrung — auch in Walsers Texten, zumal in diesem Roman, *Der Gehülfe,* der ja zurecht als sein realistischster gilt. Simmel schrieb seinerzeit:

»Die Ströme der modernen Kultur ergießen sich in zwei scheinbar entgegengesetzte Richtungen: einerseits nach der Nivellierung, der Ausgleichung, der Herstellung immer umfassenderer sozialer Kreise durch die Verbindung des Entlegensten unter gleichen Bedingungen, und auf die Herausarbeitung des Individuellsten hin, auf die Unabhängigkeit der Person, auf die Selbständigkeit ihrer Ausbildung. Und beide Richtungen werden durch die Geldwirtschaft getragen, die einerseits ein ganz allgemeines, überall gleichmäßig wirksames Interesse, Verknüpfungs- und Verständigungsmittel, andererseits der Persönlichkeit die gesteigertste Reserviertheit, Individualisierung und Freiheit ermöglicht.«

Diese Bewegung geht gleichsam durch den Herrn, der keiner mehr ist, den Ingenieur Tobler und seinen Knecht, der das nicht bleibt, hindurch. Integration und Differenzierung, bzw. um Simmels Worte zu verwenden: extreme Individualisierung auf der einen, und vollendete Nivellierung aller Unterschiede auf der anderen Seite, solche in sich vermittelten Gegensätze werden bei Robert Walser auf eine ganz besonders eigene, ja eigenartige Weise anschaulich. Walsers *Gehülfe* läßt sich als realistisch verkleidete Parodie des bürgerlichen Bildungsromans lesen, in dem die Hegelsche Bewußtseins-Dialektik von Herrschaft und Knechtschaft nicht nur im Marxschen Sinne vom Kopf auf die Beine gestellt, sondern mehr noch (Becketts *Endspiel*) die Verkehrung der Verhältnisse von Hamm und Clov vorweggenommen wird. Beide, Tobler und Marti, sind nicht mehr, was sie zu sein glauben, was sie sein wollen, und sie sind es auch deshalb nicht mehr, weil ihnen das fehlt, was, Simmel zufolge, die entgegengesetzten Richtungen trägt, das Geld nämlich. Weil Tobler keins mehr hat, kann Marti keins bekommen, und die Gläubiger, die abzuwimmeln des Gehülfen vornehmste Aufgabe bleibt, sehen vollends in die Röhre. Es geht also durchaus ums Geld, nur ist es nicht Walsers Art, zwei Punkte etwa durch eine Gerade zu verbinden, sondern wenn es möglich ist, eine, besser noch: mehrere Schleifen zu ziehen, um so, auf möglichst verschlungenen Wegen das Ziel zu umkreisen, und es am Ende gar, unmerklich, aus dem Auge zu verlieren. Die »vollkommene Durchdringung äußerster Absichtslosigkeit und höchster Absicht« hat darum Walter Benjamin der Prosa Robert Walsers zugeschrieben, und dabei diesen Texten eine »ungewöhnliche, schwer zu beschreibende Verwahrlosung« attestiert. »Walsern ist«, meinte Benjamin erklärend,

»das Wie der Arbeit so wenig Nebensache, daß ihm alles, was er zu sagen, gegen die Bedeutung des Schreibens völlig zurücktritt. Man möchte sagen, daß es beim Schreiben draufgeht.«

Deshalb sei ihm auch zu glauben, daß er bei seinen Sachen nie auch nur eine Zeile verbessert habe. So mag es denn auch stimmen, daß *Der Gehülfe* in nur sechs Wochen von Walser geschrieben wurde. Auf jeden Fall hat Walser den Roman an den Scherl Verlag eingesandt, einen höflichen Begleitbrief dazugeschrieben, und seine Honorarforderungen benannt, ganz realistisch auf seine Situation bezogen, wie ja auch schon der Roman, für seine Verhältnisse, geradezu extrem realistisch ausgerichtet war. Achttausend Mark, für damalige Zeiten eine beträchtliche Summe, hatte sich Walser vorgestellt. Sein Manuskript kam, ohne Begleitbrief, postwendend zurück. Walser begab sich schnurstracks in das Verlagsbüro, um den Grund der Rücksendung zu erkunden.

»Als der Verlagsleiter spöttisch die hohe Honorarforderung erwähnte, wurde der Dichter grob: ›Sie Kamel verstehen überhaupt nichts von Literatur‹ — und ging türenknallend ab.«

So — oder gar nicht — läßt sich Walsers Verhältnis zum Geld vorstellen, das heißt: wie alles bei ihm: vertrackt, weil ganz einfach.

Am 15. April 1878 wurde Robert Walser in Biel, in der Schweiz, geboren. Er besuchte die dortige Volksschule und ein sogenanntes Progymnasium und absolvierte anschließend, mit 14 Jahren, eine Lehre bei der Bernischen Kantonalbank in Biel. Danach ging er auf Wanderschaft, im wörtlichen Sinn: er ging, oft auch lange Strecken, etwa von München nach Würzburg, zu Fuß. Häufig wechselte er die Stellen, noch häufiger die Orte. Er begann zu schreiben. 1898 veröffentlichte Josef Victor Widmann im *Sonntagsblatt des Bund* in Bern Walsers erste Gedichte. *Simon Tanner,* sein erster Roman, beschreibt diese Zeit, das Verhältnis zu seinen Geschwistern, die kleinen Nöte und die ›romantischen‹ Motive, die ihn umhergetrieben haben: Simon, der Held dieses sonderbaren Bildungsromans, saß

»in einer Speisehalle, einem kleinen Raum, vollgepfropft mit essenden Menschen. Hier pflegte allerhand Volk zu essen, das billig und schnell essen mußte. Simon liebte gerade diesen Ort, wo doch jede Bequemlichkeit und Eleganz durchaus fehlte. Auch hatte er ja mit dem Gelde zu rechnen. Das Speisehaus war von einer Gruppe von Frauen gegründet, die sich, alle zusammengerechnet, Verein für Mäßigkeit und Volkswohl nannten. Meistens waren auch alle zufrieden, wenn man die kleinen, bornierten Unzufriedenheiten abrechnet.«

Anfangs arbeitete Simon noch bei einer Bank. Eines Tages kam er eine Stunde zu spät zur Arbeit.

»›Eine Stunde zu spät! Das sollte bei einem jungen Mann nicht vorkommen!‹ wurde ihm auf der Bank gesagt.

›Wenn es aber doch vorkommt?‹ fragte der Gescholtene trotzig.

›Wie, Sie wollen noch aufbegehren? Meinetwegen. Machen Sie, was Sie wollen!‹

Das Betragen Simons wurde dem Direktor gemeldet. Dieser beschloß, den jungen Mann zu entlassen, er rief ihn zu sich und sagte es ihm mit ganz leiser, sogar gütiger Stimme. Simon sprach:

›Ich bin recht froh, daß es ein Ende hat. Glaubt man vielleicht, daß man mir damit einen Schlag versetzt, daß man meinen Mut knickt, mich vernichtet [...]? Im Gegenteil, man hebt mich, man schmeichelt mir damit, man flößt mir wieder, nach so langer Zeit, ein Tropfen Hoffnung ein. Ich bin nicht dazu geschaffen, eine Schreib- und Rechenmaschine zu sein. [...] In Ihren Bureaus, von denen man solches Aufhebens

macht, in denen so gern jeder beschäftigt sein möchte, ist von einer Entwicklung eines jungen Mannes nicht zu reden. Ich pfeife darauf, den Vorzug zu genießen, der mit der Auszahlung eines festen, monatlichen Gehaltes verbunden ist. Ich verkomme, verdumme, verfeige, verknöchere dabei. [...] Wie groß ist hier die Versuchung zur Furcht und wie klein die Verlockung, sich aus dieser jämmerlichen Furcht loszureißen. Daß ich es heute herbeigeführt habe, dieses beinahe Unmögliche, das schätze ich an mir, mag man dazu sagen, was man nur immer will. [...]‹

›Junger Mann, Sie sind viel zu heftig‹, sprach der Direktor. ›Sie untergraben sich Ihre Zukunft!‹

›Ich will keine Zukunft, ich will eine Gegenwart haben. Das erscheint mir wertvoller. Eine Zukunft hat man nur, wenn man keine Gegenwart hat, und hat man eine Gegenwart, so vergißt man, an eine Zukunft überhaupt nur zu denken.‹«

Was tun? überlegt sich Simon in einem Gespräch mit Klara. Soll er Gedichte schreiben? Soll er gar, im schlimmsten Fall, das Leben, das er doch genießen möchte, ausbeuten, um Literatur daraus zu machen. Soll er, fragt er sich bei einem Ausflug, »See, Wald, Berge, Bäche, Pfützen, Sonnenschein genau« studieren, sich Notizen machen, dann nach Hause hetzen, um das Erlebte für irgendwelche Zeitungen zusammenzuschreiben?

Robert Walser unterläuft, wie Simon Tanner, seine Figur, die etablierte Trennung zwischen der Literatur und dem Leben. Er will schreibend leben, weil er — lebend! — schreiben will. Und kurze Zeit scheint es, als könne ihm das sogar gelingen. Denn er ist jung genug, anspruchslos, offen, weltoffen, voller Hoffnung und vor allem fähig, an den kleinsten Dingen des Lebens, einem geknickten Grashalm, der sich wieder aufrichtet, Freude zu empfinden, fähig also, das bißchen Glück, das diese Welt ihm bietet, auch wahrzunehmen, zu empfinden.

In einem Brief an seine Schwester Fanny schreibt Robert Walser im Oktober 1902:

»Liebe Schwester. Ich bin stellenlos, verdammt stellenlos. Ich muß wahrscheinlich wieder Diener werden, Teppiche klopfen und das Fressen darreichen. Das ist auch um vieles schöner als Commis sein. Wie geht es dir? Bist du zufrieden mit deinem Prinzipal? Bemühe dich, immer zufrieden zu sein, das heilt vieles, namentlich Sehnsuchten. Sahst du Inseln in den Schaufenstern der Buchhandlungen? Ich schreibe gar nichts mehr, denn ich konnte auch nichts mehr drucken. Gegenwärtig lebe ich eigentlich von gar nichts. Das ist wenigstens interessant. Hast du mir etwas zu lesen? Vielleicht einen Band Zola? Ich kaufe dir später einen Theatermantel, oder ein Paar Pariserschuhe. Es gibt herrliche Sachen zum Kaufen. Sei herzlich gegrüßt, grüße Hermann. Dein Robert.«

Ebenfalls noch aus Zürich, um die Jahreswende von 1902 auf 1903, schreibt Walser an seine Schwester Lisa, eine angehende Lehrerin, zu der er sein Leben lang eine sehr enge Beziehung gehabt hat. Walser schreibt unter anderem:

»Es gibt hier überhaupt viel zu lachen. Es ist eine tolle, leichte Stadt. Man weint hier süß und schön. Du könntest auch etwas Geld verdienen, bei feinen Herrschaften, vielleicht. Oder wollen wir uns beide zu einer Herrschaft begeben für unser ganzes Leben, Du als Hausmädchen, ich als Hund?«

Um das festzuhalten: Sie, Lisa, die Lieblingsschwester, als »Hausmädchen«, er, Robert Walser, bei »feinen Herrschaften«, als »Hund«, für ein »ganzes Leben«. Weiter, direkt anschließend: »Ich wenigstens träume immer von so etwas. Man muß alles schön finden. Man muß nichts fliehen wollen.«

Robert Walsers Briefe, die privaten an seine Geschwister, die ebenso persönlichen, etwa an Frieda Mermet, eine Büglerin, Freundin seiner Schwester Lisa, die später zu seiner merkwürdig mütterlichen Freundin wurde, die geschäftliche Korrespondenz mit Redakteuren, Verlegern, Autoren — Walsers Briefe insgesamt sind ein integraler Bestandteil seines Werks. Es gibt keine Möglichkeit, zwischen der Kunst auf der einen und dem Leben auf der anderen Seite zu trennen. Walser unterläuft diese Trennung. Das »Prosastückligeschäft«, das er, nach seiner Rückkehr aus Berlin in die Schweiz, dann, und eher notgedrungen, betreibt, ist sein Leben, und die Briefe, die es befördern sollen, setzen die Prosa nur fort, ohne sich von ihr zu unterscheiden. Walsers Leben ist — Schreiben. Und sein gesamtes Lebenswerk ist — im Kern — in jenem frühen Brief an die Schwester Lisa enthalten: sie — Hausmädchen, er — Hund.

In diesem Brief sind, aufs äußerste verdichtet, alle Motive versammelt, die sein Werk bestimmen. Der Wunsch, sich kleinzumachen, zu verschwinden, seine Fähigkeit, die Größe des Unscheinbaren wahrzunehmen, die Realität umzudeuten, das, was am Rande unbeachtet liegenblieb, »alles schön« zu »finden«.

Jede Psychologie greift hier zu kurz. Weil Walser am Detail, im Kleinen, aus den Nebensachen ein Universum schafft, weil seine Wirklichkeit zur Sprache wird. In jener tollen, leichten Stadt, in der es viel zu lachen gibt, weint man nämlich auch, allerdings: süß und schön. Walsers Figuren kommen nicht aus den Glarner Bergen, nicht von den Matten von Appenzell, wo er herstammt. Sie kommen, wie Walter Benjamin schrieb,

»aus der Nacht, wo sie am schwärzesten ist, einer venezianischen, wenn man will, von dürftigen Lampions der Hoffnung erhellten, mit etwas Festglanz im Auge, aber ver-

stört und zum Weinen traurig. Was sie weinen, ist Prosa. Denn das Schluchzen ist die Melodie von Walsers Geschwätzigkeit. Es verrät uns, woher seine Lieben kommen. Aus dem Wahnsinn nämlich und nirgendher sonst. Es sind Figuren, die den Wahnsinn hinter sich haben und darum von einer so zerreißenden, so ganz unmenschlichen, unbeirrbaren Oberflächlichkeit bleiben.«

Walter Benjamin und Franz Blei, Max Brod, Hermann Hesse, Franz Kafka, Robert Musil, Alfred Polgar, Max Rychner, Kurt Tucholsky, die großen Gestalten unserer Literaturgeschichte haben sich für die kleinen Prosastücke von Robert Walser eingesetzt, ohne jeden Erfolg.

Was von heute aus gesehen so gut ins Klima der Jahrhundertwende paßt, jenes Amalgam aus Fin de Siècle, Jugendstil, Impressionismus, das Robert Walser zum Beispiel mit Peter Altenberg verbindet, das wurde damals, ganz offensichtlich, anders empfunden. Zeitungsredakteure, die Walsers Prosastücke veröffentlicht haben, riskierten zuweilen fast ihre eigene Stellung. Wütende Leserreaktionen waren die Regel, selbst Drohungen, im Wiederholungsfall das Abonnement zu kündigen, sind oft genug vorgekommen. Walsers Texte provozieren tatsächlich, nur etwas abgemildert: auch heute noch. Was die Fachleute sein ›Anschreiben gegen die Lesererwartung‹ nennen, macht tatsächlich eine Eigentümlichkeit seiner Prosa aus. Der Titel des Textes *Eine Ohrfeige und sonstiges* ist Programm. Es geht um Gott und die Welt, und das nicht etwa kontinuierlich, einer Chronologie, einem, sei es auch noch so zarten Handlungsfaden folgend, sondern sprunghaft, brüchig, scheinbar den Eindrücken der Wahrnehmung folgend, hier ein Haus, dort ein Hund, ein Baum, ein offenes Fenster, einige Kieselsteine, eine Verkäuferin, die in der Ladentür steht. In Wahrheit aber durchdringen sich hier, wie Benjamin sagte, äußerste Absichtslosigkeit und höchste Absicht, und die so zerreißende, unmenschliche, unbeirrbare Oberflächlichkeit dieser Texte ist das Resultat eines ebenso spontan/naiven wie zugleich hochreflektierten Schreibens. In der Literaturwissenschaft hat es sich inzwischen eingebürgert, zwischen mehreren Phasen der Walserschen Arbeit zu unterscheiden. Die Berliner Jahre, 1905/1906 bis 1913, in dieser Zeit sind unter anderem seine drei bekanntesten, also erfolgreichsten Romane entstanden, *Geschwister Tanner, Der Gehülfe* und *Jakob von Gunten,* dann 1913 bis 1921, Biel, und schließlich, bis zu seiner Einlieferung in die Heilanstalt »Waldau«, die Jahre in Bern. Vor allem in den Bieler Jahren habe sich Walser in eine idyllische Naturschilderung verloren, wird allgemein angenommen. Ich glaube nicht, daß sich diese Annahme halten läßt. Walser hat zwar damals fast ausschließlich über ›Natur‹ geschrieben, er hat aber, scheint mir, in seinen Prosastücken, so in dem großen *Spaziergang,* eine zweite Natur hergestellt, auf eben diese vertrackt/naive Weise, die schon in der Rollenprosa von *Fritz Kochers Aufsätzen* manchen seiner Leser in die schiere Verzweiflung getrieben hat. In seinen Gesprächen mit Carl Seelig sagte Robert Walser:

»Als ich 1913 mit hundert Franken aus Berlin nach Biel zurückkehrte, hielt ich es für geraten, mich so unauffällig wie nur möglich zu benehmen. Zu triumphieren gab es wirklich nichts. Ich ging Tag und Nacht allein spazieren; dazwischen betrieb ich mein Schriftstellergeschäft. Schließlich, als ich alle Motive abgegrast hatte wie eine Kuh ihre Weide, verzog ich mich nach Bern. Auch dort ist es mir anfangs gut gegangen. Aber stellen Sie sich meinen Schrecken vor, als ich eines Tages von der Feuilletonredaktion des ›Berliner Tagblatts‹ einen Brief bekam, in dem mir angeraten wurde, ein halbes Jahr nichts zu produzieren! Ich war verzweifelt.«

Erfolgsverwöhnt war Walser nie. In den Berliner Jahren konnte er immerhin über ein knappes, immerhin regelmäßiges Einkommen, dank monatlicher Vorauszahlungen des Cassirer Verlags, verfügen. Etwas voreilig schrieb er damals an Christian Morgenstern, seinen Lektor bei Cassirer, er habe einer Zeitschrift die Skizze *Schlacht bei Sempach*, mit Erfolg, angeboten. Und weiter: »Wenn ich aber Zeitschriftenlieferant werden sollte, lieber ginge ich ›unter die Soldaten‹.«

Später wurde es ihm immer schwieriger, bei den Verlagen Bücher unterzubringen. Äußerst zögerlich reagierten, von Rowohlt bis Rascher, die Verleger, wenn es darum ging, die kleinen Texte, die nur schwer ihre Käufer fanden, in einem Buch zusammenzustellen. Die Erfahrung, die der Insel Verlag mit *Fritz Kochers Aufsätzen*, Walsers erster Buchveröffentlichung gemacht hatte, wirkte naturgemäß abschreckend. Als Walser eine Nachforderung stellte, schrieb ihm der Insel Verlag zurück:

»Sehr geehrter Herr.
Wir empfingen Ihren eingeschriebenen Brief vom 13. ds., in dem Sie um Einsendung des mit unserem verstorbenen Herrn von Poellnitz vereinbarten Nachtrags-Honorars von M. 100 — zu ›Fritz Kochers Aufsätzen‹ bitten.

Gestatten Sie uns, Ihnen darauf ergebenst mitzuteilen daß von 1300 Exemplaren der Auflage, die von dem Buche hergestellt wurde, bisher erst 47 Exemplare abgesetzt worden sind! Diese Zahlen bedürfen sicher keines weiteren Kommentars, und obwohl wir natürlich keine Gelegenheit versäumen werden, um auch für dieses Buch Propaganda zu machen, so liegt doch der Zeitpunkt, an dem die Herstellungskosten auch nur annähernd gedeckt sein werden, noch in weiter Ferne, so daß wir Sie leider bitten müssen, sich wegen des reklamierten Betrages noch zu gedulden. Hochachtungsvoll . . .«

Solche Zahlen bedürfen fürwahr keines weiteren Kommentars. Robert Walser ist nicht unter die Soldaten gegangen, sondern Zeitschriftenlieferant geworden.

»Mein Prosastückligeschäft geht zur Zeit recht schlecht; ich lasse mich aber durch die Baisse meiner Prosa-Aktien nicht entmutigen« —,

schrieb er 1928 an Frieda Mermet, jene mütterliche Freundin, die ihm die Wäsche besorgte und oft genug mit »Thee und Käse« ausgeholfen hat. Schon im Mai 1927 hat er an den Herausgeber der *Neuen Schweizer Rundschau,* Max Rychner, in einem Brief geschrieben:

»Ich bekam vom Berliner Tagblatt, nachdem ich siebenundzwanzigmal darin vertreten sein durfte, einen Klapf, daß ich hinausflog. In Deutschland scheinen keine Chancen mehr für mich zu blühen; ebenso verhält sich die Tschechoslowakei abwartend-kühl, sehr reserviert, und nun frage ich mich, ob ich Ihnen womöglich so etwas vielleicht lieber gar nicht hätte sagen sollen. [...]

Was meine Situation betrifft, so bin ich in Sachen Staat Österreich oder besser dem schönen Wien an der blondblauen Donau erbärmlich hereingefallen [...]

Indem Sie mich nun Ihrerseits aufforderten, Ihnen etwas Neues anzubieten, unterbreite ich Ihnen einige Briefe [...] Mir entsteht ja immer irgend etwas, sei es Prosa oder etwas Versisches, das ja in seinem Element stets etwas Persisches hat. Seit ich das letzte Mal die Ehre hatte, in ihrem geschätzten Blatt mit einem Beitrag vertreten zu sein, sind zirka 150 Prosastücke von mir durch's lesende, nasenrümpfende Ausland geflogen.«

Aber kaum etwas davon wurde noch gedruckt.

Schon für den Roman *Theodor,* der erst nach Walsers Tod, als Fragment, veröffentlicht wurde, fand er keinen Verleger mehr. Natürlich gab es, nach wie vor, einige Redakteure, Verleger, Schriftstellerkollegen, die zu ihm hielten, sich für ihn einsetzten, Max Brod, Max Rychner, auch der Inhaber des Verlages Grethlein in Zürich, der Konsul Hauschild zeigte Interesse an Walsers Arbeit. Hauschild wollte nicht nur den *Theodor*-Roman herausbringen, sondern auch von Bruno Cassirer die Lizenzen der früheren Walser-Bücher erwerben, und so bemühte er sich um ein persönliches Gespräch mit dem Autor. Walser schrieb ihm, daß er bereit sei, ihn zu empfangen. Der Brief war allerdings unterzeichnet mit — »Cäsar, Diener von Herrn Walser«.

»Als Hauschild, der Einladung Folge leistend, zu dem ärmlichen Mansardenzimmer emporgestiegen war, öffnete ein Mann in Hemdsärmeln die Tür: Ja, sein Herr,

Robert Walser sei zu sprechen, er lasse bitten, sich einen Augenblick zu gedulden. Zwei Minuten danach ging die Tür wieder auf, und vor dem Besucher stand der gleiche Mann, jetzt mit einem Rock bekleidet: Er sei Walser.«

Der Konsul war, verständlicherweise, etwas verärgert. In einem Brief an den Schweizer Schriftstellerverein faßt er das Ergebnis seiner Bemühung zusammen:

»Ich ... konnte trotz unzähliger Briefe an Herrn Walser und eines mehrstündigen Besuchs bei ihm nicht mit ihm einig werden, weil Herr Walser auf positive Vorschläge nicht wie andere Menschen zu reagieren pflegt. Ich spreche es ganz offen aus: er ist ein schrullenhafter Herr, ein Bohémien, ein Eigenbrötler, der aber noch nicht so alt ist, als daß er sich diese für den geschäftlichen Verkehr absolut nicht geeigneten Manieren nicht noch abgewöhnen könnte.

Das Bedauerlichste ist, daß ein Schriftsteller mit dem feinen und starken Können Walsers mit ausgefransten Hosen in einer Dachkammer Berns hausen muß [...] und daß ihm diese starke Produktion scheinbar nicht so viel abwirft, daß er in ein vernünftiges Milieu übergeführt werden könnte ...«

Hauschilds Satz hat, unbeabsichtigt, einen prognostischen Wert bekommen; getreu seiner Devise: »Ich glaube, das beste wird sein, wenn ich mich in eine Ecke setze und still bin« — hat Robert Walser selbst dafür gesorgt, daß er in ein ›vernünftiges Milieu‹ übergeführt werden konnte, nämlich in die Berner Irrenanstalt.

Ende Januar 1929 kam Lisa Walser, die Schwester, vermutlich auf Bitten seiner Vermieterinnen, nach Bern, um sich um ihren ›kranken‹ Bruder zu kümmern. Angstzustände, Unruhe, Schlaflosigkeit, auffälliges Verhalten, Stimmen, die ihn verfolgten — diese Symptome nannte sie dem Psychiater, der daraufhin, mit einer nur Psychiatern eigenen Sicherheit, seine Diagnose stellte und die Einweisung in eine Nervenheilanstalt verfügte. Der ärztliche Bericht hält fest:

»Fräulein Walser, Lehrerin in Bellelay erschien am 24. Januar 1929 in meiner Sprechstunde und gab an, ihr Bruder sei seit längerer Zeit immer deprimierter und gehemmter geworden, habe Angst, höre Stimmen und sei nachts unruhig. Ein Bruder sei lange in der Waldau gewesen und dort gestorben, ein anderer habe Selbstmord begangen.

Ich fand Herrn Walser ausgesprochen deprimiert und schwer gehemmt. Er hatte Krankheitseinsicht, klagte über die Unmöglichkeit arbeiten zu können, über zeitweise Angst usw. Auf Fragen nach Lebensüberdruß antwortet er ausweichend. Er möchte sich wohl helfen lassen, möchte aber nicht in eine Anstalt, sondern zur Schwester nach Bellelay. Da dies aus äußeren Gründen nicht angezeigt war, und da ich zudem nach kurzem zu der Überzeugung kam, daß Herr Walser in seinem gegenwärtigen Zustand die geschlossene Anstalt dringend und so rasch als möglich nötig hat, wird er an die Waldau gewiesen.«

Basta. Die Schwester will ihn nicht aufnehmen. Sonst hat er niemanden. Die Diagnose lautet auf Schizophrenie. Daß ihm, zum Beispiel und vor allem, Geld fehlte, auf diese Idee ist damals niemand gekommen. Die Verhandlungen mit dem Verlag Grethlein in Zürich, in Gestalt dieses Konsul Hauschild, hatten sich deshalb zerschlagen, weil Walser eine, in Anbetracht seiner Umstände, nur allzu realistische Forderung gestellt hate, 3000.— Franken. Diese Forderung hat der Herr Hauschild als irrsinnig empfunden. Seltsam verkehrte Verhältnisse. Die Prosa aus der Berner Zeit, das ist Band X des Gesamtwerks, enthält, nach der (späteren) Datierung zu urteilen, fast ausschließlich Stücke, die Walser erst nach seiner Einlieferung in die Heilanstalt verfaßt hat. Walser ging dort also nach wie vor seiner Arbeit nach, fast wie gewohnt. In seiner Korrespondenz bedient er sich, wie Jahrzehnte zuvor schon einmal, als er einige Wochen als Diener auf einem Schloß in Schlesien arbeitete, einer Deckadresse. Das »Prosastückligeschäft« lief wieder. Walser war aller existentiellen Sorgen enthoben, und seine Arbeiten aus dieser Zeit erschienen dem späteren Herausgeber Jochen Greven »normaler« als vieles, was er zuvor geschrieben hatte.

Der Bruch kommt erst später. Seine Krankengeschichte enthält am 18. 6. 1933 die Eintragung:

»Da Pat. sehr ruhig ist und keiner besonderen Behandlung bedarf, wird ihm vorgeschlagen, in eine unserer Kolonien zu gehen. Er weigert sich aber. Spricht davon, aus der Anstalt entlassen zu werden und sich draußen eine Stelle zu suchen, macht aber keine Anstrengungen dazu, obgleich man ihm volle Freiheit läßt, zu tun, was ihm beliebt in dieser Hinsicht. Wie man auf eine Transferierung nach Herisau zu sprechen kommt, verhält sich Pat. völlig passiv, wie wenn es ihm gleich wäre, hinzugehen oder hier zu bleiben. Wie alles abgemacht ist, weigert er sich plötzlich, abzureisen.«

Am 19. Juni 1933 wird Robert Walser zwangsweise in die Anstalt Herisau überführt. Ein beigegebener Wärter sorgt, wie es heißt, dafür, daß es zu keinen Schwierigkeiten kommt. Seitdem schwieg Walser. Trotz häufiger Aufforderung, zu lesen, wieder mit dem Schreiben zu beginnen, blieb er dabei. Zu Carl Seelig, meinte er später: »Es ist ein Unsinn und eine Roheit, an mich den Anspruch zu stellen, auch in der Anstalt zu schriftstellern. Der einzige Boden, auf dem ein Dichter produzieren kann, ist die Freiheit.« Auf sein Werk angesprochen: »Das geht mich doch nichts an.« Seelig über sein Verhältnis zu Walser: »Das Schweigen war der schmale Steg, über den wir uns entgegenkamen.« Und dann sind sie, Seelig und Walser, an den Sonntagen, die sich Walser dafür freinahm, durch die Berge gewandert, oft stundenlang.

Walsers Erzählung *Der Spaziergang*, in Biel noch, während des Ersten Weltkriegs geschrieben, zeigt, wie man, ihn begleitend, ihm näherkommen könnte:

»Ich teile mit, daß ich eines schönen Vormittags, ich weiß nicht mehr genau um wieviel Uhr, da mich die Lust, einen Spaziergang zu machen, ankam, den Hut auf den Kopf setzte, das Schreib- oder Geisterzimmer verließ, die Treppe hinunterlief, um auf die Straße zu eilen. Beifügen könnte ich, daß mir im Treppenhaus eine Frau begegnete, die wie eine Spanierin, Peruanerin oder Kreolin aussah. Sie trug etwelche bleiche, welke Majestät zur Schau. Ich muß mir jedoch aufs strengste verbieten, mich auch nur zwei Sekunden lang bei dieser Brasilianerin oder was sie sonst sein mochte, aufzuhalten; denn ich darf weder Raum noch Zeit verschwenden.«

Nicht etwa, weil er es eilig hätte, im Gegenteil; er schaut in eine Buchhandlung hinein, holt sich sogar unnötige Auskünfte, geht dann bei seiner Bankanstalt vorbei und erfährt dort:

»Es ist gut, daß Sie gekommen sind. Soeben wollten wir uns brieflich an Sie wenden, um Ihnen, was jetzt mündlich geschehen kann, die für Sie ohne Frage erfreuliche Mitteilung zu machen, daß wir Sie aus Auftrag eines Vereins oder Kreises von Ihnen offenbar hold gesinnten, gutherzigen und menschenfreundlichen Frauen mit Franken Eintausend nicht belastet, sondern vielmehr, was Ihnen zweifellos wesentlich willkommener sein dürfte, bestens kreditiert haben [...] Wir nehmen an, daß Ihnen diese Eröffnung lieb ist; denn Sie machen uns, offen gestanden, den Eindruck, der uns mit, wir möchten uns erlauben zu sagen, fast nur schon zu großer Deutlichkeit sagt, daß Sie Fürsorge delikater und schöner Natur geradezu bedenklich nötig haben.«

Dann endlich geht er, durchaus erfreut, weiter, ohne Raum und Zeit zu verschwenden, ohne Ziel, nur auf den Weg achtend. Und wer etwas von Robert Walser erfahren will, muß auf diese Weise mit ihm gehen, lesend, durch Skizzen und Geschichten, die kleinen Erzählungen hindurch, bereit, an jeder Abschweifung innezuhalten, jeden Umweg mitzumachen, um am Ende, wie er, vielleicht sogar das Ziel aus dem Auge zu verlieren. Auf dieser Wanderung durch Walsers Werk spielt das Geld nur eine kleine Nebenrolle, wie auch in seinem Leben. Walser hat nie auch nur ein annähernd ausreichendes Einkommen gehabt. Sein Verhältnis zum Geld ist durch den Mangel bestimmt. Er hat, so lange er konnte, diesen Mangel ignoriert. Eines Tages, im Januar 1929, ging es nicht mehr.

In einem Aufsatz über *Hölderlin* hatte Walser geschrieben:

»Hölderlin hält es für angezeigt, das heißt für taktvoll, im vierzigsten Lebensjahr seinen gesunden Menschenverstand einzubüßen, wodurch er zahlreichen Leuten Anlaß gab, ihn aufs Unterhaltendste, Angenehmste zu beklagen.«

Und Jahre später, auf einer seiner Wanderungen mit Carl Seelig, meinte Walser:

»Ich bin überzeugt, daß Hölderlin die letzten dreißig Jahre seines Lebens gar nicht so unglücklich war, wie es die Literaturprofessoren ausmalen. In einem bescheidenen Winkel dahinträumen zu können, ohne beständig Ansprüche erfüllen zu müssen, ist bestimmt kein Martyrium. Die Leute machen nur eines daraus.«

Am ersten Weihnachtsfeiertag 1956 stirbt Robert Walser auf einem Spaziergang. Spielende Kinder haben seine Leiche im Schnee gefunden.

Es war, gewiß, kein gelungenes Leben. Doch seinem Werk ist ein großer Anspruch eingeschrieben: der auf das Glück der Menschen.

Verwendete Literatur:

Robert Walser, *Das Gesamtwerk*, hrsg. v. Jochen Greven, Genf, Hamburg 1966 bis 1975, 13 Bände.

Robert Mächler, *Das Leben Robert Walsers. Eine dokumentarische Biographie*, Genf, Hamburg 1966.

Katharina Kerr, *Über Robert Walser*, 3 Bände, Frankfurt 1978/79.

Carl Seelig, *Wanderungen mit Robert Walser*, Frankfurt 1977.

Martin Jürgens, *Robert Walser. Die Krise der Darstellbarkeit*, Kronberg 1973.

Walter Benjamin, *Über Literatur*, Frankfurt 1969.

Georg Simmel, *Schriften zur Soziologie. Eine Auswahl*, hrsg. v. H.-J. Dahme u. O. Rammstedt, Frankfurt 1983.

Leopold Schuwerack BERTOLT BRECHT

Der Bürgersohn Eugen Berthold Brecht (»aufgewachsen als Sohn / Wohlhabender Leute«)[1] umgab sich zeitlebens mit den Attributen proletarischer Askese; franziskanische Strenge und Proletkult verbanden sich in ihm zum Prototyp des Dichters, der alle seine Kraft in die revolutionäre Umgestaltung der kapitalistischen Gesellschaft in eine kommunistische steckt, in der letztlich das Geld abgeschafft ist. Stoppelbart, Nickelbrille, Unfrisur, rauhe Arbeitsjacken und provozierend nach Billigkeit riechende Zigarren waren Protest gegen Bügelfaltenexistenz und bürgerliche Steifkragenmentalität, gegen ein Leben in kleinbürgerlicher Saturiertheit und gegen die eitle Selbstdarstellung durch luxuriösen Protz.

Der asketische Habitus war ideologisches Programm und Selbstironisierung in einem, Selbstkasteiung und Vertuschung der realen Lebensumstände. Obwohl der marxistische Dramatiker bis zum Lebensende darauf hinwies, daß Genuß und Vergnügen nicht an materiellen Aufwand gebunden seien (so 1954 in einem Gedicht, in dem Brecht vom ›wiedergefundenen alten Buch‹, von ›bequemen Schuhen‹, vom ›Duschen, Schwimmen‹ und ›Freundlich sein‹ schwärmt[2]), ließ er doch keine Gelegenheit außer acht, für sein materielles Wohlergehen zu sorgen. Brecht war immer stolz darauf, nicht nur den Kapitalismus umstürzen zu wollen, sondern auch darauf, die Gesetze des kapitalistischen Marktes virtuos zu beherrschen.

Bert Brechts poetische Auseinandersetzung mit dem Geld ist geprägt einerseits von einer listigen Legitimierung des eigenen, frivolen Umgangs mit Geld, andererseits von einer Denunzierung der reaktionären Kraft, die vom Geld und seinen Lockungen ausgeht. Dabei ist die Grenze zwischen subversiver List und Opportunismus, symbolischem Protest und innerer Ablehnung oft nicht vorhanden. Behauptungsgesten ersetzten in der Frühzeit Brechts die rationale Durchdringung.

Die Selbststilisierung Brechts zum bedürfnislosen Weltweisen nahm ihren Anfang schon in der Gymnasialzeit des Augsburger Fabrikantensohnes; ein ehemaliger Klassenkamerad (Hans Werner Sörgel, 1916/17 mit Brecht in der Klasse VIII im Königlichen Realgymnasium) erinnerte sich:

»Gewisse bürgerliche Äußerlichkeiten, die uns unerschütterlich schienen, mißachtete Brecht schon in jenen Jahren. So fiel mir auf, daß er öfters unsaubere Hemdkragen trug und auch sonst recht nachlässig gekleidet war. Bei der Stellung des Vaters und der gewiß vorhandenen Fürsorge der Mutter erschien mir das unverständlich.«[3]

In der Jugend war Brechts Erscheinung ein Zeichen schlechten bürgerlichen Gewissens und pubertärer Auflehnung gegen das bourgeoise Elternhaus, später antibürgerlicher Bohème-Kultur und erst in der zweiten Hälfte der Zwanziger Jahre Signal seiner Hinwendung zum proletarischen Marxismus. Doch auch hier ist Mißtrauen angesagt, gemäß Brechts Zeile aus dem Gedicht *Vom armen B. B.:* »In mir habt ihr einen, auf den könnt ihr nicht bauen«.[4]

Worauf baute Brecht, außer auf den Gedanken der materiellen und moralischen Verworfenheit des Kapitalismus? Sicher auch auf Geld, eine der materiellen Bedingungen seiner Produktion. Einer rigorosen Ablehnung der Geldwirtschaft stand Brechts kühle Einsicht gegenüber, daß man komfortabel lebe, wenn man in genügendem Maße finanziell abgesichert sei. Ohne Geld im Rücken läßt sich schlecht über Geld streiten.

Was vordergründig als reiner Zynismus erscheint, der Geisteslage der ›Neuen Sachlichkeit‹ entsprechend, wird von Brecht allerdings immer wieder in Frage gestellt. Deshalb einerseits das Büßergewand des Proletariers, deshalb aber andererseits auch das Mißtrauen gegen naiven Puritanismus.

In seinen trefflichen Tiraden gegen das Kleinbürgertum (z.B. im Song *Von der belebenden Wirkung des Geldes*[5]) klingt das Lob auf die realitätsverändernde Kraft des Geldes ambivalent, ist gespeist nicht nur von Kritik, sondern auch von eigenen positiven Lebenserfahrungen:

»Niedrig gilt das Geld auf dieser Erden
Und doch ist sie, wenn es mangelt, kalt
Und sie kann sehr gastlich werden
Plötzlich durch des Gelds Gewalt.
Eben war noch alles voll Beschwerden
Jetzt ist alles golden überhaucht
Was gefroren hat, das sonnt sich
Jeder hat das, was er braucht.«[6]

Das im Drama *Die Spitzköpfe und die Rundköpfe* — entstanden kurz vor Hitlers Machtübernahme[7] — intonierte Lob auf die »belebende Wirkung des Geldes« ist von tückischer Ironie, denn das Wort »Gewalt« steht eng am stabreimgebundenen »Geld«; eine genitive, schier unauflösliche Bindung, die in nuce Brechts marxistischem Verständnis von der objektiven Funktion des Geldes entspricht.

Die Verführbarkeit des Menschen durch die Aussicht auf materiellen Reichtum ist Brechts Thema von Anfang an gewesen, nicht nur in seinen dichterischen Produkten, auch in seinen autobiographischen Texten, in den Tagebüchern und in den selbstreflektierenden *Keuner-Geschichten*, z.B. in der *Von den Trägern des Wissens:*

»›Wer das Wissen trägt, der darf nicht kämpfen; noch die Wahrheit sagen; noch einen Dienst erweisen; noch nicht essen; noch die Ehrungen ausschlagen; noch kenntlich sein. Wer das Wissen trägt, hat von allen Tugenden nur eine: daß er das Wissen trägt‹, sagte Herr Keuner.«[8]

Wer kein Geld hat, ist doppelt unfrei: indem er abhängig ist von Unterstützung und Anerkennung, und indem er hemmungslos begierig wird, um auf die Seite des Lichtes, des »golden überhauchten Lebens« zu kommen. Diese pessimistische Einsicht, daß der kapitalistische Alltag, das Streben des Kleinbürgers nach Reichtum, von geradezu konterrevolutionärer Funktion ist, läßt Brecht in der *Dreigroschenoper* laut werden, wo die Schmarotzerexistenzen aus dem kapitalistischen Sumpfe singen:

»Das eine wisset ein für allemal
Erst kommt das Fressen, dann kommt die Moral.
Denn wovon lebt der Mensch? Indem er stündlich
Den Menschen peinigt, auszieht, anfällt, abwürgt und frißt.
Nur dadurch lebt der Mensch, daß er so gründlich
Vergessen kann, daß er ein Mensch doch ist.«[9]

Das »angenehme Leben«[10] ist jedoch nicht nur Ergebnis der ethischen Barbarisierung in den großen Städten; diese genußsüchtige Haltung prägte auch den jungen Brecht selbst, der in seinem Erstlingsdrama *Baal* vitalistische Normen setzt, die mit denen des Kapitalismus konform gehen: »Alle Laster sind zu etwas gut / Und der Mann auch, sagt Baal, der sie tut.«[11]

Der junge Augsburger feiert sich und seine Freundesgruppe im asozialen Vaganten, den er allerdings am Schluß verrecken läßt, als Geier unter Geiern. Die Auseinandersetzung zwischen Natur und Kreatur war Höhepunkt und dramatischer Abschluß von Brechts Jugend.

Mit seinen Münchner Erlebnissen (abgebrochenes Medizinstudium nach dem Notabitur, Räterepublik), seinen Berlinbesuchen, rückt die Großstadt, die Arena des Kapitalismus, in das Zentrum von Brechts poetischer und kritischer Aufmerksamkeit. Den Kampfplatz für Ausbeutung und Geldstreben empfindet Brecht allerdings in der ersten Hälfte der zwanziger Jahre als einen Dschungel, die vitalistischen Metaphern und Grundüberzeugungen werden nur umdekoriert. *Im Dickicht der Städte* — so der Titel von Brechts drittem Drama, kauft der reiche Holzhändler Shlink dem armen Arbeiter Garga seine Meinung ab. Gargas anfängliche Weigerung führt zum großen Kampf der beiden, um Haus und Besitz, Identität und Familie, also um alle bürgerlichen Kategorien. Der kapitalistische Überlebenskampf wird vom vormarxistischen Brecht als absurdes, sinnloses Zeremoniell gedeutet. Erst in Brechts zweitem Gedichtband, dem *Lesebuch für Städtebewohner,* wird das Geld als Begründung für den Kampf benannt:

»Hast du Geld, mußt du dich nicht beugen!
Ohne Geld erwirbst du keinen Ruhm.
Das Geld stellt dir die großen Zeugen.
Geld ist Wahrheit. Geld ist Heldentum.«[12]

Wie sehr das Geld die Beziehungen unter den Menschen regelt, erfuhr Bert Brecht, als er sich Ende 1921 entschloß, das »kalte« Berlin zu erobern. Am

17. Juni dieses Jahres notiert er (und definiert damit seine stolze Grundposition): »Ich beobachte, daß ich anfange, ein Klassiker zu werden.«[13] Doch es ergeht ihm zunächst schlecht, er schreibt an Paula Banholzer (Bie):

»Oft ist es eine Jagd, die Dir gefallen würde, aber ich hab es über, wirklich, bis zum Hals ... Und alle Leute schieben einander, schreiben über einander, beneiden, verachten, verebbeln einander.«[14]

Nur notdürftig gelingt es ihm, sich als gefährlich zu stilisieren. Das geschieht in den Notiz- und Tagebüchern, in denen sich der selbsternannte Klassiker so aufbaut:

»Ich bin ein Raubtier und benehme mich auf dem Theater wie im Dschungel. Ich muß etwas kaputtmachen, ich bin nicht gewohnt, Pflanzen zu fressen. ... Das Gestampf Kämpfender beruhigt mich, die sich zerfleischen, stoßen Verwünschungen aus, die mich sättigen, und die kleinen bösen Schreie der Verdammten schaffen mir Erleichterungen.«[15]

Die Großstadt Berlin wird von Brecht begriffen als Theaterbühne, auf der es sich zu inszenieren gilt. Brecht hat sich die Rolle des »tough guy« angezogen, will Risiko ausstrahlen. Er beginnt die Werbetrommel für sich zu rühren, sucht Fürsprecher und Geldgeber, eine Infrastruktur, wie er sie sich in München leidlich aufgebaut hatte, vor allem mit Hilfe Lion Feuchtwangers, der als dramaturgischer Berater der Münchner Kammerspiele Brechts Drama *Spartakus* (später: *Trommeln in der Nacht*) angenommen hatte.

Im Dezember 1921 (Brecht hatte Berlin schon ein Jahr vorher atmosphärisch kurz erkundet) ›steigt‹ Brecht ›voll ein‹, knüpft eine für ihn wichtige Beziehung, die zu Arnolt Bronnen, der zu jener Zeit bereits einen (vermarktbaren) »Namen« hat. Mit ihm schließt er sich zur »Firma Arnolt & Bertolt« zusammen und macht unter diesem Label auf sich aufmerksam. Er feilscht um Verträge, brüstet sich (vor sich selbst?) in seinen Tagebüchern mit seiner schlitzohrigen Geschäftstüchtigkeit, seiner Raubtiermentalität:

»Reiß hat 750 Mark angeboten. Kiepenheuer 800. Beide wollen auch Bühnenvertrieb. Ich unterzeichne bei Reiß schon, hole aber den Vertrag zurück, um ihn [Hermann] Kasack zu zeigen. Dann muß ich mit [dem] Dreimasken[-verlag] sprechen. Es fällt mir ein, dort 1000 Mark zu verlangen, monatlich, auf ein Jahr. K[iepenheuer] treibe ich ebenfalls auf 1000. Dazu erreiche ich, daß Kiepenheuer den Vertrieb der nächsten Stücke bei Dreimasken läßt. Dreimasken schwankt, bietet höch-

stens 500. Ich bringe ›Garga‹ nicht, um es nicht abgeben zu müssen. Beharre aber auf den 1000. Dann sagen sie zu, nachdem ich ihnen Löcher in den Bauch geschwatzt habe.«[16]

Die Geschäftspartnerschaft »Arnolt & Bertolt« wird auf eine harte Probe gestellt, als Bronnen von Herbert Ihering für den Kleistpreis vorgeschlagen werden soll. Der idealistische Bronnen bedrängt den Kritiker des *Berliner Börsen-Courier,* daß dieser den Preis teilen, daß Brecht die zweite Hälfte abbekommen solle. Brecht, um biographische Auskünfte gebeten, schreibt an Ihering:

»Im Frühjahr dieses Jahres wurde ich wegen Unterernährung in die Charité eingeliefert. Arnolt Bronnen konnte mir mit seinen Einkünften als Kommis nicht entscheidend unter die Arme greifen. Nach 24 Jahren Licht der Welt bin ich etwas mager geworden.«[17]

Brecht setzt kalkuliert seine angeblich prekäre materielle Lage als Argument ein und läßt Freunden gegenüber nicht im unklaren, daß er an geteilten Preisen kein Interesse habe; er halte sie für ›geschäftsschädigend‹. Der Kleistpreis ging — ungeteilt — an Brecht, Bronnen fühlte sich — zu Recht — hintergangen. Der Brecht-Biograph Klaus Völker stellte fest, daß Brechts Einstellung auch in erfolgreicheren Zeiten so harsch war, also nicht abhängig war von einer Notsituation:

»Für Brecht kamen nur erste Preise in Betracht. Sie hatten für ihn ›Reklamewert‹. Diese Auffassung bestimmte auch noch seine Haltung gegenüber den Nationalpreisen der DDR. Als er 1949 für die ›Courage‹ einen zweiten Preis bekommen sollte, während Heinrich Mann und Johannes R. Becher für den ersten vorgesehen waren, ließ er ausrichten, man möge von ihm absehen, eine Klassifizierung fasse er als schädigend auf: ›Derlei Dinge muß man ganz unpersönlich betrachten und scharf auf Nutzen und Schaden achten . . .‹.«[18]

In der ersten Berliner Zeit hatte Brecht keine größeren Einkünfte, als Rezensent der Augsburger *Volksstimme* galt Brecht in Berlin wenig, seine Inszenierung von *Eduard dem Zweiten* an den Münchner Kammerspielen — protegiert von Feuchtwanger — brachte Brecht zwar einen Dramaturgenvertrag am Deutschen Theater unter Max Reinhardt, aber diese schmale Pfründe ging 1925 endgültig zu Ende. Abgelöst wurde die Zeit des Handgeldkassierens von einem Fünfjahresvertrag mit Kiepenheuer, später mit Ullstein, der ihm auf fünf Jahre hinaus monatlich 500 Reichsmark sicherte.

Die *Dreigroschenoper*, das Stück, mit dem Brecht das erste »große« Geld verdiente, fiel allerdings nicht unter diesen Pauschalvertrag. Brecht rühmte sich (gegenüber einem seiner marxistischen Lehrmeister, Fritz Sternberg), er sei wahrscheinlich einer der seltenen Fälle, »in denen Ullstein von einem Autor ausgebeutet werde«.[19]

Auch sonst gab Brecht sich kaltschnäuzig und geschäftstüchtig: er schwärmte — in provokativer Abgrenzung zu den Literaten seiner Zeit — für Boxkämpfe und Kriminalromane und verstieß gegen die ungeschriebene Ethik von Intellektuellen, indem er »Gebrauchslyrik« im engsten und trivialsten Sinn verfaßte: im Jahre 1925 ließ er sich — vermittelt von Elisabeth Hauptmann — ein Autogeschenk vermitteln, und er lieferte als poetische »Gegenleistung« der Firma Steyr ein Gedicht, *Singende Steyrwägen.*[20] Brecht »lachte nur über Dichter, die solche Aufträge als unwürdig ablehnten«.[21] Ungerührt fuhr Brecht den Wagen zu Schrott und ließ sich prompt von der Firma einen zweiten Wagen übereignen, weil der Unfallbericht ebenfalls als Steyr-Werbung vermarktet werden konnte, in der literarischen Zeitschrift *Uhu*.

Brechts ›bürgerliche‹ Affinität zu Autos war auch in späteren Jahren, als Neue Sachlichkeit und technikgläubiger Futurismus von ihm ideologisch schon längst abgetan waren, ungebrochen. Ruth Berlau, Brechts dänische Freundin, die ihn auch ins Exil und wieder nach Europa zurück begleitete, erinnert sich in ihrem Brecht-Buch an die Zeit um 1948, als Brecht in Zürich inszenierte und gleichzeitig den Einstieg ins deutsche Theaterleben vorbereiten ließ:

»Ich habe Brecht immer noch in Verdacht, daß er mich hauptsächlich nach Deutschland geschickt hat, um ihm ein Auto zu besorgen. Die Nazis hatten 1933 seinen Wagen beschlagnahmt, und er wollte unbedingt wieder zu einem Auto kommen. Wir haben viel miteinander telefoniert und viele Briefe gewechselt — und immer war ihm das Auto die Hauptsache. In Zürich hatte Brecht nicht genügend Geld für ein Auto. Deshalb sollte ich in München mit dem Verleger Desch Verbindung aufnehmen, ihm die Rechte für den ›Dreigroschenroman‹ und für das ›Puntila‹-Stück anbieten und von dem Vorschuß einen Wagen besorgen. Es mußte auch unbedingt ein Kabriolet sein, möglichst ein Steyr. Desch nahm den Roman und das Stück, aber trotz seiner guten Beziehungen hat es mit dem Wagen nicht geklappt. Allmählich begriff ich, warum Brecht bei seinen Verlegergesprächen in der Schweiz so gezögert hat. Er wollte erst abschließen, wenn das Auto gesichert war.«[22]

Bert Brecht hatte viel Wirklichkeitssinn und sorgte dafür, daß beim Aufkommen des Nationalsozialismus die Möglichkeit zu emigrieren finanziell gesichert war. Brecht hatte als Geldanlage eine Immobilie am Ammersee gekauft, Tantiemen der *Dreigroschenoper* in die Schweiz transferieren lassen. Dennoch waren der 30. Januar 1933, der Reichstagsbrand und der »braune« Kanzler materiell ein schwerer Schlag. Im Svendborger Exil, »im vierzehnten Jahre der halben Republik«[23], ist für den erfolgreichen Dramatiker der Weimarer Republik Zeit für eine Bilanz. Mit Genugtuung konstatiert er, daß er »lange die Wahrheit«[24] gesucht habe, daß ihn das Studium des Marxismus »zehn Jahre und 40000 Mark gekostet «[25] habe, eine Investition in eine bessere Zukunft, deren Rendite im Jahre 1933/34 allerdings ungewiß war. Dennoch ist Brecht auf seine bisherigen materiellen Erfolge stolz: »Ich bin Stückeschreiber. Eigentlich wäre ich gern Tischler geworden, aber damit verdient man natürlich zu wenig.«[26]

Brecht will (sich?) einreden, er habe aus schnödem Erwerbstrieb, aus kühler Überlegung heraus die Existenz eines Dramatikers gewählt. Doch die materielle Lage ist am Anfang prekär; es sind die Frauen im Arbeitskollektiv Brechts, vor allem die Weigel, die dafür sorgen, daß der ›Träger des Wissens‹ ungestört arbeiten kann. Ruth Berlau dazu in ihren Erinnerungen über die Zeit in Svendborg und auch späterhin:

»Die Weigel hatte immer, auch wenn wir knapp lebten, für ein Haus gesorgt, in dem man leben und arbeiten konnte. Die Häuser der Weigel, das ist eine enorme Sache! Sie handelte mit Häusern. Wenn man ein Haus kaufte, mußte man nicht den ganzen Betrag auf einmal haben, sondern konnte ihn in monatlichen Raten abzahlen. So lebte man wie zur Miete, bis die Kaufsumme erreicht war. In Dänemark zum Beispiel hat die Weigel das Haus für fünftausend Kronen gekauft, und als sie nach Schweden übersiedelten, für siebentausend Kronen wieder verkauft. Sie hat also umsonst gewohnt und außerdem zweitausend Kronen verdient.«[27]

Vor allem hatte *Brecht* kostenlos gewohnt, der anfangs darunter litt, von seinen zeitweilig hohen Einkünften nun weitgehend abgeschnitten zu sein. In einem frühen Svendborg-Gedicht, *Zeit meines Reichtums,* trauerte er:

»Sieben Wochen meines Lebens war ich reich.
Vom Ertrag eines Stückes erwarb ich
Ein Haus in einem großen Garten. Ich hatte es
Mehr Wochen betrachtet, als ich es bewohnte. . . .«[28]

»Nach sieben Wochen echten Reichtums verließen wir das Besitztum, bald / Flohen wir über die Grenze.« So endet das biographische Gedicht, in dem sich Brecht als Genußmensch mit klein- bzw. besitzbürgerlichen Anwandlungen zeigt. Einige Monate später hält er es allerdings für notwendig, noch deutlicher zu werden:

»Die Lust des Besitzes fühlte ich tief, und ich bin froh
Sie gefühlt zu haben ... Doch scheinen mir sieben Wochen genug.
Ich ging ohne Bedauern, oder mit geringem Bedauern. Dies schreibend
Hatte ich schon Mühe, mich zu erinnern. Wenn ich mich frage
Wie viele Lügen zu sagen ich bereit wäre, diesen Besitz zu halten
Weiß ich, es sind nicht viele. Also, hoffe ich
War es nicht schlecht, dieses Besitztum zu haben. Es war
Nicht wenig, aber
Es gibt mehr.«[29]

Ein Haus zu besitzen, an materiellen Dingen Anteil zu haben und zu nehmen, bedeutete für Brecht noch kein Kapitalverbrechen wider den kommunistischen Geist. Er hielt nicht viel von der platten Formel, daß das Sein das Bewußtsein bestimme. Seine später entstandene »Galilei«-Figur trägt Züge dieser fast ins Barocke gehenden Genußseligkeit. Ein Gegenbeispiel: Brecht mißtraute der prätendierten und propagandistisch ausgeschlachteten Anspruchslosigkeit Adolf Hitlers; ein solches Vorbild von Anspruchslosigkeit war ihm suspekt, wie er es in einem der *Svendborger Gedichte* ausdrückte:

»Ich habe gehört, der Kanzler trinkt nicht
Er ißt kein Fleisch und er raucht nicht
Und er wohnt in einer kleinen Wohnung.
Aber ich habe auch gehört, die Armen
Hungern und verkommen im Elend.
Wieviel besser wäre da doch ein Staat, wo es hieße:
Der Kanzler sitzt betrunken im Kabinettsrat
Dem Rauch ihrer Pfeifen nachsehend, ändern
Einige Ungelehrte die Gesetze
Arme gibt es nicht.«[30]

In der Zeit des Exils — von 1933 bis 1946 — waren die Genußmöglichkeiten für Brecht und seine Gruppe beschränkter als zu Anfang der dreißiger Jahre. Ruth Berlau schildert in einigen Episoden die rastlose Jagd nach Tantiemen, die Versuche, Übersetzungsrechte zu verkaufen und Aufführungen zustande zu bringen[31], und Klaus Völker schreibt über Brechts Lebens- und Arbeitsstil:

»Für seine Arbeit war ein intakter Haushalt Voraussetzung. Das Haus mußte gut ausgerüstet und versorgt sein, wenn er die Gäste, die er einlud, mit dem Nötigsten bewirten wollte. Auch wegen der Kinder, die zur Schule gehen mußten, war es notwendig, sich dauerhafter zu installieren.«[32]

Nur während eines kurzen Moskauaufenthaltes im Jahre 1935 ging es der Gruppe um Brecht finanziell gut. Sie verfügte über Tantiemen in Rubel, die durch Brechts Mitarbeit an der Zeitschrift *Das Wort* angefallen waren. Zum Genuß gehörte die Großzügigkeit. Ruth Berlau notiert, daß sie einen schwarzen Persianer geschenkt bekam, die Weigel einen ebenso kostbaren braunen Pelzmantel. Es mag dabei einen ganz kühlen Grund für Brechts Spendierfreudigkeit gegeben haben: die Rubel konnten nicht als Devisen ausgeführt werden, nur in Konsumgütern, die man am Leibe trug; das Geschenk als Geldanlage.

Die Moskauer Reise war nicht Endstation des Exils, Brecht verschwendete wenig Gedanken daran, in Stalins Reich das Regime Hitlers zu überdauern. Über Wladiwostok und die Philippinen ging es in die USA. Lion Feuchtwanger hatte für Brecht bei den Einwanderungsbehörden gebürgt, Freunde in Amerika hatten Geld für ihn gesammelt, das er zwar in den ersten Monaten nicht brauchte, das er aber gerne annahm. Der amerikanische Germanist James K. Lyon geht davon aus[33], daß Brecht in den ersten achtzehn Monaten etwa 120 Dollar im Monat zur Verfügung hatte, die Hälfte dessen, was ein Tischler damals verdiente. Wie hatte Brecht 1934 noch gesagt: »Ich bin Stückeschreiber. Eigentlich wäre ich gern Tischler geworden, aber damit verdient man natürlich zu wenig.«[34]

»Jeden Morgen, mein Brot zu verdienen
Gehe ich auf den Markt, wo Lügen gekauft werden.
Hoffnungsvoll
Reihe ich mich ein zwischen die Verkäufer.«[35]

Für Brecht war die Sonnenlandschaft Kaliforniens eine berufliche Enttäuschung. Man kannte seinen Ruhm aus der Weimarer Zeit nicht, die Hinwendung zum Marxismus machte ihn suspekt. Aber es war vor allem die lächelnde Oberflächlichkeit, der Mangel an intellektuell inspirierender Debatte, die Brecht zu schaffen machten.

Brecht verdingte sich als Drehbuchautor, arbeitete am Fritz-Lang-Film *Hangmen also die* mit — 10000 Dollar —, entwickelte mit dem alten Münchner Förderer Lion Feuchtwanger ein Drehbuch für die Verfilmung der *Gesichte der Simone Machard* — 20000 Dollar —, probte mit Charles Laughton den *Galilei* — 6500 Dollar —, und bezog Geld aus dem Unterstützungsfond für Exilautoren. Brecht fährt wieder ein eigenes Auto; ein FBI-Bericht zeigte sich verwirrt über jemanden, der ›den Marxismus befürwortet, aber dabei eine bürgerliche Existenz führt‹. Brecht zog nach Santa Monica in ein größeres Haus mit Garten und schickte Ruth Berlau stolz eine Planskizze, pries die großzügige Ausstattung. Ohne Zweifel: Brecht lebte komfortabel, war aber neidisch auf Feuchtwanger und seinen großen Widersacher Thomas Mann. Nur mit Mühe konnte er sich vergegenwärtigen, daß das sonnige Kalifornien auch eine Schattenseite hatte — für Arme: »der Himmel diene den Unbemittelten und Erfolglosen als Hölle«, schrieb Brecht in den *Hollywood-Elegien.*[36]

Damit greift er das Thema auf, das ihn schon früher interessierte, die Selbstkorrumpierung unter dem Diktat der Armut, das Wissen um die Niedertracht der äußeren Bedürftigkeit:

»Das Entsetzen, arm zu sein!
Viele gaben an, sie würden es ertragen, aber man sah
Ihre Gesichter nach einigen Jahren!
Abortgerüche und faulige Tapeten
Warfen die breitbrüstigen Männer nieder wie Stiere. . . .
Die Mißachtung des Publikums
Ruiniert das Rückgrat. . . .
Der Himmel ist sein Dach, es regnet hinein in ihn.
Die Erde schüttelt ihn ab. Der Wind
Kennt ihn nicht. Die Nacht macht ihn zum Krüppel. Der Tag
Entblößt ihn. Nichts ist Geld, das einer hat. Es rettet ihn nicht
Aber nichts hilft ihm
Der kein Geld hat.«[37]

Seine eher bescheidenen Lebensverhältnisse (gelegentliche Arbeiten für die Hollywood-Industrie) machten ihn neidisch. In seinem *Arbeitsjournal* notierte Brecht mißgünstig im August 1941:

»und nun zu den überlebenden! . . . auf einer gartenparty den doppelclown horkheimer und pollock getroffen, die zwei tuis vom frankfurter soziologischen institut. horkheimer ist millionär, pollock nur aus gutem hause, so kann nur h[orkheimer] sich an seinem jeweiligen aufenthaltsort eine professur kaufen ›zur deckung der revolutionären tätigkeit des instituts nach außenhin‹.«[38]

Nur mit Mühe konnte Brecht die Pose chinesischer Gelassenheit wahren, poetisch bewahrt im Laotse-Gedicht[39], in dem als Tugend angesehen wird, wenig mitzunehmen und wenig zu besitzen. James K. Lyon spricht davon, daß Brecht in seiner kalifornischen Zeit »von finanziellen Dingen fast besessen zu sein«[40] schien. Es waren wieder einmal die Frauen, die viele der finanziellen Lasten trugen. Ruth Berlau, die sich 1942 in New York aufhielt, um dort Radiovorträge zu halten, schrieb in dieser Zeit an Brecht, daß sie eine Wohnung habe, in der auch er gern sich aufhalten könne. Brecht, in Sparwut und Ausbeutersouveränität schrieb zurück, hier zitiert nach Ruth Berlau: »er finde es sehr schön, daß ich ihn aushalten will.... An ›Aushalten‹ hatte ich nicht gedacht, ich war nur froh, Essen und ein Dach überm Kopf für uns zu haben.«[41]

Vom kalifornischen easy going, den Smalltalk parties und der unintellektuellen Wurstigkeit der »Traumfabrik« abgestoßen, arbeitete Brecht konzentriert, vor allem an seinen Dramen. Der *Galilei* wurde fertiggestellt, in Zusammenarbeit mit Charles Laughton, der *Schwejk*, das Jeanne d'Arc-Stück *Die Gesichte der Simone Machard*, *Der aufhaltsame Aufstieg des Arturo Ui* und die Szenenfolge *Furcht und Elend des Dritten Reiches*, alles Stücke, die später erst im Nachkriegseuropa gespielt wurden und Folgen zeigten.

Am 31. Oktober 1946 verließ Brecht den amerikanischen Kontinent. Noch vor dem Abflug hatte Brecht seinen alten Freund Peter Suhrkamp beauftragt, seine Bühnenrechte in Deutschland wahrzunehmen, eine im nachhinein gesehen listige Entscheidung, die Brechts Ostberliner Theaterpläne absicherte: das Haus für die Theaterarbeit in der DDR, die Verlagsrechte im Westen: Tantiemenabrechnungen aus Frankfurt am Main.

Obwohl Brecht den Exilort Moskau 1935 verschmäht hatte, so ging er nach dem Krieg doch in die Domäne des »real existierenden Sozialismus«: man hatte ihm das für ihn wichtigste Produktionsmittel, ein Theater, das Theater am Schiffbauerdamm, zur Verfügung gestellt. Nach 15 Jahren Emigration war dies für Brecht eine unschätzbare Möglichkeit. Gleichzeitig kümmerte er sich darum, die österreichische Staatsbürgerschaft zu bekommen. Finanziell und behördlich (dem Exilanten Brecht war die Wichtigkeit des Passes offensichtlich geworden) abgesichert, begab Brecht sich in die DDR, nachdem Suhrkamp ihm die Pflege seines Werkes versprochen hatte. In Ost-Berlin nahm Brecht die gleiche Haltung ein wie im Berlin der Weimarer Zeit: er war besorgt um seine Klassizität, wollte sie den Zufälligkeiten des Tages und der Staatsverfassung nicht unterordnen, und er wollte unanfechtbar von Geldproblemen sein. Das »Elend, arm zu sein« beschäftigte Brecht als Person wie auch als Dramatiker und Lyriker.

Sozialistische List und kleinbürgerliche Verschlagenheit, die sich im Werk — wenn auch mühsam — trennen lassen, verbinden sich in Brechts realem Verhalten. Geld solle man als Krypto-Agent der sozialistischen Umwälzung im Sumpfland des Kapitalisten nutzen wie ein Spion falsche Pässe: als eine Möglichkeit des ungestörten Fortkommens in eine Welt, die ohne Geld auskommen möge. Solange der Kapitalismus herrscht, so lange kann der sozialistische Dichter das Geld nicht verschmähen, muß es nutzen als Produktionsmittel. Die kecke Offenheit, um Geld und Tantiemen zu schachern und gleichzeitig damit diese Verhältnisse selbst zu revolutionieren, sie findet sich schon in der *Dreigroschenoper*, in der Peachum singt:

»Natürlich hab ich leider recht
Die Welt ist arm, der Mensch ist schlecht.
Wer wollt auf Erden nicht ein Paradies?
Doch die Verhältnisse, gestatten sie's?
Nein, sie gestatten's eben nicht.
Ja, menschlich sein, wer wollt es nicht?«[42]

---

[1] Brecht, Bert, »Verjagt mit gutem Grund«, in: ders., *Gesammelte Werke in 20 Bänden* (Werkausgabe edition suhrkamp), Svendborger Gedichte 1933–1938, Frankfurt 1967, S. 721f., S. 721. Alle Werkzitate sind, sofern nicht anders vermerkt, dieser Ausgabe entnommen — im folgenden *GW* mit Bandnummer zitiert.

[2] Brecht, Bert, »Vergnügungen«, in: *GW* 10, S. 1022.

[3] Zit nach: *Brecht in Augsburg. Erinnerungen, Texte, Fotos,* eine Dok. v. Werner Frisch u. K. W. Obermeier u. Mitarbeit v. Gerhard Schneider, Frankfurt 1976. S. 109.

[4] Brecht, Bert, »Vom armen B.B.«, in: *GW* 8, S. 261–263, S. 261.

[5] Ders., *Die Rundköpfe und die Spitzköpfe;* das »Lied von der belebenden Wirkung des Geldes«, in: *GW* 3, S. 981f., S. 981.

[6] Ebd.

[7] Alle biographischen und historischen Angaben sind entnommen aus: *Brecht-Chronik. Daten zu Leben und Werk,* zusammengestellt v. Klaus Völker, München 1971.

[8] Brecht, Bert, »Von den Trägern des Wissens«, in: *GW* 12, S. 376.

[9] Ders., *Die Dreigroschenoper;* »Zweites Dreigroschen-Finale«, in: *GW* 2, S. 457f., S. 457.

[10] Ders., »Die Ballade vom angenehmen Leben«, in: *GW* 2, S. 447f.

[11] Ders., *Baal;* »Der Choral vom großen Baal«, in: *GW* 1, S. 3f., S. 4.

[12] Ders., »Vom Geld«, in: *GW* 8, S. 303.

[13] Ders., [Notizen ohne Titel, 1921], in: *GW* 15, S. 57f.

[14] Ders., zit. nach *Brecht-Chronik,* S. 28.

[15] Ders., »Aus Notizbüchern: Ich im Theater«, in: *GW* 15, S. 46f.

[16] Ders., *Tagebücher 1920–1922. Autobiographische Aufzeichnungen 1920–1954,* hrsg. v. Herta Ramthun. Frankfurt 1975, S. 125 (Tagebuchnotiz vom Januar 1922).

[17] Ders., zit. nach *Bertolt Brecht in Selbstzeugnissen und Bilddokumenten,* dargest. v. Marianne Kesting, Hamburg 1959, S. 36.

[18] Völker, Klaus, *Bertolt Brecht. Eine Biographie,* München 1976, S. 68.

[19] Brecht, Bertolt, zit. nach: Völker, *B. Brecht,* a. a. O., S. 121.

[20] Brecht, Bertolt, »Singende Steyrwägen«, in: *GW* 8, S. 318.

[21] Völker, Klaus, *B. Brecht,* a. a. O., S. 103.

[22] *Brechts Lai-Tu. Erinnerungen und Notate von Ruth Berlau,* hrsg. v. Hans Bunge, Darmstadt, Neuwied 1985, S. 215.

[23] Brecht, Bertolt, »Ich habe lange die Wahrheit gesucht«, in: *GW* 8, S. 414f., S. 415.

[24] Ebd.

[25] Brecht, Bertolt, zit. nach Kesting, M., *B. Brecht,* a. a. O., S. 41.

[26] Brecht, Bertolt, *Tagebücher 1920–1922,* a. a. O., S. 219 (Notat aus dem Jahre 1934).

[27] *Brechts Lai-Tu,* a. a. O., S. 148.

[28] Brecht, Bertolt: »Zeit meines Reichtums«, in: *GW* 8, S. 418f., S. 418.

[29] Brecht, Bert, »Beim Lesen von ›Zeit meines Reichtums‹«, in: *GW* 9, S. 526.

[30] Ders., »Über den enthaltsamen Kanzler«, in: *GW* 9, S. 602.

[31] Vgl. *Brechts Lai-Tu,* a. a. O., S. 90ff.

[32] Völker, Klaus, *B. Brecht,* a. a. O., S. 213f.

[33] Vgl. Lyon, James K., »›Denn wovon lebt der Mensch?‹. Brecht und das Geld«, in: *Literaturmagazin 16: Literatur, Macht, Moral,* hrsg. v. M. Lüdke u. Delf Schmidt. Reinbek 1985, S. 27–37; die nachfolgenden Zahlen und Einkommensangaben stützten sich auf diese Untersuchung.

[34] Siehe Anm. 26.

[35] Brecht, Bert, »Hollywood«, in: *GW* 10, S. 848.

[36] Vgl. ders., »Hollywood-Elegien«, in: *GW* 10, S. 849f., S. 849.

[37] Ders., »Das Entsetzen, arm zu sein«, in: *GW* 8, S. 156f., S. 157.

[38] Ders., *Arbeitsjournal. Erster Band 1938 bis 1942,* hrsg. v. Werner Hecht, Frankfurt 1973, S. 295.

[39] Vgl. ders., »Legende von der Entstehung des Buches Taoteking auf dem Weg des Laotse in die Emigration«, in: *GW* 9, S. 660–663.

[40] Lyon, James K., a. a. O., S. 27.

[41] *Brechts Lai-Tu,* a. a. O., S. 165.

[42] Brecht, Bertolt, »Erstes Dreigroschen-Finale: Über die Unsicherheit menschlicher Verhältnisse«, in: *GW* 2, S. 431.

Sibylle Mulot

FRANZISKA ZU REVENTLOW

Es begann mit einem Kinderparadies am Meer. Ein altes Schloß, wehende Gardinen, Gittertor, Altan, ein Steintisch unter Buchen. Im Garten der Holzgötze Mohu, von drei Freunden umtanzt. Weiter draußen Deich und Heide. Drinnen Lampen, Standuhr, Marmorfriese; Treppen, Turm, Gewölbe. In dieser charmanten, geordneten Umgebung wuchs Franziska zu Reventlow auf und hörte viele Jahre lang absolut nichts von Geld. Ihr Vater war Beamter. Alles ging seinen Gang. Kindern von Beamten erscheint es oft, daß sich *die Existenzfrage von selbst erledigt*. Sie entwickeln eine erstaunliche Taubheit gegenüber der Notwendigkeit des Geldverdienens, glauben, daß das Geld schon irgendwie daherkommen wird, und werden Freiberufler. Ihre Unfähigkeit zum Beamten- und Gattinnentum zeigt sich früh im ausgeprägten Freiheitsdrang. Ihr Leben lang bleiben sie dem frühen Kinderparadies auf ihre Weise treu: der Welt der Streifzüge, Freundschaften, Götzentänze, aus der einen gelegentlich eine unangenehme Stimme zu Hausaufgaben, Unkrautjäten und Kissensticken befahl. Machte man möglichst rasch seine Hausaufgaben, wars wieder abgetan, ein neues Stück Freiheit erkauft. Von Geld war nicht die Rede.

»Du weißt, es gibt interessante Kinder, die stehlen oder schwindeln, ohne es nötig zu haben, zum Beispiel Scheine entwenden und in Gold umwechseln, um damit zu spielen, aber ich fand nichts Derartiges in meinen Erinnerungen«, schreibt Franziska in Der Geldkomplex. *»Was für eine Rolle das Geld in meiner Kindheit und ersten Jugend gespielt hätte? ... Auf diese Zeit sollen die meisten ›Komplexbildungen‹ zurückgehen. Gar keine, absolut gar keine ... Wir hielten es als Kinder für überflüssig und armeleutehaft, sich um Geldfragen zu bekümmern, und sahen verächtlich auf andere herab, die gegenseitig das Vermögen ihrer Eltern taxierten und darüber Bescheid wußten.«*[1]

Weder Geldmangel noch Überfluß herrschten auf »Schloß Nevershuus«, wie sie das Husumer Schloß in *Ellen Olestjerne* nennt. Nur einmal das Erschrecken der jungen Heldin, daß ihre Kleider soviel schlechter waren als die der Bürgermädchen in der Tanzstunde. »Dafür hatte ihre Mutter gar keinen Sinn — jahraus, jahrein dieselben alten Kleider, die immer wieder ausgebessert, verlängert oder gewendet wurden und niemals nach der Mode.« Es war »unangenehm, als Schloßfräulein so schlecht angezogen zu sein.«[2]

Ein Schlaglicht auf das Husumer Hauswesen. Geld rann durch die unsichtbaren Kanäle wohl nur in knapp ausreichender Menge. Im Roman *gehört* Schloß Nevershuus der Familie und wird später verkauft. Das Husumer Schloß dagegen war nur der *Amtssitz* des königlich preußischen Landrats und seine Dienstwohnung. Als Franziskas Vater pensioniert wurde, sie war achtzehn Jahre zu diesem Zeitpunkt, mußte die Familie das Schloß räumen. Ein Schloß, das einem nicht gehörte? Aber doch so lange gehört hatte? Die Welt war verworren. Besser, man mengte sich nicht in Besitzfragen.

Daß unter den obwaltenden Umständen keine exzessiven Taschengelder gezahlt wurden, versteht sich von selbst. Es lag nicht in der Zeit. Die jungen Leute sollten lernen, mit wenig Geld auszukommen. Genau das lernten sie auch. Und obwohl Schuldenmachen streng verboten war, beherrschte Franziska schon im zarten Alter von fünfzehn Jahren die Feinheiten des Kreditwesens bis in die schwierigsten Verästelungen des Termin- und Wechselgeschäfts, der Umschuldung und des Vergleichs. »Bären losbinden«[3] nannte sie es.

Das Freiadelige Magdalenenstift zu Altenburg war eine Art weibliche Kadettenschule, in der die ganze Zeit weihevoll und boshaft gestraft wurde.

»Die Erste jeder Klasse war verpflichtet, auf alles aufzupassen; wegen kleiner Vergehen wurde man notiert; z.B. wenn man cochon zu einer anderen gesagt hatte, wenn man in einem statt in zwei Unterröcken durch den Schlafsaal ging ... wenn man um ½7 Uhr im Bett lag etc.pp. Sprach man deutsch, so bekam man die ›Kette‹, eine schwarze Kette, die jede Erste zu verteilen hatte. Abends nach der Andacht mußte man sie mit tiefem Knicks der Pröbstin überreichen, wofür sie einem 1 Mark vom Monatsgeld abzog. (Ich habe meistens überhaupt keins zu sehen bekommen, weil es für lauter Strafen weggegangen war.)«[4]

Unter solchem Druck gedeiht Solidarität. Obwohl Pumpen auch hier strengstens verboten war, hatte Franziska keine nennenswerten Schwierigkeiten, sich sechs Mark von zwei Mitschülerinnen für den Gedichtband *Edelweiß* zu borgen, den eine dritte dann auf ihren Namen bestellen ließ (»da, wenn ich es selbst bestellt hätte, die Pröbstin gewußt hätte, daß ich kein Geld mehr besaß. Wir mußten ihr jeden Monat unsere Rechnung vorlegen«[5]). Die Gemeinschaftsaktion zur Umgehung der Kontrolle funktionierte vorzüglich. Gedichtband *Edelweiß* kam an, wurde von Franziska mit einer glühenden Widmung an die Flamme Editha versehen und verschenkt. Noch am gleichen Tag fiel er bei einer Razzia wieder der Pröbstin in die Hände. Sie sah die Widmung — und wußte Bescheid. Was Franziska mit all ihren Protestaktionen nicht geschafft hatte, schaffte der Pumpschwindel. Sie wurde aus dem Freiadeligen Magdalenenstift entfernt und durfte endlich wieder nach Hause.

Nur vom Kindheitsparadies konnte die Rebellion ausgehen. Es lag unangetastet hinter dem Horizont. Ein Reich der Freiheit, Gleichheit, Geschwisterlichkeit. Verdarb alle anderen Maßstäbe. Mit vierzehn hatte man Franziska segregiert, von den Brüdern getrennt, denen sie es nicht mehr gleich tun durfte, im Wohnzimmer mit einer Näharbeit festgewurzelt. Wie das?

»Dann hieß es auf einmal, nun bist Du zu groß und mußt ein junges Mädchen werden. Natürlich wehrte ich mich mit Händen und Füßen, benutzte jede Gelegenheit wegzulaufen ... Sie machen sich gar keinen Begriff, wie mit solch unglücklichen

Backfischen zu Hause und in Pensionen verfahren wird, ihnen werden die unnötigsten uninteressantesten Kenntnisse eingetrichtert, furchtbar viel Religion, Grammatik, Handarbeiten und Klavier. Sie sollten gewaltsam in eine Schablone gepreßt werden; was dabei herauskommt, können Sie an den Durchschnitts-jungen Mädchen und -Frauen sehen, ungebildete, bleichsüchtige, spitzenklöppelnde, interessenlose Geschöpfe, die wenn sie sich verheiraten, in Haushalts- und Kindergeschichten aufgehen und ihrem Mann unmöglich etwas sein können, als eben seine Hausfrau . . . ich kann mich dem nicht fügen, das ist mir unmöglich.«[6]

Der Lübecker Pumpkreislauf beförderte Geld und Bücher hin und her. Einmal wurde eine Schusterrechnung bezahlt, einmal eine Zahnbürste angeschafft, »nach der ich mich schon lange sehne«.[7] Meistens ging es um Bücher. »Mir ist, seit ich Ibsen kennengelernt habe, eine neue Welt aufgegangen von Wahrheit und Freiheit; ich möchte ins Leben hinaus und für diese Ideen leben und wirken . . .«[8] Folgendes hatte sie sich ausgedacht: Sie wollte die »Malerinnenschule in Karlsruhe«[9] besuchen oder, falls ihr die Eltern das nicht erlaubten, das Lehrerinnenseminar in Lübeck. Nach bestandenem Lehrerinnen-Examen wollte sie, dann volljährig, den Eltern den Malplan noch einmal vorlegen. Gaben sie wieder die Erlaubnis nicht, konnte sie ja gehen. Genauso kam es auch. Irgendwann nach dem 18. Mai 1892, wahrscheinlich im Frühjahr 1893[10], kletterte sie aus dem Fenster des Pfarrhauses in Adelby, wo sie nach einer Liebesaffäre mit einem Lübecker Freund Zerknirschung, Haushalt und fromme Denkungsart hätte lernen sollen, und floh mit gepumptem Geld nach Wandsbek, zu Freunden aus der Ibsen-Club Zeit. Volljährig war sie, die Eltern konnten nichts mehr machen, außer sie verstoßen und ihr kein Geld geben, was sie auch taten.

Gegen bohrende Existenzfragen gut gepolstert mit der gewissen Beamtentochter-Indolenz ließ sie die Dinge auf sich zukommen. Sie machte ein paar halbherzige Versuche, eine Stelle als Lehrerin zu finden. Aber sie wollte ja malen und hatte sich nach soviel Hausaufgaben viel Freiheit verdient. Geld würde schon von irgendwoher kommen. Hatten nicht zwei ihrer Brüder mit dem Malplan sympathisiert? Versuchten nicht ihre Freunde alles mögliche für sie zu tun? Die Finanzierung durch einen ältlichen Grafen Platen aus ihrer Bekanntschaft nahm sie allerdings nicht in Anspruch. Der unangenehme Tattergreis wollte, da sie ja Sozialistin sei, von ihr freie Liebe (was er so nannte) — nein danke. Zeit ihres Lebens ärgerte sich die praktisch veranlagte Franziska darüber, daß dieser Widerspruch nicht aufzulösen war: Da hätte sie immer wieder von unsympathischen Männern viel Geld haben können, aber — damit wäre sie wieder nicht »ihr eigener Herr« gewesen, und der Widerwille ließ sich auch nicht überwinden.

Im Grund saß Franziska da und wartete mit blütenweißer Seele auf ein echtes Stipendium. Noch ahnte sie nicht, wie umfassend, wie gänzlich unausrottbar ihr Freiheitsdrang war. Sie glaubte, mit ein oder zwei Münchner Mal-Jahren wäre alles gut. Wahrscheinlich dachte sie gar nicht weiter, Vorrecht einer Zweiundzwanzigjährigen. Was nun folgte — dieses schmerzhaft schnelle Herausstolpern aus den noch quasi-bürgerlichen Sicherheitshoffnungen in die pure Freiheit, die akzelerierte Lebenserfahrung, der mutige Sprung nach dem zweiten Anlauf — all dies ist bekannt. Sie verließ Wandsbek mit einer Geldsumme, die bei größter Anspruchslosigkeit ein halbes Jahr reichen konnte (aus dem Solidaritätsfonds der Ibsen-Leute, entweder von einem Freund ihres Bruders oder vom Verlobten Walter Lübke selbst), und ging nach München. Sie lernte malen, erkannte, daß sie wenig Talent hatte, schob es auf die jugendlange Verhinderung, arbeitete wie besessen, um aufzuholen, fühlte sich während des Malens tiefglücklich, schrieb aus Herzensandrang, wie sie Michael Georg Conrad meldete, ihre ersten kleinen Skizzen, die in den *Husumer Nachrichten* und in der *Gesellschaft* auch gedruckt wurden. Sie verliebte sich in einen polnischen Maler mit radikalen Kunstansichten, wurde schwanger und wäre bereit gewesen, sich mit ihm und dem Kind irgendwie durchzuschlagen. Aber der Maler war es nicht. Wie ein Hypnoseopfer tat sie, was er von ihr verlangte, als ihr Geld zu Ende war; sie ließ sich dem Verlobten rücküberstellen und heiratete ihn. Eine Fehlgeburt vertuschte die Zusammenhänge. Wenn sie gewollt hätte, für immer.

Nach diesen extremen Erfahrungen verfiel Franziska Lübke in tiefste Depression. Da saß sie nun mit ihrem Ibsen-Freund mitten im schönsten Ibsen-Stück, aber auf der ganz falschen Seite. Wo blieben Wahrheit und Freiheit? Das verabredete zweite München-Jahr rückte heran, kaum war sie dort, fiel ihr ein, was zu tun war: die Wahrheit sagen, auf die Gefahr hin, daß sie wieder verstoßen und finanziell mittellos werden würde. Der Schmerz über das Wehtun-Müssen warf sie buchstäblich um. Sie war daraufhin lange krank. Der erschütterte Walter verstieß sie nicht, sondern unterstützte sie weiter mit 150 Mark monatlich, solange, bis sie zwei Jahre später selbst darauf verzichtete. Die Beziehung war unheilbar angeschlagen und endete von seiner Seite aus.

Das zweite Münchner Jahr war das erste vogelfreie Jahr und begann düster. Der polnische Maler hatte inzwischen ein Kind von seinem Modell bekommen. Der alte Freundeskreis war fort. Die neuen jungen Leute, so kam es ihr vor, waren gar keine echten Bohémiens mehr, sondern paktierten schon wieder mit der Gesellschaft — ausgerechnet in dem Moment, da ihre letzten Pakte aufgehört hatten. Franziska ging nicht auf *jours,* um sich der guten Gesellschaft anzudienen. Deren Türen waren für sie zugefallen, andere standen weit offen: die Türen des »Salon X«. Dort hingen ihre »Glanzgewänder«. Sie fuhr hinein wie in ein Theaterkostüm und spielte »eine verheiratete Frau aus Nürnberg«, die für einen Abend *belle de nuit* spielt. Dankbar strich sie die Extraeinnahmen ein. Für Extraeinnahmen (›Fischzüge‹) hatte sie immer großes Talent, schätzte das Abenteuer obendrein. »Ich begreife manchmal nicht, daß diese Doppelheit sich durchführen läßt . . . betrachte all das immer mehr als Austoben und als gelegentlichen Genuß wie als Utilität . . .«[11]

Als sie wieder schwanger war und sich auf das Kind freute, hatte sie keine Lust mehr auf Salon X. Was Walter ihr schickte, reichte nicht. Ihre bescheidenen Künste waren vorderhand noch unverkäuflich. »Ich schreibe alles mögliche Zeug zusammen, aber es bringt nichts ein. Versucht, ein Titelbild für die Jugend anzubringen, aber mißlungen.«[12] Jetzt reaktivierte sie einen alten Plan, den sie schon viele Jahre früher erwogen hatte, sich »durch Übersetzen aus dem Englischen und Französischen für Verleger oder solche Leute Geld zu verdienen.«[13] Im Langen-Verlag hatte sie einen Bekannten aus Lübecker Zeit sitzen, den Lektor Korfiz Holm. Sie bekam sofort Arbeit stapelweise. Die Übersetzer-Konstruktion bewährte sich eine Zeitlang vorzüglich während der Schwangerschaft, dann bis Sohn Rolf krabbeln konnte. Sie arbeitete in einem fulminanten Hausaufgaben-Rausch, immer enttäuscht, daß dahinter nicht die endgültige Freiheit winkte, sondern die nächste und übernächste Übersetzung. Es ist nicht von der Hand zu weisen, daß diese massenhaften Übersetzungen aus dem Französischen ihre eigene Schriftstellerkarriere beförderten. Maupassant, Anatole France, Marcel Prévost waren keine schlechten Lehrmeister. Was sie sich erschreiben oder vielmehr er-übersetzen konnte, war das Gefühl für Aufbau, für größere Zusammenhänge, für das romanhafte Procedere, für Stil. Die Bezahlung war aber äußerst mäßig. Ihr Leben glich jetzt à la longue eher einer Schreibsklaverei als einem freien, künstlerisch erfüllten Dasein. Ein halbes Jahr nach der Geburt begann sie wieder, »andere« Wege zu gehen.

»Ich denke lieber nicht daran, wenn es vorbei ist. Es muß ja sein, das Kind soll es wenigstens gut haben, du lieber Gott, ich brauche mich wirklich nicht vor mir selbst zu entschuldigen . . . Entweder muß ich mich mit Schreiben überarbeiten oder die anderen Wege gehn, die ebenso ruinös sind . . .«[14]

Sie munterte sich mit Schauspielstunden auf, unentwegt übersetzend; hoffte auf ein Engagement, das sich aber zerschlug, übersetzte weiter, versuchte, Stenographie zu lernen, um sich die Konzeptschrift zu erleichtern, hörte schließlich auf, Konzept zu schreiben und übersetzte direkt ins Reine. Die gesparte Zeit bezahlte sie teuer mit erhöhter Konzentration, Streß. Dann ein ›redlicher‹ Versuch, die Übersetzungen mit einem anderen Nebenberuf zu vertauschen: ausgerechnet mit Versicherungsvertretungen. (»Ich bin jedesmal froh, wenn die Leute gleich die Tür zumachen.«[15]) Und sie hatte sich restlos überarbeitet. Es wurde wieder eine Operation angesetzt, obwohl ihr geheimnisvolles Leiden (Schmerzen und angebliche Verwachsungen) durchaus psychologisch erscheint und mit einfacher Ruhe zu heilen gewesen wäre. Endlich erbarmte sich das Schicksal und schickte ihr wieder ein paar gute Freunde — echte Bohémiens. Manche von ihnen hatten sogar Geld. Der rebellische Panizza hatte sich von seiner Familie eine Jahresrente von 6000 Mark erstritten, keine schlechte Basis in einer Zeit, da ein »Zimmer mit Mittagessen« im Monat 50 Mark kostete. Er engagierte Franziska für Artikel in seiner Zeitschrift *Zürcher Diskußjonen* und gab ihr auch einfach so Geld. Albert Hentschel, Paläontologe, nahm Franziska und Sohn für den ganzen Sommer nach Samos mit. Dort begann sie, von Übersetzungen endlich einmal nicht belästigt, ihren ersten eigenen Roman.

Die günstige Situation wiederholte sich im nächsten Sommer. Ludwig Klages, selber mittellos, hatte ihr von einer reichen Lodzer Industriellenfamilie, die sich mäzenatisch betätigen wollte, ein monatliches Stipendium von 800 Mark besorgt, eine fürstliche Summe. Franziska arbeitete einen weiteren Sommer in Schäftlarn an *Ellen Olestjerne*. Als die Zahlungen plötzlich aufhörten, war der Roman gerade einmal durchgeschrieben. Vor allem um sich gegen die plötzlichen Rückfälle in tiefste Misere zu versichern, wo sie überfallartig nicht nur die Wohnung wechseln, sondern auch sofort wieder Notübersetzungen machen mußte, ›Extraeinnahmen‹ organisieren etc., ging sie auf einen Vorschlag ihres Geliebten Suchocki ein. Sie sollte mit ihm und dem befreundeten Schriftsteller Franz Hessel zusammenziehen — in das berühmt gewordene ›Eckhaus‹ in der Kaulbachstraße. »Mit dem, was Hessel besitzt und Suchocki verdient, kommen wir so heraus, daß ich ganz umsonst lebe und nichts zu tun brauche, wie dem Haushalt etwas auf die Finger zu sehen . . .«[16] schrieb sie hoffnungsvoll an Wolfskehl.

Diese Konstruktion hielt fast drei Jahre. Vorher hatte sie übrigens noch einen Versuch gemacht, der Übersetzungsfron und Schreibsklaverei durch gezielten Nebenerwerb für immer zu entrinnen: sie wollte »Massage lernen«, konnte aber nirgendwo als Lehrling ankommen. Nachdem die medizinische Massage wegfiel, verdingte sie sich in einem obskuren Schönheitssalon (›Atelier Jessonde‹), wo die Kundinnen »ziemlich entkleidete Gespräche« zu führen pflegten, und blieb nach drei Tagen wieder weg.[17] In der Kaulbachstraße trauerte sie wohl anfangs ihrer anarchischen Einsamkeit und schöpferischen Armut nach, dann richtete sie sich häuslich ein, malte wieder, übersetzte nur noch sporadisch, begann zwei oder dreimal einen neuen Roman, den sie dann wieder beiseite legte.

Als sich die Wohngemeinschaft auflöste, hatte sie durch den Tod ihrer Mutter gerade den Pflichtteil von 8000 Mark geerbt, wovon sie ein weiteres Jahr mehr oder weniger sorgenfrei leben konnte. Sie verbrachte es allein mit ihrem Sohn auf Korfu, malend. Im Frühjahr 1907 kam sie völlig abgebrannt nach München zurück, und das übliche Karussell, bereichert durch ein paar aparte neue Schnörkel, begann sich wieder zu drehen. Übersetzungen, Fischzüge (wobei die Fischzüge an einem Abend in der Sendlingertor-Bar oft so viel einbrachten wie drei Wochen hektisches Übersetzen), die Jagd nach einem reichen Liebhaber, der, wie sich Oskar A.H. Schmitz ausdrückte, »nicht gar zu grauslich« war.[18] Prompt wieder Krankheit, Operation und erzwungene Ruhe. Eine Zeitlang lebte sie von den Zuwendungen Edgar Jaffés, solange sie platonisch blieben, dann von Geldspenden verschiedener Freundinnen und Freunde. Ein neuer Nebenerwerbsversuch: die Glasmalerei. Der Gedanke schien nicht unvernünftig, sie stieg gewissermaßen in das Geschäft von Suchocki ein, der nach Mexiko gegangen war. Sie malte mit großer Freude und Besessenheit viel zu viele Gläser und konnte nur wenige verkaufen. Sie wurde langsam münchenmüde. In fünfzehn Jahren hatte sie dreißigmal die Wohnung gewechselt (Beethoven in dreißig Wiener Jahren sechzigmal), hatte diverse Pfändungen überstanden und besaß ein unübersichtliches Heer von Gläubigern. Im letzten Moment vor ihrem Weggang konnte sie endlich den Albert-Langen-Verlag, der sie immer noch mit Übersetzungen eindeckte, für ihre eigenen Bücher gewinnen: *Ellen Olestjerne*, ihr erster Roman, der ursprünglich im Verlag des polnischen Sozialisten Marchlewski erschienen war, sollte in dritter Auflage bei Langen herauskommen. Diese Wendung bedeutete vorderhand 450 Mark in bar, mit denen sie einige Bären losbinden konnte, auf längere Sicht aber mehr. Sie hatte einen Adressaten im Verlagswesen gefunden, wußte, für wen und an wen sie schrieb. Das erklärt, wieso in den sieben Ascona-Jahren, die ihr noch blieben, ein Novellenband und *vier* Romane entstehen konnten, einige davon in der Briefform, die sie besonders beherrschte und schätzte.

Von Anfang an hatte Franziska ihre Finanzmisere literarisch verarbeitet, schon in den frühen Skizzen *(Frühschoppen)*, dann in den satirischen Erzählungen *(Tot, Das gräfliche Milchgeschäft)*. Bei ihrem ausgeprägten Sinn fürs komische Detail konnte ihr nicht entgehen, welche pittoresken und grotesken Situationen das fehlende Geld verursachte. Sie hatte sie ja schon immer in ihrem Tagebuch festgehalten, das auf diese Art zu einem regelrechten Wirtschafts-Weißbuch der Bohème geriet. *Das gräfliche Milchgeschäft* ist eine glänzende Satire auf die Geschäftsgründungen der Bohémiens, die sich merkwürdigerweise von Milch immer besonders stark angezogen fühlten — bekanntlich erwog Balzac eine lukrative Reform der Milchwirtschaft, Max Stirner ein Milchversorgungsprojekt für die Großstadt Berlin. Die Gräfin war bescheidener. Sie versuchte nur, ein bestehendes Milchgeschäft in der Schillerstraße in München zu übernehmen. Mit welchen Hochstapeleien die Heldin der Satire es finanzierte, auf welche Weise sie wieder bankrott ging — niemals hätte sich reine, beschützte Phantasie solche Skurrilitäten ausdenken können. Solche Erfahrung war Substanz und Motor ihres literarischen Schaffens. Sie selbst sah klar, daß sie ohne Geldmisere andere Erfahrungen gemacht hätte, anderes, weniger, womöglich gar nichts mehr geschrieben hätte, denn Schreiben war das »Tier mit einem Stachel, den man sich langsam und mühsam aus dem Fleisch ziehen muß«.[19] Da sie aber schreiben mußte — es blieb ihr keine andere Wahl —, entstanden die großartigen schwierig-leichten späten Romane (*Von Paul zu Pedro,* 1912; *Herrn Dames Aufzeichnungen,* 1913; *Der Geldkomplex,* 1916; *Der Selbstmordverein,* 1918), worin sie jeweils eine bestimmte Erfahrungssumme zieht: die ihrer Beziehungen zu Männern, zu Freunden, zum Geld. Zu Liebe, Geld und Tod. Nur in einem einzigen Roman ist von Geld gar nicht die Rede: in *Herrn Dames Aufzeichnungen.* Es spiegelt Franziskas gute Zeit, die finanziell ruhigen Jahre im Eckhaus. In den Amouresken *Von Paul zu Pedro* spielt Geld die Rolle einer Randgirlande. Die Erzählerin stilisiert sich darin zur ehemals reichen Aristokratin, die aufgrund ihrer früheren Saturiertheit die späteren Entbehrungen leichten Herzens erträgt. Diese Pose ist im nächsten Roman völlig aufgegeben. In *Der Geldkomplex* ist Geld das Thema — Geld und sonst nichts. Da redet sie auf charmante Weise Tacheles. »Du weißt, daß mein Dasein nur noch eine einzige wirtschaftliche Krisis war«, teilt sie der Empfängerin der fiktiven Briefe gleich auf der zweiten Seite mit.

»Die Wohnung ist gekündigt, jedes menschenwürdige Einrichtungsstück gepfändet oder schon auf Nimmerwiedersehen abgeholt — es klingelt beständig, aber man macht nicht mehr auf — jedes Poststück, das ins Haus kommt, beginnt im Namen des Königs . . . usw. Trotzdem tauchen immer neue Leute auf, die Geld wollen, Geld, Geld und noch einmal Geld.«[20]

Könnte eine Formulierung klarer sein? Der Witz der Geschichte ergibt sich daraus, daß die Heldin ihre Misere ausgerechnet einem Freudianer darzulegen versucht, der ihren offensichtlichen Komplex auf alles mögliche zurückführen will, in der Hauptsache auf verdrängte Erotik, nur nicht auf eines: auf den Mangel an Geld. Immerhin hatte der freundliche Freudianer seine Patientin nach ihrem wirtschaftlichen Desaster für die Dauer der Behandlung im Sanatorium eines befreundeten Professors untergebracht (auf Pump natürlich), und da ihre Heilung absolut keine Fortschritte machen wollte ... Wenn in der Wiener Psychoanalytischen Beratungsstelle, die mit dem Anspruch auftrat, den Menschen helfen zu wollen, wirklich jene Inschrift hing »Wirtschaftliche und soziale Fragen können hier nicht zur Behandlung kommen«, wie Ernst Bloch behauptet[21], dann war Franziska eine ganz verstockte Gegnerin, die den Satz aufstellte: »Nach meinem Gefühl wären fast alle Psychosen in erster Linie mit Geld zu heilen.«[22]

Unschwer lassen sich hinter den Romanereignissen Franziskas Ascona-Erlebnisse ausmachen. Ihre Münchner Situation war so unhaltbar geworden, daß sie sich schweren Herzens entschlossen hatte, nach Berlin zu gehen, um sich dort eine Existenz zu suchen. Besonders schlimm die erste Trennung von ihrem Sohn. Sie war schon im Begriff, von dort zu einer vage versprochenen Anstellung als Kassiererin einer Kunstausstellung nach Paris abzufahren, als Erich Mühsam ihr den heißen Tip gab: in Ascona suchte ein baltischer Baron verzweifelt nach einer standesgemäßen Schein-Ehefrau, um nicht vom greisen Vater enterbt zu werden. Die Sache war ganz sicher, der Baron würde, da unsterblich in eine Waschfrau verliebt, niemals Ansprüche anmelden, es ging nur darum, das Erbe zu sichern und dann zu teilen. Der Baron hieß Rechenberg, und Franziska zögerte daraufhin nicht länger. Laut Mühsam sagte sie: »Rechenberg ist ganz praktisch. Da brauche ich ja nicht einmal die Monogramme in den Taschentüchern umzusticken.«[23] Die Heirat kam tatsächlich zustande, der greise Vater starb nach angemessener Frist, und der Roman befaßt sich ausführlich mit der spannenden Wartezeit zwischen dem Tod des alten Herrn und der Eröffnung des Testaments, das erst noch aufgefunden werden muß. Je nach den widersprüchlichen Telegrammen aus Rußland steigt oder sinkt die Stimmung einer ganzen Gruppe — Franziska hatte wieder einen Freundeskreis um sich geschart. Der Freudianer Dr. Baumann (alias Otto Groß) hatte inzwischen die Analyse eingestellt und sich mithoffend zu dem Grüppchen gesellt. Und tatsächlich kommt Geld. Zwar nur ein Pflichtteil, aber immerhin: die tolle Summe von 40000 Franken. Freudestrahlend reist die Gruppe mit einem Teil des Geldes nach Monte Carlo, der andere Teil wurde einer Tessiner Bank anvertraut. Und nun: angesichts des Spielsalons bricht die Heldin in folgende Worte aus: »Hier bin ich vollkommen und wunschlos glücklich, mir ist, als hätte ich die Heimat gefunden und alles, was dazugehört.«[24] Das Kinderparadies war wiederentdeckt. Wo sonst als im Casino sitzen so viele interessante, charmant-infantile Personen hochkonzentriert beieinander, den Götzen Mohu umkreisend, auf Streifzügen von Tisch zu Tisch? Sogar die Unsichtbarkeit des Geldes und die Gediegenheit der Ausstattung, die das Husumer Hauswesen gekennzeichnet hatten, waren wiedergefunden. Im Casino ist von Geld überhaupt nicht die Rede, sagte einmal ein versierter Spieler. Man spielt auch nicht um Geld, sondern um farbige kleine Plättchen.

Daß ausgerechnet während solch paradiesischer Heimkehr im Tessin die Bank fallierte, daß es nun wieder auf die übliche Art weitergehen mußte (etwas leichter doch, denn eine Bankgläubigerin hat einen gewissen Kredit) —, diesem Umstand verdanken wir den letzten Roman, der erst nach dem unerwarteten Tod der Gräfin erschien: ein wunderbar konziser, fiktionaler, ganz in seinen Figuren lebender Roman, der zeigt, was man von Franziska zu Reventlow noch alles hätte erwarten können, wenn sie nicht zu früh gestorben wäre. Es geht darin um ein junges Paar, das sich stürmisch umbringt, als man es an seiner Liebe hindern will, und um einen jungen Adeligen, dessen Leben ohne die bewußte große Liebe, aber immerhin materiell ganz nett ausgestattet ist. Als er plötzlich vor der Notwendigkeit steht, selbst Geld zu verdienen (er hat gar keinen Beruf), zieht auch er den Selbstmord einem wer weiß wie öden Büro- und Armutsleben vor. In diesem Roman setzte Franziska in Figuren um, was sie in *Der Geldkomplex* als Weltanschauung hatte verkünden lassen:

»Laß Dir sagen, liebe Maria, es sind nur zwei Dinge, die einem ein Gefühl von Daseinsberechtigung geben ... Geld und Liebe. Soll es ganz richtig sein, so sind es beide zusammen, aber wann ist wohl das Leben einmal ganz richtig? Und fehlt eins von den beiden, so kann man sich immerhin mit dem anderen trösten. Fehlen aber beide ...«[25]

Franziska hinterließ etwa dreißig übersetzte Romane und Novellenbände, fünf eigene Romane, einen Erzählband, diverse Artikel und Skizzen und Tagebücher. Sie gehörte nicht zu jenem winzigen Prozentsatz arrivierter Schriftsteller, die von ihren hohen Auflagen oder von der Schnelligkeit ihrer Produktion leben konnten, wie zum Beispiel ihr Nachbar in Ascona, Emil Ludwig. Die Honorare für einen Roman, an dem sie ein Jahr oder länger arbeitete, reichten für einen oder zwei Monate zum Leben, falls sie nicht schon im Verlag von Gläubigern gepfändet wurden. Andrerseits lehnte sie einen Brotberuf zeit ihres Lebens kategorisch ab. »Beruf ist etwas, woran man stirbt.«[26] Also blieb der Zwang zum Lavieren, das anstrengende Jonglieren mit allen Möglichkeiten, um Freiheit, Lust, Liebe und Geld in ein einigermaßen erträgliches Verhältnis zu bringen. Sie hat es mit beispiellosem Mut und beträchtlicher Energie ihr ganzes Leben lang getan. Ihr Résumée fällt daher gar nicht so negativ aus:

»Ich hatte nie ein festes Einkommen, nie einen bestimmten Beruf, sondern nur vorübergehende Tätigkeiten, bei denen nicht viel herauskam, und doch habe ich eine ganze Reihe von Jahren ›existiert‹, vielleicht sogar besser und angenehmer als manche andere mitsamt ihrem Beruf...«[27]

Sie war, obwohl ihre Wunschträume zur Finanzierung »der Frau« bisweilen spätfeudal anmuten, eine der selbständigsten und aktivsten Frauen ihrer Zeit.

»Sie trug außer ihrem Namen nichts an sich was vom Moder der Vergangenheit benagt war«, schrieb Ernst Mühsam. »In die Zukunft gerichtet war ihr Leben, ihr Blick, ihr Denken; sie war ein Mensch, der wußte, was Freiheit bedeutet, ein Mensch ohne Vorurteile, ohne traditionelle Fesseln, ohne Befangenheit vor der Philistrosität ihrer Umwelt ... erfüllt von der Sehnsucht nach einer freien und schönen Menschenwelt.«[28]

Quellen

Franziska zu Reventlow, *Ellen Olestjerne,* Roman, Frankfurt 1985.

Dies., *Autobiographisches. Novellen, Schriften, Selbstzeugnisse,* hrsg. von Else Reventlow, Berlin 1986.

Dies., *Romane. Von Paul zu Pedro, Der Geldkomplex, Der Selbstmordverein,* hrsg. von Else Reventlow, Frankfurt 1978.

Dies., *Tagebücher 1895–1910,* hrsg. von Else Reventlow, Frankfurt 1976.

Dies., *Briefe 1890–1917,* hrsg. von Else Reventlow, Frankfurt 1977.

Dies., *Herrn Dames Aufzeichnungen,* Roman, München 1969.

Eine ausführliche Bibliographie der Sekundärliteratur zu Franziska zu Reventlow findet sich in der Dissertation von Johannes Székely, *Franziska zu Reventlow,* Bonn 1979.

1 *Romane,* S. 90.
2 *Ellen Olestjerne,* S. 41.
3 *Briefe,* S. 268.
4 *Autobiographisches,* S. 14f.
5 *Autobiographisches,* S. 20.
6 *Briefe,* S. 32f.
7 *Briefe,* S. 138.
8 *Briefe,* S. 23.
9 *Briefe,* S. 22.
10 Ostern 1892 bestand sie das Lehrerinnenexamen, am 18. Mai 1892 wurde sie mit 21 Jahren volljährig. Man stilisiert ihre Flucht gern auf den Tag der Volljährigkeit, laut *Ellen Olestjerne* verlebte sie aber

noch einen ganzen »Verwandtensommer« auf dem Land, anschließend ein paar Monate im Pfarrhaus zu Adelby. Im Roman flieht sie zu Ostern an einem 1. April — also wahrscheinlich im Jahr 1893 —, hält sich dann den Sommer über bei den Freunden auf, verlobt sich im Hochsommer und geht im Frühherbst nach München. Legte man ihre Flucht auf Mai 1892, hätte sie sich fast eineinhalb Jahre bei den Freunden aufgehalten, was sehr unwahrscheinlich ist. Hier wie an anderen Stellen macht sich das Fehlen einer wissenschaftlichen Biographie störend bemerkbar.

[11] *Tagebücher*, S. 50.

[12] *Tagebücher*, S. 48.

[13] *Briefe*, S. 63.

[14] *Tagebücher*, S. 81.

[15] *Tagebücher*, S. 120.

[16] *Briefe*, S. 432.

[17] *Tagebücher*, S. 251.

[18] Oskar A. H. Schmitz, *Ergo Sum, Jahre des Reifens*, München 1910

[19] *Tagebücher*, S. 265.

[20] *Romane*, S. 67.

[21] Ernst Bloch, *Das Prinzip Hoffnung*, Frankfurt 1979, Erster Band, S. 72.

[22] *Romane*, S. 73.

[23] Erich Mühsam, *Unpolitische Erinnerungen*, Berlin 1958.

[24] *Romane*, S. 127.

[25] *Romane*, S. 82.

[26] *Romane*, S. 50.

[27] *Romane*, S. 98 f.

[28] Erich Mühsam, *Unpolitische Erinnerungen*.

Judith Kuckart und Jörg Aufenanger

ELSE LASKER-SCHÜLER

»Wollen Sie mir einen Riesengefallen tun? Geld! Geld! Geld! Geld! Geld Geld Geld! Geld Geld Geld!«

Und, was kostet die Freiheit? Was braucht eine Dichterin, Else Schüler, verheiratete Lasker, geschieden, verheiratete Walden, wieder geschieden, was braucht eine Frau mit außerehelichem Kind, ohne finanziellen Rückhalt, ohne große Erbschaft, ohne ordentlichen Beruf, mit brotloser Berufung, zum Leben? Zum Dichten?

»Die Leute nennen mich ein' Luftikus — vielleicht bin ich's auch — ein bißchen ausgelassen — aber dann nur auch für mich.«[1]

1894 heiratet der »Luftikus« den Arzt Berthold Lasker. Gerade 25 Jahre alt, verläßt sie ihre Heimat Elberfeld im Wuppertal, zieht in die Metropole Berlin; eine strenge, dunkle, noch junge Frau mit kurzen Haaren, unauffällig guter Kleidung. Für eine Weile gezähmt, ist sie ganz Frau Doctor, der Bürgerlichkeit verpflichtet, materiell gesichert. Was sie an überschüssiger Energie hat, tobt sie beim Sammeln von schönen Möbeln aus, inszeniert ein bürgerliches Zimmertheater.

Sie malt und dichtet, kreativer Müßiggang, der den angemessenen Rahmen für eine Frau ihres Standes darstellt. Ausgerechnet mit Schreiben und Zeichnen wird sie später den Rahmen sprengen. Von ihrem Mann hat sie ein Atelier eingerichtet bekommen, vielleicht ein erster Ort ungeheizter Freiheit. Die Begegnung mit dem Dichter Peter Hille führt sie auf den Weg des Künstler- und Bohème-Lebens. Er nennt sie Tino, entfacht ihre orientalischen Träume.

Auf der Armenstation der Königlichen Frauenklinik bringt sie 1899 den Sohn Paul zur Welt. Vater unbekannt. Von der Verwandtschaft will sie kein Geld annehmen, den Preis der neuen Freiheit selbst bezahlen.

Mit Herwarth Walden, den sie Goldwarth nennt, der ihr aber weder Geld noch Glück bringt, geht sie 1903 die zweite Ehe ein. Walden, blonder Intellektueller, Musiker, Schriftsteller, Herausgeber der Kunstzeitschrift *Sturm,* mehr theoretisch als vital den Expressionismus lebend, managt die Karriere seiner elf Jahre älteren Frau, streicht aber auch einen Großteil des Gewinns ein. Er lebt auf ihre Kosten, verhökert ihre Manuskripte. Während sie allein für ihren Sohn sorgen muß, verschlechtert sich ihre finanzielle Lage immer mehr, obwohl sie schon drei Bücher veröffentlicht hat, darunter ihr Schauspiel *Die Wupper.* In zwei bisher unveröffentlichten Briefen an ihren nahen Freund, den Rechtsanwalt André Meyer, klagt sie:

»Ich bin verzweifelt — ich arbeite wie ein Hund und verdiene nicht. Ich lebe überhaupt von 50 Pf. am Tag mit Freimarken etc. Ich muß Dir was sagen — ich habe da so eine tolle Sache gemacht, rein aus Misère. Ich kann nicht fassen, daß einem so der Verstand fortlaufen kann. Ich geh von Haus zu Haus Geld zu erlangen — ich habe auch 200 Mark zusammen — ich habe wahrhaftig schon zwei Monate fast gehungert, um das tägliche Geld 3/4 dazu zu sparen. Nun schreibe ich an Dich, weil ich keinen menschlichen Charakter mehr habe, entweder ich bin nun charakterlos oder ich habe ihn überwunden und handle mit höheren Empfindungen. Aber Empfindungen fühlt man, ich fühle nichts mehr gar nichts mehr.«[2]

Sie bittet André Meyer, für sie bei den Studenten Geld zu sammeln, das sie wieder zurückgeben will.

»Ein Aufruf für Else Lasker-Schüler. Wir erhalten folgenden Aufruf für eine mit schweren Sorgen kämpfende Dichterin, deren poetische Eigenart ihr bisher den schriftstellerischen Markt nicht so weit erschlossen hat, daß sie von ihren Arbeiten leben könnte. Die Dichterin lebt in schwerer materieller Bedrängnis. Ihre Sorge um die Notwendigkeiten des Tages ist so ernst geworden, daß der unterzeichnete Kreis der Freunde und Verehrer sich verpflichtet fühlt, mit der dringenden Bitte um Unterstützung an alle jene heranzutreten, bei denen er Verständnis für das dem Geschmack der Zeit noch entrückte Werk der Dichterin und darum auch Teilnahme an ihrer Lebenssorge voraussetzt.«

Karl Kraus veröffentlicht 1913 in der *Fackel* den Appell, der u.a. von Selma Lagerlöf, Richard Dehmel und Arnold Schönberg unterzeichnet ist. Fast 4000 Mark kommen zusammen. Aber auch Widerspruch provoziert dieser Aufruf, nicht nur den von Franz Kafka, der die Bettelei unwürdig findet und Else Lasker-Schüler ein Kaffeehausleben vorwirft. Im *Bunten Abend,* Organ der Vortrags-Vereinigung deutscher Künstler, ist folgendes zu lesen:

»Wir müssen uns dagegen wehren, daß uns Autoren, die ihre Talentlosigkeit mit krausen Worten aufputzen, die kein Mensch zu verstehen mag, als Genies aufgeschwatzt werden.«

Unbeirrt wird sie einen Teil des Gelds ins Café getragen haben, statt wie üblich Wasserkakao heiße Schokolade mit Sahne bestellt haben. Das Café als halböffentlicher Ort verspricht ihr Heimat, ohne sie in Verbindlichkeiten zu ersticken. »Heimlich halten wir alle das Café für den Teufel, aber ohne den Teufel ist doch nunmal nichts.«[3]

Die Sucht nach dem Café, dem Café des Westens, in dem sie residiert inmitten einer »Gefolgschaft«, die sie ihrerseits andichtet, schildert sie in den fiktiven Briefen des Romans *Mein Herz* Herwarth Walden, zu einer Zeit, als die Trennung von ihm beinahe beschlossen ist. Die Zeit um 1914 mag für Else Lasker-Schüler die kreativste und zugleich kummervollste in ihrem Leben gewesen sein.

»In den Winternächten, wie oft habe ich im Dunkel des Zimmers meine Bettvorlage wie ein Dieb vom Fußboden aufgehoben und schob sie noch über die fremde dünne Decke. Ich begann vor Hunger tief zu atmen, trank die Luft und kaute an ihrem Balsam ... In der Nacht meiner tiefsten Not erhob ich mich zum Prinzen von Theben.«[4]

In seelischer und finanzieller Not wird der Prinz zum zweiten Ich, dem es besser gehen soll. Sein Lebensstil lindert die profanen Lebensnotwendigkeiten. Bis zum Ende ihres Lebens, als er schon längst aus ihrem literarischen Schaffen verschwunden ist, trägt sie sein Kostüm, herrscht in seiner Stadt, regiert sein Volk. Er ist ein Prinz, der in ihren Träumen herrscht, dem sie dient, wenn sie wach ist.

In dieser Zeit der Not sterben viele ihrer engsten Freunde, Georg Trakl, Franz Marc, Peter Baum. Auch Johannes Holzmann, den sie kurz vor seinem Tod in Moskau im Gefängnis besucht. Sie sammelt Geld für die Reise — Sternzug des Prinzen von Theben zwecks Befreiung des todkranken Anarchisten Holzmann, den sie Senna Hoy nennt.

»SENNA HOY
Seit du begraben liegst auf dem Hügel,
Ist die Erde süß.

Wo ich hingehe nun auf Zehen,
Wandele ich über reine Wege.

O deines Blutes Rosen
Durchtränken sanft den Tod.

Ich habe keine Furcht mehr
Vor dem Sterben.

Auf deinem Grabe blühe ich schon
Mit den Blumen der Schlingpflanzen.

Deine Lippen haben mich immer gerufen,
Nun weiß mein Name nicht mehr zurück.

Jede Schaufel Erde, die dich barg,
Verschüttete auch mich.

Darum ist immer Nacht an mir,
Und Sterne schon in der Dämmerung.

Und ich bin unbegreiflich unseren Freunden
Und ganz fremd geworden.

Aber du stehst am Tor der stillsten Stadt
und wartest auf mich, du Großengel.«[5]

Als sie zurück ist in Berlin, geht das Gerücht um, sie sei gar nicht nach Moskau gefahren, habe das Geld für sich verbraucht.

Doch wenn Else Lasker-Schüler geraubt hat, dann nur als Ehrenprinz, mit der Moral des edlen Wegelagerers.

»Ich habe so wenig Geld, jetzt — aber ich raube es mir in 8 Tagen. Hier. Es lebe der Raub. Was denken Sie von Strandräuberei? Ihr wilder Prinz Jussuf.«[6]

Nachdem sie Originale des eigenhändig illustrierten Thebenbuches an Thyssen verkauft hat, telegraphiert sie an Paul Goldschneider, ihren Indianerbruder: »Thyssen erfolgreich beraubt«[7]. Bettler will sie nicht sein, aber sie ist eine Herumtreiberin, die abgerissen auf den Bänken des Kurfürstendamms lungert. Finanzielle Schwierigkeiten dichtet sie um zu etwas Höherem, zu existentieller Not überhaupt.

»Ich habe diese Nacht wieder verbummelt, geträumt. Ich schlendere über den Kurfürstendamm wie ein Strolch angezogen, in zerlumpten Hosen und grünlich abgetragenem Rock, ich dachte nur stumpfe Dinge, auch war ich angetrunken — aus Traurigkeit — Der Wind heulte meine rote Nase an. Du kennst doch so einen Zustand — gemildert — bei mir, wenn Du verreist warst und wiederkamst, und mich hier oben am Henriettenplatz trafst, als ob ich obdachlos sei.«[8]

»Sie war ein hinreißendes Ärgernis in dieser Welt der Rechnungen, Ziffern und Zahlen.«[9] Nicht nur der Bühnenbildner und Kompatriot aus dem Bergischen Land, Teo Otto, stellt fest, wie wenig sie für die Welt des Kalküls geschaffen ist. Sie selbst gesteht einem Herrn, den sie nur aus der Ferne liebt: »Es ist so komisch, wenn man sich Geld geben läßt für Dinge, die man aus Herz webt.«[10]

Dem Indianerfreund, Paul Goldschneider, indes gesteht der Prinz Jussuf:

»Ich trachtete nie nach Geld, aber ich sah ein, es muß wohl sein. Ich bin gar nicht mysteriös, noch hülle ich mich interessant in mysteriöse Dinge.«[11]

Im Geburtsjahr des Prinzen von Theben schreibt Else Lasker-Schüler an ihren Verleger Kurt Wolff, es gehe ihr so schlecht, daß sie fast jeden Tag Selbstmord treibe. Auch die Sonne lasse sie kalt. Als ihr erstes Buch erscheint, habe sie hinter Holzgittern, in einem ehemaligen Flaschenraum, Kellerkäfig, gewohnt, den ein freundlicher Portier ihr für 75 Pfennig im Monat vermietet habe. Auch sei sie gezwungen gewesen, an den Büchertischen ihre eigenen Werke zu stehlen, da sie zu arm sei und zu geizig mit

Belegexemplaren bedacht worden sei. Sie ist stolz auf ihren königlichen Raub, der für sie nur rechtmäßige Eigentumsverhältnisse wieder herstellt.

Else Lasker-Schüler ist streng mit sich, diszipliniert in ihrer Arbeit. Trotzdem, der Preis der Freiheit ist hoch. Wie ihn bezahlen? Mit den Hungerlöhnen, die der Unmenge an Arbeit spotten? Furcht beschleicht sie, daß karge Verhältnisse ihre Wünsche vergiften könnten. »Was man doch an Kleingeist zu Grunde gehen kann — Euer Krösus!«[12]

Die Zeit der höchsten Not des Prinzen von Theben ist auch eine der produktivsten im Leben der Dichterin. Bis 1920 erscheint neben neuen Gedicht- und Essaybänden eine zehnbändige Ausgabe ihres Werkes bei Cassirer, dazu haben ihre gesammelten Gedichte bei Wolff eine Auflagenzahl von 10000 erreicht.

Trotzdem, sie hat elf Bücher geschrieben, eine große Anzahl davon mit der Hand coloriert, lebt im Grund jedoch vom Verkauf ihrer Bilder — nicht vom Dichten, was sie als ihre eigentliche Berufung ansieht. Wütend über dieses Mißverhältnis, das ihr vornehmstes Leben, ihre Existenz als Dichterin nicht honoriert, gebührend würdigt, verfaßt sie 1925 ihre Anklageschrift gegen die Verleger. *Ich räume auf* — eine Broschüre im Selbstverlag — rückt ans Licht der Öffentlichkeit, was die Dichterin Else Lasker-Schüler über den Mißbrauch mit ihren Büchern an den Pranger stellen will. Ganz gleich, ob Juncker, Wolff, Cassirer oder Flechtheim, ob in Berlin oder Leipzig oder anderswo, sie beschimpft ihre Verleger als Händler im Tempel der Poesie.

»Überall erobert nun der spanische Rheinländer, Alfred Flechtheim, Salons. Er tut mit seiner spanischen Abkunft und pfändet sich selbst, indem er mit dem spanischen Pflaster sein Furunkel, sein wahres Milieu verklebt. Wir beide sind gleichen Blutes, Prinz von Theben, brüllte er mich bei jeder Begegnung schon von weitem an. Ich sagte ihm einmal: Ich möchte es auf eine Blutuntersuchung ankommen lassen. Am Ostersonntag trat er in mein läutendes Dachzimmer, legte ein Schokoladenosterei in mein Strickkörbchen und erkundigte sich dann zart, wieviel elektrisches Licht ich wohl beim Kolorieren in der Galerie Flechtheim verbraucht haben könne?«[13]

Die augenzwinkernde Verbrüderung derer, die gleiches Blut in den Adern spüren, mag Else Lasker-Schüler nicht nur abgelehnt haben, weil sie am südlichen Temperament des Verlegers, Mäzens, Kunstsammlers Flechtheim zweifelt. Flechtheim sei, wie sie, zwar jüdischer Herkunft, doch so ganz rheinischer Westjude geworden, der die Ostjuden, ihre »mittellosen Freunde«, als Lumpenproletariat tituliert. Flechtheim, der die Menschen auflaufen läßt an dem Prüfstein Geld, der seinen Kunstsinn am Sinn für's Geschäft schärft, ist für Else Lasker-Schüler ein Verräter.

»... weil mich gerade als Jüdin die kleinsten unfairen Handlungen des jüdischen Verlegers schwerer (ja schmerzlicher) berühren als der etwaige Diebstahl eines Christen, der Bücher verlegt ... Ich sehne mich nicht danach, mit dieser Gesellschaft identifiziert zu werden. Propheten und die großen Könige trennen den tief erleuchteten Juden von dem lauen, den klugen von dem schlauen.«[14]

Wolff und Cassirer (Gefräßigkeit und Geldgier klingen für sie schon in den Namen mit) machen den Bittgang des Prinzen von Theben zum Bußgang, den er nur im Bewußtsein seiner Begnadung ertragen kann. Man spekuliert mit der Scheu der Dichterin in Geldangelegenheiten, einer Zurückhaltung, der eine Dame, eine höhere Tochter ein Leben lang doch verpflichtet bleiben sollte.

Doch da Else Lasker-Schüler zäh auf ihren Anteilen beharrt, weist sie Cassirer — seinerseits unfein — in die Schranken.

»Außerdem sperrte man mir meiner eingetretenen Phantasielosigkeit wegen, ich lieferte nichts, das Portefeuille. Immer mehr wurde Krieg, immer näher rüstete die Revolution. Lenin! Auch auf ihrem Verlagsthron zitterten die Buchtyrannen. Paul Cassirer ließ mich im Galaton vor seinen Ledersessel rufen. Er sprach: ›Liebe Frau Lasker-Schüler, verehrter Prinz von Theben, machen Sie sich keine Sorge, falls der Bolschewismus kommen sollte, Sie haben das, was wir, meine Frau und ich, haben.‹«[15]

An ihren Freund Franz Werfel hat Else Lasker-Schüler geschrieben, sie sei Privatbolschewist mit Truppen; eine Gefahr für jeden Verleger, der die Kunst aushungert nach den Regeln des Marktes.

Vom Hotel Koschel/Sachsenhof aus mag sie ihre revolutionären Truppen, ihre Bolschewisten befehligt haben, Zinnsoldaten, Puppen, Armeen von Spielzeug, die die Dichterin einer märchenhaften Heimat versicherten, in einem kleinen Berliner Pensionszimmer mit Monatsrabatt, unter dem Dach; die trösten in einer Welt, die »an zu wenig Zucker« stirbt. Im Kreis ihrer Vertrauten aus der Kinderzeit, aus den königlichen Kriegen der Knöpfe, schmiedet sie den Widerstand gegen die Blutsauger des Buchmarktes.

»Organisieren wir uns doch wie die Arbeiter, machen wir unsere Kunst staatlich. Unser blauer Tempel gehört nicht einem Geldmenschen, er gehört der Menschheit. Wir Dichter aller Künste wollen uns zusammenschließen, daß wir stark werden. Wir wollen vor die Tore unserer Ausbeuter ziehen.«[16]

Infolge dieser Schrift gegen die Verleger wird sieben Jahre lang kein Buch der Else Lasker-Schüler verlegt.

Bis 1927 gilt ihre ganze Sorge dem todkranken Sohn Paul. Um seinen Sanatoriumsaufenthalt bezahlen zu können, arbeitet sie panisch, malt und verkauft Bilder, bittet um Spenden für ihn bei den Freunden. Mit den Jahren nach seinem Tod, die sie verbitterter und realistischer machen, beginnt eine Zeit ohne die bisher üblichen materiellen Sorgen. *Die Wupper* wird in Berlin am Staatstheater von Jürgen Fehling aufgeführt, sie genießt eine Anerkennung, die zu zahlreichen Lesungen in Deutschland, der Schweiz und Österreich und im Rundfunk führt, ihr neben dem Verkauf der Bilder das bislang vermißte Geld sichert, selbst wenn kein neues Buch von ihr erscheint.

»Meine Bücher laufen so herum und werden einmal im Meer ertrinken. Geld habe ich einmal sehr viel und einmal gar keines. Früher hab' ich's manchmal nicht geglaubt, jetzt aber weiß ich es: ich bin Else Lasker-Schüler — Leider.«[17]

Auf der Höhe ihres Ruhms in den Jahren der Weimarer Republik findet sie auch einen neuen Verleger, Rowohlt, der 1932 ihre Essays der vorangegangenen Jahre in dem Band *Das Konzert* und ihre Erzählung *Arthur Aronymus* herausbringt. Im Fischer-Verlag erscheint als Manuskript das Schauspiel *Arthur Aronymus und seine Väter*, das (wie erneut *Die Wupper*) von Theatern zur Aufführung angenommen wird. Im November des gleichen Jahres erhält sie endlich auch den begehrten Kleist-Preis.

»Ich bin Else Lasker-Schüler, wollte Sie nur fragen, ob ich nicht mal einen Preis von irgendwoher bekomme, z.B. von ihrer Kleist-Stiftung. Kleist hätte ihn mir sicher gegeben.«[18]

Schon 1914 hatte sie so an Fritz Engel geschrieben. Gut zwei Monate vor dem Triumph der »Hakenkreuzler«, von denen sich Else Lasker-Schüler schon lange bedroht fühlt, kommt die Verleihung des Kleist-Preises zu spät.

»Der Kleist-Preis, so oft geschändet sowohl durch die Verleiher wie durch die Prämierten, wurde wieder geadelt durch die Verleihung an Sie. Ein Glückwunsch der deutschen Dichtung.«

Während Gottfried Benn der Dichterin dieses Telegramm schickt, wettern im *Völkischen Beobachter* die Nationalsozialisten gegen sie, mit denen sich Benn wenige Monate später arrangiert, was Else Lasker-Schüler ihm nie verzeihen wird.

»Die Tochter eines Beduinenscheichs erhält den Kleist-Preis. Wir meinen, daß die rein hebräische Poesie der Else Lasker-Schüler uns Deutsche gar nichts angeht. Ihre Produkte sind waschechte Beduinenlyrik.«[19]

Einige Wochen später schläft Else Lasker-Schüler auf einer Parkbank am Zürichsee. Im April 1933 ist sie aus Deutschland geflohen, über Österreich in die Schweiz. An den im Heimweh verwandten Paul Zech schreibt sie aus Zürich:

»Allen, denen es angetan wurde, sind dafür Engel geworden, ihrer treuen Gesinnung wegen — so empfinde ich. Getan Böses haben wir doch nicht und ich fasse den Zustand nicht.

Ich war ja immer wat Herömtreiber jewesen, verdeck nomol. Aber so wat ist meck doch no nicht passiert, eenfach met dem Bäsen utgekehrt innet weite. On gekömmen si eck hier in die fremdländische Stadt met keenem Kastemänneken. Im Bütel wie man ens so op de Welt kömmt. On jeschlofen han eck op die Wiese om Seegestade und dann war eck bald malade. On gehungert han eck een janzet Jahr on 5 Monate, und nu han eck Bilderbestellungen und leb wieder on verpust meek wacker een bisken.«[20]

Mit 64 Jahren, in einem Alter also, in dem sich der Bürger in Deutschland zur Ruhe setzen konnte, muß Else Lasker-Schüler das Land verlassen, wieder einmal neu beginnen. Aber sie ist lebenslänglich rigoros gegen sich selbst, verkraftet auch das. Nachdem der jüdische Kulturbund ihre Miete im evangelischen Hospiz übernommen hat, sie weitere Unterstützung von Mäzenen erhält, plagen sie nur noch gelegentlich materielle Sorgen, etwa wenn sie klagt:

»Ich hatte diesen Monat so viel Polizei, allein 23 Franken zu zahlen ..... ich mußte mir neue Schuhe kaufen, da ich nicht mehr hiesig Gestein ohne Schuhe treten konnte.«[21]

Was für alle Dichter im Exil gilt, trifft auch sie mehr als jegliche materielle Sorgen, nämlich keine Möglichkeit der Veröffentlichung zu haben.

»Sie müssen den Leuten mal sagen wie ich dichte — Verdeck und nicht immer darben kann ... ich hatte ehemals offene Türen, sie schlugen mir vor der Nase zu.«[22]

Nur gelegentlich erscheint eines ihrer Gedichte in Exilzeitschriften, wie in Klaus Manns *Die Sammlung* »Die Verscheuchte«:

»Es ist der Tag im Nebel völlig eingehüllt,
Entseelt begegnen alle Welten sich —
Kaum hingezeichnet wie auf einem Schattenbild.

Wie lange war kein Herz zu meinem mild ...
Die Welt erkaltete, der Mensch verblich.
— Komm bete mit mir — denn Gott tröstet mich.

Wo weilt der Odem, der aus meinem Leben wich?
Ich streife heimatlos zusammen mit dem Wild
Durch bleiche Zeiten träumend — ja ich liebte dich ....

Wo soll ich hin, wenn kalt der Nordsturm brüllt?
Die scheuen Tiere aus der Landschaft wagen sich
Und ich vor deine Tür, ein Bündel Wegerich.

Bald haben Tränen alle Himmel weggespült,
An deren Kelchen Dichter ihren Durst gestillt —
Auch du und ich.«[23]

In Zürich führt sie scheinbar ein ähnliches Leben wie in Berlin, zwischen den Cafés Selekt und Odeon, dem Kino und ihrem Mietzimmer, in dem sie dichtet und Tagebuch führt. Zeitweise wohnt sie in Ascona, wo aus Zeiten des Monte Verità noch ein letzter Hauch von Bohème spürbar ist. Zudem ist das Leben dort billiger. Dem Direktor der Schweizer israelischen Flüchtlingshilfe, Jacob Zucker, berichtet sie fast täglich wie es ihr geht.

»Ich bin ja was — Bodencultur — anbetrifft gesichert: Ich erzählte ja schon, daß die lieben feinen Hugo May und Dr. Kurt Ittmann mir jeden Monat 100 Franken opfern. Aber 50 Franken kostet mein Zimmer mitten in Ascona, davon könnte ich schon leben aber manchmal nicht, vergeß' ich die Situation — und auch die Postsachen, Malsachen etc. kosten viel.«[24]

Die Situation vergessen haben wird Else Lasker-Schüler oft und gern. In Deutschland hatte sie viel oder wenig Geld, aber sie hat immer für das Geld gearbeitet, gedichtet, gemalt, gelesen — hier im Exil lebt sie von Spenden, der Wohlfahrt, fühlt sich als Bettlerin, was ihr den Stolz des Prinzen raubt.

»Ich lebe Bettelleben — unter uns.

Ich war die Tage alle sehr niedergeschlagen — immer dachte ich an Selbstmord, aber ich bin zu feige. Aber zu traurig *ohne Licht.«*[25]

Licht, Hoffnung, gibt es für sie und die anderen Emigranten in Café Selekt in Zürich kaum, in dem Wartesaal für eine Rückkehr nach Deutschland. So betreiben sie in ihrem Müßiggang »Selektpolitik«, und Else Lasker-Schüler entwirft ihre kühnen Ideen, ihren vermeintlichen oder wirklichen Verehrer Mussolini für eine Politik gegen Nazi-Deutschland zu gewinnen.

Nicht die Schweiz, nicht ein befreites Deutschland, Palästina wird die letzte Station des »Herumtreibers«. Nach einer dritten Palästinareise wird ihr die Rückkehr in die Schweiz, wo sie sich der Wunde ihres Volkes näher als im »Hebräerland« fühlt, untersagt.

Ab 1939 lebt sie in Jerusalem, erst im Hotel, dann in einem leidlich komfortablen Mietzimmer. Finanzielle Not bedrängt sie nicht mehr. Von jüdischen Organisationen erhält sie eine Art Rente, ein ehemaliger Kaufhausbesitzer aus Deutschland stiftet ihr das zum Leben notwendige Geld. So kann sie ihrer einzigen Freundin, der kleinen Tochter ihrer Vermieterin, regelmäßig Bonbons kaufen. Aus dem Bonbonpapier fertigt sie Bildcollagen. Sie leistet es sich, fast jeden Tag ins Kino zu gehen, sieht die Filme zum Teil siebenmal, weil das Programm nur wöchentlich wechselt.

Zwar krank und müde, verbringt sie einen Lebensabend, der ausgefüllt ist mit dem Schreiben ihres dritten Theaterstücks *Ich und Ich,* der Gedichte der Sammlung *Mein blaues Klavier* und eines zweiten Palästinabuchs. Ein Ort der Heimat wird ihr »der Kral«, ein Kreis von Künstlern, den sie gründet und in dem sie ihre Dichtung liest. Sie lädt in ihn ein, und zwar nur sie, handgeschrieben.

Der Herumtreiber streift durch die Stadt wie in Elberfeld, Berlin, Wien, Zürich, in abgerissener Kleidung, einem Mantel, der viel zu warm ist für dieses Land.

Eines Tages gibt ihr ein Mann auf der Straße ein paar Münzen, hält sie für eine Bettlerin und erhält dafür eine Ohrfeige von ihr. Sie ist nicht Bettlerin, immer noch der stolze streunende Prinz, zwischen Himmel und Erde. Es ist nur eine von vielen Ohrfeigen, die sie auf der Straße verteilt, wenn jemand sie oder einen anderen, besonders ihren kleinen arabischen Schuhputzer an der Ecke, ungehörig behandelt.

Else Lasker-Schüler ist in Jerusalem stadtbekannt. Ihr Parcours zwischen Café, Kino und Wohnung ist der letzte kleine Kreis des »Luftikus, des »Herumtreibers«, des ewig fremden Prinzen.

»Ich weiß, daß ich bald sterben muß ....
Ich setze leise meinen Fuß
Auf den Pfad zum ewigen Heime.«[26]

Am 22. Januar 1945 morgens um 7.25 Uhr stirbt Else Lasker-Schüler. In ihrem Schrank findet man einen neuen, ungetragenen Mantel.

»O Gott, wie soll dich meine Klage rühren,
da alle Menschen auf der Erde fast
in ihren Herzen tragen tiefe Last
und Kinder hungern hinter allen Türen.
Darum auch sollen meine Lippen schweigen.
Die Not ist groß. Ich weiß —«[27]

Die Zitate aus dem Werk der Else Lasker-Schüler stammen aus:

Else Lasker-Schüler, *Gesammelte Werke,* hrsg. von F. Kemp, Bd. 1–3, München 1961–62.

Dies., *Briefe* Bd. 1; »Lieber gestreifter Tiger«, Bd. 2: »Wo ist mein buntes Theben«, hrsg. von M. Kupper, München 1969.

Bisher unveröffentlichte Briefe.

[1] Brief an Franz Lindner.

[2] Brief an André Mayer, unveröffentlicht.

[3] Aus *Mein Herz, ein Liebesroman.*

[4] Aus *Ich räume auf! Meine Anklage gegen meine Verleger.*

[5] Aus *Mein Wunder,* Gedichte.

[6] Brief an Georg Trakl.

[7] Brief an Paul Goldschneider.

[8] Aus *Mein Herz, ein Liebesroman.*

[9] Aus Theo Otto, »Ein bergischer Kräher berichtet«, in: Michael Schmid (Hrsg.), *Lasker-Schüler,* Wuppertal 1969.

[10] Brief an Ernst Simon.

[11] Brief an Paul Goldschneider.

[12] Aus *Mein Herz, ein Liebesroman.*

[13] Aus *Ich räume auf! Meine Anklage gegen meine Verleger.*

[14] Ebd.

[15] Ebd.

[16] Ebd.

[17] Ebd.

[18] Brief an Fritz Engel.

[19] *Völkischer Beobachter,* 18. 11. 1932.

[20] Brief an Paul Zech, unveröffentlicht.

[21] Brief an Jacob Zucker, unveröffentlicht.

[22] Brief an Werner Senator.

[23] Aus *Mein blaues Klavier, neue Gedichte.*

[24] Brief an Jacob Zucker, unveröffentlicht.

[25] Brief an Jacob Zucker, unveröffentlicht.

[26] Aus *Mein blaues Klavier, neue Gedichte.*

[27] Aus *Verse und Prosa aus dem Nachlaß.*

Hartmut Binder *FRANZ KAFKA*

Die Probleme, die der Prager Schriftsteller Franz Kafka mit sich und seiner Umwelt hatte, sind immer wieder und auf ganz unterschiedliche Weise untersucht worden. Unter den zahlreichen persönlichen und gesellschaftlichen Faktoren, die dieses Leben so unglücklich verlaufen ließen, findet aber eigenartigerweise der finanzielle Gesichtspunkt kaum die ihm gebührende Beachtung.

Es ist allerdings nicht ganz einfach, sich eine zutreffende Vorstellung davon zu machen, wie Kafka mit Gelddingen umging, denn als Quellenmaterial stehen in der Regel nur seine Tagebücher und Briefe zur Verfügung. Aber diese Tagebücher waren lediglich für den eigenen Gebrauch bestimmt, existieren nur für wenige Lebensphasen und verzeichnen nicht, was fraglos zur Finanzgebarung des Schreibers gehörte, also gar nicht als bisher unbekanntes Ergebnis bestimmter Einzelsituationen festgehalten zu werden verdiente; und in den Briefen war Rücksicht zu nehmen auf die Briefempfänger und deren Empfindlichkeiten.

Wer diese Zeugnisse auswertet, darf auch nicht Kafkas überzogene Selbstkritik vergessen, die ihn Sachverhalte vielfach übertreiben ließ; seine innere Unsicherheit, die ihn beim Formulieren »so abhängig vom Augenblick und seinen Kräften« machte[1]; seine ausdrücklich beklagte Schwäche, Vorstellungen entwicklungsmäßig und in herkömmlichen Allgemeinbegriffen darzustellen, die dazu führen konnte, daß Argumente falsch gewichtet wurden; und schließlich seine Ängste, die ihn nach eigenem Eingeständnis immer wieder dazu brachten, sein Heil in unaufrichtigen Schutzbehauptungen zu suchen, die heute aber vielfach durch vergleichende Betrachtung der gesamten Überlieferung entlarvt werden können.[2]

So gesehen ist es keine Übertreibung, wenn er im Juli 1914 seiner Schwester Ottla gegenüber bemerkt: »Ich schreibe anders als ich rede, ich rede anders als ich denke, ich denke anders als ich denken soll und so geht es weiter bis ins tiefste Dunkel.«[3]

Was hat es also, solche Rahmenbedingungen des Verständnisses vorausgesetzt, auf sich, wenn in Kafkas Briefen als gleichsam auffälligstes Merkmal seiner Beziehung zum Geld immer wieder vom Geiz die Rede ist? Ist damit Habgier gemeint, wofür immerhin sprechen könnte, daß er sich mehrfach der Gier anklagt, auch einmal erwähnt, er könne bei einem Onkel, dem er sich in vielem ähnlich glaubte (zu ergänzen wäre: anders als bei sich selbst), Geiz, Neid, Haß und Gier nicht feststellen?[4] Denn daß er andere Schriftsteller, wie zum Beispiel Franz Werfel, aber auch Freunde wie den blinden Oskar Baum, wegen ihrer literarischen und finanziellen Erfolge beneidete oder sogar gelegentlich haßte, läßt sich belegen.[5] Doch gibt es andererseits keine Hinweise darauf, daß eine solche Gesinnung sich in der praktischen Lebensgestaltung merkbar ausgewirkt oder gar selbstzweckhaft andere Bedürfnisse überwuchert hätte, ganz im Gegenteil: Kafkas Erwerbssinn war kaum ausgebildet und trat nur sporadisch in Erscheinung. Außerdem wurde solche Neigung durch gegenläufige Auffassungen nicht nur in Schach gehalten, sondern sogar überkompensiert.

Dafür Beispiele: Nachdem Kafka seine juristischen Studien an der Prager deutschen Universität mehr schlecht als recht absolviert hatte, trat er mit einem winzigen Gehalt von 80 Kronen[6] monatlich als Aushilfsbeamter in die Prager Filiale der in Triest beheimateten Versicherungsanstalt Assicurazioni Generali ein. Ein Jahr später, im Herbst 1908, wechselte er in die halbstaatliche Arbeiter-Unfall-Versicherungs-Anstalt über, machte dort aber, als bloß geduldeter Jude, nur langsam Karriere. Ganz ähnlich erging es seinem Freund Max Brod, der 1909 eine untergeordnete Stelle bei der Prager Postdirektion annehmen mußte. So fehlt es auch in den an Brod gerichteten Briefen Kafkas aus den ersten Berufsjahren nicht an gelegentlichen Anspielungen auf seine finanziell mißliche Lage: Einmal, schreibt er zum Beispiel Ende 1907, habe er in einem Lokal dem Kapellmeister eines Orchesters, für den er keinen Kreuzer Trinkgeld gehabt habe, »statt dessen ein Buch geborgt«.[7] Ein andermal entwickelt er folgenden Plan, ohne Geld am Prager Nachtleben sich beteiligen zu wollen:

»Wir könnten statt unseres geplanten Nachtlebens [. . .] ein hübsches Morgenleben veranstalten [. . .] es gibt Millionäre und noch Reichere, die um sechs Uhr früh kein Geld mehr haben, und wir kämen so, durch alle übrigen Weinstuben ausgeplündert, jetzt leider in die letzte, um, weil wir es brauchen, einen winzigen Kaffee zu trinken, und nur weil wir Millionäre waren — oder sind wir es noch, wer weiß das am Morgen —, sind wir imstande, ein zweites Täßchen zu zahlen.«[8]

Hinter solchen witzigen Formulierungen steht eine ernstzunehmende Realität. Die Urlaubsreisen zum Beispiel, die Kafka und Brod zwischen 1909 und 1912 zusammen unternahmen, waren nur bei äußerster Sparsamkeit durchzuführen. Als Beamte der untersten Gehaltskategorie fuhren sie selbstverständlich dritter Klasse und übernachteten gewöhnlich in Billighotels, trotz Schmutz und Ungeziefer, das sie in Oberitalien einmal während der Nacht sogar ins Freie trieb.[9]

Angesichts dieser Lage, im Blick auch auf Kafkas Auffassung, verdientes Geld nehme man nicht mit ins Grab, und schließlich unter Berücksichtigung seiner damaligen Vorliebe für Weinstuben, Kabaretts und Nachtlokale muß es überraschen, von einem Sparbuch zu hören, dessen Existenz seinen Angehörigen verborgen war und für ihn den »Rang in der Familie« bestimmte.[10] Die Bedeutung dieser Sache erklärt sich vollständig erst durch einen Brief, den er im Juli 1914 vom Ostseebad Marielyst an seine Eltern nach Prag richtete. Er hatte im August 1912 Felice Bauer kennengelernt, die Tochter eines Berliner Geschäftsmanns, mit der er sich nach langen inneren Kämpfen zu Pfingsten 1914 verlobt hatte. Aber schon nach wenigen Wochen war diese Verbindung wieder in die Brüche gegangen, und er mußte auf andere Mittel sinnen, wollte er daran festhalten, ein selbständiges, dem des Vaters gleichwertiges Leben anzustreben. Gleichsam als Ersatzprogramm bot sich ihm in dieser Situation die Lösung an, seinen Büroposten zu kündigen, Prag zu verlassen und sich ganz der Literatur zu widmen. Insofern er solche

Arbeit als Verwirklichung seiner Bestimmung ansah, erlaubte sie ihm, stellvertretend für die soziale Tat, als welche sich ihm die Gründung einer Familie darstellte, die Einlösung gesellschaftlicher Verpflichtungen, die er durch seine selbstsüchtige Junggesellenexistenz nicht abgelten zu können glaubte.

»Die Ausführung meines Planes«, heißt es in dem eben erwähnten Brief, »denke ich mir so: Ich habe fünftausend Kronen. Sie ermöglichen mir, irgendwo in Deutschland in Berlin oder München zwei Jahre, wenn es sein muß, ohne Geldverdienen zu leben. Diese zwei Jahre ermöglichen mir, literarisch zu arbeiten und das aus mir herauszubringen, was ich in Prag zwischen innerer Schlaffheit und äußerer Störung in dieser Deutlichkeit, Fülle und Einheitlichkeit nicht erreichen könnte. Diese literarische Arbeit wird es mir ermöglichen, nach diesen zwei Jahren von eigenem Verdienst zu leben und sei es auch noch so bescheiden.«[11]

Kafka hat also über sieben Berufsjahre hin und schon vorher während seines Studiums teilweise auf Lebensgenuß, auf Konsum verzichtet, Kapital angespart zu dem Zweck, unabhängig von Prag und seiner Familie leben zu können. Zunächst freilich vergeblich, denn der Erste Weltkrieg brach aus, er mußte nach Prag zurückkehren und legte mindestens einen Teil seiner Ersparnisse in — Kriegsanleihen an.

Was waren die Motive, die zu diesem Schritt führten? Kafka war kein österreichischer Patriot, konnte es schon aufgrund seiner beruflichen Stellung nicht sein, denn seine Versicherungsgesellschaft diente paritätisch sowohl den deutschen als auch den tschechischen Interessen; die Tschechen aber waren antiösterreichisch eingestellt. So verweigerte er während des Krieges sowohl die Mitarbeit an Vereinigungen als auch an Zeitschriften, die vaterländische Zielsetzungen im Sinne der Donaumonarchie verfolgten. Da er jedoch vom Sieg der verbündeten Deutschen und Österreicher überzeugt war, versprach er sich von der Zeichnung der Anleihe finanzielle Vorteile. In seinem Tagebuch vermerkt er unter dem Datum des 5. November 1915 die Einlage von 2000 Kronen und kommentiert dann den Vorgang wie folgt:

»Ich fühlte mich unmittelbar am Krieg beteiligt, erwog, allerdings meinen Kenntnissen entsprechend, ganz allgemein die finanziellen Aussichten, steigerte und verringerte die Zinsen, die mir einmal zur Verfügung stehen würden usf.«[12]

Unter ähnlichen Vorzeichen hat man die Gründung einer Asbestfabrik zu sehen, die er Ende 1911 zusammen mit einem Schwager unternahm. Kafka, der stiller Teilhaber war und persönlich haftete, hatte sich zu diesem

Zweck Geld bei seinem Vater geliehen. Obwohl dadurch eine wirtschaftlich sehr enge Verflechtung seiner Verhältnisse mit den Finanzen seines Vaters geschaffen wurde, die ihn in seinem Selbständigkeitsstreben äußerst unangenehm berühren mußte, nahm er diesen Übelstand offenbar hin, weil er sich von der Sache einen Gewinn erhoffte, der sein Verlangen nach Unabhängigkeit zu begünstigen schien. Es entsteht der Eindruck, als habe er in diesem Fall den Teufel mit dem Beelzebub austreiben wollen, die verhaßte Abhängigkeit von der Familie mit der Befürwortung wirtschaftlicher Operationen, die dem Bereich des Vaters zugehörten, von dem er sich doch allenthalben ideologisch abzugrenzen suchte. Welche inneren Spannungen er in dieser Sache auszuhalten hatte und wie weit er mit solchem Verhalten sich von seinem eigenen Wertgefüge entfernte, zeigt nicht nur der Umstand, daß er sich wegen seiner Fabrik einmal beinahe aus dem Fenster gestürzt hätte, sondern auch ein Brief an Felice Bauer vom Ende des Jahres 1914, in dem er seine Ablehnung bürgerlicher Wertvorstellungen wie folgt formuliert: »Ich habe kein Geschäft gegründet, das sich von Ehejahr zu Ehejahr weiterentwickeln soll [...]«.[13]

Kafkas zwiespältige Beziehung zu Geldsachen erweist sich auch in Situationen, in denen er sich geradezu sträubte, finanzielle Vorteile auszunutzen. Im Jahr 1915 erhielt Carl Sternheim den Fontane-Preis, damals eine stark beachtete literarische Anerkennung. Da der Preisträger selbst Millionär war, gab er den mit der Ehrung verbundenen Geldbetrag an Kafka weiter, um so auf dessen Erzählkunst aufmerksam zu machen. Diesem freilich war die Angelegenheit in gewisser Beziehung bedenklich: Wenn es sich lediglich um die Weitergabe des Geldes handle, schrieb er damals an seinen Verleger, stelle sich die Frage der Bedürftigkeit. Bedürftig sei er aber, da Beamter, augenblicklich keinesfalls und deswegen im Zweifel, ob er die ihm überlassene Summe überhaupt annehmen dürfe. Unüberzeugt tat er es schließlich doch, wahrscheinlich, weil er der Vermarktung des Vorgangs durch seinen Verlag nicht entgegenwirken wollte.[14]

Noch auffälliger vielleicht ist ein Vorgang aus dem Jahr 1923. Zu diesem Zeitpunkt, als er gerade beschlossen hatte, nach Berlin zu übersiedeln, obwohl er, inzwischen krankheitshalber pensioniert, nur knapp die dazu nötigen Mittel zur Verfügung hatte, erreichte ihn ein sehr lukratives Angebot, bisher unpublizierte Texte innerhalb einer neu zu gründenden literarischen Reihe herauszubringen. Kafka sagte mit dem Hinweis auf die ihn nicht befriedigende Qualität des bisher von ihm Geschriebenen ab, handelte jedoch wenig später gegen die Prinzipien, die diese Entscheidung herbeigeführt hatten: Als nämlich in den folgenden Monaten infolge der grassierenden Inflation seine Bezüge zum Leben nicht mehr ausreichten, die

Eltern finanziell für ihn einspringen mußten, so daß die mühsam erreichte äußere Selbständigkeit wieder in Frage gestellt war, gewann sein Streben nach Unabhängigkeit die Oberhand über sein strenges künstlerisches Gewissen, und er erlaubte sogar den Nachdruck von Texten aus seinem ersten Buch *Betrachtung*, obwohl er dieses seit seiner Veröffentlichung unwiderruflich für mißlungen hielt.[15]

Zeigt sich in den vorgelegten Beispielen deutlich eine Ambivalenz gegenüber dem Geld*erwerb*, so gilt diese Kennzeichnung auch für Kafkas Haltung beim Geld*ausgeben*. Felice Bauer gegenüber spricht er einmal davon, er habe von seinem Vater den Geiz in kleinen Dingen geerbt. Max Brod erinnert sich, sein Freund habe ihm gegenüber seinen Geiz meist in humoristischer Form erwähnt und lediglich auf Kleinigkeiten bezogen. An anderer Stelle gibt er ein Beispiel: »Hatte große Freude (oder tat so), wenn man den Kaffee für ihn bezahlte. Natürlich war das nur Spaß.«[16] Die Übereinstimmung mit der Briefstelle ist bemerkenswert, weil Brod die *Briefe an Felice* nicht kannte, als er diese Erinnerungen formulierte.

Daß bei Kafka, erziehungsbedingt, eine Neigung zu übertriebener Sparsamkeit vorlag, wird man demnach voraussetzen können, es wäre verwunderlicher, wenn es anders wäre: Sein Vater hatte sich praktisch aus dem Nichts wirtschaftlich emporgearbeitet und wurde, wie es für diese zum Wohlstand gelangten Juden seiner Generation typisch war, niemals von der Angst verlassen, das Erreichte könne wieder über Nacht zerrinnen, die Sorgen um das tägliche Brot sich erneut einstellen, die Kindheit und Jugend bestimmt hatten.[17]

Der in seiner Selbstbewertung und Weltsicht innerlich von seinem Vater abhängige Kafka hat diesen Mechanismus selbstverständlich verinnerlicht. Zu seinen frühesten Kindheitseindrücken gehörte die ihm unbegreifliche Angst seiner Eltern vor dem »Ultimo«, dem regelmäßig drohend näherrückenden und sich dann für eine gewisse Zeit wiederum geheimnisvoll verflüchtigenden Monatsende, das darüber Auskunft gab, ob die bei der schwierigen Geschäftsgründung eingegangenen Triebverzichte sich in wirtschaftlichen Aufstieg ummünzten oder der finanzielle Bankrott vor der Tür stand. Später hat dann der Vater in Gesprächen anklagend den Entbehrungen der eigenen Jugend das sorgenlose Wohlleben seiner Kinder entgegengesetzt und diesen dadurch tiefe seelische Wunden geschlagen, die ihre Entscheidungskraft niederhielten und ihnen Rücksichtnahmen gegenüber der Familie aufzwangen, die ihrer Selbstverwirklichung entgegenstanden.[18] Da Kafka außerdem als Kind der elterlichen Liebe weitgehend entbehrte — auch aus wirtschaftlichen Gründen, denn die Mutter half ihrem Mann zeitlebens im Geschäft —, mußte er notgedrungen eigensüchtig werden, darauf bedacht, sich das ihm Vorenthaltene kompensatorisch auf der materiellen Ebene zu verschaffen: Naheliegendes Beispiel solcher Prägung war ihm in den Entwicklungsjahren seine sechs Jahre jüngere Schwester Elli, deren Verhalten ihm zum Bild seiner eigenen inneren Unsicherheit wurde, weil er erkannte, daß sie unter dem gleichen Bann der Erziehung stand wie er selbst. Ihr Geiz, schrieb er in dem berühmt gewordenen *Brief an den Vater*, sei ihm abscheulich gewesen, da er ihm selbst womöglich noch stärker eigen gewesen sei:

»Geiz ist ja eines der verläßlichsten Anzeichen tiefen Unglücklichseins; ich war so unsicher aller Dinge, daß ich tatsächlich nur das besaß, was ich schon in den Händen oder im Mund hielt oder was wenigstens auf dem Wege dorthin war«.[19]

Kafka hat in anderem Zusammenhang dieses Verhalten, in dem sich wie in einem Brennspiegel das Verhältnis seiner Vätergeneration zum Besitz spiegelt, unter dem Einfluß sozialpsychologischer Lehren seiner Zeit schichtenspezifisch zu erklären versucht. Aber er hat auch zugleich und aufgrund solcher Einsichten gegen die sich für ihn daraus ergebenden psychischen Normen angekämpft, und mit Erfolg: Selbstkritik, Vollkommenheitsstreben und Einfühlungsvermögen ließen es nicht zu, daß das anerzogene Verhältnis zum Geld zu wirklichem Geiz wucherte, selbst nicht in kleinen Dingen.

Kafka versuchte zwar noch auf der Urlaubsreise des Jahres 1911 in Paris das notwendige Trinkgeld zu sparen, hat aber in späteren Jahren dann so reichlich gegeben, daß die Kellner keinen Anlaß zur Klage hatten.[20] Er scheint eher geknausert zu haben, wenn er den Empfänger für unwürdig hielt, auf solche Weise unterstützt zu werden. Als in Prag für die notleidende Else Lasker-Schüler gesammelt wurde, gab er nur widerwillig fünf Kronen, weil er den Lebenswandel seiner Berliner Kollegin mißbilligte, auch ihre Gedichte nicht mochte. Allerdings ist zu bedenken, daß er zu diesem Zeitpunkt lediglich rund 300 Kronen monatlich verdiente.[21]

Besonders interessant in diesem Zusammenhang, was die tschechische Journalistin Milena Jesenská über einen gemeinsam mit Kafka unternommenen Besuch eines Wiener Postamts an Max Brod berichtet:

»Wenn er zahlt und Kleingeld zurückbekommt, zählt er nach, was er erhalten hat, findet, daß man ihm eine Krone zu viel herausgegeben hat, und gibt dem Fräulein hinter dem Fenster die Krone zurück. Dann geht er langsam weg, zählt nochmals nach und auf der letzten Stiege unten sieht er nun, daß die zurückerstattete Krone ihm gehört hat. Nun, jetzt stehen Sie ratlos neben ihm, er tritt von einem Fuß auf den andern und denkt nach, was zu tun wäre. Zurückzugehen, das ist schwer, oben drängt

sich ein Haufen von Menschen. ›Also laß es doch sein‹, sage ich. Er schaut mich ganz entsetzt an. Wie kann man es lassen? Nicht daß ihm um die Krone leid wäre. Aber gut ist es nicht. Da ist um eine Krone zu wenig. Wie kann man das auf sich beruhen lassen? Er hat lange darüber geredet. War mit mir sehr unzufrieden. Und das wiederholte sich in jedem Geschäft, in jedem Restaurant, bei jeder Bettlerin, in verschiedenen Variationen. Einmal hat er einer Bettlerin zwei Kronen gegeben und wollte eine Krone heraushaben. Sie sagte, daß sie nichts habe. Wir sind gute zwei Minuten dagestanden und haben darüber nachgedacht, wie wir die Sache durchführen sollten. Da fällt ihm ein, er könne ihr beide Kronen lassen. Aber kaum hat er ein paar Schritte gemacht, wird er sehr verdrießlich. Und derselbe Mensch würde mir selbstverständlich sofort mit Begeisterung, voll Glück zwanzigtausend Kronen geben.«[22]

Das sind vielleicht überspitzt formulierte Beobachtungen, denn Milena Jesenská war eine ausgesprochene Verschwenderin; aber es besteht kein Anlaß, daran zu zweifeln, daß sie grundsätzlich richtig beobachtet hat. Kafka hat ihr damals tatsächlich monatlich tausend Kronen angeboten, die es ihr erlauben sollten, sich aus ihrer unglücklichen Beziehung zu ihrem Mann zu lösen, einige Monate in einer Pension auf dem Lande zu verbringen, sich in dieser Zeit zu erholen und durch Übersetzungen sich als Journalistin zu etablieren. Milena, damals noch außerstande, ihren Mann zu verlassen, hat zwar diesen Plan nicht in die Tat umgesetzt, aber doch immer wieder von Kafka Geldbeträge erhalten, die ihr in der Not der Wiener Nachkriegszeit ein menschenwürdiges Leben ermöglichen sollten. Bei diesen Zuwendungen scheint es sich um Einzelbeträge von 100 bis 200 Kronen gehandelt zu haben, deren Annahme er der Geliebten dadurch erleichterte, daß er sie ihr gegenüber als überflüssiges Geld deklarierte, dessen Hergabe ihm sogar die Büroarbeit erträglicher, sinnvoller mache.[23]

Kafkas Verhalten gegenüber der Wiener Bettlerin muß Milena so in Erstaunen versetzt haben, daß sie ihn später brieflich um eine Erklärung bat, die ihr auch zuteil wurde:

»Was die Bettlerin betrifft, so war dabei gewiß weder etwas Gutes noch etwas Schlechtes, ich war einfach zu sehr zerstreut oder zu sehr mit einem beschäftigt, als daß ich meine Handlungen anders hätte einrichten können, als nach vagen Erinnerungen. Und eine solche Erinnerung sagt z.B.: ›Gib Bettlern nicht zu viel, später reut es Dich.‹ Ich hatte einmal als ganz kleiner Junge ein Sechserl bekommen und hatte große Lust es einer alten Bettlerin zu geben, die zwischen dem großen und dem kleinen Ring saß. Nun schien mir aber die Summe ungeheuer, eine Summe, die wahrscheinlich noch niemals einem Bettler gegeben worden ist, ich schämte mich deshalb

vor der Bettlerin etwas so Ungeheuerliches zu tun. Geben aber mußte ich es ihr doch, ich wechselte deshalb das Sechserl, gab der Bettlerin einen Kreuzer, umlief den ganzen Komplex des Rathauses und des Laubenganges am kleinen Ring, kam als ein ganz neuer Wohltäter links heraus, gab der Bettlerin wieder einen Kreuzer, fing wieder zu laufen an und machte das glücklich zehnmal (Oder auch etwas weniger, denn, ich glaube die Bettlerin verlor dann später die Geduld und verschwand mir). Jedenfalls war ich zum Schluß, auch moralisch, so erschöpft, daß ich gleich nach Hause lief und so lange weinte, bis mir die Mutter das Sechserl wieder ersetzte.«[24]

Natürlich enthält solches Erinnerungsgut Übermalungen aus späterer Zeit, enthüllt auch die gegenwärtigen Urteile des sich Erinnernden. Das Schamgefühl des kleinen Wohltäters, der seine Rolle verleugnen will, indem er sich in eine Vielzahl nacheinander vorbeikommender Passanten verwandelt, die seine große Gabe in vergleichsweise unbedeutende Münzen zerstückeln, für die kein besonderer Dank erwartet werden muß — solches entspricht ganz dem Empfinden des Mannes Kafka. Seine Einfühlung in die Situation des Notleidenden, die Qual seiner Erniedrigung, die ihn schließlich doch dazu zwingt, um Almosen zu bitten — dieser Zusammenhang war ihm gewiß so gegenwärtig wie unerträglich, so daß er die Befriedigung nicht fühlte, die der Gestus großmütiger Herablassung und der daraufhin gestammelte Dank des Empfängers zu erzeugen vermag; eine Parteinahme, die noch durch den Umstand beträchtlich gestützt wurde, daß Kafka die Brutalität seines Vaters gegenüber den Angestellten seines Geschäfts dadurch zu korrigieren suchte, daß er sich auf die Seite der Unterdrückten schlug, bereit war, stellvertretend für sie zu leiden, um der Gerechtigkeit in der Welt ihren Weg zu bahnen.

Freilich, nach dem Angeführten nicht anders zu erwarten: Kafkas kleine Erzählung zeigt auch seine Enge in Geldsachen schon in der Kindheit. Die Tränen, die er wegen des verschenkten Geldstücks vergoß, sind der Ausdruck dafür, daß ihn die Größe des Almosens reute, obwohl er zuvor von ihrer Notwendigkeit voll überzeugt war. Trotzdem wäre es verfehlt, solches Verhalten ausschließlich mit dem Begriff des Geizes zu belegen. Schon Milenas Beschreibung der Wiener Geschehnisse zeigt als Ganzes, daß nicht eigentlich unzureichend ausgebildete Freigebigkeit am Werk war, sondern eher Skrupulosität, die nun allerdings Kafkas Verhalten durchgehend kennzeichnete: Die Lebenszeugnisse lassen zwar erkennen, daß er beispielsweise unverhältnismäßig teure und originelle Geschenke machte, großzügig abrechnete; andererseits freilich auch, daß er fällige Entscheidungen unablässig bis in ihre letzten Verästelungen und Ursachen hinein zu analysieren trachtete und so alle möglichen Bedenken auszuräumen hatte, bevor er nach solcher Selbstprüfung zur Tat schritt; wenn es dann überhaupt noch zu einer solchen kam. Und das alles gilt ja in finanziellen Belangen in verstärktem Maße, wo sowohl Übersicht als auch Sachverstand mehr fehlten als bei der Beurteilung literarischer oder zwischenmenschlicher Angelegenheiten.

Das alles hätte, als gleichsam ausbalanciertes System, in dem sich übertriebener Sparwille und anderweitig begründete Notwendigkeit, Ausgaben zu tätigen, die Waage hielten, den Gang der Dinge nicht weiter stören müssen, zumal Kafka persönlich ungewöhnlich bescheiden, ja anspruchslos war, also weder an Wohnung, Kleidung, Ernährung oder andere materielle Güter wie Bücher das Geld wandte, das nach den gesellschaftlichen Konventionen seiner Zeit ein Mann seiner Stellung für derartige Dinge auszugeben hatte.

Unglücklicherweise bestimmte aber der materielle Gesichtspunkt die vielleicht wichtigste Entscheidung, die er in seinem Leben zu treffen hatte. Das Problem stellte sich im Zusammenhang mit den Auseinandersetzungen, die er in den Jahren 1912 bis 1917 mit seiner Braut Felice Bauer zu führen hatte. Seine Angst, in Geldschwierigkeiten zu kommen, wenn er eine Ehe mit Felice einging, weil er der Meinung war, diese sei anspruchsvoller, als es das ihnen zur Verfügung stehende Einkommen erlaube, war gewiß ein wichtiges Argument gegen die in Aussicht genommene Heirat, die zunächst unter der Voraussetzung erfolgt wäre, daß Felice ihren Berliner Posten aufgab und nach Prag zog, wo er selbst weiterhin im Dienst der Arbeiter-Unfall-Versicherungs-Anstalt geblieben wäre. Auch fürchtete er, angesichts dessen, was er bei seinen verheirateten Freunden beobachten konnte, finanzielle Erwägungen und Auseinandersetzungen könnten in seinem Eheleben einen größeren Raum einnehmen, als er ihnen zuzubilligen bereit war.[25]

Obwohl er solche Argumente erst vergleichsweise spät in die Diskussion einführte, sie auch nachträglich noch gegenüber der Sorge um seine literarische Arbeit und seinem Gesundheitszustand als minderwertig einzustufen suchte, zeigt doch der weitere Gang der Dinge, welch große Bedeutung diesem Aspekt zukam.

Es ist nämlich 1914, wenige Wochen nach der Verlobung, zu einer Trennung gekommen, bei der es jedoch nicht blieb. Im Verlauf der darauffolgenden Jahren kam es zu einer allmählichen Wiederannäherung zwischen den zerstrittenen Partnern, die im Sommer 1916 zu einer neuen Eheabsprache führte. Diese Vereinbarung nun ähnelte in keiner Weise mehr der ursprünglichen, sondern legte einen für damalige bürgerliche Verhältnisse ganz ungewohnten Wirtschaftsmodus zugrunde. Man wollte zwar nach dem Ende des Krieges heiraten, aber so verfahren, daß dabei jedem Partner allein die wirtschaftliche Sorge für sich selbst überlassen bleiben sollte. Felice hätte also weitergearbeitet, Kafka den Dienst quittiert und in Berlin versucht, von literarischer und journalistischer Arbeit sich zu erhalten.[26]

Der Ausbruch der Lungentuberkulose im Sommer 1917 hat die Verwirklichung dieses Planes verhindert. Man muß aber fragen, warum Kafka nicht schon 1913 kündigte und eine Stellung bei einer Berliner Zeitung annahm, obwohl er dies doch schon mindestens seit einem Jahr beabsichtigt hatte, und zwar gerade in solchen Phasen, in denen er sah, daß die ersehnte Selbstverwirklichung durch eine Heirat nicht so schnell oder gar nicht zustande kommen würde. Erst bei genauerer Betrachtung der Zeugnisse ist zu erkennen, daß wirtschaftliche Erwägungen den Ausschlag gegeben haben, daß eine entscheidende, alles Spätere bestimmende Weichenstellung in seinem Leben durch das fehlende Geld verursacht wurde.

Die 1911 erfolgte Gründung der Asbestfabrik hatte sich bald als Fehlkalkulation erwiesen. Es gab schwere Rückschläge, und seit Kriegsbeginn, als das Unternehmen stillgelegt wurde, einen unaufhörlichen Niedergang bis zur Liquidation Ende 1917. Da Kafka mit seiner ganzen Habe haftete, aber kein Vermögen hatte, hätte eine weitere Verschlechterung der finanziellen Lage der Familie nach des Vaters und damit auch der eigenen Überzeugung den Ruin des elterlichen Geschäfts bedeuten können. Im Jahr 1912 war Kafkas Vater immerhin schon sechzig Jahre alt und krank. Sein Geschäft war schon vor dem Ersten Weltkrieg in eine Phase der Stagnation geraten und dann infolge des Aderlasses, den die Eheschließungen seiner beiden älteren Töchter bedeuteten, sogar beträchtlich zurückgegangen. Wahrscheinlich bekam jede dieser Töchter zur reich bemessenen Aussteuer, zu der natürlich die Mentalität des Aufsteigers in besonderem Maße verpflichtete, noch 30000 Kronen Mitgift in bar, gar nicht zu rechnen den Aufwand für die Hochzeitsfeierlichkeiten selbst, vom dem man sich aber eine Vorstellung machen kann, wenn man weiß, daß 600–700 Personen eingeladen wurden.[27]

Es war die durch die bezeichneten Ereignisse herbeigeführte finanzielle Lage der Familie, die den unselbständigen, Zukünftiges fürchtenden und in Geldsachen unwissenden Kafka daran hinderten, seine gesicherte Beamtenstellung mit gutem Einkommen zuungunsten einer unsicheren Existenz als Freischaffender zu vertauschen. Er glaubte, in diesen Kriegszeiten seine Familie nicht im Stich lassen zu dürfen, gerade auch nicht angesichts der Tatsache, daß ihm sein Vater Geld für die Fabrikgründung geliehen hatte, für dessen Verlust er sich verantwortlich fühlte.

Will man die Fakten weiterspinnen, könnte man schließen: Kafka blieb des Geldes wegen in Prag, wurde lungenkrank, weil er zerrieben wurde durch den hier natürlich weiter geführten Kampf um Selbstverwirklichung und Ehe; aber nachdem er krank geworden war, wurde er auch schließlich arm, während seiner letzten Lebensmonate sogar bitter arm. Das Geld, das er in Berlin zur Verfügung hatte, reichte weder für Zeitungen, Theaterbesuche, Bücher, Bahnfahrten oder gar den elektrischen Strom, den man zur Beleuchtung und zum Kochen benötigte, ganz zu schweigen von notwendigen Arztbesuchen. Die Hilfe der Eltern, seelisch kaum zu verkraften, wurde notwendig. Als Kafka am 3. Juni 1924, noch nicht einundvierzigjährig, in einem Sanatorium bei Klosterneuburg starb, hatte sich in gewisser Beziehung erfüllt, was er einmal über die Lebensverhältnisse des unverheiratet Gebliebenen schrieb: Der Junggeselle müsse sich »aus scheinbar eigenem Willen schon mitten im Leben auf einen immer kleineren Raum« bescheiden, »und stirbt er, ist ihm der Sarg gerade recht.«[28]

---

[1] Franz Kafka, *Briefe an Felice und andere Korrespondenz aus der Verlobungszeit,* hrsg. von Erich Heller und Jürgen Born, Frankfurt 1967, S. 453 (= F).

[2] F, S. 273, 317, 384 und 400 sowie Franz Kafka, *Briefe an Milena.* Erweiterte und neu geordnete Ausgabe, hrsg. von Jürgen Born und Michael Müller, Frankfurt 1983, S. 267f. (= M).

[3] Franz Kafka, *Briefe an Ottla und die Familie,* hrsg. von Hartmut Binder und Klaus Wagenbach, Frankfurt 1974, S. 21 (= O).

[4] Franz Kafka, *Tagebücher 1910–1923,* hrsg. von Max Brod, New York/Frankfurt 1951, S. 559 (= T), vgl. M, S. 130, F, S. 335 und Franz Kafka, *Briefe 1902–1924,* hrsg. von Max Brod, New York/Frankfurt 1958, S. 284 (= Br).

[5] Hartmut Binder, *Kafka in neuer Sicht. Mimik, Gestik und Personengefüge als Darstellungsformen des Autobiographischen,* Stuttgart 1976, S. 443f. und T, S. 139.

[6] Br, S. 48.

[7] Br, S. 52.

[8] Br, S. 56.

[9] Max Brod, *Über Franz Kafka,* Frankfurt 1966, S. 92f. (= FK).

[10] Br, S. 38, vgl. S. 50.

[11] FK, S. 132.

[12] T, S. 486.

[13] F, S. 620, vgl. Hartmut Binder/Jan Parik, *Kafka. Ein Leben in Prag,* München 1982, S. 115–122.

[14] Br, S. 133–135.

[15] Br, S. 444 und 480, vgl. F, S. 630.

[16] FK, S. 343f., vgl. S. 296 und F, S. 454.

[17] Vgl. dazu Enoch Heinrich Kisch, *Erlebtes und Erstrebtes,* Stuttgart, Berlin 1914, S. 3f., 22 und F, S. 610f.

[18] T, S. 203f., vgl. S. 216 und O, S. 50.

[19] Franz Kafka, *Hochzeitsvorbereitungen auf dem Lande und andere Prosa aus dem Nachlaß,* hrsg. von Max Brod, New York/Frankfurt 1953, S. 191.

[20] Vgl. T, S. 634 mit Br, S. 323.

[21] F, S. 296, vgl. Franz Kafka, *Amtliche Schriften.* Mit einem Essay von Klaus Hermsdorf, Berlin 1984, S. 428f.

[22] FK, S. 198f.

[23] M, S. 117, 145, 148 und 233.

[24] M, S. 126f.

[25] Br, S. 199 und F, S. 431, vgl. S. 508, 677 und 736.

[26] Br, S. 140.

[27] T, S. 489, F, S. 68, 115, 231f., 454 und 633.

[28] T, S. 181.

Klaus Schröter THOMAS MANN

Zum Zusammenhang von Geist und Geld — mit dem das Thema vom Mäzenatentum eng verbunden ist — hat Thomas Mann bald nach dem Ersten Weltkrieg geäußert:

»Ich kenne den Hunger nicht, habe ihn nie erfahren ... In meiner Jugend hatte ich jene zweihundert Mark monatlich, die vor dem Kriege soziale Freiheit gewährten und mich in den Stand setzten, zu tun, was ich wollte. Auf italienisch nahm der kleine Wechsel sich sogar noch besser aus, so daß dem Abonnenten eines bescheidenen römischen Speisehauses sogar für Punsch, Zigaretten und Reclam-Hefte noch das Nötigste übrigblieb.«[1]

Er sei deswegen der kapitalistischen Weltordnung von früh her zu Dank verpflichtet — fährt Thomas Mann fort — und es würde ihm niemals anstehen, »so recht à la mode auf sie zu spucken«. Nun, seit der Ritter Gaus-Maecenas in Rom die Blüte der Schriftsteller um sich versammelte, bei köstigte, beschenkte und versorgte, haben sich die Weltordnungen mehrmals verändert, und auch unterm Sozialismus und Kommunismus wird ein reiches Mäzenatentum praktiziert.

Das Mäzenatentum ist über Jahrhunderte hin seiner Form nach verwandelt worden. Von ritterlichen Feudalen, Fürsten und Herrschern ist es in die Stiftungen, Fonds, Trusts, Foundations übergegangen, die ihrerseits gelegentlich nicht weniger Tribut fordern und als verzweigte Institutionen nicht weniger, ja oft mehr Kontrolle über ihre Begünstigten auszuüben vermögen als die Persönlichkeiten der früheren Zeiten. Wenn so die *Form* eines Förderers der Literatur und der schönen Künste — und für solch einen Förderer steht der Name Maecenas synonym — von der Person zur Institution gewechselt hat, dann haben auch Inhalt und Bedeutung materieller Förderung der Literatur und der Künste ihren Sinn gewechselt. Wir werden diesen Wechsel durch Thomas Manns Lebenszeit und an seiner eigenen Rolle als Mäzen prägnant verfolgen können.

Thomas Manns Epoche, seine Zeit, erlaubte ihm nicht, an einem abgesonderten, dualistisch der Welt und der Materie entgegengesetzten Geist-Begriff festzuhalten, wie er ihn noch während der Arbeit am *Zauberberg* einmal äußerte:

»Ich bin kein Bücherwurm, aber der Anblick einer Bibliothek kann mich zuweilen erschüttern. Diese still gereihten Schätze des Geistes, welche Summen von Empfindung, Bekenntnis, Gedankenkühnheit, erlittenem, mit Leben bezahltem Wissen, dem Chaos abgerungener Form enthalten sie — welch eine Welt der Menschlichkeit! Ja, eine Büchersammlung kann mir Gefühle erwecken, denjenigen verwandt, mit denen man den gestirnten Himmel betrachtet.«[2]

Gesellschaftlich war Thomas Mann in einer Klasse geboren und aufgewachsen, der ein mäzenatenhaftes Gebaren nicht nur durch ihren Besitz und Reichtum selbstverständlich, sondern auch durch die besondere Verwaltung der Stadtrepublik Lübeck abverlangt war. Wir haben davon nur indirekte Zeugnisse in dem Roman *Buddenbrooks* und Andeutungen in einigen früheren Erzählungen. Da werden verarmte Kusinen durchgefüttert und durch ihre Abhängigkeit zu Wohlbenehmen verpflichtet. Es wird auch einmal eine Tänzerin ausgehalten — aber da verschwimmt das Mäzenatentum schon fast im Konkubinat ... Und dem dilettierenden

Dichter Makler Gosch bedeuten die Festdiners im Hause von Konsul und Senator Buddenbrook durchaus eine Verbesserung seiner Lebensumstände.

Später erlebte Thomas gesteigerten Reichtum in nächster Nähe: Sein Schwiegervater, Alfred Pringsheim, Professor der Mathematik, Mitglied der Bayerischen Akademie der Wissenschaften, war als Millionenerbe eines Eisenbahnunternehmers und Besitzer eines Palastes in der Münchener Arcisstraße ein Förderer der Künste und Kunstsammler. Er war ein »Vorkämpfer Richard Wagners«, so hat er sich selbst genannt und hinzugefügt:

»In kunstwissenschaftlichen Kreisen gelte ich als Kenner und erfolgreicher Sammler von Kunstgegenständen der Renaissance. Insbesondere ist meine Sammlung italienischer Majoliken die bedeutendste Privatsammlung dieser Art ...«[3]

In Thomas Manns Werk ist dieser reiche Herr als Mister Spoelmann eingegangen, von dessen Vorderzähnen es heißt, sie seien aus Gold dem Kiefer eingesetzt und trügen in der Mitte je einen Brillanten. In dieser Figur des Samuel Spoelmann alias Alfred Pringsheim hat Thomas Mann zum erstenmal über gewisse soziale Ursachen des Mäzenatentums einige Reflexionen angestellt:

Spoelmann »hatte den Palast in der Fünften Avenue von New York, die Schlösser auf dem Lande und alle Aktien, Treuhandscheine und Gewinnanteile seines Vaters geerbt; er erbte auch die abenteuerliche Vereinzelung des Lebens, zu der jener emporgestiegen war, seinen Weltruhm und den Haß der benachteiligten Menge gegen angehäufte Macht des Geldes — all den Haß, zu dessen Besänftigung er jährlich die gewaltigen Schenkungen an Kollegien, Konservatorien, Bibliotheken, Wohltätigkeitsanstalten und jene Universität verteilte, die sein Vater gegründet hatte und die seinen Namen führte.«[4]

Das klingt wie eine psychoanalytische Deutung des Mäzenatentums. Flüchtig legt sich der Gedanke nahe, das Freuds Analyse der Herrscher-Tabus hier von Thomas Mann zugrundegelegt worden sei. Allein *Königliche Hoheit* ist vor Freuds *Totem und Tabu* erschienen. Seit 1890 aber lagen James George Frazers ethnologische Untersuchungen vor, die Freud als Quelle zu *Totem und Tabu* gedient hatten und aus denen das Kapitel »The Burden of Royality« von Thomas Mann für seinen Prinzenroman sehr wohl hat genutzt werden können, zumal er für Fragen höfischer Etikette und des Geschäftsmagnatentums englische und amerikanische Literatur herangezogen hat. Reizvolle Spekulation! Und um so reizvoller, wenn man bedenkt, daß Thomas Mann in hohem Alter denselben Gedanken, daß der Kultur zugewendete Gelder den Stifter reinwaschen können, noch einmal an prägnanter Stelle angewendet hat: Diesmal ging es nicht um die fiktive Figur eines amerikanischen Millionärs wie Samuel Spoelmann; es ging jetzt um das Ansehen der Vereinigten Staaten in der übrigen westlichen Welt, und zwar zur Zeit der McCarthy-Ära, als die USA sich als erste Polizeimacht der Welt zu betrachten gewöhnten. Thomas Mann, inzwischen amerikanischer Bürger, aber ein Jahr zuvor den Hetztätigkeiten jenes Washingtoner »Comittee on Un-American Activities« entflohen und wieder in der Schweiz ansässig, trat 1953 in einer französischen Zeitschrift ausgleichend für Verständnis von Gegensätzlichkeiten in der westlichen Hemisphäre ein. Ihn »ärgerte« der oft nicht berechtigte »kulturelle Hochmut«, »in dem der Durchschnittseuropäer sich vor dem milliardenschweren Verwandten und einfältigen selfmade man dort drüben gefallen zu dürfen glaubt.« Und Thomas Mann läßt ein Hohelied auf das amerikanische institutionelle und traditionelle Mäzenatentum folgen:

»Dieser Hochmut ... zeugt nur von Unkenntnis der mächtigen kulturellen Strebsamkeit des jugendlich schönen und ernsten Lerneifers, von dem jenes große Land erfüllt ist und über dessen Ergebnisse niemandem ein Achselzucken zusteht. Der Kulturmensch hat es wahrhaftig nicht schlecht in Amerika. Weiß man denn nicht, daß seine großen Städte die herrlichsten Kunstsammlungen bergen? Daß es in Boston, New York, Philadelphia die besten Orchester der Welt besitzt? Daß seine Radio-Stationen allabendlich die Luft mit hoher Musik jeder nationalen Herkunft, klassischen und modernen Stils, erfüllen? Daß in seinen Vortragssälen sich nicht, wie bei uns, ein paar hundert Zuhörer versammeln, sondern die Hör- und Wißbegierigen nach Tausenden zählen? Daß, um von Buch und Schrift zu reden, der soziale Roman dort auf sehr hoher Stufe steht und die literarische Kritik an Eleganz und Sensibilität sich oft mit der französischen messen kann? Daß für Volksbildungsmittel gesorgt ist, deren reiche, Geist und Phantasie stimulierende und belehrende Anschaulichkeit viel Europäisches in den Schatten stellt?«[5]

Als Zwischenschluß aus unseren Materialien können wir hier feststellen, daß Thomas Mann an Sinn und Zweck des Mäzenatentums nie in seinem Leben gezweifelt hat. Mochte er es analytisch begründet sehen als Sühne für allzuviel Reichtum oder gutgläubig als Ausfluß »kulturellen Lerneifers« — Mäzenatentum ist gut; Mister Spoelmann saniert ein ganzes Großherzogtum und US-Foundations heben das Kulturniveau ihres Landes. Thomas Manns großbürgerliches Selbstbewußtsein war zu gesichert, als daß ihn Bedenken angeweht hätten, die eine moderne Soziologie plagen, wenn sie hauptsächlich über die Abhängigkeit orakelt, in die der Künstler vom

Mäzen geraten kann. Gewichtiger scheint der Einwand, daß in der Unterstützung der Künstler durch Stiftungen und Preise eine Tendenz der Gesellschaft hervortrete, durch Einflußnahme bestehende Strukturen zu »verewigen« und den Künstler zu ihrem »Funktionär« zu machen. Aber was sollte der Künstler sonst sein, als gerade das? Und letzte briefliche Äußerungen Thomas Manns zeigen die ihm eigene Bescheidenheit, wenn er in diesem Sinn als »Funktionär« seiner Gesellschaft als höchstes Ziel seines Künstlertums den Wunsch ausspricht, ein wenig »höhere Heiterkeit« in die Welt zu bringen und die Menschen manchmal lachen zu machen ...

Thomas Mann selbst hat in seinem ganzen Leben sowohl reiche Gaben von Mäzenen empfangen als auch — zumindest seit der Zeit, als er die Figur des Samuel Spoelmann schuf — als Mäzen gewirkt, und dies in immer steigendem Maße und in einem sich wandelnden Sinn.

Summa summarum wird dabei die Unterstützung des Schwiegervaters Pringsheim den höchsten Betrag ausmachen. Sie wurde seit Thomas Manns Eheschließung laufend gezahlt (wann die Zahlungen durch Emigration und Zeitläufte endeten, ist nicht bekannt) und mögen als Nadel- oder Haushaltsgeld für die Tochter Katja ausgelegt werden, waren aber de facto die Bedingung für die »Freiheit« des Schriftstellers, die dieser eine tatsächlich genoß. Die Summe wird den Nobelpreis, der 1929, als er Thomas Mann zugesprochen wurde, um 200000 Reichsmark betrug, weit überstiegen haben. Weitere Preise und Ehrungen gingen Thomas Mann bis zu seinem Lebensende zu. Nennen wir hier nur die geistigsten, am wenigsten materiellen: So sind das die Doktorhüte (sogar für verschiedene Disziplinen, einer für Medizin ist dabei) — von denen Erika Mann endlich 17 zählen konnte. Von anderen großen Geldpreisen werden wir noch hören.

Durchblättert man Thomas Manns Aufzeichnungen und Werke, findet man kuriose Stellen zum Geldwert, zu Schenkungen und Guttaten. Oft tragen sie intimen Charakter; aber den trugen die fürsorglichen Einladungen des Ritters Maecenas im augustäischen Rom ursprünglich ja auch. So will Thomas Mann sich durch befreundete Buchhändler immer wieder begünstigt sehen mit »allerhöchstem Corruptionsrabatt«[6]. Als Kunstsammler übt er Vorsicht im Ankauf von Werken. So schreibt er vor dem Ersten Weltkrieg an den Jugendstilmaler Ludwig von Hofmann:

»Ich bin in Sorge um ein Bild von Ihnen, in das ich mich diesen Winter bis über beide Ohren verliebte. Es gehörte der Kollektion an, die während einiger Wochen bei Caspari ausgestellt war. Ich war im Begriffe, es zu kaufen, aber ich durfte nicht. Meine Verhältnisse sind augenblicklich zu ungeordnet — wie ein rechter Neu-Deutscher lebe ich über meine Verhältnisse, der Bau einer Villa hat mich ausge-

powert — verzeihen Sie meine zutrauliche Sachlichkeit! — und so mußte ich — für den Augenblick wenigstens, Vernunft annehmen ...

Das Bild aber, das es mir eigentlich und vor allem angethan hat — nachhaltig, wie Sie sehen — hieß ›Die Quelle‹. Sie wissen ohne Weiteres, welches ich meine. Wo ist es nun? Vielleicht ist es verkauft? Aber es könnte verkauft werden — ohne daß ich es weiß und im letzten Augenblick danach greifen kann! Ich bitte Sie nur um Eins — und diese Bitte ist der Zweck meines Briefes —: Erweisen Sie mir, um der tiefen Neigung willen, die ich seit langem für Ihre Gebilde hege, die Ehre, mir ein gewisses Vorkaufsrecht auf dies Bild einzuräumen! Haben Sie die Güte, mich zu benachrichtigen, wenn sich ein anderer Käufer dafür meldet. Den Preis kenne ich. Er ist niedrig, verhältnismäßig, aber ich kann ihn im Augenblick nicht aufbringen. In dem Augenblick jedoch, wo ich Gefahr laufe, das Bild an einen anderen Liebhaber zu verlieren, werde ich ihn wahrscheinlich dennoch aufbringen.«[7]

Das Bild hängt heute in Thomas Manns Arbeitszimmer im Thomas Mann-Archiv der Eidgenössischen Technischen Hochschule zu Zürich.

Zu Ende des Ersten Weltkrieges ist Thomas Mann zum erstenmal Gegenstand bildender Kunst. Er schildert den Eindruck seiner Büste von Hans Schwegerle als »sehr ergreifend« und notiert gleichzeitig: »Bestellte den Jungen Luther in Eisen für mein Zimmer und freue mich herzlich darauf.«[8]

Thomas Mann ließ ferner seine jüngste Tochter von Schwegerle modellieren und kaufte eine Hermes-Statue von ihm für seinen Hausgarten in München.

Zur selben Zeit — es ist »Revolution« in Deutschland, Bayern wird kurzfristig eine Räterepublik und Thomas Mann erregt sich — »mein Haß auf den triumphierenden Rhetor-Bourgeois muß mich eigentlich die Bolschewisierung Deutschlands und seinen Anschluß an Rußland wünschen lassen«[9] — zu dieser Zeit entwirft er den allerkuriosesten Schenkungsplan:

»Katja hörte heut in der Tram ein Gespräch konfiszierender Burschen, die offenbar Plünderungen im Herzogpark im Falle neuer Unruhen verabredeten. Ich nahm mir für solchen Fall vor, zu sagen: ›Hört, ich bin weder ein Jude, noch ein Kriegsgewinner, noch sonst etwas Schlechtes, ich bin ein Schriftsteller, der sich dies Haus von dem Gelde gebaut hat, das er mit seiner geistigen Arbeit verdient. In meiner Schublade habe ich 200 Mark, ich schenke sie euch, teilt sie und macht mir dafür meine Sachen und Bücher nicht entzwei.‹«[10]

Drei Jahre später kann Thomas Mann als Jahreseinnahme für 1921 300000 Mark notieren, bei gleichzeitigen »riesigen Haushaltskosten« — wie er sagt — von 60 bis 70000 Mark jährlich. 1934 in der Schweiz verlangt ein entschieden reduzierter Emigrantenhaushalt 30 bis 40000 Franken. Um an dieser Stelle vorweggreifend auf spätere Einkommensverhältnisse zu verweisen: So kann Thomas Mann, noch ehe er sich in Princeton im amerikanischen Exil niedergelassen hat, im Sommer 1938 nach einem Gespräch mit seiner Gönnerin Mrs. Agnes Meyer notieren:

»Eröffnungen über die Basis meines Engagements in Princeton: die 6000 Dollars größtenteils von der Rockefeller-Stiftung, deren Treuhänder« (wie Mrs. Meyer einfügt) »›alles meine Freunde‹ [sind . . .]. Verpflichtungen gegen die Universität nicht sehr ernst, Verlängerung stehe gewiß in meinem Belieben. Grund-Aspekt, daß es in Amerika Geldsorgen kaum für mich gibt.«[11]

Die Voraussicht erwies sich als richtig. Der »hartnäckige Villenbesitzer« Thomas Mann, — wie Hermann Kesten ihn genannt hat, konnte nach der Princetoner Zeit sein eigenes »Seven Palms House« in Santa Monica nahe Hollywood beziehen. — Daß nach der Rückkehr nach Europa, insbesondere seit der Öffnung des deutschen Buchmarktes, keine Geldsorgen mehr auftauchten, daß vielmehr alle nun noch erscheinenden Bücher Thomas Manns Verkaufserfolge waren und mit *Felix Krull* 1954 geradezu ein anhaltender Bestseller erreicht wurde, sei nur ausblickend erwähnt.

So konnte Thomas Mann seit jenem Ankauf von Ludwig von Hofmanns Gemälde »Die Quelle« fortfahren, sich mit Kunstwerken zu umgeben. Und ebenso wie die Bildwelt von Hofmanns große Motive im *Zauberberg* geprägt hat, haben andere Kunstsachen aus Thomas Manns Besitz andere poetische Darstellungen hervorgerufen. Schon fünf Jahre vor einem allerersten Plan zu dem biblisch-ägyptischen *Josephs-Roman,* an dem Thomas Mann von 1926 bis 1943 arbeitete, notiert er im April 1921: Er teile mit Bekannten deren »Freude über den antiken Knabenkopf in Bronce, den sie für 4000 M erworben, und der sehr lieblich ist.«[12] Der Besuch muß ihn sehr angeregt haben, denn sogleich am nächsten Tag lautet die Tagebucheintragung:

»Ich ging gleich nach dem Frühstück aus, erhob ca. 10000 M auf der Post und machte einige Zahlungen. Fuhr dann zur Stadt und kaufte bei Nanny den Kopf des Amenophis IV., den ich mir lange gewünscht. Sah andere Dinge, die ich mir ebenfalls wünsche, die kleine makedonische Nymphe, den Amenophis-Kopf mit der Tiara.«[13]

Alle drei Antiquitäten-Reproduktionen, die Thomas Mann bei Felix Nanny in der Münchner Türkenstraße kaufte, befinden sich heute — wie Hofmanns »Quellen-Bild« — im Thomas Mann-Archiv in Zürich. Sie hatten auf Thomas Manns Schreibtisch gestanden und waren ihm gegenwärtig, als er die Gestalt des Amenophis IV., des Pharao, der sich Echnaton nannte, als Herrscher seines ägyptischen Joseph schuf.

Thomas Manns Schreibtisch war vollgestellt mit solchen schönen Sachen wie derjenige Fontanes oder der Sigmund Freuds. Seine Tagebücher im Exil bewahren uns dreimal die Szene, wie dieser Münchner Schreibtisch samt seinem Schmuck und anderem ererbten und erworbenen Kunstbesitz im Ausland eintraf und wieder installiert wurde: November 1933 in Küsnacht bei Zürich:

»... meine Stühle, der Hamburger Empire-Fauteuil und der mit dem Tabouret, wurden ins Zimmer getragen. Es ist träumerisch, sie zu sehen ... Das Aufstellen und Räumen, das Auspacken der kleinen Gebrauchs- und Ziergegenstände aus den Schubladen des Schreibtisches nahm fast den ganzen Vormittag in Anspruch. Das sind die ersten Zeilen, die ich wieder an dem schönen Möbel, in dem dazugehörigen Stuhl schreibe ... Auch in der Halle sind die schönen Empire-Schränke aus unserem Familienbesitz, die Kandelaber und der Musikapparat schon aufgestellt ... Auch die Bilder sind da, der L. von Hofmann, der kleine Lenbach ...«[14]

Die »Ankunft der Dinge« habe ihn sehr bewegt und angestrengt; »Kopfschmerzen und große Müdigkeit sind die Folge.«[15]

Oktober 1938 an der Ostküste der USA in Princeton:

»Höchste Phantastik, die Dinge hier wieder um mich zu haben. Genaue Wiederherstellung des Schreibtisches, jedes Stück, Medaillen, ägyptische Diener, genau an seinem Platz wie in Küsnacht und schon in München ... Dies ist das Erste, was ich am eigenen Tische schreibe, angesichts des schönen Siam-Kriegers.«[16]

Und abermals im Februar 1942 an der Westküste der USA in Pacific Palisades — hier klingt der Eintrag wesentlich ruhiger und detachierter, die USA waren in den Krieg gegen Hitler-Deutschland eingetreten, ein Sieg über die Nazis zu erwarten: »... Schlepperei aus dem Schlafzimmer und Einrichtung des Schreibtisches. Der siamesische Krieger steht wieder vor mir zwischen den Leuchtern.«[17]

So wurden die Kunstgegenstände, ob erworben oder geschenkt, zu Bedeutungsträgern einer Lebens- und Schaffenseinheit, und das heißt für einen Kreativen mehr, als das Schlagwort »Besitz beruhigt« besagen will. Das Wort Gottfried Benns, dessen sich Thomas Mann in der ersten depressiven Exilzeit erinnert: »›Kennen Sie Thomas Manns Haus in München? Es hat wirklich etwas Goethisches«[18], birgt für Thomas Mann diese Bedeutung seelischer Absicherung.

Thomas Manns eigentliches literarisches und also professionelles Mäzenatentum war — bei seiner herausragenden Stellung im literarischen Leben Deutschlands, später in der Welt — ein ganz eigenes, umfangreiches Feld. Es begann mit Lob und Empfehlung einzelner Manuskripte und Autoren. Thomas Manns Lob war buchstäblich Gold wert, aber schon die Zeitgenossen verstanden, daß es nur in den seltensten Fällen für bare Münze genommen werden durfte. Meist überwog der Vorbehalt. In seinen Tagebüchern drückt der dreiundvierzigjährige Thomas Mann das gelegentlich viel drakonischer aus: »Leider habe ich viele aus Schwäche und Höflichkeit verlogene Dankesbriefe für empfangene Bücher geschrieben und werde leider noch viele schreiben.«[19]

Wir können nicht eingehen auf die vielen Epigonen Thomas Manns, die er freundlich bedachte, die er Verlegern empfahl, denen er erlaubte, seine Lobsprüche sozusagen als Präambel in ihre Bücher aufzunehmen, oder denen er gar lobende Rezensionen schrieb. Seit der Mitte der zwanziger Jahre reicht diese Tätigkeit ins Europäisch-Internationale, seit den dreißiger Jahren wird und bleibt sie global. Als aber Thomas Mann seinen Münchner Schreibtisch im Exil zum drittenmal installierte, im Februar 1942, an der Westküste der USA, war sein literarisches Mäzenatentum längst etwas anderes geworden als ein Fördern der Belles Lettres. Die politische Weltlage hatte den Schriftsteller seit den dreißiger Jahren zu einem Ernährer sehr vieler durch den Faschismus erwerbsloser Kollegen, ja in zahlreichen Fällen buchstäblich zu deren Lebensretter gemacht.

Schon 1934 gehen privates Lob und privater literarischer Ansporn in politische Agitation über, wenn Thomas Mann an seinen Schüler Alfred Neumann schreibt:

»Wirklich, es ist etwas Ehrsucht einschlägig in meine freudige Bewunderung für Ihr großes ... dichterisches Unternehmen, denn ich habe Sinn für die Ehre der Emigranten und finde durch Ihr Werk bestätigt, daß die guten, die besseren und wichtigeren Dinge draußen in der Freiheit zustande kommen und nicht drinnen im Soldatenmuff des stupiden Kriegslagers, das noch auf den Namen Deutschland hört.«[20]

Hiernach wird bald die literarische Umständlichkeit und Höflichkeit fallen. »Ihr Rat wäre mir unendlich wertvoll, aber ich wage nicht, Ihre Zeit mit meiner Misere in Anspruch zu nehmen«[21], schreibt Ernst Weiß 1936 aus Paris an Thomas Mann; ein Jahr später dankt er Thomas Mann für £ 30, 1939 dankt er »von ganzem Herzen«[22] für sein großes Geschenk, diesmal

\$ 30. Die englischen Pfunde kommen aus dem »Thomas Mann Hilfsfond«, der in London gegründet wurde, den Thomas Mann mit Aufrufen und Spenden unterstützte. Musil, für den Thomas Mann eine eigene Hilfsaktion in der Schweiz startete, empfing Gelder aus diesem Fond und mit ihm ungezählte andere. Für den KZ-Inhaftierten Carl von Ossietzky wird Thomas Mann tätig. Max Brod bittet Thomas Mann um die Vermittlung einer Einladung in die USA, Else Lasker-Schüler bittet ihn aus Israel, ein handgemaltes Buch an einen US-Mäzen zu verkaufen. In New York wird Thomas Mann zusammen mit Sigmund Freud Präsident der »American Guild for German Cultural Freedom«, die monatliche Arbeitsstipendien vergab. Um die Einwanderung Oskar Maria Grafs u.a. in die USA zu befürworten, schreibt Thomas Mann an den Außenminister. Die Comittees zur Rettung der Flüchtlinge sind für Thomas Mann nicht mehr überblickbar. In den allerdringendsten Fällen bittet er Einstein, Petitionen mit ihm zusammen zu unterschreiben, um ihnen unumstößliches Gewicht und Dringlichkeit zu verleihen. Er nutzt seine Bekanntschaft mit F.D. Roosevelt und der hohen Washingtoner Bürokratie, um insgesamt den Status der in den USA Asyl-Suchenden zu wahren, als diese zu »Enemy-Aliens« erklärt und ihrer bürgerlichen Freiheit beraubt werden sollen ... Das Ausmaß der Wohltaten, die Thomas Mann im Exil ausgeteilt oder veranlaßt hat, ist gar nicht abzuschätzen. Im Juli 1940 notiert Thomas Mann: »Klaus« — sein ältester Sohn — »bemerkt, die Emigranten glichen einer Nation, die mich als ihren Gesandten betrachtet. Es scheint selbstverständlich, daß jeder sich an mich wendet.«[23]

Thomas Mann ist der Mäzen seiner Familie. Mehrfach in früheren Jahren hatte er seinem Bruder Heinrich Geld geliehen, es auch in gereiztem Ton angemahnt und zurückverlangt. Im Alter, in den USA, unterstützt er ihn mit monatlichen Zuwendungen, da Heinrich über eigene Einkünfte kaum verfügt. Und Thomas Mann ist der Mäzen seiner Kinder. Sohn Klaus empfängt lebenslänglich Taschengeld von zu Hause. Seine Bücher, die von ihm herausgegebene amerikanische Zeitschrift *Decision,* sucht Thomas Mann zu fördern, wo und wie er kann. Über das gemeinschaftliche Werk von Klaus und Erika Mann, *Escape to Life,* eine Fallgeschichte Exilierter, schreibt er ihnen einen druckreifen Brief, in dem er bekennt:

»Warum sollte ich es nicht sagen, daß ich Vater genug bin, in euerer Entwicklung während dieser sechs ernsten Jahre ein Symptom und Beispiel dafür zu sehen, daß die Freiheit reifen kann im Exil? Wie mir, der ich den guten Grund eueres Wesens kannte, der tierische Haß, den die heraufkommende Brutalität gerade euch, meinen Kindern, zuwandte, immer ein besonderes Zeichen (wenn es eines solchen bedurfte) ihrer

bösen Hirnlosigkeit war, so ist mir euer nun menschliches Erstarken, sind mir euere Fortschritte im Wollen, Können und Leisten Gleichnis und Gewähr für die politisch-gesellschaftliche Förderung des deutschen Geistes durch seine Verbannung. ... Euer Buch gibt den reichen individuellen Bestand der deutschen Emigration in wohlgelungenen Portraits. Ich denke, es wird willkommen sein.«[24]

Dieser Brief wurde *Escape to Life* als Vorwort beigegeben. Nach Erscheinen von Klaus Manns Emigranten-Roman *Der Vulkan* schreibt Thomas Mann dem Sohn:

»ich habe ... schon verschiedenen Leuten darüber geschrieben, um sie ernstlich auf das Buch hinzuweisen und sie zu bitten, sich darum zu kümmern, weil es eine wirklich vorzügliche Sache sei, die von einer in Banden der Dummheit und Bosheit liegenden Welt doch natürlich vernachlässigt werde; so an Alfred Neumann, Onkel Heinrich, Fränkchen (= Bruno Frank) und andere ...«[25]

Öffentlich und privat galt das Wort dieses Mäzens unendlich viel. Das sollte sich unter den Fronten des Kalten Krieges in Europa, des McCarthyismus in den USA noch steigern, bis zu einem Maß, daß der Öffentlichkeit zwar Thomas Manns politische Äußerungen oft verzerrt berichtet wurden, seine mäzenatenhaften Guttaten der letzten Jahre aber weithin unbekannt blieben. Gewisse persönliche Einsätze mußten aus Diskretion unbekannt bleiben. So wenn Thomas Mann seinen Beitrag zur Entnazifizierung des Germanisten Ernst Bertram leistete und über den Fall dieses »edelmütig verirrten Professors« entschied:

»Ich bin, wahrscheinlich mit seiner eigenen Zustimmung, gegen Bertrams Wiederberufung als akademischer Lehrer, ohnedies muß er der Altersgrenze nahe sein. Aber ich bin mit aller Entschiedenheit dafür, daß man ihm ein anständiges Ruhegehalt und produktive Selbstbestimmung gewähre.«[26]

In einem anderen Fall, dem des ehemaligen Leiters der sogenannten Reichsschrifttumskammer, Hans Friedrich Blunck, hatte Thomas Mann sich geweigert, als Entlastungszeuge zu dienen. Durch eine Rechtfertigung Bluncks abermals um Stellungnahme gebeten, resümierte Thomas Mann 1946 das Verhältnis der Öffentlichkeit zu ihm als einer übergeordneten Instanz:

»Wie komme ich dazu, diese Berichte, Erklärungen, Rechtfertigungen aus Deutschland (Ihr Schreiben ist nicht das einzige seiner Art) entgegenzunehmen? Ich habe doch nicht Macht, zu binden, zu lösen! Und wenn man mich als Repräsentanten der ›Welt‹

nimmt — diese Welt benimmt sich ja heute so mangelhaft, daß wenig Anlaß besteht, sich bei ihr zu entschuldigen.«[27]

Ein unparteiisches Mäzenatentum gab es nicht mehr. Die Weltlage hatte alle Bereiche politisch so fraktioniert, daß jede Stellungnahme einer Verurteilung der Alternative glich. So sind denn die letzten großen mäzenatenhaften Akte Thomas Manns als Gesten auf diese Weltlage hin gedacht: Seine großen Geldspenden gehen an Kirchen, gehen in überparteiliche Bereiche. So 1948, als er seinem Bruder Viktor die Zeitungsmeldung korrigiert, er habe zu Gunsten des Wiederaufbaus von St. Marien in Lübeck — die dem »Buddenbrook«-Haus gegenüberliegende Hauptkirche — auf seine »deutschen Urheberrechte verzichtet«:

»Ich habe Suhrkamp ersucht, die im Augenblick verfügbaren Honorare, die durch ›Lotte in Weimar‹ und einige kleinere Schriften angelaufen sind, dem Lübecker Blatt, das sich in dieser Angelegenheit verzweifelt an mich gewandt hatte, zu überweisen. Es sollte das eine erste kleine Hilfeleistung sein, der ich weitere Bemühungen um amerikanische Hilfsaktionen folgen zu lassen versprochen habe.«[28]

Ein Jahr später stiftete er die »20000 Ostmark« des Weimarer Goethepreises »für den Wiederaufbau« der dortigen Herder-Kirche: »— eine Verwendung, die nicht so ganz nach dem Sinn der Kommunisten sein mag«[29], wie Thomas Mann gegenüber einem schwedischen Journalisten um der politischen Balance willen bemerkt.

Die Ehrungen, die ihn bis zu seinem 80. Geburtstag, ja bis zu seinem Tod und wenige Wochen danach erreichten, waren alle von höchster Güte, ob es nun die »Merit Medal« der Amerikanischen Akademie für Künste und Wissenschaften war ($ 1000) oder der erste Preis der alten Academia dei Lincei ($ 8000), ob es ein Orden des holländischen Königshauses oder gar der Deutsche »Pour le mérite« war. Aber am meisten hat sich Thomas Mann über seine Erhebung zum »Officier« der französischen Ehrenlegion gefreut — gewiß weil auch Goethe sie erhalten und mit Stolz selbst in den Napoleonischen Kriegen getragen hatte: »Bin unbändig eitel darauf, ganz wie ein Franzose.«[30]

Dies im Scherz. Im Ernst konnte Thomas Mann als einen Teil seiner Lebenserfüllung seine geistige Zuwendung zu anderen betrachten:

»Ich erachte die Gabe der Bewunderung für die allernötigste, um selbst etwas zu werden und wüßte nicht, wo ich wäre, ohne sie. Auch habe ich meine Bewunderung nie den großen Toten vorbehalten, sondern sie den Lebenden zugewandt, wo ich nur konnte.«[31]

Die folgenden Siglen werden benutzt:

MK 113–120 = Thomas Mann, *Das essayistische Werk,* 8 Bde., hrsg. von Hans Bürgin, Frankfurt 1968. (Fischer Bücherei, Moderne Klassiker, Bd. 113–120)

Bfe. I–III = Thomas Mann, *Briefe 1889 bis 1955 und Nachlese,* 3 Bde., hrsg. von Erika Mann, Frankfurt 1961–65.

Tagebücher Thomas Manns (Tageb.) werden nach dem Datum des Eintrags zitiert.

[1] MK 120, S. 70.

[2] MK 120, S. 82f.

[3] Peter de Mendelssohn, *Der Zauberer. Das Leben des deutschen Schriftstellers Thomas Mann,* Teil 1. Frankfurt 1975, S. 544.

[4] Thomas Mann, *Gesammelte Werke in zwölf Bänden,* Bd. 7, Berlin 1956, S. 189f.

[5] MK 118, S. 356.

[6] Bfe. I, S. 105.

[7] Bfe. I, S. 110f.

[8] Tageb., 4. 11. 1918.

[9] Tageb., 19. 11. 1918.

[10] Ebd.

[11] Tageb., 27. 6. 1938.

[12] Tageb., 14. 4. 1921.

[13] Tageb., 15. 4. 1921.

[14] Tageb., 25. 11. 1933.

[15] Ebd.

[16] Tageb., 7. 10. 1938.

[17] Tageb., 14. 2. 1942.

[18] Tageb., 14. 3. 1934.

[19] Tageb., 15. 9. 1918.

[20] Bfe. I, S. 375.

[21] *Blätter der Thomas Mann Gesellschaft Zürich,* 15 (1975), S. 9.

[22] Ebd., S. 19.

[23] Tageb., 14. 7. 1940.

[24] Bfe. II, S. 76.

[25] Ebd., S. 105.

[26] Bfe. III, S. 40.

[27] Bfe. II, S. 495.

[28] Bfe. III, S. 44.

[29] Ebd., S. 96.

[30] Ebd., S. 285.

[31] Ebd., S. 152f.

Karl Corino ROBERT MUSIL

»Ich hatte als Junge und Jüngling ganz naiv die Meinung, daß Geld ein Familieneigentum sei, von den Eltern also zwar genossen werden dürfe, aber doch so verwaltet werden müsse, daß es mir dereinst ungeschmälert, wenn schon nicht vermehrt zukomme. Ich stellte also auch meine Ansprüche daran, und daß ich bis zum 30sten Jahr nur meiner Ausbildung lebte, erschien mir ganz natürlich. Ich bin kein angenehmer Sohn gewesen.

Mein Vater und seine Brüder hatten dagegen auf ihr väterliches Erbteil verzichtet, um die Mitgift ihrer Schwester zu vergrößern.«[1]

Mit dieser Tagebuchnotiz Musils aus dem Jahre 1937 ist eine Grundkonstellation gekennzeichnet, die nicht nur den Generationenvertrag betrifft.

Musil war zeitlebens ein Mann des Nehmens, nicht des Gebens, und er war darüber hinaus kein dankbarer Nehmer. Er war nicht nur kein angenehmer Sohn, er war auch kein angenehmer Vertragspartner, Protégé und Freund, kurz: kein sehr angenehmer Zeitgenosse. Er hatte den von Oscar Wilde reklamierten ganz einfachen Geschmack — das Beste war ihm gerade gut genug, und er erhob darauf noch Anspruch, als er es sich schon längst nicht mehr aus eigenen Mitteln leisten konnte; und er hielt z.B. auch dann noch Dienstboten, als er im Schweizer Exil selber schon längst zum Almosenempfänger ohne jede Verdienstmöglichkeit geworden war.

Über seinen Lebensweg nachdenkend sprach der Autor selbst von der in der Kindheit »erworbenen Lebenstechnik«[2] und von den »Folgen gesicherter Jugend«.[3] Er war mit Gewißheit ein verwöhntes Bürger- oder Großbürgerkind: Der Vater von Anfang an in angesehenen und krisenfesten Positionen, Ingenieur, Leiter von staatlichen Lehr- und Versuchsanstalten, schließlich Professor an der deutschen Technischen Hochschule in Brünn, zeitweilig deren Rektor. Robert Musil war ein Einzelkind und daran gewöhnt, daß alle Liebe und Zuwendung (welcher Art auch immer) ihm allein galt. Daß er zwischen dem 8. und dem 11. Lebensjahr mehrmals schwer, ja lebensgefährlich erkrankt war, steigerte die Verwöhnung durch die Eltern gewiß noch — sie hatten vier Jahre vor seiner Geburt eine Tochter verloren. Jeder Wunsch des Sohnes ein Befehl, die niederen Verrichtungen des täglichen Lebens Sache von Hausmädchen, Köchinnen — oder des Vaters, der es sich nicht nehmen ließ, dem Herrn Sohn eigenhändig das Bett aufzudecken. Eine Gegenkraft in dieser Sozialisation stellte lediglich die Kadettenzeit Musils dar, und es ist gewiß nicht ohne Grund, daß ihn schon nach kürzester Zeit ein leidenschaftliches Heimweh packte — verstoßen aus dem warmen Nest, wie er war — und daß er als Siebzehnjähriger, nach wenigen Monaten an der technischen Militärakademie Wien, zurückfloh unter das schützende Dach des Brünner Elternhauses.

In der Tat war es so, wie Musil schrieb: bis zu seinem 30. Jahr lebte er auf Kosten seiner Eltern und für seine Ausbildung. Sie finanzierten ihm zunächst das Ingenieur-Studium an der Technischen Hochschule Brünn, dann ein Jahr als Volontärassistent an der Materialprüfungsanstalt Stuttgart (1902), dann das Studium der Philosophie, Psychologie, Mathematik und Physik an der Universität Berlin bis zur Promotion im Frühjahr 1908, und schließlich noch drei weitere Jahre, bis er im Frühling 1911 heiratete und, höchst widerwillig, eine Bibliothekarsstelle in Wien antrat.

So ist es nicht verwunderlich, daß Geld in den frühen Werken Musils für die Musilschen Helden keine Rolle spielt, es sei denn, daß sie den Geldmangel eines anderen ausnutzen, um ihn zu unterjochen, wie Beineberg und

Reiting es in den *Verwirrungen des Zöglings Törleß* mit Basini tun, nachdem sie seinen Diebstahl aufgedeckt haben.

Not am eigenen Leibe und in seiner nächsten Umgebung spürte Musil erstmals als etwa 25jähriger, als seine damalige Lebensgefährtin Herma Dietz an Syphilis erkrankte, ihre Stelle in der Textilbranche verlor und ärztlicher Hilfe bedurfte, ja, gar ins Krankenhaus eingeliefert werden mußte.

Der gewiß nicht spärliche Monatswechsel, den ihm seine Eltern zur Verfügung stellten und der es ihm etwa erlaubte, nicht eine simple Studentenbude zu bewohnen, sondern gleich jeweils zwei Zimmer zu mieten — dieser Monatswechsel reichte nun nicht mehr aus. Er beschrieb diese Situation für die Öffentlichkeit in seiner Novelle *Tonka* in den frühen zwanziger Jahren, zu einem Zeitpunkt, zu dem ihm die Not erneut, diesmal unter ganz anderen Umständen, nahegerückt war:

»Sie mußten jetzt in kleinen Speisewirtschaften essen, für wenige Pfennige zwischen Schmutz und Grobheit eine Kost, die er nicht vertrug. Er holte Tonka zu diesen Mahlzeiten ab, pünktlich, in Erfüllung einer Pflicht. Er machte eine sonderbare Figur in seinen vornehmen Kleidern zwischen den Gehilfen und Geschäftsdienern, ernst schweigsam, treu zur Seite seiner schwangeren Gefährtin und unzertrennlich. Viele spöttische Blicke flogen ihm zu, und manche anerkennende, die nicht weniger brannten. Es war ein seltsames Wandeln, mit seiner Erfindung im Kopf und der Überzeugung von Tonkas Untreue, zwischen dem groben Menschenschotter der Großstadt. [...]

Er spielte jetzt mit Tonka in der Pferdelotterie. Die Ziehungsliste erschien, er hatte Tonka erwartet, unterwegs wollten sie das Verzeichnis kaufen und lesen. Es handelte sich um eine elende Pferdelotterie mit einem Haupttreffer von wenigen tausend Mark; aber das machte nichts, er hätte für die nächste Zukunft sorgen können. Und wenn es nur ein paar hundert Mark gewesen wären, so hätte er Tonka das Nötigste an Kleidern und Wäsche kaufen oder sie aus ihrer ungesunden Mansarde befreien können. Und wären es nur zwanzig Mark gewesen, so würde das eine Ermunterung sein, und er hätte neue Lose gekauft. Ja selbst wenn sie nur fünf Mark gewonnen hätten, so wäre dies ein Zeichen gewesen, daß der Versuch, wieder Anschluß an das Leben zu gewinnen, in unbekannten Gegenden wohlgelitten war.

Aber alle drei Lose waren Nieten.«[4]

Die Ausflucht ins Irrationale, die Hoffnung, von einem verborgenen dämonischen Wesen mit einem Schlag beschenkt und märchenhaft reich gemacht zu werden — das ist etwas, was diesen Musilschen Helden z.B. mit dem in der Posse *Vinzenz* verbindet: jener träumt von einem unfehlbaren System für das Roulette, von gesprengten Spielbanken und unermeßlichem Luxus.[5]

Die praktischen Fähigkeiten der Musilschen Protagonisten, Geld zu schaffen, sind recht klein, und dies haben sie mit ihrem Schöpfer gemeinsam.

Die Erfindung, die Tonkas Lebensgefährte im Kopf hat, ist ein Reflex jenes Farbkreisels, den Musil 1906–07 entwickelte und den die Göttinger Firma Spindler und Hoyer, eine Fabrik für psychologische Geräte, in ihr Programm aufnahm. Er wurde freilich nur in kleinen Stückzahlen gebaut und wird seinem Erfinder bei einem Preis von 225 Mark pro Exemplar nicht allzu viel eingebracht haben. Wenn es auch nicht ein »ganz nettes Vermögen«[6] war, von dem Musil im Tagebuch in ähnlichem Zusammenhang phantasiert — der Erlös aus dem Farbkreisel gehört neben dem Honorar für zwei Aufsätze über *Die Kraftmaschinen des Kleingewerbes* und über *Die Beheizung der Wohnräume* und dem für die *Verwirrungen des Zöglings Törleß* zu dem, was Musil bis 1906–07 selbst verdient hat.

Damit ist die Frage der literarischen Einkünfte Musils überhaupt angeschnitten. Genaue Daten sind hier leider nicht zu erwarten, da sich die Verlagsverträge — und Verlagsabrechnungen nicht erhalten haben, geschweige denn Steuererklärungen oder Kontoauszüge. Es sind nur Schätzungen möglich, da das Verhältnis von broschierten und gebundenen Ausgaben oder solchen in Halbpergament innerhalb einer Auflage nicht bekannt ist, von Schwankungen der Kaufkraft und der Wechselkurse über zwei, drei Jahrzehnte hinweg ganz abgesehen. Vom *Törleß* z.B. sind zu Musils Lebzeiten 15000 Exemplare gedruckt worden, insgesamt 10000 vom Wiener Verlag, der 1906 die Erstauflage herausbrachte, und vom Georg Müller Verlag München, der 1911 die zweite Ausgabe publizierte — sie wurde 1914 von S. Fischer übernommen.[7] Der *Törleß* kostete in der Georg-Müllerschen Ausgabe 1911–1914 broschiert 4 Mark, gebunden 5 Mark, zwischen 1921 und 1925 ist im Deutschen Bücherverzeichnis ein Preis von 3 bzw. 4,50 Mark angegeben. Die Rowohlt-Ausgabe von 1930 kostete 6,50 Mark. Das ergibt ein Gesamthonorar für Musils Erstling von ca. 7 – 8000 Mark bei 10 Prozent Honorar — der Satz kann allerdings bei 15–17% gelegen haben, dann erhöhte sich der Ertrag um gut die Hälfte.

Bei den *Vereinigungen,* Musils zweitem Buch, dem Novellenband aus dem Jahre 1911, an dem er zweieinhalb Jahre gearbeitet und für das er sich nach eigenem Bekunden seelisch beinahe zugrundegerichtet hat[8], sieht die Bilanz schon wesentlich schlechter aus. Von diesem Werk druckte Georg Müller offenbar 3000 Exemplare, die aber bis zu Musils Tod nicht vollständig verkauft wurden, obwohl nacheinander vier Verlage den Vertrieb übernahmen — Georg Müller, S. Fischer[9], Rowohlt, Bermann Fischer. Von den *Vereinigungen,* die 1911–1914 3 bzw. 4 Mark kosteten, 1921–1925 3 Mark bzw. 4,50 M, wird Musil kaum mehr als 1000 Mark eingenommen haben, immer

10 Prozent Honorar vom Ladenpreis vorausgesetzt und etwa gleiche Raten broschierter und gebundener Exemplare[10], ein ruinöses Ergebnis, wenn man Arbeitszeit und Ertrag in ein Verhältnis setzt. Als Redakteur der *Neuen Rundschau* erhielt Musil 1914 von S. Fischer ein Jahressalär von 5000 Mark!

Musil, der sich im Berliner Adressbuch des Jahres 1910 erstmals als Schriftsteller bezeichnete, begriff, wenn auch widerstrebend, daß er bei dem gegebenen Arbeitstempo und dem höchst mäßigen Absatz seiner Bücher sich selbst und seine Frau Martha sowie deren beide Kinder nicht von den Erträgnissen seiner Feder ernähren könne. Böse Zungen wie die Rudolf Kassners behaupteten zwar, er habe sich nur durch das Geld seiner Frau in den Kleinadel der Literatur hinaufgedient[11], aber daran ist in jeder Hinsicht wenig Wahres.

»Über Geld: Martha, die arme Waise aus reicher Familie hatte gerade so viel Geld, daß sie die Vorzüge ›guter Herkunft‹ an sich trug, und so wenig, daß sie nicht davon verdorben wurde, wie es bei reichen Frauen gewöhnlich ist.«[12]

Das notierte Musil 1937 in seinem Tagebuch. Martha war die Tochter eines Bankiers, der sich kurz nach ihrer Geburt erschoß, weil er glaubte, bankrott zu sein. Martha wuchs dann im Haus ihres Onkels, des Bankiers Julius Alexander, auf und heiratete ihren Vetter Fritz Alexander, der bald nach der Hochzeit starb. Aus seinem Erbe stammt das Vermögen, das sie mit in die zweite Ehe nahm und nur geschmälert daraus rettete. Ihr zweiter Mann, Enrico Marcovaldi, war ein herzlich schlechter Geschäftsmann und hätte ihr Kapital wohl innerhalb von 10 Jahren durchgebracht, hätte sie nicht rechtzeitig die Trennung von Tisch und Bett beantragt. Nach gehörigen Geschäftsverlusten mußte Enrico Marcovaldi schließlich auch noch durch Geld dazu gebracht werden, in die Scheidung einzuwilligen. Aus der Zeit ihrer Ehe mit Marcovaldi stammte eine Hypothek auf ein Haus in Rom, für die Martha nach eigenem Bekunden im Dezember 1919 etwa 200000 Kronen bekommen hätte.[13]

Wieviel sie mit in die Ehe brachte, die sie am 15.4.1911 mit Musil schloß, ist nicht genau bekannt. Der frischgebackene Ehemann deklarierte nach der Hochzeit wie in den Jahren zuvor 4000 Kronen Jahreseinkommen. Das bedeutet, er verdiente als Bibliothekar der Technischen Hochschule Wien genau so viel, wie er vorher von seinem Vater bekommen hatte, und die Eltern unterstützten ihn auch noch nach der Heirat.

Obwohl die Versuche Musils vor der Ehe, sich als freier Schriftsteller, als Herausgeber einer eigenen Zeitschrift, des *Pasquills,* oder als Redakteur einer Zeitung, der *B.Z. am Mittag,* ökonomisch selbständig zu machen, alle schon im Ansatz gescheitert waren, trachtete er bald wieder danach, seine feste Stellung als Bibliothekar aufzugeben. In den Jahren 1911–1913 sammelte er Erfahrung als freier Mitarbeiter der Zeitschriften *Pan* und *Der Lose Vogel,* fand z.B. das Honorar des *Pan* gering und war deshalb sogar bereit, sich mit seinem Mentor Alfred Kerr zu überwerfen.[14] Die psychosomatischen Mechanismen, die in jenen Jahren abliefen, sind außerordentlich interessant: auf den Zwang zur regelmäßigen (ungeliebten) Arbeit in der Bibliothek antwortete Musil mit Herz- und Verdauungsneurosen: der Beruf lag ihm wie ein Stein auf der Brust und wie ein Kloß im Magen. Er ließ sich für Monate vom Dienst befreien und erzielte dabei einen höchst willkommenen sekundären Krankheitsgewinn: er konnte seinen Wünschen nachgehen, tun, was er wollte, und erhielt dennoch das volle Gehalt: die Wiederherstellung der Situation in den Kinder- und Jugendjahren. Auf dem literarischen Sektor wollte er etwas ähnliches: er suchte von 1913 an einen Verlag, der ihm ein monatliches Fixum bot. Als Gegenleistung winkte er oder winkten seine Freunde wie Franz Blei für ihn mit einem »famosen Roman« und mit einem Stück, von dem angeblich der erste Akt fertig war.[15] Das Stück, *Die Schwärmer,* war tatsächlich gut sieben Jahre später fertig, und der Roman brauchte gar 17 Jahre — Ende 1930 erschien der erste Band des *Mannes ohne Eigenschaften.*

Auf seiner Genesungsreise im Spätsommer 1913 beantwortete Musil von Lavarone in Südtirol aus eine Umfrage des Verlags Georg Müller nach dem Verhältnis von Schriftsteller, Verleger und Publikum:

»Ein vom Publikum favorisierter Schriftsteller hat heute durchschnittlich das Einkommen eines Hoteldirektors, in ganz seltenen Fällen das eines nicht sehr gutgestellten Bankdirektors. Ein vom Publikum nicht favorisierter Schriftsteller hat das Einkommen eines Liftboys, in ganz seltenen Fällen das eines Bankdieners. Häufig bloß das eines Volontärs. Schuld an diesen Zuständen will niemand haben, nicht der Schriftsteller, nicht der Verleger und nicht das Publikum. Wie alle weitgreifenden wirtschaftlichen Konstellationen sind sie unpersönlich oder überpersönlich. Daß sie von größtem Einfluß auf das künstlerische Schaffen sind, ist sicher. Daß sie geändert werden müssen, ist sicher. Wie — darüber habe ich nicht nur kein Urteil, sondern kann auch keines mit Überzeugung äußern, weil ich auf Reisen bin und das redlich übertreibungslose Leben eines Nichtschriftstellers führe.«[16]

Er selber löste sein Problem vorläufig dadurch, daß er im Februar 1914 als Redakteur in die *Neue Rundschau* eintrat. Hier bekam er sein monatliches Fixum und konnte schreiben, ohne daß sein Einkommen von der Zahl der monatlich produzierten Zeilen abhing. — Generell hatte er Arbeitsbedingungen — zwei Sprechstunden pro Woche! —, von denen heutige Redakteure nur träumen können. Nach Beginn des Ersten Weltkriegs ließ S. Fischer das Monatsgehalt von rund 400 Mark zunächst weiter laufen, im Februar 1915 kündigte er den Vertrag, zahlte indes weiter, allerdings indem er Musils Konto belastete. Buchverkäufe — *Törleß, Vereinigungen* — wurden gewiß darauf verrechnet. Bei Kriegsende dürfte Musil indes mit 15–20000 Mark bei S. Fischer in der Kreide gestanden haben.

Da die ›Wiedervereinigung‹ mit S. Fischer an ein »paar tausend Inflationsmark«[17] scheiterte, mußte er zusehen, sein Debet zu verringern. Am 28. Mai 1921 schrieb er an Efraim Frisch, den Herausgeber der Zeitschrift *Der neue Merkur:*

»Ich will nach wie vor keine Aufsätze schreiben, da ich aber S. Fischer viel Geld schulde, habe ich mich dazu verstehen müssen, dies an der Rundschau zum Teil abzuarbeiten, sogar selbst diesen Vorschlag zu machen.«[18]

Die Situation in der Zeit nach dem Ersten Weltkrieg war für Musil dadurch erleichtert, daß er als Angestellter des österreichischen Staates ein fixes Einkommen hatte. Vom 15. Januar 1919 an war er im Archiv des Pressedienstes des Staatsamtes für Äußeres tätig und bezog bis April 1920 ein Fixum von 1200 Kronen. Vom September 1920 an war er dem Staatsamt für Heereswesen zugewiesen, u.a. mit der Aufgabe, »das Offizierskorps in die Methoden der Geistes- und Arbeitsausbildung einzuführen«. Er bezog die Gebühren eines Obersten und hatte die »Funktion eines Ratgebers und Gutachters, der wenig gefragt wird«, also nahezu eine Sinecure. Allerdings wurde ihm die Stelle aus Ersparnisgründen am 1. Dezember 1922 gekündigt, die Einstellung der Bezüge zum 28. Februar 1923 verfügt. Musil kämpfte um die Verlängerung der Kündigungsfrist und hatte auch Erfolg damit.[19]

Dieser Gewinn an der budgetären Front wog gewiß nicht sehr schwer gegenüber den Verlusten, die die Nachkriegszeit für seine Familie und für ihn mit sich brachte. Das Auseinanderbrechen des Habsburger Reiches hatte nämlich zur Folge, daß die Beamten, die dem Kaiser jahrzehntelang gedient hatten, in den Nachfolgestaaten wie etwa der Tschechoslowakei oft schmählich niedrige Pensionen bekamen. Davon war auch Musils Vater in Brünn betroffen. In einer Eingabe an das Ministerium für Schulwesen und Volkskultur in Prag vom 8. Mai 1923 schreibt Professor Alfred Musil:

»Nach 27jähriger Tätigkeit als Hochschulprofessor [. . .] sowie 40jähriger Staatsdienstzeit wurde [ich] in Gemässheit des Gesetzes vom 9. April 1870 nach Erreichung

des 71. Lebensjahres mit Ende September 1917 [...] in den bleibenden Ruhestand mit dem normalmäßigen Ruhegenusse von K 11.840 pro Jahr übernommen.

Diese ausserordentlich geringen Bezüge als Altpensionist wurden in Berücksichtigung der stetig zunehmenden, enormen Teuerung im Laufe der letzten Jahre auf K 1925 monatlich erhöht.

Als Folge des überaus anstrengenden Konstruktionsunterrichtes in beiden Jahrgängen der Maschinenbauschule erkrankte der Gefertigte an beiden Augen und musste in den Jahren 1915 und 1917 operiert werden; ausserdem unterzog sich derselbe im Jahre 1918 einer schweren Unterleibsoperation; durch diese Operationen und das mit letzterer verbundene längere Krankenlager, sowie die doppelten Hochschulstudien seines Sohnes (Absolvierung der technischen Hochschule in Brünn und der philosophischen Fakultät der Universität in Berlin) und die darauffolgende Kriegsdienstzeit desselben, wurden nicht nur die geringen Ersparnisse des Gefertigten vollständig aufgezehrt, sondern derselbe auch durch längere Zeit ausser Stand gesetzt, etwas zur Aufbesserung seines, in Anbetracht der rasch zunehmenden Teuerung vollkommen unzulänglichen Einkommens verdienen zu können; auch das geringe Vermögen seiner Frau in Österreichischen Wertpapieren und Kriegsanleihe im Betrage von Kö. 34.379 [...] trägt seit Jahren keine Interessen mehr. Erst seit dem Studienjahre 1919/20 ist dem Gefertigten die Möglichkeit geboten, durch Supplierung seiner früheren Lehrkanzel etwas zur Bestreitung der nötigsten Lebensbedürfnisse für sich und seine Familie verdienen zu können.

Seit einigen Jahren ist nun auch die Frau des ergebenst Gefertigten [...] leidend, bedarf daher der notwendigen ärztlichen Behandlung und Kurmittel.

Wie ein Hohes Ministerium dem Vorstehenden geneigtestens entnehmen wolle, ist der ergebenst Gefertigte bemüssigt, trotz seiner mehr als 30jährigen Dienstzeit als Hochschulprofessor noch bis an seine Altersgrenze — derselbe steht heute im 77. Lebensjahre — arbeiten zu müssen, um nur den nötigsten Lebensunterhalt für sich und seine Familie decken zu können. Der Gefertigte glaubt daher, nicht unbescheiden zu erscheinen, wenn er sich die eingangs gestellte Bitte, um entsprechende Aufbesserung seiner heutigen Pensionsbezüge zu wiederholen erlaubt.«[20]

Zweifellos ein sozialgeschichtliches Dokument (daneben auch ein stilgeschichtliches: nämlich ein Beispiel für das Weiterleben des k. k. Kurial- und Kanzleistils nach Abdankung des Kaisers). Und eine exakte Bestätigung dessen, was Robert Musil selbst in seinem *Vermächtnis III* von 1932 schreibt: »Ich habe alles, was es mir gestattete, mich der deutschen Nation als Dichter aufzudrängen, in der Inflation verloren [...].«[21]

Von dem Vermögen seiner Mutter in Höhe von rund 34000 österreichischen Kronen, angelegt in österreichischen Wertpapieren und Kriegsanleihen, wird nur wenig übriggeblieben sein — die Kriegsanleihen (in unbekannter Höhe) waren jedenfalls Makulatur. Und das Gleiche galt für die Kriegsanleihen, die Martha Musil gezeichnet hatte. So ist es nicht verwunderlich, wenn die Eltern Musil Teile ihrer großen Brünner Wohnung vermieteten und wenn Martha in der Nachkriegszeit anfing, Sachwerte zu verkaufen, ein Klavier in Berlin z.B. und einen Brillantring für 9000 Kronen.[22] So im November 1919. Die Gewohnheit, Geld eine Weile auf die hohe Kante zu legen, wurde indes bald illusorisch. Die Inflation galoppierte. Am 16. Dezember 1921 schrieb Musil an seinen Freund Johannes von Allesch:

»Der Staat nimmt an, daß ich — ungefähr die gleiche Besoldungsstufe wie ein neuer Hochschulprofessor — im Monat Dezember mit ca. 90 000 K leben könne. Ich schätze aber, daß man in Wirklichkeit augenblicklich für zwei Personen 150 000 bis 200 000 K. braucht, wenn man sehr sparsam aber erträglich lebt und nicht ganz auf Nachschaffung von Kleidern und Wäsche verzichtet.

Einige Illustrationen: Ein Abendbrot für zwei, gestern in einem einfachen Lokal: 1100 K.

Ein kg. Kaffee: 2600 K. Eine Schale Kaffee zwischen 50 u[nd] 90 K. Ein kg. Butter 3000 K. Ein Laib Brot (weiß) 148 K. Ein Paar Würstl im Geschäft 150 K., 10 dg. Wurst von 110 bis 700 K. 1 kg Rindfleisch über 1000 K. Ein Ei 120 K. Büchse Kondensmilch 1200 K. 1 kg Reis 500 K. 1 kg Holz 20–24 K. 1 kg Kohle 50 K. Schuhe sohlen für Damen 1000 K. für Herren mehr. Eine Fahrt auf der Elektrischen 30 K. Ein Menue mittags von 220 K. aufwärts. Ein Zimmer für 2 Personen schätze auf 10 000 K. monatlich (schwer zu bekommen). Durchschnittlich wäre das Essen täglich, wenn man Frühstück und Abendbrot selbst improvisiert, und mittags in einer ›Küche‹ (ganz gut) speist, mit 1200–2000 K. zu veranschlagen. Man sagt aber allgemein, daß diese Preise im nächsten Monat aufs Doppelte steigen werden. Der Gehalt steigt dann automatisch mit, aber immer in der gleichen respektvollen Entfernung. Bzw. das Einkommen; denn der Gehalt ist nichts, gleitende Zulage alles.«[23]

Daran ist auch im Nachhinein nichts zu deuteln. Das fixe Gehalt eines Obersten reichte gerade, um ein halbes Kilo Butter zu kaufen. Die eigentliche Währung in der Zeit sich verflüchtigenden Geldes waren Naturalien. Wer über sie verfügte, war der eigentliche Kriegsgewinner. Verbittert notierte Musil in seinem Tagebuch:

»Ein Fleischhauer mietet ein Zimmer, das ich mir nicht leisten kann. Ich mache mir nichts daraus. Plötzlich fällt mir auf: Die ungeheure Geduld, *mit der wir uns gefallen lassen, aus einer geistigen Oberschicht zu Parias herabgedrückt zu werden.«*[24]

Die Zahlen, die er mitunter kommentarlos in seine Hefte einträgt, sprechen eine klare Sprache. Im Dezember 1920 kostete ein Paar Arbeitspferde 120000 Kronen.[25] Mit dem Gehalt von 1200 Kronen, das er kurz zuvor im Staatsamt für Äußeres bezog, hätte er genau 100 Monate arbeiten müssen, ohne zu essen, zu trinken, zu wohnen etc., um sich solche Tiere leisten zu können: achteinviertel Jahre Nettoverdienst für ein Paar simple Zugtiere, geschweige denn für ein »geniales Rennpferd« oder ein edles Reitpferd. Da war Musil nun, wie man einen auf Ulrich gemünzten Passus abwandeln könnte, angetreten,

»um ein bedeutender Mensch zu werden, und als er sich nun nach wechselvollen Anstrengungen der Höhe seiner Bestrebungen vielleicht hätte nahefühlen können, begrüßte ihn von dort das Pferd, das ihm zuvorgekommen war.«[26]

Musil war nie wieder so produktiv wie in den frühen zwanziger Jahren. Er vollendete zwei Stücke, *Die Schwärmer* und *Vinzenz und die Freundin bedeutender Männer,* drei Novellen, *Grigia, Die Portugiesin, Tonka,* schrieb zahlreiche Theaterkritiken und Essays und die Vorstufen zu *Mann ohne Eigenschaften, Spion, Erlöser, Zwillingsschwester.* Das Deutsche Bücherverzeichnis der Jahre 1921–25 spricht eine trügerische, sozusagen nach-inflationär gereinigte Sprache.

Für die Werke jener Epoche werden folgende Preise angegeben:

Drei Frauen	*3.—*	*[broschiert]*
(Rowohlt)	*4.50*	*[gebunden]*
	7.50	*H[alb]perg.[ament]*
Grigia	*6.50*	*H[alb]l[ein]w.[and]*
(Müller und Co.)	*8.—*	*H[alb]perg.[ament]*
	40.—	*Vorzugsausg.[abe]*
Die Portugiesin	*10.—*	*Kart.[oniert]*
(Rowohlt)	*15.—*	*H[alb]perg.[ament]*
Die Schwärmer	*3.—*	*[broschiert]*
	4.50	*geb.[unden]*
Vinzenz	*1.—*	*[broschiert]*
(Rowohlt)	*2.—*	*geb.[unden]*

Die im wahren Wortsinn atemberaubenden Höhenflüge der Inflationspreise sind hier nicht registriert, die Tabelle spricht mit der soliden Stimme der Rentenmark. Nur zum Teil wird daraus auch sichtbar, daß Musil mit Geschick versuchte, einen maximalen Gewinn aus seiner Arbeit zu ziehen, indem er den einzelnen Text mehrmals verkaufte: die Novelle *Grigia* z.B. an Efraim Frischs Zeitschrift *Der neue Merkur*, dann an Müller und Co. in Potsdam, der eine illustrierte Ausgabe vorlegte, ehe Rowohlt den Text zusammen mit der *Portugiesin* und *Tonka* als Sammelband *Drei Frauen* herausgab. Schließlich machte Musil auch noch das der Reinschrift zugrundeliegende Manuskript der *Grigia* als Autograph zu Geld.[27] *Tonka* vergab er zunächst an ein Unternehmen in Reichenberg, das die Serie »Der neue Roman« herausgab und in härteren, nämlich tschechischen Kronen zahlte, ehe Rowohlt den Zuschlag bekam, der von der *Portugiesin* selbst eine großformatige, schön gedruckte Einzelausgabe vorlegte. *Grigia* und *Portugiesin* dürften dem Autor jeweils ca. 2500 Mark an Honorar eingetragen haben, die *Drei Frauen* bei einer angenommenen Auflage von 5000 Exemplaren noch einmal diese Summe.

Bei den Theaterstücken ist die Rechnung schwieriger, weil der Buchverkauf nur einen Teil der Einnahmen bildete — die Aufführungstantiemen den anderen. Bei einem Preis von einer oder zwei Mark für die unterschiedlich ausgestatteten Ausgaben der Posse *Vinzenz* fielen die Honorare aus dem Buchhandel kaum ins Gewicht. Eine Auflage von 3000 Exemplaren ergäbe, zur Gänze verkauft, einen Betrag von 450 Mark bei einem Mischpreis von 1,50 M. Der Ertrag der drei Inszenierungen in Berlin, Teplitz-Schönau und Wien ist kaum zu kalkulieren.

Nur bei den *Schwärmern* hat Musil Buch geführt: im Tagebuch notierte er den Eingang eines Schecks über 66,25 M für 10 Aufführungen[28] — angesichts der Tatsache, daß er (mit kriegsbedingten Unterbrechungen) 10 Jahre an dem Drama gearbeitet hatte, ein schlechter Witz. Die Entstehungs- wie die Verlags- und Aufführungs- bzw. Nicht-Aufführungsgeschichte der *Schwärmer* ist lang und verwickelt wie das meiste bei Musil. Musil verhandelte wegen des Stücks mit wenigstens drei Verlagen, deren Bedingungen annähernd bekannt sind, mit S. Fischer, mit Rowohlt und mit dem Sibyllen-Verlag in Dresden.

In einem Brief vom 24. Dezember 1920 berichtet er Johannes von Allesch:

»[...] mit Fischer steht die Angelegenheit, vertraulich mitgeteilt, so: Als ich zurückmußte, hatte ich noch eine Unterredung mit ihm, in der er scheinbar ganz aufrichtig mir sagte, daß er mich im Verlag zu halten wünsche, aber nicht in der Lage sei, mir das zu bieten oder auch nur angenähert das, was ich verlange. Die Situation im Buchhandel sei derzeit so undurchsichtig, daß er ins Unsichere nicht solche Summen stecken könne, er schlage mir daher ein provisorisches Abkommen vor. Er wolle mir einstweilen durch 6 Monate 500 M. zahlen, gleichsam nur um die Verbindung aufrechtzuerhalten; liegen bis zum Ablauf dieser Frist greifbare Aufführungstermine

vor, so will er mir dann einen Vertrag machen, der meinen Wünschen entspricht. [...] Rowohlt hat sich gezogen und meinte, daß er wohl im Fall greifbarer Aufführungstermine mir ca. 30000 Mark bieten wollte, jetzt es aber nicht könnte. Ich stellte ihn nicht mehr ernstlich in Rechnung.«[29]

Der Sibyllen-Verlag in Dresden hatte, wie aus einem Brief an Allesch vom 27. Januar 1921 hervorgeht, die »Vorausbezahlung einer Auflage (ca. 5000 M.)« geboten »und einen Vertrag dazu, der sehr einseitig war«. Musil ging darauf zunächst nicht ein, weil das alles in allem weniger war als S. Fischer bot.[30] Daß das Stück schließlich doch beim Sibyllen-Verlag erschien, ist vielleicht ein Indiz dafür, daß der neue Verleger bereit war, etwas mehr zu geben als der renommierte Konkurrent in Berlin, Musils alter Verlag. Gesamtertrag des Stücks also: 5000 M. plus x plus 66,25 M für die ominösen 10 Aufführungen des Jahres 1929. Die Schwankungen der Angebote zwischen 5000 und 30000 M hingen also mit dem Interesse der Theater zusammen, und so erklärt sich u. a., weshalb Musil jahrelang verzweifelt versuchte, entsprechende, ihm, dem Stück und dem Publikum entsprechende Aufführungen zustandezubringen. Eine vorläufige Bilanz ergibt — und sie gilt auch heute noch —, daß die großangelegten, langwierigen poetischen Projekte à la *Schwärmer* ausgesprochene Verlust-Objekte darstellten gegenüber der schnell produzierten Tagesware — sei es Feuilleton im alten Wiener Sinn, sei es Kritik —, deren Dauerhaftigkeit sich ja immer erst wesentlich später ergibt. Umgekehrt bedeutet dies, daß der Journalismus in seinen verschiednen Formen die Dichtung finanzierte, und das Feilschen um möglichst hohe Honorare hatte bei Musil nichts mit persönlicher Bereicherung zu tun, sondern diente ausschließlich der Ermöglichung des eigentlichen poetischen Werkes. Weil die tschechische Krone stabiler war als die österreichische und deutsche Währung, war er sogar bereit, politische Vorbehalte hintanzusetzen, wie die gegen die *Prager Presse,* die er für ein Organ des tschechoslowakischen Außenministeriums hielt. Er war jahrelang ihr Mitarbeiter. Und es ist nicht ohne Ironie, daß Musil, der Anfang Dezember 1910 bei der Suche nach Verdienstmöglichkeiten notiert hatte:

»*Der Feuilletonismus, selbst der in der ›Neuen Rundschau‹ oder im ›Pan‹ ist mir zu ekelhaft. Wenn irgendein mir ähnlicher Unbekannter meinen Namen so unter der und jener Unnotwendigkeit fände, ich würde mich schämen. Ich muß dies festhalten, hier ist ein Widerstand, über den ich nicht hinweg* soll.«[31]

Es ist also nicht ohne Ironie, wenn eben jener Musil während der ersten Hälfte der 20er Jahre in vielen Feuilletons zu finden war und selbst vor den

Provinz-Feuilletons nicht zurückscheute. Karl Otten berichtet in seinen Eindrücken von Robert Musil:

»Im Januar 1919, in Wien, an einem bitter kalten, von Schnee durchwehten Hungermorgen, durchwanderte ich auf der Jagd nach etwas Eßbarem einen außerhalb unserer Domäne gelegenen Bezirk [...] als mir jemand den Weg vertrat. Erschrocken blickte ich auf — es war Musil, der, eine große Aktentasche unter den Arm geklemmt, hier auf die Trambahn wartete. ›Ich bin mit dem Bauchladen des Dichters unterwegs‹, knurrte er in seinem nasal-österreichischen Offizierston [...] Noch viel später, nach Erscheinen des ›Mann ohne Eigenschaften‹, verfehlte er nie, mir den Barometerstand des Umsatzes vom ›Fliegenpapier‹ mitzuteilen. ›Ihr ›Fliegenpapier‹ ist inzwischen auch in Ostpreußen aufgetaucht.‹ Hinter dieser bissig-witzigen Bemerkung lag versteckt die tiefe Enttäuschung über den glorreichen Mißerfolg des Romans.«[32]

Makaber, daß ausgerechnet jene, wie Otten sagt, »kälteste Bestätigung menschlich-unmenschlichen Schicksals«, jene Prophetie des Weltkriegs aus dem Jahr 1913, sich ein paar Jahrzehnte lang als eine Art Milchkuh erwies. Musil weigerte sich daher, die Texte, die er im *Nachlaß zu Lebzeiten* von 1936 »Bilder« nannte, frühzeitig gesammelt drucken zu lassen; sie sollten ihm, wie er Franz Blei schrieb, noch oft 50 Mark eintragen[33], wenigstens zu Zeiten konsolidierter Währung. Wie riskant das Tagesgeschäft zu Zeiten der Inflation war, geht aus einem Brief an Efraim Frisch vom 25. April 1924 hervor, in dem er schildert, wie auch größere Honorare sich in Zeiten des »Valutarutsches« entwerteten:

»Als ich [das Geld], durch ein Versehen der Deutschen Verl.[ags]-Anst.[alt], verzögert erhielt, betrug es gerade so viel, daß ich davon nicht ganz eine Tafel (nicht etwa ein Packet) Schokolade kaufen konnte.«[34]

Die galoppierende Inflation (um es bildlich zu sagen) holte also auch Milchkühe ein, und wenn man — Paradigmenwechsel! — für einen recht kurzen Text wie den *Sarkophagdeckel* am 26. April 1924 sage und schreibe 802 500 Kronen bekam[35], konnte man sich unter den Banknoten vermutlich begraben lassen. Musil, seit Frühsommer 1923 aus dem Staatsdienst entlassen und gänzlich freier Schriftsteller, zeigte nach einem halben Jahr nicht übel Lust, aus dem irren Tanz der Ökonomie völlig auszuscheiden und sich, so sein Wunsch im *Märchen vom Schneider,* in ein Gefängnis oder ein Irrenhaus zurückzuziehen. Sein fiktives Ich begeht zu diesem Zweck eine Straftat und steht dann vor Gericht:

»›Herr Richter, ich habe vieles studiert und ausgeübt, weil ich ein Dichter werden und meine Zeit kennenlernen —, nicht nur — —‹: ich verteidigte mich schamlos, aber der Richter kannte das schon, lächelte und fragte:

›Haben Sie Geld gemacht?‹

›Nie!‹ rief ich froh aus, ›das ist doch verboten!‹

Da blickte der Vorsitzende dem Nebensitzenden ins Gesicht, der Rechtsanwalt dem Linksanwalt, der Staatsanwalt dem Berichterstatter, und alle lächelten. ›Ich begehre Sachverständigengutachten!‹ rief der Verteidiger triumphierend. ›Sie sind angeklagt, weil Sie kein Geld machen‹, sagte der Richter.

Seither sitze ich im Gefängnis.

Es fehlt ihm die Gelddrüse, haben die Sachverständigen erklärt, er entbehrt deshalb die moralischen Regulative und wird sofort reizbar, wenn man ihn unverschämt behandelt; außerdem leidet er an Gedankenflucht, er kann sich nicht merken, was andre schon hundertmal gesagt haben, sondern sucht immer neue Ideen. Und so weiter. Noch schlimmer waren die Gutachten der literarischen Sachverständigen. Im ganzen bin ich ein Minderwertiger, dem bloß die Strafbarkeit nicht abgesprochen wurde.«[36]

Musil hatte nicht die Fähigkeit, die Gesetze des Kapitalismus für sich arbeiten zu lassen[37], nach denen unter den Intellektuellen derjenige mit am höchsten belohnt wird, der dazu beiträgt, Waren an den Käufer zu bringen — so wie etwa Brecht, der für eine Reklame-Strophe ein Auto erhielt. Werbung machte Musil allenfalls — anläßlich von Umfragen o. ä. — für Bücher, die er schätzte. Er wollte seine »Dinge um ihrer selbst willen«[38] treiben, und in diese Logik gehört auch der Luxus, daß er seine Texte nach eigenem Bekunden bis zu zwanzigmal umarbeitete oder daß er Texte, an denen er Wochen oder gar Monate gearbeitet hatte, überhaupt nicht veröffentlichte. Sinnigerweise ist unter diesen zu Lebzeiten unpublizierten Arbeiten auch der Essay *Der deutsche Mensch als Symptom*, in dem er u. a. über das Phänomen »Tatsachen und Kapitalismus« nachgedacht hatte. Im Kapitel VI dieses Essays heißt es:

»Die Formel dieser Zeit des Kapitalismus, auf die es im Zusammenhang mit den Tatsachen ankommt, lautet: das Geld ist das Maß aller Dinge. Ihr negativer Ausdruck heißt: das menschliche Tun trägt kein Maß mehr in sich. Worte über ihre weitreichende Berechtigung sind überflüssig; sie ist oft genug erörtert worden. Ich möchte hervorheben, wie sehr heute der ›Erfolg‹ sogar für das ›Verständnis‹ entscheidet, unter besten Menschen.

Wichtiger erscheint es, das Positive, man zögere nicht zu sagen: das Gute hervorzuheben, das in diesem Zustand liegt. Es ist die kräftigste und elastischeste Organisationsform, welche die Menschen bisher erreicht haben.

Es ist in diesem Zusammenhang aber nichts als eine geordnete Ichsucht; die ungeheuerlichste Organisation der Ichsucht nach der Rangordnung der Kräfte Geld zu schaffen. Bei dem Mangel jeder giltigen andren Rangordnung ist es geradezu unentbehrlich. Wo das Geld nicht ordnet — wie etwa in der Beamtenhierarchie oder in der akademischen — dort springen sofort Nepotismus und Protektionswesen ein. Würde heute das Geld abgeschafft, so würde dadurch nicht berührt ›die Übermacht dessen, der Vorteile zu vergeben hat‹. In der Zeit des Umsturzes und Durcheinanders etablierte sich allerorten eine Naturalwirtschaft aller erdenklichen Protektionen. Man muß das sagen, weil manche zu glauben scheinen, daß mit dem Geld auch die Ichsucht abgeschafft würde. Sie ist aber so alt und so ewig wie ihr Widerspiel der sozialen Gefühle. Das Geld ist nicht ihre Ursache, sondern ihre Folge; allerdings hat nichts so wie das Geld und seine Gebilde sie ins Ungeheure gesteigert.

Der Zusammenhang mit den ›Tatsachen‹ ist der, daß die Ichsucht die verläßlichste Eigenschaft des menschlichen Lebens ist. Von unwirksamen Ausnahmen abgesehn ist durch Reizung des Begehrens und Einschüchterung der Mensch zu allem zu bringen. [...] Wer auf Stein bauen will im Menschen muß sich der Gewalt oder der Begierden bedienen. Dieses mit den schlechten Fähigkeiten des Menschen rechnen ist eine Spekulation à la baisse. Eine Ordnung à l.[a] b.[aisse] ist dressierte Niedrigkeit. Sie ist die Ordnung der heutigen Welt. Ich lasse dich gewinnen, damit ich mehr gewinne oder ich lasse dich mehr gewinnen, damit ich überhaupt etwas gewinne, diese List eines überlegenen Parasiten ist die Seele der anständigsten Geschäfte, welche abgeschlossen werden.«[39]

Diese Reflexionen, die sich an Georg Simmels *Philosophie des Geldes* anzuschließen scheinen, bilden eine Vorstufe zu entsprechenden Überlegungen im *Mann ohne Eigenschaften* — so wie der ganze Essay über den *Deutschen Menschen als Symptom* eine Vorstudie zum Roman darstellt. Die Finanzierung dieses Buches liefert Material zu einer eigenen Studie: es kann hier nur sehr verkürzt wiedergegeben werden.

Von ca. 1924 an finanzierte Ernst Rowohlt durch monatliche Vorschüsse die Arbeit Musils an seinem chef d'œuvre. In einem Brief an Rilke vom 16. November 1924 liest man erstaunt in Kenntnis des wahren Erscheinungstermins, nämlich Ende 1930, der Roman solle im Frühjahr 1925 erscheinen.[40] Angesichts der für jedes ›normale‹ Buch unmäßigen und unerträglichen Verzögerung muß man die Geduld Ernst Rowohlts objektiv bewundern, auch wenn Musil selbst oft genug Grund zum Klagen fand. Zur ersten großen Krise kam es im Spätherbst 1925. Rowohlt schickte aus unbekannten Gründen kein Geld, d. h. Wechsel auf das Wiener Sortiment. Musil hatte die ersten hundert Seiten Reinschrift abgeliefert und vermutete entweder, dem Verleger gefalle das Buch nicht, oder er leide an Geschäftsstockungen.

Sein Fazit in einem Brief an den um Hilfe gebetenen Allesch vom 12. Dezember 1925:

»Ich hatte Vertrauen in ihn [Rowohlt] und habe mich ihm mit Haut und Haaren ausgeliefert. Ich lebte eingeschränkt auf seine Rate von einem Einkommen, das bestimmt keinem Berliner Autor genügen könnte, um mich nicht hetzen oder zersplittern zu müssen; ich anerkenne, daß auch dieses Ausmaß der Finanzierung für ihn kein Augenblicksgeschäft bedeutet und sehr lobenswert ist; aber schließlich, wenn er es versprochen hat, muß ich mich darauf verlassen können, noch dazu wo der Betrag in seinem Gesamtbudget gar keine Rolle spielt. Die Lage ist nun so, daß ich, wenn er nicht binnen längstens vierzehn Tagen die Zahlungen wieder aufnimmt und nachholt, meinen Roman in die Lade legen und anfangen muß, wieder für Zeitungen zu schreiben [...]«[41]

Durch die Intervention Alleschs wurde die Affäre bereinigt, auch wenn in der Folgezeit ähnliche Verlegenheiten immer wieder eintraten. Die Höhe des Monatswechsels ist nicht bekannt. Vorausgesetzt, er hätte sich auf 250 Mark belaufen, so wäre in den Jahren 1924 bis 1930 ein Vorschuß von 21000 Mark zusammengekommen — ziemlich exakt die Summe, von der Daniel Brody, der Besitzer des Rhein-Verlages, sprach, als er mit dem Vorschlag konfrontiert wurde, Musil bei Rowohlt abzulösen.[42] Bei einem Preis von 8 Mark für das broschierte und 16 Mark für das gebundene Exemplar, einem Durchschnittspreis von 12 Mark also, und 10 Prozent Honorar auf den Ladenpreis, hätte Rowohlt zwischen 17000 und 18000 Exemplare verkaufen müssen, um die Vorschüsse zu amortisieren. Bei 15 Prozent Honorar wären es immerhin noch zwischen 11000 und 12000 Exemplare gewesen — Zahlen, die in jedem Fall nicht erreicht wurden.

Die Verlagsverhandlungen zwischen Musil und Rowohlt verliefen, wenn man einen ernsten Scherz machen darf, immer nach dem Motto ›Geld oder Leben‹. In einem Rundfunk-Interview berichtete Rowohlt folgendes über die Entstehung von Musils Roman:

»[Musil] hatte, nachdem wir den Vertrag gemacht hatten, immer die Vorstellung, er müsse mir das ganze Manuskript persönlich vorlesen [...] Leider fand er nie den Anschluß. Musil war ein Mensch, der einen ungeheuren, sympathischen und suggestiven Eindruck machte. Er hatte sehr tiefliegende Augen und hat auf mich ungeheuer gewirkt. Ich war, so möchte ich beinahe sagen, Wachs in seiner Hand. Denn es ging ihm immer sehr schlecht, und er kam nie mit den zwischen uns ausgemachten Raten aus. Es war so, daß er 12 Monate lang monatlich soundsoviel Geld bekommen sollte und dafür aber soundsoviele Seiten Manuskript abzuliefern hatte. Das hat er aber

nie geschafft. Dann erklärte er immer — und er ist der einzige Mensch, der mir mit solchen Drohungen imponiert hat —: ›Ja, wenn Sie mir das Geld nicht geben, Herr Rowohlt, ich kann nicht weiterleben. Dann bleibt mir nichts anderes übrig, dann muß ich mich erschießen!‹ Ihm hab ich geglaubt, daß er es auch tun würde. Daher habe ich ihn immer wieder unterstützt.«[43]

Die Ehe zwischen Musil und Rowohlt war stürmischer als diese Erinnerung ahnen läßt. Musil dachte vor und nach der Veröffentlichung des ersten Bandes zum *Mann ohne Eigenschaften* mehrfach an Scheidung und an eine Liaison mit S. Fischer[44] oder mit dem Rhein-Verlag[45], in dem Broch und James Joyce erschienen. Rowohlt geriet nämlich im Gefolge der Weltwirtschaftskrise 1929 und des Zusammenbruchs seiner Hausbank, der Danatbank, 1931 in große wirtschaftliche Schwierigkeiten.[46]

Eine Auffanggesellschaft wurde gegründet, in der Ullstein die Mehrheit hatte. Der Druck des *Mannes ohne Eigenschaften* funktionierte 1930 nur, weil Gönner Musils wie der Verleger Feilchenfeldt die Druckkosten übernahmen.[47] Rowohlt ließ 5000 Exemplare drucken, sie verkauften sich aber trotz hymnischer Kritiken nur sehr schleppend. Rowohlt sprach ein halbes Jahr nach Auslieferung des Buchs von nicht einmal 1000 verkauften Exemplaren.[48] Die Fortsetzung des Werkes, bei der Musil natürlich auf weitere Vorschüsse angewiesen blieb, war also elementar gefährdet. Die Unterschiede zwischen Ulrich, dem Musilschen Helden, und seinem Urheber hätten kaum größer sein können: dort der Rentier in seinem Schlößchen, für den Geldfragen keine elementare praktische Rolle spielen, und hier der auf den guten Willen seines Verlegers und intelligenter Mäzene angewiesene Autor in seiner Wiener Bassener-Wohnung oder in zwei Zimmern der Berliner Pension Stern. In dieser Pension am Kurfürstendamm entstanden 1932 die Entwürfe zu drei (römisch numerierten) Vermächtnissen, mit denen sich Musil dem Publikum notgedrungen offenbaren wollte. Sie wären alle drei einer ausführlichen Zitation würdig, für die freilich der Platz fehlt. Angeführt sei stellvertretend nur das Folgende:

»Ich besitze in einem völlig absoluten Sinn kein Geld. Ich bemerke, während ich das niederschreibe, daß diese Tatsache, die ich bisher nach Möglichkeit zu verheimlichen suchte, obwohl sie mich in den letzten Jahren einigemal in die nächste Nähe des Suic.[ids] gebracht hat, gar nicht uninteressant ist [...] Es gibt 2 Wege dazu, einen von oben, einen von unten, den, sein Geld verloren zu haben, den nie eines besessen zu haben. Der erste ist der noch aussichtslosere, weil man nicht beizeiten lernt, sich ihm anzupassen, man ist nicht in die neuen Verhältnisse hineingewachsen. Dieser war der meine [...] Es ist die gleiche Art, wie wenn man an einem Seil über einem Abgrund

hängt. Durch 10' für kühne Menschen vielleicht ein Kitzel; durch 10 Jahre etwas, das alle Nerven zermürbt. Manchmal stürzt man auch schon, dann bleibt man wieder hängen. Es ist vor allem der dauernde Zustand, daß alles von einem einzigen Umstand abhängt. Wenn zb. heute mein Verleger versagt, so habe ich nicht die Möglichkeit, einen neuen zu finden. Wenn ich krank werde, so habe ich nicht die Zeit dazu u[nd] nicht das Geld für den Arzt.

Es gibt viele Menschen, die in einem solchen Fall einwenden: warum hast du es so weit kommen lassen?! Antwort: Ich wäre nicht ich, hätte ich es nicht so weit kommen lassen«.[49]

Der in Musils Schubladen verschlossene Appell blieb, wenn man es paradox formulieren will, nicht ungehört. Musil veranschlagte für die Zeit vom Frühjahr bis zum Spätherbst des Jahres 1933 eine Summe von 5000 Mark (wohl zehn Monatsraten à 500 M)[50], die nötig sei, um sein Werk zu vollenden. Die Sektion für Dichtkunst an der Preußischen Akademie der Künste gewährte ihm auf Betreiben Thomas Manns am Tag von Hitlers Machtergreifung eine Werkbeihilfe von 1000 M, und eine private Musil-Gesellschaft mit Männern wie Curt Glaser, Arthur Rosin, Hugo Perl, Max Tau, Klaus Pinkus, Richard von Mises, Walter Feilchenfeldt, Konrad von Kardorff u.a. brachte ca. 8000 Mark auf[51], ehe sie unter dem Druck der politischen Verhältnisse in alle Winde zerstob.

Musil kleidete sich mit dem Geld neu ein — vom Besten, wie es scheint, aber es war eine Investition auf Dauer: er trug die Anzüge und die Wäsche aus der Berliner Zeit noch 10 Jahre später im Schweizer Exil.[52] Im Sommer 1933 kehrte er nach Wien zurück und stand bald wieder, wie vorauszusehen, vor dem Nichts. Als er, wohl gegen Jahresende, mit Bruno Fürst zusammentraf, der ein paar Monate später einen Wiener Musil-Fonds ins Leben rief (eine Art Wiener Parallelaktion zu der Berliner Musil-Gesellschaft), war der Selbstmord schon vorbereitet. Durch Spenden von Rudolf Forster, Raimund von Hofmannsthal, Carl Askonas, Otto Pächt, Carl Graf Wilczek, Milan Dubrovic, Alfred und Stella Ehrenfeld und einigen anderen kam ein monatliches Salär zusammen, das etwa dem Einkommen eines kleinen Beamten entsprach. Eine Rente für Musil lehnte der österreichische Ständestaat 1936/37 ab, und der Verlagswechsel von Rowohlt zu Bermann-Fischer, Wien, war damals nur möglich, weil Erna Fürst 5000 Mark spendete und Rowohlt Buchbestände wie Rechte abkaufte.[53] Diese Summe könnte in etwa dem (durch Vorschüsse verbrauchten) Honorar entsprochen haben, das Musil für den Teilband II zum *Mann ohne Eigenschaften* von 1932 zustand, unterstellt, es sei eine 5000er Auflage gewesen, wobei das broschierte Exemplar 8,50 M kostete und das gebundene 12 M. Bermann-Fischer zahlte monatlich 400 Schilling[54], druckte noch eine achte Auflage des I. Bandes, dh. wohl: ein achtes Tausend, nach anderen Informationen 5000 Exemplare, deren Gros die Nazis 1938 beschlagnahmten, und die Rede über die Dummheit, die indes bei 2000 Stück und einem Preis von 1,65 M (öS 2,75) ökonomisch nicht ins Gewicht fiel, selbst wenn der Honorarsatz über 10 Prozent gelegen haben sollte. Für Rowohlt ist dieser Prozentsatz durch Walther Kiaulehn generell bezeugt — nur Emil Ludwig erhielt das Doppelte, nämlich 20 Prozent vom Ladenpreis[55] —, bei einem neuen Verleger hat Musil durchaus versucht, seine Rate in die Höhe zu treiben. Dies beweist sein Briefwechsel mit Bermann-Fischer, in dem von 15% Honorar beim gebundenen und von 17,5% beim broschierten Exemplar die Rede ist, »trotz Vorauszahlung«.[56] Dies dokumentiert ferner die Korrespondenz mit Simon Menzel vom Zürcher Humanitas-Verlag, der Ende 1935 den *Nachlaß zu Lebzeiten* herausgab, 3000 Exemplare, broschiert zu 6 Schilling, kartoniert zu 7 Schilling, gebunden zu 9 Schilling. So jedenfalls die Absicht des Verlegers. Musil protestierte dagegen in einem Schreiben vom 20. XI. 1935:

»Weder im Vorvertrag noch im Vertrag ist ja von kartonierten Exemplaren überhaupt die Rede, u.[nd] die Preisspanne broschiert/gebunden war mit 2 S.[chilling] festgesetzt. Dies mit 3 S.[chilling] zu tun, hieße auch 50% des eigentlichen Werkpreises auf den Einband aufzuschlagen, was weder sachlich noch dem Autor gegenüber gerechtfertigt ist. [...] Ich könnte mich mit Ihrem Preisansatz einverstanden erklären, wenn Sie im neuen Fall die 17% Autorentantieme auf das karton.[ierte] Exemplar bezögen.«[57]

Auf eine Umfrage von Nowy Mir im Juli 1930 hatte Musil geantwortet, er halte es für wünschenswert, daß die »geistige, schöpferische Tätigkeit von jeglicher Bewertung auf dem wirtschaftlichen Markt« befreit werde.[58] Solange dies aber nicht allgemein gewährleistet war, achtete er sehr genau auf seinen Vorteil und benutzte notfalls den legendären Rechenschieber. Aber selbst überdurchschnittliche Autorentantiemen nutzten wenig, wenn die Auflagen gering waren und nur schleppend verkauft wurden. Der *Nachlaß zu Lebzeiten* war noch lange nach dem Zweiten Weltkrieg bei Humanitas als Originalausgabe lieferbar. Ein wirtschaftliches Fundament für die Emigration in die Schweiz lieferte er keinesfalls.

Die letzten vier Lebensjahre in Zürich und Genf standen unter demselben Unstern wie die Jahre vor dem Exil: Musil blieb Almosenempfänger, und die Möglichkeiten, sich selbst zu helfen, waren eher noch geringer als zuvor. Seine Bücher, gerade erst im Wiener Bermann-Fischer-Verlag neu versammelt, wurden beschlagnahmt, der *Mann ohne Eigenschaften* und der *Nachlaß zu Lebzeiten* wurden zum Jahresende 1938 für das Gebiet des Deutschen Reiches verboten, zwei Jahre später erging ein Verbot sämtlicher Schriften.[59] Die Rede *Über die Dummheit,* der einzige im Deutschen Bücherverzeichnis 1936–1940 noch aufgeführte Titel, war mit dem Vermerk versehen »nicht mehr im Handel und wird nicht mehr ausgeliefert«: die Nazis hatten mit einer kleinen Verzögerung begriffen, daß sie gemeint waren.

Martha Musil fuhr im Oktober 1938, kurz nach der Einreise in die Schweiz, nach Rom, um vielleicht Reste ihres dortigen Vermögens zu liquidieren — ansonsten war Musil abhängig von Institutionen wie der American Guild for Cultural Freedom, des »Comité pour le placement des intellectuels réfugiés« und von privaten Spenden u. a. des amerikanischen Ehepaars Henry und Barbara Church, Rolf Langneses und Pfarrer Robert Lejeunes, der der treueste und selbstloseste Helfer der Schweizer Jahre war. Auch der von Musil häufig insgeheim geschmähte und öffentlich als Großschriftsteller karikierte Thomas Mann hat ihm im Herbst 1938 eine größere Summe geschenkt, die den notorisch Undankbaren[60] sich an die Brust schlagen ließ. Halb überwältigt, halb zerknirscht schrieb Musil Mitte November 1938 an den ›Zauberer‹:

»Ein solches Zeichen der Zuneigung von Ihnen u[nd] Ihrer Gattin zu empfangen — denn unter den jetzigen Verhältnissen muß das selbst für Sie ein Opfer sein — hat mich mit Glück, aber auch mit Reue erfüllt; wenn sich mein Schicksal, wie ich hoffe, noch zum Bessern wenden kann, wird das immer der feste Stein in dem Morast bleiben, der mir den Tritt hinüber ermöglicht hat.«[61]

Die berühmten Schweizer Mäzene — die Reinharts, die Bodmers: im Falle Musil haben sie alle versagt. Hans Reinhart, selbst Schriftsteller und Stifter eines Ringes für große schauspielerische Leistungen, fertigte Musil mit 100 Franken ab. Musil schrieb dazu Pfarrer Lejeune, der sich um den Brückenschlag bemüht hatte:

»Wegen der 100 Franken können Sie meiner Diskretion schon deshalb sicher sein, weil es auch für mich peinlich wäre, mich zu einer solchen Abfindung zu bekennen [. . .]«[62]

Noch deprimierender war vielleicht die Affäre mit Martin Bodmer, dem König der Bibliophilen, in dessen herrlichem Haus über dem Genfer See Musil einmal zu Gast war. Bodmer, der u. a. eine große Shakespeare-Sammlung besaß, wurde mit Musil nicht warm. Das Gespräch schleppte sich hin, bis schließlich Bodmer fragte: »Was halten Sie von Shakespeare?« Musil, indigniert über eine solche Frage, zuckte mit den Schultern und antwortete: »Was soll ich von Shakespeare halten?«[63] Damit war klar, daß man miteinander nichts zu tun hätte — Bodmer war nicht bereit, Musil zu unterstützen. Und bezichtigte Musil einst (während der 30er Jahre in Wien) die Psychoanalytikerin Jolande Jacobi auch eines »unordentlichen Hirns«, als sie erklärte, er habe sich seine Mißerfolge selbst zuzuschreiben[64] — ganz von der Hand zu weisen ist das nicht; zu oft hatte er Zerwürfnisse mit Menschen, die ihm wohlwollten und ihn förderten. Händen, die ihn gerade an ein neues Ufer gehoben hatten, unterstellte er allzu leicht, sie wollten ihn nun fallenlassen.[65] Allzu selten setzten ihn Freundesgaben aus dem »notgedrungen selbstischen Zustand der Hilfsbedürftigkeit [...] in jene Suprasphäre, wo die Hilfsbedürftigkeit nichts Dürftiges mehr an sich hat«[66], sondern, so könnte man fortfahren, zu jenem »Geben, Schenken, Mitteilen, Überfließen«[67] führt, das Musil als den Kern des mystischen »anderen Zustands« bezeichnete. Es ist bezeichnend, wie er auf ein Weihnachtsgeschenk Fritz Wotrubas reagierte, die Zeichnung eines jungen Paares, die offenbar auch eine Anspielung auf die Roman-Geschwister Ulrich und Agathe enthielt. Musils Erwiderung vom 23. Dezember 1940:

»Ich sollte Ihnen für die sehr schöne Skizze nicht nur von uns beiden danken, sondern auch ausführlich darüber schreiben, denn sie bewegt mein Gefühl und Denken auf das mannigfaltigste. [...] Revanchieren kann ich mich mit nichts, denn was sollte ein kreuz und quer beschriebenes Blatt, das seinen Sinn bloß in meinen Absichten hat! Und für eine ritterliche Flasche Wein, abgesehen davon, daß sie keine gebührende Erwiderung wäre, ist die Lage im Augenblick nicht geschaffen. Wir hoffen, Sie trinken einen guten und wollen unser Prosit dazudenken!«[68]

Eine Antwort sozusagen zum Nulltarif, die Antwort eines Mannes mit »zugeknöpften Taschen«, wie er sich selbst sah, dem das Nehmen so habituell geworden war, daß er nicht einmal mehr zu Gesten des Gebens fähig war. Niemand hätte verlangt, daß er Wotruba, wie seinerzeit Emil Ludwig bei einem Geburtstag Ernst Rowohlts verfuhr, ein Beethoven-Autograph auf eine kostbare Flasche Burgunder geklebt hätte.[69]

Über Musils finanzielle Misere in der Schweiz ist viel geschrieben worden. Seine Briefe sprechen eine deutliche Sprache. Und so ungewiß sein Einkommen war, so wenig er gegen große unerwartete Ausgaben gesichert war, so nervenzerfetzend die nun schon zwei Jahrzehnte andauernde finanzielle Unsicherheit war — es ist unrichtig, daß er in der Schweiz verhungert wäre. Er verfügte im Monatsdurchschnitt ungefähr über 500 Franken, die dem Einkommen eines Schweizer Angestellten entsprachen. Er gönnte sich einen gewissen Luxus mit Café- und Kino-Besuchen, er fuhr — zum Entsetzen seiner Bekannten in den Wohlfahrtskomitees — stets zweiter Klasse, während selbst wohlhabende Schweizer Geschäftsleute dritter Klasse fuhren[70], und er hielt für Martha wie in Wien eine Bedienerin[71] — noch im Jahre 1941, nach dem Umzug in ein Haus, das so klein war, daß kaum zwei Menschen darin Platz hatten, geschweige eine dritte Person: offenbar der Wunsch, an gewissen großbürgerlichen Attributen festzuhalten, auch wenn die materielle Basis dafür längst zerbröckelt war.

Musil war sich seines Nachruhms seit Erscheinen des ersten Bandes zum *Mann ohne Eigenschaften* sicher und wußte auch, daß seine Stiefenkel eines Tages an seinem Werk nicht wenig verdienen würden. Er wurde aber nicht fertig mit der Tatsache, daß Autoren, die in nicht allzu ferner Zukunft weit unter ihm rangieren würden, Weltlieblinge waren und notorische Villenbesitzer, während seine Existenz von Verkennung und Subalternität gekennzeichnet war. Fortgesetzt hatte er das »ontologische Kunststück« fertigzubringen, auf den Tod zu warten, um leben zu dürfen.[72]

Zitiert wird nach folgenden Ausgaben:

Robert Musil, *Tagebücher,* hrsg. von Adolf Frisé, Reinbek bei Hamburg 1983 (Abgekürzt: T).

Robert Musil, *Briefe 1901–1942,* hrsg. von Adolf Frisé. Unter Mithilfe von Murray G. Hall, Reinbek bei Hamburg 1981 (Abgekürzt: B).

Robert Musil, *Prosa und Stücke, Kleine Prosa, Aphorismen, Autobiographisches, Essays und Reden, Kritik,* hrsg. von Adolf Frisé, Reinbek bei Hamburg 1978 (Abgekürzt: P).

Robert Musil, *Der Mann ohne Eigenschaften,* hrsg. von Adolf Frisé, Reinbek bei Hamburg 1978 (Abgekürzt: MoE).

[1] T, S. 922.
[2] T, S. 923.
[3] T, S. 918.
[4] P, S. 293 f.
[5] P, S. 429 ff.
[6] T, S. 116.

[7] Nach einer mir vom Deutschen Literaturarchiv in Marbach (Herrn Friedrich Pfäfflin) freundlicherweise überlassenen Liste übernahm S. Fischer im März 1914 von Georg Müller 1821 Exemplare des *Törleß.* Seit 1911 hatten sich also rund 3000 Exemplare verkauft.

[8] P, S. 957.

[9] Der oben genannten Liste zufolge übernahm S. Fischer im März 1914 von Georg Müller 2046 Exemplare der *Vereinigungen.* Müller dürfte demnach in knapp drei Jahren nur annähernd 1000 Stück abgesetzt haben.

[10] Hans Albert Walter wies mich nachträglich darauf hin, daß broschierte Exemplare sich auf dem deutschen Buchmarkt relativ schlecht verkauften, so daß ihr Anteil an den Auflagen vermutlich wesentlich weniger als die Hälfte betrug.

[11] Albert Schulze-Vellinghausen, »Blick auf Kassner in Sierre. Der Genius im Rollstuhl«, in: *Frankfurter Allgemeine Zeitung,* 6.4.1959.

[12] T, S. 922. Wie aus unveröffentlichten Briefschaften der Schwester Hanna Casper vom 19. 12. 1915 und 10. 1. 1916 hervorgeht, bekam Martha im Jahre 1915 aus A.E.G.-Papieren in Höhe von 7000 M 770 M Zinsen und aus Reichsanleihen, Reichsschatzanweisungen u. ä. in Höhe von 44000 M 1055 M Zinsen. Ohne die nicht näher spezifizierten amerikanischen Papiere, die Martha in einem undatierten Schreiben an ihren Mann erwähnt, betrug das von ihr in Deutschland angelegte Vermögen mindestens 51000 M — das entsprach dem zehnfachen Jahreseinkommen Robert Musils als Redakteur der »Neuen Rundschau«.

[13] B, S. 195.

[14] T, S. 236.

[15] Kurt Wolff, *Briefwechsel eines Verlegers 1911–1963*, hrsg. von Bernhard Zeller und Ellen Otten, Frankfurt 1966, S. 75 f.

[16] P, S. 1709.

[17] T, S. 705.

[18] B, S. 230.

[19] Vgl. dazu Karl Dinklage, »Musils Herkunft und Lebensgeschichte«, in: *Robert Musil. Leben, Werk, Wirkung.* Im Auftrag des Landes Kärnten und der Stadt Klagenfurt, hrsg. von Karl Dinklage, Reinbek bei Hamburg 1960, S. 233 ff.

[20] Unveröffentlicht

[21] P, S. 957.

[22] B, S. 190.

[23] B, S. 251 f.

[24] T, S. 404.

[25] T, S. 552.

[26] MoE, S. 44.

[27] Es liegt heute in der Bibliotheca Bodmeriana in Genf.

[28] T, S. 692.

[29] B, S. 208.

[30] B, S. 210.

[31] T, S. 230 f.

[32] Karl Otten, »Eindrücke von Robert Musil«, in: *Robert Musil. Leben, Werk, Wirkung,* Reinbek bei Hamburg 1960, S. 360.

[33] B, S. 338.

[34] B, S. 342.

[35] B, S. 343.

[36] P, S. 628 f.

[37] Vgl. dagegen die Heldin »Alpha« im *Vinzenz* (P, S. 43), die wie eines ihrer Vorbilder, Gina Kaus, von Börsenfachleuten mit Tips versorgt wird und von Aktien-Spekulationen lebt.

[38] P, S. 629.

[39] P, S. 1387 ff.

[40] B, S. 364.

[41] B, S. 390.

[42] *Hermann Broch — Daniel Brody, Briefwechsel 1930–1951,* Frankfurt 1971, Sp. 224.

[43] Bislang ungedruckt.

[44] T, S. 705.

[45] S. *Hermann Broch — Daniel Brody, Briefwechsel 1930–1951,* Sp. 224 ff.

[46] S. Walther Kiaulehn, *Mein Freund der Verleger. Ernst Rowohlt und seine Zeit,* Reinbek bei Hamburg 1967, S. 150 f.

[47] Mündliche Information von Marianne Feilchenfeldt.

[48] *Hermann Broch — Daniel Brody, Briefwechsel 1930–1951,* Sp. 204 f.

[49] P, S. 952.

[50] P, S. 957. Die Verdoppelung der Monatsrate gegenüber den Jahren 1924 bis 1930 hängt gewiß damit zusammen, daß das Leben in einer Berliner Pension teurer war als das in der bescheidenen Wiener Wohnung, die ja außerdem gehalten wurde.

[51] Mündliche Information von Marie Louise Roth.

[52] Fritz Wotruba, »Erinnerung an Musil«, in: *Robert Musil. Leben, Werk, Wirkung,* S. 403.

[53] Mündliche Informationen von Erna und Bruno Fürst und Otto Pächt.

[54] B, S. 855.

[55] Walther Kiaulehn, *Mein Freund der Verleger. Ernst Rowohlt und seine Zeit,* S. 109.

[56] B, S. 881.

[57] B, S. 671 f.

[58] B, S. 472.

[59] Liste des schädlichen und unerwünschten Schrifttums, Stand vom 31. Dezember 1938, und Jahreslisten 1939 bis 1941,

Vaduz/Liechtenstein 1979 (Reprint), S. 100 und S. 13 (Jahresliste 1941).

[60] T, S. 928: »Ich bin undankbar«.

[61] B, S. 883.

[62] B, S. 1179.

[63] Mündliche Information Elias Canettis.

[64] T, S. 831.

[65] So z.B. über Erna Fürst, die den Wechsel von Rowohlt zu Bermann-Fischer finanziert hatte, s. T, S. 928.

[66] B, S. 545.

[67] T, S. 650.

[68] B, S. 1255 f.

[69] Walther Kiaulehn, *Mein Freund der Verleger. Ernst Rowohlt und seine Zeit,* S. 151.

[70] Mündliche Informationen von Nellie Seidl-Kreis.

[71] B, S. 1290 f.

[72] B, S. 1083.

Uwe Schweikert HANS HENNY JAHNN

Im Sommer 1959, ein halbes Jahr vor seinem Tod, hatte Hans Henny Jahnn sich nach Bornholm zurückgezogen, um dort sein Atomdrama *Die Trümmer des Gewissens* fertigzustellen. Beim Aufräumen im Haus sah er sich mit seiner eigenen Vergangenheit, seiner Schwäche, seiner Angst, seinem Lebensmißerfolg konfrontiert. Er berichtete dies Werner Helwig in einem Brief vom 25. Juli 1959 und zog Bilanz »nach Jahrzehnten innerlicher Niederlagen«:

»Ich kam gestern dazu, einen Stapel Papiere aus dem Jahre 1934 durchzusehen: Briefe, Dokumente, Zahlungsbefehle, amtliche Verlautbarungen, Ausweisungen,

Versuche, dennoch in Deutschland Geld verdienen zu können. Hunderte von Blättern. Und mir wurde übel. Ich mußte mich erbrechen wegen meiner eigenen Schwäche damals, meiner Angst, meinen Versuchen durchzukommen — wegen dieser verluderten Kraft, mit der ich wie ein Gauner durch Lügen, Betrug, Untertänigkeit, Verleugnung meiner selbst dem Prozeß des Zermahlenwerdens zu entgehen versuchte. Und es wäre besser gewesen, ich hätte dem Schicksal die Stirn geboten, statt zu versuchen, ihm durch die Beine davonzuschlüpfen. Meine literarische Bedeutung war damals null. Das habe ich mir nicht eingestanden. Ich habe mir vorgespielt oder vorgelogen, daß ich iemand sei, und daß es darauf ankomme, diesen zu erhalten. Pfui Teufel! Mit dem Verlust meiner Persönlichkeit oder meines Charakters habe ich bezahlt. Überall habe ich Schulden gemacht, weil ich nicht den Mut hatte zu hungern.«[1]

Wer die Tausende von Briefen sichtet, die Jahnn säuberlich in Ordnern abgeheftet seit den frühen zwanziger Jahren aufbewahrt hat und die sich heute mit seinem literarischen Nachlaß in der Hamburger Staats- und Universitätsbibliothek befinden, dem ergeht es kaum anders. Ihn beschleichen mehr als einmal klägliche Gefühle angesichts des Auseinanderklaffens von künstlerischem Anspruch und bürgerlichem Alltag, angesichts der Größe, mit der das Werk das oftmals bis zur Banalität bizarre Leben überragt. In diesen prall gefüllten, altersschwachen Leitz-Ordnern finden sich zuhauf Mahnbescheide und Zahlungsbefehle, Akten über Streitigkeiten mit Gläubigern, Rechtsanwälten und Gerichten — über eine nicht beglichene Buchrechnung etwa, Handwerkerkosten, Auslagen für das Grab seines Freundes Gottlieb Harms (eine Auseinandersetzung, die sich über fünf Jahre hinzog), die Verladegebühren seines Hausrats bei der Übersiedlung nach Bornholm 1934, deretwegen er mit der Speditionsfirma prozessierte. Man kann sich angesichts der oft lächerlich geringfügigen Beträge des Eindrucks nicht immer erwehren, daß Jahnn aus der tatsächlichen Notlage auch ein erpresserisches Spiel machte in der Hoffnung, ungeschoren davonzukommen. Daß ihn dies Verhalten aus kindlichem Trotz und übersteigertem Geltungsbedürfnis auch in Situationen von tatsächlich katastrophalen Konsequenzen manövrierte, erwies gegen Lebensende seine Auseinandersetzung mit dem Hamburger Wiedergutmachungsamt über die Rechtmäßigkeit einer Entschädigung seiner Eigentumsverluste während der Zeit des Nationalsozialismus — vor dem peinlichen Saldo dieses Streits mit zu hohem Einsatz bewahrte ihn der Tod.

Die Kehrseite seiner laxen Zahlungsmoral stellen die zahllosen Bettelbriefe dar, die sich durch sein ganzes Leben ziehen und in so gut wie allen Korrespondenzen finden. Kaum ein Bekannter, kaum ein Freund, den er nicht irgendwann einmal um eine kleinere oder größere Summe angepumpt hätte — stets im Jammerton, wie schlecht es ihm ginge, ja daß er finanziell am Ende sei. Schulden bei wohlhabenden Freunden bemühte er sich meist gar nicht erst zurückzuzahlen.

Wie im privaten Bereich so verstand er es auch auf der offiziösen Ebene, die Menschen für sich zu mobilisieren — Behörden, Stiftungen, und nach 1952 sogar den kaum sonderlich von ihm geschätzten westdeutschen Bundespräsidenten Theodor Heuss.[2] Jahnn wußte zu Lebzeiten stets den Eindruck zu erwecken, er werde übergangen und vernachlässigt:

»Eines ist mir klar geworden: Mit Hilfe der Bürokratien wird mir weder Gerechtigkeit noch anständige Behandlung in den sachlichen Dingen zuteil werden. Denn es ist das Wesen der Bürokratie, daß sie unmenschlich und kunstfeindlich ist.«[3]

Dem stehen — nach Ausweis der Unterlagen im Nachlaß — zumindest für die Jahre 1928 bis 1933 und wieder nach 1950 zahlreiche Unterstützungen entgegen, von kleineren Beihilfen bis hin zu größeren Zuwendungen wie den zweimal 10000 Reichsmark, die er Ende der zwanziger, anfangs der dreißiger Jahre von der amerikanischen Carnegie-Stiftung erhielt, und dem Hamburger Lessingpreis in Höhe von 10000 DM im Jahre 1956. Es ist sicher schwer abzuschätzen, ob und wieweit diese Beträge ausreichten — allein schon deswegen, weil die Gegenrechnung des objektiven Bedarfs nicht aufgemacht werden kann, weil auf der anderen Seite aber auch nicht lückenlos nachzuweisen ist, wie hoch seine Ausgaben waren und wofür sie entstanden. Jahnn sagte gern, so erzählt es sein Pflegesohn Yngve Trede, man müsse erst einmal eine Million Mark Schulden gemacht haben, dann könne man leben.[4] Subjektiv zumindest hat er es verstanden, mit seinen ständigen Klagen seine Freunde unter psychischen Druck zu setzen, in ihnen das Gefühl eines schlechten Gewissens zu mobilisieren. Man muß alle diese Jammerstrophen und Selbergeißelungen aber auch beim Wort nehmen — als die Äußerungen eines Menschen, der nicht anders konnte als seine Situation zu dramatisieren und in den schwärzesten Farben zu malen:

»Ich gehöre zu jenen primitiven Menschen, die auch in Gelddingen von einer ›höheren Gerechtigkeit‹ ausgehen. Hätte ich mir selbst nicht auf Grund meiner Leistung die Lebensberechtigung zugesprochen, hätte sich wiederholt die Gelegenheit geboten, meine Demission als Mensch einzureichen.«[5]

Thomas Freemans 1986 erschienene Jahnn-Biographie[6] hat erstmals das erschreckende Ausmaß der finanziellen Misere von Jahnns Leben in vielen Einzelheiten offengelegt. Jahnn besaß kein geordnetes Verhältnis zum Geld und wußte, hatte er welches, nicht damit zu wirtschaften. Stellt man die reichlich durch Zitate und Nachweise belegten Ausführungen Freemans zusammen und ergänzt sie durch weitere Quellen und Selbstzeugnisse Jahnns, auch durch die Art und Weise, wie er Geld und Reichtum in seinem literarischen Werk thematisiert hat, so läßt sich ein seit seiner Jugend konstantes Verhaltensmuster fassen: er lebte stets auf Kosten anderer, zeitweise nicht schlecht, und verstand es virtuos, sich die unterschiedlichsten Geldquellen zu erschließen.

Hans Henny Jahnn wurde 1894 in Stellingen geboren, das damals noch nicht zu Hamburg eingemeindet war. Sein Vater besaß eine Schiffstischlerei am Hafen. Der Sohn hatte keinen Beruf erlernt. Schon als Gymnasiast war er ein Außenseiter, genialisch, aber auch — wie seine frühen Tagebücher, wie seine Freundschaft mit dem gleichaltrigen Mitschüler Gottlieb Harms beweisen — von monomaner Egozentrik besessen. 1915 rückte er zusammen mit Harms vor dem drohenden Militärdienst und vor der Wirklichkeit des Ersten Weltkriegs nach Norwegen aus. Unterstützt von ihren Eltern und von dem Hamburger Reeder Lorenz Jürgensen lebten die beiden Freunde dort ihren hochfliegenden, aber basislosen Plänen. Ende 1918 kehrten sie aus Norwegen zurück. 1919 zogen sie nach Eckel bei Klecken, vor die Tore Hamburgs in die Lüneburger Heide. Dort gründeten sie, zusammen mit dem Bildhauer Franz Buse und unterstützt von Jürgensen und dem Kaufmann Ernst Eggers, den Ugrino-Bund.

»Die Glaubensgemeinde Ugrino ... ist eine Religionsgemeinschaft und bezweckt das Erwecken einer letzte Konsequenzen umfassenden Gewissenhaftigkeit jedes einzelnen seiner Lebensführung, Lebensgestaltung und Lebensarbeit gegenüber und das Schaffen von Dingen, an die ein Wille zu solcher Gewissenhaftigkeit sich zu wenden vermag, um Gefühlsklarheit und Kraft zu gewinnen.«[7]

So heißt es in der »Verfassung der Glaubensgemeinde Ugrino«, die im übrigen die Mitglieder in »Wissende« und »Willige«[8] trennt und »Frauen ... von der Oberleitung« ausschließt, »weil sie Kinder gebären können«.[9] Es ging Jahnn und seinen Freunden um nichts weniger, als »eine Kultur neu zu schaffen, einen Glauben aufzurichten«.[10] In einer Art sozialen Utopie, die gleichermaßen zivilisationskritisch regressive wie bahnbrechende Züge trägt, wollten sie die Schalheit der zeitgenössischen Wirklichkeit mit gewaltigen Kultstätten überwölben — Monumentalbauten, die Jahnn entwarf und in denen sich das Vorbild romanischer Dome mit dem ägyptischer Pyramiden kreuzte.[11] Die erhaltenen Dokumente — Satzungen, theoretische Schriften, Bauzeichnungen, die Musikeditionen des Ugrino-Verlags — bezeugen den leidenschaftlichen Ernst, mit dem Jahnn an die Verwirklichung dieses Vorhabens ging. Ländereien wurden gekauft, Mitglieder geworben. Geld spielte keine Rolle, solange Eggers und Jürgensen zahlten.

Die Donquixotterie dieser megalomanen Pläne muß Jahnn im Nachhinein klar geworden sein. Walter Muschg hat er 1933 über diese Zeit erzählt:

»Klecken ist die interessanteste und die schlimmste Zeit meines Lebens. Ich habe ein Vermögen verwüstet mit dem unbedingten Ziel vor Augen, etwas zu erreichen, einmal mehr als nur Worte zu schaffen. Und der Versuch ist mir zu hundert Prozent vorbeigelungen, der ganze große Lebensabschnitt ist für mich verloren. Es ging um Ugrino. Ich wollte, daß es Realität werde ... Es war der nüchterne Versuch, auf Biegen und Brechen ein neues Weltbild in die Wirklichkeit einzubauen. So etwas tut man nur einmal. Wenn man damit scheitert, erholt man sich von der Niederlage nicht mehr ... Wir sahen: Die Welt war im Krieg pleite gegangen, und wollten neue Gesichtspunkte an sie herantragen ... Das erste. was wir taten, war, daß wir den Bau eines riesigen Ateliers in Angriff nahmen ... Ich kaufte mir einen mächtigen Zeichentisch. Wir ließen auf unsere Kosten eine 6 Kilometer lange Telefonleitung über das Land erstellen. Wir kauften uns eine wunderbare Halbblutfuchsstute für 10 000 Mark, dazu Sattelzeug, Geschirr und Wagen. Ein Pferdestall wurde gebaut. Wir wollten ihn möglichst billig haben, und da das Gut hauptsächlich aus einem Wald bestand, stellten wir einen Holzfäller darin an, damit wir den Schuppen mit Bäumen aus unserm eigenen Wald bauen konnten — es kostete trotzdem ein Vermögen. Es wurde ein Pferdeknecht eingestellt, dazu eine Haushälterin und ein Gipser. Weihnachten 1919 war alles fertig. Die Luft hatte sich unterdessen mit politischen Spannungen geladen. Alles erwartete die ›neue Revolution‹, die sich dann als der Kapp-Putsch entlud. Wir deckten uns also für zwei Jahre mit Hafer ein, den in der Folge die Mäuse fraßen, mit Kisten voll Konserven, Zucker, Büchsenfleisch usw. All dies geschah mit Eggers' Geld ... Die ganze Einrichtung kostete 100 000 Goldmark. Am Beginn brauchten wir wöchentlich für den Haushalt etwa 1000 Mark (die Mark war allerdings damals bereits entwertet, aber noch nicht stark). Es waren die ersten zwei Jahre, wo ich keine Geldsorgen hatte, trotz der ungeheuren Ausgaben ... Mein Ziel war: bauen, bauen, bauen — nämlich: vorhandenen Stein rhythmisch gliedern. Ich schuf Hunderte von Entwürfen, dazu die Zeichnungen für meine ›Theorie des Gewölbes‹ ... Es sollten gewaltige Kunststätten aus dem Boden gestampft, und gleichzeitig sollte Geld für unsere Pläne beschafft werden ... Ich wollte wirklich Pyramiden bauen. Ich rechnete aus, welche Summen sich ergäben, wenn es gelänge, jeden Deutschen dazu zu bewegen, daß er wöchentlich eine Zigarre weniger rauchte oder ein Kinobillet einsparte.«[12]

Nicht jeder Deutsche, aber immerhin 70 willige Mitglieder zahlten Beiträge — übrigens noch bis 1933, und ein Teil der so eingehenden Gelder wanderte seit 1926 in die Haushaltskasse von Jahnn und Harms. Die Landkäufe brachen Ugrino das Genick, und auch der Verlag verschlang enorme Summen für die Notenausgaben von Buxtehude, Scheidt, Arnold Schlick und Vincent Lübeck — Muschg gegenüber sprach Jahnn von 60000 Mark! Als Eggers' Firma in Konkurs ging und gleichzeitig der Kontakt zu Jürgensen abkühlte, war der Zusammenbruch nicht mehr aufzuhalten.

Jahnn kompensierte das Scheitern von Ugrino in der Literatur. Zwar hatte er seit seiner Jugend unentwegt geschrieben, und zahlreiche noch während der Schulzeit entstandene Theaterstücke befinden sich unter seinem unveröffentlichten Nachlaß. Aber bis Mitte der zwanziger Jahre nahm die Literatur in seinem Drang nach öffentlichem Wirken nicht den ersten Platz ein. Die bis dahin veröffentlichten Dramen — darunter der berüchtigte *Pastor Ephraim Magnus,* für den Jahnn 1920 durch Oskar Loerke den Kleistpreis zugesprochen erhielt — waren kultische Manifestationen, die ihre Bestimmung auf einer noch zu schaffenden Ugrino-Bühne suchten. Erst der Roman *Perrudja,* an dem Jahnn seit 1926 arbeitete und der 1929 erschien, vollzog die Wendung zur literarischen Öffentlichkeit.

In dem »Nichthelden«[13] Perrudja hat Jahnn erstmals seine Allmachts- und Grandiositätsvorstellungen in Form einer dichterisch erfundenen Figur, einer visionär erschauten Welt verwirklicht. Der Waldbesitzer Perrudja, der menschenscheu mit seiner Stute und einem Knecht im norwegischen Hochland haust, entpuppt sich plötzlich als Erbe eines internationalen Finanzimperiums. Er ist der reichste und damit mächtigste Mann der Erde. Jahnn hat sich hier den kindlichen Wunsch märchenhaften Reichtums erfüllt — ein Wunsch, der mit Ugrino für ihn selbst gescheitert war. Perrudja erbaut sich ein granitenes Bergschloß, in dem der Ugrino-Baugedanke seine Spuren hinterlassen hat. In den Handwerkern dieses Baus begegnet er erstmals der »Masse Mensch«.[14] Es erweist sich, daß es kein unschuldiges Märchengold ist, das er gewonnen hat; sondern sein Reichtum beruht auf Finanz- und Industriekapital. Als »Sklavenhalter von hundertmillionen Menschen« lädt Perrudja Schuld und Verantwortung auf sich: »Ihm war plötzlich, als sei die ganze Schöpfung aus dünnem zerbrechlichen Glas. Und nach schamlos einfältigen Gesetzen konstruiert.«[15] Diesen Bruch mit Perrudjas früherer Kaspar-Hauser-Existenz hat Jahnn im Fortgang der Erzählung nicht mehr aufgelöst, schon weil der Roman unvollendet blieb. Die Fortsetzungspläne deuten an, daß Perrudja seinen Reichtum für einen letzten Krieg nutzen will, in dem die Sintflut wiederkehrt, die die Menschen dann endgültig zum unentfremdeten, der Natur verschwisterten Leben läutert.

In diesen Fortsetzungsplänen wird das Geld — wie später in dem 1933/34 entstandenen, gleichfalls in Norwegen spielenden Drama *Armut, Reichtum, Mensch und Tier* — zum Symbol des Bösen:

»Das Geld ist nicht ein Ding dieser Welt. Dinge dieser Welt haben ein Schicksal. Ihr Schicksal heißt: abzunehmen, weniger zu werden, verschlissen zu werden in ihrer Form, um Stoff neuer Formen zu werden. Vom Gelde gilt es nicht. Der kapitalistische Mensch will nicht, daß es vom Gelde gilt. Er will das Naturgesetz durchlöchern. Er will etwas Unabnützbares, Unvergängliches schaffen, er will Tolleres, er will, es soll wachsen in seinem Bestande, sich vermehren, ohne doch zeugend zu sein, pulsend, etwa Fleisch, das Samen zeugt. Ein altes Haus soll von Jahr zu Jahr neuer werden, sich aufputzen, fester werden mit der Zeit. Prunkvoller. Ein Tier soll jünger werden, man denke, wachsen, bis es in den Himmel ragt. Also die Profitprozente, an die sie glauben wollen. In zehn Jahren soll die Welt doppelt so reich sein wie jetzt und nach abermals zehn ein gedoppeltes Maß. Und so fort. Sie ahnen wohl, es ist ein Unsinn. Es ist ein Verbrechen, solches zu glauben. Doch um des Systems willen, um der Zinsen willen, um der Begriffe willen, um der Kapitalistenordnung willen konstruieren sie Wirtschaftskatastrophen, ruinieren, wen es trifft. Und sagen nicht, es ist nur, um die Lüge zuzudecken. Er kann nicht ausmalen, wie tief und wie schlimm die Qual aller ist, die mit einem mühseligen Leben herhalten müssen, alle Lügen bezüglich des Geldes zu stützen. Aber sagen kann er, dem papierenen, erlogenen Reichtum kann ein wirklicher gegenüberstehen, das Arbeitspotential. Das Werk, in dem die Arbeit von Menschenhänden ein Maximum an Dauer erlangt. In dem das gegenwärtig Geschaffene den späten Enkeln noch von Nutzen ist. Es wächst nicht mit dem Korn auf den Feldern, das wir essen, nicht mit den Rinderherden, die dahingehen durch uns. Nicht mit den vergeudenden Bedürfnissen unserer kleinen Wünsche, daß wir feine Hemden tragen und Anzüge nach der Mode. Es ist, wenn es erschrecken und überzeugen soll, ein Großes an Gestalt. Eine Stadt, in der die Häuser Festungen, stark, sicher. Werke für Jahrhunderte, die das Land fruchtbar machen. Wie die Pyramiden ein Reichtum waren, der bis in unsere Tage gedauert hat. Und unsere kleinen Sachen für die Alltage könnten etwas vom großen Vorbild annehmen. Sie könnten das längere bei uns Bleiben erlernen, das sich nur langsam Verbrauchen, das Einsparen an Arbeitskraft. Aber die Gegnerschaft der Kapitalistenordnung steht auf. Sie will nichts Dauerndes. Sie will Umsatz, Verbrauch, Vergeuden. Sie will ein Maximum an Bedürfnis, ein Minimum an Befriedigung. Sie will, daß der Verbrauch so anwachse, daß der Schrei nach Mehr anwachse, nicht verstumme. Sie will das Unbefriedigtsein hervorkitzeln, daß sich das Vergeuden ausdehne, die verschwendete Arbeitskraft anwachse, die Arbeitszeit sich dehnt, die Herrschaft der Maschine anwachse. Sie will das Regiment des Belanglosen, Unwichtigen. Sie haßt die Qualität dem Wesen nach, denn die Qualität einer Sache zeigt sich auch in [der] Dauer ihrer Form . . .«.[16]

Als Jahnn den *Perrudja* schrieb, in dem er die »tobsüchtige Bewegung des Geldes«[17] einerseits durch einen Wunschtraum überlistete und andererseits zivilisationskritisch dämonisierte, da mußte er sich zum erstenmal in seinem Leben ununterbrochen mit Geldsorgen herumschlagen. Muschg erzählte er, bis zu seinem 33. Lebensjahr — 1927 also — habe er überhaupt nichts Nennenswertes verdient und nie einen Finger gerührt, bloß um Geld zu bekommen. Nachdem er aber 1926 Ellinor Philips geheiratet hatte und der Ehe 1929 eine Tochter geboren wurde, mußte er plötzlich nicht nur für sich allein, sondern für eine Familie aufkommen. Er versuchte sich eine bürgerliche Existenz aufzubauen — ein verzweifeltes Unterfangen zu einer Zeit, als Millionen arbeitslos waren. Der Schriftstellerberuf, auf den er mit *Perrudja* seine ganzen Erwartungen setzte, brachte nicht den erhofften Erfolg. Er fand zwar einen Verlag, der ihm beträchtliche Zahlungen vorschoß, aber als *Perrudja* dann erschien, war der Verkauf nur mäßig. Seine höchste Einnahme als Schriftsteller vor dem Weggang aus Deutschland scheint 1931 der Auftrag der Nordischen Festwochen in Lübeck gewesen zu sein, ein Festspiel zu schreiben, wofür er 2500 Reichsmark erhielt. Der *Neue Lübecker Totentanz* wurde dann aber gar nicht aufgeführt — eine Demütigung, die ihn schwer traf.

Eine zweite Verdienstquelle eröffnete sich Jahnn ab 1927 durch seine Tätigkeit als Orgelbauer, seit 1931 als amtlich bestellter Orgelsachverständiger der Hansestadt Hamburg. Aber mehr als Gelegenheitsarbeiten dürften alle diese Unternehmungen nicht gewesen sein — von der Stadt Hamburg etwa erhielt er monatlich lächerliche 100 Mark, ein besseres Taschengeld! —, selbst wenn man zu den Einnahmen noch das Fixum der Kopenhagener Orgelbaufirma Frobenius rechnet, für die er von 1931 bis 1950 tätig war.

Schon vor 1933 mußte Jahnn also, aus der Hand in den Mund lebend, immerzu die Löcher stopfen, die sich in seiner Haushaltskasse auftaten. Ohne die diversen staatlichen Beihilfen, wie geringfügig sie auch immer sein mochten, ohne Ellinors zeitweilige Mitarbeit, ohne die Spenden zahlreicher Freunde, ohne den beständigen Griff in die Ugrino-Kasse, nicht zuletzt ohne Harms' Lebensversicherung hätte er die Jahre von 1927 bis 1933 aus eigener Kraft nicht überstanden. Gleichzeitig wuchsen seine Schulden. Dabei wird man ihm, wie auch später, zugute halten dürfen, daß er das Geld in den seltensten Fällen für Bequemlichkeiten ausgab, gar im Genuß verpraßte. Er steckte es vielmehr in die Musikausgaben des Ugrino-Verlags, in seine experimentellen Orgel- und Klangversuche, für die er sich ein eigenes Labor konstruiert hatte, nach 1946 in seine Hormonexperimente oder in teure Musikinstrumente für seinen Pflegesohn, den jungen Komponisten Yngve Trede.

Die Machtergreifung durch den Nationalsozialismus 1933 bedeutete den Zusammenbruch seiner ohnehin schmalen bürgerlichen Existenz. Jahnn verlor sein Amt als Orgelsachverständiger und wurde als Orgelbauer boykottiert. Hausdurchsuchungen fanden statt. Er fühlte sich bedroht und verließ Deutschland. Den Winter 1933/34 verbrachte er auf Einladung des Germanisten Walter Muschg in der Schweiz. Muschg und seine Frau stellten ihm ein monatliches Einkommen und eine kleine Wohnung zur Verfügung. Sie kümmerten sich bis 1940 rührig um Jahnn. Aus der Korrespondenz gewinnt man den Eindruck, daß Muschg, der Jahnn als Dichter bewunderte, sich aufrichtig um dessen Freundschaft bemühte. Jahnn dagegen benützte die Beziehung zu seinem eigenen Vorteil: »Es ist alles eine Frage des Geldes. Nicht der Freundschaft«[18], schrieb er Judit Kárász, seiner Geliebten, 1937 von einem Aufenthalt in Basel. Sein schlechtes Gewissen kompensierte er mit kaum verhüllten Neidgefühlen auf den beruflichen Erfolg und die bürgerliche Reputation Muschgs. Ohne Muschg wäre es auch nicht zum Kauf des Bauernhofes Bondegaard auf der zu Dänemark gehörigen Insel Bornholm im April 1934 gekommen.

Hofkauf und Übersiedlung beleuchten schlagartig nochmals Jahnns Fähigkeit, andere für sich zu mobilisieren und einzuspannen. Nominell war Jahnns Mündel, der minderjährige Sohn seines 1931 verstorbenen Freundes Harms, der Besitzer Bondegaards. Neben dem Erbe Harms' und eher bescheidenen eigenen Mitteln wurde der Kauf nur durch beträchtliche Darlehen Muschgs sowie durch die finanzielle Unterstützung von Freunden und Bekannten aus dem Ugrino-Kreis ermöglicht. Undank war in vielen Fällen der Lohn für diese Selbstlosigkeit. Jahnn hat zwar später Eduard Harms ausbezahlt, das übrige ihm geliehene Geld aber ohne Bedenken als sein Eigentum behalten. Mit der Summe, für die er schließlich im August 1945 den Hof überstürzt wieder verkaufte, sollte er freilich auch nicht glücklich werden. Jahrelang war sie von den Dänen als feindliches Vermögen gesperrt. Die Reste scheinen ihm in den Wirren der Nachkriegszeit und als Folge der Währungsreform unter der Hand zerronnen zu sein.

Mit dem abgeschiedenen Inseldasein in der Ostsee hatte Jahnn wenigstens für sich sein eigenes privates Ugrino verwirklicht. Ihm schien damit gelungen, was Kleist mißriet: als Bauer aus der großen Welt der Politik zu emigrieren und ganz in den Kreislauf eines erdgebundenen, harmonikalen Gesetzen unterworfenen Daseins einzutauchen. Dieser Rückzug in eine phantastische, vorgestellte Welt und Lebensform war die Voraussetzung, daß Jahnn auf Bornholm die Trilogie *Fluß ohne Ufer* schreiben konnte, ein »Romanungeheuer«[19], das zu den großen Epen unseres Jahrhunderts gehört, deren unbekanntestes es zugleich ist.

Daß Jahnn den Hof nur als Subsistenzquelle betrachtete, der ihm das Schreiben ermöglichen sollte, verurteilte das Experiment von vornherein zum Scheitern:

»Ich arbeite nicht weniger als andere für das tägliche Brot. Ich muß mir die Stunden für das Schreiben ertrotzen wie jeder andere. Nur der Lohn wird mir vorenthalten. Oder doch, es ist ein Lohn, als ob es keiner wäre. Es liegt nichts Festes vor mir. Immer wieder weicht der Boden unter meinen Füßen aus. Und ich habe es nicht gelernt, ein Abenteurer zu sein. Ich habe kein Talent dafür. Ich brauche den Schatten einer unaufdringlichen Ruhe, um arbeiten zu können. Aber mein äußeres Leben verläuft wie über einem Vulkan. Der Hof bringt mir nicht die Ruhe, weil auch die Landwirtschaft zu sehr mit der Ökonomie des Kapitalismus verknüpft ist. Ich muß in erschreckender Weise disponieren, immer bedroht durch eine zu kleine Kapitaldecke. Eine Zeitlang ist es hier erträglich gegangen. Nun hat die Trockenheit die Ernteaussichten verkleinert. Nicht nur, daß dadurch eine innere Spannung bei mir entsteht. Lieferanten, Gläubiger, alle werden miterfaßt vom Strudel der Unsicherheit. Und sie sind unverfroren genug, ihre Ängste auf kürzestem Wege zu beseitigen. Sie treiben ihr Geld ein ... Der Hof ernährt uns. Aber er weigert sich, auch noch die Erträge für die Kosten meines Daseins als Schriftsteller abzuwerfen. Das mag Dir eine seltsame Formulierung sein; aber es wird dadurch der genaue Sachverhalt abgebildet.«[20]

Angesichts der knappen finanziellen Ressourcen, die die Mitarbeit des Hofeigentümers voraussetzten, und angesichts der allgemeinen landwirtschaftlichen Krisensituation jener Jahre hätte es des ungeteilten Einsatzes aller bedurft, um von der Bewirtschaftung leben zu können. So wiederholt sich in der Briefflut der Bornholmer Jahre das schon bekannte Syndrom aus erpresserischem Betteln und selbstanklägerischer Schwäche. Gleichzeitig wuchsen die Spannungen unter den Hofbewohnern, man lebte sich auseinander. Anfang 1940 endlich zog Jahnn die Konsequenz und verpachtete das Anwesen an einen Dänen, um sich ganz der Weiterarbeit an *Fluß ohne Ufer* zu widmen.

Einem Freund schrieb er vier Jahre später, und der Brief kann in seiner charakteristischen Schuldzuweisung an alle erdenklichen Ursachen — als wolle er Hegels theoriefestes ›Desto schlimmer für die Tatsachen!‹ bestätigen — für viele andere stehen:

»Ein Mensch ohne feste Einnahmen ist ein Spielball der Umstände. Ich habe wirklich in diesen Jahren, trotz eines unmenschlichen Einsatzes, immer im letzten Augenblick den kürzeren Halm gezogen. Ich war immer gezwungen, gegen meine eigene Theorie von der zukünftigen Entwicklung zu handeln, weil meine Knechte nicht bei einem Deutschen arbeiten wollten, weil meine Bank tausend Kronen nicht weiter kreditieren wollte, weil der mir befreundete Rechtsanwalt von der Insel fortzog, weil vier tausend Kronen gerade sechs Monate zu spät eintrafen, weil die Umschreibung des Hofes 21 Monate dauerte, weil ich, aus Unkenntnis der Verhältnisse den richtigen Geld-

verleiher oder Wucherer erst nach drei Monaten kennen lernte, weil die Arbeit eines Schriftstellers nicht die gleichen Ansprüche zeitigt wie eine Warenlieferung, weil wir die Insel verlassen mußten, weil der Orgelbau immer in den Händen [der] Fabrikanten ist und bleiben wird — weil ich das alles vorher wußte und dennoch den Hof kaufte, denn: ein Schriftsteller ohne Hof ist mit 50 Jahren erledigt, sofern er nicht das Glück einer 50000 Auflage erlebt. Und in diesem Punkt bin ich dem ›Fluß‹ gegenüber mißtrauisch.«[21]

Auch in der *Niederschrift des Gustav Anias Horn,* dem zentralen Mittelteil der Romantrilogie *Fluß ohne Ufer,* besitzt das Geld eine letzten Endes märchenhafte, nicht durch Arbeit vermittelte Qualität — ein Hinweis darauf, daß es Jahnn niemals gelungen ist, seine frühkindlichen Vorstellungen zu überwinden. Wie schon im *Perrudja* löst er auch in der *Niederschrift* alle Subsistenzprobleme des Lebens, als wolle er sein eigenes Schicksal überlisten, mit einem Schlag: die Hauptfigur, der spätere Komponist Gustav Anias Horn, macht eine Erbschaft, die ihn — wiederum wie Perrudja — zugleich in eine Schuld verstrickt. Denn auch an diesem Erbe klebt Blut — das Blut eines Selbstmörders. Horn legt das Geld in englischen Staatsobligationen an. Von den Zinsen dieses Vermögens leben er und sein Freund, der Matrose Tutein, zunächst. Erst später wird Tutein als Pferdehändler reich und Horn bezieht Einkünfte aus dem Druck und den Aufführungen seiner Werke. Die *Niederschrift* besitzt aber noch eine andere, durch das Geld vermittelte Konstellation, die dann in Jahnns Romanen der fünfziger Jahre — *Jeden ereilt es, Die Nacht aus Blei* — wiederkehrt: der Bourgeois Horn verfällt dem Plebejer Tutein in gleichgeschlechtlicher Liebe und kann diese Beziehung materiell nur durch seine Verfügung über Geld realisieren. Als Tutein stirbt und Horn, in seiner Sucht nach Wiederholung, einem Doppelgänger Tuteins namens Ajax verfällt, gilt dessen ganzes Drängen der Erbschaft, der Hälfte von Horns Vermögen. Als Horn diese Pervertierung seines Liebesverlangens durchschaut, ist es zu spät. Er stirbt unter den Schlägen des Mörders.

An einer Stelle des Romans — während der entscheidenden Auseinandersetzung zwischen Horn und Ajax — kommt Jahnn auch auf seine eigene wirtschaftliche Lage zu sprechen, deren Erfahrungen er dem Komponisten in den Mund legt:

»Meine Geldwirtschaft ist nicht wie die eines Gutsherren oder eines Geschäftsmannes. Es gibt nicht regelmäßige Ernten und einen mit Sicherheit wiederkehrenden Handel. Es kann mir vergönnt sein, noch zehn oder zwölf Kompositionen zu schreiben, die einträglich sind. Wäre es der Fall, so würde mich der Menschenruhm ernähren. Aber die Geschichte lehrt, daß selbst unter den Auserwählten nur wenige auch zum Glück

auskömmlicher Einkünfte bestimmt waren ... die Zahl derer, die der Ruhm bei Lebzeiten nicht erreichte, oder denen im Schatten des Ruhms der selbstverständliche Trost von Haus und Brot und Wein nicht gereicht wurde, ist groß. Johann Sebastian Bach mußte sich mit Einschränkungen plagen; seine schönsten Instrumentalwerke schrieb er zur Unterhaltung für die Gäste eines Leipziger Kaffeehauses; die Orgelfugen, um sich auf seinen Konzertreisen als Virtuose entfalten zu können, dem man ein paar Dukaten verehrte. — — Samuel Scheidt, einer jener jungen Männer, die zu Sweelinck nach Amsterdam gepilgert waren, um im Gebrauch ihrer musikalischen Gedanken vollkommener zu werden — wohlbestallt, berühmt: der Krieg, dieser dreißigjährige, zerfetzte allmählich sein Leben; Frau und Kinder nahm die Pest, die Wirren verkümmerten sein Amt; die Postkutsche zwischen Hamburg und Halle wurde durch Soldatenhorden überfallen, geplündert; schon die Korrekturen seines ersten, in der berühmten Hansestadt bei Michael Hering gedruckten Werkes konnte er nur zum Teil selbst lesen; er war gleichfalls einunddreißig Jahre alt, als das Verhängnis jenes Krieges begann, dessen Ende er als greiser verbrauchter Mann zur Kenntnis nehmen konnte; nach all der Ausrottung, den gehäuften Verbrechen, den Zerstörungen, keine Erleichterung mehr. Und war das Ende W. A. Mozarts nicht noch schrecklicher? ... je mehr sein Stil sich läuterte und vertiefte, desto gewisser wandte man sich von ihm ab. Die drei letzten Symphonien, die Streichquintette in C-dur und g-moll, D-dur und Es-dur, das Klarinettenquintett, die Streichquartette für Friedrich Wilhelm II. von Preußen, die Opern Don Giovanni, Cosi fan tutte, La clemenza di Tito, Die Zauberflöte begleiten unzählige Bettelbriefe, Schreie nach Geld an Michael Puchberg. Fünfzig Gulden, fünfhundert Gulden, einhundertfünfzig Gulden, ein paar Goldstücke, noch ein paar Dukaten, wieder größere Summen — es nimmt kein Ende. Die Scham erstirbt dem Bettelnden.«[22]

Es war eine Situation, in die Jahnn sich selbst nur zu gut versetzen konnte. Und war nicht auch ihm die Scham längst erstorben? Die Leser der Ost-Berliner kulturpolitischen Monatsschrift *Aufbau* werden nicht wenig erstaunt, vielleicht sogar empört gewesen sein, als sie im Septemberheft 1951 auf einen Beitrag Jahnns stießen, der schonungslos die eigenen Bedrängnisse aussprach. In diesen Tagebuchaufzeichnungen heißt es unter dem Datum des 1. Juli 1951:

»Gestern nachmittag spät noch brachte der Geldbriefträger eine Sendung, sodaß ich in aller Eile die Schulden beim Kaufmann, Schlachter und Bäcker bezahlte und neue Einkäufe machen konnte. Die schreckliche Woche, in der wir überall borgen und uns aushelfen lassen mußten, die mir Ärger über Ärger gebracht hatte, verklärte sich mit Geld, mit jener Wohltat, die für den nicht beamteten Schaffenden immer unselbstverständlicher wird — dieser irdischen Erlösung, die Nahrung bedeutet.«[23]

1948 begann *Fluß ohne Ufer* zu erscheinen.[24] Jahnn hatte den Roman, seit 1940 von finanziellen Sorgen halbwegs erleichtert, zu Ende schreiben können, weil ihm das Glück einen ebenso begeisterungsfähigen Lektor wie zahlungswilligen Verleger bescherte, die zusammen das Unmögliche möglich machten: daß ihm über mehr als vier Jahre vom Reich aus nach Dänemark monatliche Vorschüsse überwiesen werden konnten. Bis Ende 1944 hatten sich diese Zahlungen zu einer Gesamtsumme von über 12000 Reichsmark aufgelaufen. Einem Freund gestand er, welche Bedeutung dieser Vertragsabschluß für sein Leben und sein Werk besaß:

»Sie können sich wirklich nicht denken, was dieser Vertrag mit dem Payne-Verlag bei mir ausgelöst hat. Anfangs eine Betäubung. Ich mußte mich zurechtfinden, daß meine Arbeit noch bezahlt wird. Allmählich kam dann die Verpflichtung von meiner Seite, nun auch für die Bezahlung etwas zu geben. Am Ende nicht das, was man sich erwartet, wohl aber das, was ich zu geben vermag, vielleicht den letzten großen Stein, den ich ins Leere schleudere.«[25]

Wirtschaftlich gesehen war *Fluß ohne Ufer,* wie Jahnns gesamte Literatur, ein Schlag ins Wasser, eine einzige Fehlspekulation.[26] Die Vorschüsse belasteten auf Jahre hinaus sein Konto, der Verkauf hielt nicht im entferntesten mit ihnen Schritt. Ende 1952 waren vom ersten der beiden umfangreichen Bände der *Niederschrift* 569 Exemplare, vom zweiten ganze 149 Stück abgerechnet. Verständlich, daß Jahnn, dessen literarische Erfindungskraft sich erschöpft zu haben schien, durch diese niederschlagende Demütigung nicht eben zu neuen Werken motiviert wurde und seinem Verleger Willi Weismann resigniert schrieb:

»Ich kann ... keine Vernunft darin sehen, meine großangelegten Romane durch jahrzehntelange Arbeit aufzubauen, um dann damit einen Bruchteil von dem zu verdienen, was eine Toilettenfrau einnimmt.«[27]

Auch im letzten Jahrzehnt seines Lebens verfügte Jahnn nur über unregelmäßige und zudem unzureichende Einkünfte. Aus seinen schriftstellerischen Veröffentlichungen bezog er kaum Einnahmen. Die beiden Dramen *Spur des dunklen Engels* und *Neuer Lübecker Totentanz* erschienen praktisch im Selbstverlag, die Novelle *Die Nacht aus Blei* 1956 unter der Regie der Mainzer Akademie und in kleiner Auflage (809 Exemplare fanden bis Ende 1958 einen Käufer). Nennenswerte Summen flossen nur aus dem Honorar der *13 nicht geheuren Geschichten* und aus den Tantiemen der Aufführung des Dramas *Thomas Chatterton.* Daß Weismann das Romanprojekt *Jeden ereilt es* nicht in gleichem Maße vorfinanzieren konnte, wie während des Krieges der

Payne-Verlag *Fluß ohne Ufer,* war wohl nicht zuletzt die Ursache für den Abbruch der Arbeit, die unvollendet blieb. Regelmäßig veröffentlichen während der fünfziger Jahre konnte Jahnn nur in der von Peter Huchel in Ost-Berlin herausgegebenen Literaturzeitschrift *Sinn und Form,* die Honorare dafür aber — ebenso wie sein Entgelt für die von ihm berechnete und konstruierte Orgel des Ost-Berliner Rundfunks — nur zum Teil in den Westen transferieren. Und ein kleines Gehalt, das ihm die Mainzer Akademie 1950 ausgesetzt hatte, lief schon 1952 wieder aus. So war er weitgehend auf private Zuwendungen, auf Stipendien, Preise und sonstige öffentliche Mittel angewiesen, die er nahm, von wo er sie bekam. Bei aller Ablehnung des bürgerlichen Massengeschmacks und des Literaturbetriebs hielt er es für die moralische Pflicht des Staates, die Künste zu subventionieren und die Künstler zu unterstützen.

»Wir Autoren sind als Menschen voneinander unterschieden, besitzen unterschiedliche Begabungen und unterschiedliche Schwerfälligkeiten. Wir werden immer wegen unerwünschter oder unerwarteter Leistungen auf der Anklagebank sitzen. Glauben Sie mir bitte, es ist unser aller geheimer Wunsch, es möchte uns vergönnt sein, anders schreiben zu dürfen als wir können, anderen Stoffen zugeteilt zu sein als denen, die uns innerlich bewegen. — Doch wir können nicht anders handeln als unsere Konstitution es erlaubt. Die finanzielle Verelendung läßt die Besten in unserer Reihe danach seufzen, es möchte ihnen ein Kriminalroman einfallen oder ein sentimental-biederer Stil gelingen wie der ewigen Courths-Mahler, die mit ihren reichlich 200 Romanen in siebenundzwanzig Millionen Auflagen die zugleich in fremde Sprachen meist übersetzte Autorin ist. Vergebliche Gebete.«[28]

So hat Jahnn sich in einer 1953 vor der Mainzer Akademie der Wissenschaften und der Literatur gehaltenen Rede geäußert.

Wie schon Ende der zwanziger Jahre ließ er auch in den fünfziger Jahren der Anklage das Engagement folgen — als Präsident der Hamburger und als Mitglied der Mainzer Akademie hat er sich aktiv für die Nöte seiner Schriftstellerkollegen eingesetzt, als Mensch und Künstler mit bedingungslosem Einsatz die atomare Entzündbarkeit der Welt bekämpft.

In seinem Drama *Thomas Chatterton,* das 1956 in der Regie Gustaf Gründgens' am Hamburger Schauspielhaus uraufgeführt wurde und ihm den einzigen Achtungserfolg seines Lebens bescherte, hat er die Verpflichtung der Gemeinschaft beschworen, »nicht an den Besten schuldig zu werden«.[29] Ein einziges Mal in seinem gesamten Werk hat Jahnn mit diesem Stück ein realistisches Bild von der Macht des Geldes und der Armut des Künstlers gegeben, und dennoch durch den Mund Chattertons mit seiner Umwelt, mit seiner Heimatstadt abgerechnet:

»Es ist ... ein für alle Mal bewiesen, daß ich ein Feind der redlichen Handelsstadt bin, ein Verlorener, ein Auszustoßender. Die gewaltigen Herren der Banken und Schiffe, die in der Woche sechs Tage Sklaven, Pfeffer, Tee, Taue, Häute und Bier verhandeln, um am siebenten in einer Kutsche in die Kirche zu fahren, weil es Gott beleidigen könnte, wenn sie zu Fuß gingen, — sie verachten die Künste, hassen sie, bekämpfen sie, indem sie über die Freiheit des Geistes herfallen. Poesie, Musik, Malerei sind für sie Papperlapapp, genau so wie die hingemordeten Neger, diese Hunderttausende, bei der Gewinnung der Menschenware. Dreck ist, wer arm ist. Mit einem Augenaufschlag zum Himmel vertuschen sie den Gestank ihrer Hauptbücher.«[30]

Jahnn war Zeit seines Lebens unbequem, ein Einzelgänger gegen die Gemeinschaft, ein Häretiker der gesellschaftlichen und moralischen Übereinkünfte. Sein Leidens-, sein Lustfanatismus machten ihn nicht nur seinen Zeitgenossen, sondern noch der Nachwelt verdächtig. Bizarrerie und Banalität lagen in seiner narzistischen Persönlichkeit oft nahe beieinander. Es gehört zur Mythenbildung, zur Legende, die er um sich selbst gewoben hat, daß er für den Katzenjammer, der seinen Grandiositäts- und Allmachtsphantasien nur allzu oft folgte, stets die anderen verantwortlich machte. Die Inkonsequenz seiner Haltung lag darin, daß er die eigene Schwäche nicht akzeptieren konnte und diese immer wieder durch Höhenerlebnisse zu kompensieren suchte — seien es nun utopische Weltbeglückungspläne oder Fluchtwelten des Worts gewesen. Jahnn hat von der Kunst zuviel erwartet und ihre Möglichkeiten überspannt. Er hat seine Phantasie, in einer Art trotziger Kindlichkeit, stets überfordert und war dann jedesmal enttäuscht, wenn er sich am Ausgangspunkt wiederfand. Ugrino im großen und Bornholm im kleinen waren denn auch von vornherein zum Scheitern verurteilte Experimente. Das scheinbar haltlose Schwanken seines Werkes zwischen Pathos und Theatralik, Aufbegehren und Veränderung, Magie und Vernunft hat damit zu tun. Von daher rührt auch die oftmals seltsame Boden-Losigkeit seiner Kultur- und Zeitkritik. Jahnn agierte mit gleichsam schiefer Schlachtordnung gegen die Ursachen und Zustände des Kapitalismus, weil die objektive Frontstellung subjektiv immer nur seine eigene Benachteiligung aufheben und seine realen Lebensbedingungen verbessern wollte. In dem eingangs zitierten Brief vom 25. Juli 1959 an Werner Helwig zieht er die selbstkritisch-vernichtende Bilanz seines Scheiterns:

»Die Not, die uns würgt, ist ... kaum zu beschreiben, weil sie sich aus tausend kleinen Einzelheiten zusammensetzt. Ich könnte z. B. sagen: ich fürchte mich vor der nächsten Nacht, die ich einsam verbringen muß, ich fürchte mich aber auch davor, daß

ich morgen wahrscheinlich auf dem Papier nichts zustande bringe. Ich fürchte mich, Geld von der Bank abzuheben, weil mein Konto überzogen ist, vor dem Briefboten, der schlechte Nachrichten bringt. Ich könnte Seite um Seite die Einzelheiten aufzählen, die mich bedrängen — und das Wesentliche, die Lebensangst, die Todesfurcht hätte ich nicht genannt. Ich beneide jedes durchschnittliche Leben.«[31]

Jahnns Romane zitiere ich nach der neuen Werkausgabe in Einzelbänden: *Perrudja,* hrsg. von Gerd Rupprecht, Hamburg 1985; *Fluß ohne Ufer,* hrsg. von Uwe Schweikert und Ulrich Bitz, 3 Bde., Hamburg 1986; *Späte Prosa,* hrsg. von Uwe Schweikert, Hamburg 1987. Alle übrigen Schriften Jahnns sind zitiert nach: *Werke und Tagebücher in sieben Bänden,* hrsg. von Thomas Freeman und Thomas Scheuffelen, Hamburg 1974. Abgekürzt: WuT. — Unveröffentlichte Briefe Jahnns sind zitiert nach den in den Hamburger Staats- und Universitätsbibliothek Carl von Ossietzky/Nachlaß Jahnn verwahrten Brieforiginalen bzw. Typoskriptdurchschlägen. Für die Genehmigung zum Abdruck danke ich dem Hoffmann & Campe Verlag, Hamburg. — Aus Platzgründen können in den folgenden Anmerkungen nur die Fundorte der wörtlichen Zitate nachgewiesen werden. Für weitergehende Verweise sowie ausführliche biographische und werkgeschichtliche Informationen vgl. man Thomas Freemans Jahnn-Biographie sowie die Nachworte von Gerd Rupprecht zu *Perrudja* und vom Verf. zu *Fluß ohne Ufer* sowie zu *Späte Prosa.*

1 Brief an Werner Helwig, 25.7.1959 — zit.: *alternative,* Nr. 16, 1961, S. 8f.

2 Brief an Fritz Weissenfels, 23.4.1952.

3 Ebd.

4 Zit. Thomas Freeman, *Hans Henny Jahnn. Eine Biographie,* Hamburg 1986, S. 559.

5 Brief an Willi Weismann, 24.7.1948.

6 Vgl. Anm. 4.

7 WuT, VII, S. 131f.

8 WuT, VII, S. 132.

9 WuT, VII, S. 141.

10 WuT, VII, S. 129.

11 Vgl. Sandra Hiemer, *Die Kultstätte Ugrino. Eine stilistische Untersuchung der Architekturentwürfe Hans Henny Jahnns,* Magisterarbeit (Masch.), Hamburg 1985, die einen Teil der erhaltenen Baupläne und Architekturzeichnungen dokumentiert.

12 Walter Muschg, *Gespräche mit Hans Henny Jahnn,* Frankfurt a. M. 1967, S. 135ff.

13 *Perrudja,* S. 820.

14 *Perrudja,* S. 230.

15 *Perrudja,* S. 512.

16 *Perrudja,* S. 704f.

17 Elias Canetti, *Die Fackel im Ohr. Lebensgeschichte 1921–1931,* München 1980, S. 62.

18 Brief an Judit Kárász, 1.–3.10.1937 — zit.: Freeman, S. 313.

19 Brief an Gustav Gründgens, 20.3.1943 — zit.: *Hans Henny Jahnn. Schriftsteller. Orgelbauer. 1894–1959.* Eine Ausstellung. Katalog von Bernd Goldmann. Wiesbaden 1973, S. 121.

20 Briefe an Walter Muschg, 15.7.1936 bzw. 18.11.1936 — zit.: *Sinn und Form,* 13. Jg., 1961, S. 543f. bzw. 546.

21 Brief an Hilmar und Ursula Trede, 26.2.1944.

22 *Fluß ohne Ufer,* Bd. 2, S. 473ff.

23 *Späte Prosa,* S. 319.

24 *Fluß ohne Ufer.* Roman in drei Teilen. Erster Teil: *Das Holzschiff,* München 1949; Zweiter Teil: *Die Niederschrift des*

Gustav Anias Horn, 2 Bde., München 1949 bis 51; Dritter Teil: *Epilog,* Frankfurt 1961.

[25] Brief an Carl Mumm, 22.3.1941.

[26] »Auch meine Literatur ist eine einzige Fehlspekulation, vom Wirtschaftlichen her gesehen. Ich habe in Wirklichkeit nie gerechnet, nie etwas vernünftig angestellt« — Brief an Signe Jahnn, 23.6.1958 — zit.: Freeman, S.645.

[27] Brief an Willi Weismann, 24.6.1954

[28] WuT, VII, S.67.

[29] WuT, V, S.303.

[30] WuT, V S.294.

[31] Brief an Werner Helwig, 25.7.1959 — zit.: *alternative,* Nr.16, 1961, S.9.

Jürgen Manthey ARNO SCHMIDT

Wenn richtig ist, was die Redensart besagt, daß besonders gern und viel vom Geld spricht, wer keins hat, dann gilt für Arno Schmidt, daß er sehr arm gewesen sein muß. Er selbst und ebenso die Figuren im Mittelpunkt seiner Bücher, die nach seinem Ebenbild geschaffen sind, reden häufig, direkt oder indirekt, positiv und negativ, über Geld bzw. davon, daß sie keins oder zu wenig haben. Seine Protagonisten sind sozusagen notorisch arm. Was Arno Schmidt selbst betrifft, so war er über lange Zeit wirklich arm. Dennoch hat auch seine Armut diesen notorischen Charakter, wenn er sie erwähnt. Das heißt, sie hat für ihn, der sehr oft seinesgleichen, also Schriftsteller, zu Wort kommen läßt, etwas Unabänderliches, Selbstverständliches, zu seiner Existenz grundsätzlich Dazugehöriges, und ist doch nichts Erwünschtes, Gerechtfertigtes oder gar Verklärtes und Beschönigtes. Im Gegenteil. Der Mangel an Geld wird ironisch bis sarkastisch festgestellt, über ihn wird geklagt, und es werden Phantasien entworfen, wie es wäre, wenn man Geld *hätte*.

Nun könnte man sich fragen — wenn man sich nicht darauf einlassen will, warum denn jemand Schriftsteller geworden und unter solchen Umständen geblieben ist —, wieso ein Mensch von dieser überdurchschnittlichen Intelligenz, der noch dazu eine ganz besondere Begabung für Zahlen, für Mathematik, für Berechnungen und Kalkül gehabt hat wie Arno Schmidt, es in einer Gesellschaft wie der unseren nicht zu Geld gebracht hat, wenn dies für ihn ein so begehrter Gegenstand und seine Abwesenheit ein ihn ständig beschäftigendes Thema gewesen ist.

Der Soziologe Georg Simmel meint ja in seiner *Philosophie des Geldes* eine spezifische Verwandtschaft zwischen Intellekt und Geld festgestellt zu haben. Er definiert das Gemeinsame als »eine gewisse Charakterlosigkeit« und sieht »Intellektualismus und Geldverkehr« dem gleichen Gesellschaftstyp angehören:

»Der Intellekt, seinem reinen Begriff nach, ist absolut charakterlos, nicht im Sinne des Mangels einer eigentlich erforderlichen Qualität, sondern weil er ganz jenseits der auswählenden Einseitigkeit steht, die den Charakter ausmacht. Eben dies ist ersichtlich auch die Charakterlosigkeit des Geldes.«[1]

Hätte ein Wissenschaftler von diesem Rang in einem anderen, westlichen Land für die eigenschaftslose, rein funktionelle Wirkungsweise des Geldes und, analog dazu, des Verstandes, den Begriff Charakterlosigkeit gewählt? In Deutschland bestehen eben tief eingewurzelte Vorbehalte gegen beides, gegen »Geldverkehr und Intellektualismus« als Merkmale eines sowohl ökonomischen wie politischen Liberalismus. Gemeint ist doch, daß Intellekt wie auch Geld die mit bestimmten individuellen Eigenschaften ausgestatteten Menschen und Waren ohne Ansehen dieser Eigenschaften nur für *ihren* Zweck einspannen; daß Geld und Intellekt außerhalb der unmittelbaren Beziehung zwischen den Personen und Sachen stehen und diese als ein Drittes, Überlegenes, unfaßbar wie eine Kraft und nicht wie ein Stoff, dirigieren.

Wenn es bei Arno Schmidt eine Figur gibt, auf die diese Beschreibung zutrifft, dann auf Walter Eggers in dem Roman *Das Steinerne Herz*, und der wird am Schluß von dieser sogenannten Charakterlosigkeit kuriert. Er wird eingebunden in den segensreichen Zusammenhang, in den eine schier unerschöpfliche Geldquelle und eine geliebte Frau miteinander treten.

Nein, in dem Sinne, wie Simmel Intellekt und Geld zusammenzubringen versuchte, war Arno Schmidt am Geld nicht interessiert, in dieser Affinität sah er sich nicht zu ihm hingezogen. Eher sah er den Intellekt als Hindernis an, zu Geld zu kommen. Allerdings nicht immer und nicht gleich:

»Die Universität Göttingen hat einen Preis ausgeschrieben für 3 Teilung d. Winkels. Habe es gelöst + schicke es morgen ein. 100000.– RM & Dr. h. c. winken.«[2]

Das schreibt der 23jährige an den Freund Heinz Jerofsky. Auffällig ist, daß alle das Geld betreffenden Bemerkungen Arno Schmidts außerhalb seiner Romane und Erzählungen sehr dicht an seine eigene Person heranführen, daß sie in einer unmittelbaren Beziehung zu dieser stehen. Das läßt auf zweierlei schließen: daß für Arno Schmidt das Thema Geld keine gleichgültige Sache war und daß Geld ihn nur im Hinblick auf sich selbst interessierte, ob *er* es hatte oder nicht.

Die Erwähnung der Mittellosigkeit, die Seufzer über den Geldmangel durchziehen Werke, Korrespondenz und Erinnerungen in einer Weise, daß man anfängt, sich über das Stereotype daran Gedanken zu machen. War die Armuts-Feststellung, ja -Herausstellung vielleicht nur ein Topos, ein Beitrag der Selbstpropaganda, um sich als stets bedürftiger Schriftsteller öffentliche Vorteile einzuhandeln? Oder war es der Ausdruck eines Selbstverständnisses im Rahmen des traditionellen Bildes vom darbenden Dichter in der Dachkammer, wie es die Romantik in die Welt gesetzt hatte?

Die Beschäftigung mit den Lebensumständen Arno Schmidts zeigt sehr schnell, daß die Geldknappheit kein bloßes literarisches Leitmotiv, daß sie ›echt‹ war. Mindestens bis Ende der fünfziger Jahre, d.h. bis zu seinem 45. Lebensjahr, lebte dieser Autor von einem zeitweise sehr bescheidenen Einkommen.

Armut hat Arno Schmidt schon früh kennengelernt. 1914 geboren, fiel seine erste Kindheit in die Hungerjahre des Ersten Weltkriegs. Hinzu kam, daß die Eltern in einem Stadtteil von Hamburg lebten, in dem Armut gewissermaßen zum Milieu gehörte, wie dies Schmidt in seinen *Erinnerungen an Hamburg-Hamm* beschrieben hat:

»Die Bevölkerung war, selbst die damalje allgemeine Verarmung in Anschlag gebracht, eine der ärmsten ... Als ich 1920 in die Schule kam: tz, eine solche Versammlung von verwahrlost'n kleinen Gestaltchen hab ich seitdem nie wieder gesehen; (und meine Schwester & Ich, Wir liefen nich anders rum: ich habe, in all den hamburger Jahren, nie ein neues Kleidungsstück auf dem Leib gehabt! ... Was haben wir gehungert, und MangelKrankheit'n gehabt!«[3]

In diesen Erinnerungen fällt eine erste Bemerkung über den Vater im Zusammenhang mit seiner Einstellung zum Geld, und, das ist wichtig, zur Begabung des Sohnes beziehungsweise deren Förderungswürdigkeit, wenn sie je Geld kosten sollte:

»Mein Vater — leicht sei ihm, dem Schlesier, die hanseatische Erde — drohte mir bereits vorher, (und späterhin, kurzperiodig, immer wieder): Sobald Ich 'n erstn Fennich Schulgeld bezahl'n muß, wirsDe runter genomm'm! ... Mein Herr Pappa hat sich nie 1 Fennich vom SäuferMunde abzusparen, mir nie 1 Schulbuch zu kaufen brauchen.«[4]

Offenbar hat der Vater das Geld auch erwähnt, wenn er sich über die Kosten für den Unterhalt des Sohnes zu Hause äußerte. Die Mutter hat ihn in ihren Aufzeichnungen dafür in Schutz zu nehmen versucht:

»Wenn denn Papa in der Zeit, wo du wuchsest und so viel aßst, manchmal sagte ›Du mußt viel verdienen, damit Du Dir Deinen Hals mal ernährst‹ (Meine Mutter hat dies vornehm formuliert; seine Worte waren beträchtlich derber), das war nicht böse gemeint; er hat sicher nur an seine Jugend gedacht, und wie gerne er sich auch einmal so richtig satt gegessen hätte.«[5]

Es scheint festzustehen, seit der Veröffentlichung des Bandes *»Wu Hi? Arno Schmidt in Görlitz Lauban Greiffenberg«* im Frühjahr 1986, daß Arno Schmidt nie studiert hat. 1933 machte er das Abitur, dann besuchte er eine Handelsschule. Seit Januar 1934 war er kaufmännischer Lehrling in den Greiff-Werken, in denen er bis 1940 beschäftigt blieb. An den Freund Heinz Jerofsky schreibt er 1934:

»Die Fahrkarte — 6.20 M. — muß ich selber bezahlen, kriege allerdings im Monat 30.– Emmchen!! Die Arbeit ist blöde, aber leicht ...«[6]

1937 teilt er dem Freund in einem Brief zweierlei mit: daß er Alice Murawski, seine spätere Frau, kennengelernt hat, und, ohne Übergang, was er verdient:

»Ah! Alice! Es ist nicht viel zu sagen. Klein aber mein ... Eine ganz ideale vertikale Liebe (meine Spezialität! Leider!) — Ich habe jetzt 100.– RM Gehalt und werde demnächst nach Greiffenberg siedeln als möblierter Herr! ... Meine sonstige Tätigkeit: Habe einiges Geld mit Korrektur von Logarithmentafeln verdient.«[7]

Dies ist eins der Beispiele für das häufig enge Beieinanderstehen von sehr persönlichen Bemerkungen und Hinweisen auf das Geldverdienen. Diese

Verbindung ist, wie gesagt, auffällig und kehrt in verschiedener Form wieder. So hat er, zu seinen Lebzeiten unveröffentlicht, »Materialien für eine Biographie« — so die Überschrift — aufgeschrieben, von denen er vorweg sagt, daß sie einen »doppelten Zweck« verfolgen. Erstens will er künftigen Biographen die Arbeit abnehmen, und zweitens:

»Ist meine Absicht, meiner Frau — oder sonst dem ›Erben‹ — ein weiteres Stück zu hinterlassen, mit dem Geld verdient werden kann; (dieser Punkt ist übrigens wichtiger, als der erste).«[8]

Das ist seltsam: Hatte er nicht immer wieder betont, daß sich mit Literatur, besonders mit seiner, kein Geld verdienen ließ? Wieder sind es Personalia, von denen aus sich der Gedanke an Geld einstellt. Das Ganze ist um so seltsamer, als der Gestus des in erster Linie fürs Geld schreibenden Selbstbiographen in der Pose stecken bleibt: Zehneinhalb Seiten Personalien folgen auf diese Erklärung. Vom Erlös ihres Verkaufs würden die Erben nicht lange haben leben können.

Ein weiteres Beispiel aus einem ganz anderen Kontext. In einem Beitrag über *Das Tagebuch und der moderne Autor,* vor zwanzig Jahren im Hessischen Rundfunk gesendet, bringt Arno Schmidt seine Geringschätzung gegenüber den Tagebuchschreibern zum Ausdruck, um dann jedoch zu gestehen, daß auch er ein Tagebuch führe. Er nennt ein paar Gründe, die ihn dazu veranlassen, und fügt hinzu:

»Und dennoch wäre das Alles immer noch nicht der tiefste *Grund, weshalb auch ich, ächzend, ein TB führe. Besagter ›tiefster Grund‹ — man schreie so verächtlich-laut auf, wie man will, ob der Banalität — er heißt:*

Das Finanzamt.

Man pflegt nämlich behördlicherseits, anscheinend prinzipiell zu bezweifeln, ob ein Schriftsteller ein Schriftsteller sei? Ob ich, wenn ich ein Buch über ›LILIENTHAL‹ vorhabe, denn tatsächlich dahin fahren müsse? . . . Zugegeben, es ist *eine geisterhafte Leistung, daß ein Mann von den Revenuen seiner Stahlfeder lebe. Aber wenn so periodisch die fängliche Frage auftaucht: ob ich denn wirklich Verleger- oder gar Leser-Besuche empfinge; ich, der ich doch notorisch . . . & damit gekoppelt die Zumutung, Jenen die Schnäpse & Stumpen in den Hals zu zählen . . .«*[9]

Es ist nicht uninteressant, daß hier eine Wendung wiederkehrt, die schon einmal im Zusammenhang mit dem eigenen Vater gefallen ist: Hatte der dem heranwachsenden Sohn nicht die Bissen in den Hals gezählt — das

Wort ›Hals‹ hatte dabei schon der Vater, statt Mund oder Bauch etwa, benutzt. Hatte der Vater nicht mißgünstig auf den Appetit des Sohnes geblickt und erwähnt, wie teuer der komme? Ja, hatte er nicht durch die ständigen ›periodischen‹ Bemerkungen, dessen Ausbildung dürfe kein Geld kosten, damit die Begabung des Sohnes ›prinzipiell‹ in Frage gestellt? Die Begabung des Sohnes aber war sein schriftstellerisches Talent. Nun tauchen ›periodisch‹ und ›prinzipiell‹ auf einmal im Zusammenhang mit der Autorität einer Behörde auf, die dazu berechtigt ist, ihm sein Geld streitig zu machen — für die Ausgaben, die sein Schriftstellertum nötig macht. Er sieht sich von ihr ›prinzipiell‹ als Schriftsteller in Frage gestellt.

Indem er behauptet, er führe sein Tagebuch, um sich vor dem Finanzamt rechtfertigen zu können, verhält er sich wie die frühen Tagebuchschreiber im 17. und 18. Jahrhundert, die ihre persönlichen Aufzeichnungen vornahmen, um sich vor Gott zu rechtfertigen. Daß es sich bei seinem Diarium nicht um das Führen eines gewöhnlichen Ausgabenbuches handelt, davon verrät Schmidt selbst etwas, wenn er die Rechtfertigung vor dem Finanzamt den ›tiefsten Grund‹ nennt — das Wort ›tiefst‹ kursiv hervorgehoben. Nicht nur das. Das Wort Finanzamt steht einzeln in einer Zeile, ebenfalls kursiv. So haben die Autoren bis zum Barock das Wort Gott in ihren Texten herausgestellt. Und so tritt, wie Freud es formuliert hat, Gott hinter dem toten, und das heißt, hinter dem vom Sohn tot gewünschten Vater hervor. Die hanseatische Erde werde seinem Vater leicht, hatte Schmidt an anderer Stelle gesagt, bezeichnend die Verwünschung ironisch in einen frommen Wunsch kleidend.

Damit sind wir der Erklärung für das nahe Zueinanderrücken von persönlichen Zeugnissen und Geldanspielungen einen Schritt nähergekommen. Natürlich ›wußte‹ ein Autor wie Arno Schmidt, was er da tat. Aber es war dies bestenfalls ein nachträgliches Wissen. Auch die Ironie war gegenüber dem Primärvorgang ein späteres Distanzierungsmittel. Den inneren Zusammenhang zwischen Vater, Gott und Geld am Grunde dieser Textstelle mochte er als Persiflage früherer Gottesehrfürchtigkeit zu Darstellung bringen, ihm entziehen konnte er sich nicht.

Schmidt mag in diesem Nebeneinander nichts als eine Provokation gesehen haben, indem er zwei typisch deutsche Unvereinbarkeiten abrupt zusammenstellte: die Seele und das Geld. Es macht ihm sichtlich Spaß, zu zeigen, daß an der Stelle, an der beim Dichter die Offenbarungen seiner geheimsten Seelenregungen erwartet werden, im Tagebuch nämlich, seine banalen Eintragungen über Spesen zum Vorschein kommen — die aber etwas so Banales nicht sind, was er vielleicht *nicht* gewußt haben mag. Ähnliches gilt von den Auskünften zur eigenen Biographie, posthum zu lesen.

Würde da nicht endlich etwas über sein verborgenes Privatleben ans Licht kommen? Oh, nein, die Lebensdaten dienen nur dem Geldverdienen noch übers Grab hinaus, wird der Nachwelt bedeutet. Auch das sagt mehr, als der Autor vielleicht zu sagen meinte.

Es macht Arno Schmidt nicht nur Spaß, mit der schroffen Konfrontation von Dichterintimität und Geldkalkül zu schockieren. Sie gehören tatsächlich aus einem ›tiefsten Grund‹, um bei dieser Wendung Schmidts zu bleiben, zusammen.

Schmidts Briefe, immerhin eine sehr persönliche Äußerungsform auch sie, handeln bis zuletzt auch immer wieder vom Geld. Anlaß ist nach wie vor, daß daran ein Mangel herrsche. Die Freunde aus der Zeit vor dem Krieg berichten übereinstimmend von Schmidts Armut. Auch seine Frau und deren Mutter seien »arm wie eine Kirchenmaus« gewesen, gibt einer zu Protokoll. Pellkartoffeln und Quark waren das »Hauptnahrungsmittel«. Auch was Wohnung und Wohnlage betrifft, so hatte sich gegenüber Hamburg-Hamm nichts geändert: Das Ehepaar lebte, erzählt ein früherer Freund, »im armseligsten Proletariergehäuse mit unleidlichen Nachbarn«. Dabei bleibt es in den verschiedenen Flüchtlingsquartieren in Niedersachsen und Hessen nach Schmidts Entlassung aus englischer Kriegsgefangenschaft im Dezember 1945.

1954 schreibt Schmidt an Alfred Andersch, daß er und seine Frau mit 120.– DM im Monat auskommen müßten. Als er für seine Bücher keinen Verlag findet, läßt er Andersch wissen: »ich bin im Augenblick frei und für Geld zu haben.«[10]

Ein Mietprojekt scheitert daran, daß er sich 100.– DM Miete nicht leisten kann. Ebenso der Plan, nach Irland zu emigrieren: Er hätte das »Kostgeld« für zehn Jahre im voraus hinterlegen müssen. Der Verlag Stahlberg, in dem seine Bücher dann bis zu dessen Übernahme durch den S. Fischer-Verlag erscheinen, zahlt ihm seit 1955 DM 150.– im Monat. Das bedeutet, daß er als Übersetzer, wie er sich ausdrückt, »tagelöhnern« muß, sechs Stunden am Tag, wie er schreibt. 1957 bewirbt er sich um die Stelle eines Küsters in Lilienthal bei Bremen: »Eine ideale Lage: auf 5 km ringsum kein anderes Haus .... Einsamkeit, Sumpfmoorheideflachland! 80.– DM im Monat ...«[11]

Die Stelle bekommt dann doch ein anderer. Erst nach 1959 wird die Lage etwas besser. Alfred Andersch, Leiter der Abteilung Radio-Essay im Süddeutschen Rundfunk in Stuttgart, sendet von Schmidt regelmäßig einstündige Funktexte im Nachtprogramm, für die der Autor jedesmal 900.– DM erhält. 1958 hat ihm der Freund Wilhelm Michels, Gründer und Leiter einer Privatschule im Taunus, für den Erwerb eines Hauses in Bargfeld in der Lüneburger Heide 14000.– DM zur Verfügung gestellt. In ihm wird Schmidt bis zu seinem Tod im Jahre 1979 leben. Das Geld für den Lessingpreis im Jahre 1964 benutzt er dazu, das Haus auszubauen — für seine Bibliothek. Für die kauft ihm Wilhelm Michels zweimal einen größeren Posten hannoversche Staatshandbücher. Arno Schmidt-Leser wissen, welche Bedeutung diese Kompendien für den Autor hatten.

Doch das Geld und wie man sich dafür krummlegen müsse bleibt weiterhin ein ständiges Thema in allen Veröffentlichungen Schmidts. Der Verweis aufs Geld — und das heißt: auf seinen Mangel — hat etwas vom zwanghaften, wenigstens vom automatischen Charakter einer Wiederkehr des Verdrängten, als mache der Wunsch, mehr Geld, eigentlich viel mehr Geld zu besitzen, sich in regelmäßigen Abständen bemerkbar. Was hielt ihn davon ab, sich diesen Wunsch zu erfüllen?

Daß er ein Schriftsteller war, der sich nicht verkaufte, natürlich. Doch hat die Art seiner Schriftstellerexistenz etwas, daß man sich mit dieser Antwort nicht ganz zufrieden geben mag.

An dieser Existenz könnte man auffallend finden, daß in ihr die Bedingungen der Armut, wie Schmidt sie aus seiner Kindheit gewohnt war, unverändert beibehalten sind — ob freiwillig oder unfreiwillig, tut hier nichts zur Sache. Schmidt spricht selbst von seiner Proletarisierung. Diese Fortsetzungen der Kindheitsbedingungen begegnen uns auch auf anderen Ebenen. So gibt sich der Schriftsteller Arno Schmidt beständig als ein Bücherleser und -sammler nicht nur der passionierten, sondern auch der gründlichsten Art, was das Lesen betrifft, zu verstehen. In allen seinen Erzählungen und Romanen, erst recht in den später gedruckten Funktexten, spielen Bücher die Rolle der begehrtesten Objekte für die jeweilige Hauptperson, den Erzähler, der deutlich die Züge des Autors trägt. Nicht nur hat er jede Zeile der umfangreichsten Werkausgaben gelesen, er *muß* sie auch besitzen. Für Bücher opfert er alles. Sogar das letzte Geld. Aber meist ist von Geld dabei nicht die Rede. Bücher treten an die Stelle des Geldes, sind ihr Äquivalent.

Hatte Schmidt nicht erwähnt, daß der Vater ihm keine Schulbücher kaufen wollte? Und stand der Vater nicht auch dem im Wege, was Schmidt sich am meisten gewünscht hatte: nämlich studieren zu können? Es ist, als habe er daraufhin das Studium sein Leben lang nachgeholt, und nun in der Form, daß er — dem Vater, der ganzen Welt? — zu beweisen suchte, daß er der klügste, der ausdauerndste, ja, der Student schlechthin war.

Es ist nicht falsch, sich vorzustellen, daß Arno Schmidt sich in einer Art von fleißigem Schülerleben mit einem entsprechenden schülermäßigen Einkommen, wie es elterlicher Unterstützung oder einem Stipendium entsprach, auch wohlgefühlt hat. Und er hat in seinen Büchern immer wieder Zustände geschildert, in denen Schriftsteller von diesem Minimum leben oder ein solches Minimum fordern, am besten als staatliche Dauerzahlung in Höhe eines bescheidenen Stipendium, einmal sogar in Verbindung mit dem Status der Immunität, wie Abgeordnete ihn genießen. Seine Lebensführung ist bis zuletzt die eines ewigen Schülers oder Studenten. Die Idee, eines Tages seine Klassenkameraden aus Hamburg aufzufordern, mit ihm zusammen ein Buch über die Schulzeit zu verfassen und herauszugeben — erst nach seinem Tod verwirklicht —, deutet darauf hin, wie gern er sich in diese Situation zurückversetzte — obwohl sie von Entbehrungen gezeichnet und von der tyrannischen Figur des Vaters überschattet war — vielleicht gerade deswegen?

Da er in seinen Büchern seine wirklichen Wünsche wahr werden läßt wie kaum ein anderer Schriftsteller, muß die Existenz des ewigen Studenten auf schmaler Einkommensbasis auch diesen Wünschen irgendwie entsprochen haben. Denn alle typischen Schmidt-Figuren leben von wenig Geld und träumen von vielen Büchern. Gewiß, Ausdrücke wie »literarischer Hungerleider«, wie Schmidt sich in der *Gelehrtenrepublik* selbst nennen läßt, deuten auf das Unfreiwillige an dieser Lebensweise hin. Ist, was er sich wünscht, nicht freiwillig in ihn gelangt? Haben Wunsch und Zwang eine Ehe geschlossen?

In *Brand's Haide* kommt eine Stelle über Freiheit vor, die ganz aufschlußreich ist:

»Freiheit: *Ein deutscher Schriftsteller am 31. Oktober 1946 ist frei: das Arbeitsamt ist froh, wenn sie wieder Einen los sind; Finanzamt Soltau ist völlig machtlos, denn er verdient ja grundsätzlich unter 600 im Jahr. Nur gesund möcht Einer halt sein, und Bedürfnislos; dann ist man frei.*«[12]

Danach in Klammern: »Glücklich ist allerdings noch was Anderes!« Zum Glücklichsein wäre erst einmal Geld nötig. Was würden seine erzählten Figuren denn mit dem Geld anfangen?

»*Freilich, wenn man Geld hätte ... Ich wüßte es jetzt schon richtig anzuwenden: ein winziges Häuschen in der Heide (achttausend höchstens; nicht wie diese Bausparkassen, die mit Zwanzigtausend um sich werfen, als wär's bloßer Silbenfall); im Ställchen eine Isetta; Eintausend erlesene Bücher: einmal in aller Ruhe die ›Insel Felsenburg‹ durchgehen können, den ›Nachsommer‹ oder Lessing von A bis Z; zur Nacht ein richtiges Bett zum Drinniederliegen (nicht mehr dieses dürre indianerrote Gestelle von Schlafcouch! ... Den Mond untergehen sehen, über Wieseneinsamkeiten ...)*«[13]

Dieses Motiv ist in den Büchern fast ebenso häufig anzutreffen wie etwa Bemerkungen, daß einer sich erst ab 200.– DM im Monat das Rauchen leisten könnte, oder daß ein Schriftsteller nie mehr als 60.– DM besitze:

»Ach, ich verurteilter Papiermensch: wenn ich doch bloß 10 000 Mark hätte, fürn Blockhaus, irgendwo einsam in Moor und Wald gedommelt!«[14] *Oder: »Was würd ich mit 10 000 Mark machen?!: 8 Morgen Wald und Haide im Kreis Fallingbostel kaufen; un n soliden Stacheldrahtzaun rum, d.h. also 7 Morgen (denn solche Zäune sind teuer!)«*[15] *Oder, in der* Gelehrtenrepublik: *»Wenn ich — wie zu erwarten, mit den Artikelserien und der späteren Buchfassung gut verdiente ... dann ein kleines Haus; ne große Bibliothek rein; 2, 3 echte Bilder an die Wände ....«*[16]

Merkwürdig: Mit jeweils Zehntausend Mark waren der Mainzer Literaturpreis, den Schmidt 1955, und der Berliner Lessingpreis, den er 1964 erhält, dotiert.

Das Häuschen inmitten von Wiesen, Moor und Wald kehrt auch im Zusammenhang mit der DDR mehrmals wieder, hier als feste Steinlaube im Garten für 3000.– Mark Ost, was Schmidt für den Freund Andersch umrechnet:

»Da drüben kriegte ich gleich ne Wohnung: ne massive Kleinvilla in den Laubenkolonien, 4 Zimmer, Wasser und Elektrisch für 3000 Ost = 600 West: wenn das *ein armes Luder nicht reizen soll?! ...«*[17]

In *Das Steinerne Herz* kommt die gleiche Rechnung vor, doch diesmal zu einem anderen Umtauschkurs: 3000 Mark-Ost gleich 330 Mark-West. Es gehört zu den bedeutungsvollen Details in diesem Roman, daß der Erzähler bei einem Besuch in Ost-Berlin nachts *vor* einer solchen festen Gartenlaube kampieren muß, während sich drin ein Paar der Liebe hingibt. Arno Schmidts ›Held‹ vor der Tür des für ihn größten Glücks ausgesperrt, dem Glück, das ein Paar genießt und ihn ›draußen‹ läßt.

Es ist nicht schwer, in dem Traum vom Haus im Grünen, durch Zäune unzugänglich für andere, den Wunsch wiederzuerkennen, den er einmal mit der Forderung nach Immunität für Schriftsteller beschrieben hat. In Bargfeld hat er dieses Projekt Immunität in allen Einzelheiten, die seine Bücher vorweggenommen haben, verwirklicht.

Interessant ist dabei das Verhältnis von Freiheit und Beschränkung. Das Geld, das er sich immer wieder herbeiwünscht, als Mittel zur freien Wahl der eigenen Lebensform, benutzt er dazu, sich auf einer Insel der Weltentlegenheit einzurichten. Er sucht nicht die Weite der Welt und die größere

Erfahrung in ihr, sondern die strikte Beschränkung auf den privaten Raum. Hier lebt das Paar in äußerster Zurückgezogenheit.

Die Mutter hat in ihren Erinnerungen ausführlich von den Schrebergarten-Parzellen berichtet, die der Vater in Hamburg gepachtet hatte:

»Unser erstes Land war in Schiffbeck; da bin ich wenig mit hingekommen, nur einige Male im Sommer zum Baden. Denn ganz in der Nähe war das ›Schiffbecker Moor‹, das war ganz flach und sehr braun . . .«[18]

Hierher also stammt das Wirklichkeitsmodell für das Traum-Grundstück im Flachland, im braunen Moor! Die Mutter erzählt dann noch von einem anderen Garten:

»Unser Garten in Horn. ... Das Land war alles ohne Zaun. . . Papa hatte Pfähle besorgt, die erst zur Hälfte geteert werden mußten, ehe sie in die Erde kamen; dann wurde Draht gezogen, dreimal hin und her . . . Papa war mehr im Garten wie zu Hause . . . Die Laube: innen ringsum war eine Bank; an zwei Seiten Fenster, das schöne Gardinen bekam; in der Mitte ein schöner fester Tisch . . . Im nächsten Jahr bekam die Laube einen Vorbau . . .«[19]

Folgt die Beschreibung der Wohnlichkeit der Laube. Diese, wie der ganze Garten, sind die Domäne des Vaters, er »war mehr im Garten wie zu Hause«, was Arno Schmidt mit einer Fußnote so kommentiert:

»dh Er — wie jeder Ehemann, seiner Familie und der Haushalts Sorgen überdrüssig — erbaute sich ein weiteres großes Stück Freiheit; infolgedessen er, zumal zur Sommerszeit, zuhause eigentlich nur noch schlief.«[20]

Er sieht also den Vater in der Gartenlaube ein »großes Stück Freiheit« verwirklichen. Bei *dieser* Freiheit kommt Schmidt zuletzt selbst an, zu ihr war er die ganze Zeit emotional unterwegs. Sein Freiheitswunsch erfüllt sich in der Identifizierung mit der — unterstellten — Freiheitsvorstellung des Vaters und ihrer Realisierung. Das heißt, er fühlt sich erst frei, wenn er diesem Identifizierungsdrang nachgegeben hat. *Das* ist die Verbindung, die Wunsch und Zwang in ihm eingegangen sind. Er ist frei, wenn er tut, was er durch seine Fixierung an die Kindheitswelt mit dem sie beherrschenden Vater tun *muß*.

Was macht Schmidt nun auf seiner Insel? Er arbeitet. Er schuftet, 14 Stunden am Tag, um Geld zu verdienen.

Es ist nicht so weit hergeholt, wie es scheinen mag, an den ersten klassischen Inselbewohner der neueren Literatur, Robinson Crusoe, zu erinnern, diesen Archetyp des Einmann-Fleißes zur Zeit der aufblühenden Geldwirtschaft. Was tut er? Er wiederholt auf seiner Insel die ökonomische und kulturelle Entwicklung des englischen Mutterlandes — oder soll man besser sagen: Vaterlandes? — in allen Einzelheiten. Er reproduziert auf seiner kleinen Modellinsel die größere Insel England im Zeichen des Frühkapitalismus. Man überliest gewöhnlich, daß das Buch mit einem Zerwürfnis zwischen Vater und Sohn beginnt. Robinson sieht seinen Vater nie wieder. Strandet er deswegen? Oder ist seine Insel als Spiegelbild der väterlichen Ökonomie nur erreichbar nach diesem Bruch *vor* dem Schiffbruch? Die Insel, obwohl Zäune entbehrlich sind, gewährt ihm die Ungestörtheit der Nachfolge. Alles, was in England der Vater darstellte, was ihm gehörte, ist jetzt in seinem alleinigen Verfügungsbereich. Noch eine Linie ließe sich ziehen. Robinsons Vater war erst nach England eingewandert, seine Stellung war also nicht ererbt, gewissermaßen nur angemaßt. Genauso betont Arno Schmidt, daß sein Vater in Hamburg immer ein Schlesier geblieben sei: ›Möge ihm, dem Schlesier, die hanseatische Erde leicht sein‹. Es ist die Heftigkeit auffallend, mit der Schmidt Hamburg für sich als Herkunftsort und -landschaft in Anspruch nimmt und seinen Vater als Schlesier zu einem Fremden dort macht.

In *Pocahontas* erinnert sich der reichere Freund des armen Schriftstellers: »Was haste damals immer gesagt?: ›Es ist unnatürlich, daß ein Dichter für seinen Coca-Cola bezahlen soll‹.«[21] Ein einziges Mal im Werk kommt es vor, daß eins der Schmidt-Ebenbilder nicht Geld verlangt, sondern welches hergibt: In *Aus dem Leben eines Fauns* schenkt der Erzähler einmal der Sekretärin 50.– und der Ehefrau 200.– Mark. Der Krieg steht unmittelbar bevor, und das heißt: »Geld iss ja nischt mehr wert.«[22]

Ein anderer mit etwas eigenem Geld versehener Protagonist ist Walter Eggers in dem Roman *Das Steinerne Herz*. Es ist die Investitionssumme, die er braucht, um reich zu werden. Er kommt in ein Dorf, in dem die Nachfahrin eines der Verfasser der hannoverschen Staatshandbücher aus dem 19. Jahrhundert lebt. Er quartiert sich bei ihr und ihrem Ehemann als Untermieter ein. Irgendwie legt er wert darauf, die Miete im voraus zu bezahlen, Mahlzeiten inclusive. Sodann macht er sich daran, auszukundschaften, ob sich in einer der Bodenkammern nicht vielleicht noch Jahrgänge der von ihm gesuchten Staatshandbücher befinden. Dazu beginnt er ein Liebesverhältnis mit der schon älteren, rundlichen und bald mütterlich um ihn besorgten, ihm aber ebenso auch im Bett zugetanen Frau. Der Ehemann, ein Fernfahrer, hat nichts dagegen. Er hat selbst eine Freundin — in einer Gartenlaube in Ost-Berlin. Hier hat er sein »großes Stück Freiheit«, das er sich regelmäßig auf seinen Fahrten mit dem Milchlastwagen nach

Berlin gönnt. Man erkennt die Reprise der Vater-Handlung, der im Garten seine Freiheit, sein Glück gefunden hatte. Dafür gibt der nun, in der Person des Fernfahrers und Ehemanns, die eigene Frau für den Liebhaber frei.

Die Suche nach den Staatshandbüchern endet bei einem überraschenden Fund: Ein Goldschatz von beträchtlichem Wert kommt zum Vorschein. Das also kann dabei rauskommen, wenn man nach alten Büchern fahndet! Walter Eggers hat schon die Fahrkarte in der Tasche, denn er wollte die ältliche Geliebte heimlich verlassen, nachdem er, was an Büchern da war, an sich gebracht hat. Nun fährt er mit ihr in die Stadt, um das unerschöpfliche Geld portionsweise zu versilbern. Eggers entschließt sich zum Bleiben. Seine ganze intellektuelle und rhetorische Begabung setzt er ein, um dem Ehemann klarzumachen, daß das Geld allein seiner Frau Frieda gehöre, als Nachkommin des einstigen Hausbesitzers und Schatzanhäufers. Ein Vater steht also auch am Anfang dieses Geldglücks, das matrilinear vererbbar sein soll. Alle sind einverstanden, und die zur Allein-Erbin erklärte Frieda bezieht ihren Walter in das Glück noch besonders ein: »Frieda sagte weich: Wallder.: Wenn Wallder nich gewesen wär': wir hätten'as *nie=mals* gefunden!«[23]

Das Schlußbild des Romans läßt an Deutlichkeit nichts zu wünschen übrig. Frieda und Walter Eggers sind als Paar die alleinigen Bewohner des Hauses, das sie sofort auszubauen beginnen. Der Ehemann ist ausgezahlt, ausgeschaltet. Das Traumstück endet im Bett:

»Sie foppte mich zärtlich: ›*Du sos' och 8 Tage lang nich, Du!*‹ *Mühelos, mit Hilfe glatter weißer Brüste: ich nahm die kurzen Ventilspitzen in den Mund und blies sie noch dicker auf. Links; nach der anderen: rechts. — Successful. — Sie zog dann meinen Arm um sich und schlief ein.*«[24]

Der Held an den mütterlichen Brüsten der Geliebten, die über einen unerschöpflichen Goldschatz verfügt. Sie ist, wie es in *Mare Crisium* von einer anderen, ähnlichen Frauenfigur heißt, die »Magna Mater«. Der Goldschatz der sich bedarfsweise in Geld verwandeln läßt, er steht für die unversiegliche Versorgungsquelle durch die Eltern, die das in Kindheitsbindungen verstrickte Wunschsubjekt für immer sprudeln sehen möchte und die verlorengegangen ist. Das ist der erwähnte »tiefste Grund« für die ständige Klage über die Geldabwesenheit bei Arno Schmidt und die nach außen so gern und so deutlich getragene Beibehaltung der Bedürftigkeit, die eine Bedürftigkeit nach dieser Versorgungs-Selbstverständlichkeit ist. Einkommen, das wiederholt sich in verschiedenen Modellen im Werk, ist unabhängig von bestimmten Leistungen und steht vor allen Bewährungen. Sie hat nichts mit Belohnung und Prämie zu tun. Sie ist das Äquivalent für die mütterliche Zuneigung und den väterlichen Unterhalt.

Mit dem Geld als dem Vektor der Wirtschaft, als dem Muskel des Kapitalismus haben der Autor und seine Figuren nichts im Sinn. Sobald die Protagonisten und auch Schmidt selbst welches haben, ziehen sie es, ziehen sie sich sofort aus dem Verkehr. Daher stammt auch das Interesse Schmidts für die DDR. Sie steht zu dieser, der kapitalistischen Geldverteilungsform, im Gegensatz. Sie erscheint eine Zeitlang als eine große Schrebergartenkolonie, in der man schon für 300.– Mark West ein Häuschen haben könnte. Hinter Stacheldraht. Es bleibt hier beim Gedankenspiel. Aber gegenüber der Wirklichkeit war Schmidt auch in Gedanken nicht frei.

Das psychologische Futter einer literarischen Maßschneiderei nach außen zu kehren hat einen Sinn bei der Ermittlung von versteckten Strukturen in einem Kunstwerk und befriedigt eine gewisse Neugier. Sie zeigt vielleicht, daß auch die neueste Kunst den alten Adam zum Schöpfer hat. Oder Eva. Für die ›Erklärung‹ von Individualität, d. h. individueller Form eines Werks, ist sie nur in Grenzen wertvoll. So ist den Büchern Arno Schmidts unübersehbar Wiederholungszwang und Witzobligo eigen. Die Gelöstheit und die Überraschungsvielfalt eines sprachassoziativen Stils ergibt sich nicht so ohne weiteres aus einem Zwangscharakter. Hier siegt der Schriftsteller nicht nur über den allmächtigen Vater, sondern auch über den allwissenden Psychologen.

Die Literatur triumphiert über die Wirklichkeit auch in dem anderen, für Schmidt so wichtigen Punkt. Der Goldtraum aus dem Roman *Das Steinerne Herz* wird zuletzt noch für den Autor wahr. 1977, drei Jahre vor seinem Tod, wird Arno Schmidt auf einem Waldweg in der Nähe seines Hauses von einem Fremden angesprochen. Dieser beruft sich auf die Klagen so vieler Protagonisten im Werk über den Geldmangel und fragt, ob der Autor denn eine Schenkung in Höhe von 350000.– DM annähme. Der Fremde ist der Erbe eines Hamburger Zigarettenkonzerns, Jan Philipp Reemtsma. Schmidt sagt Ja, und gleich darauf zu Hause, daß das Geld, nun, da es endlich komme, zu spät komme.

---

[1] Georg Simmel, *Philosophie des Geldes* (1900), Berlin 1977, S. 483.

[2] *»Wu Hi?«. Arno Schmidt in Görlitz Lauban Greiffenberg*, hrsg. von Jan Philipp Reemtsma und Bernd Rauschenbach, Zürich 1986, S. 70.

[3] Ernst Krawehl (Hrsg.), *Porträt einer Klasse. Arno Schmidt zum Gedenken*, Frankfurt/Main 1982, S. 142.

[4] Ebd., S. 166.

[5] Ebd., S. 182.

[6] *»Wu Hi?«*, a.a.O., S. 63.

[7] Ebd., S. 71.

[8] Ebd., S. 13.

[9] Uwe Schultz (Hrsg.), *Das Tagebuch und der moderne Autor,* München 1965. Zit. nach der Neuausgabe Frankfurt, Berlin, Wien 1982, S. 126.

[10] Arno Schmidt, *Briefwechsel mit Alfred Andersch,* hrsg. von Bernd Rauschenbach, Zürich 1985, S. 47.

[11] Ebd., S. 133.

[12] Arno Schmidt, *Das erzählerische Werk in 8 Bänden,* Zürich 1985, Bd. 3, S. 169.

[13] Ebd., Bd. 6, S. 108.

[14] Ebd., Bd. 3, S. 53.

[15] Ebd., S. 76.

[16] Ebd., Bd. 5, S. 83.

[17] Arno Schmidt, *Briefwechsel,* a.a.O., S. 60.

[18] Krawehl, a.a.O., S. 205.

[19] Ebd., S. 191.

[20] Ebd.

[21] Arno Schmidt, *Das erzählerische Werk,* a.a.O., Bd. 2, S. 74.

[22] Ebd., Bd. 3, S. 79.

[23] Ebd., Bd. 4, S. 156.

[24] Ebd., Bd. 4, S. 160.

ZU DEN AUTOREN

JÖRG AUFENANGER, geboren 1945, schreibt Hörspiele und arbeitet als Theater- und Hörspielregisseur. Er lebt in Wuppertal. Veröffentlichungen: *Philosophie,* 1984.

ASTA-MARIA BACHMANN, geboren 1949, arbeitet als Lehrbeauftragte am Germanistischen Institut der Universität Münster und im Schuldienst. Veröffentlichungen: *Das Umschaffen der Wirklichkeit durch den »poetischen Geist«. Aspekte des Phantasiebegriffs bei Jean Paul.*

GÜNTER BARUDIO, geboren 1942, arbeitet als selbständiger Publizist und Werbetexter in Frankfurt. Veröffentlichungen: *Das Zeitalter des Absolutismus und der Aufklärung, 1648–1779,* 1981; *Gustav Adolf — der Große,* 1982; *Der Teutsche Krieg, 1618–1648,* 1985, u.a.

GUSTAV ADOLF BENRATH ist Professor für Kirchen- und Dogmengeschichte an der Universität Mainz. Veröffentlichungen: *Wyclifs Bibelkommentar,* 1966; *Wegbereiter der Reformation,* 1967; *Johann Heinrich Jung-Stilling, Lebensgeschichte,* 1984 (2. Aufl.), u.a.

HARTMUT BINDER, geboren 1937, ist Professor für deutsche Sprache und Literatur an der Pädagogischen Hochschule Ludwigsburg. Veröffentlichungen: *Motiv und Gestaltung bei Franz Kafka,* 1965; *Kafka-Kommentar,* 1975, 1976; *Kafka in neuer Sicht,* 1979; *Kafka. Der Schaffensprozeß,* 1983; zusammen mit Klaus Wagenbach gab er Kafkas *Briefe an Ottla,* 1974, heraus.

HOLGER BÖNING, geboren 1949, arbeitet als Literaturhistoriker an der Universität Bremen. Veröffentlichungen über Heinrich Zschokke, die Volks- und Bauernaufklärung in der Schweiz, 1983, über Ulrich Bräker, 1985, und über die Helvetische Revolution, 1985.

VOLKER BOHN ist Professor für Neuere deutsche Philologie an der Universität Frankfurt. Veröffentlichungen zur Literaturtheorie und Literaturdidaktik sowie über deutsche und österreichische Literatur des 20. Jahrhunderts.

KARL CORINO, geboren 1942, ist Leiter der Literaturabteilung des Hessischen Rundfunks in Frankfurt. Veröffentlichungen: *Robert Musil — Thomas Mann. Ein Dialog,* 1970; *Robert Musils »Vereinigungen«. Studien zu einer historisch-kritischen Ausgabe,* 1974; *Türstürze,* 1980; 1980 gab er den Band *Intellektuelle im Bann des Nationalsozialismus* heraus.

CLAUDIA GUDERIAN, geboren 1952, arbeitet als freie Publizistin für verschiedene Tageszeitungen, Radiostationen und Verlage. Veröffentlichungen: *Hold on,* 1982; *Elternsuche,* Hörspiel, 1986; *Ich bin Ihre Tochter,* Hörspiel, 1987; *Tabu,* Roman für Kinder, 1987.

HERBERT HECKMANN, geboren 1930, lebt als freier Schriftsteller in Bad Vilbel bei Frankfurt.

WILHELM HÖCK, geboren 1928, arbeitet als freier Autor vornehmlich für verschiedene Rundfunkanstalten. Buchveröffentlichungen über Sprachtheorie, moderne deutsche Lyrik und Kunsttheorie.

ULRICH KARTHAUS, geboren 1935, ist Professor für Literaturgeschichte und Literaturdidaktik an der Universität Gießen. Veröffentlichungen über literaturwissenschaftliche Methodenfragen, über Musil, Thomas Mann, Goethe und Schiller.

ECKART KLESSMANN, geboren 1933, arbeitet als freier Schriftsteller. Veröffentlichungen: *Die Welt der Romantik,* 1969; *Prinz Louis Ferdinand von Preußen 1772–1806. Gestalt einer Zeitenwende,* 1972; *Caroline. Das Leben der Caroline Michaelis-Böhmer-Schlegel-Schelling 1763–1809,* 1975; *Die deutsche Romantik,* 1979, u.a.

PAUL KRUNTORAD lebt als freier Publizist in Wien.

JUDITH KUCKART, geboren 1959, leitet nach einer Tanzausbildung und dem Studium der Literaturwissenschaft das »Tanztheater Skoronel«. Sie lebt in Berlin und Wuppertal. Veröffentlichungen: *Im Spiegel der Bäche finde ich mein Bild nicht mehr,* 1985.

ULRICH LAUTERBACH, geboren 1911, leitete von 1951 bis 1976 die Hörspielabteilung des Hessischen Rundfunks. Veröffentlichungen: *Hermann Bang. Studien zum dänischen Impressionismus,* 1937; er gab die Hörspiel-Anthologien *Zauberei auf dem Sender,* 1962, und *Ich habe die Ehre,* 1965, und von Gerhart Hauptmann *Das erzählerische Werk in 10 Bänden,* 1981–1983, heraus.

MARTIN W. LÜDKE, geboren 1943, lebt als Literaturkritiker in Frankfurt. Veröffentlichungen zur ästhetischen Theorie und zur Gegenwartsliteratur. Er ist Mitherausgeber des Rowohlt-Literaturmagazins und schreibt für verschiedene Zeitungen und Zeitschriften.

Jürgen Manthey lehrt Allgemeine und Vergleichende Literaturwissenschaft an der Universität Essen. Veröffentlichungen: *Wenn Blicke zeugen könnten. Eine psychohistorische Studie über das Sehen in Literatur und Philosophie,* München 1983; zahlreiche Beiträge in Zeitungen, Zeitschriften und Sammelbänden.

Hayo Matthiesen, geboren 1938, ist Studiendirektor an einem Gymnasium in Schleswig-Holstein. Veröffentlichungen: *So lernen unsere Kinder morgen,* 1971; *Bildung tut not. Berichte, Kommentare, Meinungen,* 1977; *Friedrich Hebbel,* 1987 (4. Aufl.), u.a.

Sibylle Mulot schrieb eine Dissertation über Robert Musil und *Sir Galahad. Porträt einer Verschollenen,* 1987.

Helmut Pape, geboren 1928, ist im höheren Schuldienst tätig. Veröffentlichungen: *Die gesellschaftlich-wirtschaftliche Stellung Friedrich Gottlieb Klopstocks,* 1962; *Klopstocks Autorenhonorare und Selbstverlagsgewinne,* 1969.

Uwe Pörksen, geboren 1935, ist Professor am Deutschen Seminar der Universität Freiburg. Veröffentlichungen zur Sprachkritik, zur Geschichte der Naturwissenschaftssprachen und zur deutschen Literatur des Mittelalters, zuletzt erschien von ihm die Erzählung *Die Ermordung Kotzebues oder Kinder der Zeit,* 1984.

Hans Radspieler, geboren 1933, betreut die Wieland-Editionen des Greno Verlags und ist Mitherausgeber der *Wieland-Studien,* die ab Ende 1987 dort erscheinen.

Stephan Reinhardt, geboren 1940, arbeitet als freier Journalist für verschiedene Zeitungen und Rundfunkanstalten.

Walter Röll, geboren 1937, ist Professor für Ältere deutsche Philologie an der Universität Trier. Veröffentlichungen: *Studien zu Text und Überlieferung des sogenannten Jüngeren Titurel,* 1962; *Vom Hof zur Singschule. Überlieferung und Rezeption eines Tones im 14.–17. Jahrhundert,* 1969; *Oswald von Wolkenstein,* 1981.

Klaus Schröter, geboren 1931, ist Mitarbeiter an der Goethe-Bibliographie der Universität Hamburg und Herausgeber von Rowohlts Monographien. Veröffentlichungen über Thomas Mann, Heinrich Mann, Alfred Döblin, Heinrich Böll u.a.

Leopold Schuwerack, geboren 1953, arbeitet als freier Autor und Moderator für den Hessischen Rundfunk in Frankfurt.

Uwe Schweikert, geboren 1941, ist Lektor eines Verlages in Stuttgart und schreibt Funkarbeiten, Essays und Kritiken zu Literatur und Musik. Veröffentlichungen: *Jean Paul,* 1970; *Jean Pauls »Komet«. Selbstparo-*

die der Kunst, 1971; *Wege der Forschung: Jean Paul,* 1974; *Jean-Paul-Chronik,* 1975; er gibt die seit 1985 erscheinende neue Gesamtausgabe der Werke von Hans Henny Jahnn heraus.

WULF SEGEBRECHT, geboren 1935, ist Professor für Neuere deutsche Literaturwissenschaft an der Universität Bamberg. Seine Arbeitsschwerpunkte: die Literatur des 17. Jahrhunderts, die klassisch-romantische Zeit, die Gegenwartsliteratur.

BARBARA VOPELIUS-HOLTZENDORFF, geboren im Ruhrgebiet, ausgebildete Historikerin und Religionswissenschaftlerin, konzentriert sich seit 1980 in ihrer Arbeit auf Hölderlin, dessen wissenschaftliche Biographie sie schreibt. Neben wissenschaftlichen Publikationen und Essays hat sie auch Lyrik *(Schattenläufer)* veröffentlicht.

ERNST-PETER WIECKENBERG, geboren 1935, ist Lektor eines Verlages in München. Veröffentlichungen: *Zur Geschichte der Kapitelüberschriften im deutschen Roman vom 15. Jahrhundert bis zum Ausgang des Barock,* 1969; er hat von Friedrich Logau *Sinngedichte,* 1984, und von Karl Philipp Moritz *Anton Reiser,* 1987, herausgegeben; zahlreiche Aufsätze zur Literatur des 17., 18. und 20. Jahrhunderts.

RALPH-RAINER WUTHENOW, geboren 1928, ist Professor für Vergleichende Literaturwissenschaft an der Universität Frankfurt. Veröffentlichungen: *Das fremde Kunstwerk. Aspekte der literarischen Übersetzung,* 1969; *Das erinnerte Ich. Europäische Autobiographie und Selbstdarstellung im 18. Jahrhundert,* 1974; *Muse, Maske, Meduse. Europäischer Ästhetizismus,* 1978; *Die erfahrene Welt. Europäische Reiseliteratur im Zeitalter der Aufklärung,* 1980; *Das Bild und der Spiegel. Europäische Literatur im 18. Jahrhundert,* 1984, u.a.

INHALT

INHALT

rowohlts bildmonographien

Thema Kunst

Catherine Krahmer
Ernst Barlach (335)

Heinrich Goertz
Hieronymus Bosch (237)

Kurt Leonhard
Paul Cézanne (114)

Juerg Albrecht
Honoré Daumier (326)

Dietrich Schubert
Otto Dix (287)

Franz Winzinger
Albrecht Dürer (177)

Lothar Fischer
Max Ernst (151)

Gertrud Fiege
Caspar David Friedrich (252)

Herbert Frank
Vincent van Gogh (239)

Jutta Held
Francisco de Goya (284)

Lothar Fischer
George Grosz (241)

Michael Töteberg
John Heartfield (257)

Peter Anselm Riedl
Wassilij Kandinsky (313)

Carola Giedion-Welcker
Paul Klee (52)

Catherine Krahmer
Käthe Kollwitz (294)

Norbert Huse
Le Corbusier (248)

Kenneth Clark
Leonardo da Vinci (153)

Jost Hermand
Adolph Menzel (361)

Heinrich Koch
Michelangelo (124)

Liselotte v. Reinken
Paula Modersohn-Becker (317)

Mathias Arnold
Edvard Munch (351)

Wilfriod Wiegand
Pablo Picasso (205)

Christian Tümpel
Rembrandt (251)

Ernst Nündel
Kurt Schwitters (296)

Matthias Arnold
Henri de Toulouse-Lautrec (306)

Lothar Fischer
Heinrich Zille (276)

bildmonographien rororo

C 2056/7